思想与文化 第二十一辑

Thought & Culture No.21

杨国荣　主编

道德情感与社会正义

DAODE QINGGAN YU SHEHUI ZHENGYI

华东师范大学中国现代思想文化研究所　编

华东师范大学出版社

华东师范大学中国现代思想文化研究所　主办

主　　编：杨国荣
副 主 编：陈卫平　王家范
执行主编：陈乔见

学术委员会（以姓氏拼音为序）
　　　　　陈思和　葛兆光　黄　勇
　　　　　茅海建　王论跃　王中江

目录

道德情感
[美]施坦因博克：道德情感的独特性 / 1
[美]桑德尔：重新思考偏见 / 29
卢盈华：羞耻现象学
　　　　——基于马克斯·舍勒与儒家的阐明
　　　　/ 50
赵东明：《吕氏春秋》"情"与"性"之涵义析论 / 70

社会正义
孙国东：关联性正义
　　　　——基于转型中国正义问题之整体性的
　　　　政治哲学分析 / 84
张容南：性别自主与社会正义 / 121
曹晟旻：政治哲学对基本权利解释的影响及其规范化
　　　　——以自由主义与社群主义为例 / 136

儒学的当代发展
[美]刘纪璐：儒家价值实在论能否抵制 Sharon Street 的达尔文式挑战？/ 157
[美]安靖如：儒家传统中的人权思想 / 172
张子立：何谓儒商？仁义、生生与企业家精神 / 193
唐文明：实际生活经验与思想的路标
　　　　——评张祥龙的儒学研究 / 213

思想与文化
刘建湘：从西方哲学看冯契的意见学说 / 227
袁晓晶："天下"之变与晚清学政中"经学科"
　　　　的兴废 / 257

张春田:"第二维新之声":《新青年》与民初文化场域的领导权更替 / 275

潘　斌:文化风险的形上阐释:以转型期中国文化危机为中心的考察 / 297

逻辑哲学

郝旭东:以拟真势逻辑的方式溶解认知冲突 / 311

周君:对"未来偶然命题"的逻辑思考 / 323

历史研究

吕和应:什么是历史事实? / 336

路新生:历史书写中的语言张力
——《左传》历史美学解读(三) / 351

古典时代

伍　龙:论"听"与"道"的关系
——以先秦为中心的考察 / 386

李　锐:郭店简《成之闻之》与孔子"性相近"说新研 / 397

张鹏伟、穆宏浪:早期儒家"仁义内外"之争与孟子"仁义内在"说析论 / 410

王金凤:"逻辑的有效"与"意义的有效"
——从孙复《春秋》诠释何以有效看经典诠释的有效性 / 424

宋锡同:邵雍先天易学溯源 / 438

杨吉华:道、艺、志的互动:苏轼诗画论中的"文人"探绎 / 451

苏晓冰:成圣与其他:阳明早期围绕"成圣"问题的探索与尝试 / 464

王　剑：全孝、经权与忠勇
　　——中江藤树对传统武士道的反思 / 481

西方哲学
相　凤：法国当代哲学中的空间观念 / 491
郭云峰：实践性时间和本真时间
　　——论马克思和海德格尔的时间概念 / 503
丁乃顺：康德的"自由观念"：论阿多诺诠释的独特性 / 518

哲学翻译
[美]麦查德、郁振华、吴冠军等：中国哲学英译的理论与实践
　　——从一次哲学翻译（中译英）工作坊上的对谈而来 / 532

Contents

Anthony J. Steinbock, The Distinctiveness of Moral Emotions / 1

Adam A. Sandel, The Concept of Prejudice Reconsidered / 29

Lu Yinghua, The Phenomenology of Shame: A Clarification in Light of Max Scheler and Confucianism / 50

TungMing Chao, An Analysis of the Meaning of the "Emotion" and the "Human Nature" in *Lüshi Chunqiu* / 70

Sun Guodong, Justice in the Correlational Contexts: A Politico-Philosophical Analysis Based on the Wholeness of Matters of Justice in Transitional China / 84

Zhang Rongnan, Gender Autonomy and Social Justice / 121

Cao Shengmin, The Influence of Political Philosophy on Explaining Basic Rights and Its Standardization: Taking Liberalism and Communitarianism for Example / 136

JeeLoo Liu, Can Confucian Value Realism Desist Sharon Street's Darwinian Challenge? / 157

Stephen C. Angle, Human Rights in Confucian Tradition / 172

TzuLi Chang, On the Definition of "Confucian Businessman": Benevolence, Righteousness, Creative Creativity and Credential of Businessman / 193

Tang Wenming, Factical Life Experience and Waymark of Thinking / 213

Liu Jianxiang, Approaching Feng Qi's Theory of Opinion from the Perspective of the Western Philosophy / 227

Yuan Xiaojing, Changes of "All under Heaven" and the Rise and Fall of Confucian Canon Studies Discipline in School System in the Late Qing Dynasty / 257

Zhang Chuntian, Voice of Second Reform: *New Youth* and Transition of Cultural Hegemony in the Early Republican China / 275

Pan Bin, The Metaphysical Interpretation of Cultural Risks: A Study Centered on the Chinese Cultural Crisis in the Period of Social Transformation / 297

Hao Xudong, Tolerating Epistemic Conflicts in a Non-alethic Way / 311

Zhou Jun, Logic Reflections on "Future Contingent Proposition" / 323

Lyu Heying, What Are Historical Facts? / 336

Lu Xinsheng, The Linguistic Tense in Historical Writing: Explaining Historical Aesthetics of *Zuo Zhuan* / 351

Wu Long, Study on the Relationship between "Listening" and "Dao" / 386

Li Rui, A New Research of the Guodian Bamboo Slips *Cheng Zhi Wen Zhi* and Confucius's *Xingxiangjin* / 397

Zhang Pengwei and Mu Honglang, Discussion on Outside or Internal of Benevolence and Righteousness in Early Confucianism / 410

Wang Jinfeng, Validity in Logic and Meaningfulness: From the Perspective of Sun Fu's Interpretation / 424

Song Xitong, On the Origin of Shao Yong's *Yi-ology* / 438

Yang Jihua, The Interaction of Tao, Arts and Will: Exploring "Literati" in Su Shi's Theories of Poetry and Painting / 451

Su Xiaobing, To Become Sages and Other Issues: An Attempt and Exploration around Becoming Sages in Wang Yangming's Early Thoughts / 464

Wang Jian, Overall Filial Piety, Jingquan and Loyal-Brave: Toju Nakae's Reflection on Bushido / 481

Xiang Feng, The Notion of Space in Contemporary French Philosophy / 491

Guo Yunfeng, Practical Time and Authentic Time: On the Concept of Time of Marx and Heidegger / 503

Ding Naishun, Kant's "Idea of Freedom": The Uniqueness of Adorno's Interpretation / 518

Chad Austin Meyers, Yu Zhenhua, Wu Guanjun, et al., The Theory and Practice of Translating Chinese Philosophy into English: A Symposium / 532

道德情感的独特性*

[美]安东尼·J·施坦因博克 著,卢盈华 译**

[摘　要]　在本文中,我描述了道德情感的关键,它们具有经验与明证性的独特结构,不可被还原为其他种类的经验。其次,我将道德情感的领域阐释为人格间的,并探讨是什么将它们区分为"道德"和"情感"。再次,我检验了我研究情感的方法,即现象学方法。在这样做时,我简要地描述了日常语言哲学在道德情感现象中的位置。

[关键词]　现象学;情感;方法;日常语言哲学;明证性;揭示

一、引言

笔者写作本书有双重意图。首先,常规的解释把人类经

---

*　本文是作者 Moral Emotions: Reclaiming the Evidence of the Heart (Evanston, Illinois: Northwestern University Press, 2014)一书的导言。

**　安东尼·J·施坦因博克(Anthony J. Steinbock,1958—　),美国南伊利诺伊大学哲学系教授,现象学研究中心主任。卢盈华(1987—　),男,河南郑州人,美国南伊利诺伊大学哲学博士,浙江工商大学哲学系副教授,研究领域为中国哲学、现象学与伦理学。

验中的明证性限制在广义上的感知和判断的维度,而本书旨在提供更完整更丰富的关于人的解释。我通过描述特定的关键道德情感来达到此目的。为了以这种方式来考虑这些道德情感,我用本原的现象学分析方法来描述它们,不仅关注它们如何在经验中给予自身,也关注它们的结构特征和相互关系。这样的批判视角要求我们认真、细致地分析被给予性的情感模式(比如与他者的关系、它们的时间的意义、它们的可能性结构),关注它们如何能提供跟人相关的更加广阔的明证性领域。

我的第二个目也是通过这些分析完成的,这个目的是展示在处理"现代性"和后现代性僵局中遇到的相关问题方面,道德情感是如何发挥独特作用的。对诸如作为自身被给予性的情感、可能性的情感、他者性的情感之类的道德情感的描述,使我可以指出它们揭示自由的独特维度的方式,它们在塑造公民生活和权力关系中如何能发挥主导作用,以及道德情感为何不应该被逐出此类讨论之外。通过反思如下问题,我为本书做出总结:关于作为人我们是谁的问题,道德情感能告诉我们什么;关于我们的经验以及自由、规范性、权力和批判的概念问题,道德情感又能告诉我们什么。这样,道德情感指向促成现代与其后现代变体的社会假想的可能性,在此领域的介入已经由交往伦理学、理性的正义理论、心理分析话语以及生命政治的调解来主导。除了指向诸如自由、规范性、从道德情感角度展开的批判等不同的概念以外,在这里我的另外一个结论涉及我们在理性、现代性和后现代性的危机中理解情感角色的方式。换言之,如果道德情感给予我们关于社会假想的新的洞见,那么这不是因为它们构造了一个新的开端(相对于惊奇、理论或理性的旧的开端)。更确切地说,这是因为情感自始至终都在,然而从它们能贡献的方面来说它们则处在从属地位;对于作为人格间的人我们是谁的问题而言,这成了恢复它们的独特贡献的问题。如果发生了危机,那么不是理性的问题,也不是回归到理性的真正意义的问题;而是说,这个问题涉及情感失去其独特的明证性基础以及被交付给理性或感性的方式。

在本篇导言中,我描述了:(1)道德情感拥有独特的经验和明证性结构,不可还原为其他种类的经验,这样的道德情感的关键问题是什么;(2)人格间的道德情感的范围,以及是什么把它们区分为"道德"和"情感";(3)我研究情感的方法,即现象学方法。在从事这些时,我简要地描述了日常语言哲学在道德情感现象学中的位置。

二、情感：它们有独特的结构吗？

现代性被认为具有很多特质，比如，对个体主体性的认可、自由的价值、批判实践，以及理性在其中扮演的显著角色。现代性也标志着一个创新的社会假想的出现，我们现在仍然经历着这个社会假想带来的结果。我在本书的结论部分讨论这些问题，并在这里提醒大家注意在对现代特征的热情中以及当代对现代性的批判中（比如，由德国观念论、心理分析、现象学和批判理论等引发的批判）被摒弃的东西。情感，特别是道德情感，一直被边缘化。

众所周知，人们把认知等同于理性，把理性等同于人类（主要为男性）的意义，如此一来情感就成为非人类的、本能的领域，以及女人、儿童、动物与智力不健全者的特征。情感没有任何明证性含义，完全不能揭露人的意义；情感习惯上被认为是客观性的非理性断裂，妨碍人类潜能，根本上没有任何精神或哲学含义。它们仅仅是主观的事情，缺乏客观的或理性的基础，因此对人类存在的目的或意义没有任何正当的影响。我们仍然多次听到告诫之声："不要让你的情感战胜你！"根据马克斯·舍勒的观察，现代性不再把情感领域理解为一种有意义的符号语言，它不再被允许支配我们生活的感觉与意义。相反，情感被认为是在自然中运行的盲目进程；因此，它们需要用理性的技术来约束，这样我们就不会受到伤害，这样人类活动便可以真正是精神的、认知的、有意义的。① 整个情感领域以及任何非逻辑事物都投降了，要么成为内在感知的心理学对象，关乎个人的内部伦理；要么成为理智活动的主体，这样的理智活动作为思想的推理行为属于判断的领域。②

---

① Max Scheler, "Ordo Amoris", in *Schriften aus dem Nachlaß*, vol. 1, in *Gesammelte Werke*, vol. 10, ed. Maria Scheler (Bern: Francke, 1957), pp. 364 – 366. 英译本见 David R. Lachterman, "Ordo Amoris", in *Selected Philosophical Essays* (Evanston, Ill.: Northwestern University Press, 1973), pp. 119 – 123。

② 从理性明证性的观点看，人们倾向于认为情感是本能的无根据的东西，缺乏内在明证性和意义，依赖于我们的心理生理组织，排除人类精神，因为人类精神一直被等同于理性。如果它们要变得有意义，就必须成为判断的领域；如果它们不是理性的，就要在灵魂中找到一个家或成为心理分析的对象；如果它们要成为真实的，就要被自然化或被量化。如果理性与利润和资本结合，那么可能质疑它们的情感（如羞耻或负罪）会被认为是非常"不理性的"。参阅 Max Scheler, *Formalismus in der Ethik und die Materiale* （转下页）

不是去留心诸如一次事件中镇静或焦躁的感受、对我们面前的人的爱、对集体不作为的羞耻感、对所作所为的负罪感、对陌生人的信任，或者甚至在我们自己的活动中以自我为中心的骄傲——以便检验对于我们自身以及我们在这个世界中与他人一起的存在，它们如何揭示以及揭示什么给我们；相反，我们习惯于忽略它们，结果，对于提供社会和政治的指南针的它们，我们的敏感度变得迟钝。然而，在舍勒看来，如果逻辑想要研究相互关联和关系的结构，或者使我们可以把握这些逻辑的相互关联的行为，那么它是一个标志，标志着无比的任意性，只在感知和思考的情形下对被给予性和本质关联的各种模式进行各种类别的研究，而将精神的其余部分抛弃给心理学。① 它是任意的，因为我们的经验展示了不同种类的认知和明证性有自己的完整性，它们不会被还原为诸如理性的、意志的甚至工具的知识——即便后者对我们而言已经成为主导的方式"去了解"，或更准确地说，去体验以明证的方式被给予的事物。

仅仅宣称情感确实有一个独特的结构，它们有本己种类的明证性、能揭示人，这是一回事。但是我的意图是通过本书中对道德情感的描述，来阐明它们如何拥有本己的结构、明证性、独特的"认知的"样式，以及它们如何揭示人是人格间的——没有为了具有意义而与理性拴在一起，也没有因为它们不是理性的，而相反地从明证性的领域中排除出去。因此，与一些当代思想家关于情感的想法不同，这些分析展示了一些情感是直接地道德的，而且道德情感具有明证的维度，不仅仅支持判断。② 然而，展示这点需要克服这样的偏见，即人是在理性和感性的二元论中被穷尽的。

这样令人倦怠的涉及情感的理性与感性的二分法，遭到像尼采和克尔凯郭尔等过渡的存在主义人物的抨击③；它也受到经典现象学家的系统挑战，诸如

（接上页）*Wertethik*, in *Gesammelte Werke*, vol. 2, ed., Maria Scheler (Bern: Francke, 1966), esp. pp. 259-264, 82-84。

① Scheler, "Ordo Amoris", pp. 364-366; "Ordo Amoris" (English translation), pp. 119-123. 另参阅 Max Scheler, "*Erkenntknis und Arbeit*", in *Die Wissenformen und die Gesellschaft*, in *Gesammelte Werke*, vol. 8, ed., Maria Scheler (Bern: Francke, 1960, 2nd ed., 1960), pp. 191-382。

② 参阅 Jesse Prinz, *The Emotional Construction of Morals* (Oxford: Oxford University Press, 2009)。

③ Friddrich Nietzsche, *Zur Genealogie der Moral*, in *Sämtliche Werke*, vol. 5, ed. Giorgio Colli and Mazzino Montinari (Berlin: De Gruyter, 1980). 参阅 Søren Kierkegaard, *Works of Love*, ed. and trans. Howard V. Hong and Edna H. Hong (Princeton, N.J.: Princeton University Press, 1995)。

我已提及的舍勒,在一定程度上也受到海德格尔、萨特、马赛尔(Marcel)以及施特拉瑟(Strasser)的挑战①;最近,一些当代思想家,如扬凯列维奇(Jankelevitch)、瓦登菲尔斯(Waldenfels)、德普雷斯(Depraz)和瓦雷拉(Varela)、约翰斯顿(Johnston)和玛拉布(Malabou)、希茨-约翰斯通(Sheets-Johnstone)、所罗门(Solomone)、汤普森(Thompson)以及扎哈维(Zahavi)等也紧抓这个问题不放,并与哲学家、心理学家和认知科学家以及进化生物学家进行跨学科合作。②

当然,人们可以争论,当认识到不止存在一种意义的意向和充实,而且明证性(充分的或不充分的)不仅仅在判断的层面上的时候,理性和感性的二元论已经被废除了。判断被认为不是真理和明证性的唯一领域,因为也存在一种意义的意向和充实过程(因此也是一种明证性),它发生在身体动觉层面,不仅在"主动"综合中,也在"被动"综合中。这难道不是胡塞尔、他的一些追随者还有他们的现象学概念早已宣布的发现吗?这难道不是关键突破的预兆吗?

对我来说,涉及情感,甚至这种对感觉和意义-被给予性的开放可以是误导性的。也就是说,当我们已发现以某种方式通过身体动觉形成了意义,或明证

---

① Martin Heidegger, *Sein und Zeid* (Tübingen: Niemeyer, 1979). 参阅 Jean-Paul Sartre, *Esquisse d'une théorie des emotions* (Paris: Hermann, 1948); Gabriel Marcel, *Homo Viator: Introduction to a Metaphysic of Hope*, trans. Emma Craufurd (New York: Harper Torchbooks, 1962); S. Strasser, *Das Gemut* (Freiburg: Verlag Herder, 1956)。

② Vladimir Jankélévitch, *Philosophie morale*, ed., Françoise Schwab (Paris: Flammarion, 1998); Bernhard Waldenfels, *Phänomenologie der Aufmerksamkeit* (Frankfurt am Main: Suhrkamp, 2004), 以及最近的, Bernhard Waldenfels, *Hyper-Phänomene: Modi hyperbolischer Erfahrung* (Frankfurt am Main: Suhrkamp, 2012); Francisco Varela and Natalie Depraz, "At the Source of Time Valence and the Constitutional Dynamics of Affect", *Journal of Consciousness Studies*, *Emotion, Experience* vol. 12, no. 8(2005): pp. 61 – 81; Evan Thompson, *Mind in Life: Biology, Phenomenology, and the Sciences of Mind* (Cambridge, Mass.: Harvard University Press, 2007); Dan Zahavi, *Subjectivity and Selfhood: Investigating the First-Person Perspective* (Cambridge, Mass.: MIT Press, 2005); Adrian Johnston and Catherine Malabou, *Self and Emotional Life: Philosophy, Psychoanalysis, and Neuroscience* (New York: Columbia University Press, 2013). 另参阅 Maxine Sheets-Johnstone, "Emotions and Movement: A Beginning Empirical-Phenomenological Analysis of Their Relationship", *Journal of Consciousness Studies*, 6, no. 11 – 12(2000): pp. 259 – 77; Robert Solomon, *True to Our Feelings: What Our Emotions Are Really Telling Us* (Oxford: Oxford University Press, 2007)。在此路线上也做出贡献的,参阅 Glen Mazis, *Emotions and Embodiment* (New York: Peter Lang, 1994)。

性可以在感性经验中出现(从与朋友交谈时脚的踏步,到阅读时发觉熟悉的曲调),而没有自我行为或意识的明确介入,主动地将判断传递给经验,我们便可以承认认识论取得了进步。但是在所有这些中的预设仍然可以只有一种基本的被给予性秩序——我在别处称之为展现(presentation)——依据主动和被动的变体来解析。①

因而,如果现在我们将情感从判断领域置换到感性领域,引用一个事实,即感性也对意义和明证性开放,那么这也并没有解决我们的担忧。更确切地说,问题的关键是情感领域独有的一个整体上不同的或独特的被给予性或明证性秩序,它不可以被降低为判断的秩序,以及感性的秩序(也就是整个展现的领域:判断的或感知的)。比如,问题不是判断或命题的意义是否在感性或感知意义中奠基(以及作为一个整体来构造展现的被给予性秩序),而是它涉及情感领域本身是否由感知的感觉和/或判断的意义奠基,以便让它(情感领域)在人格存在中具有明证性;或者相反,情感领域是否是另外一个不可还原的秩序,有自己的明证性、变异等,以及有自己的认知和明证性的情感本身的领域是否能奠基其他种类的知识(见第七章和《结论》)。至少这是这些问题的关键。让我进而用一种更加微妙的方式来陈述涉及情感明证性结构的问题,而这种方式对典型的现象学进路来说仍然是有问题的。我们可以问:情感奠基于特定的认识行为中吗,该行为与客体有关以便为我们而存在?或者它们有独立于此种行为的独特结构?用传统的现象学术语表示:情感领域特有的行为仅仅遵照意向性的"意向活动(noesis)—意向对象(noema)"结构的坐标吗?这不是问它们是否没有意向结构,而是问"意向活动—意向对象"结构是否是可以定义情感的"意向性"的唯一形式。它们是依赖这种结构来获得完整性和明证性吗?或者与人(不仅只是作为感知者或认识者的主体)相关的情感领域有一个本质上不同的结构吗?②

---

① Anthony J. Steinbock, "Introduction" to *Phenomenology and Mysticism: The Verticality of Religious Experience* (Bloomington: Indiana University Press, 2007).

② 另参阅 John Drummond, "'Cognitive Impenetrability' and the Complex Intentionality of the Emotions", *Journal of Consciousness Studies* vol. 11, no. 10-11(2004): pp. 109-126;以及 John Drummond, "Moral Phenomenology and Moral Intentionality", *Phenomenology and the Cognitive Sciences* 7(2008): pp. 35-49。

我们发现,首先在埃德蒙德·胡塞尔的《逻辑研究》中,随后在他做了一定修正的《观念》中,胡塞尔的现象学初步且极其清晰地探讨了这样一个问题。请允许我先解释胡塞尔对这些种类的行为和它们的奠基关系持什么观点,这样,我们可以更加清晰地理解相关的问题。具体地分析了这些挑选出来的道德情感之后,我们可以引证情感领域的行为在哪种程度上有一个独特的结构,如此它们不只是其他认识行为的变异,或为了有意义而被认识行为所支配。

虽然埃德蒙德·胡塞尔经常被认为认识到意识总是对某物的意识,但是这种洞见早已由笛卡尔、康德和黑格尔等人所预备。胡塞尔的开创性洞见不仅只包含对意识的意向结构之发现,而且涉及他独特的现象学进路,这个进路允许他描述某物是"什么"的(感觉、意义)"如何"给予,与主体性的权力和限度相关。在《逻辑研究》中,胡塞尔在"客体化行为"(objectivating acts)的标题下描述了这种关系。客体化行为是透过特定的感觉"指向"客体的意向行为。因此,客体化行为是允许有意向活动和意向对象的那类行为。这通常被称作意向结构而为众人所知,这也是胡塞尔所称的 *Gegenständlichung* 过程,也就是某物获得构造的"客体"之状态的过程;在这种方式中,该过程是一种客体给予(object-giving)或"客体化"(objectivating)。

客体化行为不仅是通过它使得客体作为意义而被给予的意向行为,而且它不需要额外的、附属的行为以便客体被给予。非客体化行为据说是"奠基"于客体化行为上的行为,需要后者的结构。[1] 客体化行为允许非客体化行为拥有这样的意向结构,拥有行为—意义相关性,通过该相关性,某物超越施加行为的个体而被给予。非客体化行为的例子有评价、意愿和情感行为之类的行为。

胡塞尔对客体化行为结构的初始表征延续到了他的《观念》中对意向关系的讨论。简而言之,在《逻辑研究》中意向结构部分是通过行为的"质性"和"质

---

[1] Edmund Husserl, *Logische Untersuchungen*: Band II; *Untersuchungen zur Phänomenologie und Theorie der Erkenntnis*, part I (Tübingen: Niemeyer, 1968), pp. 493 - 494. "Wir dürfen nämlich sagen: Jedes intentionale Erlebnis ist entweder ein objektivierender Akt oder hat einen solchen Akt zur 'Grundlage,' d. h. er hat in diesem leteren Falle einen objektiverenden Akt notwendig als Bestandstück in sich, dessen Gesamtmaterie zugleich, und zwar individuell identisch seine Gesamtmaterie ist." 参阅 Robert Sokowloski, *The Formation of Husserl's Concept of Constitution* (The Hague: Martinus Nijhoff, 1964); Donn Welton, *The Origins of Meaning: A Critical Study of the Thresholds of Husserlian Phenomenology* (The Hague: Martinus Nijhoff, 1983).

料"来表征的。伴随着某些重要的限定条件,后来此意向结构在《观念》中得到阐明,意向关系可以在"意向活动"或关系中的意向方面以及"意向对象"或被意向方面的标题下进行描述。① 相应地,客体化行为和非客体化行为之间的关系特征也延续到了胡塞尔对意向性的讨论中。② 在透过判断的意向活动和意向对象描述了意识的"高等领域"之后,胡塞尔写道:"人们可以轻易看到,类似的陈述适用于情感和意愿的领域,适用于喜欢或讨厌、任何意义上的评价、祝愿、决定、行动等心意的过程。所有这些心意过程包含了许多不同种类的意向的层级,意向活动的以及相应的意向对象的层级。"因此,情感行为奠基在更加基本的本质的意向的认识行为上,赋予后者特殊的特权:"感知、想象、判断等等奠基了评价的层级,此层级完全覆盖在前者之上。"③

对于胡塞尔而言,说情感行为奠基在更加基本的意向行为上意味着情感依赖于"客体化"行为,因为情感需要后者的那些特征,以便让"非客体化"行为在某种意义下展现时,表示出超越自身的意义。因此,要么行为具有认识结构(基本上是"理性的"结构),要么它们——在这种情况下——仅仅是本能的范围,没有认知价值。被奠基的行为被称为"高等的",因为意向活动和意向对象(行为和意义)"建立"在奠基的层面,即便它们也形成了一个独特的、新的认识过程统一体,这样新的客体—结构将拥有自己的被给予性模式,它的"特征",它的各种各样的被意向的模式。④

尽管奠基和被奠基的维度构成一个新的"客体",然而奠基的关系是这样的:这些总体现象的"上级"层次和层级可以被"废除",而剩下的仍然是一个具体完整的意向经验。⑤ 正如指出的那样,在《观念》中描述奠基—被奠基的行为

---

① Edmund Husserl, *Idem zu einer rernen Phänomenologie und Phänomenologischen Philosophie*: *Erstes Buch*: *Allgemeine Einfuhrung in die reine Phänomenologie*, ed. W. Biemel, Husserliana vol. 3 (The Hague: Martinus Nijhoff, 1950). 以下简称 Hua 3. 特别参阅第三章第三部分。

② Husserl, Hua 3, §§ 94 - 95.

③ Ibid., § 95, § 117. 英译本见 F. Kersten, *Ideas Pertaining to a Pure Phenomenology and to a Phenomenological Philosophy* (First Book) (The Hague: Martinus Nijhoff, 1983).

④ Ibid., § 93.

⑤ Ibid., § 95: "Dabei sind die Schichtungen, allgemein gesprochen, so, dass oberste Schichten des Gesamtphänomens 'fortfallen' können, ohne dass das Übrige aufhörte, ein konkrete vollständiges intentionales Erlebnis zu sein..."

和意义的结构时,胡塞尔起初考虑了生活经验的例子,如喜欢或讨厌,评价,祝愿,决定或行动。举例来说,决定属于意志的领域,但是为了意愿某物以及以意愿来决定,我们仍然必须以某种方式意向或"表示"客体,在这种方式中被给予的意义是客体的意义。胡塞尔在此想得出的"类似"论点是,这样的经验包含许多意向的意向活动和意向对象的层级。① 如上所述,当被奠基于并且围绕奠基的结构时,一种新的意义就被构造了。"新的意义带来完全新的意义维度",比如,我们不仅只看到绘画,而且体验到它是一幅美丽的绘画,机器是有用的机器,等等。②

被奠基在"感知、想象、判断等等"之上的评价,凭借它的附属状态,赋予了奠基—被奠基之整体以资格,比如,一个(对那儿的热咖啡的)"愿望";即使评价的维度可以被移除,感知的奠基的层级加以适当变更,仍然保持完好;或者,它被移除了,而留下一个判断维度,比如,"那杯咖啡绝对是热的"。这里,奠基的整体可以从被奠基者那里分离出来,而不损害根本的基础结构。

涉及评价,胡塞尔指出客体的感知意义,被感知的东西本身,属于知觉,但是在高等秩序的评价中,它也被融合进"被评价"的东西本身中,作为具体评价的相关项,它(感知意义)奠基了评价的意义。③ 因而,我们必须区分客体、事物、特征、事态等在评价中作为被评价者而被给予的东西,以及展现、判断、想象等奠基了评价的东西,即便整个新的意向活动可以在独特的信念模态中给出客体,比如,"绝对丑陋的艺术品"或者"也许贵重的机器"。奠基关系多种多样,它可以描述部分与整体的关系④,或判断(作为意识对象相关项)被奠基在感知意义上的方式,因为判断行为作为一种存在—设定的过程被奠基在感知上:作为怀疑—存在、可能—存在、相信—很可能—存在、拒绝—或否定—存在,这些都是在直截了当的态度中被给予的一个基本"简单"的被给予性与存在设定的变异。也就是在这个意义上,胡塞尔构想被动综合(在"先验感性论"中)奠基了在主动综合(相关于"先验逻辑")中构造的意义。⑤ 现在,胡塞尔的奠基

---

① Husserl, Hua 3, §95.

② Ibid., §116.

③ Ibid., §95.

④ Husserl, *Logische Untersuchungen*, II/1, part 3, §14.

⑤ Husserl, Hua 3, §94. 另参阅 Edmund Husserl, *Analyses Concerning Passive and Active Synthesis: Lectures on Transcendental Logic*, trans. Anthony J. Steinbock (Dordrecht: Kluwer, 2001), division 1 on "Modalization" of part 2。

(Fundierung)概念在这里并不成问题。事实上,它是一种欧根·芬克(Eugen Fink)在如下意义上称之为"操作性"的概念:它可以在各种各样的语境下使用,并且根据语境进行微小的改变。① 通过这样的奠基结构,胡塞尔想要强调此关系(比如感知和情感行为之间的关系)不是因果关系,甚至也不是"往复"关系,这将预设原因的交换。更确切地说,被奠基者必须被理解为对奠基者的"阐述",超越任何可以被事先预期的事物,奠基的维度给予了奠基者一个全新的意义,被奠基者也需要这些意义以便进入这种独特的方式。② 对我们而言有争议的不是奠基关系,而是一个事实,即情感领域据说被奠基在一个更加基本的"认识"意向性之上,这意味着情感被理解为拥有相同种类的意向结构、相同种类的理性含义、相同种类的被给予性、明证性等,属于纯粹判断的或者感知的类型。

我们可以问:当胡塞尔争论说涉及这种奠基,情感的和意志的经验领域存在类似的区分时,他是正确的吗?意志和情感领域具有同样的性格吗,如此我们就能首先进行这样的比较?情感领域是否类似于判断,只有以这样的方式被"奠基"在感知的、客体化的、设定的行为上而得到实现,或者甚至本身在一个判断或想象行为上得到实现?如果确实是这种情况,那么——只给出一个例子——信任本身要么是奠基在信任之决定上的一种判断,要么是盲目的信任。

但是信任是一种判断吗,作为理性的决定,或作为风险的认识评估?希望是一种预期吗,对可能会到来的事物保持的乐观态度或者对未来的信念?在后文中,我展示道德情感的结构表明了一个独特的情感领域的秩序,就以上的描述意义而言该秩序是"非奠基的";这项工作乃是通过诸如被给予性的时间模式,通过其他种类的自身被给予性、可能性的变异、与他者性的关系等来进行的。

当然,胡塞尔意识到把"被评价的"或"可爱的"放入与"可能的"、"可假定的"或者"实际上"同样的系列中将是荒谬的。③ 但是我们必须继续这种探究,

---

① 参阅 Eugen Fink, "Operative Begriffe in Husserl's Phänomenologie", (1957) in *Nähe unde Distanz: Phänomenologische Vorträge und Aufsätze* (Alber: 1976), pp. 180-204。

② 参阅 Maurice Merleau-Ponty, *Phenomenologie de la perception* (Paris: Gallimard, 1945), p. 451. 英译本见 Donald Landes, *Phenomenology of Perception* (Routledge, 2012)。

③ Husserl, Hua 3, §116.

询问情感经验是否依赖于这样的认识的奠基经验,以至于只有以这种方式它们才具有认识维度,只有以这种方式,它们才构成一种有意义的经验。

在整个这些分析中,我们会看到道德情感不是所谓可以被剥下来的层级,留给我们一个完整的、自存的、奠基的客体化的层面。相反,它们展示出自身是自存的,作为另一种经验拥有本己的被给予性、认知、明证性之方式;这些经验一方面不可以被还原为认识行为,另一方面也不可被还原为本能或"私人感受"。对于在道德宇宙中我们作为人是谁的问题,它们提供了另外的线索,使我们匡正我们现在在世界中的位置。

三、道德情感

情感揭示了人。我对情感的描述不仅关注讨论中的经验(比如羞耻、希望或信任)的意义和结构,从相关的现象中消除它们的歧义,识别可能的跨文化不变者。由某些关键情感的检视所引导,我旨在更深入地探究更加完整、丰富的人的图像(比理性主义或一般认识论的解释所带给我们的更加完整)。正如我们可以通过分析看到的,我认为我处理的情感是"钥匙",因为它们用理想的方式揭示了成为一个人意味着什么的中心意义。

作为一个出发点,以及仅仅通过此处的介绍,我将人理解为经历了行为的动态活动和导向,理解为在精神层次上展开的践履,或者更加确切地说,作为人类具体的经历整体的精神化而加以辨别。我认可将这样的理解作为出发点,因为鉴于本书的目的,重要的是不将"人"等同为自我的形式的构造;或者等同于"最小自我"意义上的自我,它是经验生活的第一人称特性[1];或者等同于叙述自我,它可以被理解为文化上或语言学上构造的"自我"。[2] 尽管我在本书中通篇使用"自我",但我是在更加宽泛、非特殊的意义上使用的,而不是在比如扎哈

---

[1] Zahavi, *Subjectivity and Selfhood*.

[2] Dan Zahavi, "Self and Other: The Limits of Narrative Understanding", in *Narrative and Understanding Persons*, ed. D. D. Hutto, Royal Institute of Philosophy Supplement 60 (Cambridge: Cambridge University Press, 2007), pp. 179-201. 另参阅 J. Bruner, *Making Stories*; *Law*, *Literature*, *Life* (Cambridge, Mass.: Harvard University Press); 以及 K. Young and J. L. Saver, "The Neurology of Narrative," *Substance*, 30, no. 1-2(2001): pp. 72-84.

维的专门的丰富意义上使用的。

　　进一步地,在人的独特性、不可替代性、被给予并且创造性地践履的意义上,我将人理解为绝对的。作为绝对,人并不免除于关系,而是免除于成为与事物或客体有关的某物或某客体的相对性。此处获得的洞见之一是人内在地是人格间的。我将人看作绝对的和人格间的一种方式是将其看作"大我"（Myself）——人在"我是谁"的意义上、在宾格的形式上接受他/她自己(人是反身代词的结果);将其看作直接地人格间的,内在地关系的,以及非自我为根基（self-grounding）的。正如我在本书里所指出的,像"我不能做其他的"、"我的方式是什么"、"这真的是'我'吗"等第一人称经验指出了一些最深刻的经验,这些经验促成了在我是谁或者我将成为谁意义上的我、大我。这方面的道德情感描述需要阐释天职经验,我在另外的著作中对后者进行了讨论。① 再者,这个大我表达了作为人格间的人的维度,比最小或其他叙述意义上的自我更加强烈——虽然这并不反对最小意义上的自我觉识的必要性,如扎哈维所表征的。不过,所有这些仅仅是通过介绍的方式,因为本书的部分任务是通过道德情感揭示人的意义。

　　我将道德情感理解为关于感受领域(或人们所谓的"心"的秩序)的经验,不过它们是在精神的层面上发生或被践履。② 情感的践履独特地打开了人的领域,也就是说打开了被给予性的特殊领域,通过此领域,人被揭示为不仅仅是主体,而是人,拥有它独特的明证性领域(比如,对于在其中活的身体以本己的方式被给予的感知或统觉之类型而言,它是独特的)。③

---

① 笔者尚未出版的 *Vocations and Exemplars*：*The Verticality of Moral Experienc* 一书对此也进行了探讨。
② 参阅 S. Strasser, *Das Gemüt* (Freiburg: Verlag Herder, 1956)。
③ 此处我不考虑在何种方式上,如《味》中所说,情感"是"在身体经验中的表现,以及情感经验如何引起宗教回应。参阅 Susan L. Schwartz, *Rasa*：*Performing the Divine in India* (New York: Columbia University Press, 2004)。另参阅 Maxine Sheets-Johnstone, *The Roots of Morality* (University Park: Penn State University Press, 2008)。我的任务也不是辩论面部表情是否普遍地揭示了他人所谓的"情感"。参阅 Paul Ekman, *Emotions Revealed*：*Recognizing Faces and Feelings to Improve Communication and Emotional Life*, 2nd ed. (New York: Henry Holt, 2007)。另参阅 Charles Darwin, *The Expression of the Emotions in Man and Animals* (1872; Whitefish, Mont.: Kessinger, 2010)。参阅 R. E. Jack, O. G. B. Garrod, H. Yu, R. Caldara, and P. G. Schyns, "Facial Expressions of Emotion Are Not Culturally Universal", in *Proceedings of the National Academy of Sciences of the United States of America*, vol. 109/19(2012), pp. 7241–7244。

我所谓的道德情感是指本质上人格间的或本质上来自于人格间联结的那些情感。我把道德领域理解为表达了人类存在是人格间的共同存在,并以这种方式了解"实践"领域,而不是把道德领域理解为关于人类的个体主义的概念,仅仅相关于主体的内部组成。不是道德行为指向"应该"支配人类行动的一系列规范,而是道德实践通过道德情感被揭示,正如我们下面会看到的,道德情感表明经验自身之内的规范构造和规范条例,并且在这个意义上是"规范的"。(通过诸如羞耻、负罪、信任、爱等)出现的规范的合法性源自在其中规范被给予的经验,源自在其中规范被经历的人格间的语域。因此,我从现象学角度使用道德和规范,并不等于尝试推断世界应当是怎样,或者去规定行为。① 而且,我的尝试不同于询问什么是关于好与坏的一级道德问题,也不同于涉及道德思想认识论的元问题或二级问题,这些问题可以在那些帮助塑造了这些讨论的思想家那里发现,如马克·蒂蒙斯(Mark Timmons)、泰瑞·霍根(Terry Horgan)。②

"道德情感"中的"道德"用法旨在唤起经验的不可还原的人格间维度。虽有某些当代惯例,但此处我更偏好"道德的"这个表达而不是"伦理的",因为这是我强调经验的人格间特征的方式,它是一种体验的方式,一种被给予性模式,而不是预设一个"伦理主体",该主体在某种程度上先于该经验而被给予,或仅仅在主格情况下被考虑,与他人隔离。③ 通过"道德的"这个表达,我也想避开假设我们正在处理一个单纯的考虑和两难的过程,透过"伦理行为"该过程的目标导向个人得体或个人自己灵魂的救赎,或者仅仅根据固定或任意的规范做正确的事情。

---

① Prinz, *The Emotional Construction of Morals*.
② 参阅 Mark Timmons, *Morality without Foundations: A Defense of Ethical Contextualism* (Oxford: Oxford University Press, 1999)。参阅 Mark Timmons, *Moral Theory* (New York: Rowman & Littlefield, 2002); *Metaethics after Moore*, ed. Terry Horgan and Mark Timmons (Oxford: Clarendon, 2006)。
③ 因此,我所使用的"道德"的意义与所罗门的不一样,他偏好使用"伦理",即便他似乎没有区分作为本质上人格间情感的"道德"(或他的"伦理")与其他种类的情感、感受或情绪。但是他想要探索"心之智慧"(暗指帕斯卡尔),这些计划朝着同样的方向发展,即便分析的细节和结果不同。参阅 Solomon, *True to Our Feelings*,特别是他的"导言"。

对本书而言，同样重要的是道德在两个层面意义上的"纵贯的"意义。① 人，作为有限者，是"绝对的"、独特的，不是仅仅相对的或可替换的；在这个意义上，道德是纵贯的。因此我倾向于提及一个绝对的道德（人格间的 interpersonal）经验，而不是一个普遍的伦理经验。道德从另外一个意义上讲是纵贯的：道德经验是不可还原地道德的，但它也隐蔽地是关于非自我为根基的经验。虽然经验的位格间（inter-Personal）维度（或我在他处所称的"宗教体验"）也许在道德中并不明晰，但是该维度与道德隐蔽地相关，或者说道德隐蔽地打开或界定位格间。② 对于电脑伦理、商业伦理、工程伦理等而言，并不是这种情况，然而，相较之下，对于依照"关怀伦理"发展起来的东西而言，这样的人格间维度是明显的。③ 按照个人意愿以任何方式使用"伦理"或"道德"的表达当然是合适的——我提出此澄清，乃是用来告知诸位本书中使用"道德"的方式，以及此中原因。

在情感的标题下，我包含了各种经验，诸如懊悔、遗憾、乐观、悲观、惊慌、厌恶或真诚——仅仅列举表面的一些。但是这些本质上不是道德情感，因为它们没有在一切情况下展示人格间的关系。所以，尽管厌恶或惊奇可以关联于一个人，它也可以仅仅关联于一个人格间维度不起作用的客体。然而，这种特征不足以把情感区分为道德情感。情感在一方面可以在主体—客体关系中表达，另一方面却被一种更深的关系包含在内，比如，在经验中或者经验本身以非自我为根基的方式将我给予我自己——在这方面成为与他者相关的并且被构造为道德情感（正如在希望的情况下，我们会在下文看到）。因此，虽然情感展示了像（对于一个事件的）畏惧或勇气这样的主体—客体关联，虽然它们也许为人所分享或者处在与世界或与世界上客体的关联中，但是它们没有被给予任何更深的关联。最后，这里的情感不仅不是人格间的，甚至或许没有展示一个主体—客体关联。此处我所想到的是并非道德情感（或海德格尔所说的"心情"）的情

---

① Steinbock, *Phenomenology and Mysticism*，特别是《导言》与《后记》。

② 我用"位格间"（inter-Personal）的表达来指称有限的绝对人类人格（human persons）与无限的绝对位格（Person）或神圣者之间的关系。照此，它要区分于而不是隔绝于通过有限人类人格之间的关系而获得的人格间的关系。参阅拙作 *Phenomenology and Mysticism*。

③ 特别参阅 Carol Gilligan, *In a Different Voice: Psychological Theory and Women's Development* (Cambridge, Mass.: Harvard University Press, 1982); *An Ethic of Care: Feminist and Interdisciplinary Perspectives*, ed. Mary Jeanne Larrabee (New York: Routledge, 1993)。

感,包括焦虑(anxiety)和无聊(boredom)。

对情感的道德旨趣的衡量不是根据它是被判定为"好"还是"坏",也不是根据情感是否适于已接受的标准或是否符合规范。相反,情感的道德旨趣可以根据它如何打开或关闭人格间联结方式来进行衡量。这种理解与亨利·柏格森(Henri Bergson)所表征的"开放"和"封闭"的道德更加一致,在亨利·柏格森表征的道德中,道德领域被奠基在动态(非静态)的宗教经验中。① 每种道德情感用自己的方式表达人与人的关系,它们阐明了一个创造性的人的维度以及一个人格间的自由维度。这可以在像希望和忏悔这样的情感中更加清晰地看到,不过它也适用于像羞耻和负罪这样的自身被给予性情感。当被推到核心时,所有的道德情感都揭示"人"是人格间的(来自有限的人或伴随有限的人)以及位格间的(来自无限的人或伴随无限的人[infinite Person])。

我根据以下三个中心类目检验了道德情感:自身被给予性情感,可能性情感以及他者性情感。在这几个类目之下,我研究了我所认为的关键道德情感。它们为何是关键的,其原因会在下文变得更加清晰,但是总体而言,这涉及它们如何表达以上所提及的这些中心特征,它们如何是道德情感的典型,以及它们如何对我们是谁的问题至关重要。对于自身被给予性情感,我主要处理了骄傲、羞耻和负罪;对于可能性情感,我主要探究了忏悔、希望和绝望;对于他者性情感,我集中讨论了信任、爱和谦卑。

虽然这些中心特征(自身被给予性、可能性和他者性)在所有这些道德情感中都很明显,但是它们以不同的方式呈现。那些更加直接地表征了一个特殊的模态性的情感,使得他们自身在一个特定的标题下被处理。比如,尽管信任与他者性直接相关,羞耻这样的情感也基本上展示出了这样一种关系,但是羞耻主要的经验分量或主要"贡献"是作为一种自身被给予性的情感。我在后文更加详细地解释了这些范畴的意义。

几乎所有关于情感的著作都没有处理情感的独特时间导向和意义,而本书则以经验的时间维度为特色。其原因是:如果道德情感有本己的被给予性模式,且该模式为个人的和人格间的经验所特有,那么它们也许不必映射到我们

---

① Henri Bergson,*I, es deux sources de Ia morale et de la religion* (1932;Paris:Presses Universitaires de France, 1984)。英译本见 R. Ashley Audra and Cloudesley Brereton, *The Two Sources of Morality and Religion* (Notre Dame:University of Notre Dame Press, 1977)。

在时间意识的展现结构中看到的熟悉的时间生活,即在对象的展现、滞留和被激发的前摄的意义上而言。当然,总是存在着任何被给予的心理、生理经验的滞留和前摄,因此在这个意义上,自身时间化过程确实涉及这些属于我的经验。然而,在这些情感经验中有一些时间性不是仅仅被奠基在这些时间意识的展现结构中,它也不实施或阐释这些结构。展现、滞留和前摄,以及更加主动的记忆和预期是时间被给予性的模式;如果存在展示出不同的被给予性和不同的明证性(比如,临显、揭示和揭蔽)的经验①,那么我们至少可以怀疑这是否也能适用于被给予性的时间模式。②

情感的道德维度不仅相关于精神的维度,而且相关于它们起源的人格间联结。当然有很多其他可以归入道德情感的情感值得在这里讨论,然而它们只是在它们的方向上得到一个粗略的首肯:尴尬、赎罪、同情、共情、羡慕、嫉妒——仅举几个为例。确实,其中一些情感通过比较和区别的方式得到检视,围绕着本书研究的主要道德情感被阐释,它们承担了本书的要点,即阐明人的意义。关于爱这个基本的道德情感案例,虽然本书通篇探讨了爱,并在与谦卑相关的标题下以一种更加协调的方式进行了介绍,但是我将对爱的系统讨论保留到另外一部与本书相关的著作中。由于我对揭露情感的独特结构,并据此揭露人的意义有特殊的兴趣,以及我对与此相关的、展示道德情感如何可以且应该干预涉及我们的社会假想之问题的地方有兴趣——因此,我的目标不是对道德情感做详尽的讨论;确实,尽管此处描述的道德情感因为各种原因可以被认为是典型的或主要的,但是我不认为它们是详尽的。虽然它们可能会影响关于情感的心理学话语,并同样影响情感在分析的、经验的和现象学的文献中被讨论的方式,但是我的主要目的不是去干预这方面。

最后,关于本书的目的,我区分了情绪和情感,特别是道德情感。情绪或情意生活相关于我们作为心理生理学的存在是谁的问题:喜欢或讨厌、快乐或痛苦、心神不宁、唤起、悲伤、兴奋、紧张、愤怒、咄咄逼人、困苦等,因为它们也许与目标和动机有关。虽然它们在自己的方式上是重要的,但是本书不会对此进行

---

① 参阅 Steinbock 的专著 *Phenomenology and Mysticism* 的导言部分。
② 虽然道德情感有空间的含义,比如扩张的、收缩的,但是道德情感并不是像它们是时间的那样直接地是空间的。

讨论。① 通过提及情绪和情感之间的区别,我想强调我不是从人的概念开始,然后推演到某一情感(比如,断言这是一个人,观察到这个人有一个经验,并总结它是一种"情感"或"道德情感",或相反地,这是一个"动物",它有情绪)。维特根斯坦认为:"人可以想象动物发怒、害怕、悲伤、喜悦、吃惊。但是希望呢?为什么不能有希望?……只有会说话的人才能希望吗?"②

就我而言,诸如狼、海豚、大象、黑猩猩虽然不是人,但是我保留这样的可能性:它们可以通过情感行为成为我们意义上的"人"。如果我们遇到一只悲伤的大象,一只羞耻的海豚,一只爱着的黑猩猩,一头信任着的狼——不仅是"更高的智能"——那么我们也许就是在面对"人"。我认为我们不能通过测试羞耻的人和海豚之间的客观相似性,以任何决定性的方式得知那是一只羞耻的海豚,因为这仍然预设我们本来能鉴别羞耻的经验。相反,如果这种情况发生了,如果我们开始认识到羞耻、爱、骄傲、信任和谦卑,那是因为它们在情感经验本身中或者通过情感经验本身人格间地开放,有本己类型的明证性、变异等,为特定经验领域(情感领域)所特有,而不是在该领域之外被裁决。③

对我而言,在任何情况下,不能说动物由于是动物或没有掌握语言因而不能希望。而是说,通过希望(或信任、羞耻、负罪等)人格间的人之维度被创造性地打开,在其丰富性和根本的隐秘意义上,"人"在这些以及其他情感中——最为深刻的是,在我们所称的道德情感中——被揭示并得到起源。如此,它们与

---

① 参阅 Scheler, *Formalismus*。参阅 *Emotion Experience*: *Journal of Consciousness Studies*, eds. Giovanna Colombetti and Evan Thompson; vol. 12, no. 8 - 10(2005)。另参阅 Sylvan S. Tomkins, *Affect Imagery Consciousness*: *The Positive Affects* (New York: Springer, 1962); Sylvan S. Tomkins, *Affect Imagery Consciousness*: *The Negative Affects* (vol. 2) (New York: Springer, 1963); Daniel C. Batson, Laura L. Shaw, and Kathryn C. Oleson, "Differentiating Affect, Mood, and Emotion: Toward Functionally Based Conceptual Distinctions", *Emotion*: *Review of Personality and Social Psychology*, no. 13, ed. Margaret S. Clark (Thousand Oaks, CA: Sage Publications, 1992), pp. 294 - 326;以及 E. A. Blechman, *Moods, Affect, and Emotions* (Hillsdale, N. J.: Lawrence Erlbaum Associates, 1990)。另参阅 Martha C. Nussbaum. *The Therapy of Desire* (Princeton, N. J.: Princeton University Press, 1994)。最后,弗洛伊德在他的"The Unconscious"中所说的 Affektbildungen, Affekte, Gefühle 和 Empfindungen 不等于我所描述的"道德情感"。

② Ludwig Wittgenstein, "Philosophy of Psychology — A Fragment", in *Philosophical Investigations*, 4th ed. (Malden, Mass.: Wiley-Blackwell, 2009), i. I.

③ 这就是 *Phenomenology and Mysticism* 一书探究宗教领域独特的体验和明证性之结构的要旨。

人格间行为的宇宙相互交织,共同启示了该宇宙。

四、情感现象学

本文用崭新的现象学描述来对要分析的情感进行描述。它们利用当代经验心理学研究到达如此地步,以至于后者促进了对要讨论的经验的阐明,尽管现象学分析远没有被它们取代,并且这些其他研究的方法和基础在涉及道德情感时也是处在疑问中。[1] 而且,说这些是崭新的或是本原的现象学分析意味着这不是简单的引用过去的现象学家,而是利用后者仅仅到如此地步,以至于他们可以帮助阐明讨论中的情感。

虽然这是一个现象学进路,但是我将很多出发点带入情感:社会学的、政治学的、语言学的、人类学的、历史学的等。特别是,我把日常语言哲学带进这种现象学方法的讨论中,不是因为我想要提及"欧陆哲学"和"分析哲学"之关系的陈旧幽灵,而是因为方法中重要且独特的相互关系涉及情感现象学的任务。由于我们经常在语言学层面处理情感,以便确认像羞耻、忏悔、谦卑或骄傲这样的经验,我们会遭遇现象学和日常语言哲学之间的相似和不同。在以下几页中,我提出日常语言哲学如何能够使用并被招募来,在一般描述经验的现象学事业中提供引导线索:阐明意义的出现,解释该经验的解释学任务,以及对经验及其结构的概念进行澄清。[2]

现象学方法。现象学方法作为一种解放我们体验的"实事"的方式被从事,因此在我们体验它们的时候,实事是什么以及它们的出现不被习以为常。现象学因此不仅适应于我们面前出现的什么,而且适应于该"什么"如何被给予的方式。出现的什么被视为事物自身、存在,以及该实事的结构、本质或者先天;出现的如何是实事给予自身的方式,它被遇到或被体验到的方式——简而言之,

---

[1] 比如,参照 Jean-Paul Sartre, *Esquisse d'une théorie des emotions* (Paris: Le Livre de Poche, 2000)。

[2] 关于这两种方法的早期比较,参阅 John Wild, "Is There a World of Ordinary Language?" *Philosophical Review* (October 1958): pp. 460-476; Maurice Natanson, "Phenomenology and the Natural Attitude", in *Literature, Philosophy and the Social Sciences* (The Hague: Martinus Nijhoff, 1962), pp. 34-43; Eugene TeHennepe, "The Life-World and the World of Ordinary Language", in *An Invitation to Phenomenology: Studies in the Philosophy of Experience*, ed. James M. Edie (Chicago: Quadrangle Books, 1965), pp. 133-146。

它的被给予性模式。用各种方式去接近讨论的实事是现象学的特征,但是所有这些都会有这两种关于经验的"什么"和"如何"的方法论组成。这种方法被实施的最为人所知的方式之一是搁置或"悬括"那些表征我们在世界上的存在的日常假设。它除去了这些偏见和固有的关于存在的合法性,以至于我们不对它们存在的意义习以为常。这个过程作为 *epoché*(来自希腊表达)而典型地为众人所知,意思是"悬置"。它不是否认或怀疑存在,而是这样的过程:抑制对不加询问地接受的东西的断言。这样的一个过程之所以进行,是为了看意义是如何被构造的,也就是某物是如何被给予以及其本身如何被接受的,以便理解这些有意义的经验的结构。

悬括凭借另外一个举动得到称赞。它不是简单的释放被构造的意义的事情,而是重获"构造活动"意义之维度的事情。由于它是一个回到意义—给予之起源的过程,现象学的这一方面通常作为"还原"而为人所知。当我们回到意义的起源,描述的一个直接来源就是第一人称经验。

这样的过程将诉诸"我的"经验作为一种描述来源,其中的风险是现象学也许成为自传的一种新的练习。现象学并不止步于我的经验的现象学"事实",而去探究结构的、本质的或共享的经验组成,这就是其原因之一。这样一个过程是可能的,因为经验的本质结构在具体的经验事实中被给予。因此,虽有许多经验可以作为例子或事例来理解本质结构,而原则上一个就足够;但至少必须有一个,因为本质只有在特殊中以及通过特殊才能被给予,这个特殊正是构成了本质的一个例子。① 这就是为什么舍勒可以声称佛陀释迦牟尼能够理解世界苦痛的全部、它内在的整体或意义的核心,这些是通过在宫殿之外一次偶然的遭遇,在一个诸如乞丐的例子中被具体化的(而他自己则不用以同样的方式遭受痛苦)。②

在从事道德情感的现象学时,我们关心情感经验如何出现,在被体验中它们是什么样子,它们如何在各种各样的被给予性模式和这些情感的本质结构中

---

① Edmund Husserl, *Logische Untersuchungen*, Vol. II: *Elemente einer phaänomenologischen Aufklärung der Erkenntnis*, Part II (Tubingen: Niemeyer, 1968).

② Max Scheler, *Wesen und Formen der Sympathie*, in *Gesammelte Werke* vol. 7, ed. Manfred Frings (Bern: Francke, 1973), p. 71. 参阅 A. R. Luther, *Persons in Love: A Study of Max Scheler's "Wesen und Formen der Sympathie"* (The Hague: Martinus Nijhoff, 1972), p. 71.

被经历。这些问题可以包含各种各样的方式。比如,我们可以在经验的"新阶段"通过静态地检视一个经验来开始,我们可以在记忆或预期中探究它时间上的被给予性。我们可以在想象中变更经验的例子,来达到它的本质结构。我们可以通过预设意义的主动成就来开始,利用它们作为"引导线索"来批判地探究意义—给予。关于"引导线索",我的意思是导向一个它们所服务的现象学分析,但是它们自身不必然是,或者说在严格意义上不是现象学分析。① 我们可以与已经从科学中收集的为人所接受的描述同行,我们可以使用诸如认知心理学家的分析和结果,我们可以利用文化或物理人类学家的田野调查,我们可以使用其他思想家的政治—历史反思,我们甚至可以利用其他现象学的著作。但是如果我们采纳这些进路,我们是将其作为出发点(或再一次,作为"引导线索"),来对意义的发生进行构造的分析。所有这些的要点是尽可能广泛、充分地阐明经验——它的发生与结构——在它的动态起源中。

因此"什么是骄傲?"这个看似简单的问题现象学地招致了许多相关问题:当骄傲不是事先呈现或预先注定成为限制或拒绝意义之贡献的行为时,它究竟是怎样出现的?为何羞耻是作为对骄傲的创造性回应而出现,而不是其他的或其他像负罪这样的分离体验?为何在所有的可能性中存在像忏悔这样的东西,作为对负罪或羞耻的回应、作为恢复我们自身而原初地发生,当没有任何东西提前预示到它时?简而言之,如果意义的实现是彻底本原的和创造性的,如果人甚至不知道他或她有这种情感"能力",直到该情感事实上被实现,如果一个人的情感不是事先被给予的,那究竟情感是"如何"出现的?这些道德情感的出现是以什么样的方式构造人的?它们在什么程度上是共有的经验,这些经验在什么程度上是跨文化的?② 在方法论上,我们如何从事这些类型的研究?

---

① 对"主要线索"更加详细的阐释,参阅 Anthony J. Steinbock, *Home and Beyond: Generative Phenomenology after Husserl* (Evanston, Ill.: Northwestern University Press, 1995)。

② 由于不存在中立的主体间性强制现象学做出抽象的普遍声明,并且由于它为世代生成性涵盖,现象学也被导向去探究经验给予自身的秩序,以一致的、理想的、典型的方式,并且也以一种熟悉的方式,以至于任何此类关于本质结构的分析必须考虑它们的世代生成性局面。更具体地说,从家园世界与陌生世界的不可还原的结构来考虑,人们仍然可以谈及本质结构,但是这些结构也许是在世代中的,为一些世代地厚重的家园世界所特有,而不为陌生世界所具有(从"家园"的角度看)。参阅 Steinbock, *Home and Beyond*。另参阅 Anthony J. Steinbock, "Facticity and Insight as Problems of the Lifeworld: On Individuation", *Continental Philosophy Review* vol. 37, no. 2(2004): pp. 241 - 261。

通过"悬置"和还原,或批判的现象学反思,"自然态度"本身以这样的方式涌现出来:它对意义习以为常,假定存在简单地在那里。自然态度不仅是那种态度:以常识的方法前反思地体验世界;它也涵盖"自然主义态度",后者这样的反思姿态试图使前反思态度更加准确、更加精确,正如我们在自然、物理或技术科学中发现的那样。比如,用物理学家的波长更加准确地解释红色似乎是在阐明经验,但是事实上它不再"批判地"反思红色的意义;类似地,现在以概念严密的名义在理性认知的模式上讨论"道德认知",这对澄清经验领域和它本己的明证性没有多大作用。事实上,不仅这样的"科学"反思预设某种实验和验证的秩序是真实的,它会遗忘我看待红色或体验道德情感的方式,甚至它也在贬低进行中的日常经验,把自身认作是"真实的",以奠基日常的方式强加自身。这种遗忘和逆转成为我们的"第二本性",构成它们的"幼稚性"。因此,特定类型的反思态度也可以是平常的,暗中如此,仍然处在哲学—现象学的批判反思之外。

现象学是一种特殊的反思类型,它承认反思的基础,但是让自己远离这种基础。它之所以如此是为了消解日常,为了看日常起源的过程,为了见证对我们已经是非常明显的意义之最初的陌生,因此也为了在其开始的不熟悉性中描述意义形成的过程,这种不熟悉性很久以来在日常实践性中被习以为常。在反思意义—给予的过程本身中,我们在其经历过程中掌握了它,这样我们就可以瞥见它如何以及"表示"、"意向"或"接受"了什么。这就部分地表明现象学如何成为"批判的"。

这样的活动通过如下视角的质性转变来表达:从某物是什么到某物如何被给予。因为现象学是一种特殊类型的反思的、留心的专注,它适应于发生在经验本身中的被给予性,所以现象学描述可以在体验事情的过程中发生,而与此同时通过专注的反思保持距离。为了做到这些,它利用了当前的经验、对过去经验的记忆、第一人格复数解释、真实的或虚构的经验,或那些对一些目标而言的模范人物;它可以诉诸第二人称的典型事例,或者在对话中可用的事例。由于道德情感之经验的特殊方式和本质,这些方法对描述它们而言特别重要。无论如何,它们看起来不像书桌、杯子或桌子那样可触及。

我从几个不同角度的考虑来处理情感,比如,从情景语境考虑,凭借历史上的例子,凭借从其他思想家的洞见开始,凭借追溯观念史上一些关联。这些提供了我以上描述的"引导线索"。我也依赖本书中的很多例子来描述、打磨讨论中的特殊情感。处理道德情感时，直达我们是谁这个问题核心的深刻的个人例子占有显著地位，并且由于这个原因，它们可以有启发性。但是有时极其平常的例子也可以有启发性。这些可以为两个原因所解释。首先，在现象学方法上，在使用例子时，例子的简单和普通不再被习以为常，在此意义下，它的即刻性被超越，在方向上能使情景本身出现，朝向平凡的起源。通过关注这些普通的例子，我们超越了例子的普通，这打开了一个意义的新世界，对于日常的习以为常的东西而言。重点是去看日常中的基本的陌生或神秘，不过现在是去依照它被习以为常的方式。

其次，因为我们检视的不只是经验的被给予性模式，还有经验的本质结构，我们应该能够从最简单到最复杂中，从最平庸到最深奥中，找到诸如负罪、希望或信任的相同结构。它应当揭露日常中呈现的生成结构及其意义构造的维度。① 这就是现象学方法如何不仅能描述道德情感，而且在到达这样的人格间经验之核心(自由、创造性、规范性和批判的角色在人格间经验的独特领域中出现)的过程中，现象学方法还能让我们看到道德情感的转化维度是如何在现代性和后现代性中被抹去，并提出为何它们应该重新融入这样的计划中。

日常语言哲学。这些考虑使我现在关注日常语言哲学在描述道德情感的现象学事业中的可能作用。由于在处理情感时，我们有时在某种方式上利用导向现象学分析的引导线索，我想要简单地看一看日常语言哲学。我们在描述道德情感时，我们只是在描述一个熟悉的意义、描述我们平常使用的或者我们赞同的意义的一些术语吗？J. L. 奥斯丁(J. L. Austin)是我们所理解的日常语言哲学的主要贡献者之一。② 在他的《为辩解进一言》中，奥斯丁在某种意义上试图澄清对行为特别是自由与责任的哲学研究，它通过探究辩解(以及与辩解有关的各种术语的使用，例如开脱、缓解、辩护)完成此工作，并以这样的方式阐明伦理学。

他争辩道，由于文字是工具，我们必须清楚文字的使用。事实上，一个词如

---

① 现象学可以在社会和政治中探测到超越社会和政治的社会假想规则，原则上能检视权力、经济和体制实践之间的关系，这些实践抹掉了自身的历史奠基，被认为是"自然的"，或者仿佛它们一直在那里。

② J. L. Austin, "A Plea for Excuses", in *Philosophical Papers*, ed. J. O. Urmson and G. J. Warnock (New York: Oxford University Press, 1970), pp. 175–204.

何使用,或者通过它我们表示什么意思,这些与那里是什么相一致,与事物的存在相一致。① 这就是为什么根据奥斯丁,日常语言哲学不是简单地检视我们在使用这个术语时所说的是什么,它也检视什么时候我们应该说什么,进而为什么说以及我们说这些应该表示什么。② 举个例子,为了理解什么是信任,我们检视在相关的情景中我们应该使用什么样的语词。当我们这样做的时候,我们不仅着眼于语言,还着眼于我们使用语词时所提及的实在。③ 因此,信任是什么,它的本质等于"信任"这个术语在其语境下的用法,或在陈述它时我们在语言学上表示了什么意思。此处的功能性洞见来自于维特根斯坦,该洞见就是符号的生命在于它的使用④,一个词的意义就在于它在语言中的使用⑤,我们的概念与本质的人类境况联系在一起,是生命形式的部分。⑥

对奥斯丁而言,术语"凭借日常语言而神圣"这个熟悉的使用很适合实践目标,并且以这种方式而富有启发。相应地,我们越关注语词以及它们的使用方式,我们越能磨砺我们的知觉。为了这样做,他不仅建议使用字典工作,而且想像在其中我们所思考的语词/意义出现的各种各样的情景。⑦ 由于语词是工具,不是事实,我们需要把它们从世界中分离,这样我们就能认识到它们的不足和所长,这样我们就能"不戴眼罩地重新看待世界"。⑧ 这里所做的努力是为了让我们注意看起来是最透明的糊涂的思想,揭露被认为是最无懈可击的误导性思想。因此,如果我们对语词的使用有问题,那么处理问题的方法在于语言,在于从日常的、熟悉的、常识的、对我们有意义的方式中获得线索。正如特亨内佩(TeHennepe)所写,哲学的存在维度基于它回归到(活生生的体验之模糊世界

---

① J. L. Austin, *How to Do Things with Words*, ed. J. O. Urmson and Marina Sbisa (Cambridge, Mass.: Harvard University Press, 1975).
② J. L. Austin, "*A Plea for Excuses*", p. 181.
③ Ibid., p. 182.
④ Ludwig Wittgenstein, *The Blue and Brown Books: Preliminary Studies for the "Philosophical Investigations"* (Malden, Mass.: Blackwell, 1969), "Blue Book", p. 4.
⑤ Wittgenstein, *Philosophical Investigations*, p. 43.
⑥ Ibid., p. 19, 23, 241.
⑦ J. L. Austin, "*A Plea for Excuses*", p. 186.
⑧ Ibid., p. 182. 这也是胡塞尔描述的对比于"自然态度"的现象学态度的方式,也就是,除去眼罩(*Scheuklappen*)。

的哲学含义)的程度,就是日常语言哲学具有存在意涵的程度,通过诉诸于我们使用语言的日常方式。①

虽然我们同意罗素所说的我们不想把哲学还原为词典编纂学,但是我们不赞同他的进一步指控,即日常语言哲学的结果具有的问题是它们过于"不准确"、过于"日常",因而不能成为哲学的一部分。② 在我看来,日常语言哲学的优点之一正是它维持了与日常生活体验的接触。这个方法的优势在于它从世界的自然概念出发来直接表达意识的自然形式,它想要通过检视在真实使用语境下的术语来达成理解。在它是描述性的意义上,它回到了一个重要的、活的参与的立场。③

确实,与罗素相反,以清晰和真理的名义(自然主义态度),用接近物理学家或化学家的专门词汇的精确科学的实证主义,来代替发问"什么时候我们应该说什么"的自然态度,这在哲学上对我们没有什么帮助。这只会带来一种新形式的教条主义,而维特根斯坦和胡塞尔等都对教条主义进行了批判。如果在日常语言哲学或自然世界的概念中存在歧义,这不会因此意味着我们应该否定生活的自然表达或以实证主义的世界观代替它,以便符合知识的理性模式,此模式由精确科学支配,给予我们对世界的所谓的清晰。

即便日常不是批判性的——这里我的意思是它不直接检视意义—构造或意义是如何个人地或人格间地产生——它仍然可以作为哲学和批判反思的来源,它可以成为语境,在其中测试关于世界的理论。对我们而言,日常语言和日常语言哲学的区别在于通过关注日常本身来反思日常语言而得到的距离。在某种意义上,日常语言哲学不再可能仍然是日常语言。不过奥斯丁把任务表征为从世界中窥探语词,以便不会缺乏远见,他从来没有将日常语言哲学看作"现象的最终仲裁者"。对他来说,没有"最终语词",而是有"第一语词"。④ 他设想,

---

① TeHennepe, "The Life-World and the World of Ordinary Language", p. 145. 另参阅 Oswald Hanfling, *Philosophy and Ordinary Language*: *Bent and Genius of Our Tongue* (New York: Routledge, 2000)。

② 参阅 Bertrand Russell, *The Analysis of Matter* (Nottingham, Eng.: Spokesman Books, 2007), p. 155。

③ TeHennepe, "The Life-World and the World of Ordinary Language", p. 136. 另参阅 Stuart Hampshire, *Thought and Action* (Notre Dame, Ind.: University of Notre Dame Press, 1981)。参阅 *Ordinary Language Criticism*: *Literary Thinking after Cavell after Wittgenstein*, ed. Denneth Dauber and Walter Jost (Evanston, Ill.: Northwestern University Press, 2003)。

④ J. L. Austin, "*A Plea for Excuses*", pp. 182–185.

若非因为表达之笨拙,他甚至会建议把他所从事的工作称为"语言学现象学"。①

日常语言哲学可以作为"引导线索"导向对现象的批判阐释,如同其他引导线索一样。② 它和心理学、人类学一样属于我们所称的生活世界本体论。③ 但是此处它有特殊的共鸣,因为它能触及情感经验,这样的触及不预设更复杂的理论及其根基,因此它作为一种可能的方式从事一种更加批判的研究。

日常语言哲学对情感现象学有帮助,因为它会定向讨论或打磨现象。(现象学,特别是发生现象学,没有忽视历史或语言学预设,而是创造性地从中工作,努力阐释这些经验。)但是这不意味着任何像生活世界本体论这样的日常语言可以代替批判研究,因为经验和澄清是描述和诉求的重点。这就是奥斯丁所做的事,虽然他自己不承认!④ 重点不是预设积累的意义,更不是不参照经验而构造理论,而是探究情感被给予性的如何。例如,时间和空间的被给予性模式,情感的可能性构造,我们在情感中是如何自我给予的,情感如何在与他者性的关系中被经历,情感如何开启或关闭与他人在一起的存在,情感特殊的正面或负面价态——通过这种对它们意义的关注,达成对情感本质结构的澄清。通过利用事先构造的熟悉意义和对存在的断言,将其当作导向构造的分析的引导线索,日常语言整体上可以被作为总体的现象学分析的一部分,以及作为日常语言对现象学澄清敞开的结果。

让我举个例子。比如说我们开始通过检视我们使用信任的方式来研究它的意义,进一步地,我们从"我相信我的立足处"(我在攀登山崖)这个表达来开始。检视了这个经验中"可靠的"事物的被给予性的时间模式、过去的角色、熟悉度等,与信任经验比较之后(利用本书后文提供的分析),我们发现"相信我的立足处"的使用根本没有澄清信任的意义。事实上,它是有误导的。因为当我在岩石表面攀登采用姿势的时候,我不是用信任的态度体验岩石和我的脚,而是用可靠性来体验,利用过去的信心与对特定结果的预期。

---

① J. L. Austin, "*A Plea for Excuses*", p. 182.
② 参阅 Steinbock, *Home and Beyond*。
③ 生活世界是感知的也是语言的;它不是非语言的。只是语言意义也可以被预设为它们"流转"回了我们习以为常的事物中。更宽泛的自然和更具体的自然主义(科学的,精确科学的)都是幼稚的。参阅 Steinbock, *Home and Beyond*, 第2节。
④ J. L. Austin, "*A Plea for Excuses*", p. 181.

再次,预设以下的现象学分析,这样的出发点不会触及信任的核心。触及其核心即认识到自由是系缚于他人的,不依赖过去,将我自己呈送为易伤性作为经验的基础。我不可能将一个自由行为者归于我的双脚或岩石表面,如同它们也许会自由地背叛我——如果我确实这样做了,那将会是完全不同的情况。不同之处可以从我经历经验的方式看到。这会区分我们所说的"信任"和"可靠"的经验——但是它不是预先确定的可以做裁决的意义集合。虽然事实上信任的日常用法可以作为"引导线索"来帮助我们识别它是什么,或在这种情况下它不是什么,但是利用信任的这种用法来将其作为它的意义或存在,将会是非常有欺骗性的。我们可以发现类似的关于情感的例子:希望、羞耻、绝望、羞辱以及其他许多。在这种情况下,不仅信任的使用不是最后语词,它或许甚至不被看作第一语词。

当然,在某些情况下,术语的使用可以给我们重要的洞见。譬如,如果我想要决定希望的时间导向,我可以从以下的陈述"我希望那没有发生"开始,来看谈及与过去有关的希望是否有意义。事实上这样的开始给了我们一个线索,导向希望的未来含义。这里希望的被给予性的时间模式符合它涵盖的语言学意义。然而最终诉诸的是希望的活生生的体验中发生的东西。或者我们可以用不同的体验举例,比如忏悔。虽然我可能会说"我明天会后悔"——了解我自己以及我要做的事情、我后来的感受——然而我不说"我明天会忏悔",因为我自发地体验到忏悔,以回应负罪或羞耻,我并不把它作为我已经预测到的事情来经历。我将其作为对羞耻或负罪的回应体验到这种情感,当我检视在我体验它时发生了什么,我发现它是心的真诚变革,以改变我的方式(即忏悔)。

根据我们的出发点,我们可以得到不同的洞见来看待情感以及作为人我们是谁的问题。分析"我希望不要爆胎"这个陈述——听起来很平常——很可能会与分析"猫在垫子上"这个陈述产生不同的结果。但是决定性的是根本的经验,以及它所揭示的关于我们与他者一起的存在和转化与意义构成的可能性。"我会爱你五年"的陈述在语言学、语法和语义上都很有意义,但是它在现象学上并无意义,因为爱的活动就是走向无限,没有预知的限制,即便事实上这份爱确实在五年中结束。这种陈述具有人格间的或道德的意义,不同于它单纯的语言学的意义;依据体验的、现象学的意义来看,预设语言学意义是对意义和结构的真正或最终的裁决是错误的。这是因为——研究它的被给予性的时间模式,它与可能性模式的关系,它对他者性的导向都显示——爱的开启没有事先定义的或预期的时间、模式和人格间的限制。

伴随着对经验(包括语言学经验)的强调,现象学反思在某物被给予我们的方式上以及它的本质结构上得到训练。然而,被经历的经验也许能、也许不能轻易地适用于语言,或通过概念表达出来。感觉到一个表述不是很正确之体验,或认识到我们没有概念来表达某种特殊的经验之体验,将我们指向了这个方向。经验常常不仅引发一个新的术语之陈述,还引发新的概念之陈述。对某些经验,我们没有词汇;经验越是根本,这种情况越明显。不过,关注这种经验可以使我们形成和重新表述新的概念与新的词汇。

我们所说的神秘体验以及不可言说的奋斗——不过此处不限于神秘体验,还包括特别清晰的东西——使人意识到这点。有时没有现成的术语或概念可用,也没有用法(更不用说普通或日常用法)或预先确定的概念符合体验、"意义"或被给予者的"存在"。这至多是对语言的摸索,而神秘主义者从不知道该语言的存在,因为他或她创造了它,试图使其体验"名副其实"。① 在此,体验引发语言,概念从不先于他们或任何人的处理,因此这样的语言仅仅在唤醒,而不是在引起经验的方式上有意义地发挥作用。

如果正如马尔库塞不情愿地承认的那样,日常语言极大地关系到批判哲学思想,那么通过批判思想的中介,正如我们在处于生活世界本体论中的日常语言哲学中发现的,语词的"谦卑使用"失去了其朴素的恭顺,揭示了"隐藏"的东西。② 这意味着当自然变得不自然,平常变得不平常的时候,现象学甚至是日常语言哲学的描述中有一个更加透明也更加隐晦的批判维度。在它自己诉诸经验时,在它自己对日常的运用时,批判反思消解了日常的意义,因而该意义不再保留在其日常语言的宇宙中。意义根本的陌生、意义出现的神秘、意义起源的浮现,透过它们概念首次被消解,既隐藏于日常又于日常中可得。因此我们

---

① 比如,阿维拉的圣·特蕾莎写道:"长久以来,即使上帝施惠于我,我仍然不知道用什么样的话语解释他的恩惠;这不是微小的考验。"或者我们可以检视什么是苏菲神秘主义者的"迷狂的表达",在许多情形下它都没有直接的先于体验的概念,或语言学陈述的尝试。这也许是他们必须等待去创造他们自己的听众的原因,如果他们没有先被当作异教徒杀死。参阅 Steinbock, *Phenomenology and Mysticism*, 特别是 2—4 章。

② Herbert Marcuse, *One-Dimensional Man: Studies in the Ideology of Advanced Industrial Society* (Boston: Beacon, 1964), p. 181.

可以站在维特根斯坦一边:"不熟悉比熟悉更是一种经验。"①

现象学对日常或平常每日的反思的超越,对理解日常和平常每日是至关重要的。在熟悉中通过表达发展不熟悉就是阐明经验。如果日常语言有批判功能,那么就是利用在日常话语中揭示的东西,"让建立的语言本身说出它隐蔽的或排除的事物"。② 如果是这样,那么日常语言的最终目标是阐明经验,而不是澄清术语或我们使用术语的方式。然而,如果日常想要保持日常,那么这要在一个更加包容性的批判性思考中进行,同时在另一方面不诉诸于技术或自然科学的准确性。就我的目的而言,这种批判的进路是现象学的,至少它在此处关于道德情感的运用中是如此。

The Distinctiveness of Moral Emotions

Anthony J. Steinbock

Abstract: In this article, I describe what is at stake in the moral emotions having a distinctive structure of experience and evidence that is irreducible to other kinds of experience. I then articulate the scope of the moral emotions as interpersonal, and what distinguishes them both as "moral" and as "emotions". In a third step, I examine the method by which I investigate the emotions, namely a phenomenological method. In doing so, I describe briefly the place of ordinary language philosophy in a phenomenology of the moral emotions.

Key Words: Phenomenology, Emotions, Method, Ordinary Language Philosophy, Evidence, Revelation

---

① Wittgenstein, *Blue and Brown Books*, "Brown Book", p. 127.
② Marcuse, *One-Dimensional Man*, p. 195.

重新思考偏见[*]

[美]亚当·桑德尔 著　张容南 译^{**}

[摘　要]　今天我们常常将偏见与无知和固执联系在一起,将其视作不正义的来源。我们通常将偏见看作明晰判断的障碍。如康德等启蒙思想家认为,当我们的判断不依赖于任何未经明确验证的来源或影响时,我们才能得到最好的判断。偏见会阻挠我们获得最好的判断。然而在我看来,以完全超然的方式来获得判断的愿望是具有误导性的;慎思与判断总是在我们生活的处境内展开的。如果判断不可避免是处境化的,那么完全清除我们脑中偏见的企图就可能是具有误导性的。事实上,偏见是判断不可避免的一种特征;我们总是在我们自己的生活环境中去判断和理解的。我们生活环境中

---

* [译按]2017 年 5 月哈佛大学社会研究中心的助理教授亚当·桑德尔携其新书 *The Place of Prejudice: A Case for Reasoning within the World*（Harvard University Press,2014）来华东师范大学哲学系进行讲学。通过这本为偏见正名之书,桑德尔野心勃勃地想要表明,如果我们恰当地理解偏见,就会发现它不是清晰思考的障碍而是其重要的面向。这篇文章是这本书导言部分的中译本,供大家阅读思考。

** 亚当·桑德尔(Adam Sandel, 1986—　),男,美国哈佛大学社会研究中心助理教授,研究领域为政治哲学。张容南(1982—　),女,江苏南通人,哲学博士,华东师范大学哲学系副教授,研究领域为伦理学和政治哲学。

的某些特征、某些偏见(习惯、传统、经验),也许能帮助我们去更好地判断。在此意义上,偏见是理性的一种表现方式,而不是对理性的背叛。如果我们将偏见看作是理性的一个面向,那么我们将承认它是定义我们与世界关系的参与式理解的一个有力例证,而不是一种阻碍人们获得明晰判断的有害模式。

[关键词] 偏见;超然的概念;处境化的概念;在世存在;视角;修辞

今天偏见是不受欢迎的,这很好理解。它往往指的是一系列针对这个或那个群体的仇恨态度和实践。种族偏见是一个臭名昭著的例子。它为任何想要在道德和政治判断中给偏见留下一席之地的企图投下了阴影。任何体面的人都不会承认偏见的一席之地,想想你能为它说些什么呢?只要偏见指的是由仇恨引起的思想或行动,答案就是否定的;这样的偏见应受到谴责,而不是为之辩护。但偏见还有一种更广阔的意义。

伊曼努尔·康德很好地把握了偏见的意义。他将"启蒙"定义为"一般来说从偏见中解放出来"。[①] 他所说的"偏见"指的不仅仅是无根据的仇恨。对康德来说,偏见是一种前判断(prejudgment),即其有效性没有得到明确考察和辩护的判断来源。康德考虑的偏见包括传统、习惯、习俗和成长经历,甚至我们自然的欲望——所有试图避开有意识的反思,影响我们判断的企图。康德说,"无偏见思考的精神"和启蒙运动的实质是去超越这些偏见的影响,做到"为自己思考"。[②]

在康德之前一些著名的思想家对偏见也持类似的态度。例如,培根写道,如果能"去除偏见",清除他所说的"心灵的偶像",人类的智能会发展得更好。他所说的"偶像"指的是传统、习惯、语言和教养等产生的影响。培根认为,如果我们的"理解是无偏见的,像一块白板那样",我们的判断会更接近真理。[③] 当他决心摆脱所有的"先入之见",将知识一块一块地重新建立起来时,勒内·笛

---

① Immanuel Kant, *The Critique of Judgment*, trans. James Creed Meredith (Oxford: Oxford University Press, 1952), §40, p. 152.
② Ibid.
③ Francis Bacon, *The New Organon*, ed. Lisa Jardine and Michael Silverthorne (Cambridge: Cambridge University Press, 2000), p. 18.

卡尔表达了相似的观点。① 他呼应了"白板说"的理想，并坚持认为如果"我们能自出生之日起就完全运用我们的理性，并且如果我们只接受理性的指引"②，我们的判断就会更加坚定、更少模糊。

康德、培根和笛卡尔阐述的"偏见"比无根据的敌意要广阔得多。它指的是任何其有效性没有得到验证的判断来源。我相信，从广义上来说这种消除偏见的愿望是我们这个时代强有力的一种理智理想。当然，我们有理由鄙视被认为是仇恨和歧视的偏见。但是，对偏见的拒斥反映了更深层次、更普遍的假设，即理性判断不能受到任何形式的偏见的影响，包括我们从传统、习惯、习俗和我们的成长经历中获得的理解及承诺。

这种思考判断和拒斥偏见的方式正是我试图挑战的。我的挑战建立在对判断的两种概念的区分之上。第一种概念也许可以被称之为超然的概念（detached conception）。根据这种概念，当我们的判断不依赖于任何未经明确验证的来源或影响时，我们才能得到最好的判断。这类判断是"超然的"，因为它试图让我们摆脱所有未经验证的影响。

第二种判断概念也许可以被称之为处境化的概念（situated conception）。根据这种概念，以完全超然的方式来获得判断的愿望是具有误导性的；慎思与判断总是在我们生活的处境内展开的。根据处境化的判断概念，我们生活的处境不是理性的障碍而给我们提供了一种视角，在此视角内理性才得以可能。

我在这本书中的目标是阐述和捍卫这种处境化的判断概念。但我也希望能表明，我为什么要对比超然的判断概念和处境化的判断概念。如果我能表明处境化的概念是更加合理的，那么康德、培根以及笛卡尔对偏见的拒斥就是有问题的。如果判断不可避免是处境化的，那么"清除"我们脑中偏见的企图就可能是具有误导性的。有可能我们不应该完全清除心灵的偶像。

在我们的处境/生活环境内进行推理和判断的概念，现在看来还十分模糊。这本书的一个目标就是把它说清楚。为了把它说清楚，我会引用两位二十世纪的德国哲学家——马丁·海德格尔和汉斯-格奥尔格·伽达默尔的著作。他们论辩说，我们的理解和判断总是处在这个世界中的，它们受到了我们所从事的

---

① René Descartes, *Discourse on the Method*, in *Selected Philosophical Writings*, trans. John Cottingham, Robert Stoothoff, and Dugald Murdoch (Cambridge: Cambridge University Press, 1998), p. 26.
② Ibid.

传统、筹划以及实践的影响。这意味着无论何时——评判政治或法律中相竞争的论证时，试图理解一个哲学文本时，考虑在这个或那个环境中如何行动时——我们进行判断，我们都不是从零开始的。我们的判断总是受到未被论证过的前概念和承诺的影响，在大多数情况下，它们都处于我们有意识的关注范围之外。但与看起来相反，偏见作为判断的一个面向并不总是令人遗憾的限制。他们论证说，事实上有一些偏见能带来好的判断而不是阻碍好的判断。

认为好的判断总是超然的这一假设在今天的哲学、政治学以及法学中十分有影响力。我们可以从美国的司法体系中找到一个明显的例子。一个公正的陪审团被认为应该由那些头脑像白板一样的人组成，他们对这起案件的双方或案件的主题毫不熟悉。对此，法官及法学学者提供的辩护理由是，这种挑选陪审团成员的方式排除了偏见，从而被挑选出来的陪审团成员将以开放的心态来审理案件。但是，正如前面所说，偏见的影响是难以摆脱的，这种方式并不会真的产生出一个无涉偏见的陪审团。它很有可能会产生出一个带有错误偏见的陪审团——这个陪审团缺乏做出好的判断及确认相关事实所需的背景理解。

例如，考虑一下辛辛那提艺术博物馆及其馆长1990年被控淫秽一案选择陪审团的方法。罗伯特·梅普尔索普（Robert Mapplethorpe）指控这家博物馆及其馆长展示了有争议的照片。法官排除了一名可能当选的陪审团成员，仅仅因为她曾经看过这场展览（不仅仅是那些有争议的照片）。她也是唯一一位号称经常逛博物馆的成员。后来被选中的陪审团团员是一位"从未去过博物馆的人"。[①] 法官认为那些看过展览的人，甚至那些经常去博物馆的人，都会带有偏见，可能会支持艺术放纵，因此做出不公的裁决。为了避免偏见，这位法官显然给陪审团选出了一位对博物馆（或淫秽法）毫不熟悉的人。

但这样一个陪审团就可以无涉偏见吗？一个更合理的解释是一个由从未去过博物馆的人组成的陪审团会带有其特定的偏见：这样一个陪审团看似没有什么依据来确定在博物馆展出什么是适当的。那些不熟悉博物馆通常展示的作品类型的人如何可能准确地确定哪幅特定的照片达到了"当代社群的体面

---

① Jeffrey Abramson, *We, the Jury* (New York: Basic Books, 1994), pp. 21–22.

标准"呢?他们被要求来诠释这个标准是什么。缺乏背景知识或偏见的法官看上去很难公正地审理这个案件。

我对"偏见"的使用对于那些熟悉其贬义的人来说,无疑听起来很奇怪。我所说的"偏见"仅仅代表的是"背景知识"吗?在某种意义上,是的。我的目标正是将这些概念关联起来。但究竟是怎样的背景知识在发挥作用呢?说"我知道"博物馆内通常展示的是哪类作品与"我知道"目前正在展出的照片的名字是不同的。后者仅仅是信息,而前者是对内容的熟悉,了解什么算得上是艺术品,而什么是垃圾。除了负载价值,这类知识不可避免地是处境化的。它意味着你在一个特定的社群中长大,经常去博物馆,会诠释艺术品,并发展出何谓"体面的"艺术感。在此意义上,我们也许将这些知识称之为一种"偏见"。此外,由于这些知识是处境化的,它不可能被简化为任何人都可以获得的规则或原则。处境化知识的这种特殊性符合我们将"偏见"和偏私性联系在一起的印象。

当今怀疑偏见的第二个例子是普遍存在的对政治修辞的贬低。人们熟悉的一个表达是"这只是修辞"——那些滔滔不绝的废话只是为了劝说特定的听众。这种对修辞的诋毁已经超出了对政治家及其动机的不信任。它反映了一个对政治论证的性质以及应该如何进行政治论说的更深层次的观点。根据这种观点,政治论证取决于它们对于某种非修辞化的原则——也即,不诉诸任何令它产生的特殊的场景——的辩护。试图通过故事、图景和参照物来劝说特定听众的修辞至多只能成为这种"真正的论证"的修饰物。而最糟糕的情况是,修辞成了一种迎合或欺骗的方式。你可以说,对修辞的怀疑是建立在这一假设的基础上的,即修辞诉诸的是人们的偏见而不是理性。这个论证指出,有说服力的演说家以一种有偏倚的方式引导他们的听众做判断——他们会受到自身视角的影响,而其他人并不分享这种视角。我们假设政策和原则应该最终以抽象的方式得到辩护——由任何人在任何地点都可以获得的理性来辩护。

但那些雄辩的修辞的例子让我们怀疑这个假设。像约翰·肯尼迪、林登·约翰逊以及马丁·路德·金这样的政治人物的演讲,不光是从他们诉诸的原则那里获得道德感染力,更是从诉诸其听众的生活处境这一点上获得了道德感染力。例如,在民权运动中,林登·约翰逊的演讲唤起了听众的道德愤怒。他的演讲与听众的日常角色及实践紧密相联,从而获得了他们的共鸣。众所周知,为了获得与其听众共同的立场,他的演讲甚至操着一口浓重的南部口音。① 尽管约翰逊面对的听众是特定的,但他用他的修辞挑战了这些听众既有的观点——用一些他们在意的其他实践来谴责种族隔离。虽然听起来很奇怪,但正是通过诉诸听众的偏见,约翰逊的修辞赋予了平等原则以道德力量。

试图挑选出大脑如白板的陪审团团员,以及对政治修辞的怀疑,证明了今天人们对偏见的拒斥。但如我所说,这种拒斥是具有误导性的。为了建立起偏见的合法地位,我首先要揭示的是,超然判断的理想本身就是一种偏见——这种渴望受到了有问题的思想传统的影响。追随伽达默尔的步伐,我们在现代早期和启蒙时期找到了这种传统的源头。正如伽达默尔所说,"直到启蒙运动,偏见这个概念才获得了我们今天所熟悉的消极内涵"。② 他解释说,"偏见"这个词实际上来自"前见",它以前"既无褒义也无贬义"。他接着说,直到启蒙运动它的意思才被局限为"无根据的判断"的意思,这种判断被认为无关理性,而受到了人为的权威或传统的影响。③

在第一章中,我考察了在现代早期和启蒙思想中针对偏见的例子。④ 在某种程度上,我将通过提供一种伽达默尔所说的"以偏见对抗偏见"更持久的论述来延续他对偏见的讨论。⑤ 我的目标不是提供对偏见这个概念详尽的历史梳理,也不是去证明伽达默尔所说的"以偏见对抗偏见"定义了启蒙运动的实质。⑥ 我之所以转向历史是为了澄清偏见这个概念,并展开对超然的判断理想的论述。为了实现这个目的,我审视了培根、笛卡尔、亚当·斯密和康德对"偏见"的论述,他们都谈到了偏见或发展了超然判断的理想。

如我们将要见到的,这些思想家试图排除不同的偏见概念。例如,斯密将偏见置于我们对家庭、朋友和国家的忠诚之中。他声称,这些偏见是狭隘的和

---

① Bryan Garsten, *Saving Persuasion*: *A Defense of Rhetoric and Judgment* (Cambridge, MA: Harvard University Press, 2007), p. 193.

② Hans-Georg Gadamer, *Truth and Method*, trans. Joel Weinsheimer and Donald G. Marshall, rev. ed. (New York: Continuum, 1989), p. 273.

③ Ibid.

④ 在此"启蒙"指的是这个时代的自我描述,我考察的几位思想家都属于这一时期的思想家。我并非断言我们今天所说的启蒙时期只存在一种单一的思维方式。

⑤ Hans-Georg Gadamer, *Truth and Method*, p. 273.

⑥ Ibid.

不合理的,它们是盲目的习惯和习俗的产物。① 斯密并不认为所有非理性的影响都是偏见。事实上,他支持与理性相对照的对人类的爱和"同情"。但斯密保留了作为轻蔑语的"偏见"一词。与之相反,康德认为任何情感——不管有多少人分享这些情感——在原则上是与特殊的欲望和忠诚无区别的偏见。按照他的说法,偏见指的是被超然理性之外的其他来源"给定的"任何东西。②

尽管他们对偏见的范围存在分歧,所有这些思想家都同意,当我们从我们的处境或生活环境中抽身出来时,我们才能获得最好的判断。斯密将基本的道德情感排除出了"偏见"的范畴,他认为正是情感使得我们的判断得以可能,它们普遍地存在于人类这个物种中。就这样,这些思想家提供了一种独立于习惯、习俗和传统的判断的基础。

除了突出"偏见"的细微差别,我研究的这些思想家给我们指出了两种好的判断感,并回答了为什么逃脱偏见能使我们做出更好的判断。培根、笛卡尔和斯密强调的第一种好的判断感是做出真实的判断。他们论证说,我们的处境尤其是我们生长的环境以及传统的权威会导致我们误入歧途。摆脱偏见是获得真理的第一步,无论这个真理是有关宇宙(培根和笛卡尔)还是有关正确的行为方式(斯密)。

第二种好的判断感,如康德看重的,是自由的判断。他论证说,受到偏见影响的判断不光是错误的,也是受限的。自由的判断必须是自主的;它必须来自一个人自身理性的裁决。康德将理性与习惯、习俗、文化甚至欲望相对立。因此,针对偏见的批评来自两个方面,一个与真理有关,一个与能动性有关。我旨在挑战这两种批评:我要表明偏见可以是具有启发性的,并且它与自由相容。

在通过处境化的判断概念探究偏见的一席之地前,我要考察一个大家熟悉的有关偏见的例子来结束第一章。这种观点无条件地支持传统,并将情感置于理性之上。偏见的"感性"复兴最著名的代言人是埃德蒙德·伯克。他的偏见观念十分重要,它也与我在前面提到的那些关于偏见的看法形成了对照。伯克大胆地宣称,"在这个启蒙的时代,我完全敢于宣称,我们总的来说是具有天然情感的人;不要抛弃所有旧的偏见,我们相当地珍视它们;而且说句不客气的

---

① Adam Smith, *The Theory of Moral Sentiments*, ed. Ryan Patrick Hanley (New York: Penguin, 2009), p. 229.

② Kant, *Critique of Judgment*, §40, p. 152.

话,正因为它们是成见,所以我们才珍视它们。"①

　　伯克所说的"偏见"不仅是天然的情感,或抽象的情感,而是受到特殊的习惯、习俗以及社会角色影响的情感。他常常用"偏见"来指代习惯、习俗以及社会角色本身。例如,他经常说教会的确立是一种"偏见",因为它塑造了英国人的实践和判断力。②

　　从表面上看,伯克对偏见的捍卫似乎是对前人思维方式的一个激烈挑战。但他事实上分享了他们的核心假设。因为他接受了偏见与理性的彻底区分,而只是将两者的价值颠倒了过来——他用"体面的帷幕"、"天然的情感"以及"愉快的幻觉"来捍卫权威的传统来源。他并没有试图证明理性与偏见交织在一起,而接受了理性与偏见的对立,只不过他声称偏见具有更大的优先性。

　　这种对偏见的捍卫是很难令人满意的。如果偏见不过于情感和"愉快的幻觉",那么为什么它应该被置于理性之上呢?伯克没有给出一个令人信服的答案。他实际上提供了对偏见的两种捍卫,但两者都没能证明为何偏见应该优于理性。第一种捍卫只是哀叹了偏见的衰败,并唱响了对过去的赞歌。第二种捍卫简单论证了传统的社会功用。尽管伯克坚持认为传统的角色和制度使社会团结一致,他并没有展示出这些角色或制度代表了任何内在的洞见或理由。伯克对偏见的功利主义论证出现于他对教会制度的赞美中。尽管他认为这是一种"迷信",但他仍然认为教会构成了"公民社会的基础,以及所有善与慰藉的来源"。③

　　如果将偏见看作是与理性相对的,那么要接受偏见作为权威的一种合法来源就会变得困难。但还有另外一种理解偏见与理性关系的方式。在伯克那里我们找到一种情感主义的偏见观,与之相对,我想要捍卫的是一种诠释学的偏见观。这种偏见观与我所说的处境化的理解概念有关。根据这种概念,偏见是判断不可避免的一种特征;我们总是在我们自己的生活环境中去判断和理解的。但正如"诠释学的"这个词所示,我们的生活环境是一种可以理解的视角,它是向诠释开放的。此外,我们生活环境中的某些特征、某些偏见(习惯、传统、

---

① Edmund Burke, *Reflections on the Revolution in France*, ed. Frank M. Turner (New Haven, CT: Yale University Press, 2003), p. 74.
② Ibid., p. 77.
③ Ibid.

经验),也许事实上能帮助我们去更好地判断。在此意义上,偏见是理性的一种表现方式,而不是对理性的背叛。

诠释学的偏见概念来自海德格尔和伽达默尔。他们两人都从我们的处境出发来理解偏见——伽达默尔将其称为我们的视域(horizon),海德格尔将其称为我们的世界(world)。① 在第二章中,我会从海德格尔那里发展出一种处境化的理解概念,尤其是从他的"在世存在"(Being-in-the-World)这个概念中。我的目的在于提供一种对在世存在的诠释,这种诠释将挑战超然判断的理想,并试图解释从我们的生活环境中进行推理到底意味着什么。处于"在世存在"概念核心的是这一看法,即我们最基本的理解模式不是超然地审视我们的信念及其起源,而是从制作物品、将其投入使用、回应我们的处境、致力于某些特定目标中产生的实践性的理解。这种类型的理解首先并不是一种明确的意识。它不是那种当我们检查物品并注意到它们的性质(大小、形状、颜色等)时产生的意识。我们实践性的理解绝大多数情况下都是不明确的。它处于我们有意识的意识之下。海德格尔常举的一个例子是一个木匠理解他的锤子的方式。当这名木匠在他的长凳子上工作时,他通过使用他的锤子而了解了它。他知道它是制造橱柜的工具,而橱柜是房子的一部分,房子又是生活得好所需要的。当他使用锤子时,这名工匠洞悉所有这一切,即便他有意识的关注处于别处(也许他关心的是即将到来的午餐休息时间,或者天气,或者当天的新闻)。

海德格尔的"在世存在"的观念及其实践特征令他拒斥我们所熟悉的主客二分。② 他指出,当我们从事我们的活动时,我们并不是考察客体的主体。相反,我们被自己的目的所缠绕,我们处于我们试图理解的世界中。

为了把握这个观念,海德格尔引入了艺术的一个关键词。他用"此在"(字面上的意思是"在这儿")概念来取代主客体的二分。③ 此在这个概念表明,我们是由我们所做的事,我们开展的活动,我们所处的处境,以及我们总体的处境

---

① 在《存在与时间》中,当海德格尔在综合的意义上使用世界这个词时,他没有使用引号。当他谈到世界的通俗意义时——即我们通常在各种意义上使用这个词时,他加上了引号(单引号和双引号)。当他谈到我们周围的"实体总体"时,他给'世界'加上了单引号;他在综合的意义上谈到具体的世界如农妇的"世界"时,他加上了双引号。参阅 Martin Heidegger, *Being and Time*, trans. John Macquarrie and Edward Robinson (Malden, MA: Blackwell, [1927]1962), p. 93.

② Martin Heidegger, *Being and Time*, p. 87.

③ Ibid., p. 27.

或生活环境——海德格尔称之为"世界"——来定义的。世界是我们参与其中的总体——它包括目的、目标和实践的网络,这些东西将我们的生活定义为一个整体。

理解世界最关键的问题在于如何理解这种总体性。在此有两件事情是明确的:第一,我们对总体性的理解是实践性的。只有生活其中,"生活在"世界中,我们才能理解它。第二,我们的理解带有综合性。为了理解世界的一部分,我们必须对世界的整体有某种意识。因为任何特殊的活动或角色都只有在与其他部分、与整个网络的关系中才能得到理解。"在世存在"表明了我们对这个整体的基本意识——这种意识就体现在我们的生活方式中。海德格尔论证说,这种意识是所有行动和理解包括所有学习和科学研究的前提。这种反思是在世存在的一种方式,而不是把握实在的一种有特权的方式。①

但世界的网络是如何贯穿起来的这个问题至关重要。我对世界的诠释是它像一个活生生的、展开的故事。如此说来,世界有它的目的。它不是一系列任意的习惯、习俗或社会力量,而是一个意义的统一体。但是,这个意义统一体是不会枯竭的。这个"故事的寓意"是开放的;没有哪部分是被一劳永逸地定义的。这个故事是开放的,因为此在在其生活的每个步骤都在"书写"自身的故事。世界如何成为一个部分的整体,一个意义尚未完成的统一体,是海德格尔哲学中的一个核心谜团。我写第三章的目的就在于解释这个谜团。从某种意义上说,我的目的只是概述出一种叙事性的世界概念,它与我们所熟悉的那种"社会学"意义上的世界概念不同。根据这种观点——这种观点为海德格尔的英美读者所熟知,世界是偶然的,它是社会实践不断变换的网络;它没有最终的目的。用霍夫曼的话来说,在世存在暗示着此在"全部的偶然性及无根性"。②以这种方式来看待世界是错误的。它忽视了海德格尔的核心论点,世界体现了"存在的命运"。海德格尔用"命"(Schicksal)和"命运"(Geschick)来解释世界的看法暗示了一种对我们处境的叙事性理解。但除了与海德格尔的观念相合,

---

① Martin Heidegger, *Being and Time*, pp. 86–87.

② Piotr Hoffman, "Death, Time, Historicity: Division II of *Being and Time*", in *The Cambridge Companion to Heidegger*, ed. Charles B. Guignon (Cambridge: Cambridge University Press, 2006), p. 239. 关于"偶然"观点的另一个有影响力的版本可参见 Hubert Dreyfus, *Being-in-the-World: A Commentary on Heidegger's* Being and Time, *Division I* (Cambridge, MA: MIT Press, 1991).

我认为,叙事性的理解能最好地解释我们实际的经验。它捕捉到了我们的生活是可理解的且它向解释开放这一特点。

我发展了对在世存在的叙事性解读,以澄清处境化的理解概念并挑战超然判断的理想。因此在第三章中我将会考虑在世存在是否为人类能动性留下了空间的问题。这个问题对于我要挑战的针对偏见的例子而言有着特别的重要性。如我在第一章所示,针对偏见的一个主要论证是偏见是与自由对立的。如果理解、慎思和判断都不可避免地是处境化的,那么又何来自由呢?

尽管海德格尔没有将自主性归之于一个主体,但我认为他的此在观念暗示了一种能动性概念。这一概念的基础是他对此在的诠释。他将此在诠释为"被抛—筹划",分别强调了在世存在的消极和积极维度。被抛—筹划抓住了此在既是其命运的产物又是其命运的作者这一点。"被抛"意味着任何判断、意图或行为,无论它多么具有革命性,都只有在"被给定的"情况下(即世界中)才能得到理解。虽然我们可以质疑和修正任何特定的实践、目的、角色或判断,但我们无法扭转事物的整体秩序,或从头开始重新定义自身。

但整体并非我们困于其中的命运。相反,它是某种特定的能动性的来源。海德格尔通过"被抛"这个概念发展了这种能动性观念。即使看上去仅仅只是习惯,或对习俗的简单依附,都包含着某种创造性的适应。不管多么隐晦,我们总是改变着限定我们的世界。因此,被抛包含了一种自由,我建议将这种自由诠释为一种特定类型的自主性。通过比较被抛—筹划这种自主性与康德的自主性理想,我想要表明的是海德格尔既破坏了康德的传统,又在某种意义上延续了它。

我从海德格尔这里获得的能动性概念认为,此在既是完全被动的又是完全主动的。我们可以通过理解被抛—筹划的统一性——每一方都依赖于另一方——来解释这种显而易见的冲突。我强调这种统一性,所以此在既非自我创造的也不屈从于任何外在于它的命运。与此同时,我反对那种将此在理解为只能"在其自身文化的种种可能性中"去塑造其认同的解释。[①] 将此在构想为部分自由部分受限的,会带来对被抛性(被给定的)的一种误解,仅仅将其视作对能动性的限制,而不将其视作能动性的来源。

---

① Richard Polt, *Heidegger: An Introduction* (London: Routledge, 1999), p. 63.

被抛与筹划的统一性指向了海德格尔特别的时间概念,我会在第三章的后半部分来诠释它。理解存在与时间的关联对于把握海德格尔的人类能动性观念至关重要。通过检视海德格尔的时间、历史、死亡、有限性和永恒等概念,我试图勾画出处境化理解的深层次意蕴。

对那些不熟悉海德格尔思想的人来说,我目前对在世存在、此在、被抛—筹划的预先说明还是显得模糊。说清这些概念是第二章和第三章的核心要务。在此,我只是为接下来有关在世存在如何澄清处境化的理解概念的讨论做准备。

为了用我们更熟悉的词汇来讨论这个概念,我们也许可以将我们的处境或生活环境刻画为一种视角。理解的处境化概念认为,所有推理、慎思和判断都发生在一个特定的视角之内。视角这个概念为我们提供了一个直觉上合理的模型,用以说明我们的处境或世界如何能帮助我们去判断而非阻碍我们去判断。

当我们从视觉上来谈论视角时,我们指的是一个特定的观点——从山谷、山顶或海边望出去。一种视角与从这种视角望出去能看见的东西之间的关系是十分有趣的。视角本身并不等于它所揭示的事物的总体。作为看的条件,视角无法像被它揭示的事物那样以相同的方式被看见。但是,一种视角是与它所揭示出的事物的总体密不可分的。例如,想想从山顶上看下去。这个视角与脚下站立的土地、这片土地所处的位置、远处的湖,以及更高处的山都密不可分。没有这些,这个视角就不会产生独特的观点。尽管如此,视角或整个视野虽然本身不可见,却让我们看见了它所揭示的事物并赋予了它们独特的外观。如果我们爬得更高,从而改变了我们的视角,同样的事物就会呈现出不同的比例。如果我们转过身去,所有事物都会消失不见。

这种奇妙的部分与整体之间的相互依赖,整体难以捉摸的特性,刻画了我们所说的"生活视角"。所谓"生活视角",我指的是一种受到许多经验塑造并同时使这些经验成为可能的特定观点。想象一下一个小孩的视角。这个小孩的视角自然会受到一个孩子从事的典型活动的影响——在学校里为"展示和讲述"做准备,热切地等待放学,玩"躲猫猫",等待冰淇淋车,看动画片,等等。不做这些小孩做的事情,你就不能获得一个孩子独特的视角。正是通过一个小孩的视角,或像孩子这般的感受性,这些活动才得以"出现",或唤起孩子的兴趣和兴奋感。一个小孩的视角因此成为许多活动的前提条件,而这些活动又会影响孩子的视角。

同样的部分与整体的关系在综合的意义上界定了我们所说的"生活视角":由我们熟悉的经验(例如,活动、角色和实践)塑造的观点。一种生活视角与这些经验是密不可分的,它也赋予了这些经验独特的意义。换言之,任何特定的经验,无论它如何定义我的同一性,只有在我的生活整体内才能得到理解或具有重要性。我们常常通过讲故事来表达一个事件或一个人对于我们生活的意义,这种我们熟知的经验很好地把握到了这一点。当我们试图说出特定事物的意义时,我们必须在某种程度上阐明它们嵌入其中的整个生活方式。我们必须谈谈我们的视角。

可以肯定的是,我们的视角绝大部分是未被阐明的,对它的叙述也不可能穷尽。就像视觉能力让我们看到东西一样,一种生活视角让我们得以理解某些事情,包括我们阐述这种视角本身的尝试。此外,一种生活视角不能以相同的方式像任何特殊的活动或实践那样被质疑或修正。因为正是我们的视角首先指出了什么是成问题的。海德格尔所说的世界在此意义上是与生活视角类似的东西。这是我想要发展的"处境"的意义。也许用"视角"来理解我们的处境更容易一些。

在日常的言谈中,我们将"更高的"、"更广阔的视角"与"更低的"、"更有限的视角"相区分。想一想柏拉图在《斐多篇》中对比了两种不同的视角,一种有限的视角是从海底去看太阳和星星,一种更清晰的视角是把头抬出水面去注视上面的世界。① 尽管有的时候区分哪个视角更好哪个视角更坏是困难的,但大多数情况下我们都能容易地做出区分。虽然我们可能无法确定站立在珠穆朗玛峰上的视角一定好于飞机上的视角,或站在大本营的视角,但我们仍然可以肯定地说这些视角要好于一个登山者的视角,因为他只能注视他的脚下。

在生活视角的例子中,我们同样也有更高和更低的区分。比较一个孩子的视角和一个成年人的视角。我们承认,成年人的视角具有优越性,因为它更清楚地或更真实地揭示了某些利益、关切、目标和责任的相对重要性。因此一个成年人的视角提供了更深的理解和更好的判断。我们都有这样的经验,当我们

---

① Plato, *Phaedo*, ed. Jeffrey Henderson (Cambridge, MA: Harvard University Press, 1914), 111a-c.

长大后回过头去读一本书或看一部电影时，我们发现我们能以一种全新的、更富洞见的方式去诠释它。

一般而言，我们可以说以成年人的视角来看，孩子的视角是有偏颇的，而成年人将其包含在了更全面的意识之中。但这并不意味着孩子的视角是完全不成熟的或具有误导性的。相反，我们承认有些孩童般的感受力可以矫正我们成年人养成的习惯。例如，我们羡慕孩子那种对周围小事情的惊奇感，而我们往往在喧嚣的工作日中将其忽略。但小孩视角的这些特征以及它们独特的魅力只有从一个成年人的观点来看才会出现，在此成年人的观点受到了另一种对待世界的态度和立场的启发。从这种更广阔的视角来看，一个成年人可以阐明从孩子的视角看待事物所具有的洞见以及缺点。

我们可以根据我们对世界的基本意识的变化以及我们明显的处境，对生活视角做出相同的区分。对世界的某些特定理解比另一些理解更全面。它们使得更深的理解和更好的判断得以可能。

在某种意义上，从一个视角进行判断似乎意味着被局限，甚至无望地被束缚于一个简单的观点之上。我们熟知的一个表达很好地把握住了外境化理解的有限性，"你必须亲自到此才能真正了解"。在这个表述中，我们承认对某些话题的深刻评论看似预设了一种共享的经验，这种经验很难仅仅通过叙述被完全复制。但要是认为只有我们（其他人被排除在外）才能拥有这种从特定视角出发获得的经验，那就大错特错了。它忽视了这种可能，即通过对那种处境的叙述，我们邀请不在场的其他人通过诉诸自己类似的经验来理解我们叙述的可能。我们因而邀请他们进入到我们的视角内，与此同时通过他们的叙述我们的视角得以扩展。有可能在听到其他人对这种处境的叙述后，我们会修正我们先前对这一处境的刻画。例如我们都熟悉这样的经验，接受他人的劝说以其他人的方式来看待问题，这证明我们的视角是可以被扩展的。正如海德格尔表明的那样，我们对世界、对自身处境或视角的基本经验是以相同的方式被扩展的。由于一个人的视角不是一种主观的立场而体现在一个人的生活中，至少从原则上说其他人是能分享这种视角的。

判断一种"更广阔"或"更全面"的视角的标准不是某种无条件的真理标准，因为那样会破坏视角这个概念。相反，这个标准是由视角自身给定的，通过揭示出先前视角的偏狭之处（而证明了自身的优越）。换言之，我们得知一种视角是"更全面"的,正是因为它澄清了先前的视角,之前我们看不清的东西现在我们能看得清楚了。只有通过从一种较低的视角转换到一种较高的视角,后者包含且取代了前者,较高视角的优越性才得以显现。由于较高的视角包含了较低的视角,且与较低的视角不可分(正如成年人的视角包含了孩子的视角),视角之间的对抗或不相容问题才不会出现。只有在两种完全陌生的观点之间用一种超然的标准断定一种视角比另一种视角"更高"或"更清楚"时,这个问题才会出现。但当我们谈论"更高"和"更低"的生活视角时,我们之所以认为更高的视角"更高"正是因为它包含了"更低"的视角,揭示了更低的视角的优缺点。更高的视角比更低的视角更好地理解了它自己。在此意义上,我们的理解总是回顾性的。我们总是在更广阔的视角内通过重新把握先前的视角,才掌握了它真正的优点。如黑格尔所说,"密涅瓦的猫头鹰只有在黄昏来临时才展翅飞翔"。①

尽管处境化的判断概念暗示着某些视角与另一些视角更高明,但它并不赞同黑格尔的论断即存在一个最高的视角,在此视角内我们获得了绝对的知识。正如黑格尔所表明的,理解的"处境化"特征不仅意味着理解是参与式的或实践性的,而非超然的,而且还意味着理解不可能是完全的。我们需要花点时间考虑这个问题,实践性的理解本身并不暗示着不完全。虽然我们的理解与我们参与其中的生活(黑格尔称之为"伦理实体")不可分,但至少我们可以获得对这种生活的明晰理解。黑格尔声称他在他的哲学中获得了这种理解。他坚持认为这种理解是处境化的而不是超然的。因为概念的意义只有对那些参与这种生活形式的人来说才是可以理解的,这些概念也是从这种生活形式中产生的。但对这样一个人(即黑格尔)来说,至少在历史的终结处,哲学论断将完全清晰、完整地表达这种生活形式。黑格尔的"绝对知识"因此只是证实了我所说的处境化理解的一个维度。只要它的可理解性依赖于实际的生活,绝对知识就是处境化的。但它同时也是完整、完全清晰的,并在此意义上摆脱了偏见。

根据我从海德格尔那里得出的处境化理解的概念,即便我们最广阔最清晰的视角仍然是部分的和被遮蔽的。用正面的术语来表述,我们的视角从未固定,而总是向进一步的诠释开放。这种开放性应该与理解的开创性或"投射"的

---

① G. W. F. Hegel, *Philosophy of Right*, trans. T. M. Knox (Oxford: Oxford University Press, 1952), p. 13.

维度相联系——任何的理解行为都将重新塑造它得以产生的那个视角。一个视角的偏私性与其实践特征一起,突出了一种视角即一种偏见的意思。

我们可以在伽达默尔那里看到,他明确地将"视角"、"处境"与"偏见"联系在一起。通过援引海德格尔的在世存在,伽达默尔得出这个看法,"所有的理解都不可避免地包含着某种偏见(Vorurteil)"。① 但他说,偏见并非令人遗憾的限制。因为有一些偏见或我们生活环境的某些方面能够促成理解。如他所说,它们可以"令我们获得知识"。② 我将在第四章表明这一令人费解的说法是合理的。

伽达默尔将在世存在与"偏见"相联系的做法是想要重建判断的来源,因为在启蒙运动中偏见变得不再可信。他主要的目标是去表明受到我们的传统、实践、承诺以及关注影响的生活环境或"视域"是如何促成人类科学中的理解的。他尤其批评那种启蒙时期出现的对历史进行超然研究的理想。根据这种理想——伽达默尔称之为"历史主义",正确的研究方法是从我们的利益、关注和真理概念中抽身出来,以避免将当代的观点强加给过去。历史主义教导我们通过摆脱自身的视角,重建一件历史作品出现的语境,来发现它的"原初"意义。伽达默尔却论证说当代的偏见是不可避免的,而且是具有启发性的,从而挑战了历史主义。尽管有些偏见可能会阻碍我们对一件历史作品的理解,但另一些却可能澄清这种理解。

我对伽达默尔的诠释从他对历史主义的大致批评开始。我的目标是指出处境化的理解概念将如何影响我们与过去的关系。在这个方面,伽达默尔的洞见是处于一个视域中意味着一个人的"现在"总是在运动中。它不是一系列固定不变的"观点和评价",而是一些接受质疑的综合意识。③ 因此,它不能与过去完全区分开。就像我们自己的同一性是接受质疑的,我们现在与过去不同的程度也是如此。同样,就像过去是可以被理解的,它从未真正走远。在此意义上,过去和现在是属于彼此的。这种归属感暗示着我们历史传统中任何面向的意义都可以在与现在的关联中被重新发掘。所以那种试图通过摆脱我们当今的视角来获得无偏见的历史知识的观念是令人误入歧途的。

在大概厘清了过去与现在的关系后,我会对当今的偏见如何促成历史的理

---

① Hans-Georg Gadamer, *Truth and Method*, p. 272.
② Ibid., 280.
③ Ibid., 305.

解提供一个具体的分析。伽达默尔独特的贡献使得他的作品对于观念史学家、政治理论家以及那些致力于诠释思想传统的学者来说十分重要。为了突出这种相关性,我将应用他的偏见理论来诠释柏拉图的《理想国》。我首先要考虑的是某种当代的偏见如何帮助我们理解柏拉图的"诗学"(《理想国》,第十卷)概念。最后,我将通过仔细地阅读柏拉图有关意见与知识的教诲(《理想国》,第五卷),展示如何克服某种误导人的偏见。我的目标是去澄清伽达默尔关于偏见如何起作用的论述。这一挑战的核心任务是去区分能够启发人的偏见与歪曲人的偏见。我还希望能表明,诠释如何包含了一种知识上的双重收获:对文本的更好理解以及对我们自身的更好理解。

伽达默尔认为过去和现在属于彼此,这种建议激发我在对处境化理解的叙述中采取一个转向。在第五章中,我从二十世纪的德国转向了古希腊,从海德格尔和伽达默尔转向了亚里士多德。尽管亚里士多德看上去距离海德格尔和伽达默尔很远,但实际上他给出了对他们这种思维方式的一个较早和强有力的表达。事实上,海德格尔和伽达默尔都受到亚里士多德很深的影响。他们尤其将亚里士多德关于实践智慧(phronesis)的论述看作对知识的超然理想的纠正。追随他们的引领,我尝试从亚里士多德那儿恢复一种关于如何可以从偏见中获得判断的论述。

援引亚里士多德的困难是显而易见的,因为严格来说,亚里士多德从未使用过"偏见"或"处境"这样的概念。这两个词都是在现代产生的。"处境化理解"的意义取决于它与"超然"理想的对比,而亚里士多德并不熟悉什么是超然判断的理想。他的著作要早于培根、笛卡尔、斯密和康德的著作。所以在某种意义上你不能说亚里士多德阐述了"处境化的"理解概念——至少不能用这些术语来表达。尽管如此,亚里士多德仍然以他自己的方式提供了一种此类概念。它隐含在其他概念中。

最著名的是 phronesis 或实践智慧这个概念,亚里士多德在他的《伦理学》中发展了这个概念。① 实践智慧这个概念很好地把握住了这一点,即道德判断涉及性格倾向(hexis),它受到一个人成长经历(paideia)、习惯(ethos)以及实践

---

① Aristotle, *The Nicomachean Ethics*, ed. Jeffrey Henderson, trans. H. Rackham (Cambridge, MA: Harvard University Press, 1926), bk. 6.

(praxis)的影响。因此道德判断的基础不可化约为抽象的原则。它无法通过书本学习或单纯的指导来获得。在此意义上,它是一种"处境化的判断"。

亚里士多德以两种关键方式澄清了处境化的理解概念。首先,他对比了实践智慧与工艺知识(技artisanal),突出了实践理性与我们今天所说的"应用性理论"之间的重要区别。尽管二者都涉及"实践"——因为它们都关涉一种行为而非沉思,实践智慧是处境化的,工艺知识则不是。工艺知识涉及对产品形式(eidos)的理论把握,随后再将这种知识应用于一些特定的材料,而实践智慧需要对行为处境有一种参与式的理解。这种理解包含着一定的性格倾向(hexis):平衡相竞争的事物与承诺的能力,而又受到一个人的习惯和成长经历的影响。其次,亚里士多德强调处境化理解与盲目的习惯之间的差别。他表明,尽管道德判断受到习惯和成长经历的影响,但它仍然包含了我们自身的理解和能动性。我们通过判断这种活动而塑造我们的性格。如果能坚持好好地判断和做有美德的行为,我们就能发展出好的性格,这种性格会在第一时间促成我们的判断。① 这就是亚里士多德说我们通过习惯、通过重复有美德的行为而获得美德的意思。对亚里士多德来说,习惯不是消极地重复完成事情的"方式"。每一个"重复的"行为都包含估量一个与之前相似却不同的处境。

因此第五章一开始先通过一位先驱者来阐明处境化的理解概念,然后再阐明亚里士多德的观点。从二十世纪的诠释学出发,我们可以理解亚里士多德的《伦理学》的一些核心部分,否则这些部分的意思可能仍然像个谜。这包括亚里士多德的自然概念,自然与习惯的关系,以及在何种意义上可以说自然正义会发生变化但仍是一样的。通过从诠释学的视角来理解这些难题,我希望我可以进一步表明,一种特定的"当代"偏见如何能揭示过去的真理。

在最后一章第六章中,我将提出处境化理解对于政治论证的意义。尤其是,偏见是判断的必要特征这一论断促使我们重新思考这个普遍的假设,即诉诸人的特殊激情、利益和承诺而非其理性的政治修辞是一种不合法的论证形式。布莱恩·加尔斯腾(Bryan Garsten)很好地总结了对修辞的怀疑,他注意到了这种怀疑对当代政治理论和实践的影响:

---

① 品格的获得因此是循环的。我们通过判断得好获得了好的品格,而只有当我们已经拥有了好的品格我们才能判断得好。亚里士多德看来想要解释这个谜。

政治理论家往往关注论证的理性对话而不是修辞的激情交流。尽管事实上政治家们没有放弃劝说,但他们不愿意承认他们的技艺。他们明白,当他们听到一个被称为"修辞"的论证时,这个论证要么被诋毁为是操纵性的,要么被看作是肤浅的。今天不管是在理论还是在实践中,对修辞言论的主流意见是它是政治的一种毁灭性的力量以及对民主协商的一种威胁。①

不足为怪,人们常常将"修辞"这个概念与"偏见"这个概念联系在一起。在康德那儿表现得非常明显,他指责说修辞绕开了人们的理性而基于人们的偏见起作用。他将修辞定义为一种"哄骗人且为了获得利益而使人带有偏见"的技艺。② 与他对偏见的批评一致,康德论证说修辞会阻碍自主性。他写道,"在关键时刻修辞致使人们像机器一样做出判断,而在平静的反思下这些判断将失去所有的分量"。③

毫无疑问,当今天我们说"这只是修辞",意思是它是肤浅的,迎合了人们非理性的欲望。将修辞与迎合联系在一起可以追溯到苏格拉底,他将修辞与那时盛行的烹饪术相比较。他认为两者仅是为了满足人们的欲望,而不关心他们的善。④ 但是,诉诸人的激情、性格倾向和忠诚的修辞并不仅仅是反对理性论证的、迎合人的欲望的操纵术。相反,它是一种在人们的视角内进行推理的形式,一种参与他们处境化判断的形式。

通过捍卫这种意义上的修辞概念,我发展了加尔斯腾在《挽救劝说:对修辞和判断的捍卫》一书中的观点。加尔斯腾论证说劝说的政治——在这种政治中,人们不光诉诸理性而且还诉诸他们的激情甚至偏见从而改变他们的看法——是一种值得捍卫的政治模式。他接着说,劝说是有价值的,"因为它要求我们设身处地为他人着想,从他们的立场出发进行论证,而不是认定如果他们足够理性一定会采纳我们的观点"。⑤ 我想要通过我捍卫的偏见概念来发展他

---

① Garsten, *Saving Persuasion*, p. 3.

② Kant, *Critique of Judgment*, §53, p. 192.

③ Ibid., p. 193.

④ Plato, *Gorgias*, ed. Jeffrey Henderson (Cambridge, MA: Harvard University Press, 1925), 465a.

⑤ Garsten, *Saving Persuasion*, p. 3.

的这一论点。如果我们将偏见看作是理性的一个面向,那么我们也会重新看待修辞。我们将承认它是定义我们与世界关系的参与式理解的一个有力例证,而不是一种阻碍人们进行超然判断的有害模式。

为了揭示作为处境化理解和判断的典范的修辞,我考察了美国历史上几个最有影响力的政治演说。我将表明,这些演说不仅从他们援引的原则获得道德力量和劝说的效果,更根本的是他们澄清并诉诸其听众的生活视角。即使是那些看上去仅仅依赖抽象的平等和正义原则的演说,也依赖于人们已有的令这些原则可被人理解的偏见。

通过考察政治修辞,我们获得了对民主政治以及何谓从生活视角内进行推理的更深理解。我们尤其看到了与这种推理概念相联系的能动性概念。我们历史上伟大的修辞时刻实现了劝说的可能,这说明我们从未受制于一个固定的立场。关于我们是如何定义界定我们的视角的,劝说的实践提供了一个有力的例证。

The Concept of Prejudice Reconsidered

Adam Adatto Sandel

Abstract:Today we often associate prejudice with ignorance and stubbornness and regard it as a source of injustice. We usually see prejudice as an obstacle to clear judgment. Such as Kant and other enlightenment thinkers believe that when our judgments do not depend on any unidentified source or influence we can get the best judgment. Prejudice will prevent us from getting the best judgment. In my opinion, however, the desire to obtain judgment in a completely detached way is misleading; we always get the thought and judgment in the situations of our life. If judgment is unavoidably situated, then the attempt to clear all the prejudice in our brain may be misleading. In fact, prejudice is an inevitable feature of judgment; we always gain understanding and judgments in our own living environment. Some of the characteristics of our living environment, certain prejudices (habits, traditions, experiences) may help us to better judge. In this sense, prejudice is one manifestation of reason, not a betrayal of reason. If we see prejudice as one aspect of reason, then we will admit that it is a powerful example of the engaged understanding of our relationship with the world, rather than a detrimental model that hinders people from making clear judgments.

Key Words: prejudice, detached conception, situated conception, Being-in-the-world, perspective, rhetoric

羞耻现象学
——基于马克斯·舍勒与儒家的阐明*

卢盈华[**]

[摘　要]　通过对马克斯·舍勒和儒家传统的描述,本文探讨了羞耻的现象学体验。第一部分讨论羞耻经验中的精神、生命与快乐的冲突。羞耻表明了价值存在的等级关系,它发生在不同的价值之间存在冲突,并且行为者试图在他的意图或行动中为较低价值的满足而牺牲较高价值时。当一个人被他者当作普遍的客体,或仅仅是一种感性的存在而不是一个具有人格尊严的精神存在时,羞耻也会发生。第二部分阐明了破坏性羞耻和羞辱的问题。虽然真实的羞耻对理想人格的养成是不可缺少的,但错误地感受的羞耻对德性的培养却具有破坏作用。此外,这部分也重新审视了羞耻和羞辱的差异以及应该如何对待羞辱。

[关键词]　羞耻;马克斯·舍勒;羞辱;儒家;现象学;道

---

* 基金项目:浙江省哲学社会科学一般规划课题(项目编号:16NDJC201YB)。

** 卢盈华(1987—　),男,河南郑州人,美国南伊利诺伊大学哲学博士,浙江工商大学哲学系副教授,研究领域为中国哲学、现象学与伦理学。

一、引言

在某些文化中,如传统东亚文化,羞耻是一种重要的道德情感。孟子说:"羞恶之心,义之端也。"(《孟子·公孙丑上·六》;《告子上·六》)然而,在现代社会中,羞耻正在逐渐丧失其作为道德引导的可敬地位,甚至被当作一种消极情绪和需要突破的束缚。① 这种关于羞耻的文化价值观的转变促使我们提出一些基本的哲学问题:羞耻的情感现象如何出现?我们应该如何评价这种现象?为何那些崇尚个人自由的人如此敌视羞耻?为了回答这些问题,笔者将依照儒家传统对羞耻的描述,以及借鉴马克斯·舍勒对羞耻的洞见,来阐明羞耻体验。

与其简单地支持争论中的一方,我们在评价之前需要先了解羞耻本身。评价羞耻,并没有简单的非此即彼的非善即恶模式。关键不是宣称我们需要多一些或少一些羞耻,而是在无偏颇的精神下领会它。在现象学地描述羞耻的表现之后,我们可以逻辑地得出结论。譬如,哪一种类型的羞耻应当被保持与培养,哪一种类型的羞耻应当在具体的情境中仔细检验,因为它可以是有序的、有价值的,但也可以损害人的道德自律。此外,有一些破坏型羞耻与羞辱在本质上便是有害的。②

二、羞耻体验中精神、生命与快乐的冲突

在对羞耻进行详细澄清之前,通过参照我们的体验以及检验关于羞耻的各种定义,我想首先对羞耻下一个粗略的定义:羞耻是一种不愉快的感受,在这

---

① 参阅 Simone de Beauvoir, *The Second Sex*, trans. Constance Borde and Sheila Malovany-Chevallier (New York: Alfred A. Knopf), 2010。

② 在进行描述之前,我想提醒读者,作为儒家学派的主要人物,本文所提到的孔子、孟子和荀子,并没有给出关于羞耻的明确定义。然而,总体上对儒家来说,羞耻对于要成为道德高尚的人(君子)而言,是必不可少且非常重要的道德情感。在孔子和孟子的思想中,仁和义是核心的德;在荀子的思想中,礼的地位则非常突出。因此,在他们的讨论中,前两者强调内在意识,而后者则强调外在的伦理规则。我将从孔子、孟子、荀子非体系性的讨论中得到启示,来分析羞耻这一情感。

种感受中,我们体验到自责和被他者责备,认为自己不贤、一文不值。值得注意的是,认为自己不贤或没有价值构成了羞耻感和负罪感之间的差异;后者关注的是行为而不是人本身。

舍勒指出羞耻是一种人类的独特经验,它在上帝或动物那里是无法出现。羞耻在人的精神与生命的张力中发生,而上帝是神圣的,动物则只具有生命的力量和感性的本能。他写道:

> 羞耻感产生的根源,在于人的精神人格的意义和要求与人的身体需求之间的不平衡和**不和谐**。正因为身体属于人的本质,人才会处于必须感到羞耻的境地;正因为人将精神人格体验为本质上独立于身体,并且独立于出自身体的一切,人处于**能够**感到羞耻的境地才是可能的。①

在这种不和谐中存在两类对立。第一类是内在于人类的精神价值和生命、感性价值的冲突,这表现为灵魂的羞耻;第二类是生命价值和感性价值的冲突,这表现为身体的羞耻。②

(一) 返回自我

具体而言,羞耻发生在一个人返回他/她的个体自我时。舍勒对这种"返回"的解释有些模糊。笔者认为舍勒思想中这种"返回"有两种类型。在第一种类型中,如果某人把自己看作客体,看作群体的一般数目,而其他者也把他/她看作群体中的一个数目,那么他/她就不会感到羞耻;但是,如果某人认为他/她自己是一个特殊的个体,而其他者把他/她当作一个群体(的数目),这时羞耻就会发生。譬如,一个绘画的人体模特把自己体验为艺术中的一般客体,因此,当她被画家注视着进行绘画时,她不会感到羞耻。舍勒还举了另一个例子,当一

---

① Max Scheler, *Person and Self-Value: Three Essays*. Ed., Manfred S. Frings (Dordrecht: M. Nijhoff, 1987), p.5.
② 男人和女人在体验羞耻上存在差异。舍勒认为,女人基本上展现生命对感官愉悦的抵制,而精神与生命的二元对立通常可以发生在男性身上。因此,他称女人为"生命的天才",具体表现为身体的羞耻;男人则为"精神的天才",表现为精神的羞耻。参阅 Max Scheler, *Person and Self-Value: Three Essays*, p.85。

个女人的男仆服侍她沐浴时,她不会为她的裸体感到羞耻。① 这两类假设中的人都不拒绝把自己和被他者看作是一般群体中的数目。然而,如果例子中的女人一开始并不将自己当作是一般、抽象的人中的一员,羞耻感就可能会发生。当一个爱情中的女人被她的男友仅仅视为一般的"美女"的代表,而不具有个体人格时,她可能会感觉到羞耻。这种类型的羞耻发生于如下契机:一个人认可自己的人格独特性,同时却感到他/她并没有被他者视为一个精神的个体,而只是一个一般的客体。

在第二种"返回"的类型中,羞耻发生在当一个人一开始被视为只代表一般群体,但后来转而被视为(感性的)个体。为了达成"转变",这两个条件都是必要的。正如我们所见,处在爱情中的人在被他的情人凝视并被视为一个个体的时候,她并未感到羞耻。相反地,在上述例子中提到的模特,如果画家的意图从艺术的转变成了色情的,那么该模特便会感到羞耻。这种羞耻感源于这样一个事实:尽管一个人被视为个体,但她的人格尊严并未被认可和尊重,而是仅仅被视为一个感性的个体,乃至是欲望的客体。

从以上的阐释中我们可以得出,当一个人被当作一个普遍的客体或仅仅是一个感性的存在而不是具有人格尊严的精神存在,而自我拒绝此种认同时,羞耻就会发生。因此可以说,羞耻心也是自尊心的一种表现。

(二)原初型羞耻和显明型羞耻

根据这一阐释,"他者"的在场似乎是羞耻产生的必要前提,而他者的存在也构成羞耻感和负罪感在发生方面的差异。芬格莱特(Fingarette)说,

> 假如我们不知道视角的关键差异,这些有关"耻"的文本,会轻易将儒家的"耻"与西方的"罪"同质化,但对于我们在这里关注的问题来说,差异是至关重要的方面。虽然"耻"肯定是一个道德观念,并会表明道德状况和回应,"耻"关联的道德关系对应人的由礼决定的地位和角色。因而耻"向外"看而不是"向内"。它涉及夸夸其谈、不道德地取

---

① 参阅 Max Scheler, *Person and Self-Value: Three Essay*, pp. 15-16。关于这个事例,中国和德国或许存在一些文化差异。在中国,女性通常由女仆服侍,而不是男仆。如果女性被男性服侍沐浴,她会感到羞耻。这可能是由于中国女性倾向于拒绝将自己作为一般群体的一员。

得物质财产、过分的外表和过度的行为。它不像负罪感那样是一种内在的状态,是一种对内部败坏的厌恶、是一种自我谴责,以及这样的感受:人乃是一个人格的存在,独立于其公共地位和名声,卑下的或受谴责的。①

柯雄文认为芬格莱特的解释很有问题,其中一个原因在于羞耻跟"仁"、"义"的关联比跟"礼"更加密切。他主张:"'礼'作为恰当行为的形式规则,若没有诉诸于"仁"和"义",便不能提供实质性的伦理内容。"②笔者认为,羞耻也不仅仅是"外向的"。舍勒也不会接受对羞耻的这种诠释。为了公正地对待我们的道德经验,笔者区分出原初羞耻(original shame)和显明羞耻(apparent shame)。③ 这个区分类似于狄奥那(Deonna)和泰洛尼(Teroni)的关于"深层羞耻"(deep shame)和"表面羞耻"(superficial shame)的区分④,其中前者需要实际的或想象的观众的存在,后者则不关注他者的评价,而仅仅由个人失败而引发。然而,"表面"和"深层"这种表述看起来更像一个价值判断而不是一个描述,它不表示羞耻的根源和显明的含义。

对体验到显明羞耻来说,被他者不尊重地对待,或者自己秘密的不光彩行为被他者发现是必要的。相比之下,原初羞耻不预设他者的存在。在一个人内在的欲望或情感爆发的瞬间,羞耻就会产生。显明羞耻是由他者的判断所造成的,而原初羞耻则是一个人自己感受到的,无关于本人的行为被他者发现与否,无关于行动发生之前或之后——人们可以为自己的意念而感到羞耻。一般来说,当自我试图顺从生命的或感性的本能时,精神便会以羞耻抑制这些本能。一个不受约束的放肆的人通常羞耻感较弱。在这个意义上说,原初羞耻在于对

---

① Herbert Fingarette, *Confucius: The Secular as Sacred* (New York: Harper & Row Publishers, 1972), p. 30.

② Antonio S. Cua, "The Ethical Significance of Shame: Insights of Aristotle and Xunzi." *Philosophy East and West*, Vol. 53, No. 2(2003), p. 159.

③ 这是笔者自己的区分。不过,笔者认为舍勒会赞同这一观点,因为他认为羞耻不仅仅是一个社会之事,还具有先天根据。

④ Julien Deonna and Fabrice Teroni, "Is Shame a Social Emotion?" in A. Konzelman-Ziv, K. Lehrer, and H. B Schmid (eds.), *Self-Evulation: Affective and Social Grounds of Intentionality* (Dordrecht: Springer, 2011): p. 201.

一个人的狂放行为的约束。单单的显明羞耻更多与"耻"相关,而原初羞耻更多与"羞"相关。与显明羞耻相比,原初羞耻揭示了灵魂更深的层次。

当然,显明羞耻有助于一个人追求德性。多佛(Dover)说:"对赞美的希望是对德性的重要激励,对责备的畏惧是对做错事的重要遏制。"①然而,过分强调人格互动不仅蒙蔽了人们对羞耻之本质的理解,也使人在没有被他者注视之时失去羞耻感。显明羞耻和荣誉依赖于他者的知晓与判断。假设一件伟大的事没有被公之于众,人们就不会有一种强烈的荣誉感。假如一个人做的一件卑劣的事情没有被发现,他也不会感到强烈的羞耻。然而,即使在这些情况下,一种微弱和原初的羞耻感或荣誉感仍然存在。对原初羞耻的忽略会带来一种自我欺罔的体验,在这种体验中,人们在做恶时不会感到羞耻,而只是在邪恶的行为被揭露后才会感到羞耻。这种只考虑显明羞耻的体验模式导致羞耻在道德行为发生之前失去了其指导意义,使人不能自律。

萨特主张,对于羞耻的发生,他者总是起作用的。他著名的偷窥者例子表明,从根本上来说羞耻不是个人的,而是在他者面前为自我感到羞耻。②"羞耻是一种瞬间的从头到脚的颤栗,没有任何推理的准备。"③然而,他的描述似乎不符合我们的生活经验。譬如,一个人自学某种知识,由于懒惰他并没有获得多大的提升,在没有他者(教师或学生)评判的情况下他仍然会感到羞耻。他评判自己:自己本可以做得更好,但是却失败了。与萨特相反,舍勒认为羞耻本质上不是人际间的,而是个人的体验。舍勒的进路考虑到了这个关于羞耻的重要区别。

希腊文化通常被看作是一个"羞耻文化",其焦点便在于显明羞耻。亚里士多德写道:"我们尊敬明智的人的观点,将其看作真实,比如我们的长辈以及那些受过良好教育的人的观点。如果在所有人眼前公开地做了某事,我们为此事更感到羞耻。因此谚语说:'羞耻栖身在眼睛里。'"④万百安(Van Norden)争论

---

① K. J. Dover, *Greek Popular Morality in the Time of Plato and Aristotle* (Berkeley: University of California Press, 1974), pp. 226 - 228.

② Jean-Paul Sartre, *Being and Nothingness: An Essay in Phenomenological Ontology*, trans. H. E. Barnes (London: Routledge, 2003), p. 301.

③ Ibid., p. 246.

④ Aristotle, *The Basic Works of Aristotle*, ed., Richard Mcjeon, Intro. C. D. C. Reeve (New York: Modern Library, 2001), p. 1393.

说,相比之下,中国文化才是一个更加真实的"羞耻文化",因为希腊的羞耻集中于邪恶行为的受害者而不是道德行为者,它关注习俗羞耻。与之相对,他声称:"我们看到早期儒家传统强调'伦理羞耻'(ethical shame)超过'习俗羞耻'(conventional shame)。"①换句话说,即便是一个高度重视显明荣誉和羞耻的文化,不必然是一个完全的羞耻文化,因为在其中荣誉和羞耻不必然富有道德含义。

(三) 先天羞耻和社会羞耻

舍勒的价值现象学有助于澄清羞耻体验。舍勒区分了价值模态的五种类型,从低层次到高层次分别是:快乐、效用、生命、精神和神圣。② 在讨论舍勒关于羞耻的描述时,安东尼·施坦因博克(Anthony Steinbock)写道:"它(羞耻)是被体验的一种张力,这种张力介于较高或较深价值的导向与较低的相关于驱动力的奋求之间。"③从价值的纵贯性来看,即通过不同价值模态来看,羞耻表现为以高价值抑制低价值的能力,如精神约束生命和欲望的本能。举例来说,当一个人为了较低价值而牺牲较高价值,比如为了享受感官快乐或财富而违背正义,羞耻就会发生;从价值观的横列性方面来看,即通过同一种价值模态来看,羞耻代表的是较大价值对较小价值的优先性。当一个人在与其他人为实现某种价值(如力量、智慧或事业)的竞争中失败时,他/她就会感到羞耻。他/她甚至会为自己的身体缺陷感到羞耻,特别是当他对之过分关注时。简而言之,羞耻感是人内心中对客观价值级序的重建。

正如我们前面所了解的,万百安对"习俗羞耻"和"伦理羞耻"作了区分,他写道:

---

① Bryan W. Van Norden, "The Emotion of Shame and the Virtue of Righteousness in Mencius." *Dao: A Journal of Comparative Philosophy*, 2(1). 2002: p. 69.

② Max Scheler, *Formalism in Ethics and Non-Formal Ethics and Values: A New Attempt toward the Foundation of an Ethical Personalism*, trans. Manfred S. Frings and Roger L. Funk (Evanston: Northwestern University Press, 1973), p. 109. 舍勒在一套等级结构中阐明了几种基本价值类型,但他的分类似乎并不一致。从低价值到高价值的第二种排序如下:快乐、生命、精神和神圣(第 102—104 页)。第三种排序是:效用、快乐、生命、精神和神圣(第 94 页)。

③ Anthony Steinbock, *Moral Emotions: Reclaiming the Evidence of the Heart* (Evanston, IL: Northwestern University Press, 2014), p. 69.

习俗羞耻是一种不愉快的感受,在我们认为其观点对我们很重要的那些人,基于我们共享的外在标准而看不起我们(或者那些我们认同的人)时,我们会有这种感受……相反,伦理羞耻则是另一种不愉快的感受,在我们认为我们(或那些我们认同的人)有重大的品格缺陷时,我们会有这种感受。①

万百安的阐释对我们的羞耻之道德体验很有启发。但是,笔者认为他的区分可能还不够清楚。对于伦理来源有不同的理解,这就意味着,伦理羞耻可能也是习俗的,而不是先天的,特别是对那些认为道德是源于社会习俗而不是价值的先天秩序的保守主义者来说。而笔者则更偏向于"显明羞耻"和"原初羞耻"这一区分,以及"社会羞耻"和"先天羞耻"这一区分。万百安的"习俗羞耻"与笔者所说的"社会羞耻"相似,而笔者将"伦理羞耻"界定为先天的,此界定基于一种现象学理解,即道德体验既是可经验的又是有序的。此外,万百安用一个例子来阐明习俗羞耻:"在上班路上,苏珊的头发被风吹起,因此在她早上上课时她的头发一直保持竖起。课后当苏珊看到镜子里的自己,她体验到了习俗羞耻。"② 然而,更确切地来说,笔者认为应该称这种体验为"尴尬"(embarrassment),在其中没有不同价值的冲突或比较。在尴尬时,我们并没有违反"义",而是我们的行为不适合某些情景,因此会有些手足无措。尴尬表示一个人的行为不符合非道德意义上的"礼"。并非所有的礼仪、社会习惯或风俗都与伦理有关。羞耻多少都具有价值含义,相较之下,尴尬本身并不具备伦理与价值意义。

社会塑造的羞耻可能与先天羞耻不一致。显明羞耻和原初羞耻是从羞耻的运行表现的角度来说的,涉及羞耻发生时是他人触发还是自我触发,谁是道德主体,个人还是人格间,众人皆知还是自知等等。而社会羞耻(social shame)和先天羞耻(a prior shame)是从羞耻的来源或标准来说的。由于价值观的文化表征之间的差异,一个人为什么而感到羞耻有赖于其不同的框架。如果整个社会看重金钱或权力,那么贫穷或无权之人往往会感到羞耻。对被

---

① Bryan W. Van Norden, "The Emotion of Shame and the Virtue of Righteousness in Mencius." *Dao: A Journal of Comparative Philosophy*, 2(1). 2002: pp. 60-61.
② Ibid., p. 61.

主流文化视为可耻的事,如果一个人并不觉得其羞耻,那么他就会被他人评判为无耻。因此,不同的文化似乎对羞耻和无耻有多样的标准和表达。如果一个男人不去实现较低的价值,如性快乐,原因可能是他追求的是精神或神圣价值,而不屑于享受性快乐;或者他是性无能;或者他无法吸引异性;或有多方面的原因在起作用。在消费社会的世俗观点中,这样的人可能会被认为是没有能力满足其欲望。不能在这种文化框架下实现性欲的人可能会体验到巨大的羞耻。相比之下,在一个保守的社会,恰恰是那些不断寻求满足自己欲望的人可能会感到羞耻,因为他们无法实现较高层次的价值。从羞耻的角度,我们可以看到舍勒反对资本主义社会的原因。在世俗文化中,主流价值观鼓励人们寻求感官快乐。那些不停追逐满足感性欲望的人,不仅不会感到羞耻,而且还会有荣誉感。这种现象源于消费文化中价值的颠倒。然而,对那些牺牲感官快乐而追求真理、善、救赎等价值的人来说,这些享乐之徒恰恰是无耻的。

无耻之人为自己的行为辩解,声称他们才是真正面对人类的愿望和欲望的人,而其他人都是虚伪之徒,回避具体生活的种种需求,压抑人性。然而,在舍勒看来,事实是他们忽略了人类更高的追求。①

一些学者否认先天羞耻与原初羞耻的独立性,认为我们的羞耻感必然为他人所激发,如我们讨论过的萨特。另一些学者虽然承认自我单独感到羞耻的可能性,却强调他人对羞耻的表现起决定性作用。扎哈维认为,他者可能不会影响我们自己的评价从而使我们感到羞耻,一个人可以独自感到羞耻,但他者在塑造羞耻这种情感自身的发展中起着重要作用。换句话说,表面上的独自感受背后,还是为他者所触发的。他写道:"我认为这样阐释羞耻更加可信:羞耻本质的特点是它影响、改变我们与他者之间关系与联系的方式,而非仅仅涉及自尊和自信的大幅下降。此外,正如我们即将看到的,他者可能会在情感发展中发挥关键作用。"②随后,扎哈维检验婴儿如何从与他者互动中养成一种羞耻感,这种互动是"联合注意"(joint attention)。他者和社会在塑造自我以及羞耻的形成方面确实起着决定性的作用,这一点毋庸置疑。在一个人的成长中,我

---

① 参阅 Max Scheler, *Person and Self-Value: Three Essays*, p. 54。
② Dan Zahavi, *Self and Other: Exploring Subjectivity, Empathy and Shame* (Oxford: Oxford University Press, 2014): p. 223.

们发现了特里沃森(Trevarthen)所说的"初始主体间性"(primary intersubjectivity)和"次级主体间性"(secondary intersubjectivity)。① 没有人能只凭自己发展各种能力,如果在早期生活中没有与他者互动,那么她/他甚至可能会得精神疾病。

然而,学习和训练的过程是教育学领域的问题。对于羞耻的发展来说,教育是必不可少的,但在成人生活中,羞耻的表现并不总是与在学习过程中不成熟的表现相一致。也就是说,在人们已经培养出羞耻感之后,人们并不总是需要感觉到别人的存在。羞耻是每个人心中与生俱来的一种潜能。当然,这种潜能需要得到发展而不是被破坏。这种发展有其必要条件,这些必要条件里包括他者的因素。然而,一旦这种感受(或能力)得以发展,人们便可用不同的形式来表达它,其中包含独立的、自发的方式。当一个人的理智和情感变得成熟时,他就可以形成自己的评价系统,而不再以他者的判断为导向。他可以不同意他者的评价内容,也可以不在乎他者是否做出评价。在不在乎他者是否做出评价的情况中,他者就不再处于这个人所思所感之中。(当然,我们可以说人"应该"注意他者的感受和判断,但是这种"应该"并不能否认独自感到羞耻的现实性。)正如我们通过经验学到所有的知识,但并不能据此否认先天知识的存在,其本身并不仅仅只是教育的结果。②

另一种拒斥"原初羞耻"和"先天羞耻"的说法是扩大"他者"范围和缩小自我范围。笔者并不反对,自我的生成,在根源上就难以脱离人格间的互动。从这个角度可以说他者总是在场的,但是在具体行为和感受的施行中,总是存在着特殊的他者是否施加影响的问题。个人羞耻的反对者认为,当一个人感到羞耻时,还有其他形式的"他者"存在:上帝、理想、责任、过去、良心等。认为上帝是一个人格的"他者",这一点可以理解,但是,如何让理想的我、过去的我、我的良心、我的责任、我的德性相异于我?扎哈维所主张的"疏远的自

---

① Dan Zahavi, *Self and Other*: *Exploring Subjectivity*, *Empathy and Shame*, p. 231.
② 在他关于羞耻章节的最后部分,扎哈维使用自闭症的例子表明,如果人们不能与他者互动,那么便不能具有标准意义上的羞耻感。然而,一个不成熟的心理不能感到羞耻(表面的羞耻)的现象,并不能否认一个成熟的心灵会感到原初羞耻(深层的羞愧)的可能性。在未成熟的心理中羞耻的表现不能定义羞耻的本质特征,后者表现在成熟的心灵中。

我"①究竟是他者,还是依旧是自我?如果与自己有关的一切都变成了非自我之物,那么恐怕留给自我、自我意识和自我感受的空间就所剩无几了。在笔者看来,必须是另外一个人格(如他人、上帝),或者可以具有人格的、人格化的生灵事物(天地万物),才可以被看作一个他者。不然,如果自我的价值、义务、理想、德性、行为统统都被看作他者,那么自我就成了没有任何内容的空架子。事实上,自我就在于对不同价值和感受的动态统一的过程中。离开这些,便没有自我。如果将我的任何特征都看作他者,"我的XX"这种表述便是不可能的,因为这已经成为非我、他者,而不是我的。此外,他者的在场,其意义便是另外一个人格可以对我观看和评判,没有施加这些行为的,便不应该被称为他者。故而,我们并不能通过"疏远的自我"或"非人格的他者"这样难以成立的概念来否定独自感到羞耻的体验。

在中文语境中,也有惭愧、愧疚和羞愧这样的表达。"愧"主要是指愧对他人,其含义与负罪感(guilt或译为内疚)较为接近。不像负罪感那样建立在对他人的伤害之上,"愧对"可以只表示对他人不够好、没有尽到对他人的义务等。惭愧的重点在于"惭"而非"愧",它表示与他人的价值比较中感到自身的渺小,属于羞耻的一种。而愧疚的重点则在"疚",它表示愧对以及负罪感的含义。羞愧则同时包含了羞耻与愧对的含义,具体的侧重要视语境来确定。

(四) 性羞耻

虽然舍勒认为传统上主张性羞耻是羞耻的本质这一观点是片面化的,但他仍然通过大量的笔墨讨论性羞耻,并赋予其重要意义。或许是因为性羞耻是羞耻的重要组成部分和表现。在亚伯拉罕传统中,当人类第一次感到羞耻,第一反应就是遮掩他们的私处。② 虽然过度享受饮食和其他快乐也会引发羞耻,但性快乐是一种强烈的感性快乐形式,而且他者是性快感的必要条件,因为这种享受是通过另一个人的身体获得的;因此,性快乐显著地反映了精神或生命和

---

① 扎哈维认为羞耻得以发生,在没有明显的他者在场的情形下,也必须有一个"疏远的自我"。他写道:"在某些情况下,疏离的力量是另一个主体,萨特对我们前反思的羞耻感的描述就是一个这方面的例子,在他的描述中羞耻面临着他者的评价的注视。在其他情况下,当我们对自己进行判断时,就会产生羞耻感。但在这种情况下,也有一种暴露和自我异化,一种自我观察和自我疏远。"见Dan Zahavi, *Self and Other*: *Exploring Subjectivity, Empathy and Shame*, pp. 238—239。
② 另参阅张任之:《舍勒的羞耻现象学》,《南京大学学报》2007年第3期,第124—125页。

感性冲动之间的冲突。性羞耻限制人们在尊重他者人格和尊严的前提下获得性快乐。舍勒强调了性羞耻(身体羞耻的基本形式)在调节性活动中的三个基本成就。这不是本文的重点,在这里笔者不详细展开。①

三、破坏性羞耻和羞辱

尽管真实的羞耻对成为一个道德的人来说是不可缺少的,但错误地感受的羞耻则会破坏德性的培养。除了对可耻的事不感到羞耻外,对不可耻的事感到羞耻也是道德上的伤害。除此之外,以避免羞耻来行动不但不必然会驱使人去追求较高价值,还可能导致其失去坚定的信念和勇气。正是由于破坏性羞耻的存在,一些心理学和成功学人士教导人们:要脸皮厚,不要有太过强烈的羞耻心。如果要避免从一个极端走向另一个极端,我们就要了解有关羞耻的各个面向。

(一)破坏性羞耻

第一种破坏性羞耻是作为虚荣的羞耻。尽管虚荣主要是一种虚假的荣誉感,它也会导致虚荣型羞耻。虚荣型羞耻是指为没有实现或消费一种较低价值而感到羞耻。施坦因博克称这种羞耻为"削弱型羞耻"(debilitating shame)。②例如,如果一个人对自己的身体缺陷感到羞耻,对穿着过时或不能享用奢侈的食物而羞耻,这便是虚荣型羞耻。若被虚荣型羞耻占据心神,说明这个人并没有致力于他的伟大理想,比如去实现他信奉的"道"或他的天职,否则他不会一直担忧这种小小的不足,也不会过度追求去实现这些较低价值。孔子说:"士志于道,而耻恶衣恶食者,未足与议也。"(《论语·里仁·九》)他称赞子路道:"衣敝缊袍,与衣狐貉者立,而不耻者,其由也与?'不忮不求,何用不臧?'"(《论语·子罕·二十七》)前者被批评而子路被称赞的原因,是一个人不应该被困在

---

① 在舍勒看来,性羞耻的第一种成就如下:"身体羞耻对变化的感觉和驱动冲动的作用在于,这种羞耻使对它们的注意力转向,从而抑制它们的表露。"(第45页)第二种成就是:"它在于这样的抑制效果,使人在没有先在的坚决的爱和爱的涌出的情况下,不服从于性驱动或生殖驱动的膨胀。"(第62页)"性羞耻的第三种功能既是在性交进行中的成就,它后于性驱动呈现(初始功能),也后于对配偶的选择在爱中已经被确定(第二功能)。"(第71—72页)

② Anthony Steinbock, *Moral Emotions*, pp. 78 – 83.

社会错误地塑造的虚荣型羞耻中而使其无法保持他的本心与个人的自主性。某些社会习俗所形成的羞耻可能是一种虚荣型羞耻。

关于虚荣型羞耻的问题，荀子在他的文章《正论》中，对义荣和势荣、义辱和势辱做了区分。他写道：

> 志意修，德行厚，知虑明，是荣之由中出者也，夫是之谓义荣。爵列尊，贡禄厚，形势（埶）胜，上为天子诸侯，下为卿相士大夫，是荣之从外至者也，夫是之谓势荣。流淫污僈，犯分乱理，骄暴贪利，是辱之由中出者也，夫是之谓义辱。詈侮捽搏，捶笞膑脚，斩断枯磔，藉靡后缚，是辱之由外至者也，夫是之谓势辱。是荣辱之两端也。故君子可以有势辱，而不可以有义辱；小人可以有势荣，而不可以有义荣。（《荀子·正论》）

现代汉语中的词比在文言文中常用的单字更能准确地传达我们体验的内容。在现代汉语中，"辱"字意味着侮辱（insult）、耻辱（disgrace）和羞辱（humiliation）。然而在古文中，特别是反对宋子"见侮不辱"看法的荀子的文章中，侮辱通常用"侮"来表示而不是"辱"。此外，羞辱是一种非常强烈和独特的体验，这两个思想家主要不是在阐述羞辱，虽然广义上的侮辱可以包含羞辱。因此，"耻辱"是对荀子文中"辱"的一个适当解读。需要注意的是，耻辱处在中间过渡位置，连接和分享了羞耻、羞辱的含义。与主要来自外部的侮辱和羞辱相比，真实的羞耻主要来自道德行为者的内在。耻辱的含义则更为宽泛，既可以从内部也可以从外部产生。故而，我们可以看到如下体验的强度渐进的演变："羞涩—羞耻—耻辱—侮辱—羞辱。"在这个逐渐过渡中，中间的三个词，每个词都与左右相邻两个词的含义有所重合。

宋子认为，如果一个人不把侮辱（或羞辱）体验为一种耻辱，那么他就不会使用暴力（去报复）。这种态度把耻辱看作是一种没有任何客观的证据的主观感受，从而剥夺了耻在修身方面的道德意义。更糟糕的是，它在伦理上以某种方式默许了侮辱和羞辱的行为。相比之下，对荀子来说，耻辱感是不可缺少的。首先，他指出，打斗和耻辱感之间没有必然联系，正如那些不受辱而打斗的人或受辱而不打斗的人所表现的那样。荀子进一步论证，避免来自外力的耻辱（势辱)是不能被确保的,而正义的人却可以确保避免义辱。"势辱"与"虚荣型羞耻"相似,而义辱与"先天羞耻"类似。然而,与孟子不同,由于荀子对待人性和情感的经验主义立场,他不会接受羞耻是先天的这一观点。在回答伦理学的基本问题,即什么是道德上正确的行为时,荀子的答案是服从礼而不是顺从人心中先天的道德趋向。荀子认为义辱的主要标准是礼,或者是法,这在他的文章《荣辱》中显而易见。在这篇文章中,尽管他同时提到了礼和义,他仍把耻辱和伦理准则而不是和相关于道德原则的内在意识联系在一起。我们可以说在"尴尬"中人们违背了无关道德的礼,与之相比,荀子认为在羞耻中人们违背了关乎道德的礼。荀子的解答不能特别令人满意,因为礼本身也是一个根植于仁和义的外在规则。柯雄文认为,在儒家看来,羞耻的发生,总是要将重要的他者、道德负责之人或君子预设为想象的观察者。① 这种观点只适用于荀子的思想,而非孟子。在荀子那里,人的心中不会存在原初羞耻。

与荀子注重外部礼和法的义荣不同,对孟子来说,道德荣誉源于内在的道德意识。孟子对天之荣誉(或天爵)和人之荣誉(或人爵)做了一个区分。他说:

> 有天爵者,有人爵者。仁义忠信,乐善不倦,此天爵也;公卿大夫,此人爵也。古之人修其天爵,而人爵从之。今之人修其天爵,以要人爵,既得人爵,而弃其天爵,则惑之甚者也,终亦必亡而已矣。(《孟子·告子上》)

"天爵"指的是通过实现精神价值而获得的荣誉,而"人爵"则意味着通过实现较低价值而获得的荣誉,如权力、财富、快乐等。前者是不可被化约为后者的,这些美德初步地通过先天的道德情感表现出来。天爵比人爵更可贵,就像精神价值比较低价值更为可取一样。②

尽管荀子与孟子有着不同之处,但以如下方式来解读荀子对耻辱的区分仍然无可非议:势辱是朝向较低层次的价值,义辱则是朝向较高层次的价值。他写道:

---

① Antonio S. Cua, "The Ethical Significance of Shame: Insights of Aristotle and Xunzi", p. 166.
② 本段也证明孟子的伦理学不是建立在幸福的基础上,其道德情感思想不同于休谟的经验主义的进路。

> 先义而后利者荣,先利而后义者辱;荣者常通,辱者常穷;通者常制人,穷者常制于人:是荣辱之大分也。(《荀子·荣辱》)

对荀子来说,义与礼虽然与先天的道德情感不相关,但仍比财富和权力更有价值。

第二种破坏性羞耻是怯懦。为了变得勇敢,人们常常需要冒风险,包括失败和面临羞耻甚至被羞辱的风险。不可否认的是,原初羞耻是培养勇气的支撑力量。由于惧怕死亡、受伤或遭受其他损失而违反义务是可耻的,为对抗不义而斗争至死是光荣的。就如《中庸》里提到的:"知耻近乎勇。"然而,另一方面,羞耻感也会使人气馁,不敢做一些可能招致羞耻或羞辱的事。在很多情况下,失败带来的不是一些普通的惩罚或损失,也不是光荣的死亡,而是羞辱。轻则出丑、丢人现眼,重则被操控耍弄。即便人们没有被敌人羞辱,一场失败本身就可以招致他人的嘲笑:"他是自取其辱。"羞耻在这方面是有价值的:当一个人没有准备好获得成功时,它可以防止那些招致耻辱的鲁莽行为。但同时,躲避羞耻使人怯于承担一定的风险,从而成为懦夫。有着强烈的怯懦性羞耻感的人会害怕面对他人的拒绝和无视。

破坏性羞耻的第三种形式是优柔寡断。优柔寡断的人养成了一个反复重温他人责备的习惯,过度考虑他人的指责,或在日常行为中想象来自他人的潜在的和未来的责备。他们通常有一颗柔弱的心,极度关注别人的意见和感受。优柔寡断型羞耻是无耻的对立面。他人的感受当然要照顾到,但执着于来自他人强加的外在约束,时时为他人的不同意见所左右,则意味着没有了人格的自主性和独立性的空间,不能凭自我的力量去践行正义的事情。

(二) 羞辱

我们需要重新审视儒家语境中的羞辱问题。羞耻和羞辱有着本质的区别。这种区别不仅仅体现在:羞耻是自我的渺小感,而羞辱是给他人带来羞耻,使其感到自身的无价值。当我对一个人说"你应该为你自己感到羞耻"时,我指向此人可以完善自我这一意义。而在羞辱中,人不被当作人来对待。也就是说,受羞辱者被去人格化了,而他的完整性仍然被预设。施坦因博克写道:"吊诡的是,为了羞辱别人,为了实施或持续对他的去人格化,我要先把他预设为

'人'。"①一棵植物不能被羞辱;要羞辱一个人,只有首先承认他/她是一个人,然后将其去人格化才能做到。羞辱也预设了对自我决定之意志的侵犯。如果一个人愿意剪阴阳头,并且要求别人为他剪,就不存在羞辱。然而,如果他人强迫他剪阴阳头,即使他平时喜欢此发型,他仍然会觉得有羞辱感。被羞辱的人会感受到屈辱,也就是说,屈辱感是遭受到羞辱时的一种屈服外力压迫和贬损的痛苦感受。被羞辱的人处于这样的境地:在违背他的意志的情形下被任意地操纵,或者通过语言或行为被呈现出完全的无力、无价值姿态。羞辱的境况难以描述,因为羞辱的人经常试图将丑陋和肮脏强加给被羞辱的人,比如给那些被阉割、被强奸(鸡奸)、被毁容之人等。这种羞辱,在一般意义上,笔者称之为的"强加的羞辱"(imposed humiliation)。

也存在着一些被误解的羞辱,这会发生在那些过于敏感的人身上。如果一个人有很强的自尊心或荣誉感,他可能在感到被忽视或拒绝的时候感到被羞辱(屈辱)。对这类型的人来说,在任何情况下,如果没有足够的尊敬,便意味着羞辱。尊敬他人是一种德性,而在一定程度上容忍别人的不尊敬也是一种德性。化解这种无意的不敬所造成的羞辱感,需要充满爱和谦卑的心灵,它使得人们不将一件小事中展现的不敬体验为羞辱。

在儒家思想中,维持人格尊严意义重大,甚至比生命更重要。这种态度在一定程度上忽视了忍辱的价值。《礼记》说:"儒可杀而不可辱也。"(《儒行》)在传统的儒家精神中,士宁死也不愿受辱。《礼记》中有这样一个故事,一个快饿死的人拒绝接受以羞辱的方式提供的食物,最终饿死。(《檀弓下》)虽然曾子在评论中——此处的曾子是否是历史上的曾子是另一个问题——认为当施予者道歉之后,此人应该接受道歉和食物,不过他也认为如果没有道歉,也应当拒绝以羞辱的方式提供的食物。

牺牲生命来维护自己尊严的行为通常会受到高度赞扬。这个教条历来颇具影响力,清代儒家学者戴震和现代自由主义者则批判这一教条支持当权者"以理杀人"。② 然而,孟子自身似乎存在一个吊诡。虽然他明确宣称义的价值高于生命的价值,但他对生命和尊严的衡量权重并不那么简单。一方面,他声

---

① 参阅 Anthony Steinbock, *Moral Emotions*, p. 249。
② 戴震,何文光整理:《孟子字义疏证》,北京:中华书局,1982年,第10页。

称:"一箪食,一豆羹,得之则生,弗得则死。嘑尔而与之,行道之人弗受;蹴尔而与之,乞人不屑也。"(《孟子·告子上·十》)另一方面,他会权衡在具体情况下侵犯尊严价值和侵犯生命价值的程度,就像他在回答救不救嫂子的问题时所说的那样。(《孟子·离娄上·十七》)一个微小的羞辱事件不足以使人们为了避免它而牺牲自己的生命。孟子指出,没有人天生愿意接受这样的羞辱,这种原初的道德趋势应该永远保持下去。然而,他基本上是用这种避免"强加的羞辱"的趋向做比喻,提出一个人不应追求不义之财——笔者称之为"自我羞辱"(self-humiliation)——孟子没有宣称每个人都必须要严格按这个趋向行事。尽管笔者对孟子的说法有所辩护,但必须承认,自由主义者的批评从重视消极自由——自由指的是自由地去做(free to do)人们意愿去做的事、免于(free from)受到外部约束——的现代视角来看仍然是有意义的,因为孟子侧重积极自由——自由是免于(free from)受到个人欲望的统治,自由地去实现(free to do)较高的追求——的趋向在历史上是有影响的。① 后期儒家继承了孟子重视个人风骨的思想,持有严格的道德标准,其中还包括了性道德。不幸的是,在与各种形式的"尊严"相比之下,这种观点导致了对人们生命的贬低。②

在维护人格尊严和拒绝把他人当作感性客体来对待这一方面,宋明儒学学者认为人欲和天理有严格的区分。一般来说,维护尊严的重要性在很大程度上是为后期的儒家所提倡。然而,即使是对宋明儒学哲学家来说,牺牲自己的生命来避免羞辱的选择应该由自己做出,任何人都不应该为维护他人尊严而侵犯他人生命。

只有最重大的羞辱才值得人们为了避免它而牺牲自己的生命,尤其是"自我羞辱"(一些人称之为羞耻)。这也是荀子认为君子能够避免的"义辱"。例如,如果一个人做了侵害他人的可耻的事,比如出卖自己的国家以获得个人利益,即使他自己不感到羞辱或羞耻,但他人会对他说:"你在羞辱你自己!"为了避免自我羞辱(在其中人们不把自己当人,降低自身的价值),拒绝采取会导致

---

① 参阅 Isaiah Berlin, "Two Concepts of Liberty", in *Four Essays on Liberty* (Oxford, England: Oxford University Press, 1969), pp. 124 - 126,163 - 166。

② 当被一个学生问到在不改嫁便会饿死的情况下,寡妇是否可以改嫁时,程颐说:"饿死事极小,失节事极大。"见程颢、程颐著,王孝鱼校:《二程集》,北京:中华书局,1981年,第301页。关于这一说法的争论,参阅刘昌元:《论对"饿死事小,失节事大"的批评与辩护》,《二十一世纪》2000年6月期,第125—133页;朱晓娟:《程朱学派与宋代妇女贞洁观之研究》,台湾政治大学硕士论文,2003年。

自我羞辱的不义行为(如拒绝为虎作伥)是光荣的——即便这个选择会导致其自身的死亡,因为这个举止反映了人们正义的品性。

孟子通过一个故事传达了他的观点,即一个有德的人应该远离某种羞辱,在这类羞辱中,人们谄媚奉承强权者,甚至协助其行不义之举来获得财富和地位。(《孟子·离娄下·三十三》)①但是,如果羞辱之事不需要人们行不义之举的话,牺牲一个人的生命来避免所有强加的羞辱便不是我们的义务。相反,忍辱以实现伟大价值是一种德性。我们知道,在选择宫刑或死刑作为自己的惩罚方式时,汉代史学家司马迁选择了宫刑来保住自己的生命,以完成他的史学巨作《史记》,尽管他因此遭受了巨大的羞辱。忍辱可以使人背负起重任(负重)。羞辱最初指的是人格的贬损,它本身并没有积极的含义。然而,经历羞辱这一极其煎熬的过程会迫使人们在内心深处反思自己的天命、生命之意义,譬如,自己为什么选择活着而不是死去?如果一个人能坚定地忍受羞辱带来的巨大痛苦,那么便没有什么磨难是难以克服的。曾子说:"士不可以不弘毅,任重而道远。仁以为己任,不亦重乎?死而后已,不亦远乎?"(《论语·泰伯·七》)尽管我们承认忍辱是一种德性,但是我们应注意,重要的是在政治和社会的层面减少羞辱的发生,促进对人格和权利的确保。

四、结语

综合舍勒、儒家以及相关学者的论述,笔者对羞耻的现象学体验进行了阐释。羞耻这一情感包含了对整个人的价值评价,而不是对具体事件的价值判断。基本上有两种羞耻:(1)显明(他者评价的)羞耻;(2)原初(自我评估的)羞耻。当一个人不被他人当作是一个具有人格尊严的精神个体,而仅仅是被当作(a)一个客体,或(b)一种感性的存在,或(c)一个失败者(没有价值)时,显明羞耻就会发生。萨特的注视之例子说明了第一种情况,身体和性羞耻表明了第二种,竞争中失败则显示了第三种情况(如果是极大差距的失败,也会被体验为羞辱)。总之,这种羞耻中,羞耻感受者被他人客体化、不被他人尊重,从而在一定

---

① 虽然这个故事表面在说妻和妾对她们丈夫在墓地乞讨的行为感到羞耻,但是笔者按照朱熹的解释,认为它暗示了一个现象,即一个人为追求高位而在私下里对强权阿谀奉承,行不义之举,而公开地对他人表现炫耀、得意、骄傲。

程度受人控制或支配。毫无疑问,这种羞耻是人格间的(interpersonal),它预设他者的存在。

原初(自我评估的)羞耻发生在一个人认为自己没有价值,由于自己的缺点而责备自己时。即使没有他者的评价,或者与他者的比较,人们也可能会因为自己没有做到自己所应该做到的那样好而感到羞耻。显然,这种情感不是负罪感,因为在其中人们并没有伤害他人。由于人们没有将自己置身于一种社会情境中,因此这种情感也不是尴尬。

显明羞耻与原初羞耻是由羞耻的运行和发生方面区分开来,而先天羞耻和社会羞耻则根据羞耻的内容和评价标准做出区分。社会羞耻是由社会主流价值体系决定的,而先天羞耻则与价值的客观级序一致,舍勒的价值现象学对此具有洞见。从价值模态的纵贯性来看,羞耻展现出以较高价值约束较低价值的力量,如精神对生命和欲望之本能的约束。从价值的横列性来看,羞耻则表现为较大价值对较小价值的优先性。此外,性羞耻是身体羞耻的一种基本形式,它限制人们在尊重他人尊严的态度之下获得性快乐。

真实的羞耻对成为一个道德的人是不可缺少的,但错误地感受的羞耻则会破坏德性的培养。破坏性羞耻可分为三种:(1)虚荣型羞耻;(2)怯懦型羞耻;(3)优柔寡断型羞耻。羞耻仍然指向一个人在价值上的自我完善,而羞辱的含义则本质上是负面的。被羞辱的人处于这样的境地:在违背他的意志的情形下被任意地操纵,或者通过语言或行为被呈现出完全的无力、无价值姿态。对于儒家来说,维护个人尊严这一思想是非常重要的,儒士宁死也不愿被羞辱。然而,通过仔细阅读,我们仍然可以发现儒家思想的另一面,重视忍辱之德。只有最重大的羞辱才值得人们为了避免它而牺牲自己的生命,尤其是"自我羞辱",它与"强加的羞辱"形成鲜明的对比。最重要的是,一个健康的社会应该尽量降低总体上羞辱的发生,保障人们的尊严和权利。

The Phenomenology of Shame: A Clarification in Light of Max Scheler and Confucianism

Lu Yinghua

Abstract: This paper investigate into the phenomenological experience of shame through

Max Scheler's description and the tradition of Confucianism. Section I explores the conflict between spirit, life and pleasure in the Experience of Shame. Shame implies that there is a hierarchy of value, and it happens when there is a conflict among different values and when the agent tries to sacrifice the higher value for a lower one in his/her intention or action. Shame also takes place when one is treated by others as a universal object or merely a sensuous being rather than a spiritual being with personal dignity. Section II clarifies the problem of destructive shame and humiliation. While genuine shame is indispensable for a person as such, wrongly felt shame is destructive to the cultivation of virtue. Differences between shame and humiliation and how one should treat humiliation also get reexamined.

Key Words: Shame, Max Scheler, Humiliation, Confucianism; Phenomenology, Moral Emotion

《吕氏春秋》"情"与"性"之涵义析论

赵东明*

[摘　要]　本文以《吕氏春秋》中的"情"与"性"二字的概念涵义,并连带以"情性"及"性情"作为析论探研的范围;同时配合先秦典籍中"情"、"性"二字的用法,作一分析与考察。本文的观点是:在《吕氏春秋》中的"情"、"性"、"情性"及"性情"之涵义,和先秦典籍各家的涵义与用法大致相同,主要意思是认为,"情",是指人天生而有的喜怒哀乐等"情感";"性",则是指人天生而有的"性质"、"本性",包含欲望及情感。而不论是"情"或"性"的涵义,皆是指人天生所具有的状态,只是一是专指人的"情感",一则是指人的"性质"、"本性"。所以,后来汉儒以及宋儒以为的"性仁情贪"或"性善情恶",而将"情"与"性"此二字的概念涵义对立起来的看法,在先秦时期的典籍中,应是没有这种观点的。

[关键词]　吕氏春秋;情;性;情性;性情

---

*　赵东明(1972—　),男,台湾桃园人,台湾大学哲学博士,华东师范大学哲学系讲师,主要研究法相唯识佛学、天台佛学、中国哲学。

一、前言

《吕氏春秋》一书,是秦相国吕不韦(约公元前 284—234)①集门客集体撰写的一部著作。此书在先秦诸子的著作中有三个显著的特色,即:内容广泛、学派兼容、全书构制的规整性。② 关于此书的学派归属,是一众说纷纭的问题。《汉书·艺文志》将其归为杂家。有学者据东汉高诱的说法:"此书所尚,以道德为标的,以无为为纲纪,以忠义为品式,以公方为检格"③,认为此书属于道家之作,如任继愈以为:"秦汉时期道家思潮的开始。"牟钟鉴也以为:"在哲学上,《吕氏春秋》最得力于老庄学说。"④萧萐父、李锦全则认为《吕氏春秋》:"以黄老道家的思想路线为中心,兼采儒、墨、名、法及阴阳家言。"⑤熊铁基则把《吕氏春秋》与《淮南子》称为"秦汉新道家"。⑥ 此外,清卢文弨认为"《吕氏春秋》一书,大约宗墨氏之学,而缘饰以儒术"⑦,以为此书是墨家之学。陈奇猷则认为:"《吕氏春秋》之指导思想为阴阳家,其书之重点亦是阴阳家说。"⑧此外,郭沫若认为《吕氏春秋》主要对儒、道二家采尽量摄取的态度,对墨、法二家则是批判。杜国庠则认为此书是兼论儒、道二家。而有些学者如清陈澧(1810—1882),则以为《吕氏春秋》是以儒家之说为主。甚至现在还有些学者以为《吕氏春秋》的主要思想倾向是"新儒家"。⑨

本文并不打算涉及研究分析《吕氏春秋》一书的学派归属问题,仅将研究析论范围限定在以《吕氏春秋》及先秦典籍中对"情"、"性"二字,或"情性"("性情")二字并连的涵义与用法,作一详尽的分析,这是本文的主要析论探研之范

---

① 洪家义:《吕不韦评传》,南京:南京大学出版社,1995 年,第 68—69 页。
② 朱永嘉、萧木:《新译吕氏春秋》(上),台北:三民书局,1995 年,第 1 页。
③ (东汉)高诱:《吕氏春秋序》,陈奇猷:《吕氏春秋新校释》上册,上海:上海古籍出版社,2002 年,第 2 页。
④ 牟钟鉴:《〈吕氏春秋〉与〈淮南子〉思想研究》,济南:齐鲁书社,1987 年,第 34 页。
⑤ 萧萐父、李锦全主编:《中国哲学史》上卷,北京:人民出版社,1985 年,第 286 页。
⑥ 熊铁基:《秦汉新道家略论稿》,上海:上海人民出版社,1984 年,第 1 页。
⑦ (清)卢文弨:《书〈吕氏春秋〉后》(《抱经堂文集》卷十),陈奇猷:《吕氏春秋新校释》下册,上海:上海古籍出版社,2002 年,第 1865 页。
⑧ 陈奇猷:《吕氏春秋新校释》下册,上海:上海古籍出版社,2002 年,第 1890 页。
⑨ 丁原明:《黄老学论纲》,济南:山东大学出版社,1997 年,第 190 页。

围和目的。

二、析论《吕氏春秋》中"情"字的涵义

(一) 先秦时期"情"字的涵义

关于"情"字,在先秦的典籍中,最早已见于《诗经》和《尚书》中(各出现一次)。《毛诗·陈风·宛丘》云:"子之汤兮,宛丘之上兮,洵有情兮,而无望兮。"郑玄(127—200)笺解为:"此君信有淫慌之情,其威仪无可观望而则效。"① 可知此"情"字,应作"情感"解释。而在《尚书·康诰》中有:"天畏棐忱,民情大可见。"这里的"民情",则是指人民的心意和欲望②,即是"民心",所以此"情"字,应作"意欲"解释。"情"字亦出现在《周易》《十翼》中的《系辞》、《彖》、《文言》等传中,另外《左传》、《礼记》中亦多次出现"情"字。

东汉许慎(约58—147)的《说文解字》中,以"情"字为:"人之阴气有欲者,从心青声。疾盈切。"清段玉裁注此云:"董仲舒曰:'情者,人之欲也,人欲之谓情,情非制度不节。'《礼记》曰:'何谓人情? 喜、怒、哀、惧、爱、恶、欲七者,不学而能。'《左传》曰:'民有好、恶、喜、怒、哀、乐,生于六气。'……"③ 简而言之,一般状况下,"情"字是指人生来而有的喜、怒、哀、惧、爱、恶、欲等情感状态。

综合言之,在先秦时期,"情"字的涵义,约可归纳为下面几种涵义:1. 人之感情的各种状态,如《荀子·礼论》:"祭者志意思慕之情也。"《礼记·礼运》:"何谓人情? 喜、怒、哀、惧、爱、恶、欲七者,弗学而能。"2. 本性,如《孟子·滕文公》:"夫物之不齐,物之情也。"3. 常理,如《孙子·九地》:"兵之情主速。"4. 情况,实情,如《左传·成公十六年》:"侨如之情,子必闻之矣。"《墨子·非命中》:"然今天下之情伪,未可得而识也。"5. 信实、诚实,《论语·子张》:"如得其情,则哀矜而勿喜。"《论语·子路》:"上好信,则民莫敢不用情。"6. 确实、实在,如《墨子·非攻》:"情不知其不义也。"

---

① 李学勤主编:《标点十三经注疏·毛诗正义》,台北:台湾古籍出版公司,2001年,第513页。
② 吴璵:《新译尚书读本》,台北:三民书局,2001年,第142页。
③ (清)段玉裁:《说文解字注》,台北:广文书局,1969年,第506页。

(二)《吕氏春秋》中"情"字的涵义

在《吕氏春秋》中,"情"字一共出现八十八次①。由于《吕氏春秋》一书是先秦诸子各学派的集大成,所以其"情"字之涵义,和上述先秦典籍一样,有作人情、实情、实况、情欲等解释。以下分别作说明:

1. 作"人情"解

"情"字,在《吕氏春秋》中作"人情"解者,如《吕氏春秋·孟夏纪·诬徒》:

> 人之情,恶异于己者,此师徒相与造怨尤也。人之情,不能亲其所怨,不能誉其所恶,学业之败也,道术之废也,从此生矣。善教者则不然,视徒如己。反己以教,则得教之情也。所加于人,必可行于己,若此则师徒同体。人之情,爱同于己者,誉同于己者,助同于己者,学业之章明也,道术之大行也,从此生矣。②

上述的"情"字,很明显地,是说明人情,指人之情通常是爱好和自己思想、心意相同的人,而厌恶和自己思想、心意相异的人。而《吕氏春秋》用此说明善于教人的老师,是能设身处地站在学生的立场为学生着想,能达到师生一体的境界。

2. 作"本能"解

"情"字解作"本能"者,如《吕氏春秋·仲夏纪·适音》:

> 耳之情欲声,心不乐,五音在前弗听。目之情欲色,心弗乐,五色在前弗视。鼻之情欲芬香,心弗乐,芬香在前弗嗅。口之情欲滋味,心弗乐,五味在前弗食。欲之者,耳目鼻口也;乐之弗乐者,心也。心必和平然后乐,心必乐然后耳目鼻口有以欲之,故乐之务在于和心,和心在于行适。③

---

① 查询自:《台湾师大图书馆"寒泉"古典文献全文检索资料库》,网址:http://skqs.lib.ntnu.edu.tw/dragon/。
② 陈奇猷:《吕氏春秋新校释》上册,第224页。
③ 同上书,第275页。

在这里，"情"字应当作"本能"解释较为恰当①，虽然解作实状、实况亦可，然此文说明耳、目、口、鼻的实状是喜好色、声、香、味，解作耳、目、口、鼻的"本能"是意欲色、声、香、味较适恰。而《吕氏春秋》的作者又认为，耳、目、口、鼻虽各有本能意欲，然而最终还是受"心"所统摄，所以说道："心必乐，然后耳目鼻口有以欲之"，意即：心必和乐，才能使耳、目、口、鼻享受本能的欲望。

3. 作"实际"、"实情"、"实际情况"解

此如《吕氏春秋·孟春纪·重己》："有慎之而反害之者，不达乎性命之情也。不达乎性命之情，慎之何益？"②此中之"情"字，应作"实际"、"实情"解释，此句之意思是说明若不能通达性命之实情、实际，则即使处处谨慎小心，亦没什么作用。

另外，《吕氏春秋·孟冬纪·孟冬》中"工有不当，必行其罪，以穷其情"，以及《吕氏春秋·离俗览·举难》中"物固不可全也，以全举人固难，物之情也"③等多处的"情"字，皆作"实情"、"实际"、"实际情况"解释。

4. 作"情欲"、"情感"解

此如《吕氏春秋·仲春纪·情欲》：

> 天生人而使有贪有欲，欲有情，情有节。圣人修节以止欲，故不过行其情也。故耳之欲五声，目之欲五色，口之欲五味，情也。此三者，贵贱愚智贤不肖欲之若一，虽神农、黄帝其与桀、纣同。圣人之所以异者，得其情也。由贵生动则得其情矣，不由贵生动则失其情矣。此二者，死生存亡之本也。④

《吕氏春秋》的作者认为，人天生就会有贪心、欲望，所以便会有情感产生。因此很明显地，此处的"情"字作"情欲"、"情感"解释。其意以为耳、目、口等感官意欲五声、五色、五味，这是人天生就有的情感欲望，不论贵贱、愚智、贤或不肖之人都是相同的。而圣人异于一般人之处，只是在能够节制情欲，使之适度。

---

① 朱永嘉、萧木：《新译吕氏春秋》（上），第225页。
② 陈奇猷：《吕氏春秋新校释》上册，第34页。
③ 陈奇猷：《吕氏春秋新校释》上、下册，第523、1318页。
④ 陈奇猷：《吕氏春秋新校释》上册，第86页。

这种肯定人有情欲、情感,而要适当调节情欲、情感的理论,应较偏向道家看待情欲为自然、不以情欲为不好的立场。虽然儒家《中庸》亦有"喜怒哀乐之未发,谓之中;发而皆中节,谓之和。中也者,天下之大本也;和也者,天下之达道也。致中和,天地位焉,万物育焉",这种调和情感,使之中节的思想。然而儒家基本上看待情欲,多认为其是一件不好之事,而要将其灭除、调节;而不像道家以情欲为人天生自然之性,要顺性情而为。故虽儒、道皆主调和情感,而实际上背后的主张却大不相同。《吕氏春秋》这种以情欲为天生自然,圣愚智凡人人皆有的思想,自然比较接近先秦道家的观点。

从以上的分析,可看出《吕氏春秋》中"情"这一字的涵义,有人情、本能、实情、实际、情感等多种解释。由这一点,也可看出,在先秦诸子中,《吕氏春秋》集各家学说于一堂的情形。我们可以说,《吕氏春秋》中"情"这一字的各种不同用法与解释,是先秦各家学说的汇集与综合。

三、析论《吕氏春秋》中"性"字的涵义

(一)先秦时期"性"字的涵义

关于"性"字,由于是一个很重要的哲学范畴,所以已有不少关于这方面的研究。清末学者阮元(1764—1849)对"性"字自信颇有研究,故作"节性斋",自号"节性斋主人";他并著有《性命古训》一文,对先秦时的《尚书》、《诗经》、《左传》、《周易》、《论语》、《孟子》、《礼记》等几部儒家经典中的性命理论作了分析。阮元在《节性斋主人小像跋》中曾言:"余讲学不敢似学案立宗旨,惟知言'性'则溯始《召诰》之'节性',迄于《孟子》之'性善',不立空谈,不生异说而已。"此处阮元提到他谈"性"字是始自《尚书·召诰》:"节性,惟日其迈;王敬作所,不可不敬德。"

而"性"字,确实早在《诗经》、《尚书》、《左传》等书中就已见到。《毛诗·大雅·卷阿》中云:"伴奂尔游矣,优游尔休矣。岂弟君子,俾尔弥尔性,似先公酋矣。"《尚书·太甲》云:"伊尹曰:'兹乃不义,习与性成。'"《左传·襄公十四年》亦云:"天生民而立之君,使司牧之,勿使失性。"阮元在《节性斋主人小像跋》中亦曾考证:"虞夏书内无性字,性字始见于《书·西伯戡黎》、《召诰》、《诗·卷阿》。古性字之义,包于命字之中。其字乃商周挚生之字,非仓颉所造。从心则

包仁义等事,从生则包食色等事。"①

而民国学者傅斯年在《性命古训辨证》一书中,则从字源学的角度分析了"性"字。他以为在先秦典籍中并没有独立的"性"字,所有的"性"字都是汉人改写的,原来都是"生"字。同时他认为先秦典籍中的"性"字与"生"字的意思并没有互相独立,而是相互混淆,有时是指禀赋的品质,有时是指出生这一事件。②然而,徐复观在其《中国人性论史·先秦篇》中则批驳了傅斯年的考据和观点,③他认为:"'性'之原义,应指人生而即有之欲望、能力等而言,有如今日所说之本能。……其所以从生者,既系标声,同时亦即标义;此种欲望等等作用,乃生而即有,且具备于人的生命之中;在生命之中,人自觉有此作用,非由后起,于是即称此生而即有的作用为性;所以性字应为形声兼会意字。此当为'性'字之本意。"④牟宗三则以为"性"字有"性体义"、"性能义"、"性理义"、"性分义"、"性觉义"五义。⑤而近人黄建中则以为古人释性有:"以生释性"、"以天释性"、"以自然释性"、"以质释性"、"以气释性"、"以理释性"、"以形器精神释性"、"以血气心知释性"、"以理气混合释性"、"以心之理释性"、"以生之理释性"十一种之多;并以为"性"字应释为:"人生而自然具于血气心知之质与理。"⑥

综合言之,关于"性"字在先秦时期的涵义,大约有以下几种:1."天生自然之物"、"生命本性",此如告子言:"生之谓性";及《荀子·正名》:"生之所以然者,谓之性"。2."人性"、"人的本性",此如《论语·阳货》:"性相近也,习相远也。"3."本质"、"性质",此如《左传·昭公二十五年》:"则天之明,因地之性。"4."生活"(亦是"生"之另一义),此如《左传·昭公十九年》:"民乐其性。"另外,东汉许慎《说文解字》以"性"字为:"人之阴气性善者也,从心生声",段玉裁注云:"《论语》曰:'性相近也。'《孟子》曰:'人性之善也,犹水之就下也。'董仲舒曰:'性者,生之质也;质朴之谓性。'"⑦这种说法,应该是受儒家人性本善论的影响,以性善的角度解释"性"字的涵义。

---

① 张松礼:《人性论》,台北:幼狮文化,1976年,第47—49页。
② 傅斯年:《性命古训辨证》上卷,北京:商务印书馆,1947年,第1—41页。
③ 廖其发:《先秦两汉人性论与教育思想研究》,重庆:重庆出版社,1999年,第2页。
④ 徐复观:《中国人性论史·先秦篇》,台北:台湾商务印书馆,1979年,第6页。
⑤ 牟宗三:《心体与性体》第一册,台北:正中书局,1989年,第563页。
⑥ 黄建中:《教育哲学》,台北:教育部中等教育司,1960年,第29—30页。
⑦ (清)段玉裁:《说文解字注》,第506页。

(二)《吕氏春秋》中"性"字的涵义

在《吕氏春秋》一书中,"性"字一共出现凡六十二次①,其涵义亦是多元的,以下分别说明之:

1. 作"天生自然之质"、"生命本性"解

此义如《吕氏春秋·孟春纪·本生》:

> 是故圣人之于声色滋味也,利于性则取之,害于性则舍之,此全性之道也。世之贵富者,其于声色滋味也多惑者,日夜求,幸而得之则遁焉。遁焉,性恶得不伤?②

上述的"性"字,即告子"生之谓性",以及《荀子·正名》"生之所以然者,谓之性"之涵义。《吕氏春秋》的作者认为圣人对于声色滋味这些物质,若有利于生命天生自然之性质就吸收它,反之则弃舍,此乃保全生命本性的方法。另外,《吕氏春秋·孟秋纪·荡兵》云:"民之有威力,性也。性者所受于天也,非人之所能为也",很明显地可看出此"性"字,是指"天生自然之质"之意。

2. 作"性质"解

此如《吕氏春秋·孟春纪·本生》:

> 夫水之性清,土者抇之,故不得清;人之性寿,物者抇之,故不得寿。物也者,所以养性也,非以性养也;今世之人,惑者多以性养物,则不知轻重也。不知轻重,则重者为轻,轻者为重矣!③

这里的第一个"性"字,很明显地,应解释作"本质"、"性质",如说水的性质是清澈的。然而"人之性寿"中的"性",则不应解释作"本质"、"性质",而应解释作"生"之意比较适恰,即人生而有一定寿命,因外物的迷乱,使人不能得其寿命。由此可见,在《吕氏春秋》中即使是同一段的文章,其中"性"字之涵义,亦不

---

① 查询自:《台湾师大图书馆"寒泉"古典文献全文检索资料库》,网址:http://skqs.lib.ntnu.edu.tw/dragon/。
② 陈奇猷:《吕氏春秋新校释》上册,第21—22页。
③ 同上书,第21页。

一定可作相同的解释。

3. 作"躯体"、"身体"解

此用法较特殊,如《吕氏春秋·贵直论·壅塞》:

> 夫登山而视牛若羊,视羊若豚。牛之性不若羊,羊之性不若豚,所自视之势过也,而因怒于牛羊之小也,此狂夫之大者。狂而以行赏罚,此戴氏之所以绝也。①

上面这段话中的"性"字,汉高诱注为:"性,犹体也。"②意思是说登上高山往下看,会觉得牛的躯体小得像羊,羊的躯体小得像小猪,然而造成此种错觉的原因是因为观察时所站的地势不对的缘故。③ 在这里,"性"字当作"躯体"、"身体"之涵义是比较特殊的,然而,此应该和"生之谓性"这个意思有相关联之处。

综合以上,《吕氏春秋》中的"性"字,可解为"天生自然之质"、"性质"、"躯体"等。然而,在《吕氏春秋·孟春纪·重己》中的"性"字,作何解释,却倒颇有争议,其文如下:

> 凡生之长也,顺之也,使生不顺者,欲也。故圣人必先适欲。室大则多阴,台高则多阳,多阴则蹶,多阳则痿,此阴阳不适之患也。是故先王不处大室,不为高台,味不众珍,衣不燀热。燀热则理塞,理塞则气不达;味众珍则胃充,胃充则中大鞔;中大鞔而气不达,以此长生可得乎?昔先圣王之为苑囿园池也,足以观望劳形而已矣;其为宫室台榭也,足以辟燥湿而已矣;其为舆马衣裘也,足以逸身暖骸而已矣;其为饮食酏醴也,足以适味充虚而已矣;其为声色音乐也,足以安性自娱而已矣!五者,圣王之所以养性也,非好俭而恶费也,节乎性也。④

---

① 陈奇猷:《吕氏春秋新校释》下册,上海:上海古籍出版社,2002年,第1579页。
② 同上书,第1583页。
③ 朱永嘉、萧木:《新译吕氏春秋》(下),台北:三民书局,1995年,第1438页。
④ 陈奇猷:《吕氏春秋新校释》上册,上海:上海古籍出版社,2002年,第35—36页。

上文中的"安性"、"养性"、"节乎性"之"性"字,傅斯年以为此"性"字和养生之道有关,所以此"性"字本应为"生"字,乃后人传写将"生"改为"性";他又以此断言《尚书·召诰》中"节性,惟日其迈"的"性"字,原文必为"节生";并且先秦遗文中并无独立之"性"字,皆为"生"字才是。① 然而,与此观点不同的是,徐复观则认为上段《吕氏春秋·重己》中的"性"字,是"人之性寿"之意,亦即是说其涵义是人由天所禀的本性,本是可以活大年纪的;就具体生命而言,便谓之"生",就此具体生命之先天禀赋而言,便谓之"性";而"节乎性",乃指适合于先天所禀赋之寿而言,故他反对傅斯年的观点,认为原文绝对不可以改作"节生",更是与《尚书·召诰》所说的"节性"无关。②

而廖其发在《先秦两汉人性论与教育思想研究》中则以为上述关于《吕氏春秋·重己》中的"性"字,徐复观先生认为"节性"不可改为"节生"是正确的。不过,他认为解此"性"字,却不能像徐复观所以为的从"人之性寿"的角度去理解。他以《吕氏春秋·大乐》"始生人者天也,人无事焉。天使人有欲,人弗得不求"③,是说明《吕氏春秋》的作者认为人的欲望是天生的,而既然欲望是天生的,具有天然的或生来就有的特质,合于荀子等人关于"性"的定义。而上述《吕氏春秋·重己》中的"安性"就是"安定人天生就有的欲望";"养性"就是"养人之欲";"节性"解为"节制人天生就有的欲望"。而傅斯年将"性"字解作"生"字,实际上是未能明白"养性"、"节性"、"安性"与养生之道的关联。因为《吕氏春秋》并不主张"灭性"或"纵性",而是主张既然欲望是人天生的本性,就应"养性"(养人之欲)、"安性"(安定人之欲望)、"节性"(节制欲望)才是,若将"养性"解作"养生",就很令人费解,而若将"安性"改为"安生"(安定生命),或将"节性"解作"节生"(节制生命),亦是说不通的。换言之,从"性"是天生的、天然的或生来即有的东西的本义,以及欲望是人性的重要内容来理解上述《吕氏春秋·重己》中的"性"字,才是比较符合原文之意义的。④

---

① 傅斯年:《性命古训辨证》上卷,第1、17页。
② 徐复观:《中国人性论史·先秦篇》,第8页。
③ 陈奇猷:《吕氏春秋新校释》上册,第259页。
④ 廖其发:《先秦两汉人性论与教育思想研究》,第17—18页。

四、《吕氏春秋》中"情"与"性"并连之涵义析论

(一) 先秦时期"情"与"性"并连之涵义

在先秦的典籍中,"情"、"性"二字成对并连出现,可见于《礼记·乐记》:"是故先王本之情性,稽之度数,制之礼义。"此处"情"、"性"二字并连("情性"),乃意指"情感"和"本性"而言。① 另外,此种涵义亦见于《周易·乾·文言》:"乾元者,始而亨者也。利贞者,性情也。"唐孔颖达(574—648)正义曰:"性者,天生之质,正而不邪;情者,性之欲也。"②所以此处之"性"、"情"二字并连("性情")之涵义,应解释作"天生之性质"、"情欲、情感";在这里,"性"和"情",一是指人天生而有的"本性"(亦应含有欲望,所谓"生之谓性"之意),一是指人天生而有的"情感";但似应该没有孔颖达认为的"性正情恶"这种"情"、"性"二字的涵义相对立的意义,而此解或许可能受汉儒董仲舒"性仁情贪"思想的影响。先秦时期"情"、"性"二字应还无一善一恶相互对立的概念,仅指人天生的"情感"和天生的"本性"言,而人天生的本性亦含有欲望之涵义,所以应和人天生的情感并无相对立的意义。

在先秦诸子中,"情"、"性"二字并连出现,则可见于《荀子·性恶》:"夫好利而欲得者,此人之情性也。假之人有弟兄资财而分者,且顺情性,好利而欲得,若是,则兄弟相拂夺矣;且化礼义之文理,若是,则让乎国人矣。故顺情性则弟兄争矣,化礼义则让乎国人矣。"此中之"情性"二字应是连用,而不能将二字各自拆开分别解释,其意乃是指"情欲本性"③,具有负面的争夺、好利等倾向,故须以礼义化之。另外,此种涵义亦出现于《庄子·马蹄》:"性情不离,安用礼乐!"成玄英疏:"情苟不散,安用和心! 性苟不离,何劳检迹!"④故此处之"性"、"情"二字并连之情形,则应将二字拆开各自分别解释,意为"本性"和"情感"。由此可知,先秦时期"情"、"性"二字并连使用之情形,不论是"情性"或"性情",都可以指人天生所具有的"情感"和"本性"(欲望、情欲本性)这两个概念,而皆

---

① 姜义华:《新译礼记读本》,台北:三民书局,1997年,第529页。
② 李学勤主编:《标点十三经注疏·周易正义》,台北:台湾古籍出版公司,2001年,第24页。
③ 蒋南华、罗书勤、杨寒清:《荀子全译》,贵阳:贵州人民出版社,1995年,第495页。
④ (清)郭庆藩:《庄子集释》(第二册),北京:中华书局,1995年,第338页。

含有天生的欲望之意,故而应该并没有后来的儒家学者认为"性仁情贪"或"性善情恶"而将"情"、"性"这两个哲学范畴对立起来的这种涵义。

(二)《吕氏春秋》中"情"与"性"并连之涵义

《吕氏春秋》中"情"、"性"二字并连使用之处,仅仅出现于《吕氏春秋·仲夏纪·侈乐》:

> 乐之有情,譬之若肌肤形体之有情性也,有情性则必有性养矣。①

然而,此"情性"二字连用之"情"字,陈奇猷认为当为衍字②,故此"情性"二字,实仅为"性"一字,应作"本性"解释。③ 按照这种说法,《吕氏春秋》中实际上并无"情"、"性"二字连用("情性"或"性情")的解释之处。④

虽然《吕氏春秋》中实际上并无"情"、"性"二字连用的解释之处,然而《吕氏春秋》中仍有"情"、"性"二字对举之例。《吕氏春秋·离俗览·适威》:

> 故乱国之使其民,不论人之性,不反人之情,烦为教而过不识,数为令而非不从,巨为危而罪不敢,重为任而罚不胜。⑤

上面这段引文中的"人之性"是指"人的本性",而"人之情"是指"人的常情"。在《吕氏春秋》中,不论是"情"或"性"都是指人天生而有的状态:"情"的涵义,是指人天生而有的情感和本能欲望;"性"的涵义,则是指人天生而有的本质(亦含有欲望、情感的意思)。而面对这人天生具有的"情"、"性",则是要顺情适性,适当地调节欲望和情感,这样的情形和先秦其他典籍中"情"、"性"二字并连出现的意思是相同的。由此可见得,后来汉儒董仲舒"性仁情贪"以及宋儒"性善情恶"的概念涵义,将"情"、"性"这两个字的哲学范畴对立起来的观点,还未

---

① 陈奇猷:《吕氏春秋新校释》上册,第269页。
② 同上书,第273页。
③ 朱永嘉、萧木:《新译吕氏春秋》(上),第221页。
④ 查询自:台湾师大图书馆"寒泉"古典文献全文检索资料库,网址:http://skqs.lib.ntnu.edu.tw/dragon/。
⑤ 陈奇猷:《吕氏春秋新校释》下册,第1290页。

见于先秦时期的典籍之中,推测应是从汉代才开始有的观点。

五、结语

"情"字的涵义,原本是指实状、实况,而人的实际情况,就是人天生具有喜、怒、哀、乐等感情,而产生种种所谓的"人情",这本是一种以人类情感经验作为立场的经验观察的结果。相对地,"性"字的涵义,是所谓的"生之谓性",是指人天生而有的"性质"、"本质",这则可说是一种类似理性主义的观点,用以解释人类具有天生的某种"性质"、"本质"。本文的考察与析论认为,在先秦的典籍中,不论是"情"或"性",皆指人天生而具有的状态,只是一是指"感情",一是指"本性"(亦含欲望、情感在内)。所以,依此意义来说,"性"字的涵义也可包含"情"字,因为人天生而有的"情感"(情),其实也是一种人天生而有的"性质"或"本质"(性)。因此,"情性"二字连用,可将"情"、"性"分开,解为"情感"和"本性";也可将"情"字用作形容"性"字,而将"情性"二字连用的涵义解释为"人天生所具有的情感性质";或者也可将"情"字作"实际"解释,而将"情性"二字连用的涵义解释为"人天生而有的实际性质或本质"(含情感、欲望)。

《吕氏春秋》由于是先秦诸子的集大成,所以其"情"、"性"的涵义,或"情性"二字连用的涵义,和上述先秦典籍中的用法是一致的。依此立场而言,汉儒"性仁情贪"及宋儒"性善情恶"这种将"情"、"性"的涵义对立起来的观点,实际上已远离了先秦"情、性"二字的原意,将"性"字中原有指人天生所具有的情感、欲望之意给忽略了。因为即便是《孟子》中"性"字的涵义,也是指人天生而有、不学而能的,孟子虽言"性善",指人的本性中具有本然的善性,然孟子讲的恻隐、羞恶、辞让、是非之心,亦是一种人天生所具情感的表现,尤其是代表恻隐的仁心。这可说明孟子所言的"性"字,应该亦包含人天生而有的情感,并不像汉儒及宋儒将"情"、"性"之涵义对立、二分而形成的"性仁情贪"或"性善情恶"之观点。

An Analysis of the Meaning of the "Emotion" and the "Human Nature" in *Lüshi Chunqiu*

TungMing Chao

Abstract: This article is an analysis of the meaning of the "emotion", the "human nature", the "emotional nature", and the "temperament" in *Lüshi Chunqiu* (*The Annals of Lü Buwei*). And will discuss the usage and meaning of the "emotion" and the "human nature" in the classical Chinese texts of Pre-Qin period. My main views on this issue are: the usage and meaning of the "emotion", the "human nature", the "emotional nature", and the "temperament" in *Lüshi Chunqiu* are similar to that in the classical Chinese texts of Pre-Qin period. That is, the "emotion" refers to humanity and some feelings, for instance, joy, anger, sadness, happy, etc. And the "human nature", it refers to some "nature" and "characteristic" of our human beings, including desires and emotions. Whether the meaning of the "emotion" or the "human nature" are both nature and characteristic of our human beings. But one refers specifically to people's "emotion", one refers to people's universal "nature" or "characteristic". Therefore, the theory that "human nature is benevolence, emotion is desire" or "emotion is evil, human nature is good" which was described by Confucians in Han and Song dynasty (Neo-Confucianism), it argued that the meanings of the "emotion" and the "human nature" are opponent. And such perspective was not found in the classical Chinese texts of Pre-Qin period.

Key Words: *Lüshi Chunqiu* (*The Annals of Lü Buwei*), emotion, human nature, emotional nature, temperament

关联性正义
——基于转型中国正义问题之整体性的政治哲学分析

孙国东[*]

[摘 要] 转型中国正义问题的整体性,带来了"诸正义(观)间的争斗",呼唤一种"情境化的正义观",即"关联性正义"。政治社会的"正义",不能还原为道德世界的"正当"。由于现代性诉求/议程的共时性存在,以及权力主导的发展型国家的形成,转型中国的政治社会形成了以国家权力为主导的复杂关联性结构。围绕着国家权力的运行目标、运行过程及其对其他领域的支配,转型中国的正义问题至少形成了三个向度、六个方面的关联性。要把握这种关联性,我们需确立与之相对应的"关联性正义"评价法则。

[关键词] 整体性;政治社会;道德世界;关联性正义;单向度的正义

---

[*] 孙国东(1979—),男,湖北随州人,法学博士,复旦大学社会科学高等研究院副教授、副院长,近期学术兴趣聚焦于中国情境中法哲学和政治哲学的介入性学理分析和实体性理论建构。本文初稿曾在华东师范大学思勉人文高等研究院"政治哲学工作坊"(第三期)宣读(2016年12月12日)。感谢该工作坊发起人马华灵的邀请及葛四友、朱佳峰、徐峰、惠春寿诸君在讨论中提出的批评和建议。同时,马华灵还为我提供了多篇相关的文献信息,杨晓畅为初稿完善提出了建设性建议,谨此申谢;当然,文责自负。

> 转型社会的一大特征就是问题的整体性。中国与西方的不同在于,西方社会结构已经定型,政治、经济、文化等各个领域都具有相对的自主性,但中国正处于转型阶段,其各个领域的问题都是缠结在一起的,因此具有牵一发而动全身的整体性。
>
> ——邓正来*

引论:"诸正义(观)间的争斗"与转型中国正义问题的整体性

(一)"诸正义间的争斗"

"正义"不仅是一个具有道德感召力的价值,而且是被赋予了神性的价值。无论是古希腊神话中的正义女神忒弥斯(Themis),还是古罗马神话的蒙眼女神朱蒂提亚(Justitia),抑或中国神话传说中的獬豸,它们都被赋予了主持人间正义的神圣使命。与之相比,平等、自由、民主等现代性价值,似乎都不曾有过这种跨文化的神性色彩。进入现代以来,论者对"正义"的阐释尽管多不再赋予其整全性的神性色彩,但主要在康德式道德哲学的影响下,诸多论者仍倾向把"正义"(或"正当")视为与道德上的绝对命令相联系的普遍主义价值,并因绝对命令所悬置甚或预设的上帝视角,仍保留着与神性的隐性关联。于是乎,在诸多道德哲学家和政治哲学家(特别是康德主义者)看来,"正义"不但是一种普遍主义的价值,抑且具有"去情境化的"(decontextualized)绝对性。就像霍耐特(Axel Honneth)指出的,这种康德式的正义理论"规定我们据以评判社会秩序之道德合法性的规范性原则,不是来自既存的建制化结构之内,而须在此种建制化框架之外孑然而立"[①]。

然而,如果以这种绝对性的、普遍主义的正义观检视转型中国的诸种正义事项,我们却顿生方枘圆凿之感。不但现实中的诸多规范性事项无法通过此种正义观的检验,抑且我们还常常会遭遇**"诸正义间的争斗"**(war of justices)。不

---

* 邓正来:《全球化时代的中国社会科学发展》,载庄立臻、库金红主编:《天一讲堂:2009》,北京:中国文史出版社,2010年,第118页。

① Axel Honneth, *Freedom's Right: The Social Foundations of Democratic Life*, trans. Joseph Ganahl, (Cambridge, MA: Polity Press, 2014), pp. 1-2.

同于韦伯所说的"诸神争斗"(war of gods)发生在多元化的价值领域(即李泽厚所说的"宗教性道德"层面),我们遭遇的"诸正义间的争斗"却是发生在公认(或被期待)可以获得主体间共识的规范领域,也就是李泽厚所说的"社会性道德"层面。一个较为典型的例证,是邓正来所说的生存权、发展权所预设的"一代人的正义观"(justice of a generation)与环境权所预设的"多代人的正义观"(justice of generations)之间的张力。① 这种张力,在与这两种不同正义观相关的各种正义事项中体现出来,譬如小到某个个体的生存权、大到一个国家的发展权与环境保护(公民的环境权)之间的冲突:仅能靠伐木为生的农民,可否(不受限制地)砍伐木材?发展中国家能否走"先污染后治理"的经济发展道路?……诸如此类的问题,求诸"一代人的正义观",还是"多代人的正义观",会得出完全不同的评价结果。这种"诸正义间的争斗",不惟发生在互相关联的不同世代之间,还会发生在相互关联的不同领域。譬如,高房价是否合乎正义?在那些专注于经济领域的经济学者看来,只要高房价符合供求关系曲线,它便是合乎正义的。但是,那些看到高房价背后的"土地财政"、官员腐败等政治问题的政治学者,或者洞察到由其导致的居者无其屋、严重社会分化、社会矛盾突出等社会问题的社会学者,则定然会得出不同的结论。

(二)现代道德意识结构与转型中国正义问题的整体性

依笔者鄙见,以上两个事例生动地体现了转型中国正义问题的一个特质,即**整体性**。② 其要义是:转型中国某一领域或世代的正义问题,与另一领域或世代紧密相关(后文分析表明,这种关联性不限于诸领域和诸世代间的关联,还包括人际关联、国际关联诸方面);若不把这些相互关联的面向整体关联起来,我们便难以确立可资评价的正义法则或正义规范。

---

① 参见邓正来:《中国法学向何处去:建构"中国法律理想图景"的时代论纲(第二版)》,北京:商务印书馆,2011年,第16页注2。

② 笔者关于中国正义问题之整体性的认识,受到了邓正来师的启发。不过,他只是在学术演讲和学术评论中谈及了此问题,既未以正式的学术论文予以阐述,亦未以自己的理论建构回应这一问题。在谈及中国问题的整体性时,邓正来主要把它作为批判中国社会科学"唯学科化"取向的依据。他还以农民工问题为例,批判了学界因学科视野的局限而只关注农民工的维权,但忽视农民工背后的重大文化问题,特别是农民工工作地点与居住地点的分离对传统文化延续的挑战(参见邓正来:《全球化时代的中国社会科学发展》,载庄立臻、库金红主编:《天一讲堂:2009》,第118页)。在本文中,笔者力图以更具学理性的公共关怀、更具介入性的学理分析和更具实体性的理论建构,回应转型中国正义问题的整体性。

总体来看,转型中国正义问题的整体性,折射出了现代社会意识结构的复杂性:它在性质上是基于不同的普遍主义原则所导致的"**诸正义(原则)间的争斗**"——由于人们的正义观念多排他性地立基于某种正义原则之上,它亦体现为"诸正义(观)间的争斗"。正如笔者在其他地方指出的,无论是西方社会还是当下中国,均共享了一种科尔伯格—哈贝马斯意义上的"**后习俗的**"道德意识结构,即基于原则的、普遍主义的道德意识结构。① 换言之,Lassman 与 Speirs 所谓的"原则化的信念伦理"(ethics of principled conviction)②,即以普遍主义原则作为道德确信的道德意识,成为现代道德世界的主要意识范型。正是这种道德意识结构的历史性形成,为转型中国"诸正义(原则)间的争斗"提供了意识结构条件。

慈继伟曾探讨了当代(西方)社会存在的道德冲突及由此产生的伦理多元主义。这种道德冲突和伦理多元主义的基本背景,其实就是科尔伯格—哈贝马斯意义上"后习俗"道德意识结构的存在。在他看来,与这种道德意识结构相适应的伦理形态可称为"弱伦理"。这种"弱伦理",具有三个显著特征:其正当性源于社会成员关于道德的共识,而不(再)具有更高的认知性基础(如上帝);其在自我关系上不要求禁欲,只要求个体的欲望追求不违反社会成员共同达成的互不伤害之原则;其在人我关系(人际关系)上仅仅要求做到以互利为目标的正义,而这种正义是现代社会所能要求个体达到的最高道德限度。因此,现代社会的伦理多元主义,是与虚无主义相伴而生的。它们多围绕"正义"问题展开,而在原则上不牵涉社会成员善观念或人生观(conceptions of good)之间的冲突。这是因为:

> 人们一旦意识到他们的道德没有形而上的认知基础因而并非天经地义的,那么就没有理由将自己的道德信念强加于人;同时,人们既

---

① 参见拙文:《从"反正义的公平"到"底线正义":基于转型中国一种典型社会正义观念的政治哲学分析》,载《人大法律评论》2016 年第 3 辑(总第 22 辑),北京:法律出版社,2017 年,第 82—86 页。
② Lassman 与 Speirs 把韦伯那里的"*Gesinnungsethik*"(信念伦理)译为"ethics of principled conviction"(原则性的信念伦理),是颇具匠心的独到翻译:它既涵盖了韦伯那里"*Gesinnungsethik*"常常与宗教性的终极目的相联系所形成的道德原则,亦可与现代社会后习俗的道德意识所蕴含的普遍主义原则相衔接。参见 P. Lassman and R. Speirs (eds), *Weber: Political Writings*, (Cambridge: Cambridge University Press, 1994), pp. 359 - 360。

然认为道德的目的不外乎调节欲望冲突,那么在起码的道德规范之外就没有必要强迫他人接受纯属个人好恶的价值观念。①

然而,正如哈贝马斯指出的,这种"后习俗的道德意识"只是现代社会在法律建制上的表现和要求,即是现代条件下的良序社会对社会成员的期待,但它并不意味着社会成员均现实地具有了这种道德意识。② 因此,表现在道德实践中,我们遭遇的更多是慈继伟所说的"非完全的虚无主义"——其所指涉的乃是这样一种情形:"一方面人们称不信上帝或不再信上帝,但另一方面他们的道德观却依赖于上帝存在这一前提,而他们本人并未意识到这一点。"③换言之,尽管现代社会呼唤一种"弱伦理"(后习俗的道德意识),但现代社会的社会成员却仍常常自觉或不自觉地诉诸"强伦理"(前习俗或习俗性的道德意识),即常常以某种宗教、哲学和道德整全性教义/学说,作为其道德推理和道德判断的依据。因此,尽管现代道德实践中的道德冲突多围绕着"正义"——特别是为实现各自人生观所需要的物质利益之分配正义——问题而展开,但人生观或善观念之间的冲突亦常常会介入其间,从而使现代社会的"诸正义(原则)间的争斗"呈现为颇为复杂的景象:它常常体现为预设了人生观或善观念冲突的"正义争夺战"。

从另一方面来看,之所以会出现上述复杂情形,乃因为后习俗道德意识结构的存在,极易使人们产生罗尔斯尤为反对的道德直觉主义取向,即排他性从某种基于普遍主义原则的道德直觉出发进行道德推理、形成道德判断的

---

① 慈继伟:《虚无主义与伦理多元化》,《哲学研究》2000 年第 5 期。
② 哈贝马斯指出,不管个体成员是否具有这种后习俗层次的道德意识,但现代社会的法律建制体现了这种道德意识。在回答基于此视角的质疑(如"我们面临着这样一个悖论:社会具有后习俗的社会建制,而大多数成员的道德意识却停留在前习俗或习俗阶段")时,哈贝马斯指出:"社会革新常常是由边缘化的少数人推动的——尽管他们后来在建制层面被概括或普遍化为整个社会的象征。这可以解释:为什么尽管许多成员被发现只处于道德意识的习俗阶段,但现代社会的实在法必须被视为后习俗意识结构的体现。对某种后习俗法律系统的习俗化理解并不必然导致不稳定性;譬如说,它有时能够阻止那种导致了公民不服从(civil disobedience)发生之激进解释的出现。"参见 J. Habermas, *Justification and Application: Remarks on Discourse Ethics*, trans. Ciaran Cronin (Cambridge, Mass.: MIT Press, 1993), p. 161.
③ 慈继伟:《虚无主义与伦理多元化》,《哲学研究》2000 年第 5 期。

取向。① 由于基于原则的、普遍主义的道德意识,已然扎根于社会成员的道德意识,而各种普遍主义原则不但多具有"强伦理"的宗教—形而上学认知基础,抑且它们之间又常常是相互抵牾的,对那些康德意义上的"不完全的理性存在者"来说,他们便倾向从自己信奉且足以证成其利益的道德原则(道德直觉)出发,进行道德推理、形成道德判断。这种道德实践模式,就其(客观上)合乎世俗化的普遍主义道德原则来说,它体现了"后习俗的"道德意识结构;但就其(主观上)依凭某种宗教、哲学和道德整全性教义/学说来说,它是诉诸"强伦理"的,进而体现了前习俗或习俗性的道德意识;就其道德推理模式来说,它又是直觉主义的。在很大程度上可以说,正是这种诉诸"强伦理"资源但依托现代社会的"弱伦理"运行机制的道德直觉主义推理模式,造成了现代社会的"诸正义(原则)间的争斗"。然而,正如罗尔斯指出的,直觉主义的问题在于,它仅仅从某种道德直觉出发,无法协调与那些从其他道德直觉出发所形成的道德判断之间的冲突——质言之,由于无法在基于不同道德直觉的道德原则之间确立优先性规则,它无法处理不同道德直觉之间的冲突。② 可以说,正是道德直觉主义这种

---

① 一般而言,道德哲学中的道德直觉主义有两个核心主张:一是道德命题的自明性(self-evident),即"对该命题的某种充分理解就足以使我们相信它"(换言之,"一个清晰的直觉就可以为我们相信该命题提供充分的证成");二是道德属性的不可界定性(indefinable)或非自然性(non-natural),即"否认道德属性可以在整体上通过心理学、社会学或生物学的属性来界定"。本文无意进行道德哲学上的学理辨析,而旨在凸显转型中国道德实践中的行动取向。因此,笔者对"道德直觉主义"的理解,主要基于上述第一个特性,同时凸显其为部分道德直觉主义论者所强调的伦理多元主义特性,即"存在着不可化约的多元基本原则,并且任何原则相对于其他原则都不具有严格的优先性"。事实上,罗尔斯对道德直觉主义的批评也主要指向了其所导致的伦理多元主义(详见下文)。关于道德直觉主义的上引文字,参见 Stratton-Lake, Philip, "Intuitionism in Ethics", *The Stanford Encyclopedia of Philosophy* (Winter 2016 Edition), Edward N. Zalta (ed.), forthcoming URL = ⟨https://plato.stanford.edu/archives/win2016/entries/intuitionism-ethics/⟩.

② 罗尔斯认为,直觉主义"由一批首要原则(first principles)构成,而这些原则在特定情形下会给出相反的指令",但它却"不包括任何可以衡量这些相互冲突之原则的明确方法,即优先性规则:我们只是依凭直觉,即依凭我们看起来似乎最近乎正当或正确(right)的事物来寻求平衡。或者,即使它们存在优先性规则,亦会被视为几乎是无关紧要的,对我们形成某个判断无实质性助益"。事实上,罗尔斯关于"正义观念"(conceptions)与"正义概念"(concept)的著名区分,在很大程度上可视为道德直觉主义的正义观与他所主张的政治建构主义的正义观所形成的不同概念模式:前者是多元的,构成了市民社会的"背景文化";后者是一元的,是政治国家"重叠共识"的产物。上引文字,见 J. Rawls, *A Theory of Justice* (revised edition), (Cambridge, Mass.: Belknap Press of Harvard University Press, 1999), p.30.

独白性的直觉主义推理模式,很大程度上加剧了现代社会的"诸正义(原则)间的争斗",并使其以不可调和的形态呈现出来。

从实践上看,为了纾解和避免独白性的道德直觉主义所带来的"正义争夺战",现代社会形成了制度化的公共自主或公共商谈机制(如政治层面周期性的民主选举和常态性的商谈民主[discursive democracy]或审议民主[deliberative democracy],及社会层面的志愿性社团和社区等),并通过这种机制为人们达成主体间性的道德共识、形成主体间性的道德确信提供对话平台。显然,如果在社会基本结构层面缺乏这种制度化的公共自主或公共商谈机制,"后习俗"的道德意识结构所导致的结果更为复杂且棘手:它可能为人们进行本位主义(selfish departmentalism)的公共言说乃至唯私主义的社会抗争,提供话语空间和辩护依据。这在转型中国关涉社会正义的社会抗争和公共言说实践中,表现得尤为突出。笔者对"反正义的公平观"的分析,已揭示了转型中国社会抗争实践中大量出现的唯私主义抗争行动,即那种以"公平"为辩护依据但实质上违反道德和法律上的"应得"、进而违反正义的社会抗争行动。① 在公共言说中,不少论者基于具有宗派性的利益诉求(如地区利益、部门利益、社群利益乃至阶级利益等)所进行的论说,亦常常要诉诸某种普遍主义的道德原则——在这方面,"自由"常常是那些代表着社会上层的论者乐于诉诸的价值,"平等"则常常是那些代表着社会底层或边缘社群的论者偏爱乞援的原则;但从整个社会关于正义事项的恰当把握来看,我们便陷入了由"自由"、"平等"这两种普遍主义原则所引发的"诸正义(原则)间的争斗"。我们可以把这种本位主义乃至唯私主义的论说取向,统称为主体中心(subject-centered)乃至自我中心的(self-centered)论说取向,因为他们都缺乏主体间性的向度,是一种独白式的论说取向,无视或无法通过公共商谈和公共证成的检验。在实践中,这种主体中心乃至自我中心的论说取向,又常常是与前述道德直觉主义的认知模式相互交缠在一起的:它从某种有利于捍卫主体中心乃至自我中心之利益/旨趣(interests)的道德直觉出发,秉持某种对之予以证成的正义观念(idea)——质言之,韦伯—哈贝马斯所说的"观念"与"利益/旨趣"之间的互动,在此是以后者为基础的。于是乎,表

---

① 参见拙文:《从"反正义的公平"到"底线正义":基于转型中国一种典型社会正义观念的政治哲学分析》,载《人大法律评论》2016年第3卷(总第22辑),第72—78页。

现在实践中便是"诸正义(原则)间的争斗":由于论者多倾向从主体中心乃至自我中心的道德直觉主义出发进行道德推理,加之不同道德直觉之间不免相互抵牾,从全社会的视角来看,我们便遭遇了"诸正义(原则)间的争斗"。

(三) 情境化的正义观

由以上分析可知,"诸正义(原则)间的争斗",我们很难仅仅从道德普遍主义的抽象层面去把握特定正义事项;相反,我们须结合特定政治社会的情境做出更具针对性的理论建构。借用罗尔斯关于"**正义观念**"(the conceptions of justice)与"**正义概念**"(the concept of justice)的著名区分,如果说基于道德直觉主义的普遍主义视角所获得的是一种相互冲突的多元"正义观念",那么若想获得可以在整体上对相关正义事项予以恰当把握的"正义概念",我们必须诉诸关联性的情境化视角,把那些(可能相互冲突的)普遍主义原则,放在特定正义事项所置身其间的关联性互动情境中进行考量,从而确定公当的正义法则。

正是基于上述考虑,本文试图阐发一种"**关联性正义**"(correlational justice/justice in the correlational contexts)的观念,并从规范上建构"关联性正义"视角下的诸正义法则。与普遍主义的正义观相对,"关联性正义"是一种"情境化的"(contextual/situated)正义观。这种情境化的正义观,不是社群主义/共同体主义式的道德情境主义所主张的那种**社群/共同体本位**的正义观,而是主张把特定正义事项放在其所置身其间的关联性情境中进行观照,从而获得与此情境相适应的正义法则。为使"关联性正义"的主张具有更为厚实的政治哲学基础,笔者将首先从康德式的普遍主义正义观入手,探究康德本人(及哈贝马斯)在道德哲学与政治哲学、法哲学之间所做的区分及其所蕴含的道德世界与政治社会之间的区别,以及这种区别对于政治社会之正义的情境化限制(一)。接下来,笔者将在与"单向度的正义"相对照的意义上,初步界定"关联性的正义",并在把握转型中国政治社会之复杂关联性结构的基础上,以国家权力为中心,着重阐述转型中国之正义问题围绕着国家权力的运行所形成的三个向度、六个方面的关联性(二)。在本文的最后,笔者将阐述与上述三个向度、六个方面关联性相对应的关联性正义评价法则(三),并结合慈继伟关于正义之两面性的论述,呈现一个更为基础的"两面性":正义命令的绝对性与正义规范的有条件性或情境性(余论)。

一、政治社会的正义 *vs.* 道德世界的正当

(一) 康德式的普遍主义正义观

从逻辑上看,康德式的普遍主义正义观,是通过两个步骤成为现代政治哲学的主导正义理论模式的。第一个步骤:将古典道德哲学关于"何为善的生活"的核心问题纳入规范伦理学的框架下进行规约。通过把他律性的一切实践命令——即康德所说的"假言命令",也即是"达到另外目的手段而成为善良的行为"①——剔除出去,康德将道德上的"正当"严格限定为基于纯粹实践理性的意志自律所形成的绝对命令。通过这种限定,康德得以使"善生活"从属于合乎绝对命令的道德生活,从而把其他类型的"善生活"——特别是牟宗三所说的由经验性的幸福原则和理性的圆满原则所引导的"善生活"②——排除于道德生活之外。经由此种范式转换,"正当优先于善"成为现代道德哲学的思想框架,现代道德哲学的核心问题遂变成了对如下问题的哲学回答:"我或我们应当做什么?"("我或我们应当怎么做才是正当的?")所谓道德世界的正当规范,便具有了绝对性的特质。第二个步骤:将"普遍化原则"作为康德式道德绝对命令获得证成的核心原则,同时把道德世界中通过"普遍化原则"检验的"正当"(right)规范建构为政治社会的"权利"(rights)诉求和义务内容,并以此把握政治社会的"正义"问题。由于规范适用从道德世界向政治社会的跨越常常是未经转化地径直进行的,政治哲学和法哲学遂成为道德哲学在政治和法律领域的延伸,从而成为道德哲学的分支(实为附庸)。经由如是推演,政治社会的"正义"问题与道德世界共享了同一种"正当"标准并具有绝对主义、普遍主义的特质,便是顺理成章的事情了。

罗尔斯的正义理论,便是这种康德式普遍主义正义观的典型代表。罗尔斯得以推演出"正义两原则"的"无知之幕"和"原初状态",不但屏蔽了社会成员的社会地位和经济条件,抑且屏蔽了特定时空的政治和社会—历史条件。正是通过对个体与共同体之个殊化情境的双重屏蔽,并经由原初状态→宪政阶段→立

---

① 参见[德]康德:《道德形而上学原理》,苗力田译,上海:上海人民出版社,2005年,第32页。
② 参见牟宗三:《心体与性体》(第一册),台北:正中书局,1968年,第131—132页。

法阶段→司法和行政阶段的四步推演,罗尔斯式所阐发的正义原则,既遮蔽了道德世界与政治社会的区别,亦跨越了政治社会的情境限制,并最终具有了跨文化(或去情境化)的普遍主义色彩。然而,依笔者鄙见,个体的个殊化情境与共同体的个殊化情境,却不可等量齐观:如果说个体之社会地位和经济条件的差异,是社会正义的首要关切对象,并因而尤需防患规范制定者(立法者或立约者)的本位主义取向,那么特定时空的政治和社会—历史条件,则是制约某一政治社会采取何种路径和方式实现社会正义的"结构化情境",并因而使得政治社会的正义规范应具有"**敏感于情境的**"(contexts-sensitive)内在要求。更确切地说,特定时空的政治和社会—历史情境,是某个政治共同体之为**政治**共同体(而非道德共同体)的前提条件,很大程度上构成了政治共同体实现其内部之社会正义的出发点——之所以强调"很大程度上",是因为从历史的观点看,特定时空的政治和社会—历史情境不应完全排除于社会正义的关切之外;换言之,它们亦应不断趋近良序社会的正义要求。这在根本上是因为:特定时空的政治和社会—历史情境,既是政治共同体建构符合自身情境之良序社会的反思性凭借,其本身亦应成为反思的对象。可以说,在社会正义的规范性要求与特定时空的政治和社会—历史情境之间,达致某种罗尔斯意义上的"反思性平衡",是政治社会之社会正义的主要努力方向。由于特定时空的政治和社会—历史情境,构成了政治社会之社会正义的主要情境制约,政治社会的正义规范必然是情境化的。

(二)康德与哈贝马斯:政治社会*vs.*道德世界

更一般地看,政治社会并不能还原为一个道德世界,政治社会的"正义"亦不能还原为道德世界的"正当"(与此相一致,法律规范的合法性亦不能还原为规范内容的正当性,即规范内容的合道德性)。尽管去情境化的普遍主义正义理论,常常是以康德主义的面目出现的,但康德本人事实上已洞察到了政治社会与道德世界的区别。康德在道德形而上学中将"不要说谎"视为一旦违反即面临着自我取消境地的"完全义务"(*vollkommene Pflicht*, perfect duty),甚至对连出于利他主义之善意的谎言都在道德上予以否定[1],但在其法权哲学中却

---

[1] 参见 Immanuel Kant, *Practical Philosophy*, trans. & ed. Marry J. Gregor, (Cambridge: Cambridge University Press, 1996), pp. 611-615。

不得不容忍言论自由所必然包含的说谎自由。正如康德指出的：

> 与生俱来的自由原则，已然关涉如下授权……人们有权对他人做就其本身而言不减损于他们所拥有之物（what is theirs）的任何事情，除非他们想要接受这种减损——诸如这类事情：仅仅是与他人交流自己的思想，向他们讲述或承诺某些事情，而不管其所言是否真实且真诚（veriloquium aut falsiloquium［真话或假话］）；因为这完全取决于对方是否想要相信他们。①

在为这句话添加的一个注释中，康德进一步写道：

> 有意地，即使是以轻率的方式讲述不实之词，通常被称为谎言，因为至少就那些精巧地复述了这些不实之词的人会被他人讥为笑柄而言，这种做法亦有害于某人。但在与法权（权利）有关的意义上，只有那种直接侵犯了他人权利的不真实，才被称为谎言。……"他是一个说话不能相信的人"，这种有根据的传闻如此接近于把他斥为骗子的谴责，以至于属于法学的东西与必须指派给伦理学的东西之间的分界线，只能以这种方式来划分。②

康德关于伦理学和法权学说的区分，在很大程度上预设了道德世界与政治社会之间的区别：前者是"内在自由"的世界，遵循着普遍化的道德原则；后者则是"外在自由"的世界，以不同主体之权利的共存为旨归。前者对应的道德判断是综合命题，要求把人格和人性视为目的；后者对应的法律判断属分析命题，对人的目的不作要求③。之所以出现如是分野，根源于前者对人的预设是**完全的理性存在者**，遵循着最为严格的理性主义精神；后者对人的预设则是**不完**

---

① 参见 Immanuel Kant, *Practical Philosophy*, trans. & ed. Marry J. Gregor, (Cambridge: Cambridge University Press, 1996), pp. 393 - 394。
② Ibid., p. 394。
③ 参见［美］曼弗雷德·鲍姆：《康德实践哲学中的法与伦理》，邓晓芒译，《云南大学学报（社会科学版）》2009年第8期。

的理性存在者,遵循的主要是"意志论"特别是实证性的意志论。所谓的"完全的理性存在者",是指完全以理性作为意志之唯一根据的存在者;惟有完全的理性存在者,始能超越自己的自然欲望和现实经验,遵循纯粹实践理性的基本法则,亦即使其"意志的准则(maxim)总是能同时被视为创制某个普遍法则(law)的原则。"①相应地,不完全的理性存在者,即无法超越自然欲望和现实经验的存在者,也即是"就其属于感官世界来说,有所需求的存在者,以致他的理性当然具有一个源自其感性方面的不可拒绝之使命,即照顾到其感官世界的利益,并根据此生和来生(如果可能的话)的幸福形成实践准则。"②很大程度上可以说,正是源于对人的预设不同,康德将伦理学(道德世界)和法权学说(政治社会)区分开来。正是在这个意义上,施特劳斯指出:"康德在其道德教诲中宣称,任何谎言、任何不真实的话都不道德;而他在司法教诲中却说,言论自由的权利就是撒谎和说真话具有同样的权利。"③

关于道德世界与政治社会的区别,哈贝马斯有着更深的体会。哈贝马斯沿着康德主义的路向建构了商谈伦理学,其核心内容是"普遍化原则"和"商谈原则",其中前者优先于后者。在将商谈伦理学运用于政治社会时,他起初试图把"普遍化原则"优先于"商谈原则"的结构,照搬至法律和政治领域。然而,韦尔默尔(Albrecht Wellmer)等人的批评,最终让他意识到了政治社会的特殊性:不但法律规范和道德规范遵循着不同的证成逻辑,抑且法律的合法性也不能还原为法律规范之内容的正当性。④ 因此,哈贝马斯不得不调整商谈原则与普遍

---

① 参见 Immanuel Kant, *Practical Philosophy*, trans. & ed. Marry J. Gregor, (Cambridge: Cambridge University Press, 1996), p. 164。
② Ibid., p. 189.
③ [美]施特劳斯:《什么是政治哲学》,李世祥等译,北京:华夏出版社,2011年,第43页。
④ 在韦尔默尔看来,法律规范区别于道德规范之处在于如下三端:其一,"法律义务,是由当前有效的法律规范决定的;但道德规范和道德义务的有效性,则完全独立于使之生效的法令(act)而存在。"其二,法律规范是构成性规则:它不仅规定了权利义务,亦对政治实践(如议会选举)、建制(如议会)或职位(如国家元首)的形成具有构成性的作用。其三,法律规范是与外在强制之威胁相联系的规范。法律区别于道德的这些属性,使得两者在传统社会和现代社会的地位发生了逆转:"在向后传统社会转型的过程中道德的'去习俗化',亦意味着法律的习俗化(conventionalization of law)。"换言之,就像传统社会的道德规范建立在未经反思的习俗基础之上,(建立在反思性基础上的)现代法律正在塑造新的习俗,乃至其本身即 (转下页)

化原则的关系,并将后者的适用范围严格限定于道德领域,同时将民主原则视为商谈原则在政治社会的具体表现。他最终所建构的法律与民主的商谈理论,针对政治社会的特殊性形成了较为精致的商谈结构:主要针对公民权利体系、适用于正当性原则(语义普遍性原则)的道德性商谈,针对(亚)文化共同体的集体认同、适用于本真性原则的伦理性商谈,针对具体技术性问题、适用于目的合理性原则的实用性商谈(此三者构成了实践理性的三种形态),以及因时间限制而需要的公平妥协(此种妥协还要受到前述三种商谈的规约),均进入了法律商谈的视野之中,并以具有程序普遍性(语用普遍性)的商谈原则统合了起来。换言之,不是法律规范之"语义普遍性"(法律规范的道德正当性),而是商谈主体的"程序普遍性"证成了法律的合法性。① 哈贝马斯的学术努力,其实表明:对政治社会来说,道德普遍化原则是不充分的。正如 E. O. Eriksen 等在解释哈贝马斯的学理逻辑时指出的,这乃因为,在政治社会:

> 大量不同的问题必须在集体意志形成的过程中来回答。它们亦需要超越于道德实践知识的其他类型的知识。不仅那种从中立和公正的视角来回答何为正当的问题在政治审议过程中具有规范性力量,而且目的和价值的考量亦具有规范性的效果。不但义务性问题,抑且目的性问题也起着重要作用。而且,文化价值和集体目标的实现亦应该包括在规范性的政治理论之中。②

(接上页)成为新习俗。韦尔默尔认为,在现代社会,道德与法律尽管均需诉诸"共同意志的理念"(a will of common will),但"共同意志"的形成方式不同:前者将其视为"理性存在者"(rational beings)之意志的聚合,后者则将其视为"受到影响者"(those affected)之意志的聚合——质言之,前者呼唤康德意义上符合"自主/自律"(Autonomie, autonamy)要求的理性意志,即排除了个体基于自然欲望之"任意"(Willkür, arbitrary will)后的意志;后者则指向了一种"实证性的共同意志"(positive common will),包含着个体基于自然欲望的"任意"。韦尔默尔的相关论述,参见 Albrecht Wellmer, *The Persistence of Modernity*: *Essays on Aesthetics*, *Ethics and Postmodernism*, trans. David Midgley, (Cambridge: Polity Press, 1991), pp. 189 – 191,193 – 194。

① 参见拙著:《合法律性与合道德性之间:哈贝马斯商谈合法化理论研究》,上海:复旦大学出版社,2012年,第116—121、150—153页。

② 参见 Erik Oddvar Eriksen & Jarle Weigard, *Understanding Habermas*: *Communicative Action and Deliberative Democracy* (London: Continuum International Publishing Group, 2004), p. 159。

(三) 政治社会的正义 vs. 道德世界的正当

　　道德世界与政治社会之间的区别,在很大程度上就是邓正来所说的"想世界"和"做世界"的区别。道德世界主要由知识/符号系统构成,政治社会则依赖于建制化的行动系统。道德世界是社会成员通过道德知识的符号互动形成的世界,因而在根本上是由知识/符号系统构成的世界。政治社会则形成了建制化的行动系统,其核心包括以金钱为导控媒介的经济系统,以权力为导控媒介的政治系统(包括行政系统与以立法机关为核心的合法化系统),两者又均通过法律系统组织起来。尽管道德世界的符号系统常常会通过合法化系统对政治社会产生影响,但政治社会在总体上遵循的是目的合理性的自主运行逻辑:不仅作为现代政治社会之组织手段的法律系统,是遵循形式合理性(目的合理性)逻辑自主运行的,而且政治社会对道德世界符号系统(道德知识)的吸纳,亦在很大程度上遵循着目的合理性逻辑,即把道德知识放在政治共同体的集体目标中进行考量,并决定吸纳何种道德知识(或道德知识的组合)作为政治社会的价值愿景或"理想图景"。

　　道德世界与政治社会的上述区别,是一种**存在论上的**(ontological)区别,亦是两者的根本区别,决定了它们运行机理的不同。这种差异,至少体现在如下三个方面:①

　　第一,道德世界是一个普遍主义的共享世界,但政治社会是一个特殊主义/情境主义的自主实体。与道德世界和政治社会分别预设了康德意义的完全理性存在者和不完全的理性存在者相一致,它们亦遵循着不同的正当性(rightness)原则:前者奉行的是"普遍主义的道德原则"(universalistic moral principle),后者遵奉的是"民主的合法性原则"(democratic principle of legitimacy)。② 这即是说,普遍主义的道德并不是评判某个政治秩序之正当性的自足标准;相反,基于政治共同体成员之"同意"的民主合法性,才是评判政治秩序之正当性的基础标准。

---

① 鉴于本文的论辩对象主要指向了康德主义的普遍主义正义观(正如前文已指出的,这种康德主义正义观未必完全符合康德本人的原意,特别是他关于道德世界与政治社会的区分),下文对"道德世界"的理解,主要指康德主义的理解,而不是涉及其他道德理论对道德世界的不同理解。

② 参见 Albrecht Wellmer, *The Persistence of Modernity: Essays on Aesthetics, Ethics and Postmodernism*, p. 193。

第二，借用帕森斯的三分法，道德现象主要是文化和个性领域的现象，政治现象则是社会领域的现象。道德世界是由各种与道德有关的文化符号及社会成员对道德文化符号的个体化据有所形成的世界，即构成了一个符号互动的世界；政治社会则指向了一种具有合法性的建制化秩序，它是为包括道德知识在内的文化再生产、社会整合(social integration)、个体的社会化等提供公共秩序平台的政治空间，即构成了一个具有系统整合(systemic integration)功能的政治实体。因此，从存在论上看，道德世界更具有私人性，政治社会则更注重共同性(当然，两者的正当性均需诉诸基于主体间性的公共性原则，即诉诸超越个体或共同体的"概化的他者"视角)。

第三，道德世界是信念世界，奉行的是韦伯所说的"信念伦理"(ethics of conviction)，即忠诚于内心道德信念的行动取向；政治社会则是责任世界，推崇的是韦伯所说的"责任伦理"(ethics of responsibility)，即对行动之结果负责的行动取向。或者借用施特劳斯对苏格拉底的解读，道德世界可能是一个癫狂的(mad)世界，但政治社会是一个清明(sober)和中道的(moderate)世界。① 与此相适应，道德世界注重去情境化的正当性，政治社会则更注重敏感于情境的可行性。

如果政治社会不能还原为道德世界，那么政治社会的"正义"标准便不能等同于道德世界的"正当"规范。对政治社会来说，重要的不是其运行模式是否符合某种道德原则或者宗教、道德、哲学整全性教义/学说，而毋宁在于是否采取了合适且可行的政治手段实现了政治共同体共享的集体目标和政治理想。因此，政治社会的"正义"内在地具有情境限制。借用罗尔斯的一个区分，政治社会即使追求正义，也只能优先确保"**根据某些境况和社会条件足够正义**"，而只能把"**完美地符合正义**"作为一种理想。②

从另一方面来看，道德世界与政治社会的上述区别，其实要求我们必须区分"**规范的正当性**"与"**规范适用的正当性**"。将这两者相区分，预设了这样一种

---

① 参见 Leo Strauss, *Natural Right and History*, (Chicago: University of Chicago Press, 1999), p. 123。
② 参见 J. Rawls, *Political Liberalism*, (New York: Columbia University Press, 1996), p. 428。罗尔斯提出的一个另一个类似区分是"理想的(严格遵从)理论"("正义二原则"是在原初状态中被严格遵从的基础上而选择出来的)与"非理想的(部分遵从)理论"(关涉如何对待不正义的问题，即"正义二原则"部分被或未被遵从)。参见 J. Rawls, *A Theory of Justice* (revised edition), pp. 7-8, 215-216, 318-319。

可能性:一个在道德上具有正当性的规范,适用于特定情境未必就具有正当性。以康德所举的说谎为例,"不要说谎"这一规范固然具有正当性,但在特定情境下,譬如当一个行凶者要我们交出藏匿在我们家中的某个朋友时,我们很难说严格遵循不要说谎的原则是符合道德的。① 证成规范本身的正当性,属于道德哲学的研究课题;但追问规范适用的正当性,则是政治哲学和法哲学推进介入性学理分析和实体性理论建构的主要方面。在道德世界中,我们需认可普遍主义的"规范正当性";但在政治社会,我们则须把"规范适用的正当性"放在情境化的互动格局中去把握。

二、"关联性正义"与转型中国正义问题的关联性

前文关于道德世界和政治社会之区分的讨论,既旨在一般性地凸显政治社会之正义的情境依赖性,亦意在秉持一种"情境化的正义观",基于转型中国正义问题的"结构化情境",推进具有情境自觉性的政治哲学和法哲学研究——对本文来说,即推进关于转型中国正义问题之整体性的介入性学理分析和实体性理论建构。接下来,笔者将初步阐述"关联性正义",然后结合转型中国政治社会的复杂关联性结构,探讨转型中国正义问题之关联性的具体

---

① 康德本人坚决反对一切后果主义的道德考量。在他看来,由于现实的经验具有偶然性,因此任何基于现实经验之后果的考量都必然具有偶然性,不足以成为道德行动的理由,譬如躲在家中的被追杀者完全有可能在当事人和行凶者对话时从后门走出来而遭遇行凶者,这样则可能会导致被追杀者和当事人都成为受害者。然而,尽管现实经验的确具有偶然性,但在现实的政治社会中,对社会偶然性本身(特别是社会行动或社会事件之间因果关系的概率)的把握和评估,其实是社会成员在社会化过程中习得的社会经验,进而亦构成了其道德行动的理由——就上述事例来说,鉴于被追杀者自己走出来的概率更低(因为行凶者的说谎而拯救被追杀者的概率更高),绝大多数具有正义感的人都会选择向行凶者撒谎。而且,对各种社会偶然性(特别是社会行动或社会事件之间因果关系的概率)的把握和评估,还是社会科学的研究课题,进而亦是政治社会制定法律与政策的社会依据——质言之,在政治社会中,我们必然会诉诸某种程度的后果主义,并藉此进行道德判断乃至政治决策。为了弥合康德式的义务论与后果主义之间的张力,桑德尔主张在上述事例中,当事人可以对行凶者做一个"真实但具有误导性"的陈述,如"一个小时前,我在路那头的杂货店见过她"。在他看来,这种真实但具有误导性的陈述,是"一种精心设计的措辞",它"以某种方式对说实话的这一义务心存敬意"。与单纯的说谎相比,它包含着两种不同的动机:"保护我的朋友,同时维护说实话的义务。"(参见[美]桑德尔:《公正:如何做才好?》,朱慧玲译,北京:中信出版社,2011年,第156、158页。)依笔者拙见,桑德尔对康德的变通性阐发恰恰表明:规范适用的正当性是具有情境限制的。

表现。

（一）"关联性正义" vs. "单向度的正义"

一如前述，本文主张的"情境化的正义"，即"关联性正义"。本文所谓的"关联性正义"，不同于某些论者所主张的"关系性正义观"（relational conceptions of justice）、"关系性平等"（relational equality）。晚近以来，诸如涛慕思·博格（Thomas Pogge）、Juliana Bidadanure这样的论者，提出了"关系性正义观"、"关系性平等"的概念，但却指涉了与本文完全不同的问题意识、正义事项和含义指向。大体而言，他们都是在与分配正义观相对的意义上使用"关系性正义观"或"关系性平等"，但分别在全球正义和代际正义的论域，赋予了两者厚薄不一的内涵。博格认为，在改善全球医疗状况的论域，一种局限于承受者的分配正义视角是远远不够的，必须考察"关系性的因素"，即"取决于我们与他们所面临的医疗状况之关系是什么，比如，是我们有意造成的，还是我们不知不觉中让那些状况发生的。"在博格看来，关系性正义观与分配正义观的分殊，亦是"消极正义"与"积极正义"、"公正地对待承受者"与"在承受者当中促进一个好的分配"之间的分野。[①] Juliana Bidadanure则在代际正义论域，从社群主义/共同体主义视角挑战了流行的分配正义观念，从而赋予了"关系性平等"以更厚实的道德内涵。正如她指出的，关系性平等与分配正义的区别在于：

> 分配性的平等主义者相信，（在其他事物平等的条件下）人们得到关于X的平等份额是正义的道德要求；而关系性的平等主义者则认为，平等的关键在于要实现人们能够作为平等者站立在彼此面前的共同体。关系性的平等主义者，极大地凸显了诸如剥削、宰制或排斥这样的压迫性关系之弊端，以解释为什么平等关乎重大。与之适成对照的是，分配性的平等主义者聚焦于关乎个体层面的益品（individuals' relative levels of goods）（无论如何理解这些益品），并追问这些益品的分配在道德上是否可以得到证成，或者某些个体是否应当获得补偿，

[①] 参见[美]涛慕思·博格：《康德、罗尔斯与全球正义》，刘莘、徐向东译，上海：上海译文出版社，2010年，第484、493—503页。

比如由于坏的原生运气而获得补偿。①

本文所谓的"关联性正义",既不拘泥于某种特定的理论视角,亦不局限于诸如全球正义、代际正义这样特定的正义事项,而旨在阐发一种与转型中国正义问题之整体性相适应的正义理论模式。

笔者主张的"关联性正义",是与中国论者中流行的一种正义观念——姑且称之为"**单向度的正义**"(single-dimensional justice/single-minded justice)——相对的。所谓"单向度的正义",是指基于某种关于正义的学说(既包括基于某种宗教、道德或哲学整全性教义/学说的正义理论,亦包括罗尔斯这样旨在超越整全性教义/学说的政治自由主义论说)或者排他性地从某种关于正义的道德直觉(道德原则)出发而形成的正义观念——前文所谓的(康德主义的)普遍主义正义观,就其无视政治社会的情境限制而言,它是一种去情境化的正义观;就其排他性地立基于某种正义学说而言,它是一种"单向度的正义观"。所谓"单向度的正义",就其忠诚于某种正义学说来说,它是心智单一的(single-minded);就其无视或排斥其他道德直觉(道德原则)来说,它是单向度的(single-dimensional)。由于诸多关于正义的学说,常常排他性地聚焦于某种道德直觉(道德原则),两者在实践中又是相互交缠在一起的,并在总体上呈现为"单向度的正义"观。与之相对,"关联性正义"的出发点,既不是任何既定的整全性教义/学说或理论模式,亦不是任何特定的道德直觉(道德原则),而是从特定正义事项出发,通过把握这些正义事项所置身其间的特定关联性情境而形成的一种正义观念。如果说,"单向度的正义"观常常体现为心智单一的正义观,那么"关联性正义"则是赵汀阳意义上"无立场的"(views from everywhere):它不是不采取任何立场,而是不把任何既定立场作为预先的出发点。② 借用邓正来的话讲,"关联性正义"不是对正义价值"做单一性的审视和强调","更不是在未加反思或批判的前提下"视正义价值为当然的前提;相反,它主张对正义进行

---

① Juliana Bidadanure, Making Sense of Age Group Justice: A Time for Relational Equality?, *Politics, Philosophy & Economics*, Vol. 15, No. 3(2016): 234-260.
② 参见赵汀阳:《论可能生活:一种关于幸福和公正的理论(修订版)》,北京:中国人民大学出版社,2004年,第7—8页(修订版前言)。

"关系性的审视或批判"①,并在关系性的互动情境中建构相应的正义规范或正义法则。

(二) 转型中国政治社会的复杂关联性结构

前文一般性地讨论了政治社会与道德世界的区别,但并未对政治社会本身(特别是转型中国的政治社会)的关联性结构进行论述。转型中国政治社会内在的关联性结构,既具有现代政治社会的一般特征,亦具有自身别具一格的特点。

大体来看,现代政治社会内在的关联性结构,至少具有如下两个特征:

第一,现代政治社会在本质上是一个关联性的复杂社会,不仅个体与个体之间形成了"社会连带"或涂尔干意义上"有机团结"的关系,政治、经济和文化诸行动领域乃至代际之间亦紧密相关。沃尔泽(Michael Walzer)之所以提出了针对不同行动领域的正义原则,正是为了避免社会成员将某一行动领域的优势转化为另一行动领域的优势,从而对其他社会成员形成宰制局面。"可持续发展"理念的出场,则是为了回应代际之间在资源分配方面的关联性结构。

第二,现代政治社会在很大程度上形成了权力主导(特别是行政主导)的运

---

① 邓正来在阐述"关系性视角"时,将其进一步限定为"在中国现实实践之正当性依据与全球化价值示范的关系框架中建构中国自己的法律理想图景。"可见,邓正来关于"关系性视角"的论述,主要着眼于全球化时代中国和西方在世界结构中的关系格局,特别是他强调的不平等关系,即中国在世界结构中处于丧失主体性的边缘地位。然而,依笔者鄙见,如果只是着眼于"中国现实实践之正当性依据与全球化价值示范的关系框架",而不对中国实践本身进行基于关系性视角的介入性学理分析和实体性理论建构,我们不但难以推进真正具有学术增量的政治哲学和法哲学研究,抑且极易滑向过于强调中西之别的"文化本质主义"。这是因为:邓正来所谓的"中国现实实践之正当性依据",不但预设了中国现实实践中蕴涵着与"全球化价值示范"不同的价值想象空间(在很大程度上可以说,邓正来晚年对中国发展实践中的"生存型智慧"的研究,即是他探究"中国现实实践之正当性依据"的一种学术努力),抑且具有他曾经批评苏力的"以有效/可行替代善和正当"之取向,在很大程度上将"中国现实实践之正当性依据与全球化价值示范的关系框架"建构为基于文化本质主义的关系框架:中国基于"现实实践之正当性依据"所形成的"法律理想图景"与西方所代表的"全球化价值示范",具有完全不同的文化本质。上引邓正来的相关论述,参见邓正来:《中国法学向何处去:建构"中国法律理想图景"的时代论纲(第二版)》,第17页(第16页注2续);他对苏力"以有效/可行替代善和正当"之取向的批判,参见同上书,第261页;他关于"生存型智慧"的研究,参见邓正来:《"生存型智慧"与中国发展论纲》,载《中国农业大学学报(社会科学版)》2010年第4期。

行结构,这既使**政治领域的正义**(国家权力的正当运行)①具有特别的重要性,亦使国家权力运行的全过程均成为正义的关切对象。为了及时且有效回应现代复杂社会的各种不确定的风险(如治安事件和犯罪行为、气候变化、环境污染、恐怖主义等),现代社会的国家权力,特别是行政权力,已伸展到社会的各个领域(包括传统上属于个人自主的私人领域),并具有高度的运行自主性。在这样的情势下,即使存在周期性的民主监控,但总体上仍不可避免地产生哈贝马斯所谓的"**合法化延搁**"问题,即为了确保行政系统的自主且高效运行而将政治决策和行政举措的合法化暂时悬置起来或延搁下来。② 为了有效地规制国家权力,除了可以诉诸哈贝马斯所呼吁的常态性的"商谈民主"或"审议民主"外,便是使国家权力的运行目标及运行全过程成为正义的关切对象,即确保国家权力严格遵循具有正义品格的法律而运行。

对转型中国来说,政治社会关联性结构的复杂性,还与中国现代性问题的**共时性**紧密相关。作为后发现代化国家,转型中国需要同时处理西方发达国家大致按照自然时间历时性地呈现出来的各种现代性问题,如经济发展、政治民主、社会正义、可持续发展诸问题。前文提及的转型中国正义问题之整体性,既与现代政治社会普遍存在的上述关联性结构有关,更与转型中国现代性问题的共时性存在有关。现代性问题的共时性存在,必然会导致社会层面的现代性诉求(及国家层面的现代性议程)的共时性存在——从正义的视角来看,即会带来对于不同领域(如经济领域的分配正义、政治领域的参与平等、文化领域的认同平等)、不同事项(如"一代人的正义"和"多代人的正义"[代际正义])等正义关切的共时性存在。尽管我们在实践中选择把经济发展放在更为优先的地位("发展是硬道理"),并形成了政府主导的"发展型国家"运行模式,但这不仅不会消解政治民主、社会正义、可持续发展等其他现代性诉求,并且由此强化的国家权力主导的社会运行结构,还会使政治社会的关联性结构极度复杂化,从而

---

① 为了深入把握转型中国的正义问题,本文区分了"政治领域的正义"与"政治正义":前者指涉的是与国家权力运行目标、过程等有关的实质正义关切;后者则主要关涉评判政治秩序之正当性的程序正义标准——我将其规范性基础(normative foundation)界定为政治共同体成员的"参与平等",相对于经济领域的分配正义(经济正义)和文化领域的认同平等(文化正义)。

② 参见 J. Habermas, *The Theory of Communicative Action*, vol. 2: *System and Lifeworld*, trans. Thomas McCarthy (Boston: Beacon Press, 1987), p. 180。

使政治领域的正义格外凸显出来：不但其运行目标及运行全过程会成为社会的正义关切对象，抑且其本身也成为把握其他领域正义问题的关联性变量。

（三）转型中国正义问题的关联性：以国家权力为中心的分析

一旦对转型中国政治社会的关联性结构有深刻的体认，我们便会洞察到转型中国正义问题的关联性及由此呈现的整体性。

如前文所言，在转型中国，社会的正义关切主要是围绕国家权力展开的。这种正义关切，不但体现为对国家权力本身的关切，抑且关涉其对其他领域之影响的关切。基于此，我们可以把转型中国正义问题的关联性，大致划分为如下三个向度、六个方面。

1. 源于国家权力运行目标的关联性

（1）人际关联：个体行为正义与社会正义的关联

在良序社会，国家权力的运行既要保障个体行为正义，又要确保政治共同体内部的社会正义。前者关涉个体在私人领域享有"确获保障的自由"，后者指涉政治共同体的"共同善"。一般而言，自由至上主义者排他性地强调个体行为正义，社群主义者和共和主义者则凸显基于"共同善"的社会正义。譬如，哈耶克就认为，"惟有人之行为才能被称之为是正义的或不正义的。"[①]与之相对，社会正义则是一种幻象，因为它把社会想象成为一个有意向性的行动者，从而犯下了"拟人化"的谬误。佩迪特则认为，一个共和主义的社会正义"要求人们在与其他人的相互关系——无论是作为个体与其他个体的关系、作为群体与其他群体的关系，还是作为群体与其他个体的关系——中，应当享有作为无支配的自由（freedom as nondomination）"[②]。然而，对一个良序社会来说，国家权力必须同时确保个体行为正义和社会正义：前者要求国家权力必须确保个体符合正义要求之权利义务的履行；后者要求其确保把政治共同体成员作为平等者予以平等对待——尽管各种正义理论对平等之内容及平等对待之方式的理解各有殊异。

对转型中国来说，将社会正义与个体行为正义关联起来的必要性在于：个

---

① ［英］哈耶克：《法律、立法与自由》（第二、三卷），邓正来等译，北京：中国大百科全书出版社，2000年，第50页。

② Philip Pettit, *On the People's Terms. A Republican Theory and Model of Democracy*, (Cambridge: Cambridge University Press, 2012), p. 77.

体行为正义对个体所施加的义务,可能会免除或抵消国家权力为实现社会正义而应当承担的道德和政治责任。换言之,某些表面上符合个体行为正义的规范,其实难以通过社会正义的检验,进而损害其正义品格。或者借用佩迪特的术语,某些表面上符合个体行为正义的规范,会使个体陷入被支配的状态,从而无法使其现实地享有"无支配的自由"。譬如,"孝道入法",即强调社会成员要履行"孝道"义务的规范。在把"善"理解为"正当"之构成性要素的意义上,它具有某种程度的正义性(至少对某些认同儒家文化的社会成员来说,具有与其自我认同相关的可欲性),从而在表面上符合个体行为正义的要求①;但"孝道"所包含的赡养义务(经济互助功能),事实上会免除国家为实现社会正义而建立普惠性的社会保障制度的道德和政治责任。从社会正义的视角来看,由于社会成员履行"孝道"义务(乃至遵循"亲亲"逻辑组建以自己为中心的"关系共同体")的能力,是与其所处的社会阶层相匹配的,一个鼓励或要求社会成员履行"孝道"义务的规范,在很大程度上会在整个社会形成"亲亲"(别亲疏)、"尊尊"(殊贵贱)的礼治结构,不但无法有效避免形成黄宗羲所说的"利不欲其遗于下,福必欲其敛于上"之格局,抑且会在不同社会成员间现实地形成支配与被支配的局面。

由是观之,将个体行为正义与社会正义关联起来,关涉国家权力的一个运行目标:要在充分确保个体享有"无支配自由"的基础上,确立个体行为正义的标准。换言之,个体行为的正义不能以人际之间形成支配与被支配的局面为代价。

(2) 代际关联:"一代人的正义"与"多代人的正义"的关联

由于资源稀缺的生存性限制,现代国家不应仅仅满足于即时性生存,特别是满足于当世当代的生存和发展;相反,还应兼顾后代人的生存和发展需要。

---

① 在当下因民法典编纂引发的讨论中,有论者提出,应当把"家"作为与"自然人"或"法人"相并列的"民事主体"——至少应当"用一个'准法人'或'类法人'概念,将家户、宗亲组织、私人合会、个人独资企业、合伙企业、法人分支机构等统统包括在内。"据说,惟其如此,才"更合乎国人'以亲情为宗教,以家庭为教堂'的民族精神或国情民俗,也更有利于丰富经营形态和保护民事权益。"(参见范忠信:《编纂民法典,国应该怎样对待家?》,URL = 〈http://cul.qq.com/a/20161209/003362.htm〉。)显然,如果"家"成为现代意义上的民事主体,那就不仅仅是"孝道入法"的问题了,因为它会进一步带来"财产权主体的家庭化甚或家长化";如果"家"是民事主体,家长(实际上即父母)成为以"家"为单位的财产权之主体,便是顺理成章的事情。果真如此,它对中国现代化进程的冲击将不堪设想。

从社会正义的视角来看,这便把"代际正义"的问题提到了正义议程上来:我们须把邓正来所谓的"多代人的正义"与"一代人的正义"关联和协调起来。

关于"代际正义",罗尔斯提出了著名的"**正义的储存原则**"(just savings principle)。如果我们把政治社会视为罗尔斯意义上世代相续的社会合作体系,那么正义不惟涉及如何进行单一世代内部的资源配置问题,还关涉如何安排多个世代(特别是相邻世代)的资源配置问题。因此,就当世当代来说,应当遵循"正义的储存原则",须为未来世代的生存和发展储存必要的资源,包括各种自然资源和经济资源。正如罗尔斯指出的,"如果所有世代(也许除了较早的世代)要获益,当事人必然会同意正义的储存原则;该原则确保每一代都从其先祖那里获得其应得的事物,并为其后代留下公平的份额"。①

就转型中国来说,将"一代人正义"与"多代人正义"相关联的必要性在于:局限于"一代人正义"的发展观,常常会威胁"多代人正义"的实现。对像中国这样的后发现代化国家和新兴市场国家来说,为了顺利推进追赶型现代化,我们常常会选择"先污染后治理"的发展模式:现时中国严重的环境污染,特别是大城市严重的雾霾,正是这种发展模式所导致的后果。显然,惟有把"多代人正义"与"一代人正义"关联和协调起来,我们始能秉承"代际正义"的理念,促进社会成为罗尔斯意义上世代相续的合作体系。所谓的可持续发展,正是秉承"代际正义"理念所形成的发展观。

(3) 国际关联:全球正义与国内正义的关联

自17世纪威斯特伐利亚体系将主权国家确立为国际秩序的基本单位以来,所谓的"国际社会"其实一直处于丛林状态,面临着严重的"公地悲剧"。威斯特伐利亚体系,既确立了主权平等的现代国际秩序原则,但亦在国际上合法地划定了由分立的民族国家组成的"国家之墙"。正是这种"国家之墙"的存在,使得自由、平等、民主等由启蒙运动所高扬的现代性价值,难以成为在国际层面可以制度化的政治价值。如果说,西方先发国家在17、18世纪盛行的重商主义代表着民族国家举全国之力抢占国际资源的努力,那么它们在19世纪末期、20世纪初期所确立的全球殖民体系,则使国际社会沦为彻头彻尾的"丛林社会"。二战以后,随着全球殖民体系的瓦解,特别是随着联合国、国际货币基金组织和

---

① 参见 J. Rawls, *A Theory of Justice* (revised edition), p.254。

世界银行等新型全球治理机制的确立并发挥作用,国际社会朝着更为正义的方向发展,超越民族国家的全球正义作为新的正义议程,被推上了历史前台。从民族国家的视角来看,如何处理好实现国内正义和促进全球正义的关系,成为其正义事业的重要课题。

随着中国的强势崛起,中国已将此前奉行了三十余年的"韬光养晦"的外交政策调整为"奋发有为"的大国外交政策。在这样的背景下,将国内正义与全球正义关联起来,便成为把握转型中国正义问题之关联性的重要方面。晚近以来,中国在促进全球正义方面发挥着更具积极性和主动性的作用。无论是中国对第三世界(特别是非洲国家)国际援助的显著提升,还是中国主导确立的亚洲基础设施投资银行、"一带一路"战略等新型全球治理机制,均对全球正义具有积极的推动作用。然而,面对国内尚待突破的社会正义难题(特别是社会阶层的两极化、城乡二元结构、地区发展不平衡等),我们在国际层面的慷慨解囊,究竟具有多大程度的正当性?显然,惟有把国内正义与全球正义关联起来,我们始能深入把握这一问题。

2. 源于国家权力运行过程的关联性

(1) 横向运行关联:执法正义、司法正义与立法正义的关联

从横向的运行来看,现代国家权力大致沿着立法权力→行政权力→司法权力运行。与之相适应,社会针对国家权力横向运行的正义关切,可分为立法正义、执法正义和司法正义。在现代国家,立法在时序上优先于执法和司法,并决定着执行和适用法律的实体内容和程序过程。因此,如果立法本身是不正义的,执法正义和司法正义就会受到挑战。因此,相对于执法正义和司法正义来说,立法正义更具有优先性。

如果说,立法相对于执法和司法的优先性在一般意义上主要体现为**时序**上的优先,那么对转型中国来说,由于现代法律秩序的建构仍是"进行时",立法对于现代法律秩序的建构性、生成性作用更具有**功能**上的优先性。在现代成文法国家,立法堪称现代法律秩序建构的核心课题:不仅执法和司法的实体性内容源自立法对实体法的规定,并且执法、司法乃至立法的程序性规则,亦来源于立法对程序法的塑造。换言之,对像中国这样具有成文法传统但现代法律秩序却仍待建构的国家来说,即使要完善执法程序、推进司法改革,也要首先依赖于立法,即通过立法促进执法程序和司法制度的现代化。如果进一步考虑到法律秩

序在现代社会秩序的基础地位及其在现代政治秩序的枢纽地位,那么立法对于现代社会政治秩序的塑造作用,更值得重视:中国现代转型所蕴含的立国、立宪、立教、立人等时代使命,尽管本身属于中国现代法律秩序建构的"前法律"(pre-legal)课题,但其推进和确立亦端赖于立法工作的进行。立国、立宪、立教、立人等不仅需要立法确认其发展成果,并且其破局亦常常有赖于立法先行:惟有通过立法对各种社会和政治"基础秩序"及其运行机制的建构,我们始能使国家性质(立国)、政权组织方式(立宪)、文化认同(立教)、官员品格和国民素质(立人)等,符合中国现代转型(现代国家建设)的历史性要求。

由上述分析可知,要想把握与转型中国国家权力横向运行有关的正义问题,我们不但要把执法正义、司法正义与立法正义关联起来,抑且还要树立起立法正义优先的理念。

(2) 纵向运行关联:"输入"与"输出"的关联

要想深入把握与现代国家权力运行有关的正义问题,仅仅着眼于横向的运行是不够的,还要从纵向把握政治系统(特别是行政系统)的运行。现代政治系统(特别是行政系统)的纵向运行,大致体现为一种"**输入—输出**"的平衡模式,即社会成员以纳税人身份"输入"各种税金,然后再由行政系统"输出"各种组织化成就(organizational accomplishments),特别是公共物品的供给,如基础设施的建设、公共秩序的维持、社会福利的供给等。[①] 现代行政系统的"输入—输出"的平衡模式,体现了现代国家的基本运行机理:它在根本上体现了人民主权的基本原则,是确保国家权力服务于公民权利的基本要求。如果说"输入"体现了国家的财政汲取能力,那么"输出"则表征着国家的治理绩效。对现代国家来说,促进国家治理绩效与其财政汲取能力相匹配,既是衡量国家治理能力的重要方面,亦是评判国家权力运行之正义性的重要内容。这种正当性标准,既可以从以社会契约论为代表的现代政治哲学中找到理论依据,亦可以从传统中国的政治智慧(特别是儒家人文主义)中获得证成资源。在传统中国,诸如"天下非一人之天下,乃天下人之天下也"(吕不韦)、"以天下之权寄天下人共治"(顾炎武)、"天下非一姓之私也"(王夫之)这类主张,尽管未能提供具有有效性和可行性的制度和机制,但仍从规范上确立了国家权力的仁义标准,对现代国

---

① 参见 J. Habermas, *The Theory of Communicative Action*, Vol. 2: *System and Lifeworld*, p. 320。

家权力的运行仍具有启发和借鉴意义。在人民主权的时代,国家不具有任何不能追溯和服务于人民的正当利益。因此,除了国家权力常态运行的正常成本外,由各种"组织化成就"所表征的治理绩效是证成国家财政汲取能力的最主要标准。如果一个国家具有强大的财政汲取能力,却无法或不能充分提供与之相匹配的"组织化成就",那么其权力运行的正当性便会受到质疑。从这样的视角看,要想把握国家权力运行之正义性,我们必须把与行政权力有关的"输入"与"输出"关联和协调起来。惟其如此,我们始能对国家权力的纵向运行(特别是国家对社会的财政汲取)是否合乎正义要求进行道德评判。

在转型中国,随着"分税制"改革确立了以维护中央财政汲取能力为旨归的财政制度,中国的国家财政汲取能力获得了前所未有的历史性提升。晚近以来,在维护社会正义、国家宏观调整(如调控房价)等名义下,诸如遗产税、房地产税等新税种,亦被提上了税收改革的议程。如何规范国家的财政汲取、确立国家权力运行的正当性标准,是把握转型中国国家权力纵向运行之正义性的重要课题。

3. **国家权力(政治领域)与其他领域的关联性**

(1) 诸领域间的关联:经济领域、文化领域与政治领域的关联

对不同领域予以区分,是现代社会合理化的必然结果。韦伯的合理化理论,即蕴涵着对领域区分乃至功能分化的洞察。根据哈贝马斯对韦伯理论的重构,随着世界的除魅,原来受宗教—形而上学世界观支配的价值领域,分化为认知—工具领域、道德—实践领域和审美—表现领域,并开始遵循着自主的运行逻辑。这种文化合理化,亦推动着社会的合理化运行:经济系统和行政系统开始遵循着目的合理性的逻辑自主运行。① 可以说,领域区分和功能分化是现代社会的基本特征。沃尔泽所谓的"区分的艺术"(the art of separation),正指涉了这种特征。依沃尔泽之见,这种"区分的艺术",既确保了自由,又保障了平等:就其促使各个不同功能领域遵循自身的逻辑自主运行而言,它确保了经济自由、宗教信仰自由、学术自由等各种自由;就其有效阻止了某些政治共同体成员将其在某个领域的优势径直转化为另一个领域的优势来说,它亦保障了政治共同体成员间的平等。②

---

① 参见拙著:《合法律性与合道德性之间:哈贝马斯商谈合法化理论研究》,第73—80页。
② 参见 Michael Walzer, "Liberalism and the Art of Separation", *Political Theory*, Vol. 12, No. 3 (August 1984): 321.

然而,领域区分和功能分化只是一种理想状态,实践中它们常常是相互交缠在一起的。如果说,西方发达国家所面临的主要问题是哈贝马斯所谓的"系统对生活世界的殖民化",即目的合理性的系统运行逻辑对生活世界基于沟通行动所发挥的文化再生产、社会整合、个人社会化等独特功能的侵蚀(也即是在性质上体现为政治领域、经济领域对社会文化领域的支配),那么转型中国不但面临着类似的问题,抑且尤为突出地面临着两大结构性难题:一是许纪霖所说的"生活世界对系统的逆向殖民化"①,即社会文化领域的关系逻辑对行政系统和经济系统等功能系统之自主运行逻辑的侵蚀;二是朱学勤所谓的"权力之脚踩住了市场之手"的问题②,即行政权力对经济领域的支配。第一个问题大体属于法治(形式正义)的范畴,关涉经济系统、行政系统,特别是作为其组织手段的法律系统等社会功能系统本身的完善;第二个问题则落入到了正义(实质正义)的范围内,涉及如何处理社会功能系统之间的关系,特别是如何限制国家权力的问题。如果把政治领域对于社会文化领域的支配(行政系统对生活世界的殖民化)也考虑在内,那么转型中国正义诸领域的关联性,在很大程度上即体现为政治领域对经济领域和社会文化领域的支配。因此,要想把握转型中国经济领域和社会文化领域的正义问题,我们必须将其与政治领域关联起来。在国家权力具有主导地位的转型中国,就经济谈经济、就文化谈文化的"内在视角",绝不足以把握正义问题的复杂性。

三、"关联性正义"的诸评价法则及其实践运用

本节中,笔者将基于前述三个向度、六个方面的关联性,阐述与之相对应的关联性正义的评价法则,并结合实例探讨其实践运用。

(一) 源于国家权力运行目标的关联性正义评价法则

1. 人际关联:社会正义与个体行为正义的平衡

确保实现社会正义与促进个体行为正义之间的平衡,是国家权力保障政治共同体人际之间和合共存的关键所在,亦是把握人际关联性正义的基本法则。

---

① 参见许纪霖:《儒家孤魂,肉身何在》,载《南方周末》2014年9月4日。
② 参见朱学勤:《1998,自由主义的言说》,载《南方周末》1998年12月25日。

用权利话语来说,与社会正义相对应的主要是社会本位的各种社会权利,与个体行为正义相对应的主要是个体本位的各种公民和政治权利、经济权利(特别是财产权利)。要确保实现社会正义与促进个体行为正义之间的平衡,意味着国家要在社会本位的社会权利与个体本位的公民和政治权利、经济权利(特别是财产权)之间保持恰当的平衡。从权利保障的视角来看,与社会正义相适应的社会权利会面临着请求稀缺资源、具有不确定性、不具有普遍性、权利义务关系不够明确、关乎税收的分配等诸多争议[1],但只要我们认为社会正义是值得追求的共同善,那么社会权利就是可欲且正当的。

社会正义与个体行为正义的平衡,是涉及两者关系的一个总原则;在特定的情境下,社会正义应当优先于个体行为正义——这种特定的情境即为个体课予义务的情形。在人际关联的正义事项中,社会正义优先于个体行为正义之法则的适用条件是:(1)某项规范、惯例或制度为个体课予了不利后果,即义务(课予义务);(2)个体承担的这项义务,国家基于实现社会正义的道义责任和政治责任应当且可以承担(个体行为正义与社会正义的关联性)。换言之,只要某项规范、惯例或制度为个体课予了义务,而国家基于实现社会正义的道义责任和政治责任应当且可以承担此项义务,那么将此项义务施予国家要比课予个体更具有正当性。

前述关于"孝道入法"的事例,便可适用此项关联性正义法则。受教育权亦可作如是观:相对个体为确保子女的受教育权(特别是基础教育阶段的受教育权)所承担的义务(如缴纳学费等)来说,由国家基于社会正义的责任承担此种义务,更符合正义的要求。

2. 代际关联:"多代人的正义"与"一代人的正义"的平衡

在代际关联方面,秉持"多代人的正义"与"一代人的正义"相平衡的正义法则,似乎是不言而喻的。如果我们像罗尔斯那样把政治社会理解为世代相续的社会合作体系,那么政治社会就应当确保"多代人的正义"与"一代人的正义"之间的平衡。因为惟有通过这种平衡所实现的代际正义,我们始能确保政治社会的社会合作体系世代相续下去,而不是形成"吃祖宗饭,断子孙粮"的代际之间不可持续的局面。从正义的视角看,要确保代际正义,就需要确保政治社会的

---

[1] 参见陈宜中:《何为正义》,北京:中央编译出版社,2016年,第42—46页。

政治决策及其相应的制度安排,在不同世代之间保持不偏不倚,使其"公平地适应于每一代的要求",进而满足**"事关人人,人人关切"**(what touches all concerns all)的正义法则。①

秉持"多代人的正义"与"一代人的正义"相平衡的正义法则,一系列与后代人之利益有关的权利诉求、对当世代人的权利限制,便可以获得证成。譬如,环境权、动物的权利,以及为了保障环境权、动物权利而对当世代人的权利限制,如为了保护环境而征收的污染税对企业和个人财产权利的限制、为了保障动物权利而对个体饮食内容及饮食方式的限制等等。

3. 国际关联:国内正义优先于全球正义

在国际关联的方面,笔者试图论证:就转型中国来说,国内正义相较于全球正义更具有优先性。凸显国内正义的优先性,在现时中国的盛世喧嚣中似乎卑之无甚高论,但却是值得捍卫的政治哲学主张。在促进全球正义的方面,"**共同而有区别的责任**"(Common but Differentiated Responsibilities)这一由(1992年)联合国环境与发展大会所确立的国际环境合作原则,堪称兼具道德正当性和历史合理性的原则。全球正义的主要阐发者涛慕思·博格,主要基于发达国家(富裕国家)的特殊责任,阐述了其促进全球正义的道德义务。在他看来,发达国家与现时代的全球贫困,至少存在三种意义上的道德关联:

> 首先,他们的社会起点与我们的社会起点的差别,源于由一系列巨大错误构成的历史过程。历史上的不正义,包括种族灭绝、殖民主义和奴隶制,既造就了他们的贫困,也造就了我们的富裕。其次,他们与我们都依赖于同样的自然资源,而他们本应从中享有的利益,在很大程度上被没有补偿地剥夺了。富裕国家和发展中国家的精英们以相互承认的形式分割了这些资源,但却并没有为多数人留下"足够多和同样好的"资源。第三,他们与我们共同生活在一个单一的全球经济秩序中,而这个经济秩序正在不断延续甚至恶化全球的经济不平等。②

---

① 参见 J. Rawls, *A Theory of Justice* (revised edition), p. 256.
② [美]涛慕思·博格:《康德、罗尔斯与全球正义》,第430页。

我们很容易发现,博格所列举的这些源于历史的道德关联均与中国无关,不足以论证转型中国在促进全球正义方面具有更大的责任。毋宁说,中国正是这种发展起点落后、自然资源被掠夺、全球经济秩序恶化的受害者,而不是施害者。沿着这样的思路,转型中国国内正义的优先性至少可以部分获得证成:历史上所处的不利局面,决定着中国在促进全球正义方面并不具有比发达国家更大的道德义务。如果说,基于历史合理性的理由尚不足以证成转型中国国内正义的优先性,那么政治共同体(政治社会)本身的政治理想和政治目标则可以进一步为之提供正当理由:全球正义以国内正义为基础,"中夏安,远人服"仍是政治共同体推进其正义事业的基本出发点。对此,我们至少可以从两个方面来论证:

第一,政治共同体(政治社会)本身的政治理想和政治目标,决定了它应以优先实现国内正义为**分内责任**。无论是全球正义具有多么重要的道德意义,它都须遵循现时以民族国家(政治共同体/政治社会)为基本单位的世界秩序结构。而在现代条件下,政治共同体(政治社会)本身并不具有独立的、超越于其共同体成员之利益的政治理想和政治目标:惟有首先承担了其分内责任、基本实现了国内正义,政治共同体(政治社会)承担起促进全球正义的责任,方始具有道德上的正当性。我们很难想象一个未能充分承担其分内责任而履行了分外道义的人或国家,是正派的、进而合乎正义的。在这方面,"穷则独善其身,达则兼济天下"的古训,同样适用于国家。

第二,促进全球正义有赖于全球政治和经济治理秩序的重塑,进而有赖于某种超越于国族本位的世界主义理念之倡导,而任何一种世界主义理念的价值吸引力,在很大程度上端赖于其首先在倡导者所属的政治共同体内部获得较大共识,并获得现实的治理绩效。晚近以来,因应着中国的崛起,不少中国论者提出了诸如"天下体系"(赵汀阳)、"新天下主义"(许纪霖)、"新世界主义"(刘擎)这样超越于国族本位的世界主义理念。然而,从中国现代文化认同建构的角度来看,他们建构的只是一种笔者所谓的"**典籍性的中国认同**":其只能保有与各种思想典籍(特别是中国的古典思想典籍)的关联性,但却与现时中国现代转型面临的各种"正当化压力"乃至现时中国人的文化记忆、传统中国的历史现实等均无涉,并不足以成为现代中国人的本真性文化认同。① 必须看到,在现代转型仍待收束的现时中国,中国现代文化认同仍处于尚未定型的状态(即王赓武所说的"经未定"的状态),如何促进其定型化并为全球正义做出贡献,有赖于其所蕴含的价值取向首先在国内赢得国民认同、社会认许。在这方面,我们仍应从李世民转借于魏征的治国之道中汲取养分:"修文德,安中夏;中夏安,远人服。"其中包含的治国逻辑是:惟有"修文德",始能"安中夏";惟有"中夏安",方能"远人服"。如果一套新的世界主义理念不能首先确保"中夏安",期待"远人服"便是不现实的。正如许章润所言:

> 当今华夏,虽说经济总量世界老二,但政治修明、文化建设以及一般人民之行止出处的文明修养,有待提升。因而,远人不服,也是意料中事。当然,之所以不服,不仅在于两相比较,高下立判,而且,在于国际政治中的权势转移,总是一件痛苦的事情,先发国族面对邻居的旺势,需要一段适应期。但是,即便如此,吾人须知,一个尚未完成现代转型的国族,其之参与地缘政治博弈和全球治理,必有赖国家政治走上正轨,无心腹之忧,才可伸展手脚,也才能于国际博弈中添筹加码。②

(二) 源于国家权力运行过程的关联性正义评价法则

1. 横向运行关联:立法正义优先于执法正义、司法正义

前文论述已经表明:在具有成文法传统但现代法律秩序仍待建构的转型中国,相较于执法正义和司法正义,立法正义不但在时序上具有优先性,抑且在功能上也具有优先性。明乎此,我们很容易得出这样的结论:在关涉国家权力横向运行关联的方面,我们应秉承立法正义优先于执法正义、司法正义的关联性正义评价法则。

立法正义的优先性,其实还预设了这样的理论主张:实质正义在价值上(而不仅仅是功能上)优先于形式正义或程序正义。如果法律(立法)本身是不

---

① 参见拙文:《"道德—历史主义"的困境:评许章润〈汉语法学论纲〉》,载《清华法学》2016年第3期。
② 参见许章润:《中夏安,远人服》,URL=〈http://www.aisixiang.com/data/76517.html〉。

正义或"缺失正义的",那么无论多么严格地执行和适用,都不能证成其本身的正当性。对转型中国来说,强调立法正义对执法正义和司法正义的优先性,旨在否弃一种霍布斯"法律命令说"版本的实证主义法律观(工具主义法治观),恢复法律的规范性特征,特别是法律正当性的可证成性和可争辩性:法律并不是主权者的命令,而是承载了政治共同体关于何为正当之道德承担和何为良善生活之伦理想象的一种价值秩序。将法律视为主权者的命令,尽管可以高效地加快立法进程,但不仅会使法律沦为政治的工具,进而牺牲作为法治之基础的法律的"不可随意支配性",而且更会使法律本身的合法性受到挑战,从而丧失使中国现代法律秩序不断趋近正义的契机。

秉承立法正义优先于执法正义、司法正义的关联性正义评价法则,我们就可以对转型中国的相关正义事项进行评判。譬如,前些年因计划生育政策的调整,社会抚养费是否应当取消面临着较大的争议。据报道,国家卫生和计划生育委员会提出了"取消社会抚养费不公平论":国家卫计委在回应与《社会抚养费征收管理条例(送审稿)》有关的问题时(2014年12月2日)指出,在坚持计划生育国策相对稳定的大前提下,必须坚持社会抚养费征收制度,"取消社会抚养费对响应国家号召、遵守计划生育政策的群众不公平"。① 这种貌似秉承(形式)正义原则的论调,事实上遮蔽了一个更具前提性的关联事项:征收社会抚养费的立法本身,是否合乎正义的要求?显然,如果该立法本身不能通过实质正义的检验,其执法正义和司法正义只能是质非文是的治理装饰,不但无益于法治的实现,抑且有悖于法治精神。

2. 纵向运行关联:"输出"与"输入"的平衡

前文的论述已经表明:就国家权力的纵向运行来说,确保"输出"与"输入"的平衡是其关联性正义的评价法则。这种"输出"与"输入"的平衡,内在地要求国家权力(特别是行政权力)对社会资源的汲取特别是财政汲取("输入"),必须与其现实地呈现的各种"组织化成就"("输出")相匹配。无论是现代政治哲学传统,还是传统中国的儒家人文主义政治智慧,都可以为这种"输出"与"输入"的平衡提供理论依据。在人民主权时代,即国家权力的正当性只能溯源和服务于人民利益的时代,一旦这种"输出"和"输入"处于严重失衡的状态,国家权力

---

① 参见《卫计委:取消社会抚养费对遵守计划生育群众不公平》,载《法制晚报》2014年12月2日。

运行的正当性便会受到质疑。

在现代政治秩序和法律秩序中,这种"输出"与"输入"的平衡主要体现为对国家征税权的正当限制。在现代国家,为了实现这种"输出"与"输入"的平衡,普遍实行了"无代表,不征税"(no taxation without representation)的立法原则,即非经政治共同体成员的普遍同意,国家不得征收税金。这既体现了国家对公民财产权的充分尊重,亦体现了对国家权力服务于人民利益的制度保障。

秉持"输出"与"输入"相平衡的关联性正义评价法则,我们便可以对转型中国的各种税收立法进行正当性评价。以房产税为例,西方发达国家的房产税征收,除了可以从促进社会正义中获得证成外,还在很大程度上体现了"输出"与"输入"相平衡的原则:房产税除了用于国家的社会保障等之外,主要用于提升房产所在地的各种"组织化成就",如生活环境的改善,交通、教育和医疗等基础设施的建设。显然,相较于促进社会正义这样的宏大目标,促进"输出"与"输入"的平衡,是更能为房地产税的征收提供证成理由。因为它不但更具有税收监控的可操作性,抑且更符合税收"取之于民、用之于民"的政治理想。

(三) 国家权力(政治领域)与其他领域的关联性正义评价法则

1. 诸领域间的关联:国家权力正当运行的优先性

前文的讨论,已经蕴涵了关于政治领域与经济领域、文化领域之关联性正义的评价法则:国家权力的正当运行具有优先性。主张国家权力正当运行的优先性,并不等同于做出如下论断:在转型中国的社会基本结构层面,政治正义(参与平等)优先于经济正义(分配正义)和文化正义(认同平等)。要深入把握政治正义与经济正义、文化正义的关系,我们必须将其同制约转型中国正义实现的各种"结构化情境"深度结合起来,譬如典型的正义观念所导致的正义问题之复杂性、正义问题之共时性、中国现代转型的实践约束条件(如文明型国家、超大规模型国家和社会主义政党国家等独特的文化、社会和政治条件)等。① 这在根本上乃因为:社会基本结构层面的正义诉求,关涉政治共同体的

---

① 笔者从这些"结构化情境"出发,推演出了经济正义优先于政治正义的"底线正义诸原则"。参见拙文:《从"反正义的公平"到"底线正义":基于转型中国一种典型社会正义观念的政治哲学分析》,载《人大法律评论》2016年第3卷(总第22辑),第102—112页。

基本制度框架,须兼顾正当性与可行性。换言之,我们应当优先追求前述罗尔斯所谓的"根据某些境况和社会条件足够正义",而把"完美地符合正义"作为一种理想。此处所谓的"国家权力正当运行的优先性",并非针对转型中国社会基本结构而言的,而是基于关联性正义视角提出的正义法则。它具有特定的适用范围和适用条件。其适用范围和适用条件大致包括如下三端:(1)经济领域和社会文化领域存在着有待回应的正义事项;(2)这些正义事项的存在,可以找到可直接溯源于政治领域的原因,并且这种原因更具有基础性和决定性;(3)政治领域对这些正义事项的回应是缺失正义的。在满足上述三个条件的情况下,我们就应把关注点转移至政治领域,即适用国家权力正当运行的优先性这一评价法则。譬如,前文提及的高房价是否正义的问题,即应当采用这样的关联性正义评价法则。

有必要指出的是,要充分把握国家权力的正当运行所适用的实质正义法则,我们同样需要采用关联性正义的视角,即要把它置于前述五个关于国家权力运行目标和运行过程的关联性正义法则中予以把握:在人际关联方面,坚持社会正义与个体行为正义的平衡法则(在为个体课予义务的情境下,社会正义优先于个体行为正义);在代际关联方面,坚持"多代人正义"与"一代人正义"的平衡法则;在国际关联方面,坚持国内正义优先的原则;在国家权力横向运行方面,立法正义优先于执法正义和司法正义;在国家权力纵向运行方面,坚持"输出"与"输入"的平衡。明乎此,我们便获得了一种可称为**"多重关联性正义"**(multiply-relational justice)的视野①:政治领域国家权力的正当运行,不仅与经济领域和社会文化领域的正义事项相关联,并且其运行目的和运行过程又与诸多关联性要素相关联——人际关联、代际关联、国际关联、国家权力横向运行的关联及国家权力纵向运行的关联。在很大程度上可以说,正是这种以国家权力为中心的"多重关联性"的存在,使得转型中国的正义问题具有整体性,以及由其产生的高度复杂性。

综上所论,我们可以把"关联性正义"及其评价法则列入表1。

---

① 这种"多重关联性正义"还表现在:同一个正义事项可能会同时适用多个"关联正义"原则。譬如,前述社会抚养费问题,既适用立法正义优先的原则,又可适用"输入"与"输出"相平衡的原则。

表1 "关联性正义"及其评价法则

国家权力的向度	关联的属性	关联的方面	"关联性正义"的评价法则
源于国家权力运行目标的关联性	人际关联	个体行为正义与社会正义的关联	社会正义与个体行为正义的平衡(在为个体课予义务的情境下,社会正义优先于个体行为正义)
源于国家权力运行目标的关联性	代际关联	"一代人正义"与"多代人正义"的关联	"多代人正义"与"一代人正义"的平衡
源于国家权力运行目标的关联性	国际关联	国内正义与国际正义的关联	国内正义优先于国际正义
源于国家权力运行过程的关联性	横向运行关联	执法正义、司法正义与立法正义的关联	立法正义优先于执法正义、司法正义
源于国家权力运行过程的关联性	纵向运行关联	"输入"与"输出"的关联	"输出"与"输入"的平衡
国家权力(政治领域)与其他领域的关联性	诸领域间的关联	经济领域、文化领域与政治领域的关联	国家权力正当运行的优先性

余论:也谈正义的两面性

慈继伟曾讨论过正义秉性(disposition)——即不依赖于正义规范之内容的正义的结构性特征——的两面性:正义命令的绝对性(正义作为建制的无条件性)与正义实现的有条件性(正义作为动机的有条件性)。这种思想洞察,无疑对于我们深入把握正义问题的复杂性颇有启发。本章的研究其实表明,慈继伟意义上的这种两面性,实际上是一种"二阶"(second-order)的两面性,它从属于一个更为根本的"一阶"(first-order)的两面性:**正义命令的绝对性**与**正义规范的情境性/有条件性**。正义命令的绝对性,不能还原为正义规范的普适性:前者表征的是道德世界的(康德式)普遍主义立场,但一旦适用于政治社会,这种普遍主义的立场即要受到政治社会之运行逻辑的限制,从而必然具有情境化的特质。从正义命令的绝对性到正义规范的情境性,再到正义规范之实现的有条件性,从根本上体现了道德世界与政治社会运行逻辑的差异;更具体地说,它体现了道德哲学(道德理想)与政治哲学(政治理想)及道德社会学(道德实践)之间的视角分野;或者借用慈继伟本人的话说,它在很大程度上体现了规范性正义理论与"正义社会学"的分野。①

对中国情境的政治哲学研究来说,依我个人拙见,更需要我们做出学理回应的,或许不是(作为道德命令的)现代性价值的绝对性及其有效实现的有条件性,而毋宁是现代性价值之规范性要求本身的情境性。这是因为:惟有通过"学理格义"把握现代性价值之规范性要求的情境性,进而把现代性价值的绝对性进一步转化为其规范性要求的绝对性,我们方能在中国情境中探讨其有效实现的各种条件。对现代性价值之规范性要求的情境化的学理阐释,其实是以中国情境为思想根据确立**"现代价值观"**的过程。就其实现过程来说,这种学理阐释("价值观")是现代性价值从"价值形态"过渡和落实到"制度与实践形态"的中介;但就其功能和作用来看,它其实是现代性价值在中国"落地"的逻辑前提:惟有首先对各种现代性价值的规范性要求获得共识,我们始能有效地树立对待它们的刚性态度,进而通过慈继伟所说的"社会化"过程逐渐满足其充分实现的各种条件。

以自由、平等、民主等相对单一的价值为例,尽管它们具有相对明晰的核心内涵,但惟有把它们放在特定政治社会的政治与社会—历史情境中,我们始能确定与这种情境相适应的具体规范性要求。以"平等"为例,尽管我们可以把"无差别对待"视为其核心内涵,但究竟何种意义上的"无差别对待"可视为"平等",则需根据特定时空的政治与社会—历史情境予以证成——无论是罗尔斯关于两种意义上的"机会平等"的界分,还是德沃金关于两种性质的"平等对待"的区分,均表明了这一点。在很大程度上讲,政治哲学就是对政治价值的具体

---

① 在《正义的两面》的修订版前言中,慈继伟曾自我指陈:"我所关心的与其说是规范性正义理论,不如说是'正义社会学'。"慈继伟:《正义的两面》(修订版),北京:生活·读书·新知三联书店,2014年,第3页(修订版前言)。慈继伟的正义论说,尽管预设了正义规范的情境性,但其重心不在此。譬如,他多次直接或间接地表明,正义的规范性内容是"因时因地而异"的,其理论建构"远非一般意义上的规范性政治哲学所能涵盖"。(参见同上,第5页、第2页[修订版前言])。

规范性要求进行学理阐释的一门学问。如果说,自由、平等、民主等相对单一的价值具有情境化的规范性要求,可能有违道德普遍主义者的道德直觉,那么正义则具有更为**内在**的情境化特质:正义内在地指涉一种复合的价值结构,它关涉经济、政治和文化诸领域,并在实质上涉及我们对自由、平等和民主等现代性价值的整全性确认。是故,正义之规范性要求证成和确立的过程,其实是将自由、平等、民主等价值平衡和整合为一个相互兼容、互为支援之价值结构的过程。而一旦脱离了特定政治社会的独特情境,这种平衡和整合便失去了依凭,我们只能转而听任直觉主义之智性懒惰的肆虐,甚或诉诸意识形态性的价值独断——所谓中国学术之幼稚,莫此为甚。

Justice in the Correlational Contexts
——A Politico-Philosophical Analysis Based on the Wholeness of Matters of Justice in Transitional China

Sun Guodong

Abstract: The wholeness of matters of justice in transitional China, which yields the "War of (Conceptions) of Justice", calls for a "contextual conception of justice", "justice in the correlational contexts" or "correlational justice". The "justice" in the political society cannot be reduced to the "rightness" in the moral world. The political society in transitional China develops a complicated correlational structure, because it has a synchronic aspirations or agendas of modernity and produces a power-dominated developmental state. The matters of justice in transitional China demonstrate them at least three dimensions and six facets of correlations, revolving around the running targets and operational processes of state powers and their domination of other fields. In order to catch the correlations, we must establish the corresponding evaluative laws of "correlational justice".

Key Words: the wholeness, political society, moral world, justice in the correlational contexts, single-dimensional justice

性别自主与社会正义[*]

张容南^{**}

[摘　要]　随着社会经济条件的改善,越来越多的中国女性选择回归家庭照顾孩子。一些专家学者建议说女性回归家庭是有利于国家民族长久发展的智慧选择。然而,文章试图论证,这种看似自主的选择受到了不合理的性别分工以及有偏见的性别文化的影响。女性选择回归家庭一方面受到社会构建的母职的影响,另一方面则是由于社会条件和社会支持的不足。如果我们将女性的性别自主看作是女性解放的关键维度,那么就应看到,性别自主有赖于社会正义水平的不断提高,即再分配的正义和承认的正义两重维度的综合。

[关键词]　母职;程序的自主性;实质的自主性;分配的正义;承认的正义

---

*　基金项目:国家社科基金青年课题"实践哲学框架下的叙事认同理论研究"(项目编号:16CZX059)。
**　张容南(1982—　),女,江苏南通人,哲学博士,华东师范大学哲学系副教授,研究领域为伦理学与政治哲学。

一、引言

2011年3月,全国政协委员、女性研究专家张晓梅提交提案,建议鼓励部分女性回归家庭,她指出:"女性回归家庭并不是时代的倒退,而是更利于国家民族长久发展的智慧选择。"[①]2015年11月,香港《南华早报》报道称,根据瑞信最近发布的一份报告,中国内地有全球最大的中产阶级群体。由于这些富裕的家庭不需要依靠两份薪水,越来越多母亲,尤其是那些来自经济发达地区的、接受过高等教育的人,都选择在家照顾孩子。2016年1月,中国全面开放二孩政策,抚养两个孩子的重任让许多生完二孩的女性放弃了职业生涯。一时间,倡导女性回归家庭的呼声甚嚣尘上。尤其是那些接受过高等教育的女性选择回归家庭,令网上兴起了一个热门的辩论,即"高学历女生做全职太太是否浪费"。这些呼吁女性回归家庭的呼声,不禁令人沉思,女性追求性别解放的事业是否开始倒退? 又或者,这才是女性实现性别自主的开端? 本文将从这个有争议的现实问题入手,探讨性别自主的真正涵义。文章试图表明,性别自主是女性解放的一个关键维度,而它的实现有赖于社会正义水平的不断提高。

二、被建构的"母职"

在女性主义者看来,母职或母亲形象是被历史与社会建构的。陈映芳在《被悬置的母性》一文中就新中国成立以来对革命女性的政治建构提出了批评。在他看来,这些追随着新文化的潮流从旧家庭(及其父权/夫权)的束缚中挣扎出来的"新女性",可歌可泣地为民族国家的事业贡献了自己的青春。但在革命岁月中,她们无可避免地被嵌入到了那一个男性主导的权力体系内,同时又主动或被动地被安排到了一个个"革命家庭"中。1949年后,她们成了革命干部或干部太太,既被人崇敬,也饱受揶揄,更有一些人因为儿女的控诉而被当成了"被政治异化了的母亲"的活标本。[②] 例如,作家王朔对他母亲的控诉。在王朔

---

① 参见 http://news.ifeng.com/mainland/special/2011lianghui/content-2/detail_2011_03/08/5023759_0.shtml。
② 陈映芳:《被悬置的母性》,《读书》2015年第10期。

的口中,作为医生的母亲是一个缺乏情感的、被阶级伦理彻底洗脑的人。甚至在他躺在医院准备做手术的危急关头,母亲也因为要照顾其他病人而无法守在床前,母爱的缺失让他耿耿于怀。在他的童年记忆里,他只是一个以集体主义的生活方式孕育长大的人,家庭的温暖和父母的关怀都是他可望不可即的东西。王朔的经历表明,那个年代的家庭生活是贫瘠的,过度政治化的意识形态侵蚀了私人空间,影响到家庭生活的正常开展。但陈映芳转而问道:"为什么,在革命年代和社会主义建设时代中曾同样缺位于家庭生活的父亲和母亲们,单单是母性受到了质疑,单单是母亲的角色受到了指责和批判?"①

随着改革开放的到来,对母亲形象的塑造逐渐发生了一些变化。陶艳兰在《塑造理想母亲》一文中指出,20世纪80年代,随着生活水平以及国民教育水平的提高,育儿的重要性被不断提及。双职工家庭如何在兼顾工作的同时,照顾好家庭和孩子成为一个社会议题。虽然20世纪80年代女性的性别属性较之改革开放之前得到了一定的拨正(其阶级属性被淡化),但马克思主义仍然规定着这一时期女性的性别角色。另外,20世纪80年代的中国家庭仍然在解决物质上的匮乏问题,所以男女双方都需要为了家庭而努力赚钱。陶认为,自20世纪90年代以来,母职的意识形态发生了一个重大的变化,当今的"好妈妈"已经不再是能够兼顾工作和家庭角色的"工作母亲",而是为了孩子能牺牲自我发展,全心全意投入育儿工作的全职妈妈;"好妈妈"也意味着要承担起对幼儿的照顾,而且必须成为符合现代性标准的全知全能的"教育妈妈"。② 关注生活品质和子女教育是社会经济条件改善的表现,后一种关注又出于对阶层固化的担忧而被不断放大,令教育问题成为当前中国城市中的年轻父母们考虑的头等大事。在绝大多数的现代家庭中,受过教育的男性开始分担家务劳动,但由于女性仍然被视为家庭事务的主要承担者,因此母亲承担比拼教育的主责是顺理成章的事情。金一虹、杨笛在《教育"拼妈"》一文中指出,由于重视子女教育,"在家庭内形成了一种新的性别分工模式——父亲大多处于教育投资的决策者地位,而把需要大量耗时费力的教育介入和课业管理统统交给了母亲。这种性别分工规则背后,是基于男性在职场通常比女性有更好的收益和晋升前景的性别

---

① 陈映芳:《被悬置的母性》,《读书》2015年第10期。
② 陶艳兰:《塑造理想母亲:变迁社会中的育儿知识的建构》,《妇女研究论丛》2016年第5期。

差异"。①

从建国初的革命女性到改革开始初期的工作女性,再到今天的"教育妈妈",对女性理想形象的刻画和母职的建构毫无疑问受到了社会经济发展水平的影响。除此之外,国家与市场的力量进退也影响到了家庭的内部结构。改革开放以来,政治权力逐渐放弃了对人们生活形态的全面掌控,让人们更多地回归到私人生活和家庭生活中。政治意识形态的淡化为市场的消费主义进入家庭留出了余地,物质的丰富成为幸福生活的必备条件,而理想女性则被视作有能力将这种经济条件转化为高品质生活的灵魂人物——她要承担起家务的管理、子女的教育,甚至维护配偶的身心健康等诸多任务,让家庭对内成为一个温馨安全的港湾,对外成为一个有竞争力的劳动力的输出机构。有趣的是,在这些变动中,男主外的性别定位没有发生太大变化,不管他是为社会主义的革命事业献身还是为自己的小家庭谋幸福。女性身份认同的变化则要复杂许多,尤其是当一名女性成为母亲以后,她所面临的工作与孩子之间的冲突比男性/父亲要强得多,她始终在进退(职场)之间犹豫徘徊,即便对于那些革命女性来说也是如此。在当前的媒介和公共空间中,"让女性自己选择"的呼声频频出现,这似乎让人感觉女性自主性的表达达到了一个前所未有的新高度。然而,这就意味着女性可以自主选择了吗?

三、回归家庭是女性的自主选择吗?

留在职场还是回归家庭成为今天一些女性面临的两难选择。这个问题的提出也许会遭到反驳。因为从建国初一直到1990年初,社会鼓励的方向一直是让女性接受教育成为合格的劳动者,撑起"半边天";这些新时代的女性不得不肩负着工作与家庭的双重重担勉力前行,尽管每个家庭的具体情况不同,女性更倾向于工作还是家庭有不同的侧重。可以说,对大多数女性而言,获取受教育的权利、与男性同等的工作机会是她们一直以来奋斗的目标;然而到了21世纪,出现了一个与女性教育水平提升相悖的情况,一些女性自愿选择退出公共空间,回归家庭。如前所述,这一方面与社会经济水平的提高有关——一个

---

① 金一虹、杨笛:《教育"拼妈":"家长主义"的盛行与母职再造》,《南京社会科学》2015年第2期。

富裕家庭不再需要两名全职劳动者来供养;另一方面也代表着一种新的家庭理想的出现：在男性足以支撑起整个家庭的物质生活的前提下,女性的回归意味着可以实现更优越的家庭生活品质以及创造更佳的亲子关系。在这一时期,母亲是儿童首要且最佳的养育者这一观念深入人心。无数育儿杂志声称,0—3岁是孩子和母亲建立依恋关系的最重要时期,母亲最好亲自照顾自己的孩子,即使不得不依赖于其他人(如祖辈或育儿嫂),母亲的意志也被看作是决定孩子应被如何养育的最重要的声音。

在母职被空前强化的今天,一部分职业女性选择了回归家庭。她们的情况又不尽相同。一种情况是在育儿方面缺乏来自父母辈的支持,加之自己的收入不高,回归家庭反而能够节省育儿开支,但这是不得已的选择。有的女性在孩子上学后又重返职场,但职业生涯的中断让她们难以找到合适的工作。另一种情况就是高学历女性回归家庭,她们凭借良好的教育获得了职场的肯定,但在结婚生育后放弃了不错的工作,选择了相夫教子。这种情况看似更接近女性性别自主的理想,因为这些女性并不缺乏进入职场的机会,而是在她们权衡利弊之后,选择了一种看似更适合自己的生活方式,即为了照顾家人而回归家庭。

要讨论女性回归家庭是否意味着女性自主性的实现,我们需要首先厘清"自主性"这个概念的内涵。从字面上看,自主性指的是"自我管理"或"自我统治"。有关自主性的经典定义认为,自主性意味着自我决定以及不受外部力量的扭曲而本真地生活的能力。一些有影响力的论述认为,自主性必须包含某种程度的自我反思。如吉拉德·德沃金认为："自主性是一种批判性地反思其一阶偏好、欲望、愿望等的二阶能力,以及根据这些高阶的偏好来接受或试图改变一阶偏好的能力。"[1]另一些论述则强调行为者的选择能力或自我关注的态度。还有一些论述认为,自主性要求一个人对其环境有控制能力,这意味着人们不至于因为外部力量而屈从于他人的权威。这些论述都承认人类能动性的社会和关系特征,并且都认为行为者自主的能力会被压制性的社会实践所损害。

从这些讨论中,女性主义者发展出一种"关系自主性"(relational autonomy)的概念。这一概念强调自主的个人是由社会构成的,其价值承诺依

---

[1] Gerald Dworkin, *The Theory and Practice of Autonomy*, Cambridge: Cambridge University Press, 1988, p. 20.

赖于人与人之间的关系和相互依赖性。关系的自主性理论试图回答这个问题，即内化的压制、压制性的社会条件是如何破坏行为者的自主性的。在关系理论内部又有程序理论与实质理论的区分。程序理论自20世纪70年代起一直占据主导地位。它们宣称，当行为者经历了反思其动机、信念和价值的内在理智过程并修正了她的偏好后，她就获得了自主性。这个过程被认为是在内容上中立的，因此无论其内容如何，这个反思过程的结果都被认为是自主的选择。实质理论则宣称自主性是一种负载了价值的概念。根据"强的实质"理论，行为者形成的、并据此行为的偏好或价值的内容受制于直接的规范性。因此，偏好被奴役或屈从不可能是自主的。"弱的实质"理论也包含了规范性的内容，但它们不对行为者的偏好内容施加直接的规范性限制，而是要求行为者拥有自尊或自我价值感等道德态度，这样她才被算作是自主的。除了程序和实质的区分，关系理论还可以被区分为因果性的和构成性的。因果论述考察的是外部的关系要素对行为者自主性的影响；它们并没用这些外部因素对自主性进行分析。然而，根据构成性的自主性论述，人际的或社会的条件都是自主性的定义条件。严重限制性的外部条件与自主性是不相容的，因为它消除了自主性所需的权威。因此，如果不具备相关的外部条件，不管行为者的心理能力有多强，其偏好都不可能是自主的。程序、实质的区分与因果、构成的区分有相交的地方。程序理论一般都是因果的关系论。例如，尽管根据程序论述，自主性所要求的批判性反思会受到压迫性的社会化的影响，但在原则上行为者可以在压迫性的社会环境中发展批判反思的能力。而强的实质理论必定是构成性、关系性的，因为根据强的实质理论，外部条件是定义自主性的必要条件。

  如果我们接受程序的自主性理论，那么可以说那些受过高等教育的女性选择回归家庭大多是在充分考虑、权衡、反思后做出的慎重决定，因此她们是自主的。程序的自主性理论是一种内在论，因为它只要求从内在的心理条件来说明自主性。但这种理论最大的问题在于，它很难对那些被女性内化的性别规范提出批评，例如，一个女性内在化了这一观念，即女人的外表是判断自我价值的标准。她将关于美和时尚的规范看得异常重要，并将其作为行为的压倒性理由。出于这一观念的影响，她将错误的刻板印象当作是理所当然的，并在此印象基础上形成了她的生活计划——为了保持身材她长期不吃晚餐。程序理论还允许这种情况出现：女性在不公平的社会性别结构中内化了关于相关的性别规范和期待,并将其作为一种适应性偏好加以接受。例如,在中国明代涌现了大批节妇烈女。节妇是指保持从一而终,在丈夫死后以死相殉的妇女。烈女是指未婚夫死而以自杀表明贞节的女子。这些女性为了表明对丈夫的忠贞而不惜结束自己的生命。很难说她们对死亡没有恐惧,但迫于社会的压力或对于名节的渴望压倒了她们对于生命的留恋。

  对于后一种指责,程序理论家辩驳说,这些女性的偏好是适应性的和不自主的,因为她们事实上没有其他选项可选,所以这些偏好是不得已被塑造的。明代烈女形成了以身殉夫的愿望,这只是因为她没有自由去蔑视和嘲弄导致这个愿望的文化和性别规范。同样,在一个总被希望帮助母亲料理家务的家庭中成长起来的女孩儿偏好干家务活,也是因为她无法获得其他的选项。程序理论家因而补充说,在一个有选择的环境中,人们只要对其欲望进行了批判性的反思,再根据这些欲望去行为,她们的行为才能算作是自主的。此外,他们还指出,当下的批判性反思对自主性来说是不够的,这种反思绝不能是一个扭曲变形的因果性机制的产物。如果一种偏好的形成产生于受限的存在,行为者受到压力从而强迫性地改变自身的愿望,那么说这种偏好是自主的就是不合理的。但程序的自主性理论只能止步于此了,因为它拒绝就什么是道德上正确地给出答案。在它看来,什么是好的两性关系或者什么是正义的社会结构不是一个可以事先加以规定的东西,而是人们自由选择的结果。只要外部环境是开放的而不是封闭的,只要人们开启了恰当的反思过程,这一过程没有受到外部条件的扭曲,那么我们就不应该干预其选择的结果。程序的自主性理论想要最大限度地保护人们的自由选择,它拒绝用一种完善论的思路来进行价值评判。

  然而,这种理论对于批评一种有偏见的性别文化作用是相当有限的。假设一个社会是相对开放的,女性可以接受教育,可以进入职场,甚至可以选择不婚,但它从文化上并不鼓励这些行为,相反它贬低那些另类的独立女性,而鼓励女性做贤妻良母,并告诉她们接受教育的目的是为了更好地培养下一代。与之相应,这个社会中的大多数妇女形成了做贤妻良母的偏好,她们嘲笑那些因为工作或者其他原因没有结婚的女性,她们说服自己所选择的生活方式才是最好的,家庭就是女性的事业。乍一看,这两类女性都是自主的,她们都选择了自己认可的生活方式并承担了相应的"代价"——独立女性在婚恋市场上可能不太受欢迎,而家庭女性则牺牲了尝试自我实现的许多机会。我们甚至可以将其看作两类善观念或两种偏好的竞争,并相信这就是自由社会的常态。但背后的问题远非这么简单。正如马莎·努斯鲍姆所说,人们的偏好并不是内在生成的,而是由经济的和社会的条件构成的。在女性了解到和她们一样的女性可能实现这一目标的途径之前,这些女性经常对经济独立没有任何偏好。同样男性的偏好也是受到社会塑造的。男性认为他们的妻子在八小时的工作之外还应该照顾孩子做家务,而且这样的偏好在根本上也并未得到解决。这样一来,那些以偏好为基础的进路就经常会在结果上支持一种不公正的性别现状而反对真正的改变,从而强化那些已经慢慢渗透到人们的欲望当中的不平等。

在此,我们需要引入约瑟夫·拉兹的自主性理论。拉兹的理论属于一种构成性的实质理论。在他看来,除了心智能力和免受其他行为者的胁迫和操控的独立性之外,自主性还要求足够的外部条件。拉兹主张,自主性要求行为者可以获得一些在道德上可以被接受的选择。[①] 他认为:"只有当自主性对准好的选项的时候,自主性才是有价值的。当自主性与坏的选项相一致时,它们并没有对自主性的价值做出什么贡献。"[②] 换言之,自主性体现为在坏与好之间选择好的,或在好的选项之间进行取舍,而不是在坏与坏之间选择不那么坏的。自然,想要援引拉兹的理论来解释相对富裕的社会中女性面临的选择看似比较困难。然而,首先应注意到的是,即便一些受到性别规范压制的女性生活在最基本利益得以可能的条件下,这并不意味着保障最低限度的幸福条件可以上升到充分选择的水平。第二,正如拉兹和其他人指出的那样,自主性有不同的程度。被压制群体的成员的选择和不被压制群体的成员的选择相比,通常是妥协的。

女性主义者安·卡德在分析一些低收入女性回归家庭的情况时指出,在一个女人的平均工资明显低于男人的劳动力市场中,母亲而不是父亲选择成为孩子的主要照料人,也就是这些女人要么找一份兼职,要么根本不工作,也许是理性的。在个体的层面,这是一个合理的选择,因为整个家庭都会有更好的经济条件。但当大量个体都做了这个选择后,这就会陷入一个危险的循环,其中结构性的不平等被加强了。通过选择呆在家中并且成为孩子们的主要看护者,母亲会变成一个家庭内部的专家——家务劳动通常是不被付薪水的且被贬低

---

① Joseph Raz, *Morality of Freedom*, Oxford University Press, 1988, p. 378.

② Ibid., p. 411.

的——而父亲将会在他从事的任何带薪职业的领域中获得经验和资历。当大量女人做了相同的个体的理性选择后,这就会加强一种社会看法,认为女人主要是不带薪的家庭内部工作者而不是潜在的挣工资的人。这个循环是压制性的,因为作为个体的女性选择的结果,会对作为整体的女性带来不利的后果。尽管在现代社会,女性被认为拥有职业的自由选择,但实际上她们的选择相对于男人而言是受限的;此外,作为对结构性不平等的回应,她们的选择会变得越来越受限,最初是理性地做出的选择,导致了选择愈加受限。[1]

高学历女性的情况有些不同。她们的选项是相对比较充分的。一些高学历女性选择回归家庭,可能受到了男性配偶的影响,也可能源自自身对母职的高度重视。但这其中未必没有无奈之处:如果能够更好地实现育儿的社会化支持,如果政府能够推进家庭友好政策,对育儿职工实现人性化措施,如果在家庭内部男性能够多分担一些养育的责任,如果整个社会倡导一种男女平等互助的家庭文化,那么很难说这些女性会放弃其职业追求。而且,高学历女性回归家庭会进一步强化这种看法,即女性更适合于照顾家庭而不是去追求自我价值的实现。其选择的示范性效应更强,同时这种退出对于女性突破职场限制(女性在职场高层的占比仍然很低)、改变刻板的性别形象(如认为女性是情绪化的,她们处理问题缺乏客观公正的角度,这使得她们不适合担任高层决策者)是不利的。

四、性别自主与社会正义

正如拉兹所说,一个偏好的形成仅仅是由于行为者得不到更好的选择,那么这种偏好就可能是适应性的,因而是不自主的。与程序的自主性理论相对照,这种自主性理论强调的是实现自主性所需的外部条件。它指出,在不够公平的社会环境下,人们做出的看似理性的选择其实是自主性残损的。但这种实质的自主性理论也遭到了诸多争议。批评者指出,成为自主的行为者从概念上并不等同于成为道德的行为者,或总是以推进行为者利益的方式行事。其次,他们还认为,这些论证太快地认定压制必然会损害自主性。确实,即便在具有

---

[1] Ann Cudd, *Analyzing Oppression*, New York: Oxford University Press, 2006, pp. 146-153.

压制性的社会条件下,也总是存在抵抗压制的行为者。然而,要求个体去抵抗系统性的压制,这个负担过重了些。其次,如果我们无法认定压制是"不好的",还存在"更好的"生存方式,那么任何的社会价值批判都是不可能的。程序理论过快地接受了价值中立的立场,放弃了对实质性的价值的寻求。程序理论与实质理论的一个重要区别在于,程序理论虽然承认自主性的形成会受到社会环境和关系的影响,但它倾向于将自主性看作一种属于我们自身的能力或态度,由于这种能力或态度的不同,社会关系对人的影响也会不同。而在实质理论看来,个体的自主性在很大程度上地依赖于她所处的社会环境和社会关系,如若不能创造出一个公平的社会环境和正义的社会关系,那么个体的自主性就会受到损害。从这个意义上而言,实质理论更强调自主性的"关系"维度。在它看来,这些关系对于自主性的影响不是外在的,而是构成性的。

在此,拉兹的自主性理论与批判理论家南希·弗雷泽的社会正义理论有一个很好的对接。在弗雷泽看来,性别是一个两重维度的概念。性别概念一方面与阶级有亲和性,另一方面与地位相关。这两重维度提供了审视性别屈从的两个面向,一个面向与分配有关,另一个面向与承认有关。[1] 从分配的视角来看,性别作为一种类似于阶级的分化植根于社会的经济结构中。劳动分工事实上是位于一个更为基础的分工(即性别分工)之上的,它将劳动划分为"生产性的"劳动与没有报酬的"生育劳动"和家务劳动,然后指派女性主要为后者负责。性别概念同样还促成了有报酬的劳动类型的分化,它赋予由男性主导的制造业和专业领域(如医疗、法律等行业)高报酬,而给予由女性主导的服务行业以及家庭服务行业低报酬。其结果是经济结构滋生出与性别形式相关的分配不正义。从承认的视角来看,性别呈现出一种地位的分化,这种分化内在于社会的身份秩序中。遍布于(阐释与评价的)文化模式中的性别规范处于一个社会的身份秩序的核心位置。因此,性别不正义的一个主要特点是男性中心主义:即一种文化价值的制度化形态赞赏一切与男性特质相关的特点,同时贬低一切被看作"女性化"的东西,而不仅仅是妇女。在弗雷泽看来,男性中心主义的价值渗透在一系列的社会制度中,也反映在流行文化与日常实践中。其结果是女性遭受

---

[1] Nancy Fraser, *Fortunes of Feminism: From State-Managed Capitalism to Neoliberal Crisis*, Brooklyn, New York: Verso Books, 2013, p. 162.

着与其性别相关的地位屈从(status subordination)。其中包括性骚扰、性侵犯、家庭暴力,以及在媒体中被琐碎化、被客体化、被贬损的关于女性的刻板印象,在日常生活中被贬低,在公共领域和协商机构中被排斥和被边缘化,被拒绝给予基于公民资格的平等保护等。弗雷泽认为,这些伤害是不承认(misrecognition)带来的非正义。①

弗雷泽为我们分析以上问题提供了很好的理论视角。正如她注意到的那样,这两重维度的压制彼此不可化约,但在某些问题上,它们又可能达成精致的合谋。例如,分配意义上的被压制导致女性在职场上受到不公对待,如就业歧视、低报酬等;承认意义上的被蔑视导致社会赞赏男性特质、贬低女性特质。具体到妇女就业问题上,会发现两种别有用心的性别形象的塑造,一方面将部分具有职场竞争力的女性污名化,将其称为"男人婆"、"女强人",即因为具有竞争性这一男性特质而缺乏女性气质;另一方面是突出女性的关怀特质,强调"母职"的重要性和不可替代性,将其困于家庭之中,指出家庭才是实现女性价值的理想场所。以上面提到的那个假想社会为例。在这个社会中,女性看似获得了与男性相同的机会,但她们追求自我实现的努力不被社会承认而被刻意贬低,这即是由不承认而带来的伤害。回到现实中来,在社会的分配体系中占据优势的女性一般而言没有经济上的太大压力,但她们却摆脱不了由于女性身份带来的性别歧视和性骚扰;而社会中下层的女性更有可能感到两重压制的叠加,既有分配上的低报酬,也有社会地位上的被贬低。这两重维度结合在一起,迫使一些妇女出于"家庭利益最大化"的考虑而退出了职场,选择回归家庭。这样的回归并非社会进步的表现,其实是一种更隐蔽的女性屈从。

苏珊·奥金曾指出,让女性囿于家庭之内承担所有的家庭事务,完全仰仗男性的经济支持,不仅使得女性自身的愿望和意愿不被重视,这种性别分工也会影响到下一代人的性别认同,让这种僵化的性别角色得以延续。这同样会让那些选择外出工作的女性在职场中遭遇更多障碍,也会让她们在家庭事务上的退出被指责为不负责任或者伦理失败。举例来说,今天在许多大城市出现了女性晚婚或不婚的现象。将她们称为"剩女",实在是一种刻薄的污名化。这些女

---

① Nancy Fraser, *Fortunes of Feminism: From State-Managed Capitalism to Neoliberal Crisis*, Verso, 2013, pp. 162 – 163.

性多是一些高学历和高收入水平的女性,她们的晚婚或者不婚并不一定代表她们不向往婚姻和家庭生活,而更可能是她们重视自我实现或她们提高了对婚姻生活的期待。这是与女性自主意识增强和社会地位提高相伴随的社会现象。在美国女性主义运动的历史上出现过类似情况。女性在社会阶梯上攀升得越高,越得不到社会的支持。男性因工作努力、事业成功而获得报偿,女性却可能因此受罚。事业对男性作为丈夫和父亲的身份不仅不是障碍,而且几乎总是有利条件,但对妇女来说却可能正相反。

这相当于告诉女性,你们和男性拥有平等的权利,但你们为此要付出的代价是不同的。暂且搁置工作或劳动是否有助于人类本性的实现这一哲学问题,即便社会发展到某一天,人们不再需要长时间地工作,可以享受更多的家庭生活,然而社会中照料家庭的仍然只有妇女,那这个社会的性别文化仍是不能让人满意的。在很多人看来,这可能是一种较高的要求,毕竟今天的妇女相比过去已经大大提高了在社会和家庭中的地位。还有人认为,女性天然就比男性更适合家庭生活。然而这种"适合"只是千百年来男主外女主内的性别分工发展出的一个结果,而非一个天然的事实。男性虽不能替代女性生育,但如何养育孩子和分担家务却受到社会分工的影响。现代社会对于家庭生活的重视,对关怀关系的强调,若不加以正确理解,反而会为女性带来更大的负担。正如关怀伦理学者指出的那样,关怀伦理学必须考虑社会分配关怀任务的方式是否正义。若是仅仅把妇女构思成关怀者,这会让妇女被迫接受有性别区分的劳动分工的情况进一步恶化。① 家应该是充满温情的地方,家务劳动和养育孩子也可以是有意义和令人满足的,但如果只是期望由女性来承担这些劳作,或者将其看作是女性在婚姻和家庭中必须承担的义务,那么它们就是压制性的和不公平的。

回到弗雷泽的社会正义理论。她指出,社会所需承认的不是群体特异性的身份——这可能导致群体身份的实体化,从而鼓励分离主义和群体孤立,而是个体作为完全的社会参与者的地位。因此,承认的正义不是致力于确证群体身份,而是致力于克服和战胜从属,把处于从属地位的群体确立为社会生活的完全参与者,能够平等地与他人进行交流。而承认与再分配的维度是密不可

---

① [美]赫尔德:《关怀伦理学》,苑莉均译,北京:商务印书馆,2014年,第22页。

的。分配不公令女性难以获得平等参与社会生活的必要资源,这也属于社会从属和不正义的一种形式,需要协同矫正。正是因此,外出工作对于女性的好处是显而易见的。它有助于实现女性自身的价值,使其获得经济独立,提升她们在生活中的自主性。女性通过工作能提高她们的家庭地位,减少家庭暴力的发生,并提高家庭整体的福利水平。在工作中,女性能够提供一种不同于男性的解决问题的方式和智慧。女性通过工作还能够显著提高女性的自尊和社会地位,从而塑造一种更健康的社会性别文化。总体而言,它有利于社会整体的和谐与进步。

在此,或许有人会反对说,很多女性是自愿回归家庭的。她们不愿意承担工作的劳累,处理职场中复杂的人际关系,而更向往家庭中那种无压力的、简单的生活环境。与之相对,男性的选择更为受限,因为大多数社会舆论无法容忍一个男性在家无所事事,他必须承担起养家糊口的重任。女性的退出与男性的无奈恰恰说明了固有的性别分工的弊病之所在。如果工作机会能平等地向女性敞开、工作环境对于女性能够更友好一些——少一些性别歧视、性骚扰,多一些发展和晋升的机会,那么工作对于女性的吸引力就会大大增强;同样,如果社会能够鼓励男性更多地承担起育儿的义务,他就会发现除了事业的成就感以外,人生的意义还在于亲密关系的维持。正如一首诗歌所说:"只要有一个女人觉得自己为儿女所累,定有一个男人没有享受为人之父的全部滋味。只要有一个女人得不到有意义的工作和平等的薪金,定有一个男人不得不担起对另一个人的全部责任。只要有一个女人想弄懂汽车的构造而得不到帮助,定有一个男人想享受烹调的乐趣却得不到满足。只要有一个女人向自身的解放迈进一步,定有一个男人发现自己也更接近自由之路。"①

五、结语

这里的讨论略显抽象,因为它没有具体讨论在不同的社会制度条件下女性生存状况的实际区别。它也不针对任何个人的选择,因为任何个人选择背后都有复杂的原因。写作此文的目的在于提醒我们注意当前一些倡导女性回归家

---

① Nancy R. Smith, *For Every Woman*, copyright 1973.

庭的呼声，指出这些建议可能带来的一些负面效应。需要肯定的是，自新中国成立以来，中国政府在推动妇女解放，保障女性的基本自由，赋予女性平等权利等方面取得了举世瞩目的成绩。一批杰出女性在各行各业做出了傲人的成绩，成为众多女性的楷模。在一些大城市，女性的平均寿命也超过了男性，这说明相当多的女性获得了较好的生活条件。在城市中，家庭模式也在悄悄发生改变，随着女性能力的增强、家庭地位的提高，家庭模式变得越来越具有弹性和活力。但受到社会发展水平的限制以及传统性别文化的影响，有些问题仍然值得我们注意。第一，由于地区发展不均衡、城乡差距依然存在，大城市女性的生活状况并不能代表中国所有地区的女性的生活状况，落后地区的女性对自己生活处境的自主权仍比较弱。这需要政府进一步加大对落后地区女性教育的投入。第二，尽管我们在给女性赋权方面取得了较大进步，但鉴于社会条件的有限和社会支持的不足，女性的一些权利并未落到实处。例如，若不解决好女性生育的后顾之忧，落实女性的工作权和生育权就会有张力。① 第三，从观念上来看，社会上认同传统性别分工的思想仍然占据主流，女性被当作潜在的家庭第一责任人，在职场中仍然面对着就业歧视和晋升困难等问题，在家务劳动和教育子女上则承担着较多的义务。这说明女性解放的事业依然任重道远。女性解放的目标不仅是要求男女平权，更是要求改变不合理的性别分工和有偏见的性别文化，使得男女两性都能从中解脱出来，实现人生的自主。换言之，女性主义的目标不是用女权压倒男权，而是尽可能地消除固有的性别规范为个体的发展划定的牢笼，减少由性别分工带来的压制，实现性别的自主。如果我们将自主性与社会正义都看作是具有程度差别的概念，那么我们会看到，性别自主的水平有赖于社会正义水平的不断提高，即弗雷泽所说的再分配的正义和承认的正义两重维度的综合。切实地维护女性的权益，意味着为女性实现人生的自主创造有利的社会条件，而这是社会主义妇女解放事业的内在要求。

---

① 於嘉和谢宇利用固定效应模型对1993—2006年的追踪数据进行分析，发现每生育一个子女会使得女性工资率下降约7%，这种影响会随着生育子女数量的增多而增大。由生育行为给妇女未来职业发展带来的负面影响，甚至是不再返回稳定的工作岗位，使得妇女在家庭中的经济地位下降，从而产生社会性的影响；用人单位在招人时，会预期妇女在经历生育时中断甚至永久性地离开岗位，造成同等条件下不雇佣女性，或者减少对妇女的职业培训的投入，这将进一步在社会上降低妇女的地位。参见赵梦晗：《全面二孩政策下重新审视公共政策中缺失的性别平等理念》，《人口研究》2016年第6期。

Gender Autonomy and Social Justice

Zhang Rongnan

Abstract: With the improvement of social and economic conditions, more and more Chinese women choose to return home to take care of children. Some experts and scholars suggested that women's return is a wise choice which is conducive to the long-term development of China. However, this article attempts to argue that this seemingly autonomous choice has been influenced by unreasonable gender division and biased gender culture. Women's return on the one hand is influenced by the social construction of the motherhood, on the other hand due to the deficiencies of social conditions and social support. If we regard women's gender autonomy as the key dimension of women's liberation, we should see that gender autonomy relies on the continuous improvement of the level of social justice, that is, the combination of the redistributive justice and the recognitive justice.

Key Words: motherhood, procedural autonomy, substantial autonomy, distributive justice, recognitive justice

政治哲学对基本权利解释的影响及其规范化
——以自由主义与社群主义为例*

曹晟旻[**]

[摘　要] 就基本权利的宪法解释而言,若其过分拘泥于法学领域之内,则必定难以取得实质进展,对此就需要突破现有学科范式进行研究。在这种情况下,政治哲学的引入无疑是必要而合理的。然而,由于政治哲学内部存在显著分歧,从而致使其相互间会对基本权利的性质、构成和限制的正当性以及国家保障义务的理解产生矛盾和分歧,而这点在自由主义与社群主义之争中体现得尤为突出。有鉴于此,为避免对基本权利的解释发生异化风险,这里主要从回溯本国制宪传统、保持法学规范意识和尊重本国宪法文本三个方面做出防范和应对。当然,仅从理论层面探讨政治哲学对基本权利解释的影响是远远不够的,更为重要的强调其实践面向,以期推动权利保障事业取得长足的进步和发展。

---

* 基金项目:国家社会科学基金一般项目"社群主义正义观的批判性研究"(项目编号:17BZX112)。

** 曹晟旻(1992—　),男,山东临朐人,山东大学法学院法学理论专业博士研究生,主要研究方向为英美法哲学、政治哲学和人权法学。

[关键词] 政治哲学;社群主义;自由主义;基本权利;宪法解释

一、为何关注政治哲学对基本权利解释的影响?

众所周知,托马斯·库恩认为研究本身有常态科学与非常态科学之分。其中,常态科学是指基于学科共同体的范式研究。"一种范式是,也仅仅是一个学科共同体成员所共有的东西。反过来说,也正由于他们掌握了共有的范式才组成了这个学科共同体,尽管这些成员在其他方面也是各不相同的。"[①]与此相对,非常态科学则需要突破范式从外部寻找问题解决之道。对于基本权利的宪法解释而言,随着客观条件和现实情况不断变化,依照法学研究所特有的范式提出问题解决方案难免会有失灵的情况发生,有时还会引发理论和方法的严重崩溃,而这就需要其他社会科学的理论和方法有效介入。不仅如此,甚至有学者更进一步指出,"一切集中于宪法与基本权利规范的背景、历史源流与功能作用的研究都应归入相应的历史学、政治学与社会学范畴"。[②] 但无论如何,这至少可以说明研究基本权利的宪法解释不能拘泥于法学领域之内。尤其是当该解释自身的逻辑性发展到某种程度时,借助其他社会科学对其进行"祛魅"就成为必要之举,而法学本身在这时已经不再是该研究的关注重点和主要内容。当然,这种做法并不会消解基本权利解释的法学意蕴。究其原因,对基本权利的宪法解释不会因引入其他社会科学的理论和方法而受到扭曲或陷入被动,其反倒会站在客观立场上审视和打量这种法学之外的理论和方法,进而判定能否将其转化为不容置喙的法学话语,以及是否可以为自己所用。

除此以外,从语言学的角度看,绝大多数基本权利条款不仅在表述上过于宽泛,而且存在模糊性和不确定性,其中包含的概念更是具有多种含义,这是宪法文本与法律文本在语词使用方面的重要区别。[③] 大致而言,法律文本中的语

---

① [美]托马斯·库恩:《必要的张力——科学的传统和变革论文选》,范岱年、纪树立等译,北京:北京大学出版社,2004年,第288页。
② 郑贤君:《基本权利研究之方法论批评》,载莫于川、胡锦光主编:《基本权利及其公法保障》,北京:法律出版社,2013年,第39页。
③ 实际上,不仅是基本权利条款,甚至宪法文本所包含的其他概念和语词也会因高度概括而缺乏明确性,但这却是制定者的有意为之,而并非是由于其失误所导致的。对此,约翰·马歇尔大法官曾经说过:"一部宪法,如果在所有细部都包含着精确的细节,并且可以被直接适用,这个宪法将会像其他成文法(转下页)

词具有单义性,其分别对应于某个特定的法律概念。即使该语词在现实生活中包含多重含义,其在进入法律文本以后也只能保留其一。与此不同,宪法文本中会使用各种不同的修辞技巧①,里面的很多语词可能会拥有较之于其作为普通语词更为丰富的具体内涵,以此保证宪法本身具有足够的开放性,而这恰好能够为引入法学之外的其他学科范式提供宝贵机会。对此,正如有学者所指出的:"法学经常必须让其他学科先表示意见……因为唯有透过他们才能确切说明:被建议的规定方式在不同的社会事实领域中将发生何等影响、在该当事物范围究竟有哪些可供选择的做法、有哪些可供选择的手段,其各自的优缺点如何。研究法律政治的法律家必须有各该当学科寻找必要的资料、经验素材。"②

在这种情况下,将政治哲学的理论和方法引入基本权利的宪法解释之中就会显得顺理成章。毫无疑问,纯粹法学意义上的基本权利解释需要借助释义学的理论与方法,但却容易陷入形式主义的泥沼之中。"在这样一个'社会科学对法律的祛魅'的时代,我们已经不可能再坚持这种绝对实证主义的甚至概念法学式的所谓纯粹法学方法,因为这种方法已然被证明存在机械僵化的弊端,而其处理实际问题的论证结果往往存在伦理层面的正当性问题。相反,宪法学在方法上必须保持对政治社会的开放性,政治哲学层面的价值判断和政治科学层面的经验分析是当代宪法学者经常要做的工作。"③换言之,"这样的外在论证之所以可能,是因为现行法律本身已经并入了目的论内容和道德原则,尤其是

(接上页)那样冗长啰嗦,很少被人们信仰,永远无法被公众理解。从而,宪法的性质要求,只有大的纲要才会被记录,重要的问题才会被设计,而那些组成这些重要问题的琐碎细节可以从这些内容的本质中推导出来。"参见 McCulloch v. Maryland, 17 U.S. 316(1819)。不仅是美国宪法如此,中国宪法在其制定过程中同样存在模糊和不精确,有学者就曾经对国内宪法起草中的有意模糊现象做过专门记述,其间涉及关于劳动权的保障以及增设全国人民代表大会的专门委员会等问题。参见肖蔚云:《我国现行宪法的诞生》,北京:北京大学出版社,1986年,第66—68、138—139页。

① 曾任美国联邦最高法院大法官的安东尼·斯卡利亚曾经对宪法文本做过分析,他以第一修正案中的言论和出版自由为例,指出其中使用的是被称为"提喻法"或"举偶法"的修辞技巧。参见 Antonin Scalia, *A Matter of Interpretation: Federal Courts and the Law*, Princeton: Princeton University Press, 1997, pp. 37-38。
② [德]卡尔·拉伦茨:《法学方法论》,陈爱娥译,台北:五南图书出版公司,1996年,第86页。
③ 张翔:《宪法学:法学方法与政治判断》,《江苏行政学院学报》2008年第4期,第105页。

已经吸纳了政治立法者的决策理由"。① 类似地,还有学者曾经指出,"宪法释义学之所以离不开政治价值的实质考察,主要在于一项不容否认的事实,即任何宪法规范与决定,都无不是制宪者或修宪者为解决特定政治或社会问题所研拟出来的规范性解答,同时其本身又都无不是特定政治思想的表现、政治冲突或妥协的反映"。②

另外,从更为直观的角度来讲,较之于政治事实而言,宪法在时间上出现的相对较晚,而宪法文本作为基本权利条款的重要载体,其在某种程度上较为符合政治文件的基本特征。更为重要的是,就其学科发展史而言,宪法学是从作为其母体的政治学中分离出来的,而且这两者之间的联系始终存在,以至于现有对宪法学的研究在理论和方法上仍依赖于政治学本身。由此可见,不管是宪法与政治,还是宪法学与政治学,其相互之间始终存在某种密切的微妙关联。与此同时,考虑到近代宪法产生的目标和宗旨就是保障人权,所以基本权利理应被视为宪法解释的出发点和落脚点。更何况,宪法文本作为基本权利条款的重要载体,对其所做的解释本身就包含着对基本权利的解释。由此便不难理解,这两者之间是紧密联系和内在统一的。正因为如此,宪法文本及其所包含的基本权利条款就必然会兼具政治和法律的双重属性。

有鉴于此,在宪法层面解释基本权利就不能仅凭文义本身,而要回溯其背后的思想观念和理论学说。其中,政治哲学对基本权利的宪法解释所产生的影响就不可避免地要进入到人们的考察视野之中。在此,不妨以政治哲学为视角发现和审视基本权利条款背后的意识形态和普遍原理,其旨在保证对基本权利的宪法解释能够在政治哲学的支持和引导下拓宽视野并获得知识补给。当然,需要注意的是,这种研究进路的适用前提是对基本权利解释的过度政治化保持必要的警惕和提防。毕竟,对基本权利的宪法解释自始就具有不可消除的政治色彩,这是不可否认的客观事实。但无论如何,从政治哲学的角度出发对基本权利的宪法解释进行研究仍是具有重要价值和积极意义的。尤其是随着法教义学的影响力向纵深扩展,对基本权利的宪法解释进行研究就需要辅之以包括政治哲学在内的其他社会科学的理论和方法,而这旨在就其中涉及的基本权利

---

① [德]尤尔根·哈贝马斯:《在事实与规范之间:关于法律和民主法治国的商谈理论》,童世骏译,北京:生活·读书·新知三联书店,2003年,第256页。
② 许宗力:《宪法与法治国行政》,台北:元照出版有限公司,1999年,第22页。

解释问题展开较为深层次的发掘和追问。退而言之,至少基本权利的宪法解释能够从侧面反映出政治哲学思潮在其间的变迁与发展。或者说,基本权利的宪法解释完全可以被视为展现其政治哲学立场的"门户"与"窗口"。反过来讲,缺少政治哲学滋养的基本权利解释必将难以自行和迅速衰退,抑或是陷入原地徘徊和停滞不前,而这是人们都不愿意看到的。

综上所述,随着价值多元化趋势愈发明显,不管是在法学领域内,还是在现实生活中,既已出现的很多道德判断和伦理选择问题都期望从基本权利的宪法解释中寻找到依据和答案。毕竟,对基本权利的宪法解释总会产生较大程度的社会效应和政治影响。在此,需要注意的是,基本权利的根本性和重要性并非在于其所具有的形式本身,而是来源于其认可和接受的具体内容。尽管如此,但基本权利所包含的价值内容却很难单纯从宪法文本中推导出来,而需要借助其他的理论工具和思想学说。在此,人们不禁会对基本权利解释中价值判断的形成过程及其具体来源产生疑惑。当然,用以解释基本权利的理论工具和思想学说有很多,本文探讨的是政治哲学对基本权利解释的影响,其间主要以自由主义与社群主义为例展开论述,而选择这两者作为政治哲学的典型代表主要是出于如下原因。

一般而言,人们会将自由主义视为支持和引导权利理论的主流思潮,甚至有学者曾经从宪法学研究的角度说道:"自由主义即使不是宪法理论统治性的视角,也是宪法理论主导性的视角。"①其实,按照时间顺序进行梳理就会发现,自由主义发源于启蒙时代,从法国大革命时期颁布的《人权宣言》到美国在1776年签署的《独立宣言》,再到1948年通过的《世界人权宣言》,其贯穿于整个人类的权利发展史。不仅如此,哈贝马斯则站在更为宏大的视野上指出:"直到20世纪前30年,自由主义的法律范式表达了一种法律专家们广泛分享的背景共识,从而为法律运用提供了一个由未受质疑之诠释准则所构成的语境。"②但不管怎样,这里至少可以肯定的是,就基本权利的宪法解释而言,自由主义的思想传统在其间始终占据着重要地位,同时发挥着决定性作用。从某种程度上说,基本权利的发展史与自由主义思想家的实践史是完全重叠和亦步亦趋的,

---

① Michael Gerhardt, Stephen Griffin, Thomas Rowe, Lawrence Solum, *Constitutional Theory: Arguments and Perspective*, Albany: Matthew Bender & Company Inc., 2000, p.245.

② [德]尤尔根·哈贝马斯:《在事实与规范之间:关于法律和民主法治国的商谈理论》,第312页。

而美国的成文宪法最早被作为试验田,其目的就在于将洛克的自由主义理论落实为明确的政治规则。① 在此之后,很多国家便开始将其视为遵照和借鉴的重要典范。很显然,不论是对基本权利条款的设计和制定,还是随后在宪法层面对其作出的具体解释,这些均早已将自由主义作为其价值内核和精神指引。正因为如此,若要探讨政治哲学对基本权利解释产生的现实影响,则必然无法回避自由主义本身。

总体而言,不管是在体系建构方面,还是在内容阐释方面,自由主义的权利理论均将个人权利置于优先性地位,至于公平、正义、民主、政府责任和公共利益等概念皆是从中推导而来的。然而,社群主义者对此却不敢表示苟同,他们认为只强调个人权利是远远不够的。相反,社群和共同体的存在必然要求个人积极参与公共事务,同时还要对善和美德有所宣扬。与自由主义者的"权利优先论"相对立,社群主义者认为"善优先于权利"。另外,针对自由主义的"权利绝对论"及其个人主义倾向,社群主义者通常会站在整体主义的立场上作出批判,而作为共和主义者的布鲁斯·阿克曼则会强调"人民才是权利的真正来源"。② 从某种程度上说,社群主义者与共和主义者在这方面有着较为相似的目标和旨趣。之所以这样说,是因为他们在这里都将批判和反对的矛头指向两种人,"一种是那些认为宪法仅仅是设计来保护'私人权利'的人,另一种是那些认为宪法不过是为利益集团在自私的私团体竞争中争夺利益提供规则的一个文本"。③ 毕竟,社群主义的产生和提出主要是源于对自由主义的批评与反思。基于这种观念和立场,社群主义者对自由主义倡导的天赋人权和自然权利理论就会本能地持有否定态度,他们指出对权利的主张和行使并非单纯源于个人自身,而其自始就是基于社会关系和现实活动的具体产物。

由此便不难发现,较之于自由主义而言,社群主义提供的是一种全新的思想体系和分析视角,以此为前提和基础对基本权利进行解释就完全有重构其规

---

① 洛克的自由主义理论之所以会将美国的成文宪法作为试验田,是因为美国社会没有像欧洲那样遭受过封建主义的剥削和压迫,因此较为符合对"自然状态"的具体描述,而洛克对基本规范的设计和构想与美国社会的实际状况又是高度契合的。参见[美]路易斯·哈茨:《美国的自由主义传统:独立革命以来美国政治思想阐释》,张敏谦译,北京:中国社会科学出版社,2003年,第32、51—52页。
② Bruce Ackerman, *We the People*: *Foundation*, Cambridge: Harvard University Press, 1991, p. 15.
③ Cass Sunstein, *The Partial Constitution*, Cambridge: Harvard University Press, 1993, p. 21.

范性内涵的潜在可能。总之,作为政治哲学的自由主义与社群主义均会对权利理论及其实践产生深刻影响。尽管以政治哲学作为理论支持和方法引导对基本权利的宪法解释进行分析和阐述是较为粗糙和教条的,有时甚或难以全面而准确地把握自由主义与社群主义在其间存在的微妙差异,但是,至少可以肯定的是,这在某种程度上能够体现出意在打通不同学科的努力和尝试。可以说,这种情况作为学术研究精致化的前奏和必经之路,其终归还是可以容忍和接受的。

二、自由主义与社群主义:两种基本权利的宪法解释图景

总体而言,自由主义者与社群主义者在解释基本权利时所采取的观念和立场是截然不同的。特别是当基于自由主义传统对基本权利作出的宪法解释遇上社群主义政治哲学思潮的有力冲击时,其间甚或会反映出后现代主义的解构倾向。为更好地展现这两幅基本权利的宪法解释图景,进而以此为基础通过对比反映出其相互间的分歧与差异,这里主要围绕基本权利的性质、构成和限制的正当性以及对国家基本权利保障义务的不同理解这四个方面分别论述,其间还会涉及国家对私人关系的介入及其效力,而这旨在阐明自由主义者与社群主义者各自提供的不同理论学说和解释路径,从而真实反映出政治哲学对基本权利的宪法解释所产生的现实影响。

(一)对基本权利性质的界定:积极权利抑或消极权利

比较而言,自由主义者倾向于将基本权利理解为消极权利,社群主义者则将其作为积极权利进行解释,而这种区分的理论依据源于伯林对两种自由观的不同界定。[①] 其中,自由主义者持有的是消极自由观,他们认为"若我是自由的,意思就是我不受别人的干涉。不受别人干涉的范围愈大,我所享有的自由也愈广"。[②] 之所以如此,是因为他们认为只有消极自由是真正意义上的自由,

---

① 众所周知,伯林曾经对积极自由和消极自由作出明确区分,他认为消极自由指向的是作为权利主体的个人在从事某项活动或担任某种角色时所被容忍或免于受到干涉的限度,而积极自由追求的是个人能够自主采取行动以实现其权利与自由,从中体现的是个体对其自身的灵活支配。
② [英]以赛亚·伯林:《两种自由概念》,载刘军宁、王焱、贺卫方编:《市场逻辑与国家观念》,北京:生活·读书·新知三联书店,1995年,第202页。

而积极自由本身无非旨在实现消极自由。在这种情况下,自由主义者对基本权利的解释就必然是消极的。进言之,自由主义主导下的基本权利解释意味着国家要避免对个人进行控制或干涉,因此会表现出明显的防御色彩。与此相对,社群主义者注重发挥国家和政府对个人权利与自由的保障作用。他们认为个人的权利和自由必定要借助法律加以实现,在此过程中难免会有干涉乃至强制,但却不能就此认为不存在真正的权利与自由。事实上,如果缺少这种干涉,那么反而不可能产生应有的权利与自由。

上述内容表明,社群主义者持有的自由观意在表明自由是"受到法律保障的自由"(liberty by the laws),而不是"免受法律干涉的自由"(liberty from the laws)。相应地,权利本身并非意指"免受干涉的权利",而是"免受支配的权利",为此就要法律提供充分保障。在此,需要指出的是,区分干涉与支配的标准就在于判定国家和政府通过法律对权利和自由施加的影响是否具有恣意和专断的倾向。出于这种考虑,菲利普·佩迪特尝试以此为基础对伯林所谓的积极自由作出更为准确的界定和说明,他认为"尽管制定良好的法律代表了一种干涉,但是它并没有危及人们的自由……一个良好国家的法律,尤其是一个共和国的法律,创造了公民所享有的自由"。① 也就是说,所谓积极权利和积极自由不仅是指法律干涉下的权利和自由,而且意味着支配的阙如。按照这种理解,社群主义者对基本权利作出的宪法解释就不可避免地会带有某些积极色彩,这体现在公民积极参与制定包含权利内容的法律规范,而国家反过来又会以干涉而非支配的姿态积极保障权利的具体实现。

(二) 关于基本权利构成的两种学说:"内部理论"与"外部理论"

通常而言,基本权利的构成意在说明其保障的事项范围,目前学界在这方面主要有"内部理论"与"外部理论"两种学说。其中,外部理论假定个人的权利和自由先于国家而存在,同时将基本权利的构成与基本权利的限制作为两个问题区别对待。在逻辑顺序上,内部的基本权利构成问题要先于外部的基本权利限制问题。与其不同,内部理论不仅认为基本权利要服务于国家和社会的整合过程,而且将基本权利的构成与基本权利的限制作为两个同样重要的问题加以

---

① [澳]菲利普·佩迪特:《共和主义——一种关于自由与政府的理论》,刘训练译,南京:江苏人民出版社,2006年,第46—47页。

考虑。更准确地说,内部理论将基本权利的构成与限制视为同一个问题,只要能够确定"基本权利是什么",那么自然就可以明确"基本权利的限制是什么"。

在传统意义上,对基本权利的宪法解释都是在自由主义政治哲学的框架下进行的。作为"外部理论"的支持者,自由主义者认为基本权利本身是没有边界和无限发散的,只有当其同其他基本权利发生冲突时,才会考虑对其进行限制,而且这种限制来源于该权利主体之外,具体需要权衡公共利益、国家利益和个人权利等因素。与此相对,社群主义者认可和接受的是"内部理论"。他们认为基本权利作为宪法文本的重要组成部分,关于其构成与限制的具体内容在基本权利产生之初就会被同时提出,这两个方面共同决定着该项基本权利的范围与界限。正因为如此,自由主义者与社群主义者在宪法层面解释基本权利时就会各自采取截然不同的策略和做法。其中,自由主义者认为,对基本权利作出的宪法解释只需要遵守普遍适用的法律规范。与其不同,社群主义者更注重根据具体情况进行交互对话和共同协商。他们甚至指出,"每一次解释都是对普遍法则的内涵与价值的重构"。[①] 相比之下,自由主义对基本权利的解释较为刻板和僵化,而社群主义者围绕基本权利作出的宪法解释则相对灵活。

(三) 基本权利限制的正当性论证及其理由

如果某种行为符合基本权利的构成,国家和政府就能对其进行干涉,这时就可以进一步探讨基本权利的限制问题。由此可见,基本权利的保障范围是由其构成和限制两个方面共同确定的。当然,所有这些都是以对基本权利的性质作出明确界定为前提和基础的。总体而言,不管是自由主义者,还是社群主义者,他们均否认基本权利是绝对的,同时会分别列举基本权利在某些特定条件下受到限制的具体情形。尽管如此,这两者关于基本权利限制的正当性论述却是存在差别的。

其中,自由主义者在谈及对基本权利的限制时总会表现出为难和犹豫之情,因为他们认为绝大多数限制都是恶的,也违背权利和自由的本性。退而言之,自由主义者至多只能接受以一些人的权利和自由限制另外一些人的权利和自由,而对于那些来源于国家和政府的限制,他们从内心情感上讲都是极为抵

---

① Frank Michelman, "The Superme Court, 1985 Term-Foreword: Traces of Self-Government", *Harvard Law Review*, vol. 100, no. 1 (November 1986), p. 38.

触的。对此,密尔曾经以贸易自由为例说过:"对贸易的限制以及对以贸易为目的的生产的限制诚然都是约束,而凡是约束,正因为它是约束,就必是罪恶。"①由此便不难理解,对于自由主义者而言,由他们围绕基本权利限制的正当性作出论证肯定困难重重,其间必定会为这种限制设定严格而苛刻的门槛。

相比之下,社群主义者对基本权利限制的正当性进行论述就容易得多,他们认为这种限制有助于权利和自由的实现,对于主张和行使基本权利而言则更是如此,但其前提是该限制必须保持在干涉而非支配的程度范围之内。换言之,社群主义者认为包括基本权利在内的权利和自由必须处于宪法和法律的规制之下,而法律自身的权威性和强制性意味着干涉本身是必然存在的,只要这种干涉没有膨胀或异化为支配即可。进言之,这种因以干涉为度的限制所带来的负面效果不过是为防止出现更大的损失所付出的合理的代价和成本,所以其根本不会对基本权利的实现构成阻碍或侵犯,而支配却会超出其所能承受的限度之外。尽管如此,可以肯定的是,相比于自由主义者而言,由社群主义者对基本权利限制的正当性进行论证至少会显得更为水到渠成和顺理成章。

除此以外,具体到这两者为限制基本权利所给出的理由和说明来讲,其相互间的差别则更为明显。概括而言,宪法学领域现有关于基本权利限制的正当性理由主要包括三种,其分别是保护公共利益、维护国家运行和保障个人权利。对于自由主义者而言,只有第三个理由可以得到直接证成,而前两个理由均建立在第三个理由的基础上。其中,密尔认为只要个人对其权利的主张和行使不会有损于其他个体的利益实现,国家和政府就不能通过法律对其进行干涉。对此,罗尔斯将其总结为一项原则,即对自由的限制只能是自由本身。② 实际上,这种说法对基本权利而言是同样适用的。也就是说,限制基本权利的目的在于保障基本权利。因此,对基本权利限制的正当性论证就需要从对个人权利的保障中寻找理由。即便是出于保护公共利益的考虑而对基本权利加以限制,也要将该公共利益同相关的基本权利联系起来。进言之,所谓以公共利益限制特定的基本权利,实际是借此名义保障其他的基本权利。与自由主义者有所不同,社群主义者对上述三个理由都可以直接给出证明。他们将公共利益、国家利益

---

① [英]约翰·密尔:《论自由》,程崇华译,北京:商务印书馆,1959年,第103页。
② 参见[美]约翰·罗尔斯:《正义论》,何怀宏等译,北京:中国社会科学出版社,1988年,第234页。

和个人权利均视为政治社会追求的发展目标,而不仅包含工具性价值。从更深层次上讲,这是因为社群主义者所说的权利并非被理解为某种不可剥夺的实体存在。相反,由于权利在某种程度上会为政治所左右,所以其完全有可能被国家或政府以某种理由加以废除。综上所述,自由主义者与社群主义者各自关于基本权利限制的正当性论证及其理由可见一斑。

(四) 基本权利保障的国家义务:积极干涉与消极不作为

若要探讨自由主义者与社群主义者对基本权利保障的国家义务所作的不同理解,则必须以说明国家介入私人关系的可能性为前提,同时准确反映出这两者对此所持有的观念和立场。一般而言,自由主义的权利理论是以"个人—国家"的二元结构为基础构建的。相应地,自由主义者通常会将对基本权利的宪法解释用以对抗处于个人对立面的国家权力。进言之,自由主义者认为,对基本权利的主张和行使只能产生制约"国家行为"(state action)之作用,反之却并非如此。就此而言,国家很难介入私人关系之中。有所不同的是,社群主义者关注到随着政治民主化进程的不断推进,国家与社会这两个领域因相互依赖而逐渐从隔绝开始走向融合,由此导致原有的公共领域变成"受操控的政治领域"。① 相应地,现有问题的关键与核心就不再是能否对基本权利予以保障,而是在于以何种程度保障基本权利。在这种情况下,国家必然要对基本权利作出相应限制。但是,需要注意的是,国家对基本权利的限制在程度上只能是"干涉",而不能是"支配"。换言之,社群主义者所理解的基本权利仅仅拒绝受"支配",但却不排斥被"干涉"。尤其是考虑到现实社会中的"支配"既可能来自国家,也可能源于个人,所以他们指出国家完全有必要介入其中进行干涉,而其干涉的目的就在于保障基本权利免受支配,以此抵制或排除那些试图从事权力专断的潜在趋势。总之,自由主义者与社群主义者对国家介入私人关系分别持有否定和肯定的鲜明态度,而以此为基础对基本权利保障的国家义务所作的理解就会表现出显著差异。

整体而言,自由主义者与社群主义者对基本权利保障的国家义务所作的具体表述是同他们各自对基本权利性质的不同界定相对应的。前述内容表明,自由主义者不仅认为基本权利是不受干涉的,而且将国家视为干涉的最大隐患。

---

① [德]尤尔根·哈贝马斯:《公共领域的结构转型》,曹卫东等译,上海:学林出版社,1999年,第249页。

然而,国家的存在却是不可或缺和难以否认的。因此,较之于基本权利的实现而言,自由主义者认为国家是"必要的恶"。出于这种考虑,自由主义者仅要求国家消极不作为,除此以外不会有过高期待。正如约翰·密尔所指出的,国家在保持对基本权利的尊重之外,其所需要承担的无非是注意控制的责任和义务。① 与其不同,社群主义者认为基本权利是排斥支配和奴役的。但是,某种程度的干涉对基本权利的实现而言却是必要的。试想,在缺少国家干涉的情况下,不同基本权利相互之间势必会发生严重抵触。为避免这种情况出现,就必须要求基本权利服从宪法和法律的总体安排。有鉴于此,社群主义者明确指出,为保障基本权利的有效实现,国家和政府仅保持消极不作为是远远不够的,而需要为此积极创造条件。从这种意义上说,良好的国家和政府借助法律对基本权利的实现进行干涉无疑是合理而恰当的,但只要保证其不构成支配或奴役即可。

不难发现,自由主义者与社群主义者在理解基本权利的国家保障义务时存在显著的矛盾与分歧,其肇始于两者对基本权利性质作出的不同界定,而这同基本权利限制的正当性论证亦存在密切关联。从根源上讲,这是由于自由主义者与社群主义者各自持有不同的自由观所导致的。其中,自由主义者认为基本权利是免受干涉的,所以其对国家保障义务相应作出的系统阐释就势必会带有明显的消极色彩。比较而言,社群主义者对基本权利保障的国家义务所作的说明和论述则包括的是通过积极作为促使个人实现其基本权利的重要内容。从某种程度上说,这类似于哈贝马斯所主张的,"基本权利要得到实现,必须通过一个反思地导控的、提供基础设施的、抵御风险的同时进行调节推动和补偿的国家的服务性成就"。② 正因为如此,自由主义者便将基本权利保障的国家义务理解为消极不作为,而社群主义者则反过来将其表述为合理程度范围内的积极干涉。

三、政治哲学视域下基本权利的宪法解释存在的问题及风险

结合上述内容就会发现,针对基本权利的宪法学研究需要打破单纯依赖于

---

① 参见[英]约翰·密尔:《论自由》,第114页。
② [德]尤尔根·哈贝马斯:《在事实与规范之间:关于法律和民主法治国的商谈理论》,第305页。

法学理论的惯常做法,进而将关注焦点深入到基本权利背后的政治哲学之中。虽然,传统意义上的法学研究强调法律体系自身在内容和逻辑上的自洽性、规范性及周延性,同时将其视为一个以自控方式形成的封闭系统。但是,对基本权利作出的宪法解释必须不断追溯和依靠作为法律文本背景的政治哲学思想,力求借助社会科学实现对法学的祛魅。在此,之所以采取政治哲学的范式研究基本权利的宪法解释,是因为这种进路意在表明,基本权利条款不过是政治哲学的外在反映,而针对基本权利条款的"内部论证"就是借助基于政治哲学的"外部论证"实现的。类似地,德沃金曾经列举相关事例来说明对疑难案件的解决需要诉诸政治哲学①,而桑斯坦则将宪法文本以外的"背景规范"作为对其进行阐释的外部辩护,正如他自己所言:"法规文本是出发点,但它只是因为赋予其内容的语境和背景规范才变得可以理解……但是历史本身也可能是含义模糊的——或者是一个不具代表性的、自私自利的团体的作品,而对一个多成员团体的目的进行刻画的这个问题,在许多情况下将导致意义模糊、缺口、意义太宽、意义太窄这些熟悉的问题。在这些情况下,法院常常必须求助于明显的或有争议的背景规范。"②

然而,较之于包含权利内容的普通法律文本而言,存在于宪法文本中的基本权利条款在语言上具有更为突出的模糊性和多义性。在这种情况下,对基本权利的解释就不能仅仅拘泥于文本分析,而要关注到政治哲学对权利理论提供的支持和引导。换言之,如果在这时能够发现基本权利解释背后作为支撑和说明的政治哲学,那么就能够在某种程度上避免基本权利条款在语言表述上的自相矛盾,同时还可以保证对该基本权利的解释是一以贯之的。特别是在文义、体系和历史等解释方法对该问题捉襟见肘的情况下,人们就会本能地诉诸目的解释方法,即通过探寻设定和赋予该项基本权利所要达成之目的,以此明确基本权利条款之确切含义。其中,人们通常会借助超越基本权利条款本身的政治哲学进行解释。这时,对基本权利的解释就早已跳出法学视野之外,从而进入政治学的研究领域之内。不仅如此,布鲁斯·阿克曼更进一步指出,"必须在政

---

① 参见[美]罗纳德·德沃金:《认真对待权利》,信春鹰、吴玉章译,北京:中国大百科全书出版社,1998年,第117页。
② Cass Sunstein, *After the Rights Revolution: Reconceiving the Regulatory State*, Cambridge: Harvard University Press, 1990, p. 157.

治科学家、历史学家、哲学家和法律人之间建立起桥梁,以便求得对美国宪法的整全主义理解"。①但无论如何,至少就目前情况而言,这种研究进路业已成为当前关注基本权利的宪法解释问题所要把握的重要方向。

尽管如此,但不可否认的是,其他社会科学范式的介入必然会对规范主义的法学研究造成某种程度的冲击与消解,而在研究基本权利的宪法解释问题时则同样如此,这时人们就必须予以高度的警惕和提防。尤其是在自由主义与社群主义的支持和引导下,针对相同的基本权利条款在宪法层面进行解释就会得到不同结果。在这种情况下,如何保证政治哲学的引入对基本权利的宪法解释仅发挥"祛魅"之功用,而不可能产生"滥用"之隐忧,这就成为人们需要审慎思考的关键问题。毕竟,为达到这种"祛魅"之目的很容易导致对基本权利的宪法解释误入歧途,以至于出现"滥用"的消极后果,从而导致法的稳定性和可预见性遭到破坏,这无异于是从迷信法律教条的一个极端,走向动摇法治根基的另一个极端。

前述内容表明,对基本权利的宪法解释通常需要回溯到文本背后的政治哲学当中。但是,考虑到人们对待政治哲学的态度和立场存在差异,尤其是当前学界存在自由主义与社群主义之争,所以很可能导致在宪法层面对基本权利作出的解释结果出现差异。进言之,基本权利条款只是解释的对象和起点,而解释结果的最终形成却有赖于其所依照和凭借的政治哲学。即使针对相同的基本权利条款,依据不同的政治哲学亦可能会得出截然有别的解释结果。退而言之,即使能够得出相同的解释结果,也可能是经由不同的论证过程而产生的。从理论上讲,这被弗兰克·米歇尔曼称为"宪法解释的分歧问题",他曾经说过:"在当代宪政民主制度中,分歧出现在宪法原则和保证的适用(application)上。我指的是对人民从宪法和法律的规范中所诠释出来的(或者就是靠诠释而产生的)意义(或含义)的解释性分歧,当这些规范被运用于众多种类的行动或者事件时,就会出现这种分歧。"②虽然,这些分歧对基本权利的宪法解释而言是可能出现的,但却并非是难以避免的。否则,用以解释基本权利的政治哲学就会有损于法的公开性、安定性和明确性,同时还会破坏法的可预见性和内在一

---

① Bruce Ackerman, *We the People*: *Foundations*, Cambridge: Harvard University Press, 1999, p. 304.
② 参见[美]弗兰克·米歇尔曼:《宪法解释的分歧问题:"适用商谈"于事有补吗》,载应奇、刘训练编:《公民共和主义》,北京:东方出版社,2006年,第237页。

致性。

具体而言,自由主义者与社群主义者均想要在宪法层面更好地解释基本权利,但他们还是会在此过程中暴露出各种缺陷和弊端。对此,肯尼思·伯内斯(Kenneth Baynes)曾经指出:"当代的自由主义者没有充分地考虑基本权利的社会根源和辩护,而社群主义者则没有充分地正视民主公民身份的性质和条件。"[1]具体而言,自由主义者认为,"人权从一开始就有一个合法的框架,可以阻挡人民的主权意志对神圣不可侵犯的个人自由领域的冒犯"。[2] 相比之下,社群主义者则认为,人权具有正当性与合法性的依据在于社群或共同体能够自主作出理解与决定。换言之,自由主义者认为,基本权利作为自由价值和民主传统的重要体现,其原本就具有充分的说服力。但是,社群主义者却认为,基本权利想要真正获得力量,就必须依赖于他们所强调的社会情景和生活方式。由此就会发现,这两者对基本权利的宪法解释显然是各有侧重的,但却又都有其短处和不足。

有鉴于此,若要研究作为政治哲学的自由主义与社群主义如何支持和引导对基本权利的宪法解释,则需要注意两个方面的重要问题。一方面,对基本权利的宪法解释绝对不能体现为法学领域内的封闭和自足,反而需要从政治哲学中寻找理论支撑,非此不足以保证解释结果是充分和有力的。另一方面,以某种政治哲学作为导向支持和引导对基本权利的宪法解释固然重要,但却不能就此忽略法的安定性、可预见性和内在一致性,更不能将其视为纯粹的政治哲学研究,而其关键在于说明将某种特定的政治哲学用以指导基本权利的宪法解释所具备的有效理由和客观依据。换言之,不管是自由主义,还是社群主义,其只能对法的安定性、可预见性和内在一致性进行补充和强化,而不能对基本权利的法学属性有所淡化,更不能使这种解释变成在政治学领域中的恣意妄为和信马由缰。

出于这种考虑,在宪法层面对基本权利进行解释就要切忌滥用包括自由主义与社群主义在内的政治哲学,而且对某些不恰当的行为和做法要及时作出批

---

[1] Kenneth Baynes, "The Liberal/Communitarian Controversy and Communicative Ethics", in David Rasmussen, ed., *Universalism and Communitarianism: Contemporary Debates in Ethics*, Massachusetts: The MIT Press, 1990, p. 61.

[2] [德]尤尔根·哈贝马斯:《后民族结构》,曹卫东译,上海:上海人民出版社,2002年,第136页。

评与纠正。即便基本权利条款本身是富有弹性的,也不能将好恶随意加之于对其作出的具体解释之中。哈特曾经指出,对待法律有"内在观点"与"外在观点"之分。① 在此,以政治哲学为理论导向的基本权利解释显然属于"外在观点"。尽管如此,但其仍要同法律的"内在观点"保持协调和一致。正因为如此,人们不能随意选择某种政治哲学用以解释基本权利,而必须说明该政治哲学的来源及其限度。进言之,就基本权利的宪法解释而言,其间用以作为支持和引导的政治哲学必须能够提供令人信服和有说服力的理论和方法,同时必须保证自身的相对确定,而不能出自解释者的随意选择。另外,对基本权利的宪法解释必定是规范主义的,而且必须符合法的安定性、可预见性和内在一致性等要求。实际上,这些均会对选择何种政治哲学作为理论支持和方法引导构成限制与约束。

四、文本、传统与规范意识:政治哲学视域下基本权利解释问题的防范与应对

通过前述内容就会发现,以政治哲学作为理论支持和方法指引在宪法层面对基本权利进行解释可能存在异化风险。为更好地维护法的安定性、可预见性和内在一致性,在此就需要提出相应的解决对策和实施方案。尽管前述内容已经涉及如何围绕基本权利的宪法解释选择用以作为支持和引导的政治哲学,但这些说明和论述都较为宏观和抽象,甚至带有形而上学的鲜明色彩。如果以政治哲学为理论支持和方法指引对基本权利作出的宪法解释想要实现规范化,那么必然需要保证为此提出的防范措施和应对策略具有切实的可操作性,而这里主要是从回溯本国制宪传统、保持法学规范意识和尊重本国宪法文本三个方面作出防范和应对。

(一)回溯本国制宪传统

在谈及基本权利的理论适用时,有学者明确指出:"基本权利理论是与特定

---

① 具体而言,所谓"内在观点"是指以既有的法律规则为前提和基础对其进行分析与阐释,而所谓"外在观点"则是在法律规则之外对其进行审视和评判,因此不会受到法律规则的规制和约束。参见 Herbert Hart, *The Concept of Law*, Oxford: Oxford University Press, 1961, pp. 86–88.

时期特定国家的使命或者特定的国家理论紧密联系在一起的,社会观念、国家情势的变化会引发基本权利保护上的变迁。"①反之,在忽视历史传统和社会文化的情况下,对基本权利的宪法解释问题进行研究就不可能做到全面而准确。就此而言,对本国的历史传统和社会文化进行客观而理性地认知就构成解释的客观基础与必要前提。然而,国内学界现有对基本权利的宪法解释问题所做的研究经常变成对西方理论学说的直接套用,但却对自身特有的制宪传统有所忽视。在这种情况下,人们不仅要对西方的政治哲学和权利理论进行本土化复述,而且要从本国的制宪传统和权利观念发展史中寻找理论自觉,以期在基本权利的宪法解释中体现出本土色彩。也就是说,对基本权利的宪法解释必须建立在深刻理解和全面剖析本国制宪传统的基础上。如果说将随意选择的政治哲学用以支持和引导在宪法层面解释基本权利存在"滥用"之嫌,那么将并非来源于自身制宪传统的政治哲学适用于基本权利的宪法解释之中就是更为严重的"滥用"。

在此,需要提及的是,很多学者在研究国内基本权利问题时均表现出强烈的本土意识和理论自觉。例如,韩大元在《基本权利概念在中国的起源与演变》一文中通过梳理基本权利概念的历史发展,以此反映其从西方到中国的移植过程,同时指出这构成中国宪法变迁的潜在缩影,其间蕴含着浓厚的本土气息。②又如,聂鑫的《宪法基本权利的法律限制问题:以中国近代制宪史为中心》一文是在宪法层面探讨基本权利的限制问题,而这种分析和论述是基于中国近代制宪史展开的。③再者如,侯猛的《权利观念的中国化——从民族国家选择到社区伦理挑战》一文则是以权利观念为例,其主要关注西方社会的权利观念转化为本土经验所要经历的双重语境化,在此基础上对共同体观念作出强调。④可以说,这些均能够为当前对基本权利的宪法解释进行研究树立良好典范。

---

① 李忠夏:《基本权利的社会功能》,《法学家》2014年第5期,第31页。
② 参见韩大元:《基本权利概念在中国的起源与演变》,《中国法学》2009年第6期,第15—25页。
③ 参见聂鑫:《宪法基本权利的法律限制问题:以中国近代制宪史为中心》,《中外法学》2007年第1期,第51—70页。
④ 参见侯猛:《权利观念的中国化——从民族国家选择到社区伦理挑战》,《法律科学》2011年第5期,第3—12页。

(二) 强化法学规范意识

就基本权利的宪法解释而言,如果说对制宪传统的回顾属于历史问题,那么对环境变迁的关注则是典型的现实问题。毕竟,制宪完成在过程上仅是阶段性的,而现实情况却无时无刻不在发生演变。然而,若是只顾考察社会环境的现实变迁,就难免会在这种探寻过程中迷失自我,而法学本身所特有的规范意识则更是无从谈起。退而言之,即使从广义宪法学的角度借助政治哲学对基本权利进行解释,也并非完全属于某种外部研究,其最终指向的仍是内在观点,而"外在观点的论述只是拿来作为一种证立规范主张或建议的论据而已"。① 毕竟,"法学只能是规范科学,法学研究必须是规范性的研究"。② 对此,有学者曾经指出:"规范意识不明,宪法解释不畅。没有规范意识,无从将重心置于规范含义的寻找过程中,自然谈不上宪法解释。"③ 其实,对于基本权利的宪法解释而言同样如此。

在宪法层面解释基本权利时,如果仅是在运用某种社会科学的理论和方法,而对法学特有的规范性问题避而不谈,那么必将背离制定基本权利条款乃至宪法文本时的原初意图和价值观念。虽然,对基本权利的宪法解释总会依赖于其所处的历史传统和社会文化,而且还要随着这些因素的变化而不断调整。但是,宪法文本和基本权利条款却要始终保持其规范性。在这方面,夏勇对国内权利问题的研究能够提供有说服力的现实例证,他将自己用以思考该问题的理论称为"民权哲学",其"旨在叙述中国文化和社会场镜里的权利理论。一方面,把中国发生的事情用权利话语加以理解和分析;另一方面,从中国的文化立场和经验视角打量当代流行的西方权利理论,予以必要的重述、修正和挑战"。④ 由此可见,他在结合本国的历史传统和社会文化研究权利问题的同时,还会在法学层面追求权利理论的规范性,而这就体现在其提出的"民权哲学"之中。可以说,就基本权利的宪法解释而言,这对在环境变迁中保持法学规范意识具有重要的示范作用和借鉴意义。如果在理论上以政治哲学作为支持和引导指向的是这种目的和宗旨,那么人们就不必再为法的安定性、可预见性和内

---

① 颜厥安:《规范、论证与行动——法认识论论文集》,台北:元照出版有限公司,2004年,第21页。
② 张翔:《基本权利的规范建构》,北京:高等教育出版社,2008年,第8页。
③ 郑贤君:《基本权利研究之方法论批评》,载莫于川、胡锦光主编:《基本权利及其公法保障》,第38页。
④ 夏勇:《中国民权哲学》,北京:生活·读书·新知三联书店,2004年,序,第1页。

在一致性而深感忧虑。

(三) 尊重本国宪法文本

不可否认,对基本权利的宪法解释离不开包括自由主义和社群主义在内的政治哲学从意识形态层面发挥支持和引导的重要作用,而且政治哲学的存在能够消除人们对基本权利条款的迷信和盲从。尽管如此,基本权利条款终归是解释的对象和起点。特别是考虑到对基本权利的宪法解释终归处于政治哲学的支持和引导之下,而这会在很大程度上影响文本分析的过程与结果,所以就基本权利的宪法解释而言,其首要前提是保证用以作为支持和引导的政治哲学符合基本权利条款的初衷和原意。在此,需要强调的是,以政治哲学为理论支持和方法指引在宪法层面对基本权利进行解释固然重要,但其所要遵守的原则和底线是保证对基本权利条款加以认可和接受,而这亦是该解释得以成立的前提和基础。试想,如果某种政治哲学将作为解释对象的基本权利条款彻底否定,那么这种政治哲学就根本不能被适用于从宪法层面解释该项基本权利,否则便是对法律文本乃至法治价值的否弃与破坏。再者说,如果缺少基本权利条款作为解释的对象和起点,那么不论在任何研究范式下,对基本权利的宪法解释都可能有悖于法律文本。

有鉴于此,在政治哲学的支持和引导下,对基本权利的宪法解释就必须建立在文本的基础上。在此,需要特别指出的是,在运用政治哲学从宪法层面解释基本权利条款时,必须保证该政治哲学能够为包含基本权利的规范性文本所接纳和包容。换言之,就基本权利的宪法解释而言,其中所选择的政治哲学必须要能够同本国宪法文本中的基本权利条款相互适应。反过来讲,那些同基本权利条款相背离的政治哲学则必将会被排除在外。实际上,不管是社群主义还是自由主义,其理论和方法均要服务于基本权利条款的规范含义本身,而且其具体如何适用必须结合文本展开。从本质上讲,解释学就"是关于与文本相关联的理解过程的理论"。[①] 甚至可以说,没有文本,就没有解释。更何况,按照法律形式主义的理解亦是如此。再者说,按照原旨主义的理解,宪法文本所包含的规范内容在其制定之初就已经得到明确。在这种情况下,不管是文本主义

---

① [法]保罗·利科尔:《解释学与人文科学》,陶远华、袁耀东等译,石家庄:河北人民出版社,1987年,第41页。

者,还是原初意图派,这两个原旨主义分支所奉行的政治哲学均认为宪法文本和基本权利条款具有固定内涵。

正因为如此,解释者理应认真且客观地对待基本权利条款,同时接受其文本结构与内容表述的限制及约束。毕竟,在政治哲学视域下,从宪法层面对基本权利进行解释本身是超实证法的,即使是再为雄辩有力的政治哲学,也不能偏离基本权利条款本身。另外,还需要指出的是,围绕基本权利条款进行解释不仅能够更好地维护宪法作为根本大法的重要地位,同时还可以防止对基本权利的宪法解释为"修宪思维"所绑架。相反,若是对基本权利的宪法解释置文本和条款于不顾,甚至还奢谈其他社会科学的理论和方法,则不仅有碍于将法学确立为学科共同体,而且会消解和破坏基于共同规则的基本权利解释在此前取得宝贵成就。因此,不管选择何种学科范式的理论和方法,对基本权利的宪法解释都必须植根于宪法文本当中。

五、小结

虽然,在宪法层面对基本权利进行解释必须要摆脱政治话语的纠缠与干扰。但是,这却并非意味着其反对或排斥将政治哲学的理论和方法引入解释过程之中。相反,就基本权利的宪法解释而言,政治哲学旨在为其提供方法论上的支持和引导,进而试图对体系化的解释方法有所突破,而本文就是想要对其间涉及理论内容和实践问题作出说明与阐释。可以说,对基本权利的宪法解释从来没有否弃或排斥过自由主义的理论和方法,但仅局限于此却是远远不够的,在此之外至少还需要尝试运用其他政治哲学的理论和方法作出论证,以此增强解释结果的说服力,而社群主义作为自由主义最为有力的批判者,对其进行考察和借鉴就必然是不可或缺的。尽管中国社会缺乏原生态的自由主义传统,而现有自由主义的权利理论又均是从西方社会引入的,但是,其自身在某种程度上却具有社群主义的宝贵基因。有鉴于此,以自由主义与社群主义为例阐释政治哲学对基本权利解释的影响就是必要而合理的。

总体而言,就基本权利的宪法解释而言,不管是建立在自由主义理论的基础上,还是借助社群主义的支持和引导,都不能仅仅满足或止步于理论层面的分析和阐述,而必须落实到具体的操作技术和实践规范之中。之所以如此,是因为在宪法层面解释基本权利的目的在于具体适用,否则追求宪政和法治的目标就会变得遥不可及。毕竟,"基本法律概念并非是抽象的,而是具体地运用在法院和律师日常事务的实际问题中"。① 不可否认,基于政治哲学的基本权利解释研究固然需要宏大叙事,但更不可或缺的是精耕细作。有鉴于此,这里就期待未来学界涌现出大量有重要影响力的科研成果,尤其要能够有效促使基本权利条款"落地生根",进而绽放出"法治之花",以此为契机推动国内权利保障事业取得更为长足的进步和发展。

The Influence of Political Philosophy on Explaining Basic Rights and Its Standardization
——Taking Liberalism and Communitarianism for Example

Cao Shengmin

Abstract: As far as the constitutional interpretation about the basic rights is concerned, if it is limited by the law, the substantial progress will be difficult to achieve, therefore the study need to break through the existing subject paradigm. In this case, it is necessary and reasonable to introduce political philosophy. However, because significant differences exist in political philosophy, so its different branches have different opinions on the nature, constitution and legitimacy of limits about fundamental rights, which is distinctly reflected in the debate between liberalism and communitarianism. For this reason, what should do for preparedness and response mainly include retrospecting the country's constitutional tradition, keeping legal consciousness of specification and respecting the country's constitution text, whose aim is to avoid the interpretation of basic rights to appear alienation. Certainly, only discussing the influence of political philosophy to explain basic rights is not enough, and what is more important is emphasizing the practical face of explaining basic rights, in order to lead the right guarantee career to make great progress and development.

Key Words: political philosophy, communitarianism, liberalism, fundamental right, constitutional interpretation

---

① Wesley Hohfeld, *Fundamental Legal Conceptions as Applied in Judicial Reasoning and Other Legal Essays*, New Haven: Yale University Press, 1927, p. 349.

儒家价值实在论能否抵制 Sharon Street 的达尔文式挑战?

[美]刘纪璐 著　陈　煜 译*

[摘　要]　在"价值观实在论的达尔文式困境"中，Sharon Street 对所有自然主义形式的价值实在论提出了挑战，她称之为"达尔文式的挑战"。Street 认为如果价值实在论者坚持认为独立的价值真理和人类自然进化发展出来的评价态度之间没有联系，那么他们就无法避免怀疑论的宣明，把我们的大多数评价态度都看作是"偏离真理轨道的"。反过来说，如果价值实在论者承认在进化的影响和价值真理之间存在着某种关联，那么，价值真理便只是自然进化而来的评价态度的总和，也就是说价值真理是由人类进化而来的评价态度而建构出来的。要是价值实在论者坚持道德价值是客观独立于人类的评价态度，那么他们就必须想出一个令人不可思议

---

* 刘纪璐(JeeLoo Liu,1958—)，女，台湾大学哲学硕士，美国罗彻斯特大学哲学博士，现为加州州立大学富乐敦分校哲学系主任教授，国际中国哲学会(International Society for Chinese Philosophy)执行长(2017—2021)。主要研究方向为中国形而上学、儒家道德心理学、宋明理学的德性伦理学等。陈煜(1994—　)，女，陕西渭南人，华东师范大学哲学系硕士研究生。

的答案来解释人类的评价态度如何能够正确掌握到这些客观独立的道德真理。Street得出的结论是,价值实在论者将不得不放弃他们对独立于人类评价态度的道德真理存在的信念。这也就是放弃价值实在论的立场。本文将捍卫儒家的价值实在论,从而抵制Street的达尔文式挑战。本文的儒家自然主义的价值实在论以传统儒家(尤其是孟子)以及宋明理学的道德心理学为理论基础。儒家价值实在论者可以接受Street所言进化过程会影响人类原态度(proto-attitude)的讲法。这是传统儒家肯定人类社会中普遍存在着道德情感——孟子所讲的"道德四端"。但是他们不会认同把道德真理的内容完全化约成人类原态度的演化。儒家价值实在论肯定道德真理存在的客观性,也认定道德真理的内容不是建立于人类由进化影响而形成的评价态度上。

[关键词] 价值实在论;达尔文式两难;追踪真理说;进化适应链接说;评价态度;圣人原态度

一、前言

在"价值观实在论的达尔文式困境"中,Sharon Street对所有自然主义形式的价值实在论提出了挑战,她称之为"达尔文式的挑战"。她的挑战指出价值实在论的困境:实在论者认为价值真理是客观的,不依赖于人类的评价,也不受人类意见所影响。然而,如果进化在塑造我们的评价态度上起到了重要的作用,那么在某种程度上,我们的评价态度一定会接近真理。如果价值实在论者坚持认为价值真理和我们自然进化的评价态度之间没有联系,那么他们就无法避免怀疑论的结果,即我们的大多数评价态度都是"偏离真理轨道的"。从另一个角度来看,如果价值实在论者承认进化的影响和价值真理之间存在着某种关系,那么,价值真理要么只是自然进化而来的评价态度的总和,要么只是依赖人类进化而来的评价态度而建构出来的(这正是Street的观点)。实在论者必须解释如果价值真理不是来源于我们进化过程中的适应,那么我们的评价态度如何能够掌握独立的道德真理? Street得出的结论是,价值实在论者将不得不放弃他们对价值真理存在独立于人类评价态度的信念。

按照Street的定义,价值的自然主义主张价值事实是由某些自然事实所构成的,而且把价值属性与某些自然属性等同。本文的儒家自然主义的价值实在论以传统儒家(尤其是孟子)以及宋明理学的道德心理学为理论基础。儒家实在论者可以接受 Street 所言进化过程会影响人类原态度(proto-attitude)的讲法,但是他们会拒绝接受她的结论,把道德真理的内容完全化约成人类原态度的演化。虽然儒家强调天命之谓性,认为我们的道德情感是上天赋予的,我们可以说这一观点与现代进化自适应的观点有个相通点,即人类社会中普遍存在着道德情感——孟子称它们为"道德四端"。另一方面,在儒家价值实在论体系中,道德真理的内容并不依赖于进化的影响或我们的原态度。

二、达尔文式的两难

Street 论点的关键在于人类评价态度的进化根源。她的论证提纲如下:

1. 自然进化的影响力在塑造人类的评价态度方面起了重要的作用;

2. 价值实在论所面对的挑战一方面在于需要解释进化影响和人类的评价态度之间的关系,另一方面也要对实在论所谓的独立的价值真理做出解释;

3. 实在论者或许会辩护说人类受进化影响而来的评价态度和独立的价值真理之间没有关系;

4. 但这种解释会带来一个怀疑论的结果,亦即通过达尔文进化的过程,我们大多数的评价态度都偏离真理的轨道;

5. 实在论者的另一个选择是承认进化的影响和独立的价值真理之间的关系,这就意味着大自然倾向于选择那些能够掌握真理的先祖,而淘汰掉其他的人;

6. 但这一观点是难以在科学上立住脚的;

7. 无论如何,价值实在论都无法在理论上接纳达尔文进化过程对于人类评价态度的形成具有深远影响这一事实;

8. 因此,实在论者对进化过程对人类评价态度的影响以及与价值真理之间的关系无法提出令人满意的解释。①

Street 论证的批评对象是价值实在论。所谓价值实在论,即认定有一些价值事实是独立于个人立场(stance-independent)或不依赖于人类反应(response-independent)的理论。所谓价值的独立客观性,就是必须完全独立于人类的评价态度。举例来说,如果我们认定生命的价值性是一个客观事实,那么这个命题"生命是有价值的"之所以为真,就不是因为人们普遍珍视生命,而是因为生命本身就是有价值的。道德实在论者认为事实上的确有些事情是有价值的,有些行为是合乎道德的。而反道德实在论者则认为价值是由人类的评价性判断所确立的,因此不存在任何一个独立于人类的评价态度而存在的价值真理。

Street 所提出的道德实在论的两难是建立在进化心理学,即用进化过程来解释人类的认知特征和评价态度,就犹如我们的身体特征也可以用进化历史来解释。以这个观点来看,我们的思考方式至少有一部分是进化而来的。我们的认知能力可以掌握真理,而且我们通常都会做出有利于人类生存与繁衍的事实判断。即使进化不能决定我们的价值判断,它至少也会影响我们的自发反应。Street 认为,进化过程塑造了人类的评价倾向,而如果我们有一套不同的评价倾向,我们就会有一套不同的价值判断。因此,我们不能否认进化的力量至少间接地影响了我们的价值判断的内容。在这种情况下,我们的价值判断是有可信度的,因为它们是由自然历史的演变所形成的。如果实在论者认为客观的道德真理与人类共有的评价态度之间没有任何关联,那么要么人类的评价态度完全不合道德真理,要么它们与道德真理的一致纯属巧合。另一方面,要是实在论者认为道德真理完全符合人类共同的评价态度,那么他们就不可能还认为这些道德真理独立于人类的态度。无论如何,道德实在论者都没有对道德真理和人类评价态度之间的关系做一个很好的说明。这就是 Street 所谓的"达尔文式两难"。

这种困境挑战自然主义形式的价值实在论,但它也可以扩展到其他的价值实在论。如果实在论者认为价值和道德真理独立于人的观点,他们必须提供证据。自然主义的实在论者可以指出,因为人是自然的一部分,所以人类的集体

---

① Sharon Street, "A Darwinian Dilemma for Realist Theories of Value", *Philosophical Studies*, 2006, Vol. 127(1): p. 109.

价值和真理都有其合法的客观性。然而，自然主义的实在论者将无法证实有所谓非"依赖于人类的态度(response-dependent)"或是非"因为人类态度才存在(response-enable)"的客观性。也就是说，所谓的"价值"仅仅是在人类的评价态度下被认为是有价值的，所谓的道德真理也不过是在人类的道德观念的基础上才被认定是"真理"的。Street 提出实在论可以有两条可能的解释路径。第一个解释是追踪真理说：我们由进化而来的认知能力和评价态度使我们能够"正确掌握真理(truth-tracking)"。但 Street 认为这一假设缺乏科学依据。另一个解释是"进化适应链接说(adaptive link)"。即我们倾向于做那些有助于我们祖先生存的价值判断，因为这种判断在祖先的生存环境以及他们在这些环境下的反应之间成立了适应链接，也就是说我们前辈的行动与思考方式都倾向于做出对生存有利的决定。① 第二种解释弱于"追踪真理说"，因为这个讲法只有认定人类的价值判断有利于人类整体的繁衍，并没有声称人类的价值判断具有接近真理性。用 Street 的形容，人类价值判断的功能不过是"使得我们的祖先采取在生存环境下有助于繁衍成功的行为"。② Street 认为进化适应链接说在科学的充分性、解释力和清晰度方面都要优于追踪真理说。她指出追踪真理说面临着很多严重的问题：首先，对于其理论中的"真理"和与进化适应链接说中所列举的相同的价值判断之间的巧合，追踪真理说是无法解释的；其次，追踪真理说无法解释如果人类进化而来的认知能力能够追踪真理，为什么人类仍然倾向于一些不正确的价值判断，例如人们通常会偏袒族群内而排斥族群外的人③；最后，追踪真理说无法解释如果不是因为生存适应，为何我们会有现在这些价值判断。然而，在 Street 看来，追踪真理说又同时是实在论者必须捍卫的议题。因为实在论的立场就是要宣称价值真理独立于人类的价值判断总和。如果实在论者能够成功地捍卫追踪真理说，那么价值和真理就不是由人类的价值判断产生的，而人类所做的价值判断仅仅是"追踪"客观存在的价值和真理，而不是决定它们。放弃了追踪真理说，实在论者就不能捍卫道德真理和价值判断的独立性地位。另一方面，如果实在论者能够给出的最好的解释只不过是适

---

① Sharon Street, "A Darwinian Dilemma for Realist Theories of Value", *Philosophical Studies*, 2006, Vol. 127(1): p. 127.

② Ibid., p. 129.

③ Ibid., p. 133.

应链接说,那么人类的评价态度就仅仅是简单的进化结果,也就跟所谓的客观道德价值毫无关联了。Street 总结说:"价值实在论走投无路了。"①这就是她所说的"两难"。

在下文中,我将建构儒家道德实在论为价值自然主义的一种形式,并捍卫这种形式的价值实在论。在我的建构中会将人类的一般原态度解释为适应链接的结果;然而,我将阐明道德追踪的能力属于一些特殊的道德专家,也就是儒家说的圣人,因为他们具有特殊的道德认识,可以正确地洞察道德真理。换言之,我对儒家道德实在论的解释运用一种二层次的方法,既包含适应链接说,又包含追踪真理说。

三、儒家道德实在论与人类的内在道德倾向

我所谓的儒家道德实在论,是指儒家把道德属性看作自然属性的一部分,而且道德法具有与自然法相同的内容——儒家认为两者都起源于道,基于道。道代表了宇宙运作的方式,决定了人类的行为和人际互动的正确方式。在儒家看来,道德价值不是由"社会约定俗成"形成的,它不依赖于人们的意见——不管是个人主观意见还是集体的共同意见。道德价值反映了对人类有益的事态,但不一定是人类所共同认同的。换句话说,即使没有任何人珍视,价值也是客观存在的。根据 Street 对自然主义的价值实在论的定义:"作为实在论者,价值自然主义必须强调那些有规范性的自然事实存在(换句话说,也就是哪些自然事实是具有规范价值的)与我们的评估态度无关。他们的立场是,要是价值规范事实上是与自然事实 N 完全一致的,那么即使人类的评价态度完全不同的,或许根本没有追踪自然事实 N,而是追踪了自然事实 M,价值规范事实仍然应该是与自然事实 N 而不是与自然事实 M 相一致。"②也就是说,价值规范事实不是仅仅反应人类的评价态度。按照 Street 这个标准,儒家的道德实在论的确是自然主义实在论。儒家将道德属性视为自然属性,而且它们是我们在自然界中可以观察到的属性。在这一道德形而上学的体系中,"天"、"地"、"人"被认为

---

① Sharon Street, "A Darwinian Dilemma for Realist Theories of Value", *Philosophical Studies*, 2006, Vol. 127(1): p. 135.

② Ibid., p. 137.

是"三才"——三者都具有促进生命存在和帮助生命完成的功能。从儒家道德形上学的角度来看,天人合一的自然现象中,日光和雨水使生命成为可能,而土地的存在可以滋养延续生命。在这个世界观下,价值和善是真实的存在,而且是我们所能观察到的自然事实。这种世界观是一种道德形而上学,将道德属性归属为自然的事实。根据 Gilbert Harman 的定义,这是一种伦理自然主义。Harman 说到:"'伦理自然主义'是把道德事实当作为自然事实的学说。各种自然主义的共通点就是接受所有的事实都是自然事实的这个合理议题。"①

除了道德的形上学(moral metaphysics)之外,儒家也对道德采取形而上的观点(metaphysics of morals),从先验的角度对道德的基本原则进行探讨。儒家的道德形上观表现在他们把人的本性之善看作天命——是上天所赋予的本性。根据孟子的道德形上观,人具有内在的道德属性。这些属性构成了人类作为一种道德范畴的本质。根据孟子的理论,人生而异于禽兽,是因为人生来就具有道德情感。只有人类是道德的造物。这正是所谓"人"的定义,它并不是自然范畴的概念,而是道德范畴的。在孟子看来,人的道德情感主要有四类:辞让之心、羞恶之心、恻隐之心和是非之心。既然人类被赋予了这些道德情感,道德就是人类自身内在存在的自然延伸,而不是受外在制约而成的。"恶"是对道德萌芽培养的缺失造成的结果。在孟子看来,道德并不是纯粹来自社会制约,也不是源于社会契约或基于共同利益的理性共识。人类的道德之可能性是完全建立在人是道德动物的事实之上的。

孟子的观点既是描述性的也是规范性的:它描绘了人与生俱来的情感和能力,也排斥那些失去了这些天赋情感以及本能反应的人,称其为"非人"。这可见孟子所谓的"人"不是个自然范畴而是道德范畴。孟子的四端可以视为 Street 所讲的原型(proto)价值判断,它们是一种非反思性、非语言性,而且是自然爆发行动的价值倾向。② 尽管孟子的时代远远早于达尔文的进化论,他的理论与后者不相冲突,因为他也认为这些是我们生而具有的先天倾向。

---

① Gilbert Harman, *The Nature of Morality: An Introduction to Ethics*, New York, NY: Oxford University Press, 1977, p. 17.
② Sharon Street, "A Darwinian Dilemma for Realist Theories of Value", *Philosophical Studies*, 2006, Vol. 127(1): p. 119.

孟子说到:"孩提之童无不知爱其亲者,及其长也,无不知敬其兄也。"孟子称其为"良知"与"良能",即不需要反复思考便能通晓的知识,以及不需要学习便能具有的能力。(《孟子·尽心上》)他认为这些就是我们生而具有的"本性"。根据《中庸》中的说法:"天命之谓性,率性之谓道。"这里"天命"的说法没有任何的宗教意味,仅仅是强调了我们具有道德倾向的普遍性和绝对不容置疑性。

从宋明理学家的角度来看,道德的先验基础在于世界的本性——世界本身就是有秩和谐、生生不息的。世界的基本原理是"道"——也就是阴阳之间的持续互动与交流("一阴一阳之谓道")。完满的阴阳和谐共存则称为太极。阴阳的平衡与和谐使得生命能够延续和进化。在人类生活中,我们也应该致力于促进阴阳和谐。平衡和谐最高境界是"太极",而"道"就是包括人类行为在内的世间万物的准则规范。万物之道是维持阴阳之间的持续互动,而人类的道,则是在行动上一贯以达成或恢复平衡与和谐为行动目的。任何事物偏离了道,就会终极招致毁灭。在宋明理学的体系中,"道"也有时与"理"等同。世界上存在的最普遍的原则被称为"天理",而万物之间也存在各自的"殊理"。殊理可以被认为是个殊事物的存在规范或"理想状态",它们的存在也是一种自然事实,是世界的真实面相。这种规范性的现实存在给我们人类一种认知上和伦理上的要求,即我们有义务去知道每一事物的"理",使我们的行为准则符合事物的本性。殊理不仅是代表一个事物应该如何存在,而且是一个人应该如何对待这个事物的规范。在宋明理学的方法论体系中,所谓格物,就是为了理解一个人应该如何对待手头的事物。格物的正确方式不是以自然科学为对象,而是在研讨整个气化宇宙中的秩序、逻辑、模式或规范原则。要正确"格物",我们必须先了解人类在整个大自然中的处境,而不是把人类放在大自然之外作为对自然的观察者。格物是个道德实践的过程,因为了解事物之所以然,对于人的道德生活(所当然)是至关重要的,因为我们对待事物的方式必然牵涉到我们的态度和行为。这个充满个殊事物的世界是我们的"行动领域":我们对事物的行为应该是为了要成就事物的终极典范,这就是殊理的意义。殊理不只是我们的认知对象,更是我们的道德对象。在我们的自我存在上,我们的"理"就是我们行为的如下道德规范——我们应该采取正确的行为来协助万物实现其殊理。总结来说,按照儒家的价值实在论,人类应该按照一定的方式行事以配合世界的运行,因为世界的存在本身就客观地展现价值。这个理论的两个关键思想是:(Ⅰ)价值嵌入在自然界本身;(Ⅱ)作为自然界的一部分,人类有一种依理行事的义务规范。人类的道德义务源自人类的本质的存在。因为人类是大自然的一部分,所以人类应该以符合自然规律的方式行事。这些都是儒家价值实在论的主张。

四、道德专家与真理追踪的能力

Street 认为如果价值自然主义者要主张道德属性是自然属性,而且道德属性与某些自然属性的等同是种客观独立的事实,那么实在论者就必须解释我们人类如何能认知这些道德—自然的同一性。她指出价值实在论无法避免用我们现有的价值观来鉴定道德—自然的同一性。然而,儒家价值自然主义的优势在于在儒家理论下,价值的客观性不是建立于人类现有的价值判断上,因为不是所有人都具有同质的价值判断,圣人的价值判断远比常人更接近真理。也就是说,追踪真理的能力不是所有人与生俱有,也不是进化适应的结果。一般人并不是生来就有把握真理的道德感知,一般人的价值判断并不能保证是接近真理的。正如 David Copp 所指出:"尽管人类的确进化出了能够进行哲学思考的能力,但如果说这些思想的内容也是被进化左右的,那是令人难以相信的。"(Copp 2008, p. 204)进化没有决定人类特定的道德理念,只有一群特殊的人能够发展出可以吻合真理的道德观念。在儒家的视野中,这样的人被称为"圣人"。圣人有——用 Street 的形容——"高度专业化的、复杂的认知能力,他们特别能感知何为价值真理"。[①] 这就是为什么唯有他们能掌握客观独立的价值真理。

根据儒家的道德实在论,一般人多具有孟子所说的四端——我们称它们为"原态度",但不是每个人都有认知的先见之明或万无一失的道德感知,能正确查视道德的真理与价值。举个例子来说,一般人只关心他们的内群体,而圣人则希望他们也能培养出对外群体的普遍关注。这个例子显示出道德真理不是

---

① Sharon Street, "A Darwinian Dilemma for Realist Theories of Value", *Philosophical Studies*, 2006, Vol. 127(1): p. 143.

建立在人类的原始态度上。我们需要认知者的"认知提升"(cognitive ascent)来观测道德真理。

在这里我要借用认知科学的一个概念来补充说明。在认知科学里,"认知渗透(cognitive penetration)"指的是认知因素(思想、信念等)对人的感官体验有着相当大的渗透影响,在某种程度上,人的感官体验是凭借这些认知因素的结果而产生的。例如,专业的观鸟人士会比一般人看到更多种类的鸟,专业的音乐家会比一般人听到更多的音符节奏。同样来说,道德的专家面对同样的情况,也会比一般人看到更多的道德真理。根据 John McDowell 和 Iris Murdoch 的看法,所谓道德的专家,即是"在面临同样的情况时,相比其他人能够看到更多的道德事实"的人。在道德的认知中,人的感官经验可以被个人的德行渗透,而成为比其他人"更正确的认识"。而在儒家的理念下,圣人凭借他们的道德品行而实现了一种"认知提升",使他们比常人更能感知道德真理。他们就是所谓的道德专家。

根据麦克道尔(McDowel)的看法,知识有多种形式,其中之一就是"可靠的敏感度(reliable sensitivity)",他举例来说,"一个善良的人会对在何种情况下应该如何行为有着可靠的敏感度"。麦克道尔进一步将这种敏感度定义为一种"感知能力"[①],也就是说这不仅是种个人的主观判断,而是有其客观的感知对象。一个有道德的人对什么是道德真理以及他自己在特定情况下应该采取什么行动会有可靠的正确判断。这些知识是通过反思集义逐渐积累起来的——"如果一个人的生活一贯是依照自己选择的特定生命模式来规律自己的生活,那么即使遇到特殊的情况,他也能够做出时宜的反应"。[②] 换句话说,就像在知识的其他领域有专家一样,在道德知识方面也有专家。道德专业知识与行为是分不开的。如果知道在某一特定情况下 x 是正确的行为,那么选择不做 x 就不是真知。麦克道尔认为,在实际的道德问题领域中,我们不能诉诸于一个通用的普遍原则来规范在所有情况下什么行为是正确行为。道德无法规律化。他认为"有德之人对生命的应然模式不是建立在普遍的道德法则上的"。道德的这种非普遍法则性(uncodifiability)"使得人们不能对生活将面临的困境做出预

---

① John McDowell, "Virtue and Reason", *The Monist* Vol. 62(3), 1979, pp. 322 - 333.
② Ibid., p. 343.

先的考虑"。① 生活随时会创造出各种不同的情境,我们无法完全依照普遍断然的道德法则来面对生命的情境。许多时候我们的不同关怀会彼此抵触、相互竞争,因此在不同特殊情境下个人当如何自处是需要很大的道德敏感度以及道德认知能力,才能判定哪个关怀是我们的终极关怀。不管是麦克道尔概念中的德性主体,还是儒家术语中的圣人,正是由于这些人具有这种高尚的道德认知,他们才能够正确地感知客观存在的道德真理或是欣赏真正的价值。

Murdoch 也认为,我们对于道德术语的理解,例如"好"或"勇气",会根据我们的人生经验而深化。她说,"我们 40 岁时所理解的勇气和 20 岁时的理解并不同",不同的理解反映了一个"深化的过程",或至少是"一个变化和复杂化的过程"。② 从这个角度理解,那么道德术语的含义就不应该被僵化或普遍化。Murdoch 认为"对价值概念的认知是必须不断的深化过程,而不能放在一个没有人际关系的空泛架构来制定"。③ 进一步来说,如果道德在本质上牵涉变化与进步,那么我们就不能简单地宣称我们"知道"道德词汇的定义,而是我们将不得不在深化的过程中去"学习"其意义。④ 我认为儒家所强调的"圣人"应该是那些能够达到最深入的道德层次的人,因此他们对于道德真理的理解会比一般人天生的原态度("道德四端")更精准,而他们的价值判断也更能符合道德真理。

一般人与生俱有的原态度可以被视作是进化适应的结果,而圣人则具有认知渗透下可以追踪真理的道德感知。两者之间的关联是圣人们也和其他所有人一样,有着相同的原态度和欲望,只是圣人能超越自己的私群偏好和寻求建立普遍的群众规范。根据宋明理学家的共同看法,最高的道德规范是"天理",而天理是客观、真实、独立于人类的评价反应的。圣人能够感知天理,但是圣人并没有创造或自己建构天理。圣人能够感知到的仅仅是人们普遍的爱好和欲望。正如宋明理学家王夫之所说:"天理不离人欲。"当欲望得到普遍的满足时,

---

① John McDowell,"Virtue and Reason",*The Monist* Vol. 62(3),1979,pp. 343 – 344.
② Iris Murdoch,"The Idea of Perfection",In *The Sovereignty of Good*,London & New York: Routledge Classics (2001). P. 28.
③ Ibid.
④ Ibid.

那么世界就是天理的生动表现。王夫之说:"圣人有欲,其欲即天之理。"(《读四书大全说》卷四)他进一步解释到:圣人"以欲观欲",(《读四书大全说》卷四)"于此声色臭味,廓然见万物之公欲,而即为万物之公理"。(《读四书大全说》卷八)圣人所达到的是理性与欲望的完美和谐状态,"若圣人,则欲即理也,情一性也",(《读四书大全说》卷四)这样他们就能"从心所欲不逾矩"。(《论语》中对孔子的描述)其他仍在道德修养的道路上追寻的人所需要的是理性和反思的指导,以消除自顾自身的心理,推展个人的欲望进而达成他人的欲望之满足。正如王船山所言:"学者有理有欲,理尽则合人之欲,欲推即合天之理。于此可见:人欲之各得,即天理之大同;天理之大同,无人欲之或异。"(《读四书大全说》卷四)

简而言之,在儒家的价值实在论体系中,人类拥有有利于人类道德和生存繁荣的原态度。然而,只有具有特殊道德人格和清晰的洞察力的人才能准确地感知到道德真理。道德感知能力不是进化而来的普遍属性;它是一种特殊的感知能力,是凭借卓越的道德品性而被认知渗透的特殊认知。因此,儒家价值实在论可以结合进化适应链接说以及追踪真理说,解释道德真理与人类价值判断的关系为两层结构:由每一个人进化而来的原态度和透过道德品德"认知提升"两种元素组成的结构。从宋明理学的观点来看,我们自然进化的情感与道德修养之间总有一种紧张力,因为一般人多倾向于关注内群体而不关怀四海之内的陌路人。这就是为什么"认知提升"对于我们理解普遍关怀、大公无私的道德真理至关重要。儒家这个结合感性与理性、包含天生本性与后天修养的道德架构,是儒家价值实在论之所以能够回应 Street 的达尔文挑战之主因。

Street 说:"总结来说,人们所倾向于的价值判断看起来是一个大杂烩,范围涵盖了各种各样的领域,结合了各种各样不同的价值观,一些是有关自利的价值,一些是与家庭相关的,还有一些关注我们如何面对不相干的人或是其他形式的生命的问题。"①她这段话指出我们应该放弃在人类的现有价值判断中寻找绝对性的道德法则或是普遍性道德真理。但是放弃普遍性并不意味着放

---

① Sharon Street,"A Darwinian Dilemma for Realist Theories of Value", *Philosophical Studies*, 2006, Vol. 127(1): p. 134.

弃客观性。道德真理与价值存在仍然是客观真实的。

五、结论

在本文结束之前,我们要检验 Street 对价值本身的本体论地位是否评估正确。Street 认为:"在生命开始之前,没有什么是有价值的。但是,生命开始,价值出现,并不是因为生命本身认识到了什么价值,而是因为那些评价珍惜(某些特定事物)的生物往往能够生存下来。在这个最广泛的意义上,价值来自评价,评价在过去是而且现在仍然是先于价值。这就是为什么反实在论关于价值的看法是正确的。"[①]

也许在认为评价先于价值出现这一观点上,Street 是正确的,但在认为价值是受人类的评价态度所决定的这一观点上,Street 是错误的。生命本身有其价值,事物的本质是通过生命产生和延续而进化的。假设有这样一个世界:所有的生命进化都是无意识的,没有任何的评价态度,也没有任何有意识的行为,但是这个世界仍然是有内在价值的。人类之所以能够建立道德属性与自然属性的同一性,是因为人类已经发展出对生命原则的欣赏和肯定,并建构了与自然价值相匹配的规范性期望。也许在我们假想中会有其他没有道德规范的世界;尽管如此,只要这样的世界有生命的存在,就仍然是有价值的世界。生命的延续与繁衍本身就有价值性,我们不能仅仅以人类的视角来看待生命的价值。

总结来说,Sharon Street 提出的达尔文式困境是用科学对世界进行了描绘,并排除了那些不能被纳入科学体系的价值观。然而,正如麦克道尔所主张的,道德实在是"我们这个世界的一部分",不管我们的科学是否能以他们的方式对道德现实给出完整的解释。麦克道尔认为这种要求价值独立性和伦理实在性有其科学可信度是基于一种"科学世界图像"的偏见:"对于世界完全用科学概念来诠释是个很有争议性的看法。世界真相是否可以用科学来探讨是个形上学的问题,而当我们提出一个形而上学的问题时,要是我们限制只有科学能提供的答案才是可以被接受的答案,我们就已经是自设立场,循环论证

[①] Sharon Street,"A Darwinian Dilemma for Realist Theories of Value", *Philosophical Studies*, 2006, Vol. 127(1): p. 156.

了。"①Murdoch 也同样指出科学语言是一种"企图无关人情,讲求精准严谨"的语言,而道德语言所指涉的则是"一个远比科学图像更复杂、更多样的现实"。②尽管伦理实在是我们世界的一部分,但我们不能为了获得合法性和可信度就将伦理实在化约为科学语言所描绘的世界。在本文中,我提出了儒家视角下的世界观,突出了世界的基本特征是生命的价值,世界的存在条件有利于万物生命的延续和传播。世界本身具有价值,而我们人类的伦理实在只是这个世界的一部分。价值的客观存在不取决于我们的价值观,也不依赖于我们的评价反应。

Can Confucian Value Realism Desist Sharon Street's Darwinian Challenge?

JeeLoo Liu

Abstract: In "A Darwinian Dilemma for Realist Theories of Value", Sharon Street launches a challenge to all naturalist forms of value realism, which she calls "the Darwinian Challenge". Street argued that if value realists insist that there is no connection between independent value truths and our naturally evolved evaluative attitudes, then they cannot avoid the skeptical result that most of our evaluative attitudes are "off track". If, on the other hand, value realists concede that there is a relation between evolutionary influences and value truths, then either that value truths are simply the function of, or a construction based on, our naturally evolved evaluative attitudes, or the realists would have to come up with an incredible account of how our evaluative attitudes could just track independent moral truths if it weren't for the adaptation process in our evolution. Street reaches the conclusion that value realists would have to give up their conviction in the existence of moral truths that are independent of human evaluative attitudes. This paper will defend Confucian value realism against Street's Darwinian Challenge. It shall construct a naturalist value realism based on both classical Confucian (Mencius in particular) and neo-Confucian moral psychology. A Confucian value realist will accept Street's contention that natural

---

① John McDowell, "Virtue and Reason", *The Monist*, 1979, Vol. 62(3), p. 346.
② Iris Murdoch, "The Idea of Perfection", In *The Sovereignty of Good*, London & New York: Routledge Classics (2001), p. 33.

selection has had a tremendous influence on the kind of evaluative proto-attitudes that humans have — Mencius calls them our "moral sprouts", but would reject her conclusion that the contents of moral truths must be derived from, or are dependent on these proto-attitudes naturally evolved. On Confucian value realism, the objectivity as well as the content of moral truth is not dependent on evolutionary influences or our proto-attitudes.

Key Words: value realism, a Darwinian Dilemma, truth-tracking, adaptive link, evaluative attitude, sage proto-attitude

儒家传统中的人权思想

[美]安靖如 著　刘建芳 译*

[摘　要]　当代中国儒学和人权之辩主要有三种进路：(1)儒学是人权发展的障碍；(2)儒学是人权的一种替代；(3)儒学是人权思想的源泉。本文对上述三个观点做了考察。每种形式的障碍——等级礼制、缺乏概念、统一价值领域和关系论——都是真实存在的，但并非无法跨越，实际上本文论证了儒家应该支持儒学传统朝着向人权话语开放的方向发展。儒学也提供了积极的可代替人权的方案，但我认为儒学式"替代"和人权规范联合起来才是现代世界所需的。通过不同途径寻找中国传统中的人权资源——尊严、利益和道德——都显示出某种希望，尽管这些途径单个来看都不能证明儒学已经在新时代做好了吸收人权思想的准备。这些资源是现代儒家支持人权之辩良好的着手点，但再次说明传统要接纳人权的话，就需要发展和调整。在中国人权之辩下一个篇章的谱写中，现代儒学有望起到建设性的作用。

---

* 安靖如(Stephen C. Angle)，男，美国威斯里安大学(Wesleyan University)哲学系主任、教授，研究领域为中国哲学，尤其是近现代(19、20世纪)中国思想和儒学传统，以及当代西方道德心理学、元伦理学、语言哲学。刘建芳(1984—　)，女，浙江永嘉人，上海师范大学哲学系研究生。

[**关键词**] 中国传统；人权；障碍；替代；源泉；现代儒学

一、引言

研究当代中国关于人权的理论和实践,为什么要以研究中国传统中的人权问题作为开篇呢?答案必然是人权和中国传统之间的关系有别于当下的人权理论和实践。例如,也许是传统阻碍了人权发展,也可能传统从一开始就支持人权?近年来,学术圈和政界都为这两个相反的立场发过声,也表达过各种介于这两极之间较为缓和的观点。事实上,我们可以将这些观点划分为三种不同的进路：(1)中国传统是人权发展的**障碍**；(2)中国传统是人权的一种**替代**；(3)中国传统是人权思想的**源泉**。一些学者支持这种或那种进路,而我认为以上三者都有合理之处。中国传统中没有任何东西可以一次性永久地决定当下中国人对于人权的思考,但是毫无疑问,传统对今天的人们有着各种各样的影响,而且在今后还将继续影响着人们。本文的目的在于解释在何种意义上以上三种进路都是有道理的,以便为下面的章节更细致地考察当代人权话语奠定基础。

为了均衡起见,序言部分将完成两个任务：一是阐明本文提出的关键概念的含义,二是论述某些构建人权与传统之辩框架的现代历史背景。首先要厘清的是,何为"人权"?何为"中国传统"?为完成本文的目标,我们需要的不是人权的哲学定义,也不是什么样的权利才算得上"人权"的冗长细目,而是一种基本的理解。首先,让我们承认人权是对我们最基本的价值与利益的特殊保护——全人类都需要的保护,这点毫无异议。① 罗列一系列关于人权的具体观点是较为概括的做法,将人权与其他道德或政治概念区分开则是较为具体的做法。人权概念在很多方面与自由、人的尊严、人性、伦理的善、个人及社会利益、个人与集体义务以及道德上的正义等概念相关,但与这些概念又都不相同,模糊人权与其他道德概念之间的界线并在此基础上声明所有的文化都承认人权

---

① 无论是从有什么样的权利的角度,还是从这些权利可能的基础是什么的角度,关于人权的理论论述不尽相同,但我所强调的三个特征(特殊保护、全人类共有、可申明的)是多数论述共同的特征。参见 Henry Shue, 1996. *Basic Rights: Subsistence, Affluence, and U. S. Foreign Policy* (Second Edition), Princeton: Princeton University Press, 1996.

只会引起困惑。① 尽管我们得承认，这些概念中的某一个或某些今天可能用来佐证为什么所有人都拥有权利，人们拥有的权利又是什么。我们想在对中国传统中的人权进行质疑的背景下确定人权范围，一般的做法是对于在传统中找到关于人权的讨论持开放态度，具体的做法是呈现在传统中找不到人权的可能性——或者可能发现关于人权的讨论在某个地方出现过。毕竟，很多人论证了这样的观点：（现在我们所说的）人权概念在欧美也是很晚近才凸显出来。②

"传统"这个概念的三个特征在这里显得尤为重要。第一，也是最明显的特征是，传统涉及在当下重新援用过去的概念与价值。每一代人不是胡乱涂画出属于他们时代的核心概念和价值：我们是从长者那里学会如何理解这个世界的。③ 第二个特征是，重新援用是一个现实的、往往充满争议的过程，而不是像某个软件那样自动编程的过程。当支持传统的持续性重新援用的制度改变或者瘫痪的时候，传统反过来会受到影响。即使在制度相对稳定的时期，传统所依赖的推理自身会出现很多问题和挑战，往往导致传统内部重大的改变。④ 因此，传统的第三个特征是：传统是充满活力的，其内部是多样化的，而不是静止的、整体不可分化的。在中国尤为如此，思想与实践传统数千年来一直处于嬗变中。

然而，本文会以重要的方式概括中国传统的多样性。几乎所有关于人权和中国传统的关系的讨论都聚焦儒学，我也会遵循这一惯例。这不是说儒学等同于中国传统或文化整体，也不是说我认为在某种意义上儒学是中国传统中最好

---

① 例如，以下著作就模糊了这一界线：Paul Gordon Lauren, *The Evolution of International Human Rights: Visions Seen*, Philadelphia: University of Pennsylvania Press, 1998。

② Jack Donnelly, *Universal Human Rights in Theory and Practice* (Second Edition), Ithaca: Cornell University Press, 2003.

③ 参见 Stephen C. Angle, *Human Rights and Chinese Thought: A Cross-Cultural Inquiry*, New York: Cambridge University Press, 2002。梅杰(Phillipe Major)所做的修正亦很有帮助，参见 Phillipe Major, "Guest Editor's Introduction: Tradition and the Translation of Democracy during the Transitional Period of Modern China (1895 - 1925)", *Contemporary Chinese Thought* 47: 3, 2016, pp. 156 - 157。梅杰提醒我们不要过于强调动因与由动因构成的传统之间的分别；他引用伽达默尔的"偏见"概念强调传统总是在塑造我们。

④ Alasdair C. MacIntyre, *Whose Justice? Which Rationality?* Notre Dame: University of Notre Dame Press, 1998.

的东西。原因在于儒学在以往涉及人权问题的讨论中占主导地位。显然,中国传统中非儒学的价值与概念——诸如,道家、法家和墨家,也许还包括中国佛教——在诸多方面与人权相关,也许政治思想家或社会活动家将来都会沿着这些路径探索。过去及当下的中国,对人权或褒或贬的讨论主要是在儒学传统内展开的。将我们的讨论限定在儒学并非意味着要摒弃传统是充满活力且具有多样性的这一观点,因为拥有2500年历史的儒学传统本身就充满活力和多样性。为了展现儒学传统的这些特征,让我做一个扼要的历史性论述,并且要着重强调我所说的儒学传统的"永久性"。换言之,儒学和所有活着的传统一样,从未停止过与其他传统的交流和碰撞,无论是与更广泛的中国传统的其他组成部分,还是与更久远的源头话语。事实上,儒学传统在一定程度上是在这样的交流碰撞中发展演变的。在儒学的古典时期,约公元前5世纪至公元2世纪,从孔子(公元前551—前479年)起,有影响力的思想家发展了儒学核心概念与价值以应对社会和思想界面临的挑战。① 儒学创造性发展的第二个重要时期是"宋明理学"时期,即公元11世纪至18世纪,在前所未有的政治、社会和思想背景下,儒学经历了复杂的复苏。这个时期,儒家以各种方式努力回应来自印度佛教中国化流派带来的巨大刺激和挑战:要注意到中国与欧洲文明的碰撞并不是儒学第一次遭遇这样大规模的挑战和机遇,这一点很重要。② 20世纪至21世纪可以称之为"现代儒学"时期。

  在序言部分的结尾,我将较为详细地描绘现代儒学的发展脉络,部分原因在于正是现代儒家构成了当下人权与中国传统之辩的主体。最后一个封建王朝于1911年覆灭之后,中国思想家于1915年发起了"新文化运动",寻求中国价值、习俗乃至汉语的根本性改变。在很多方面,这场运动也可称之为文化革命,比后来的"文化大革命"渗透面更广。"现代文明"价值在这场运动中兴起,像儒学这样的古老传统遭到了彻底的批判。③ 现代儒学就在这样的困境中诞

---

① Loubna El Amine, *Classical Confucian Political Thought: A New Interpretation*. Princeton: Princeton University Press, 2015.
② Stephen C. Angle and Justin Tiwald, *Neo-Confucianism: A Philosophical Introduction*. Oxford: Polity Press, 2017.
③ 陈独秀:《宪法与孔教》,参见 Chen Duxiu, "The Constitution and Confucianism", In *The Chinese Human Rights Reader: Documents and Commentary, 1900-2000*, eds. Stephen C. Angle and Marina Svensson, Armonk, New York: M. E. Sharpe, 2001, pp. 67-76。

生了。20世纪中叶,大多数现代儒家都认为儒学应该吸收人权、宪政民主等现代政治概念,因为人权和立宪主义所承诺的个人安全和选择是实现儒家所追求的道德目标所必需的。① 1949年新中国成立之后,这样的现代儒学思潮主要限于台湾和香港。自20世纪末始,主张"亚洲价值"阻碍了人权并导致对人权的不同理解的思潮出现在马来西亚和新加坡等地,有时也出现在中国。② 最近,中国政府官员及儒家学者都对(以人权为核心的)"普世价值"做出过类似的批判。③ 展开这一系列的人权理论和实践研究时,关于现代儒家的人权立场还没有达成共识,下文将更详细地考察这一点。

二、儒学传统是人权发展的障碍

人权与中国传统的关系之辩已长达一个世纪之久,在此期间,最为普遍的观点是传统阻碍了人权概念及制度的发展。④ 有些人认为,人权与儒学传统难以融合实际上是有利的,因为与人权相对的是一个可以将之取代的规范性秩序,在他们看来这一秩序比基于人权之上的秩序更为优越。本文第三部分将会考察主张传统内部存在积极的、可替代人权的因素的辩论,这个部分主要集中讨论四个消极论点——旨在证明在儒学基础上建立人权是非常困难的甚至是不可能的:(1)儒学建立在等级礼制之上;(2)儒学中没有人权概念;(3)儒学断然不允许人权概念超越其他价值;(4)儒学关系论与人权不可融合。

1916年陈独秀在他一篇著名的论文中写道:"儒学的核心是礼教",礼教的

---

① 梁漱溟:《东西方文化及其哲学》,参见 Liang Shuming, "Eastern and Western Cultures and Their Philosophies", In *The Chinese Human Rights Reader: Documents and Commentary, 1900 - 2000*, eds. Stephen C. Angle and Marina Svensson, Armonk, New York: M. E. Sharpe, 2001, pp. 101 - 114; Zhang Junmai, "Human Rights Are the Basis of Constitutionalism", In *The Chinese Human Rights Reader: Documents and Commentary, 1900 - 2000*, pp. 197 - 201。

② Michael Jacobsen and Bruun Ole, (eds.) *Human Rights and Asian Values: Contesting National Identities and Cultural Representations in Asia*. Richmond: Curzon, 2000.

③ Stephen C. Angle, "Western, Chinese, and Universal Values", *Telos*, 2015, pp. 171,1 - 6. 曾亦、郭晓东编著:《何为普世?谁之价值?——当代儒家论普世价值》,上海:华东师范大学出版社,2013年。

④ 本文第四部分概述了人权之辩在中国的出现。

基础是封建等级制度,结果,等级制度与平等、民主和人权是不可调和的。① 陈独秀意识到会有人批判这一论断。他说,礼教与等级观念很早就是儒学的核心,虽然直到汉、宋儒者阐明了礼教与等级制度的关键前提,才把儒学发展成"完全统系之伦理学说"。② 在陈独秀看来,儒学所强调的德目不是儒学或中国独有的,"乃为世界实践道德家所同遵"。③ 陈独秀言下之意是,继续发扬这些德目是完全可以接受的,但是儒学的基本礼制架构必须根除,取而代之的是新的支持欧洲模式基础上的立宪制的公共文化。

陈独秀主张基于等级"礼教"的儒学与人权是不可调和的,这一论断非常犀利,至今在儒学内部仍然回响不断,有人批判也有人支持。例如,当代保守派儒家认为中国应抵制人权规范,因为这样做就等于拒绝儒家的等级思想。④ 避开这一论断的方法之一是强调儒学德目是独特的,事实上,是这些德目而不是具体礼制才是儒学的核心。在本文第四部分,我将阐明更为激进的现代儒家是如何通过发展这一思想进路来囊括儒学与人权的。

陈独秀从礼制出发,论证儒学是人权的障碍。除此之外还有一系列有影响力的观点:(1)古汉语中没有"权利"、"人权"等词;(2)因此也没有关于"权利"、"人权"等概念的讨论;(3)19世纪,人们试图将这些概念译成汉语时,发现困难重重;(4)最终,"rights"一词被译为"权利",实际上是比较糟糕的甚至是具有误导性的译法。总之,人权概念和中国传统及语言之间难以调和,造成了中国人权话语的障碍。

为了评价这些观点,让我们做一个有益的划分:与(19世纪之前的)传统形态相关的观点;与翻译及概念创新相关的观点。我们先分析与传统相关的观

---

① 陈独秀:《宪法与孔教》,参见 *The Chinese Human Rights Reader: Documents and Commentary*, 1900 - 2000, pp. 67 - 76。有人早于陈独秀十几年,表达过类似的观点,参见 Anonymous, "On Rights", In *The Chinese Human Rights Reader: Documents and Commentary*, 1900 - 2000, pp. 15 - 23。另见 Marina Svensson, *Debating Human Rights in China: A Conceptual and Political History*, Lanham, MD: Roman & Littlefield, 2002。

② 陈独秀:《宪法与孔教》,参见 *The Chinese Human Rights Reader: Documents and Commentary*, 1900 - 2000, p. 72。

③ 同上书,第73页。

④ 曾亦、郭晓东编:《何为普世?谁之价值?——当代儒家论普世价值》,上海:华东师范大学出版社,2013年。

点,实际上所有的学者都赞同观点(1),但是观点(2)颇有争议。中国哲学家罗忠恕于1949年发表了一篇关于《世界人权宣言》之争的论文,这篇文章自发表后就被广泛引用,罗忠恕承认中国古代思想家确实很少讨论人权问题,但他又说中国很早就有人权思想。① 罗忠恕广泛地引用早期文献来论证他所说的君主的天职是保护人民的利益。罗忠恕也指出,人民推翻暴君的权利在历史上很早就出现了,虽然他提到早期文献都没有清晰地阐明这种"权利",但显然他想到了《孟子》中广为人知的话:"贼仁者谓之贼,贼义者谓之残,残贼之人谓之一夫。闻诛一夫纣矣,未闻弑君也。"(《孟子·梁惠王下》)显然,这段话是在说,人民的福祉是极其重要的,任何君王都应该确保这一福祉才能保住王位。然而,在我看来,《孟子》中有些文字说明了:这一段话并不认为反抗是人民的权利。首先,《孟子》稍后明确说明了对于有过之君,异姓臣子能做的是反复告诫,而王室宗族之卿"君有大过则谏,反复之而不听,则易位"。(《孟子·万章下》)② 此外,《孟子》也暗示了尽管推翻暴君的人不应遭受谴责,但他们的行为也是不义的。下面这段话明确地批判了君王"独乐乐":"有。人不得,则非其上矣。不得而非其上者,非也;为民上而不与民同乐者,亦非也。"(《孟子·梁惠王下》)还有一处也表达了类似的观点:"若民,则无恒产,因无恒心。苟无恒心,放辟邪侈,无不为己。及陷于罪,然后从而刑之,是罔民也。"(《孟子·梁惠王上》)

　　孟子强调的是君王对人民的责任,而不是人民拥有的相关权利。批判一个暴君也是错误的,这样的事实清楚地说明了大众没有言论的权利——虽然言论是不可避免的。

　　总之,上文(1)和(2)是符合事实的:中国传统中没有关于人权的讨论。在本文第四部分,我将会谈到中国传统中有几个本身可以作为人权基础的价值,但是儒学沿着另一个思想路径发展了,即围绕人际关系和责任而不是权利思想。但是,按照这一思路发展而来的(3)和(4)是正确的吗?传统中缺乏明确的人权词汇是否构成了现代人权话语发展的障碍?

---

① 罗忠恕:《中国传统的人权思想》,参见 *Human Rights in the Chinese Tradition*. New York: Columbia University Press, p.186。

② 关于《孟子》中更换统治者的各种限制更为详尽的讨论,参见 Justin Tiwald, "A Right of Rebellion in the *Mengzi*?" *Dao: A Journal of Comparative Philosophy* 7:3,2008, pp.269-282。

这些问题相当复杂,详尽的回答需要专门写本书。① 我们不应该断定有一个精确定义的人权概念是某一个共同体拥有或缺乏的,我们也不应该断定翻译只是一个将"源语言"中业已存在的概念精确地复制到"目标语言"的过程。语言学演变及概念创新不是这样发生的,这样断言也忽视了从事翻译的动力和贡献。中国学者不是要生搬硬套地挪用欧美思想,而是要学习他国的经验和思想,形成中国剧变的特殊环境下合理的思想、价值和制度。在这样做的过程中,他们有意无意地借鉴了传统,也有意识地发展出新概念,这些概念在传统中没有明确的解释,有些时候只有借助他们的创新概念才能清晰地表达(新思想)。② 总之,在中国形成明确的人权话语是一个非常复杂且充满争议的过程,但缺乏一个原先就有的明确的人权概念不是一个不可逾越的障碍,而且我们也不应该断定现代"权利"和"人权"概念是有问题的,因为它们不是欧美的"rights"和"human rights"等概念的精确复制。

即使把这些概念发展的问题暂时搁置,在另一个意义上,儒学可能为接受人权思想设置了一个潜在的障碍。正如上文所说,人权是对我们某些基本价值或利益的一种特殊保护。在如何表达这一特殊保护的问题上,理论家未达成一致,但他们思想的核心都是人权在一定程度上不同于其他价值并且凌驾于其他价值之上。根据一些儒学诠释者的解读,在传统上儒学被认为是一个单一的价值领域,我们称之为"伦理"价值。③ 因此,儒家在解释为什么存在人权方面面临一个挑战。不是儒家忽略了人们普遍意识到的价值间冲突的存在,例如孝道和公共责任似乎处于两个方向,而是传统趋向于认为,当我们了解并正确地看待具体情况时,总是能找到一个和谐的解决办法。④ 这一框架似乎没有空间装下一系列特殊的受保护的利益。可以肯定,儒家已经说过我们需要充满仁爱地

---

① 我对这些问题的基本回答,参见 Stephen C. Angle, *Human Rights and Chinese Thought: A Cross-Cultural Inquiry*. New York: Cambridge University Press, 2002.
② 梅杰强调了传统在人们没有意识到的情况下产生了极为重要的影响。他的论述大有裨益。参见 Phillipe Major, "Guest Editor's Introduction: Tradition and the Translation of Democracy during the Transitional Period of Modern China (1895 - 1925)", *Contemporary Chinese Thought* 47: 3, 2016, pp. 153 - 65.
③ Stephen C. Angle, *Sagehood: The Contemporary Significance of Neo-Confucian Philosophy*. New York: Oxford University Press, 2009.
④ 关于传统中的某些思想驳斥这一"和谐命题",参见 Michael Ing, *The Vulnerability of Integrity in Early Confucian Thought*. Oxford: Oxford University Press, 2017.

关心全人类的福祉,但这个责任需要与其他类型的具体社会责任协调。这一协调过程是非常具体的,需要基于具体情况进行。我们每个人都受到直接的、共同的甚至难以摆脱的限制,这样的观点与儒学框架格格不入。

让我来梳理一下。第一个障碍的基础是把20世纪之交中国社会依然存在的"礼教"等同于整个儒学,继而得出等级礼教与人权不相容的结论。跨越这一障碍的可能进路是领悟儒学传统的核心是现行礼教之外的其他事物,下文将会提到这一点。第二个障碍涉及传统儒学中缺乏一个清晰的人权概念,这一障碍可以通过概念创新来克服。第三个障碍来自于儒学的价值与对任一既定伦理问题的具体方案形成的整体,与人权格格不入。现代儒家采用两种途径应对这一挑战,两者都要求重大的创新:一把人权当作"备用设备"植入儒学,二是论证儒家应该把人权作为必要的"自我约束"之一予以支持,本文第四部分将会对此作详细讨论。现在来谈一谈最后一个潜在的障碍,它深植于儒学对人际关系,尤其是家庭关系的强调。如果说儒学坚信人只有在关系中才能被理解,而人权则是基于人是原子那样的个体,那么推出的结论很可能是不存在儒学人权思想,一切人权思想都应该摒弃儒学。

要得出这样的结论,我们得先接受这两个论点的前提:(1)儒学只通过人的角色和人际关系来了解人;(2)人权的基础是认为人只是孤立的个体。有些学者的确表达过这么极端的观点①,但都遭到了批判。例如,陈祖为(Joseph Chan)认为:

> 儒家认为,一切责任和权利的唯一来源是社会角色——这样的看法是错误的……儒家关于仁的伦理学最根本的基础是共同的人性,而不是不同的社会角色——人性有着超越角色之上的伦理意蕴……虽然在多数情况下,"仁"是在诸如父子、夫妇等人际关系中实现的,但在非人际关系的场合,道德行为也受到"仁"的制约。②

---

① Henry Rosemont Jr., "Why Take Rights Seriously? A Confucian Critique", In *Human Rights and the World's Religions*, ed. Leroy S. Rouner, Notre Dame: University of Notre Dame Press, 1988, pp. 167 - 182. 较早提出此类反对儒学人权的观点,参见本文第三部分。
② Joseph Chan, *Confucian Perfectionism: A Political Philosophy for Modern Times*. Princeton: Princeton University Press, 2014, pp. 117 - 118.

批判关系是人权的障碍的另一个进路是否定这一论点的第二个前提。例如,纳多(Randall Nadeau)指出,儒家可以认为团体中的个体能获得人权,强调道德的自我实现只能发生在关系当中,因此团体中的每个个体都必须借由人权得到保护才能发展成一个有道德的人。①

即使我们同意陈祖为或纳多的观点——关系论的激进版本并没有把人权排除出去,这里可能还存在一个问题。蒂瓦尔德(Justin Tiwald)提出人权有着清晰的行为准则,光是这一点就会削弱儒家认为的在成人过程中起核心作用的各种人际关系。他设想了一种情形:一个富有的姐姐在考虑要不要为她贫病交加的弟弟支付昂贵的医药费。他指出,如果姐姐或弟弟从可获得的权利的角度来考虑,就有可能鼓励他们去考虑与他人相冲突的自身利益,这会"使他们之间的关系蒙上阴影,从根本上扭曲了他们在家庭生活中的情感和动机"。② 也许蒂瓦尔德考虑的是这个弟弟会就他的状况提出控诉以获得充足的医疗资源,姐姐则认为这是在减少她的资源;或许蒂瓦尔德设想的是儒家权利制度,人们普遍认为这一制度明确规定家庭成员有责任相互关照。③ 在以上两种情况下,既然家庭关系及其他亲密关系在儒家看来是极为重要的,如果扭曲这些关系是不可避免的,那么儒家必须从根本上反对人权?

我认为对这一挑战的合理回应是谨记中国传统上不存在明确的人权规范。人权和儒学这样的传统该如何融合是一个新问题,因此应该由随着新思想的涌现和社会变迁不断发展的现代儒学来解答;本文第四部分将会讨论这样的进路。这一部分可以总结为两点:第一,从历史的角度看,儒学传统没有运用人权思想;第二,支持人权的现代儒家面临种种挑战。

三、儒学传统是人权的替代方案

认为中国传统阻碍了人权发展的思想家也有不同的主张,有些认为中国人

---

① Randall Nadeau, "Confucianism and the Problem of Human Rights", *Intercultural Communication Studies* 11: 2, 2002, pp. 107 - 111.

② Justin Tiwald, "Confucianism and Human Rights", In *The Routledge Handbook of Human Rights*, eds. Thomas Cushman, New York: Routledge, 2011.

③ 事实上蒂瓦尔德指出弟弟能挪用姐姐的工资,因此他考虑的可能是后一种情况。

应该摒弃传统,另一些则认为儒家不需要人权,因为儒学已经用另外的方式提供了令人满意的规范性秩序。的确,这些思想家认为,这一替代方案避免了以权利为基础的秩序不可避免的一些问题。这一理路在英语哲学界的起点是1988年发表的两篇论文:罗思文的《为什么要认真对待权利?——儒家的批判》①和安乐哲的《礼作为权利:一种儒家式的替代》②。

罗思文和安乐哲论述的两个核心概念是我们在与他人关系中所扮演的角色以及协调并规定这些角色的"礼"。正如罗思文所说,"在抽象意义上,对于早期儒家而言,不存在一个孤立的'我':我是在自身与具体的他人关系中所扮演的角色的总和"。他又说:

> 我们与他人——不管是死去的还是活着的人——的关系都受到"礼"的调节,礼就是随着历史延绵不断地展开,我们共有传承的礼貌、风俗和传统;履行这些关系所定义的责任,我们就……遵循了人"道"。③

安乐哲更明确地指出不能把礼看作是硬生生地加在被动接受的主体上的;相反,执行礼就是"置身于礼所包含的关系类型中,继而对社会起到了决定性作用……礼不是指被动地顺从外部规范。正是社会的**形成**过程要求人们投入自我并意识到这样做的重要性"。④ 这里我们可以看到罗思文和安乐哲之间微妙的差别,他们的立场与上文提到的陈祖为的立场都不同。问题在于:在何种程度上一个与众不同的"我"能拥有全人类都拥有的权利,这些权利又不限于我们的特定角色?罗思文的立场是我们只是我们的角色,而陈祖为则认为除了角色

---

① Henry Rosemont Jr., "Why Take Rights Seriously? A Confucian Critique", In *Human Rights and the World's Religions*, ed. Leroy S. Rouner, Notre Dame: University of Notre Dame Press, 1988, pp. 167 - 182.

② Roger T. Ames, "Rites as Rights: The Confucian Alternative", In *Human Rights and the World's Religions*, pp. 199 - 216.

③ Henry Rosemont Jr., "Why Take Rights Seriously? A Confucian Critique", In *Human Rights and the World's Religions*, pp. 167 - 182.

④ Roger T. Ames, "Rites as Rights: The Confucian Alternative", In *Human Rights and the World's Religions*, p. 200.

之外,我们还有责任(很可能还有权利):"儒家伦理的'仁'最终是基于共同的人性而不是不同的社会角色。"安乐哲的立场则介于罗思文和陈祖为之间,主张个人投身于礼和角色,既然这样做要求一个在某种程度上独立于其角色的"自我"概念,安乐哲确信这个"自我"恰恰是通过在社会中执行自己的角色而得以充分实现的。①

这里有两个问题至关重要。一是如何理解罗思文和安乐哲所说的儒学式"替代";二是判断这一个替代仅凭其自身是否足够,还是必须用人权加以补充。毫无疑问,儒学传统内部的主流思潮是以罗思文和安乐哲所说的方式强调角色和礼。《论语》中有一句名言表达了这一观点:"子曰:'道之以政,齐之以刑,民免而无耻;道之以德,齐之以礼,有耻且格。'"(《论语·为政》)

用强制的命令指导人民,当人民不服从命令的时候用刑法惩罚他们,不会使人民内化出一种羞耻感,因此在不被察觉的情况下人民会毫无羞耻感地违背政令。按照《论语》所说,与这种做法相反的是,用道德和礼制引导人民,其结果是人们变得有道德、能自我规范。儒家还认为一个礼制秩序也会影响统治者,因为他们参与了礼制,内化出了道德(因而变得更有道德),也因为统治者与臣民一起参与一种公共礼制文化使得臣民有能力要求统治者遵守礼制。有学者论证,礼制化事实上的确赋予了个人权利并限制了帝王,至少在一定程度上是这样。②

显然,关于儒家政治伦理的理论和实践能讨论的还有很多,这里最紧要的问题在于儒家这样的执政办法在今天是否足以治民,而不需要诉诸人权。罗思文的回答是肯定的。他说儒学"丰富且多样"的语言使它能"充分地表达我的道德观点,而不需要人权话语";尤其是,儒学提供了"一套丰富的专业术语来抨击"道德败坏和政治上的违法行为,包括政府在内。③ 尽管如此,由于人性的不可靠,强制性法律依然是必要的,即便是在《论语》中也有这样的暗示,在别的文

---

① 近期对于这些问题的微妙处理,参看 Robert Cummings Neville, "Individuation and Ritual", In *The Good Is One, Its Manifestations Many: Confucian Essays on Metaphysics, Morals, Rituals, Institutions, and Gender*. Albany: State University of New York Press, 2016, pp. 143 - 157。

② Ron Guey Chu, "Rites and Rights in Ming China", In *Confucianism and Human Rights*, eds. De Bary, Wm. Theodore, and Tu, Wei-ming,. New York: Columbia University Press, 1988, pp. 169 - 178。

③ Henry Rosemont Jr., "Why Take Rights Seriously? A Confucian Critique", In *Human Rights and the World's Religions*, p. 64.

献中则有更清晰的表达。的确,有些儒家比儒学主流思想更强调公共的外部的标准和制度的必要性。① 我们得承认,这些法律和其他标准并不是根据"人权"在历史进程中概念化的;如果人权思想是必要的,传统内部存在这股思潮就明显暗示着有进一步发展人权思想的空间。而安乐哲则非常不愿意强调人权。他写道:

> 依靠施行法律并运用人权作为法律的辅助,远远算不上是一种实现人的尊严的途径,而且在根本上是违反、削弱人性的,因为它是通过弱化我们**具体**的责任,进而提供相互和解的可能性而来定义什么是妥当的行为的。②

这里我们可以看到上文提及的蒂瓦尔德的观点的雏形。然而,安乐哲没有在范畴上排斥人权的运用。寥寥数语之后,他就力捧儒学模式,因为"它提供了合理的替代方案,缓和了个人为寻求法律途径所做的准备"。正如上文所说,现代儒家会赞同,我们诉诸法律的诉求应该要得到缓和,但是我不赞同安乐哲的激进观点——任何对人权的诉求都是"在根本上反人性"。我们必须认识到当个人和小群体面临巨大的威胁时,他们需要人权的明确有力的保护。礼制最终不能抵抗暴君,但法律体系可以。儒学可以尊重,甚至欣赏法律的重要性,有不少现代儒家已经指出必须这样做。③

---

① 狄百瑞指出,后期新儒家例如吕留良和黄宗羲表现出这样的思想倾向。参见 Wm. Theodore De Bary, *Asian Values and Human Rights: A Confucian Communitarian Perspective*. Cambridge: Harvard University Press, 1988. 我和蒂瓦尔德也细致地考察过某些相关的思想。参见 Stephen C. Angle and Justin Tiwald, *Neo-Confucianism: A Philosophical Introduction*. Oxford: Polity Press, 2017。

② Roger T. Ames, "Rites as Rights: The Confucian Alternative", In *Human Rights and the World's Religions*, p. 213.

③ Randall Peerenboom, "Confucian Harmony and Freedom of Thought: The Right to Think Versus Right Thinking", In *Confucianism and Human Rights*, eds. Wm. Theodore De Bary and Tu Wei-ming, New York: Columbia University Press, 1998, pp. 235-260. 非常强调礼制和权利的必要性。现代有影响力的儒学家就法律和权利的必要性做了重要论述,参见牟宗三:《政道与治道》,台北:学生书局,1991 年。关于牟宗三的某些思想的发展历程,可参见 Stephen C. Angle, *Contemporary Confucian Political Philosophy: Toward Progressive Confucianism*, Cambridge, UK: Polity Press, 2012。

四、儒学是人权思想的源泉

在本文开头部分我已经对某些学者的观点做出过一定的批判:他们对人权的讨论是不精确的,认为人权思想在包含人性价值的任何传统中都能产生。我已经论证过儒学传统在历史上没有出现过人权思想。然而,只要现代儒家或者更宽泛的现代中国理论家用正确的方式发展某些学者的思想——认为儒学传统内部有些价值可作为人权的源泉或基础,现在是时候相信他们的主张了。学者们已经注意到三个独特的儒学价值有可能作为人权基础:尊严、合法利益和德性。① 我们考察其中每个价值的时候,重要的是要牢记这个价值是否只是让儒学变得和人权**融洽**了——也就是说,如果单个价值对人权有着单独的奉献,它就可以没有自相矛盾地支持人权和儒学——或者证明(现代)儒学事实上**需要**人权。

现代西方很多对人权的辩护是在"人的尊严"概念的基础上进行的,而且《世界人权宣言》第一条规定"人人生而自由,在尊严和权利上一律平等"。在意识到这一点的情况下,华霭仁(Irene Bloom)提出如下问题:能否在早期儒学中找到对人的尊严的关注并找到这一问题的肯定回答。结果,她说儒学的根本直觉与《世界人权宣言》这样的现代文本是"一致的,而且前者在道德上和精神上支持"后者。② 华霭仁非常关注《孟子》,多次引用《孟子》来论证人类社会赋予我们一种特殊的有别于阶层和世俗荣耀的高贵和荣誉感。她解释道:"孟子式的尊严是基于道德潜力的,更具体地说,是基于个体心灵内部对道德潜力在心理上的意识。"③然而,重要的是,这一形式的荣誉不是只有充分发挥我们的道德潜力后才能拥有的东西;正如华霭仁对文本的解读,我们的道德潜力本身就是

---

① 第四个价值"人身自由"有时也会提到,但据我所知,还没有人基于后来奠定人权框架所需的激进的人身自由概念论证人权和儒学的关联性。陈祖为讨论了在现代儒学中补充较为温和的"个人人身自由"概念的可能性,参见 Joseph Chan, *Confucian Perfectionism: A Political Philosophy for Modern Times*. Princeton: Princeton University Press, 2014. 但是,这不能算作他为儒学人权思想所做的辩论,下文将会提到这一点。

② Irene Bloom, "Fundamental Intuitions and Consensus Statements: Mencian Confucianism and Human Rights", In *Confucianism and Human Rights*, eds. New Columbia University Press, 1998, p. 111.

③ Ibid., p. 107.

每个人的"天爵"的源泉。她还说,一个人是有可能通过自我贬低及不道德的行为失去其尊严的,但是像旅行者和乞丐之类的故事说明,在一个人不情愿的情况下,是不能夺去他的尊严的。总之,孟子的尊严概念与康德的尊严概念有着极为关键的相似之处,后者常与人权联系起来。

华霭仁明确认为,为了关注孟子的尊严概念搁置了很多东西,而且在孟子的时代,尊严概念并没有引发人权思想(其中部分原因可能是本文开头部分讨论的人权障碍)。尽管华霭仁的目标在于证明如果有人想为《世界人权宣言》这样的现代"共识文本"中的人权找一个儒学基础,不妨从人的尊严着手,这是个很好的开端。[①] 即便是这么局限的结论也受到倪培民的挑战,在他最近一篇论文中,他主张一种非同寻常的儒家对于尊严的理解——是通过修养获得的。在倪培民看来,他关于替代性的儒学尊严概念的论述是有吸引力的,因为它促进了强烈的个人责任意识,而且避免了现代西方的"尊严"(human dignity,或德语 Menschenwürde)概念引发的一些问题。[②] 由于成功地修饰自己的人也可能缺乏这种尊严(或者只是在一定程度上有这种尊严),倪培民对儒家尊严的理解似乎不能成为脱离世界人权的观点。这里不便对儒家"尊严"的两种不同观点的任何一种展开详细谈论,但我敢说依照我的判断,倪培民的论点并没有排除华霭仁在文献中找到的尊严概念。同时我坚信,真正地在华霭仁所说的尊严的基础上建立人权思想方面,我们能做的有很多,而且我接下来要考察的另外两个进路是更有希望的。让我们暂且搁置尊严之辩。

接下来要考察的人权的传统源泉是对个人合法利益的保护。众所周知,儒学反对追求利益,并把自私自利看作是恶行的根源。《孟子》开篇就讲述了孟子批评了一个为国家谋求利益的统治者。孟子说:"亦有仁义而已矣。"(《孟子·梁惠王上》)关于"私"的问题,早在传统儒学中就可以看到对此的关注,事实上

[①] 在分析独特的传统资源以达成人权共识方面,泰勒做了有影响力的讨论,参见 Charles Taylor, "Conditions on an Unforced Consensus on Human Rights", In *The East Asian Challenge for Human Rights*, eds. Joanne R. Bauer and Daniel A. Bell, New York: Cambridge University Press, 1999, pp. 124-144。

[②] Paimin Ni, "Seek and You Will Find It; Let Go and You Will Lose It: Exploring a Confucian Approach to Human Dignity", *Dao: A Journal of Comparative Philosophy* 13: 2, 2014, pp. 186-187.

所有的宋明理学家都明确地把它作为核心论题加以讨论。尽管儒家对利益和自私自利表示担忧,却也一直承认我们有合法的利益,并且实现合法利益是幸福生活的重要保证。我的《人权与中国思想》(*Human Rights and Chinese Thought*)一书的核心论题之一是论证儒家传统中的这股思潮在宋明理学后期中更为凸显,最终有助于解释 19 世纪及 20 世纪早期知识分子对权利(rights)和人权(human rights)的兴趣。① 牢记这一历史背景,就可以理解为何现代儒家把对利益的保护看作是对人权的辩护。

为发展这一思想路线做出最大贡献的当代思想家要数陈祖为(Joseph Chan)。从 1999 年他发表一篇重要的论文开始,就致力于发展这一思想路径,尤其是在他最近出版的书中,论证了现代儒学对人权的支持。他的出发点是下列关键前提:

  1.《世界人权宣言》所表达的人权不是以"人身自由"概念为基础的,也不是以其他与儒学相冲突的概念为基础的。

  2. "在儒学伦理中,个人的善和公共的善之间不存在冲突(换言之,只有依据安全、物品、社会关系和公平对待来确认和保护人民的利益,才能取得社会秩序与和谐)。"②

  3. "在不理想的情况下,合乎道德的关系破裂了,调解也不能解决冲突,人权可以作为备用工具保护人的基本利益。"③

陈祖为近期关于人权的讨论中,"理想"与"不理想"之间的差异起着非常重要的作用。在某些方面,我更欣赏他早期的分析,这种分析清晰地阐明了道德和权利何以同时运行;毕竟,我们所处的真实世界总是在某些方面是"不理想"的,但我们应该尽可能做个有道德的人:

---

① Stephen C. Angle, *Human Rights and Chinese Thought*: *A Cross-Cultural Inquiry*. New York: Cambridge University Press, 2002.

② Joseph Chan, *Confucian Perfectionism*: *A Political Philosophy for Modern Times*. Princeton: Princeton University Press, 2014, p. 120.

③ Ibid., p. 129.

在儒家看来,为了保持互爱互信的精神,我们首先应该努力通过教育、调解和妥协的手段来解决冲突,但是这不应该误导我们相信人权工具是不重要的。人权和道德在重建的儒家伦理学中都非常重要,而且两者彼此需要。道德并非总是能起作用,因此在保护人的利益方面弥足珍贵。另一方面,我们也需要道德来指导拥有权利的人在行使他们的权利时的行为。①

上述两种表述中,道德和协调具有头等重要的地位,而人权只是当事情变得极为糟糕时的"后备方案"。

有两个问题关涉陈祖为在利益的基础上做出的人权讨论。一是他的回答是否足以应对本文第二部分结尾提到的蒂瓦尔德的挑战:即使存在明确的人权规范也会损害核心人际关系。陈指出"我们首先应该努力通过教育解决冲突",但是要怎样做才能实施这一"应该"呢,尤其是当实际情况"不理想"时?这个问题不足以推翻陈祖为的概念,但确实给他带来压力,令他难以解释他对人权的理解如何避免给儒学带来强烈的冲击(即对儒学中其他有价值的东西造成过多损害)。② 另一个问题意味着他的人权观实际上太过温和:什么可以保证儒家必须接纳人权呢?毕竟,儒学已经有各种机制来保护人民的利益;何以证明儒家必须把人权放入他们的"工具箱"呢?陈祖为论述的核心在于人权和儒学在"不理想"的情况下的兼容性;他明确指出"在儒家理想的社会中,人们不需要人权,人权不是人的尊严或构成人的德性所必需的"。③ 因此,既然我们所处的世界是不理想的,尤其是如果我们想对人权做出自己独有的贡献,那么儒家**能**接受人权,但是他没有证明儒家**必须**接受人权。如果我们想得到至少为人权提供更为坚实的儒学基础的论证,那么我们需要转向第三条进路——基于道德。

儒学重视道德修养,这样的看法相对说来不会有争议。的确,根据某些解

---

① Joseph Chan, "A Confucian Perspective on Human Rights for Contemporary China", In *The East Asian Challenge for Human Rights*, eds. Joanne R. Bauer and Daniel A. Bell, Cambridge: Cambridge University Press, 1999, pp. 212 - 240.

② 在《儒家至善论》中,陈祖为做出了这样的解释,明确回应了蒂瓦尔德的挑战。参见 Joseph Chan, *Confucian Perfectionism: A Political Philosophy for Modern Times*, 2014, pp. 126 - 129。

③ Joseph Chan, *Confucian Perfectionism: A Political Philosophy for Modern Times*, p. 129.

读,儒学的核心目的在于提升宇宙中每个人的德性。① 把这一目标与人权联系起来的学者是西姆(May Sim),她在一系列论文中指出,公民政治权利和经济文化权利是"创造培养诸多儒学道德的条件所必需的",因此儒家能而且必须承认人权。② 西姆对这一结论的具体论证显得过于仓促,因而说服力不是那么强,但她显然触及了一种论证儒家必须接纳人权的思路(如果成功的话)。事实上,类似的观点可见于20世纪有影响力的现代儒家,例如,徐复观和牟宗三。1957年,徐复观指出,我们需要人权来保护公民免受压迫(包括政府的压迫),而且缺乏人权已成为儒学何以在历史上无法达成广义道德发展的目标的重要原因。③ 牟宗三在他的政治哲学著作《政道与治道》中作过类似的论述。

我们之前问过陈祖为和与他想法类似的主张合法利益路线的学者,我们也可以向主张儒家人权道德路线的学者问两个同样的问题:该如何回答蒂瓦尔德提出的问题?人权是否真的必要?让我们先分析第二个问题。问题不在于能否表达某人自己,在不受折磨的境况下生活,或者有一份有益于提升道德的工作;问题在于拥有确切的表达、免受折磨和获得雇佣的权利对于培养道德是必要的。毕竟,在没有这些权利的社会中有很多人仍然能表达他们自己、避免折磨,也能工作。为什么儒家说他们还不能培养道德呢?西姆引用梅尔登(A. I. Melden)的人权概念做了回答,在别处我也借用了牟宗三的某些观点来表达

---

① 当下出现儒学伦理是否是一种形式的"道德伦理"的辩论,但即使是批判这一表述过于个人化的人也会赞同在与他人的关系中培养"德性"是儒学的核心(Roger T. Ames, *Confucian Role Ethics: A Vocabulary*. Honolulu: University of Hawaii Press, 2011)。显然还可以用其他方法来概括儒学目标的特征,例如,实现"天理"、"平天下"等,但正如《大学》等文献的分析,唯一达成这些目标的途径是道德修养,除了通过实践我们的道德之外,我们无法仅凭自己真正地完成这些目标。对此的某些讨论,参见 Stephen C. Angle, *Sagehood: The Contemporary Significance of Neo-Confucian Philosophy*, New York: Oxford University Press, 2009。

② 参见 May Sim, "Rival Confucian Rights: Left or Right Confucianism?", *International Philosophical Quarterly* 51: 1, 2011, pp. 1 - 18; May Sim, "A Confucian Approach to Human Rights", *History of Philosophy Quarterly* 21: 4, 2014, pp. 337 - 356; May Sim, Confucian Values and Human Rights. *The Review of Metaphysics* 67, 2013, pp. 3 - 27. Marina Svensson, *Debating Human Rights in China: A Conceptual and Political History*. Lanham, MD: Roman & Littlefield, 2002。范瑞平为人权道德路线所作的辩护,参见 Fan Ruiping, *Reconstructionist Confucianism: Rethinking Morality After the West*. Dordrecht: Springer, 2010;我简单讨论过他的思想,参见 Stephen C. Angle, *Contemporary Confucian Political Philosophy: Toward Progressive Confucianism*. Cambridge, UK: Polity Press, 2012, pp. 82 - 84。

③ 徐复观:《学术与政治之间》,台北:学生书局,1980年。

我的观点,我的核心思想是任何人能否具备儒学道德取决于所有人具备儒学道德的可能性,而只能通过人权框架才能确保这一可能性。① 这一路径的论证细节在一定程度上是有学术价值的,此处无需赘述;现在我们只要做出令人满意的论证,就有充足的理由说中国传统的这一维度能够为人权的必要性奠定基础。

最后,让我们分析蒂瓦尔德的问题:只要有明确的可声明的人权存在就会削弱西姆和我主张的儒学路径吗?此处,我为自己辩护,我的回答是"否",但重要的是这个答案不能仅靠追溯传统得到证实。我想现代儒家会提出这样的问题:如何在人权环境下以最佳的方式实现道德?我们可以得到两种答案。第一,需要在社会内部理解维护人权的法律制度,我称之为"第二诉求体制"。法律和司法程序的构建必须鼓励道德乃至德性发展,但要避免陷入规避法律诉求的"最终诉求"陷阱。② 第二,儒家需要学会在深层次上尊重法律,认识到它对生活在易遭受私欲和权力侵袭的社区里容易犯错的人们的成长和福祉起着至关重要的作用。然而,尊重权利和法律并不意味着把它们看作是唯一掌控我们的东西:现代儒家的关键责任是教会我们欣赏道德、法律和礼制在生活中所起的迥异但互补的作用。③

在本文的结尾要谈的是从中国传统的角度如何看待特定的人权内容。换言之,承认传统中有人权(不管得到何种程度上的证实),儒学有可能指引我们期待某些特定的权利受到别于其他文化背景的关注吗?这一问题的常见解答方式是思考儒学强调价值的方式可能引向具体的人权,例如李晨阳说儒家应接受人有受教育的权利,陈祖为讨论了老年人的权利。④ 出于几个原因,陈也主

---

① May Sim, "A Confucian Approach to Human Rights", *History of Philosophy Quarterly* 21:4,2004, pp. 337-56; Stephen C. Angle, *Contemporary Confucian Political Philosophy: Toward Progressive Confucianism*, Cambridge, UK: Polity Press, 2012.

② Stephen C. Angle, *Sagehood: The Contemporary Significance of Neo-Confucian Philosophy*, New York: Oxford University Press, 2009.

③ 更多关于这一主题的讨论,参见 Stephen C. Angle, *Contemporary Confucian Political Philosophy: Toward Progressive Confucianism*,尤其是最后一章。

④ Li Chenyang, "Education as a Human Right: A Confucian Perspective", *Philosophy East & West* 67:1, pp. 37-46; Joseph Chan, "A Confucian Perspective on Human Rights for Contemporary China", In *The East Asian Challenge for Human Rights*, eds. Bauer, Joanne R., and Bell, Daniel A. Cambridge: Cambridge University Press, 1999, pp. 235-236.

张儒家应该偏爱较简短的人权清单,该清单由下列权利组成:(1)(避免受到公权力侵害)的权利,剥夺这样的权利会严重阻碍社会秩序并损害个人利益;(2)最容易由法律实施、保护的权利。① 这样做的一个结果是关注公民和政治权利,通过其他途径而不是权利致力于实现人们的社会利益和经济利益。另一方面,有些人因为儒学传统长期强调人们的经济福祉,提出儒家(或者生活在具有儒学传承的社会中的人)应该相较于公民-政治权利,更偏好社会-经济权利。② 最后,我在别处已经说过,现代儒家思考人权内容的正确方式不是直接由先前就有的儒学价值推导出人权,继而使其普及,而是在一个包容性的过程中参与具有普遍性、世界性视角的谈判。这一进路尊重不同的群体加入这个过程带来的多样化视角,并且在最佳程度上实现所有参与者授权的一系列可制度化的全球性原则。③

五、结语

本文是围绕中国传统和人权之辩的三个相互矛盾的观点——传统是人权的障碍、代替抑或是源泉——展开的。每种形式的障碍——等级礼制、缺乏概念、统一价值领域和关系论——都是真实存在的,但并非无法跨越,实际上我已经论证过儒家应该支持儒学传统朝着向人权话语开放的方向发展。中国传统也提供了有吸引力的可代替人权的方案,但是我赞同一些学者所说的,儒学式"替代"和人权规范联合起来是现代世界所必需的。通过不同途径寻找中国传统中的人权资源——尊严、利益和道德——都显示出某种希望,尽管这些途径单个来看都不能证明儒学在新时代已经做好了吸收人权思想的准备。这些资源是现代儒家支持人权之辩良好的着手点(我大概已经指出,人权在范围和具体内容上和其他的权利不同),但再次说明传统要接纳人权的话,就需要发展和

---

① Joseph Chan, *Confucian Perfectionism: A Political Philosophy for Modern Times*, p. 127.
② Daniel A. Bell, *Beyond Liberal Democracy: Political Thinking for an East Asian Context*, Princeton: Princeton University Press, 2006.
③ 参见 Stephen C. Angle, *Contemporary Confucian Political Philosophy: Toward Progressive Confucianism*, pp. 87-90. 我在书中进一步论述,自1948年起全球表达人权规范的实际过程已经在一定程度上实现了儒家应该会支持的这种过程。

调整。总之,本文关于中国传统和人权的关系的讨论还留下很多悬而未决的问题。儒学——乃至中国传统的其他组成部分——将会如何发展?传统不会只是给我们人权方面的启示继而归于沉寂;传统是充满活力和争议的,而且并未远离我们。现代中国人权话语呈现出独特的形态,部分原因在于传统遗产,一系列政治、法律、经济和社会因素在这个演变过程中也发挥着一定的作用。在中国人权之辩下一个篇章的谱写中,我希望现代儒学会起到建设性的作用。

Human Rights in Chinese Tradition

Stephen C. Angle

Abstract: Among the perspectives on the relation between Chinese tradition and human rights today, we can identify three different approaches: the Chinese tradition is (1) an obstacle to human rights, (2) an alternative to human rights, or (3) a source of human rights. This paper examines these three approaches in detail. Each of the forms of barrier — hierarchical rituals, lack of concept, unified field of value, and relationality — is genuine but not insuperable, and in fact the paper argues that modern Confucians should embrace the development of their tradition in directions that open up space for human rights discourse. Chinese tradition also offers attractive alternatives to human rights, but I insist that both the Confucian "alternatives" and human rights norms should joint together in the modern world. The different approaches to finding a source for human rights in Chinese tradition — dignity, interests, and virtue — all show some promise, though none simply demonstrates that Confucianism was ready-made to adopt human rights when it entered the modern age. These sources are excellent starting points for modern Confucian arguments in favor of human rights, but once again the tradition needs to grow and adapt if it is to welcome human rights.

Key Words: Chinese tradition, human rights, obstacle, alternative, source, modern Confucianis

何谓儒商？仁义、生生与企业家精神

张子立[*]

[摘　要] 谈到儒商，明末至有清所谓"古者四民异业而同道"、"虽终日作买卖，不害其为圣为贤"、"士商异术而同心"等说法常被提及。但从历史发展观之，并非这些说法，而是清末自强运动后的商战之论，才对商人地位提升发挥了实际作用。再从思想融贯性来看，以上说法如何与孔孟义利之辨的说法兼容也是一个问题。论者提供"利以义制"、"义利存乎心"的诠释，指出义利之别的关键在于正当或不当求利。正当求利，则义在其中；反之，则为利欲熏心。惜未进而说明：正当求利与否的判准何在？为解决上述问题，本文借助孔孟对仁、义、利的阐释，以及《易传》"生生"的概念，予以现代的诠释，以界定何谓"儒商"。首先，孔孟虽强调义利之辨，却不主张"义利互斥"，而是"义先于利"。从孔子"己立立人，己达达人"的命题来看，"利以义制"可解释为互利互惠。例如，企业家透过员工制造产品，而从中获利，此为己利己达；给予员工

---

[*] 张子立(1971—)，男，台湾基隆人，哲学博士，复旦大学哲学学院研究员，研究领域为儒家哲学尤其是宋明理学、当代新儒学。

良好薪资待遇,商品也为消费者带来便利或快乐,则为立人达人。此命题更高层次表现乃"以利行仁"。其意涵为企业家运用所累积的财富而帮助别人,如赈灾济贫。"生生"则定义为各种正面价值的不断创造、创新与提升。商品与服务的不断发明与改良,即是一种正面价值的创造与提升,是则从商与成德同为儒家生生精神之现代表征。综上所述,儒商乃力求商品与服务的不断改良、创新,同时做到"利以义制"、"以利行仁"的企业家。若以日常用语来说:不断创新、互利互惠、注资公益即是儒商定义。

[关键词] 义利之辨;利以义制;以利行仁;生生;道德修养;价值创造

一、引言:"儒商"概念之哲学反思

儒家精神如何在现代社会寻求新的体现?此问题已在当代儒学探讨中热议数十载。有鉴于商业机构与企业家们在现代社会所起的重大作用,不少学者开始聚焦于商业活动,进而审视其与儒家价值的关系。诚然,时至今日,企业家在其本业范围,藉由本身创意与产品,于改善人们生活质量、促进社会发展等层面,已经做出有目共睹的贡献。他们在创业与经营时所展现的眼光与决心,需克服的困难险阻,可以让人联想到孔子"知其不可而为之"的无畏精神。此外,亦有企业家加入各种组织团体,以服务同行与大众。尤有甚者,进而慷慨解囊,捐助金钱物资以协助赈灾济贫;又或是注资推行文教工作,乃至出于忧国忧民之心而针对重大议题提出忠告建言,相关实例实已俯拾皆是。

就欲接通儒家与现代社会的儒学研究者而言,上述企业家种种成就,的确值得予以积极肯定与发扬,所以"儒商"一词乃应运而生。从历史沿革来看,儒商虽然是晚近才出现的名词,实则此种融合儒者与商人身份的思维,并非到现代才出现。据史家考察,明清之际以来,弃儒就贾早已逐渐形成一种风气。从商人士的社会贡献也日益受到肯定。如此看来,"古者四民异业而同道"(王阳明),"士商异术而同心"(空同子),"良贾何负鸿儒"(汪道昆)等说法会陆续出现,也就不足为怪。[1]

---

[1] 关于这个主题,余英时先生曾作出详尽的探讨。参氏著:《中国近世宗教伦理与商人精神》,台北:联经出版事业公司,2013年,第95—165页。

但要注意的是，以上这些新解固然可以帮助我们将儒与商这两种身份予以结合，作为提出"儒商"概念之佐证。不过在历史发展中，真正使商人地位提升乃因清末救亡图存之实际需要，而非来自以儒入商论调的影响。此外，上述说法在理论上也有待加强。因为在概念层面，尚须考虑儒商与儒家传统观念之一致性问题。就商业活动而言，获利动机是基本出发点，如何运用现有成本获取最大的利差，是商业活动的核心，也是从商的必要考虑。如此一来，若是我们想到孔子所谓"君子喻于义，小人喻于利"的说法，孟子不断强调的义利之辨，乃至董仲舒的名言"正其谊不谋其利，明其道不计其功"，则从先秦儒下迄汉宋之儒对用心于"利"的保留，甚至否定，就与上述的获利动机有所抵触。此外，儒家的宗旨一向重在成圣成贤，或至少退而求其次：成为君子。所以修身成德才是本业要务。就算证明从商不会与圣贤之道产生冲突，但实在也不能提供什么助力。以上反省也可帮助我们理解：为何在当今社会儒家思想并未广泛地在商界人士中产生影响。儒商一词也更多地是由学界倡导，而未在企业家中蔚为风潮。如此一来，儒商概念是否能成立呢？若可以，又如何将其与儒家观点予以调和、连结？这就是必须予以正视并作出理论疏导的问题，不宜轻轻地一语带过。

本文即基于以上理由，而尝试以孔孟论仁义，以及《易传》"生生"等儒家核心概念，进行儒学的现代诠释。并以此为框架，在理论上解释企业家精神如何在现代与儒家宗旨相互契合。首先，从何谓"义先于利"、"利以义制"、"以利行仁"的角度切入，对仁、义、利之间的关联提出相应的解释。另外，并藉由对"生生"的现代诠释，提出以"价值创造"取代纯粹道德修养的儒家实践观，使商业与修身成德同样取得在儒家架构下的合法性。这些尝试，一则赋予商业除了利益导向之外的更丰富内涵；二则欲使儒家淑世之核心价值，透过企业家善行之实例，在现代社会具有更多元而鲜活之展现。

二、结合儒与商的先声

自古以来，对儒者成就的关注实皆聚焦于道德之成圣、成贤工夫，对其他领域如商业与艺术等并未重视。特别是自古以来的重农抑商观念，对于商业活动的评价向来不高。真正以儒学大家身份而对商人作出积极肯定，则以王阳明肇

其始,影响也最为重大。首先,他将治生与讲学视为一体之两面,而提出"虽终日作买卖,不害其为圣为贤"的说法:

> 先生曰:"但言学者治生上,尽有工夫则可。若以治生为首务,使学者汲汲营利,断不可也。且天下首务,孰有急于讲学耶? 虽治生亦是讲学中事,但不可以之为首务,徒启营利之心。果能于此处调停得心体无累,虽终日作买卖,不害其为圣为贤,何妨于学? 学何贰于治生"?①

在此王阳明将治生亦视为讲学之一个环节,但不可以之为首务,否则会助长营利之心。重点是能不让治生之务妨碍学者从事致良知的工夫,那么就算是终日做买卖,也不害其为圣为贤。质言之,阳明勉人致吾心之良知于事事物物,"作买卖"既是百姓日用中之一事,自然也是良知所当致的领域。此种说法是合乎其致良知之教的。② 所以王阳明进一步提出"古者四民异业而同道,其尽心焉,一也"的说法。③ 认为士农工商一样都在做尽心的工夫,只要所做之事有益于生人之道,则可谓是志同道合。余英时指出,王阳明在《重修山阴县学记》中说:夫圣人之学,心学也;学以求尽其心而已。可见尽心二字分量之重,商贾若是尽心于其所业即同是为圣人之学,决不会比士为低,这是"满街都是圣人"之说的理论依据。墓表中明白指出当时士好利尤过商贾,只异其名而已,王阳明想要彻底打破世俗上"荣宦游而耻工贾"的虚伪的价值观念,其以儒学宗师的身份对商人的社会价值给予这样明确的肯定,不能不说是新儒家伦理史上的一件大事。④

事实上,在王阳明的时代,这种平章儒与商,而主张能以儒家精神从事商业活动的"以儒入商"思维,可说日渐形成一种呼声。明人王献芝曾引用空同子的类似论调,而指出"士商异术而同志",其言来自李梦阳《明故王文显墓志铭》。原文为:

---

① 王守仁:《王阳明全集》卷三十二,上海:上海古籍出版社,2012年,第1291页。
② 余英时:《中国近世宗教伦理与商人精神》,第94页。
③ 王守仁:《王阳明全集》卷二十五,第1036页。
④ 余英时:《中国近世宗教伦理与商人精神》,第106页。

> 文显尝训诸子曰：夫商与士，异术而同心。故善商者处财货之场而修高明之行，是故虽利而不污。善士者引先王之经，而绝货利之径，是故必名而有成。故利以义制，名以清修，各守其业。天之鉴也如此，则子孙必昌，身安而家肥矣。①

之所以断定"士商异术而同心"，其理由在于"善商者处财货之场而修高明之行，是故虽利而不污"。此说与王阳明所谓"调停得心体无累，虽终日作买卖，不害其为圣为贤"如出一辙。都是在强化士与商同归而殊途的特质。只要能"利以义制"，士商之间就不再存有藩篱。有了这些说法为基础，无怪乎另一明人汪道昆得以呼应这种想法，而大胆断言"何负闳儒"：

> 大江以南，新都以文物著。其俗不儒则贾，相代若践更。要之，良贾何负闳儒，则其躬彰彰矣！②

明代之后，这种连结儒与商的思路，也一直延续到了清代。清人沈垚在《费席山先生七十双寿序》中所说的一段话，曾经一再地被学者征引，以作为论证明清时期士商之间界线已泯的主要线索。沈垚在文中说：

> 古者四民分，后世四民不分。古者士之子恒为士，后世商之子方能为士。此宋元明以来变迁之大较也。③

"古者四民分，后世四民不分"的想法在明清以后虽已陆续出现，但要注意的是，以上对于士农工商四民的新诠，还尚不足以动摇传统的四民论和重农抑商政策。以上对商人地位与价值重新进行思考后所提出的四民新论，在雍正皇帝于1724年和1727年两度重申四民秩序和政府的重农抑商政策后，实遭遇明显的挫败。就算明末清初的儒家欲以四民不分来改变国家的政策和社会的观念，雍

---

① 李梦阳：《空同集·明故王文显墓志铭》，收录于王云五主编：《四库全书珍本》八集，台北：商务印书馆，1974年，第4页。
② 汪道昆：《太函集》卷五十五，合肥：黄山书社，2004年，第1146页。
③ 沈垚：《落帆楼文集》卷二十四，收入吴兴丛书（吴兴刘氏嘉业堂刊本，线装本），1918年，第12页。

正皇帝的两道谕旨,则是以官方的权威宣告了他们的失败。主张士、农、工、商平等的论调,即使在它最蓬勃的时候,都没有居于思想的主流,在雍正皇帝再度肯定传统的四民论后,更是流于沉潜,纵使未完全消失,但至少在光绪初年以前,它的声音始终是微弱的。① 所以当我们在诉诸这些说法为"儒商"概念奠基时,必须同时意识到这些在思想层面上的发展与努力,仅为儒者与部分由儒入商者对儒与商二者关系的重新界定。这是一种新思潮的萌芽,既在理论上尚未发展成熟,也没有直接造就后来商人地位的提升,在清朝末期以前,重农抑商的意识形态实仍居于主流地位。

此外,据学者考察,真正使商人地位得到提升的,实乃出于清末救亡图存之迫切需求,而非以儒入商的思想启迪。清廷面对西方船坚炮利的威胁,最初以提升军事力量的自强运动为对应之策。然因与西方国家进行"兵战"屡遭挫败,同时出现严重的漏卮问题,重农抑商政策开始受到强烈挑战。光绪初年,湖广道监察御史李璠首先提出"商战"重于"兵战"的主张,一些思想较新的知识分子,也相继阐扬重商议论。加上在甲午战争中国为日本所败,急迫的民族危机感,使得郑观应的"商战论"盛倡于一时。清廷在内外交逼之下,不得不改采重商政策,以挽救危局。传统的重农抑商政策和四民论至此始发生根本性的改变。由工商致富的商人活跃于各个层面,也使中国的社会结构发生重大变化。② 以上史实也解释了为何从清末到现代,商人地位虽已大大提升,乃至后来居上,但对儒家思想的认同却并非普遍地存在于商界人士之中;"儒商"一词也更多的是被学界所倡言,而未在商人意识中生根。

三、义利之辨 *vs.* 获利动机

在上一部分,本文解释了明清时期以儒入商的思想沿革,并指出其为一种新思潮的萌芽,然而并未直接造就后来商人地位的提升。在历史发展中真正抬高商人价值的动力,乃清末救亡图存之实际需要,而非受到论者对四民的新解之影响。接下来将继而讨论,就思想层面而言,以上说法在理论上亦尚未发展

---

① 参见李达嘉:《从抑商到重商:思想与政策的考察》,《"中央"研究院近代史研究所集刊》第82期,2013年12月。
② 李达嘉:《从抑商到重商:思想与政策的考察》,《"中央"研究院近代史研究所集刊》,第1—53页。

成熟，如何将传统儒家思维与商人角色结合，还有理论问题尚待解决。

商业活动本质上是营生之手段，藉由劳务与货品交换过程中获取的利益以维持生活所需，并同时运用各种手段将获益极大化，如此则可继而累积财富。是以就商业活动而言，此种获利动机（profit motive）是其核心，此实适用于古今中外的一切商业运作模式，也是经济学中广为人知的基本概念。若从人际互动角度检视获利动机，很容易让我们想到孔子在《论语·里仁》篇中有关"君子喻于义，小人喻于利"的分判，以及"放于利而行，多怨"之警语。可以说，孔子认为人与人之间若以利益考虑为来往前提，在道德上是有瑕疵的，也有害于人际关系。这可视为儒家义利之辨立场的滥觞。此态度进一步为孟子所发展：

> 孟子曰："鸡鸣而起，孳孳为善者，舜之徒也。鸡鸣而起，孳孳为利者，跖之徒也。欲知舜与跖之分，无他，利与善之间也。"（《孟子·尽心上》）

舜与跖之分，关键即在于重利与重善之别。实与孔子"君子喻于义，小人喻于利"的思路一脉相承。另外，孟子在与梁惠王的对话中，也讨论了重利而轻仁义所可能引发的流弊：

> 孟子见梁惠王。王曰"叟！不远千里而来，亦将有以利吾国乎？"孟子对曰："王何必曰利？亦有仁义而已矣。王曰：'何以利吾国？'大夫曰：'何以利吾家？'士庶人曰：'何以利吾身？'上下交征利，而国危矣。万乘之国，弑其君者，必千乘之家；千乘之国，弑其君者，必百乘之家。万取千焉，千取百焉，不为不多矣。苟为后义而先利，不夺不餍。未有仁而遗其亲者也，未有义而后其君者也。王亦曰仁义而已矣，何必曰利！"（《孟子·梁惠王上》）

孟子唯恐梁惠王为政上抱持孳孳为利的想法，于是当下以"王何必曰利？亦有仁义而已矣"答复梁惠王是否"有以利吾国"的问题。并且指出，一国若从君王以下处事都抱持着如何对自己有利的想法，导致上下交征利，适会导致国危的结果。此外,董仲舒"正其谊不谋其利,明其道不计其功"①的名句,也为义利之辨提供了鲜明注脚。到了宋明理学时期,朱熹据此反驳陈亮"义利双行"的见解,王阳明亦在《答顾东桥书》中痛斥功利之毒②。可以说,义利之辨由先秦开始,历经汉代,一直到宋明时期都是儒者行为的主导思想。

但从另一方面来看,谨守义利之辨,是否即表示义利之间一定构成冲突呢?以董仲舒为例,他固然持"正其谊不谋其利,明其道不计其功"的严分义利之辨的立场,却也说过在义先于利的前提下,人也要义利并养:

> 利以养其体,义以养其心,心不得义不能乐。体不得利不能安。义者,心之养也;利者,体之养也。体莫贵于心,故养莫重于义。(《春秋繁露·身之养重于义》)

人必须身心俱养,是则义与利皆为维系生命之所需。他在《贤良对策》篇说明了强调义利之辨的理由,实为有鉴于周室之衰肇因于其卿大夫缓于谊(义)而急于利,乃力劝汉武帝:"尔好谊,则民向仁而俗善;尔好利,则民好邪而俗败。"其用意在针对武帝好大喜功的个性,劝告他"能修其理不急其功"。(《春秋繁露·对胶西王越大夫不得为仁》)因为"凡人之性,莫不善义,然而不能义者,利败之也"。(《春秋繁露·玉英》)可见董仲舒并非抱持义利不兼容的态度,而是反对因求利而害义,因而主张义利要并养。

明代商人中亦有接续尝试将获利动机与义利之辨做出调和者。例如前文提到的李梦阳《明故王文显墓志铭》尝论"善商者处财货之场而修高明之行,是故虽利而不污",因而有"利以义制"之说法。其意不外乎若能以义为前提,则求利也不是坏事,甚至可以与高明之行兼容。韩邦奇在《国子生西河赵子墓表》表达了类似意涵,并以本心作为义利合一之基础,提出"义利存乎心"的新解:

> 圣贤岂鲍瓜哉!傅说之版筑,胶鬲之鱼盐,何其屑屑也。古之人惟求得其本心,初不拘于形迹。生民之业无问崇卑,无必清浊,介在义

---

① 《汉书·董仲舒传》记载其对江都王之问曰:"夫仁者,正其谊不谋其利,明其道不计其功。"
② 王守仁:《王阳明全集》卷二十五,第63页。

利之间耳。庠序之中,诵习之际,宁无义利之分耶?市廛之上,货殖之际,宁无义利之分耶?非法无言也,非法无行也,隐于干禄,藉以沽名,是诵习之际,利在其中矣。非其义也,非其道也。一介不以与人,一介不以取人,是货殖之际,义在其中矣。利义之别,亦心而已矣。①

以上这段话,处处看到陆王心学的痕迹,其独到之处在于:不以任何职业或身份,而以孟子所阐扬之本心作为衡量义利之标准。若求得本心,则不必拘于货殖或诵习之形迹。点出无论在诵习或货殖之际,皆有义利之分。因为即使在诵习之际,但若心系干禄,沽名钓誉,也是汲汲于利;反观从事商业之人,在行为处事之中,若能秉持在非其义、非其道的情况下"一介不以与人,一介不以取人"的原则,则义亦在其中。韩氏虽非传统意义上之大儒,然此论实能紧抓孟子"思则得之,不思则不得"的成德要义而有以扩充之。

不论是李梦阳强调的"利以义制",或是韩邦奇"义利存乎心"的新铨,都是力求融合义与利的尝试,强调义与利不见得处于非此即彼的关系。特别是韩邦奇对义在货殖之中的见解,点出求利或求义与职业身份无必然关系。各种事业或活动皆介于义利之间,汲汲于利或是义,端看个人之动机或心态为何,可谓能跳脱出传统思想的窠臼而另辟蹊径。

质言之,以上种种结合义利的论述,核心在于从正当求利与不当求利中做出区分,若是属于正当求利,则为"利以义致"、"义在其中";相反地,若一味不当求利,就成为唯利是图的小人。但重点在于,裁决正当与不当求利的判准究竟为何?这些说法都只指出有此区别,却未能告诉我们做出此划分的明确标准为何。这样就难以界定何种商业行为乃高明之行而虽利而不污,也无从判断何种货殖是义在其中。因此,要界定何谓儒商,就必须提供这个对正当求利的定义,而且这定义必须能够与儒家的核心思想一致,才算是以儒入商。这就是本文以下要讨论的内容。

四、利、义、仁:"义先于利"、"利以义制"与"以利行仁"

依上述,明代商人结合义利的尝试,焦点在于对正当求利与不当求利做出

---

① 韩邦奇:《苑洛集》卷七,景印文渊阁四库全书第1269册,台北:商务印书馆,1983年,第447页。

区分，若能"利以义制"，则属于正当求利；若孳孳为利，则为不当。但对于何谓"利以义制"的问题，则并未提出说明。以下将从孔子、孟子乃至阳明的说法中寻找线索，探究对儒家而言，如何在"义先于利"的原则上"利以义制"，并进而"以利行仁"。

质言之，孔子虽指责喻于利的小人，却并非一味反对追求利益。而是强调要"见利思义"（《论语·宪问》），亦即劝人自省：是否以适当的方式获得利益？他真正反对的是以不义的方式获取利益，所谓"不义而富且贵，于我如浮云"。（《论语·述而》）也就是说，孔子抱持的是"义先于利"的观点。他并不排斥义与利并存的可能性，但反对由不义的方式取得利益。此思路亦为孟子所继承。孟子虽认为圣贤与小人之分，即在于为利与为善之别，也并未排除对利益之追求。相反地，从前述他与梁惠王"王何必曰利"的对话来看，他点出若"上下交征利"，结果将反而对大家都不利。若是大家以仁义为先，反而会在相互照料的基础上，产生"未有仁而遗其亲者也，未有义而后其君者也"的最佳结果。在此可以说孟子除了主张"义先于利"之外，也抱持着"义可生利"①的看法。其中所谓利，可能涉及公利或私利，或甚至兼指二者而为言。② 孟子另一段话也透露出义可导出利的类似看法：

> 宋牼将之楚，孟子遇于石丘。曰："先生将何之？"曰："吾闻秦、楚构兵，我将见楚王，说而罢之。楚王不悦，我将见秦王，说而罢之。二

---

① 有学者指出，孟子对义与利之间关系的看法，可以从四个层面进行考察，分别是"取代模式"的"以义斥利"、"条件模式"的"先义后利"、"化约模式"的"义即公利"，以及"因果模式"的"以义生利"等四种类型。并指出孟子存在有若干"先义后利"的成分，也确实有肯定公利而轻私利的倾向，但更正确地来说，他是在动机或存心上唯"义"是求，属于高浓度的"以义斥利"类型；而又乐于将"利"视为由"义"所衍生的必然结果，接近于"以义生利"的类型。参见叶仁昌：《孟子政治思想中义利之辨的分析：四种主要类型的探讨》，《政治科学论丛》第50期，2011年12月，第1—36页。就"未有仁而遗其亲者也，未有义而后其君者也"此命题而言，笔者赞同叶文之分析，肯定孟子思想中具有"以义生利"的思想成分。

② 李明辉指出，单从"未有仁而遗其亲者也，未有义而后其君者也"这段话来看，实难判断此中所谓利的性质为何。一方面可能意谓为人君、为人亲者之私利，另一方面也可能指的是整个社会秩序之和谐，因而涉及公利。参见氏著：《儒家与康德》，台北：联经出版事业公司，1990年，第185页。笔者以为，非独此段，观《孟子》全书，其言利之论述模式，往往串连家、国、天下三者而为言，亦即公私二层面之利连带而言。在下面所引述关于孟子与宋牼之对话，也是相同的模式。职是之故，或许可以将孟子此处论述，视为同时涵盖公私两面之利而为言。

王我将有所遇焉。"曰:"轲也请无问其详,愿闻其指。说之将何如?"曰:"我将言其不利也。"曰:"先生之志则大矣,先生之号则不可。先生以利说秦、楚之王,秦、楚之王悦于利,以罢三军之师,是三军之士乐罢而悦于利也。为人臣者,怀利以事其君;为人子者,怀利以事其父;为人弟者,怀利以事其兄:是君臣、父子、兄弟终去仁义,怀利以相接,然而不亡者,未之有也。先生以仁义说秦、楚之王,秦、楚之王悦于仁义,而罢三军之师,是三军之士乐罢而悦于仁义也。为人臣者,怀仁义以事其君;为人子者,怀仁义以事其父;为人弟者,怀仁义以事其兄:是君臣、父子、兄弟去利,怀仁义以相接也,然而不王者,未之有也。何必曰利?"(《孟子·告子下》)

在这段话中,孟子固然仍维持义先于利的论述主轴,但也同时重复了《梁惠王》篇"义可生利"的论调,强调"怀仁义以相接也,然而不王者,未之有也"。就孟子而言,虽然为人处事上须以"义先于利"为原则,但也不排斥追求利益。并为让人们更乐于行仁义,还指出"义可生利"的附带好处。

由此我们即可理解,何以追求富贵对孔子而言是合情合理的动机。所谓"富与贵,是人之所欲也;不以其道得之,不处也。贫与贱,是人之所恶也;不以其道得之,不去也"。(《论语·里仁》)孔子甚至认为"富而可求也,虽执鞭之士,吾亦为之;如不可求,从吾所好"。(《论语·述而》)可见孔子认为富不是不可求,但要有原则,不能伤天害理。若不以其道得之,则富贵不可求,贫贱亦不可去。可以断定,对孔孟而言,"义先于利"并不蕴含"义利互斥",他们会认同人们力求在义与利上两全其美的努力。将此原则应用在商业上,是要区分做人与维生两个层面。商业作为维生手段,虽以获利为目标,但不能凌驾做人层面的仁义底线。也就是说,做生意必须有获利考虑;但做人就不能只看利害,而是凭良心。以此来看商业活动,企业经营本就以获利为目标,而获利及累积财富,可使生活过得更好,只要能"以其道得之",自是可以为之。不过,其中所谓"道"、所谓可求之富所指究竟为何呢?我们可以从孔子另一段话得到启发:

子贡曰:"如有博施于民而能济众,何如?可谓仁乎?"子曰:"何事于仁,必也圣乎!尧、舜其犹病诸!夫仁者,己欲立而立人,己欲达而

达人。能近取譬,可谓仁之方也已。"(《论语·雍也》)

设若商业除了作为一种己立、己达的事业之外,同时又能具有立人、达人之功效,则就符合仁者精神。在此所谓"己立立人,己达达人"又可分别从两个层面来作解释。首先,在产品方面,企业家推出好的产品,好的产品给自己带来获利,此为己利己达;但在同时,这些商品或服务也为消费者带来便利或快乐,这就具有一种社会功效,而为立人达人。在企业管理方面,企业家聘用员工,藉用员工的生产力创造获利,这是己利己达;在此同时,企业家也提供员工满意的薪资与福利,使其安居乐业,则为立人达人。以上所述互利互惠的状况,即可视之为"利以义制",以正当的方式获利。此种互利互惠的精神,即可为空同子"善商者,处财货之场,而修高洁之行,是故虽利而不污"的说法奠定基础,不损人利己,而共同受惠,自然虽利而不污,才能算是"利以义制"。并能为王阳明"四民异业而同道"的主张提供补充:

> 阳明子曰:"古者四民异业而同道,其尽心焉,一也。士以修治,农以具养,工以利器,商以通货,各就其资之所近,力之所及者而业焉,以求尽其心。其归要在于有益于生人之道,则一而已。士、农以其尽心于修治具养者,而利器通货,犹其士与农也。工、商以其尽心于利器通货者,而修治具养,犹其工与商也。故曰:四民异业而同道。"①

王阳明之所以肯定四民异业而同道,是因为四者皆能做到孟子所谓尽心的要求。而尽心之关键在于"有益于生人之道"。不论是利器通货,或是修治具养,若能有益于生人之道,就是尽心,既然都能尽心,士农工商四民虽然事业不同,却殊途同归,而为同道中人。依上述,秉持互利互惠的精神从事商业活动,即是藉由通货而进行有益于生人之道的活动,并使所谓"有益"之意涵在概念上更加明确。

"己立立人,己达达人"还有另一层更深远的意涵。若从"博施于民而能济众"的描述来看,这实与孟子"古之人,得志,泽加于民;不得志,修身见于世。穷

---

① 王守仁:《王阳明全集》卷二十五,第1036—1037页。

则独善其身,达则兼善天下"(《孟子·尽心上》)的见解相互呼应。在做到己达之后,不只局限在独善其身,而能进一步以博施济众的方式兼善天下。这样的行为,孔子给予的评价是"何事于仁,必也圣乎"。直达圣人之境,可谓推崇备至。将其落实在企业家精神上,则可诠释为:在本身累积财富、提升生活质量到了一定程度后,同时运用所累积的财富去帮助别人,而泽加于民。这种"以利行仁"的仁民爱物之举,乃是比"利以义制"更上一层,从互利互惠升进至利他的境界,成为仁心更高一层的表现。从孔子的角度来看,能做到"利以义制"以及"以利行仁",即可算是"己立立人,己达达人",即可视为儒家本质在商业上的体现,而足可担当"儒商"之名。

五、由道德修养到价值创造:"生生"的现代诠释

即使在提出如上的新铨之后,还有一个问题尚待解决:对传统儒家而言,修身成德才是本务。商业就算可"利以义制"、"以利行仁",目的终究不是成君子或成圣、成贤,如此一来,就算事业再大、做了再多慈善事业,终究仍非传统意义上的儒者。我们固然可以援引前述"以利行仁"的概念,指出其体现了"博施于民而能济众"的精神,而这种表现孔子亦称许为仁。再补充阳明所谓"虽终日作买卖,不害其为圣为贤"的说法,以强化连结儒与商的合理性。论者仍可质疑,这些新解充其量只能证明:从商并不违背儒家信条,企业家慷慨解囊的善行符合孔子论仁的精神。只是更深入追究,儒家的工夫重点一向在追求内圣外王的境界:要经由不断的格物致知、诚意正心工夫,达到孔子所谓"从心所欲不逾矩"(《论语·为政》)的境界,或是孟子对"践形"(《孟子·尽心上》)的圣人要求,并实现其仁政理想于政治上。以此来看企业家,其本业是提供商品与服务,经营管理一家企业,其性质与专心致力于道德修养的儒家毕竟不同。王阳明告诉我们,真正要追求的是致良知的工夫,而使一念之发动无有不善。不过对于任何人而言,要同时兼顾竞争激烈的商业活动,并致良知于事事物物而无有不善,恐怕都是力不从心的苛求。那么,是否有可能在儒家的概念架构下,将商业纳入其工夫实践之一环呢?笔者以为,我们可以从《易传》的"生生"概念中汲取资源,对儒家的实践观提出新的诠释,以解决此问题。

质言之,儒家"生生"的要旨可以从存在与实践两个层面来看。就存在层面

而言,《周易·系辞上》揭橥"生生之谓易,成象之谓乾,效法之谓坤",阐明生生涵盖成象之乾与效法之坤,乾坤并行实为"生生"之内涵。另外,也可从一阴一阳不断递嬗更迭以解《易》之"生生",意指一生生不息、持续创生的过程。若从实践层面来看"生生",则可将一阴一阳之道与君子之道衔接起来,勉励人须上体天道"生生"之德,努力不懈地进行人文化成的淑世事业。是以就"生生"的角度而言,人虽由天道所创生,但也可藉由道德行为体现天道。此种天人合一的关系,还可以从宋儒"理一分殊"的概念进一步予以说明。刘述先指出"生生"之天道作为理一,乃吾人之终极托付,以及不断发挥生命力与创造力的依据;"生生"落实在人道上,就成为分殊,乃吾人不断发挥生命力与创造力的过程。[①] 而且这种创造力的显现并非只局限于道德行为,实可以涵盖种种不同专业领域的创造活动:

> 理一而分殊,超越的生生的精神当然不必具现为现代社会的拼搏精神,但也不必排斥它在现代寻求新的具体的表现的方式。于是有人可以由学术来表现自己的生命,有人可以由文学艺术来表现自己的生命力,当然也可以有人由企业来表现自己的生命力。但我们应该了解到,这些仍然都只是生生的精神的有局限性的表现。一方面我们由分殊的角度肯定这些成就,当下即是,另一方面我们也要像宋儒那样体悟到,由超越的角度看,尧舜事业也不过如一点浮云过太空。这才是两行之理的体现。[②]

理一而分殊,超越的"生生"的精神要在现代寻求有别于传统的、全新的具体表现。"生生"之天道不一定只限于道德行为之显发,也可以表现在学术、文学艺术甚至是企业精神上。"生生"之仁是超越特定时空,历万古而常新的普遍性原则,即所谓理一;有限的个体所实现的则是分殊,受到自己的材质、时空条件的拘限。这样我一方面要冲破自己材质的拘限以接通无限,另一方面又要把创造性实现在自己有限的生命之内而具现一个特定的价值。这一价值不必一

[①] 刘述先:《两行之理与安身立命》,《理想与现实的纠结》,台北:学生书局,1993年,第231页。
[②] 刘述先:《论儒家理想与中国现实的互动关系》,《理想与现实的纠结》,第125—126页。

定是狭义的道德,也可以是科学、艺术、经济、技术,乃至百工之事。① 如此一来,"生生"的实践观即可诠释为立足于理一,再分殊于人生各层面之多元价值实现,成为以有限之人接通无限天道的创造活动。

依笔者之见,若将创生万物的天道或天理定义为"理一";人与天地万物等被创生的存在物,及其一切存在活动与现象则是"分殊"。就修身成德而言,道德行为固然可体现天道,成为一种具普遍性的模范或准则。但其他领域如科学、艺术、商业等皆为分殊,皆是"通于"而非"同于"天道或理一。这些不同领域的事物虽作用与特性不同,彼此价值定位实应对等,不必仅只以道德独尊,而矮化或忽略其他领域。那么我们在考虑"生生"的实践层面时,也就不必将焦点仅局限在修身成德一途。人类在其他领域的创造活动,也可以是儒家肯定的实践工夫,皆可由分殊通向理一。②

顺是,以上将"生生"意涵延伸至道德实践以外的其他技艺、专业之论点,可以发展为更细致的表述。其做法是:将"生生"在实践层面的诠释,从道德修养扩大为价值创造。顺是,前一个"生"字可视为动词,而有延续、创新、提升之意;后一"生"字则作为名词,指有价值的事物之存在。"生生"就可定义为各种正面价值的不断创造、创新与提升。如此一来,儒家价值理想的表现,将不必只限于成德的道德修养。举凡具有正面价值的人类活动,如在学术、科技、宗教、艺术、体育、环保乃至商业等领域持续精益求精,不断做出良好贡献,即可谓体现了生生的要旨;能持续在修身成德、专业技艺、社会影响等任一方面有所提升与帮助,也就是儒家精神的现代表征。③ 这样的儒家特性表述,仍将保有适当的理

---

① 刘述先:《方东美哲学与当代新儒家思想互动可能性之探究》,《现代新儒学之省察论集》,台北:"中央"研究院中国文哲研究所,2004 年,第 249 页。
② 以上对"生生"与"理一分殊"的诠释,乃依据笔者另一篇讨论"生生"现代诠释的专文而来。在该文中,笔者指出仅诉诸道德进路可能会出现的理论问题,而尝试将天人合一诠释为:分殊虽不直接"同于"作为天道之理一,但却"通于"理一。在此所谓"通于",意指天或理一同时具备普遍性、绝对性与无限性。但分殊或人的创造活动,包括道德实践在内,则顶多只能达到普遍性,不能宣称有绝对性与无限性。依此主张将儒家的实践观予以扩展,在道德实践之外,纳入其他领域的人类创造活动如科学、艺术、商业等。参拙著:《论儒家生生的现代诠释》,收录于《全球与本土之间的哲学探索:刘述先先生八秩寿庆论文集》,台北:学生书局,2014 年,第 127—156 页。
③ 张子立:《论儒家生生的现代诠释》,见《全球与本土之间的哲学探索:刘述先先生八秩寿庆论文集》,第 153—154 页。

想性,但其内涵实能兼容多元社会中不同专业相互分工、价值对等的现况。

此"生生"定义落实在商业活动中,商品与服务的不断发明、改良与提升正是一种正面价值的创造与提升工作,不但促进技术与技艺之进步,也使人类生活各层面同时获得改善、更加便利。尽管有别于格物致知、诚意正心的道德修身工夫,却也是另一种"生生"精神的体现。商业也就同时可视为一种儒家式事业。在商品或服务的不断创造、创新与提升过程中,企业经营者必须持续因应所面对的问题或瓶颈,克服新的挑战。证诸当今的商业现状,所谓永远畅销的商品,一直获利的公司,始终立于不败之地的经营模式,可说已属天方夜谭。不败的企业既不可得,真正务实之态度乃永不言败之信念。能秉持上述"生生"的精神进行此任重而道远之工作,誉之为儒商则甚自然而顺适。

六、结语:儒商之后设思考

从明末至有清,一种调整商人在四民中定位的呼声开始浮现。举凡王阳明提出的"虽终日作买卖,不害其为圣为贤",以及"古者四民异业而同道,其尽心焉,一也"的四民新论;或是李梦阳"士商异术而同心"的看法;乃至汪道昆"良贾何负闳儒",沈垚"古者四民分,后世四民不分"等论调,在近年来倡导儒商概念的表述中,经常被引述而视为先驱。但从历史发展上观之,这些观点虽形成了一种舆论,却未真能在商人地位与价值的提升上发挥实际效果。这样的发展乃在自强运动之后,商战之论蔚为风潮的推波助澜之下,才逐渐成形。

再从思想上理论融贯性的标准来看,以上说法要如何与孔子"君子喻于义,小人喻于利",以及孟子"何必曰利?亦有仁义而已矣"的说法相容呢?于是本文检视了一些调和义利之尝试。诸如董仲舒主张义利须并养;李梦阳的义利新诠,将正当求利称为"利以义制"、"义在其中",相反地,若是不当求利,才算唯利是图;韩邦奇另外点明"义利存乎心":求利或求义,与职业、身份其实并无必然关系。各种事业或活动皆介于义利之间,汲汲于利或义,端看个人之动机或存心。不过综观以上论点,有个尚待解决的核心问题是:裁决正当与不当求利的判准究竟为何?以上陈述都只指出有此区别,却未能告诉我们做出此划分的明确标准为何。这样就难以界定:何种商业行为乃高明之行而虽利而不污,也无从判断何种货殖是义在其中。因此,要界定何谓儒商,就必须提供这个对正当求利的定义,而这定义又必须合乎儒家的核心思想。

本文采取的进路是:借助孔孟对仁、义与利的阐释,以及《易传》中"生生"的概念,进行现代的诠释,以界定此"儒商"概念。首先,孔孟虽强调义利之辨,但也不认为两者无法兼容,亦即不主张"义利互斥",而是"义先于利"。其意涵是在做人与维生之间做出区分。商业作为维生手段,必以获利为目标,但不能凌驾做人的仁义底线。获利及累积财富,可使生活过得更好,只要能"以其道得之",是可以为之的。至于所谓"其道",则藉由孔子"己立立人,己达达人"的原则,界定为互利互惠。企业家透过员工的生产力制成产品,而从中获利,此为己利己达;在此同时,企业家给予员工良好的薪资待遇,推出的商品也为消费者带来便利或快乐,则为立人达人。这种互利互惠的状态,可以用来解释何谓"利以义制",以及王阳明所谓"有益于生人之道"。若能从互利互惠提升至利他的境界,则为"己立立人,己达达人"的更高层次表现:"以利行仁"。这指涉的是企业家运用所累积的财富去帮助别人,如赈灾济贫,此合乎"博施于民而能济众",或是孟子表述的"达则兼善天下"。企业家若能做到互利互惠的"利以义制",以及博施济众的"以利行仁",则可谓之"儒商"。

有一种可能的质疑是:以上论点顶多只能说明从商与儒家精神并不抵触,企业家慷慨解囊的善行可视为仁的一种体现。但这毕竟不是从心所欲而不逾矩的道德境界,亦非内圣外王的大学之道,既然性质迥异,接通两者的理据仍不够充分。为了因应此问题,本文建请读者思考:身处当今多元价值平等互待、异彩纷呈之世,儒家实践观是否仍只容许修身成德的唯一选项?若把"生生"从仅限于道德行为而扩大至价值创造,并定义为各种正面价值的不断创造、创新与提升,是则儒家价值理想的表现,就不必只限于成圣成贤,举凡具有正面价值的人类活动,如在学术、科技、宗教、艺术、体育、商业等领域持续精益求精,不断做出良好贡献,即可谓体现了"生生"的要旨。就商业活动之运作而言,商品与服务的不断发明、改良与提升,即是一种正面价值的创造与提升工作,在此过程中,又必须持续解决遭遇到的问题或瓶颈,克服接踵而至的挑战。企业家若有此成就,实可谓"生生"精神之现代表现。综上所述,可知儒商乃力求商品与服务的不断改良、创新,同时做到"利以义制"及"以利行仁"的企业家。若以日常用语来说:不断创新、互利互惠、注资公益即是儒商定义。

众所皆知,儒家具有漫长的发展历史,累积了相当丰硕的言谈论述。其中不乏一些人生哲学的思想资源,通过适当的现代诠释,可为创业或企业经营提供助力。例如在吾人事业陷入危机乃至遭遇失败之际,最容易犯的错误就是怨天尤人。此时孔子"不怨天,不尤人。下学而上达。知我者,其天乎"(《论语·宪问》)的表述,实为劝人保持冷静、反躬自省以努力再起的金玉良言。"知其不可而为之"(《论语·宪问》)虽然描述的是孔子对推行儒家理想之坚持,但如果将这种坚持,类比于许多企业家草创事业时所曾面对的轻忽、质疑甚或冷嘲热讽,相信他们也能感到心有戚戚焉。如此我们就能明白,为何儒学研究者会从儒家学说汲取资源,尝试应用于当代的商业或企管领域,进而提出有关儒家式的管理哲学或商道智慧之理论。这些理论对于联系儒学与当代社会,促进商界与一般民众对儒家的了解及兴趣,可谓做出了积极的贡献。或有论者会从后设层次提出疑问,指出仅凭儒学中有些概念或话语可以用来应用于商业层面这一点,难以使儒商、儒家管理哲学等词语成立。一则商业经营、管理毕竟与儒家事业有所不同,两者性质亦有看似冲突之处,如本文所谈到的义利之辨。二则非独儒家,很多哲学思想与宗教教义都蕴含了丰富的人生智慧,而可经由适当诠释应用于商业领域。如此一来,岂非也都可在商字之前冠以其名? 从理论层面看,要在某个专业领域建立儒家式应用哲学,实不能仅满足于零散地摘取个别儒家命题或概念,继而运用于该领域中,更需论证儒家思想本质与此专业领域之特质有何合辙之处。本文的内容,在某种意义上,即是为此类应用儒学于商业、企管领域的工作进行后设证成的尝试,以回应类似疑问。厘清了义利之辨与获利动机并无矛盾,累积财富可藉以行仁,商业运作、企业经营、专业精进与道德修养同样可视为儒家价值创造的实践工作,即是在核心价值层面,点出儒家与企业家以及各种专业人士的相通之处。冀望在踏出这一步之后,吾人可更有备无患地谈论何谓儒家企业管理? 何谓儒家商道? 乃至进而试图从儒家经典中不断开发其中的人生哲学智慧,以与各种专业领域之中的创造、改良精神接轨。

On the Definition of "Confucian Businessman": Benevolence, Righteousness, Creative Creativity and Credential of Businessman

Tzuli Chang

Abstract: When it comes to the concept of "Confucian Businessman", one of the crucial issues is how to make it fit within the framework of Confucianism. For instance, how is it possible that we negotiate the seeming contradiction between profit incentive and the exhortation of "righteousness over profit and benefit" (义利之辨) uttered by Confucius and Mencius. There are some who try to tackle it by proposing new interpretations like "profit made in the right way" (利以义制) and "distinction between righteousness and selfishness lies in motivation, not profession" (义利存乎心). What lie at the heart of these statements is the idea that rightness in the way we make a profit holds the key to bridging profit incentive and righteousness. They nevertheless fail to provide an explanation regarding how to define the right way to make a profit. In addition, the differences between self-cultivation and business management also emphatically separate the endeavor of Confucianism from that of businessmen. This article attempts to give a definition of what a Confucian businessman is by referring to Confucius' and Mencius' discourses on "benevolence' (仁), "righteousness" (义), as well as to "creative creativity" (生生) in Commentary on the Book of Change. First, according to both Confucius and Mencius, "righteousness over profit and benefit" does not entail the incompatibility between the two sides. It in effect implies the priority of righteousness over profit or benefit, which holds that the pursuit of profit should not come at the expense of righteousness. Rightness in the way we make a profit is, therefore, reified in mutually beneficial relationship between employer and employee, and between businessman and customer. What is more, when businessmen use his wealth to aid to those in need, such practice of "profit for public benefit" is exactly one of the manifestations of benevolence, which is in line with the spirit of Confucianism. In terms of the professional discrepancy between Confucianists and businessmen, the common denominator can be found in the new interpretation of creative creativity, that is, positive value creation by means of continuous improvement and innovation. Businessmen who consistently strive to improve their products or services according to the highest standards definitely make the cut. In sum, building a mutually beneficial relationship with others, using wealth to help those in need, and consistent improvement of products or services can be seen as the characteristics of Confucian businessman.

Key Words: righteousness over profit and benefit, profit made in the right way, profit for public benefit, creative creativity, moral cultivation, value creation

实际生活经验与思想的路标
——评张祥龙的儒学研究

唐文明[*]

[摘　要]　本文分别从三个方面分析、评价了张祥龙的儒学研究。首先是方法论，指出张祥龙开创了儒教现象学的研究方向；其次是儒教的核心价值，指出张祥龙通过对孝与慈进行现象学意义上的时间分析，阐发出了相当深邃的义理；再次是实践儒学的问题，指出张祥龙对现代性危机的深刻把握给予我们很大启发。

[关键词]　儒教现象学；孝；时间性；现代性危机

一

用现象学方法研究儒学，这是张祥龙给那些被专业壁垒严重限制的中国哲学史研究者留下的一个粗略印象。如果从一个稍近距离的圈内人位置观察，可以看到，试图在这条道路上运思的学者不止张祥龙一人，但坚持不懈并形成一系列独

---

[*]　唐文明（1970—　），男，山西朔州人，清华大学哲学系教授，研究领域为儒学与伦理学。

创性论说的目前大概只有他一人。然而我们必须马上注意到，在这条运思之路上，其实还是从之者稀。如果在此断言张祥龙的儒学研究已经为我们确立了一些思想的路标，那么，就目前的情况来看，这些路标似乎还是坐落在某个灯火阑珊的地段，上面的指示也因环境的昏暗而显得暧昧不清，正如同一条偏僻之路上的一些小站，只有少数人因为某些特别的原因才在这一地段上下车。如果因此而进一步说，这些路标遭遇了学院共同体不应该的忽视，那么，就必须指出它们应该得到承认的客观理由，也就是，它们的意义和重要性。这是我们在一开始就必须提出的问题。

作为一种方法和思想态度的现象学，呼吁回到实际生活经验，去展开存在论层次的哲理言说，这就在诠释学与存在论之间，建立了一个紧密的连接。在这样一个紧密的连接中，诠释学与存在论都发生了根本性的改变。① 实际上海德格尔已经明确指出，存在论就是诠释学。正如张祥龙详细分析过的，这是一个思想的新识度，而人的思维的意向性特征无疑为这个新识度奠定了一个客观基础，但更重要的是形式显示的方法能够在须臾不离的时机化境域中将归拢于一处的意义呈现出来，从而应和人之于存在的湍流经验。② "实际生活经验"本身就是被形式显示的方法规定了的一个说法，换句话说，它并不意指人的生活经验的实际内容，而是凭着实际性（facticity）这个现象学独特的词汇指向能够形式地显示出来的、关乎人的存在意义的根本经验。

"从现象学到孔夫子"，这是张祥龙对其儒学研究方案的鲜明概括。通过十多年的课程讲授，张祥龙已经以此一方案对先秦到宋明的儒学史进行了统贯的阐释。③ 然而，必须指出，张祥龙看重现象学在儒学研究方法上的启发，却并非简单地套用现象学的行话来诠释儒学。换言之，"从现象学到孔夫子"中的"从"与"到"始终是两个不同的环节，始终保持着一定的距离和紧张；他的方法论也不能简单地归入以西释中的行列，毋宁说，**中西思想的相互激荡与诱发**才更恰

---

① 如以海德格尔的《存在与时间》为例，诠释学变成了存在诠释学（ontological hermeneutics），存在论变成了基础存在论（fundamental ontology）。
② 张祥龙：《本体论为何是诠释学？》，《从现象学到孔夫子》，北京：商务印书馆，2001年，第94—122页。
③ 《从现象学到孔夫子》之前是《海德格尔思想与中国天道》（北京：生活·读书·新知三联书店，1996年），之后是《孔子的现象学阐释九讲：礼乐人生与哲理》（上海：华东师范大学出版社，2009年）、《先秦儒家哲学九讲：从〈春秋〉到荀子》（桂林：广西师范大学出版社，2010年）和《拒秦兴汉和应对佛教的儒家哲学：从董仲舒到陆象山》（桂林：广西师范大学出版社，2012年）。

当地表达出他的根本性意图和结构性视野。①

关乎人的存在意义的根本经验在人类实际生活中的一个典型就是信仰者的超越性经验(experience of the transcendence)。张祥龙指出,海德格尔1920年至1921年在弗莱堡大学讲授的"宗教现象学导论"课,是我们理解海德格尔现象学之思的一条重要线索。由此或可窥见,海德格尔的现象学之思,无论是早期的实际性诠释学,还是后来的基础存在论,都可能与人的超越性经验密切相关。换言之,海德格尔很早就坚持现象学优先于神学的哲思立场,这一点并不妨碍我们充分且恰当地认识到他的现象学之思与神学之思的密切关系。其实我们已经看到,现象学与神学的关系从来就是一个非常重要、未被忽视的主题,以至于后来在法国有所谓"现象学的神学转向"。诚如张祥龙在评论杜瑞乐的《儒家经验与哲学话语》一文时指出的,对于那些从事哲理思考的信仰担当者而言,重要的是在哲思与信仰之间保持一种"根本性的、创造性的紧张",从而在哲学与宗教之间构成一个相互激荡、相互诱发的思想机制。② 这一点对于我们理解张祥龙的儒学研究方案也有很大启发。如果充分注意到儒教与各种宗教之间的家族相似,乃至将儒教与各种宗教都归为广义的教化传统,那么,对于从事哲理思考的儒教担当者而言,在儒教与哲学之间保持那种根本性的、创造性的紧张就非常必要。从这个视角可以看到,张祥龙其实开创了一门**儒教现象学**(Confucian phenomenology)。③

现象学对概念化思维的批评和回到实际生活经验的呼吁对于反思现代以来的儒学研究方法具有重要的意义。在现代大学体制中,儒学研究主要被放在

---

① 海德格尔的现象学之思在一定程度上受到中国思想的启发,这是张祥龙花很多工夫仔细研究的一个主题,目前所见最早的中文论文是《胡塞尔、海德格与东方哲学》(载《中国社会科学》1993年第6期),在其中,张祥龙分析了胡塞尔与海德格尔对于东方哲学的不同看法。另外,关于这个主题,特别参见《海德格尔思想与中国天道》第一章第二节:"海德格尔的道缘"、第十七章第三节:"海德格尔所理解的'道'",《思想避难:全球化中的中国古代哲理》第五部分之十九:"海德格尔论老子与荷尔德林的思想独特性"(北京:北京大学出版社,2007年),《德国哲学、德国文化与中国哲理》第三部分之七:"海德格尔与中国哲学:事实、评估和可能"(上海:上海外语教育出版社,2012年)等。
② 张祥龙:《思想避难:全球化中的中国古代哲理》,第210页。
③ 另一个可能的概括无疑是"现象学儒学"(phenomenological Confuciology)。这两个表述就其微妙意味而言或有不同,但应当指向同一件事。当然仍需说明,张祥龙重视的是儒教与现象学之间相互激荡、相互诱发的思想机制,而非一边倒的诠释关系,如我前面已经指出过的。

了中国哲学这一学科。系统化则是中国哲学首要的学科意识,或用冯友兰的清晰概括来说,是要在中国思想原有的"实质的系统化"的基础上开展出其应有的"形式的系统化"。所谓形式的系统化,实际上就是传统西方哲学的运作方式,即以概念为基础,通过推理、论证和思辨形成一个体系。张祥龙多次指出过概念化思维在理解中国古代思想上的不恰当性,呼吁重视中国古代思想自身的言说方式,如立足于"象"而展开的言说和立足于"道"而展开的言说。① 海德格尔的现象学虽然是张祥龙获得这种反思的一个重要的启发者,但海德格尔毕竟还是立足于"是"(Being)展开其言说的。对于**象说**与**道说**这两种中国古代思想自身的言说方式,尚待进一步深入探究,但无疑张祥龙已经通过他的工作在这个关键之处划出了一个非常清晰的标识,显示出了一个值得运思的方向。

张祥龙的儒学研究特别重视一个"时"字,也是受到现象学将时间领会为存在之境域这一基本思想的启发。回到实际生活经验的呼吁,以及相关的形式显示的方法,其实都与时间性问题有关。对时间境域的揭示是避免概念化地理解"象"与"道"的保障,而领会者的参与又是时机化地呈现"象"与"道"的条件与内容。张祥龙曾以航船的航船性为喻来说明这种思想和言说方式的特点,"它要在不停靠航船时来理解这航船的航船性,并参与那就在大海航行中进行的航船修理、改造乃至重建"。② 在海德格尔那里,对时间性的强调能够说明存在论为何是基础存在论。在中国古代思想传统中,时间性问题的重要性表现在不能离人心而论天道,语言的意义也只能呈现于天道与人心的关联结构中。我们常以天人合一概括中国思想的特质,但到底如何理解天人合一,以往的研究大都未能深究。张祥龙对中国古代思想中时间性问题的揭示其实已经为理解何谓天人合一找到了正确的方向。落实到儒学研究,这个问题也涉及义理与工夫的关系问题。③ 不用多说,我们马上就能想到,工夫问题在过去概念化思维占主导地位的研究中是如何不受重视。于是,凭着对于古典传统的高度尊重和新的思想方法的清晰把握,我们有更充足的理由针对现代儒学研究传统提出一个更为

---

① 专门论述象说和道说的篇章如《从现象学到孔夫子》中第二部分之十四、十五、十六和《德国哲学、德国文化与中国哲理》第四部分之十。这些篇章也明白显示出张祥龙的一个重要研究主题是语言。
② 张祥龙:《概念化思维与象思维》,《德国哲学、德国文化与中国哲理》第四部分之十,第166页。
③ 其实儒、道、释三教皆如此。

尖锐的质问：**没有工夫，何谈义理？**①

在现象学方法的激发下，张祥龙还提出了一个非常独特的观点，就是反对以普遍主义来看待儒家思想。在他的概括中，命题化的表达方式与普遍化的理论诉求是一切普遍主义主张的两大特征。② 从中可以看出，普遍主义，以及与之相对的特殊主义，其实都是概念化思维框架内的产物。如果说抽象地谈论普遍高于特殊并非高明之举，以辩证法来看待普遍与特殊的关系才更为恰当，那么，必须指出，这仍然是概念化思维框架内的运作。换言之，辩证法是概念化思维的极致或最后形式，在其中，虽然已经引入了时间性，但概念化思维并没有被真正克服。普遍主义的弊端除了对内导致僵化的理解之外，还表现为对外的霸权要求。张祥龙将他对普遍主义的分析运用到对儒家思想的理解以及不同文明之间如何打交道的问题上，得出了非常重要且意味深长的结论。在他看来，一方面，澄清并捍卫儒家思想的非普遍主义特征，是一个事关儒家再临之合适道路的重大问题；另一方面，应当"反对任何普遍主义的文化侵略和同质化扩张"，这是解决文明之间可能冲突的重要思想基础。③

二

特别重视孝的价值，这是张祥龙给许多真诚服膺儒学的研究者留下的深刻印象。本来，只要认真了解一下儒教文明的经典与历史，人们大都能注意到，孝是儒教文明的核心价值，乃至于用"孝的文明"来刻画儒教文明也不为过。但是，关联于实际生活的巨大变迁，现代以来中国思想界的主流观点都对孝持强烈批判态度，以至于在以转化求适应的现代儒学传统中，孝的价值并未受到应有的重视。对历史脉络的这样一个简单刻画，或许有助于我们认识到，张祥龙对孝的重视意味着儒教文明的自觉在1949年以后的独特历史阶段迈向了一个

---

① 不能离开工夫谈义理应当成为儒教诠释学的一个基本原则，且这个基本原则的应用范围很广，比如说，对于经典中记载的舜超乎常人的孝行，如果采取"孝子之心"这个设身处地的带入性视角，仍有可能得到理解，虽然也很艰难；如果采取一种彻底的理性旁观者视角，则根本不可能得到理解。

② 张祥龙：《先秦儒家哲学九讲：从〈春秋〉到荀子》，第15页。张祥龙第一次论述这个主题是在《儒家哲理特征与文化间对话——普遍主义还是非普遍主义》一文中，该文载《求是学刊》2008年第1期，后收入《复见天地心：儒家再临的蕴意与道路》，北京：东方出版社，2014年，前后两版文字稍有差异。

③ 张祥龙：《复见天地心：儒家再临的蕴意与道路》，第44页。

新的深度。这大概也能解释，当张祥龙强调孝的价值时，为何很多儒门同道会有那么强烈的共鸣感。

然而，张祥龙并非只是简单地重申孝在儒教文明中曾经有过的重要地位，而是力图通过新的研究方法说明孝在未来的儒教文明乃至人类文明中应有的重要地位。具体来说，他对于孝的研究是在前述儒教现象学或现象学儒学的新平台上展开的，因而所做出的贡献也是前所未有的。在此我不顾挂一漏万、悟浅笔拙之失，略加阐明、发挥。

在张祥龙的孝的现象学研究中，《孝意识的时间分析》无疑是最重要的一篇文章。① 海德格尔指出，过去、现在与将来能够形成"一个统一的现象"而作为关乎人的实际生活经验的构成性境域，端赖将来开放出一个让过去现在化的可能性。将来自然是海德格尔论述时间问题的重心，但过去的将来性与过去的现在化这两个相关的合法表述暗示了，过去在海德格尔的时间性概念中也占据一个重要位置。实际上，将来所开放出的可能性只是为本真过去的再次呈现而给出的一个崭新时机。这就是为什么说，"真正的过去或源头总在将来与我们相遇"。② 既然此在凭着与存在的关系而归属于存在，本真过去又作为存在的天命而展现，那么，这个奠基于此在结构的将来最终也归属于存在的天命，或者说，由将来所给出的崭新时机最终也归属于不断再临的本真过去。③

张祥龙的独创性发明是透过海德格尔对时间性的揭示去分析亲子关系中的慈孝经验，呈现时间在慈孝经验中的构成性意义，并由此批评海德格尔等西方思想家的相关缺失。④ 慈是朝向将来的时间性表征，孝是朝向过去的时间性表征，二者共同构成作为此身此在的人的生存机制。⑤ 既然"反身而诚"、"诚身

---

① 这篇论文最初宣读于2005年8月在山东威海举办的"哲学、宗教和科学：传统与现代的视野"学术研讨会，发表于《北京大学学报》2006年第1期，后收入《思想避难：全球化中的古代哲理》和《复见天地心：儒家再临的蕴意与道路》两书，不同版本文字有差异。
② 海德格尔：《在通向语言之路上》，转引自张祥龙：《孝意识的时间分析》，《思想避难：全球化中的中国古代哲理》，第256页。
③ 张祥龙也论及海德格尔时间性分析中的过去因素，但他仍然立足《周易》"彰往察来"的时间观批评海德格尔对过去缺乏应有的重视。
④ 张祥龙所说的"亲子关系"是指父母双亲与子女的关系，在儒教经典中被认为是最根本的一伦。
⑤ 我在硕士学位论文中曾提议在基础存在论的层次上用"此身此在"或"身在"来修正海德格尔的"此在"，用以刻画实际生活经验中的人，此文直接使用之。

有道"的说法表明诚指向切身性,那么,对于作为此身此在的人而言,诚就是朝向现在的时间性表征。既然现在是本真过去在将来所给出的崭新时机中的不断当前化,那么,诚身的经验就不可能脱离慈与孝的经验。这就意味着,此身此在的切己领会不可能脱离亲子关系中的慈孝经验,慈孝经验其实是人之为人最根本的经验。①

就此而言,此身此在本来就是一个伦理概念,本来就指向伦理经验。它既不是个体主义的也不是共同体主义的,相反,个体与共同体都基于这种活生生的伦理经验才能成立。正如我们曾经熟悉的,慈与孝的伦理经验沟通了将来与过去,呈现着祖先与后代在我们实际生活中的本真意义。如果说连接祖先、后代与我们的是一种特别的继承关系的话,那么,这种继承必然不能停留于因循墨守,而是以日新为德。分而言之,朝向将来与朝向过去,意味着两种不同的伦理指向;合而言之,将来与过去汇聚于现在,只是同一条生活的河流。或者如张祥龙所说,"孝与慈是同一个时间结构中相互依存、相互构成的两极"。② 这或许也表明,单纯面向陌生者的伦理经验并未回到伦理经验的事实本身,亲密者的陌生性与陌生者的亲密性都是我们实际伦理经验中的重要内容。

慈与孝也不是互为条件,而是互相激发,互相成就,正如将来与过去通过汇聚于现在而彼此应答。这里所要反对的,不仅是一些社会科学家自以为是的对慈与孝的功利主义解释,也有一些伦理学家津津乐道的对慈与孝的情感主义解释。时间性分析已然表明,慈与孝是此身此在最本然、最真实的体验,是良知良能最直接、最明白的呈现。张祥龙如是描述孝的经验中所包含的过去的意义:"它首先意味着我或我们在还没有意识的过去,受到了恩惠,而且是无法用任何对象化尺度来衡量的恩惠:我的被生成(被怀胎、被分娩),被哺养,被照顾,被牵挂,被教育,被栽培。它们对于我来说几乎是发生性的,我正是由于它们而存

---

① 既然人一出生就为人子女,长大后又可能为人父母,那么,就父母与子女对于人的构成性意义而言,父母因其处于本源的位置而比子女更为优先。在一个更为悠长的世代观念中,子女的意义能够被合情合理地纳入源自父母的构成过程,于是有"不孝有三,无后为大"之说。父母之慈直接体现于生育过程中,而孝作为对父母之慈的直接应答比日后自己对子女的慈更为优先,其中的一个要点还在于,既然我的父母具有唯一性和独特性,而我的子女可能是众多的,那么,孝就比慈更能呈现出我之为我的唯一性和独特性。这或许可以解释儒教经典为何强调孝而不是慈。一个常见的看法是,孝相对于慈的艰难使得对孝的强调更加必要,但这个来自经验的事实显然算不上一个充足的解释。

② 张祥龙:《孝意识的时间分析》,《思想避难:全球化中的中国古代哲学》,第261页。

在,而有此身,而是今天这个样子;但也正因为如此,它们对于我是久远的、沉默的、无微不至而又不显眼的、随时都可能再施恩(再次参与我生命的构成)的。"①如果说慈的主旨是赠予,孝的主旨就是感恩,而人正是在这不断的赠予和不断的感恩之中成就自身的生活。换言之,慈表达的是为人父母者赠予时的无限慷慨,孝表达的是为人子女者在领受恩典时的无限感激。慈与孝作为关乎人的存在意义的根本经验,具有终极关切的意义,同时也是对于整个宇宙的终极体验,隐含着一种伦理的宇宙论(ethical cosmology):人生于天地之间,当时时怀着无限的感激之情,领受天地无限的慷慨赠予,亦即,领受来自天地的无限恩典。②

对慈孝经验的时间性分析带来很多思想上的后果,在此列举其二。首先,既然慈孝经验是人之为人最根本的经验,那么,就我们现在所关心的人伦与个体的关系而言,不难想到,是人伦先于个体而非相反。这一结论对于古今中外形形色色的个体本位主义无疑具有釜底抽薪的作用,反倒是与宋儒以人伦为个体之天理的看法更为接近。③ 其次,既然慈孝经验是人之为人最根本的经验,那么,就我们现在所关心的父子一伦与夫妇一伦的关联而言,是父子先于夫妇而非相反。④ 张祥龙特别指出人类学的研究已经为这一看法提供了佐证:"从现实的生成顺序看,有夫妇才有亲子;但从人类学、哲学人类学或人类形成史的发生结构上看,有亲子才有夫妇。"⑤从人类学的视野看,这其实意味着,是家庭先于婚姻而非相反。换言之,婚姻其实是被家庭所构造的,夫妇一伦其实是为父子一伦所构造的。不消说,如果由此思及婚姻的意义,定会扫清那些关于婚

---

① 张祥龙:《孝意识的时间分析》,《思想避难:全球化中的中国古代哲理》,第259页。
② 在我看来,这无疑就是张载《西铭》一篇的主旨,因为这里的观念正是,天地乃人与万物之父母,所谓"乾称父,坤称母"。
③ 同样出于对回到实际生活经验的现象学方法论的坚持,张祥龙似乎对宋儒的"天理"概念充满警惕。如果将这种警惕扩展为一种根本性的批评,在我看来对宋儒是不公平的。在宋儒的思想中,父慈子孝与鸢飞鱼跃,无非天理之流行。恰恰是用那种概念化思维理解宋儒思想时容易忽略天理之流行义。不过,至少从戴震开始,儒学内部就有了一个企图废黜天理的思想倾向,在遭遇古今之变的现代,这个倾向更为斩决,一直延续到当下。如何处理这个事关儒学之未来的重大问题,颇为复杂,本文自然无法深入。在《隐秘的颠覆:牟宗三、康德与原始儒家》(北京:生活·读书·新知三联书店,2012年)的第三部分,我曾针对牟宗三在这个问题上的缺失有所论述。
④ 这里我使用儒教经典中"父子之伦"的说法,而没有使用张祥龙的"亲子关系"的说法,其含义相当。
⑤ 张祥龙:《家与孝》,北京:生活·读书·新知三联书店,2017年,第97页。

姻与家庭的流俗之见。

张祥龙更将对慈孝经验的时间性分析延伸到人类学的相关讨论中,这构成最近出版的《家与孝:从中西间视野看》一书的一个重要主题。一方面,已往的人类学研究能够为人类这种最深层次的慈孝经验提供一些佐证,正如前面已经提到的;另一方面,更重要的是,张祥龙基于人类这种最深层次的慈孝经验对已往的人类学研究进行了审视乃至质疑。正是从这样一个"可贵的观察视角"上,张祥龙提出一个人类学研究的新愿景:"孝这个人类现象迄今还没有成为一个重大的人类学问题,也没有成为一个重大的哲学问题。这种状况应该改变,因为它是人类的内时间意识的集中体现,从中可以窥见人性的最独特之处。不理解孝,人类学就还在颇大程度上残缺不全,哲学家们讨论的人性和人的存在结构就是少根之木。"①不难看出,一种**现象学人类学**(phenomenological anthropology)的思想方向在这样一个新愿景里已经清晰地呈现出来了。② 无疑这又是一个思想的路标,已经从人文科学领域扩展到了社会科学领域。

对孝的重要性的揭示来自与西方的比较性视野和西方的哲学方法,反过来又成为张祥龙诱发西方思想、质疑西方思想并在此基础上重新理解、重新审视西方文明的一个立足点。紧紧抓住孝的经验,向西方文明的方方面面提出质询和探问,这是张祥龙儒学研究的一个重要组成部分。在此我略举二例。在《"亚伯拉罕以子献祭"中的"亲亲"位置》一文中,张祥龙以亲子关系为问题意识,分析亚伯拉罕的以子献祭,得出"亚伯拉罕的献祭由世上最炽热跌宕的激情所造就,……那激情就是亲子之爱"的结论。③ 这一研究显然极大地深化了我们对于亚伯拉罕以子献祭的理解。在《康德论亲子关系及其问题》一文中,张祥龙论述了康德在亲子关系问题上的洞见与缺失。④ 在张祥龙之前,大概很少有人会很认真地将康德论亲子关系作为一个重要的研究主题。实际上,在我看来,张祥龙已经通过对西方文化和西方思想的一系列出色研究,开创了一个西学研究

---

① 张祥龙:《孝道时间性与人类学》,《家与孝》,第 90—91 页。
② 张祥龙也明确地表达了现象学人类学的方法论,但他没有使用"现象学人类学"这个提法,而是使用了一般意义上的"哲学人类学":"以上哲学人类学的研究,所运用的是'朝向事情——即现有人类本性的形成——本身'的方法。"《家与孝》,第 107 页。
③ 张祥龙:《家与孝》,第 15,16 页。这篇文章曾发表于《中国现象学与哲学评论》第十三辑,上海:上海译文出版社,2014 年,后作为第一章收入《家与孝》。
④ 这篇文章曾发表于《河北学刊》2011 年第 3 期,后收入《德国哲学、德国文化与中国哲理》第二部分。

的新范式。将这一新范式刻画为从原来的以西释中反转为以中释西是笼统的或不确切的,在此重要的是**重新设定议题的能力**,也就是说,不是方法的反转,而是价值和问题意识的反转。放在中国现代人文学科产生与发展的历史脉络里看,获得这种重新设定议题的能力至关重要,背后是对自身文明的深度信服和对他者文明的恰当尊重。实际上,张祥龙一直致力于提倡这样一种能够促进中西文明平等交流的夷夏观念:"现在和未来都特别需要思想和文化上的夷夏之辨、夷夏之防和良性的夷夏之交。"①可以看到,他的这一宣称并非对已往夷夏之辨观念的简单重申,他的研究也未流于比较作业中常见的东方主义或反过来的西方主义,而是时时秉持"以西济中"的方略以期吸收并消化既被平等看待又被高度重视的西方文化。②

三

呼吁建立儒家文化保护区,这是张祥龙给那些关心儒家文化如何复兴的热心人士留下的奇特印象。我还清楚地记得当年他第一次提出这一主张时北京大学的一些师生对此事的议论纷纷。如果这也是他为我们设立的一个路标,那么,这似乎是一个更加让人难以忘记又不易捉摸的路标。在此,恰当的理解只能来自恰当的提问方式:对实际生活处境有了怎样的把握,或者说,对现代性的认识达到了怎样的深度,才使他提出了这样一个在大多数人看来极其不合时宜的实践主张?

在《全球化的文化本性与中国传统文化的濒危求生》一文中,张祥龙发人深省地分析了儒家文化传统濒临灭绝的严重现实。③ 他提议通过四个指标来观察一个文化的死与活、健康与危殆等生命状况:"团体式传人的状况,所依据的社会生存结构的现状,基本价值取向为人认同的程度,独特语言的流行情况。"④按照他的分析,以儒家为主的中国传统文化在当下中国人的实际生活中

---

① 张祥龙:《思想避难:全球化中的中国古代哲学》序言,第5页。
② 张祥龙:《建立儒家文化保护区的理由与方式》,《思想避难:全球化中的古代哲学》,第19页。
③ 该文首刊于《南开大学学报》(哲学与社会科学版)2002年第5期,后作为第一部分第一章收入《思想避难:全球化中的古代哲学》。
④ 这是张祥龙在《复见天地心:儒家再临的蕴意与道路》一书第3页的序言中的概括。

的具体表现恰恰可以用四个缺失来概括：精神团体的缺失、社会结构的缺失、价值认同的缺失和话语运用的缺失。于是，他得出结论说："以儒家为主的中国传统文化已陷入了严重的生存危机，可说是'文命危浅，朝不虑夕'，而且从目前的发展趋势上看，总的形势还在不断恶化。"①这种对实际处境的把握也关联于张祥龙对现代中国的历史认识，如他在这篇文章中明确指出的，"清末士人们意识到中国面临'三千年未有之大变局'，这个生存危机不但没有过去，而且就其文化含义而言，今日变局之险恶有过之而无不及。"②

在分析这种"洪水将要没顶的严酷形势"的来历时，张祥龙从全球化这个高度发达的现代性形态一直回溯到古希腊："西方古代哲学和科学与中国古代哲理思想的最大的一个不同就是，它认为最真实的东西是具有普遍性和确定性的存在者和数学—观念规律，而不是可变世界的具体现象和变化方式。自那时起，这个观念化、数学化和普遍化的'存在'就不断地，有时受挫但更多的时候是成功地，向全世界扩展，以各种调整过的方式复制自己的基因。罗马的法学、基督教的神学、近代的主体化或理想个体化的哲学与政治学、经济学、政治经济学，乃至'英特耐雄纳尔'（国际共运），都不过是这个'纯粹存在者'不断克服现象界的时空局限，打破各种文化异质性的藩篱，以钢铁的、电子的、太空的、意识形态的等形式来实现自己一统世界的本性的过程。一句话，全球化不自今日始，甚至也不自近代（文艺复兴、启蒙运动、工业革命）始，而是自古希腊以来西方数学—科学—哲学—神学的普遍化、观念对象化的文化基因成功扩张的结果与过程。"③

不用多说，我们在此又清晰地看到海德格尔的深刻影响。海德格尔的现象学之思不仅破除概念化思维的固结，而且顺此清算以往一切基于概念化思维展开的哲学论说，彻底宣告形而上学的终结。对形而上学的彻底清算又服务于他对现代性的根本批判：众所周知，他将现代刻画为一个技术成为最高主宰者的时代，而概念化思维和形而上学都从属于技术取得这种最高主宰者地位的历

---

① 张祥龙：《思想避难：全球化中的中国古代哲理》，第9页。
② 张祥龙：《思想避难：全球化中的中国古代哲理》，第5页。在这样一个对现代中国的独特的历史认识中，最显著的一点无疑是他对新文化运动的批判，矛头特别指向新文化运动所导致的思想专制，参见《深层思想自由的消失——新文化运动后果反思》，《复见天地心：儒家再临的蕴意与道路》第二部分第五章。
③ 张祥龙：《思想避难：全球化中的中国古代哲理》，第4页。

史。张祥龙将现代性和全球化的问题归结为"数学因素",并将其根源回溯到柏拉图,正是来自海德格尔对现代性独特而深刻的诊断。①

也正是在海德格尔这样的引领之下,张祥龙就儒家文化的复兴提出了一个他称之为"思想避难"的筹划:"为什么要谈论'思想避难',而不是'思想改进'、'思想转变',甚至是'思想发展'?那是因为这被思考者超出了思想可以从容应对的程度。或者说,这去思考危难的思想,如果不离开它习惯了的地方和转变思考方式,就可能无法再有生命力或提示能力,也无法躲开某种险恶力量的控制。时间已经很紧迫,我们无法'相信未来'。"②较早提出来的建立儒家文化保护区,显然从属于思想避难这个直面实际处境的整体筹划。关联于上述四个缺失,建立儒家文化保护区的主张主要对应于社会结构的缺失。在评论蒋庆有关儒教复兴的看法时,张祥龙还提出"重建儒教的中行路线"的主张,则是对应于精神团体的缺失。③ 精神团体的缺失与社会结构的缺失关系到肉身与土地的问题,只有解决了这前两个缺失,价值认同与话语运用这后两个缺失才可能得到解决。因此,可以看到,关于儒家文化复兴的具体道路,张祥龙提出了系统而鲜明的主张。

乍看之下,重建儒教的中行路线自然比建立儒家文化保护区更为可行,然而,就这二者在张祥龙思想中的意义而言,后者其实更为重要。在此我想强调的是这一主张的警示作用。实际上,毋宁说,这里的主张越不可行,其警示作用就越大;而只有从这个具有高度警示性的主张中,我们才能真正领会到张祥龙的思想境地。换言之,建立儒家文化保护区更多地是一个警示性的路标,它避开大多数被人们认为可行的路线,其实是要警示人们,选择那些表面上看起来的平坦大道不过是死路一条。想一想,如果重建儒教——无论是上行、下行还是中行路线——是可能的,而建立儒家文化保护区是不可能的,那会是一个怎

---

① 海德格尔对数学因素的分析见《物的追问》,赵卫国译,上海:上海译文出版社,2010年,第62页以下。"数学因素"是孙周兴的译法,见《海德格尔选集》(下),上海:上海三联书店,1996年,第850页。赵卫国直译为"数学的东西"。

② 张祥龙:《面对迷蒙未来》,《思想避难:全球化中的中国古代哲理》序言,第1页。

③ 所谓"重建儒教的中行路线",是相对于"让儒教进入政治权力中心"的上行路线和"在民间成立儒教社团法人"的下行路线而言的,具体来说,就是通过"复活和维护被严重摧毁和损坏了的家庭与家族的生存"从而"让儒教的礼、德教育扎根于亲子关系或家庭家族关系之中"。参见张祥龙:《"重建儒教"的危险、必要及其中行路线》,《思想避难:全球化中的中国古代哲理》,第280页。

样的状况与结果？

实际上我们已经到了思考这个问题的地带。现代儒学普遍忽略人伦的价值，这是被时代潮流裹挟的后果。① 如果考虑中国人的实际生活，呈现出来的情况则更为复杂。一方面，我们看到的是巨大的变迁，无论是政治生活方面，还是家庭与社会生活方面；另一方面，我想大多数人仍会同意，父母与子女之间的那种最真挚的情感一直到现在仍是中国人生活中最甜美的蜜。我们甚至还可以预期，在中国人越来越自信、越来越积极的自我认识和自我反思中，人伦的价值会获得越来越高的重视程度。然而，仅仅通过在情感的层面高度肯定人伦的价值，就能够带领我们克服现代性的危机吗？

不要忘记，问题的根源还在于技术的主宰。如果现代性加诸自然之上的那个技术的锁链（Gestell）不被去除，一切仍将无济于事。单纯的人伦觉醒并非拔本塞源之论。正是在这一点上，我们没有理由乐观。如果我们注意到，按照某种古典的理解，人伦其实是自然的一部分，那么，我们应当想到，技术的锁链不被去除，人伦的觉醒根本上来说也不可能。② 在此有必要重申前面提及的伦理的宇宙论：家的意象本来就意味着对天地的笃实信仰，孝的情感本来就意味着对天地的无限感恩。这正是我们生活的神圣性的崇高来源。③

然而，在中国，有多少人认真对待过海德格尔的观点呢？ 又有多少人在骨子里还是认为海德格尔对现代性的诊断不过是耸人听闻呢？ 一方面，即使是渲染他的农民形象，被戴上一顶"黑森林浪漫主义"的帽子，这些喜欢拿海德格尔与纳粹说事的西方批评者乐于谈论的主题，在中国也鲜有人提及；另一方面，一些声称从海德格尔那里获得了重要灵感的现代性批判者在转向政治问题时又太着急地将这种批判与现实政治作了某种不恰当的勾连，制造了一些注定要破灭的希望的幻象。从这两端中突显出来的正是张祥龙异常清醒、毫不妥协的决绝态度：形形色色的现代性，都没有出路！只还有一部《周易》能救渡我们！

---

① 在《隐秘的颠覆：牟宗三、康德与原始儒家》中，我特别阐发了这一点，包括其在政治哲学上的后果。
② 无疑，在技术主宰时代诞生的现代民族国家与资本主义市场，作为两种最强悍的社会制度，都包含破坏人伦的巨大潜能。
③ 在《海德格尔与儒家哲理视野中的"家"》一文中，张祥龙以儒家传统中关于家的思想为参照，分析了海德格尔对于家的言说。可以明显地看到，海德格尔对家的言说主要是为了阐明大地的意义。该文曾发表于《中国现象学与哲学评论》第十六辑，上海：上海译文出版社，2015年，后收入《家与孝》第二章。

一百多年来,新的命运通过西方强加在了中国人头上,中国人也越来越心甘情愿地接受这命运的遣送,并从中感受到越来越多、越来越深的诱惑。在这样一个特殊的历史时刻,张祥龙为我们设置的思想路标,正静悄悄地闪着光。海德格尔曾经引用尼采的一段格言来说明现代欧洲人的历史性此在在思索自己时的艰难,而作为现代中国人的我们,在思索自己时所面临的,毋宁说是双重的艰难。在此,也让我们一起聆听这个来自伟大思想家的提醒与激励,以坚定我们继续深思和笃行的共同决心:

> 非凡的自我思索:不是作为个人,而是作为人类意识到自身。让我们思索自己,让我们回想过去:让我们走上小路与大路。①

Factical Life Experience and Waymark of Thinking
Tang Wenming

Abstract: This essay analyzes three aspects of Zhang Xianglong's Confuciology. Firstly, he develops a kind of Confucian phenomenology. Secondly, he makes a temporal analyses of filial piety and explores many deep interpretations about the core value of Confucianity. Thirdly, in his practical Confuciology, Zhang Xianglong also gives us great inspiration through his diagnoses of modernity.

Key Words: Confucian phenomenology, filial piety, temporality, crisis of modernity

---

① 尼采:《权力意志》(上),孙周兴译,北京:商务印书馆,2013年,第415页。海德格尔在《物的追问》中引用了这段话,参见中译本第39页。译文有改动。

从西方哲学看冯契的意见学说

刘建湘

[摘 要] "意见"是形成西方文明思想核心的大观念之一。西方认识论对意见与知识和真理作了区分,在此基础上,西方政治哲学、西方法律哲学从不同角度对意见与政治、意见与民主和法治、意见与权利和美德的关系进行了深入的阐述。在我国,著名哲学家冯契先生把意见作为哲学范畴引入以广义认识论为基础的"智慧说"体系,阐述了"一致而百虑"的意见的矛盾运动规律,阐明了在不同意见的争论中解决群己关系应当坚持的正确态度及理想人格的培养。从西方哲学看,冯契的意见学说不仅在认识论上阐述了由意见发展到知识和真理的矛盾运动,而且在哲学上论证了意见与民主和法治、意见与权利和德性的关系,这对于实现中国政治民主法治化具有重要的时代意义。

[关键词] 冯契;意见学说;广义认识论;西方哲学

---

* 基金项目:国家社会基金重点项目"冯契的中国哲学史诠释理论研究"(项目编号:16AZX012)。
** 刘建湘(1971—),男,湖南宁乡人,法学博士,湘潭大学马克思主义学院讲师,研究方向:法哲学、宪法学。

"意见"(opinion)是形成西方文明思想核心的大观念(the great ideas)之一。① 西方认识论区分了意见与知识和真理,西方政治哲学、西方法律哲学在区分意见与知识和真理的基础上,从意见的多元化、不同意见的争论及意见分歧的处理方式、意见的形成过程、意见表达自由的保障和对待不同意见的态度等不同角度,对意见与政治、意见与民主和法治、意见与权利和美德的关系进行了深入的阐述。在中国,著名哲学家冯契先生把意见作为哲学范畴给予长期关注②,并纳入以广义认识论为基础的"智慧说"哲学体系,对意见、知识和智慧三种认识形式的发展过程进行了阐述,阐明了"一致而百虑"的意见的矛盾运动规律在不同意见的争论中解决群己关系应当坚持的正确态度及理想人格的培养,对"文化大革命"时期盛行的专制主义、独断论、迷信论和权威主义等封建遗毒进行了深刻的揭露和批判。从西方哲学看,冯契的意见学说不仅在认识论上阐述了由意见发展到知识和真理的矛盾运动,而且在哲学上论证了意见与民主和法治、意见与权利和德性的关系,这对于回答"如何实现中国的现代化"这一时代问题,实现中国政治民主法治化具有重要的时代意义。

一、意见与知识和真理:冯契对西方认识论的超越

早在古希腊时期,西方哲学就对意见与知识、真理的关系作了探讨。"意见"一词来自于希腊文 doxa。③ 巴门尼德认为意见是不可靠的虚假的知识,将

---

① 参见《西方大观念》,陈嘉映等译,北京:华夏出版社,2008年。[美]艾德勒:《大观念:如何思考西方思想的基本主题》,安佳、李业慧译,广州:花城出版社,2008年。
② 参见王向清:《意见:冯契认识论的重要范畴》,《湘潭大学学报》(哲学社会科学版)2000年第6期。
③ 希腊文doxa本来是期待、希望的意思,在荷马那里就是这样用的。由于期待、希望总是偏重于自己所愿望的方面,因而,期待、希望总是从主体出发,而不是从对象的认识出发,于是,doxa就引申为某种"想法"、"幻想"、猜想、欲求的意思,再一转引就成为"意见"、见解、看法、判断。因此,doxa是指靠自己的观察而作出的判断以及提出的看法。doxa只是各个人的看法和观点。参见汪子嵩等著:《希腊哲学史》第一卷,北京:人民出版社,1997年,第646—647页。阿伦特认为,doxa这个词不仅是指意见,而且还有卓越和声望的含义。就此而言,它涉及政治领域,即每个人都能当众表现自己的公共领域。认为自己的观点能够表达自己的意图,能够被其他人看到听到。对古希腊人而言,这点是公共生活最主要的好处。参见[美]阿伦特:《哲学与政治》,林晖译,贺照田主编:《西方现代性的曲折与展开》(下),长春:吉林人民出版社,2002年,第346页。

它和"真理"对立。柏拉图在《美诺篇》中提出真的、正确的意见,并区分真意见和知识;在《会饮篇》中说这种真的意见是介于知识与无知二者之间的;在《国家篇》中将意见当做比"知识"低一层的认识,把二者明确划分开;在《泰阿泰德》中则将真意见和假意见区分开来。在西方思想传统中,对意见最大的争论就是它与知识到底有何不同。① 在西方哲学史上,西方认识论主要从认识对象和认识能力的不同两个方面对意见与知识、真理进行了区分。柏拉图在《国家篇》中把存在和认识两个系列各自分为四个阶段。心灵(灵魂)即认识的能力分为四个阶段:最高的是理性(noesis,英译 reason 或 intelligence),其次是理智或思想(dianoia,英译 understanding 或 thinking),第三是信念或相信(pistis,英译 belief 或 faith),第四是想象或猜测(eikasia,英译 imaging、illusion 或 conjecture);它们各自的对象即存在方面也有相应的四个阶段,它们是:"相"②、数理对象,具体事物,影像。在这一结构中,信念和想象属于意见的领域,它的对象是可见世界。思想和理性属于知识的领域,它的对象是理智世界、可知世界。③

就认识对象的不同而言,柏拉图说,那些由理智所领会的东西"永远是那样的,没有变化",而"那些缺少理性、完全凭感觉,由意见形成的东西总是在变化和消亡的过程当中,它们从未真正存在。正如悟性和理性划分出知识领域,其对象是永恒存在的理性形式。想象和感知划分出意见领域,其对象是不断形成和消亡的感性事物。"④休谟也从认识对象的不同来区分意见与知识。休谟写道:"人类理性和研究的全部对象可以自然地划分为两类,即观念的关系和实际的事情。"第一类对象可以证明为确实的知识,例如数学科学。实际的事情,包括关于任何事物的真实存在问题,或者一物与另一物的因果联系问题,都是不

---

① 《西方大观念》(第二卷),陈嘉映等译,第 1074 页。
② 柏拉图认为,知识的对象是"相"(idea)。"相"的特征可以概括为:"相"是单一的,同一的;"相"是不变的;"相"是看不见的,不能感觉的而只能由思想掌握;"相"是纯粹的、永恒的、不朽的。与"相"区别的具体事物是多,是经常变化的,是可感觉的,是不纯粹的,因而是意见的对象。参见汪子嵩等著:《希腊哲学史》(修订本)第二卷,北京:人民出版社,2014 年,第 596—601、713—717 页。参见[美]撒穆尔·伊诺克·斯通普夫、詹姆斯·菲泽:《西方哲学史》(第 7 版),丁三东等译,北京:中华书局,2005 年,第 76—81 页。
③ 参见汪子嵩等著:《希腊哲学史》(修订本)第二卷,第 665—670 页。另参见[美]撒穆尔·伊诺克·斯通普夫、詹姆斯·菲泽:《西方哲学史》(第 7 版),第 71—76 页。
④ 参见《西方大观念》(第二卷),陈嘉映等译,第 1075—1076 页。

能证明的,它们是信念或意见的对象。① 康德将可认识的事物分为三种方式:意见的事(opinabile,拉丁文指可推测的东西)、事实的事(scibile,拉丁文指可认识的东西)和信念的事(mere credibile,拉丁文指值得相信的东西)②;与此相对应,他将意见、知识和信念视为认识表达的三个层次上的不同形式。"意见是一种被意识到既在主观上,又在客观上都不充分的视其为真。……主观上和客观上都是充分的那种视其为真就叫知识。主观上的充分性叫作确信(对我自己而言),客观上的充分性则叫作确定性(对任何人而言)。"③ 可见,从认识的对象来看,意见的对象属于感官所接触的世界,是偶然可变的、非本质的、可能的、不确定的。知识的对象属于超感觉的永恒的世界,具有必然不变性、普遍性、明晰性、确定性。

就认识能力即心灵对于对象的判断和思维方式的不同而言,在柏拉图看来,对知识的判断和思维方式是知道、认知,形成意见的心灵状态则是一种判断、臆测或者认为的心理状态。柏拉图强调,人类在知道时不仅仅是断定某个东西为真,而且还要有充足的理由说明为何如此断定。柏拉图在《美诺篇》中说,拥有正确的意见的人"只是相信(这还是 doxa)真理而不是知道真理,没有知识(episteme)"。④ 他在《美诺篇》和《泰阿泰德篇》中论述道,知道和臆测、认知和认为的不同之处在于,仅仅拥有正确意见的人不能解释为什么他的断定是真的。他不能给出其为真的原因,也不能借由它与其他真之间的联系来证明它。⑤ 也就是说,对于知识,不仅是知其然,而且知其所以然,是一种理由充分的确信和洞见,是可靠的,是不会错误的,是不容怀疑和争论的。而一个真的意见,缺少充足的理由支持,"不知其所以然",是不可靠的,是可能错误的,是可以怀疑的。柏拉图所说的"真的意见"就是见解、看法,也有判断的含义,它可以有时正确有时不正确,介于知识与无知之间,实际上就是对于现象的认识。⑥ 洛克对知识和意见的区分建立在对心灵的两种能力即知识能力与判断能力的区

---

① 《西方大观念》(第二卷),陈嘉映等译,第 1076 页。
② [德]康德:《判断力批判》,邓晓芒译,北京:人民出版社,2002 年,第 328 页。
③ [德]康德:《纯粹理性批判》,邓晓芒译,北京:人民出版社,2004 年,第 623 页。
④ 参见汪子嵩等著:《希腊哲学史》(修订本)第二卷,第 580 页。
⑤ 参见《西方大观念》(第二卷),陈嘉映等译,第 1077—1078 页。
⑥ 汪子嵩等著:《希腊哲学史》(修订本)第二卷,第 789 页。

分方式上。① 所谓意见,在他看来,"是指把尚未确知为真的那些命题认以为真的同意而言"。② 黑格尔把意见看作是一种个体的主观性的认识。"一个意见是一个主观的观念,一个任意的思想,一个想象,我可以这样想,别人可以那样想;——一个意见是我私有的,它本身不是一个有普遍性的自在自为地存在着的思想。"③ 20 世纪著名的政治思想家阿伦特在《论革命》、《真理与政治》、《哲学与政治》等著述中对意见与真理的关系、意见与政治的关系作了深入分析和阐述。阿伦特认为,意见绝不属于团体,而完全属于个人。意见形成于个人,可以说必须归个人所有。④ 在阿伦特看来,每个人都有自己的意见(doxa),意见代表着世界向他显现的方式,因此,有多少意见,就有多少不同的人从不同的观点注视着这个共同的世界。⑤ 阿伦特指出,没有任何意见是不证自明的。意见是在意见反对意见的交换过程中形成和检验的,是在公开的讨论和公开的辩论过程中形成的。⑥ 总体来说,在如何思考意见、如何将意见和知识区分的问题上,美国哲学家艾德勒总结出五个基本标准:意见有真有假,有对有错;意见可以被怀疑或相信;意见是个人的主观性认识;意见有冲突和不一致;意见的一致由人数的多少来决定。⑦

西方哲学家尽管把意见看成是与知识低一级的认识,但是,对于意见在人类生活中所具有的重要意义和价值一点也没有低估,对由意见发展出知识、真理的途径,如何认真对待意见的问题进行了深入探讨。苏格拉底、柏拉图提出,从意见发展出知识的途径和方式主要是辩证法,即意见的讨论和交流。辩证法

---

① 洛克说:"在真假方面,心灵有两种能力。第一是知识,通过知识可以确定无疑地认识(perceives)任何观念间的一致和不同。第二是判断,就是在心里把不同观念放在一起或分开它们,但它不能认识到(perceived)不同观念间的一致和不同,而只是假定(presumed)它们。"判断的能力属于"信念、赞成或意见,就是在并无确定知识告诉我们一个命题为真时,通过那些说服我们接受它的论证或证明,来承认或接受它为真。"参见 John Locke: An Essay Concerning Human Understanding,北京:中国人民大学出版社,2012 年,第 719—720,722 页。
② [英]洛克:《人类理解论》(上册),关文运译,北京:商务印书馆,1959 年,第 2 页。
③ [德]黑格尔:《哲学史讲演录(第一卷)》,贺麟、王太庆译,上海:上海人民出版社,2013 年,第 19 页。
④ 参见[美]阿伦特:《论革命》,陈周旺译,南京:译林出版社,2011 年,第 213 页。
⑤ 参见[英]玛格丽特·卡诺凡:《阿伦特政治思想再释》,陈高华译,北京:人民出版社,2012 年,第 264 页。另参见阿伦特:《哲学与政治》,贺照田主编:《西方现代性的曲折与展开》,第 346 页。
⑥ 参见 Hannah Arendt, On Revolution, The Viking Press,1963, p. 226,268.
⑦ 参见[美]艾德勒:《大观念:如何思考西方思想的基本主题》,安佳、李业慧译,第 18 页。

一词在古希腊的原初含义是"通过对话、谈话"。所谓辩证法，柏拉图说：如果一个人对于讨论中的意见不能说明其理由（logos），便不能说他已经具备了应有的知识即辩证法。① 在《泰阿泰德篇》中柏拉图提出，真意见加逻各斯（logos）就是知识说。② 19世纪英国思想家密尔倡导"经过讨论的统治"，强调不同意见的论辩、争论是认识真理的基本方法，从认识论角度对意见表达自由对于人类精神进步的重要性进行了论证。③

在中国近现代哲学家中，自觉地把意见范畴作为认识论的重要问题进行长期而有效研究的专业哲学家只有冯契一人。在1947年，冯契在其硕士学位论文《智慧》中界定了意见的含义，阐述了意见在认识过程中的作用。晚年，他在《认识世界和认识自己》、《逻辑思维的辩证法》两本著作中多视域地探索了意见范畴，尤其是意见争论的必要性及其现实意义。"将意见的讨论与观点之争引入认识论，是冯契先生哲学中引人瞩目的特点之一。"④冯契把认识分为"以我观之"的意见、"以物观之"的知识和"以道观之"的智慧三种性质不同而又相互联系着的认识形式⑤，在认识论中对意见、知识和智慧都加以研究和探讨。他提出认识论的主要问题有四个，即：感觉能否给予客观实在？理论思维能否把

---

① 汪子嵩等著：《希腊哲学史》（修订本）第二卷，第678页。

② 汪子嵩等著：《希腊哲学史》（修订本）第二卷，第798页。logos有种种不同的理解和译法。一种比较普遍的译法和理解是谈话或讲话、言辞或言论、说明或解释、推理或论证、商谈、理解等等。参见汪子嵩等著：《希腊哲学史》第1卷，第380—385页；汪子嵩等著：《希腊哲学史》（修订本）第2卷，第798页。阿伦特认为，logos本意既是言说也是思想。希腊政治由这一logos引导，而这一点的重要性超出了如下事实：城邦中的行动是通过说服而非武力得以展开。它还意味着在公民永无止境的谈话中，行动揭示了思想，思想在公民们彼此说服时告诉他们如何行动。参见[英]卡诺凡：《阿伦特政治思想再释》，第263页。根据柏拉图对辩证法的定义，logos的含义是给出理由、解释、说服、商谈和对话。这就表明，通过意见的讨论交流，给出理由，进行逻辑论证或者经验验证，就能发展出知识，认识真理。

③ 密尔说："首先，若有什么意见被迫缄默下去，据我们所能确知，那个意见却可能是真确的。否认这一点，就是假定了我们自己的不可能错误性。第二，纵使被迫缄默的意见是一个错误，它也可能，而且通常总是，含有部分真理；而另一方面，任何题目上的普遍意见亦即得势意见也难得是，或者不是全部真理；既然如此，只有借敌对意见的冲突才能使所遗真理有机会得到补足；第三，即使公认的意见不仅是真理，而且是全部真理，若不容它去遭受而且实际遭受到猛烈而认真的争议，那么接受者多数之抱持这个意见就像抱持一个偏见那样，对于它的理性根据就很少领会或感认。"参见[英]密尔：《论自由》，程崇华译，北京：商务印书馆，1959年，第29页。

④ 杨国荣：《论冯契的广义认识论》，载《追寻智慧》，上海：上海古籍出版社，2007年，第37页。

⑤ 参见冯契：《智慧的探索·补编》，《冯契文集》第九卷，上海：华东师范大学出版社，1998年，第3页。

握普遍有效的规律性知识？逻辑思维能否把握具体真理(首先是世界统一原理和发展原理)？(即形而上学作为科学何以可能？)理想人格或自由人格如何培养？① 前两个问题主要是回答从无知到知、从意见到真理的过程是怎样的，后两个问题主要是回答从抽象真理到具体真理、从知识到智慧的过程是怎样的。② 西方近代哲学流行的认识论是只研究前两个问题的狭义的认识论。③ 冯契把后两个问题引入认识论，超越西方狭义认识论的观点，提出了广义认识论。"广义的认识论不应限于知识的理论，而且应该研究智慧的学说，要讨论'元学如何可能'、'理想人格如何培养'的问题。"④针对元学的智慧如何可能(以及自由人格如何培养)的问题，冯契着重思考的问题是"如何能'得'"即如何能"转识成智"，实现由意见、知识到智慧的转化、飞跃。⑤ 最初，在由意见、知识发展到智慧的过程中，冯契以"观"来区分认识的阶段：意见是"以我观之"，知识是"以物观之"，智慧是"以道观之"。但他后来认为单纯以"观"区分认识的阶段有点简单化，于是把认识过程看成是从无知到知，从知识到智慧的运动。⑥ 在这一运动过程中，冯契特别强调了意见对于认识论的意义，并把意见与广义认识论的四个问题紧密结合起来。

首先，冯契阐明了意见的含义和特征。冯契肯定感觉能够给予客观存在，"感觉经验是知识和智慧大厦的基础"。⑦ 但感觉给予客观存在的东西或者具有不确定性，或者真假难分，或者还只是一种猜测、假想，因此在认识形式上还属于意见范畴。比如，"群众的实践经验反映在人们的思想、言论中，就表现为

---

① 冯契：《〈智慧说三篇〉导论》，《冯契文集》第一卷，上海：华东师范大学出版社，1996年，第47页。
② 陈卫平：《智慧说和中国传统哲学的智慧——论冯契的中国哲学史研究》，华东师范大学哲学系：《理论、方法和德性——纪念冯契》，上海：学林出版社，1996年，第244页。
③ 冯契通过对哲学史的考察发现，欧洲近代随着实证科学的发展，"产生了一种颇为流行的狭义认识论观点，以为认识论的范围限于研究实证科学知识之所以可能的条件，只研究上面列举的前两个问题，即感觉能否给予客观实在？理论思维能否把握普遍有效的规律性知识？而后两个问题，即逻辑思维能否把握具体真理(首先是世界统一原理和发展原理)？(即形而上学作为科学何以可能？)理想人格或自由人格如何培养？他们认为那是属于形而上学范围的问题"。参见冯契：《中国古代哲学的逻辑发展》(上)，《冯契文集》(第四卷)，上海：华东师范大学出版社，1997年，第42—43页。
④ 冯契：《〈智慧说三篇〉导论》，第8页。
⑤ 同上书，第8—9页。
⑥ 同上书，第10页。
⑦ 冯契：《认识世界和认识自己》，《冯契文集》第一卷，上海：华东师范大学出版社，1996年，第145页。

形形色色的意见。"①冯契把意见看作是与知识和智慧鼎立的三种不同性质的认识之一：意见是"以我观之"，知识是"以物观之"，智慧是"以道观之"。在冯契看来，意见是指个别主体对问题所做出的未经逻辑论证、实践检验的是非界限不明的主观性认识。②"意见"具有不确定性、私见性、多元性、待验性的特征。③

其次，冯契对意见和知识进行了区分。第一，意见是见蔽相杂的个别主体的主观性认识。意见是"以我观之"。"观"总是有主观性。意见基本上是主观的，有真有假，有正确的成份也有错误的成分。"由于主观，所以意见虽有时正确，却也常掺杂错误，甚至完全错误。"④意见是由判断组成的，人们发表意见就是作了若干判断。判断论对错。各人发表意见，真假、对错的界线往往是不够分明的。⑤而知识是客观的，客观的意见属于知识范畴。因为知识是"以物观之"，它反映事物的实在情形。知识是正确的。"错误的知识"是个自相矛盾的名词。⑥第二，意见是是非界限不明的个体认识，具有私见性和争论性。每个人都从自己的角度看问题，从"以我观之"来表示意见，这种意见总是与个人的感受、教养、经历有关。⑦"我"的意见源出于我个人的看法，他人可以同意而不必同意。⑧因此，意见具有明显的私见性，必须进行争论。对同一问题所提出的种种意见孰是孰非，在没有经过争论形成一致的认识并经实践检验以前是无法确认它们的真假对错的。但是，科学知识的特点在于它有普遍有效性。⑨"知识一旦了解，决无争论的余地。"⑩第三，意见是杂乱的、多元的、不一的。冯契主张，意见是不同的个别主体对同一问题所给出的不同解答。这就会出现仁者见仁、智者见智，导致意见分歧的多样性。"每个意见表示一种可能，意见的

---

① 冯契：《中国近代哲学的革命进程》，《冯契文集》第七卷，上海：华东师范大学出版社，1997年，第651页。
② 王向清、李伏清：《冯契"智慧说"探析》，北京：人民出版社，2012年，第75页。
③ 参见黎永红、唐艳明：《论冯契认识论"意见"范畴的特征》，《学术论坛》2015年第11期。
④ 冯契：《智慧的探索·补编》，第3页。
⑤ 参见冯契：《认识世界和认识自己》，第222—223页。
⑥ 参见冯契：《智慧的探索·补编》，第4页。
⑦ 冯契：《认识世界和认识自己》，第394、395页。
⑧ 参见冯契：《智慧的探索·补编》，第3页。
⑨ 冯契：《认识世界和认识自己》，第180页。
⑩ 冯契：《智慧的探索·补编》，第4页。

分歧说明可能性的多样。"①冯契分析,不同主体对同一问题形成不同意见的争论是必然的,这是因为人的认识受到社会历史条件的限制,每个人不但受所处时代的一般条件的限制,而且受个人千差万别的特殊条件的制约,尤其是知识经验的制约。"人的知识经验总有或大或小的差异,对同一问题作出不同判断,提出不同的意见,这是经常发生,毫不足怪的。"②而知识是有条理的、普遍的、理论化的。"知识取自器界,是形而下的秩序的反映。""知识总是分析的,概括的。"③知识重分析、抽象,是以理论思维的方式来把握世界。④

再次,冯契分析了由意见发展为知识的可能性和途径。第一,由意见发展到知识的可能性。意见和知识有层次之分,高低之别。意见是较低级的认识,知识是比意见高级的认识,但意见和知识之间并非真有楚河汉界,封锁了不相交通。由意见可以发展出知识,由知识可引申出智慧。"扬弃本有保存的意义,上升本以下层为基石。"⑤意见是形成知识乃至智慧的基础和前提。第二,不同意见的争论是发展知识、认识真理的基本途径。冯契强调:"讲真理的发展要讲意见的矛盾运动。要明辨是非,划清真理同错误的界限,必须通过意见的矛盾运动。"⑥冯契特别指出了意见之争对于认识深化的意义。他指出:"为了要明辨是非,划清真理和错误的界限,就需要展开不同意见的讨论、争论。"⑦"意见的矛盾是必然的现象,正是通过彼此矛盾的意见的斗争,用不同方面的思维(以及观察)来相互补充,人类才能不断地发现问题和解决问题,改正错误和揭露真理,由无知发展到知,由知之不多发展到知之甚多。"⑧可见,理论思维把握科学知识,逻辑思维认识具体真理,都离不开意见的矛盾运动。第三,由意见发展知识和智慧,需要"去私解蔽"。意见是"以我观之",受人的情感、非理性的影响,容易形成偏见,产生"成心"。冯契说:"意见、知识与智慧,本有层次之分,高低之别。以低级的认识为高级,以主观为客观,以偏概全,是一种错误的移置,层

---

① 冯契:《认识世界和认识自己》,第392页。
② 冯契:《逻辑思维的辩证法》,《冯契文集》第二卷,上海:华东师范大学出版社,1996年,第82页。
③ 冯契:《智慧的探索·补编》,第12、15页。
④ 冯契:《认识世界和认识自己》,第413、418页。
⑤ 冯契:《智慧的探索·补编》,第57页。
⑥ 冯契:《逻辑思维的辩证法》,第81页。
⑦ 冯契:《认识世界和认识自己》,第223页。冯契:《逻辑思维的辩证法》,第80页。
⑧ 冯契:《智慧的探索·补编》,第258页。

次上的混乱。由此混乱,乃产生私见或偏见,私知或偏知。"①"偏见与偏知,常与自私的情欲相连。""情意上的公私之分,与认识上的偏正之辨,其实是一回事情。"②日常谈话,集会讨论,由于感情用事,私欲作祟,常常就会固执私见,产生偏见和"成心"。如果能破除自私的爱憎与欲念,也就容易廓清偏见与偏知。总之,发扬民主,自由言论,公开辩论,反复相明,去私解蔽,培养涵养功夫,会场的空气和谐,发言的态度公正,对立的意见就易于扬弃,正确的知识甚至智慧就会蓬蓬勃勃地增长起来。

冯契"智慧说"的主干是认识论,他的主要哲学问题意识是"接着近代西方知识论来讲的"。③ 在西方知识论的考察中,智慧是被排除在外的。④ 至于意见,其属于理性的机能,则如阿伦特所言"几乎完全被政治和哲学思想的传统忽略"。⑤ 冯契的广义认识论重新发现并且高度重视意见的作用和机能⑥,不仅研究"感觉能否给予客观实在"和"科学知识何以可能"这两个主要关涉经验知识的为西方传统认识论着重讨论的问题,而且研究"逻辑思维能否把握宇宙发展法则"和"理想人格如何培养"这两个主要关涉智慧的为中国传统哲学重点探索的问题,阐明了由意见发展到知识和智慧的认识过程。冯契把意见界定为个人的主观性认识形式,对意见与知识和真理作了区分,阐述了意见的矛盾运动与把握具体真理、培养理想人格及发展知识和智慧的关系。从西方认识论对意见与知识、真理的阐述来看,冯契的意见学说体现了冯契在会通、融合中西哲学上

---

① 冯契:《智慧的探索·补编》,第 6 页。
② 冯契:《智慧的探索·补编》,第 10 页。
③ 参见陈来:《论冯契的德性思想》,杨国荣编:《追寻智慧》,第 66 页。
④ 参见郁振华:《扩展认识论的两种进路》,杨国荣编:《追寻智慧》,第 51 页。
⑤ [美]阿伦特:《论革命》,陈周旺译,第 214 页。阿伦特认为,哲学与政治的断裂,真理与意见的对抗,是从历史上苏格拉底审判开始的。柏拉图因为其师苏格拉底之死而对说服的有效性产生怀疑,对意见极尽斥责,而期望某种绝对的标准。这是政治思想史上的一个转折点,自此以后,意见在政治领域中被取消了。直到法国大革命和美国革命,意见在政治领域中的作用和地位才被发现。参见[美]阿伦特:《哲学与政治》,林晖译,贺照田主编:《西方现代性的曲折与展开》(下册),第 339—343 页;[美]阿伦特:《马克思与西方政治思想传统》,孙伟钊译,南京:江苏人民出版社,2007 年,第 197 页。
⑥ 冯契发现,"中国先秦哲学家和古希腊哲学家早已区别了意见和真理,讨论了怎样从意见发展出真理的问题。"他还说:"古代哲学家已经发现了这一点:展开不同意见之间的争论,揭露人们思维中的矛盾(人们之间的和个人头脑中的矛盾),然后引导出正确的结论,这是人们获得真理的具体途径。"冯契:《逻辑思维的辩证法》,第 81、88 页;《认识世界和认识自己》,第 222 页。

的深刻造诣。冯契在广义认识论中对意见、知识和智慧都加以研究和探讨,既吸收、肯定西方哲学中的合理因素,超越西方狭义认识论的观点,又对民族传统中的特色加以保存和发扬,对中国哲学作自我批判和系统反思,推进了中国传统哲学的现代化,丰富发展了马克思主义认识论。

二、意见与民主和法治:冯契意见学说与西方政治哲学的会通

基于意见与知识和真理的区别,西方政治哲学着重探讨了意见与政治(政府或权力)的关系。在西方哲学看来,对意见的争论主要发生在政治领域。科学或哲学的分歧主要是知识的问题,关于科学或哲学的争论可以通过探究事实或理性的检验而得到解决。但是,政治上的意见分歧不能以我们澄清科学或哲学问题同样的方式来加以澄清。① 政治决策和司法判决是一个意见问题,而不是知识问题。在政治问题上,人们是按照意见而不是按照知识行事。② 杰弗里·托马斯说:"政治的基础在于某种意见的不一致。结束意见分歧,政治就失去了理据。"③阿伦特指出:"争论构成了政治生活的本质。如果从政治的角度看,与真理打交道的思想和交流模式的确必定是专断的;它们不考虑其他人的意见,而考虑其他人意见是所有严格的政治思考的标志。"④可见,在西方政治哲学中,对意见范畴的认识是理解政治的密码和钥匙。

理解政治,一个基本的问题和途径就是了解政府是如何建立起来的。政府建立在什么基础上呢?有的认为是武力或暴力,有的认为是宗教神权(天命),有的认为是习俗传统,有的认为是契约同意。还有一种观点比较流行,就是认为政府建立在意见(opinion)或公共意见/舆论(public opinion)的基础上。休谟指出,一切权力都以意见为基础,并受意见的限制。⑤ "政府是完全建基于公众意见和信念之上的。""所有政府以及少数人赖以统治多数人的权威都是建立在关于公共利益的意见看法、关于权力的意见看法和关于财产权的意见看法基础

---

① [美]艾德勒:《大观念:如何思考西方思想的基本主题》,第40—41页。
② 同上注。
③ [英]杰弗里·托马斯:《政治哲学导论》,顾肃、刘雪梅译,北京:中国人民大学出版社,2006年,第7页。
④ [美]阿伦特:《过去与未来之间》,王寅丽、张立立译,南京:译文出版社,2011年,第224页。
⑤ [英]哈耶克:《法律、立法与自由》(第一卷),邓正来译,北京:中国大百科全书出版社,2000年,第141页。

之上的。"①休谟关于"政府唯一的基础是意见"的一段话，著名法学家戴雪在其名著《英宪精义》和《公共舆论的力量：19世纪英国的法律与公共舆论》中都作了引用以之作为立论的基础。② 美国宪法之父麦迪逊说："政府建立在意见的基础上。"③他对意见与自由的关系、如何建立宪法制度来代表、过滤和筛选纷繁复杂的意见和保障意见自由表达的权利进行了深入的思考和论证。林肯说："我们政府的基础是公共意见(public opinion)，谁能够改变公共意见，谁就能够改变政府，实践中也是如此。"④西班牙政治理论家加塞特说："公共意见(舆论)(public opinion)作为一种基本力量，它催生了人类社会中的统治现象这样一个事实，却同人类本身一样古老，一样源远流长。……公共舆论的法则之于政治史，一如地心引力之于物理学。……总而言之，国家是一种意见的状态(the state of opinion)，即各种意见的一种平衡状态。"⑤阿伦特指出："从历史上说，意见——一般而言，它与政治领域有关；具体而言，是指它在政府中所扮演的角色——是在革命这一事件和进程中被发现的。"⑥基于政治与意见的关系，阿伦特把政治定义为两种类型：第一种，可以把政治视为政府，视为某些人(一个、几个或许多人)对其他人的支配，这种支配需要使用暴力或以暴力作为威胁。西方政治传统几乎一致认为，"政治的本质就是统治，占主导地位的政治激情就是统治或宰制他人的激情"。⑦ 第二种，如阿伦特所主张的，政治是指人们在公共领域中的行动——讨论、说服、决定具体行为并且付诸实践。⑧ 阿伦特说："成为政治的，生活在城邦中，意即任何事情都要取决于话语和说服，而不是取

---

① 休谟还写道："人类虽然受利害关系的控制，然而甚至利害关系本身以及人类的一切事务却又完全受控于意见和信念。"[英]休谟：《休谟政治论文选》，张若衡译，北京：商务印书馆，1993年，第19—20、35页。
② 戴雪说道："在某种意义上，人类制度的存在与变迁无时无刻、无处不在地依赖人类的思想与情感。换言之，人类制度生长、兴盛于社会之中，因而它依赖社会的意见。"[英]戴雪：《公共舆论的力量：19世纪英国的法律与公共舆论》，戴鹏飞译，上海：上海人民出版社，2013年，第44页。
③ [美]汉密尔顿等：《联邦党人文集》，张晓庆译，北京：九州出版社，2007年，第655页。
④ James Bohman, Public Deliberation: Pluralism, Complexity, and Democracy, Cambridge: The MIT Press, 1996, Introduction, p. 1.
⑤ [西班牙]加塞特：《大众的反叛》，刘训练、佟德志译，长春：吉林人民出版社，2004年，第126—127页。
⑥ [美]阿伦特：《论革命》，陈周旺译，第213页。
⑦ 同上书，第259页。
⑧ 参见[美]伊丽莎白·扬-布鲁尔：《阿伦特为什么重要？》，刘北成等译，南京：译林出版社，2008年，第57—58页。

决于暴力和强迫。"①西方当代著名思想家哈贝马斯也把政治理解为对话、商谈的过程:"一种对话的观点把政治设想成为——或许应该说理想化成为——一种规范性活动。它把政治想象成是关于价值问题而不仅仅是关于偏好问题的争论。它把政治设想成一个理性的过程而不是意志的过程,一个说服的过程而不是一个权力的过程。"②基于意见与政治的关系,西方政治哲学从不同意见的争论及意见分歧的处理方式、意见的形成过程、不同意见的保护等角度,对民主法治进行了辩护和论证。

首先,从不同意见的争论和意见分歧的处理方式来认识和理解民主政治。林德赛指出,讨论是民主的本质。③ 本杰明·巴伯说:"没有不断的讨论就不存在强大的民主正当性。"④迪尔凯姆指出:"审议、思考和批判精神在公共事务的进程中发挥的作用越大,国家就越民主。"⑤凯尔森认为,少数和多数之间的自由讨论对民主而言是必不可少的,"民主国家中,共同体的意志始终是通过多数和少数之间的不断讨论,通过对某一事项规则的正反双方自由辩论而创造的。这种讨论不仅在议会中,它们还在,并且主要在,政治集会中,在报刊、书籍与其他舆论工具中进行。"⑥可见,不同意见的讨论和争论是政治生活的本质,也是民主的本质。

由于意见是多元的,意见不一和分歧是经常发生的。人类要和平共处,致力于共同的社会目标,就必须通过一系列方式来化解或澄清意见分歧。艾德勒总结,处理意见分歧的方式不外乎三种:(1)权力;(2)某个人的权威;(3)多数法则。⑦ 人类发展的历史表明,用权力的方式来处理意见分歧不是一种合理的方式。它不仅阻碍认识进步和知识发展,而且抑制人性和自由。那么,通过赋

---

① [美]阿伦特:《人的境况》,王寅丽译,第16页。
② [德]哈贝马斯:《在事实与规范之间:关于法律和民主法治国的商谈理论》(修订译本),童世骏译,北京:生活·读书·新知三联书店,2011年,第336页。
③ [美]古特曼、汤普森:《审议民主是什么》,谈火生选编:《审议民主》,南京:江苏人民出版社,2007年,第8页。
④ 转引自[美]波斯特:《宪法的领域:民主、共同体与管理》,毕洪海译,北京:北京大学出版社,2012年,第257页。
⑤ 转引自[美]波斯特:《宪法的领域:民主、共同体与管理》,第258页。
⑥ [奥地利]凯尔森:《法与国家的一般理论》,沈宗灵译,北京:中国大百科全书出版社,1996年,第319页。
⑦ 参见[美]艾德勒:《大观念:如何思考西方思想的基本主题》,安佳、李业慧译,第40—41页。

予某个人以最高权威来裁断意见分歧的方式又怎样呢？英国哲学家霍布斯就明确提出由利维坦式的君主来审定意见和学说。① 假如有一位柏拉图所说的"哲学王"、霍布斯的"利维坦"式的君主、韦伯的"克里斯玛式魅力型人物"作为最高的判断者来独断乾坤，审查管理各种意见，其他所有人共同接受他所作出的决定，按照他的意见来行事，又会怎样呢？这种方式是不是合理呢？只要我们承认错误是人人难免的，最有智慧的人也是人，也难免会犯错误。只要我们承认人有非理性的因素，人的理性有限，最高智慧者也是人，他的意见也是是非不明、见蔽相杂的一种个体性的主观认识，那么，处理意见分歧的第二种方式也是不靠谱的，不是一种为所有人都能接受的合理方式。亚里士多德指出了这种方式的不可取。② 阿伦特明确地指出："没有一个人，无论是哲学家这一类智者，还是启蒙运动的所有人共有的神启理性，可以胜任筛选意见和经过信息过滤网传递意见的任务，将随意的、纯属无稽之谈的意见筛掉，然后将意见纯化为公共观点。"③相比于强权和专制，处理意见分歧比较合理的方式是通过投票采用民主的多数决定的方式。古希腊哲学家亚里士多德、美国哲学家艾德勒、英国法理学家沃尔德伦从智慧、自由民主、平等尊重角度对民主的多数原则进行了辩护和论证。从认识论角度来看，多数法则更有可能产生更明智的决策，可能远远超过一人说了算的统治者，哪怕他是世上罕见的具有极高智慧的人。亚里士多德在《政治学》中论证了"多数人能够比任何一个人做出更明智的决定"。④ 从自由民主角度来看，赋予多数人权威的方式，是与人类自由相容、与自由民主社会制度相容的一种方式。⑤ 沃尔德伦则证明，多数决定是一种可以

---

① 霍布斯指出："人们的行动来自意见，为了他们的和平和协商起见，良好地管理人们的意见就是良好地管理人们的行动。"因此，他反对公开审议，主张秘密地分别听取每一个人的意见，主张利维坦或者主权者作为多元意见的最高裁决者，有权审定意见和学说。参见[英]霍布斯：《利维坦》，黎思复、黎廷弼译，北京：商务印书馆，1985年，第十八章。

② 亚里士多德说："让一个人来统治，这就在政治中混入了兽性的因素，因为人的欲望中就有兽性。即使最优秀的人物也有生命激情，这往往在执政的时候引起偏差。"参见[古希腊]亚里士多德：《政治学》（英汉对照）（一），高书文译，北京：九州出版社，2007年，第338,339页。参见[美]沃尔德伦：《法律与分歧》，王柱国译，北京：法律出版社，2009年，第175页。

③ Hannah Arendt, *On Revolution*, New York: The Viking Press, 1963, p.226.

④ 参见[古希腊]亚里士多德：《政治学》（英汉对照）（一），高书文译，第三卷第11章、第15章。

⑤ 参见[美]艾德勒：《大观念：如何思考西方思想的基本主题》，安佳等译，第42—45页。

与平等尊重相容的决定程序。多数决定的方法是一个尊重人的程序,包含了同等关注每一个人的观点的承诺,而不仅仅是一个在政治环境中保证协调行动的、受尊敬的技术设置。①

其次,从意见的形成过程来认识协商民主政治的实现。自20世纪90年代以来,西方民主出现了"协商"(deliberation)的转向。协商民主关注优于投票的各种意见及意志形成的交往过程。②(协商)审议民主模式的关键是"公共领域"的观念,公民、团体、社会运动和各种组织的论辩、审议和异议,直至意见的形成均孕育其中。③哈贝马斯关于法律和民主法治国的商谈理论把立法政治表述为以商谈形式构成的政治意志和政治意见的形成过程。在哈贝马斯看来,民主的意见形成过程是在非建制化的公共领域中完成的。被公共领域放大之后的民主的政治意见应当经过议会组织和程序的过滤,形成具有普遍约束力的民主的政治意志,并运用法律的代码输送到各个系统和生活世界之中去。④因此,商议性政治是在意见形成和意志形成过程的不同层次上沿着两个轨道进行的——一个是具有宪法建制形式的,一个是不具有正式形式的。⑤哈贝马斯把协商政治的认知理想安放于公共领域而不是国家正式的制度当中。他指出:"一种商议性自决实践只能在这样两方面之间的相互作用中才能进行:一方面是在议会中进行的制度化为法律程序以达成决策作为其预定目标的意志形成过程,另一方面是沿着非正式政治交往渠道而进行的政治性意见形成过程。相关的倡议、议题和贡献、问题和建议更多地来自意见光谱的国家边缘而不是它的已成为主流的中央。"⑥公共领域是意见的领域。实现协商政治的关键在于在一个复杂和多元的社会中塑造真实、不受强制的公共意见。

再次,不同意见的保护和公共意见的形成需要法治保障。怎样在一个复杂和多元的社会中塑造真实、不受强制的公共意见呢?这对于意见的形成提出了

---

① 参见[美]沃尔德伦:《法律与分歧》,王柱国译,北京:法律出版社,2009年,第145—146,148页。
② [加]西蒙·钱伯斯:《协商民主理论》,童庆平译,陈家刚主编:《协商民主与政治发展》,北京:社会科学文献出版社,2011年,第85页。
③ [美]本哈比:《走向审议式的民主合法性模式》,谈火生选编:《审议民主》,第200页。
④ 参见高鸿钧:《商谈法哲学与民主法治国》,北京:清华大学出版社,2007年,第277,280页。
⑤ Jürgen Habermas, *Between Facts and Norms: Contributions to a Discourse Theory of Law and Democracy*, trans. by William Rehg, Cambridge: The MIT Press,1996, p. 314.
⑥ Ibid., p. 275.

民主程序和程序法治的要求。政治意见和政治意志形成过程需要依靠民主程序,不同意见的自由讨论总是在一定数量的人们之间,以平等为预设并通过论辩的程序来进行。"协商(审议)是一个由各种公正的程序构成的理想化过程,在这些程序下政治行动者为了解决政治冲突而进行理性的讨论。"①协商政治的实现需要有关于合法性的复杂的、道德的和认知上的程序来保障不同意见通过辩论的方式自由平等交流,形成共识。哈贝马斯认为,对于现代法律系统具有核心意义的是法律上建制化的程序的概念。②法律系统的自主的程度,仅仅取决于建制化的民主程序和司法程序,"在多大程度上保障公平的意见形成和意志形成过程",并且使道德的程序合理性有可能同时进入法律和政治之中。③自然正义(正当法律程序)最显著的特征是在所有案件中都要听取双方当事人的意见,给予被告辩护的机会。④"程序决定了法治与恣意的人治之间的基本区别。"⑤法治是规则之治和程序之治。任何民主存在的一个重要的必备条件都是非暴政的法治(non-tyrannous rule of law),在这种情况下,交往和协商实践才是可能的。⑥法治如何促进协商、如何对待不同意见的争论?美国法学家孙斯坦对宪法设计角度进行了阐述。"在尊重自由的任何民主社会中,协商过程都面临一个共同的问题,即普遍存在且持续不断的不同意见。"⑦因此,宪政制度(以及宪法)的一个核心目标就是要解决长期存在的意见不一致的问题,一部分是将不同意见转换成创造力,一部分是在不可能达成一致意见时使其成为没有必要。⑧宪法是人权的保障书,也是实现协商政治的制度和法治保障。"一部宪法应将政治的可信度(责任感)(political accountability)跟高度的反思(high degree of reflectiveness)以及说理的一般承诺(general commitment of

---

① [美]杰克·耐特、詹姆斯·约翰逊:《聚合与协商:论民主合法性的可能性》,谈火生选编:《审议民主》,第307页。
② [德]哈贝马斯:《在事实与规范之间》,童世骏译,第218页。
③ 同上书,第613页。
④ [爱尔兰]凯利:《西方法律思想简史》,王笑红译,北京:法律出版社,2002年,第29—30页。
⑤ 季卫东:《法治秩序的建构》,北京:中国政法大学出版社,1999年,第3页。
⑥ [美]博曼:《公共协商:多元主义、复杂性与民主》,黄相怀译,北京:中央编译出版社,2006年,中文版序,第3页。
⑦ [美]孙斯坦:《设计民主:论宪法的作用》,金朝武等译,北京:法律出版社,2006年,第7页。
⑧ 同上注。

reason-giving)结合起来,方能够促进协商民主(deliberative democracy)。"[1]因此,设计宪法制度时,需要对个人权利提供宪法保护,反对等级制度;需要设法防止某一部分人因为掌握真理或具有特权而使其言论和理由占有很重的分量;需要创造协商空间,设计出合适的制度和程序以确保做出反思并给出理由,确保更多地倾听不同意见和观点,使异质性能够作为一种创造性力量发挥作用。

从上述西方政治哲学关于意见与民主法治的关系来看,我们可以发现,冯契的意见学说与西方政治哲学在意见分歧的处理、意见的形成、意见的保护等方面是相互会通、合流的。冯契关于意见的"一致而百虑"的认识运动规律的阐述,对于回答"如何实现中国的现代化"这一时代问题,实现现代政治的民主法治化,推进国家治理体系和治理能力现代化,有着重要的理论意义。

冯契把意见的矛盾运动阐述为"同归而殊途,一致而百虑"的认识规律。冯契说:"对人类认识运动从动态来考察,我们就会看到思维是充满着矛盾的。知与无知互相纠缠,正确与错误难分难解,通常要通过不同意见的争论、不同观点的斗争,问题才能解决,才能分清正确与错误的界线。这样一种思维的矛盾运动体现了《易经》所说的'同归而殊涂,一致而百虑'的规律。"[2]为什么认识的过程体现为意见的"百虑"——"一致"——"百虑"的循环往复运动呢?因为,人们之间的意见分歧是各式各样的。"人类思维的领域,老是有不同意见的分歧,总是有不同意见互相纠缠着、矛盾着,难分难解,这也是人类认识过程的一个基本的事实。"[3]而只有通过不同意见的讨论、争论,才能集思广益,明辨是非,提出比较正确的结论。"一致而百虑"就是通过不同意见的争论而获得正确的结论。但是,通过意见争论来达到正确的结论,这也只能说是达到了一定条件下的正确,不能绝对化,新的事实出现了,原来认为正确的结论可能显得不完备或包含有错误。特别是在一些重大问题上,意见分歧多,争议多,不宜匆忙地下结论,即使下了结论,也不能把它绝对化,以为是一劳永逸的了。因此,《易传》所说的"同归而殊途,一致而百虑"指出了思维的辩证运动的规律。在冯契看来,"天下同归而殊途,一致而百虑"是哲学发展的规律、智慧发展的规律,也是自由王国

---

[1] [美]孙斯坦:《设计民主:论宪法的作用》,金朝武等译,第5页。
[2] 冯契:《认识世界和认识自己》,第236页。
[3] 同上书,第224页。

的特征。① 回答"如何实现中国的现代化"这一时代问题,促进政治民主化和实行法治,很关键的一点就是把握"一致而百虑"这一认识运动的规律。

冯契指出:"真正的哲学都在回答时代的问题,要求表现时代精神。"② 中国近代时代的中心问题是"中国向何处去",在政治思想领域表现为"古今中西"之争,其实质和内容就是"如何向西方学习,并对传统进行反省,来寻求救国救民的真理,以便使中华民族走上自由解放的道路"。③ 现代的时代问题是"如何实现中国的现代化"。"现代化建设是个巨大的系统工程,包括进行经济改革和提高生产力,促进政治民主化和实行法治,发展文化教育和提高人民素质等多方面,它们是不可偏废而互相制约、互相作用着的。"④ 哲学革命是政治革命的先导。⑤ "促进政治民主化和实行法治"这一现代化工程,需要在新的历史条件下进一步发展哲学革命。其中很重要的一点是开辟"同归而殊途、一致而百虑"的唯物辩证法的新阶段。⑥

首先,就不同意见的争论和意见分歧的处理方式而言,冯契既认同民主的本质是讨论,也赞同以民主的多数原则来解决意见分歧,获得一致的结论。冯契特别强调在不同意见的争论过程中必须保持真诚,反对权力迷信;必须反对独断论,反对"定于一尊"。因为,错误是人人难免的,"若一个人把自己的意见当做真理,把不同于自己的意见一律视为谬误,把真理和错误的界限说成是截然分明的,那就陷入了独断论。"⑦ 在意见分歧的处理方式上,冯契既反对权力说了算,更反对个人说了算。冯契说:"事实上一个人发表的意见,到底其中有几分真理,在没有经过逻辑论证和实践检验之前是难以确定的,在这种未确定的情况下就肯定自己的意见是真理。这种主观武断,必然要造成危害。"⑧ 冯契一贯所主张的是,要通过不同意见的争论来明辨是非,划清真理与错误的界限,而且在意见的争论过程中,要采取实事求是的态度,虚心听取不同意见,不怀成

---

① 冯契:《人的自由和真善美》,《冯契文集》第三卷,上海:华东师范大学出版社,1996年,第340页。
② 冯契:《〈智慧说三篇〉导论》,第1页。
③ 冯契:《中国近代哲学的革命进程》,第4页。
④ 同上书,第722页。
⑤ 同上书,第7、22页。
⑥ 同上书,第720—723页。
⑦ 冯契:《认识世界和认识自己》,第224页。
⑧ 冯契:《逻辑思维的辩证法》,第85页。

见地开展自由的讨论,要有"民主作风和宽容精神","以平等的自由讨论的态度,而不能以'定于一尊'的态度"来展开不同意见的自由讨论和争鸣,要始终保持心灵的自由思考,尊重人的尊严,平等待人。①

其次,就关注意见形成的协商民主政治而言,冯契的意见学说将意见的矛盾运动阐述为"一致而百虑"的运动过程。这个过程的具体表现是:"对一个特定问题,许多人从不同角度提出自己的意见,起初显得很分歧,经过论辩,互相启发、互相补充、互相纠正,最后集中起来,达到比较一致的结论。这个把分散意见集中起来的过程也就是分析和综合的过程。讨论和争辩中,人们把彼此的意见作比较、分析,揭露出各人思维中存在着的矛盾和相互之间的矛盾,分辨出其中什么是正确的成分,什么是错误的成分,分析出是原则分歧还是偶然差异,是主要的还是次要的,等等。于是去粗存精,去伪存真,由此及彼,最后达到比较正确、比较全面的结论。"②可见,冯契的意见学说与"通过讨论加以权衡相互竞争的各种考虑"③的协商观念是契合的,对于协商政治的实现有着重要的理论和实践意义。

再次,就程序法治和民主法制化而言,冯契指出:"从整个社会来说,需要实行法治。民主与法制不可分割,法制不健全,政治也不可能民主化。所以社会越是近代化、民主化,法制就越重要。"④冯契强调,展开不同意见争论必须持有荀子所说的"以仁心说,以学心听,以公心辩"《荀子·正名》的态度,实行戴震所说的"去私"和"解蔽",要有客观公正的态度,要有平等、自由、民主、包容、尊重、合作的精神。这就必定要求提供程序和法治的框架来保证协商和讨论的有效展开,也必定提出宪法对意见表达自由的保障和实行法治的需要。

---

① 冯契说:"为了参与争鸣和自由讨论,那就需要有民主作风和宽容精神。""要以平等的自由讨论的态度,而不能以定于一尊的态度来对待各家,……通过争鸣、自由讨论,必然会促进唯物辩证法的发展。这是马克思主义者应有的自信。"冯契:《智慧的探索》,《冯契文集》第八卷,上海:华东师范大学出版社,1997年,第613页;《中国近代哲学的革命进程》,第722页。
② 冯契:《认识世界和认识自己》,第227—228页。
③ [美]菲什金、拉斯金:《民主理想的实验:协商民意测验与舆论》,马奔译,陈家刚主编:《协商民主与政治发展》,第315页。
④ 冯契:《人的自由和真善美》,第232—233页。

三、意见与权利和德性：冯契意见学说与西方法律哲学的契合

在西方,关于意见的传统思考划分为两个主要方向上的讨论。第一个方向是关于知识与意见的区别的理论问题,它涉及诸如怀疑、信念、信仰、确信和概然性这些相关术语。第二个方向大都假定了知识与意见之间的区别,它考虑的是意见领域内的决定与责任问题,包括良心的自由问题、思想与表达自由问题、多数与少数问题,以及在良心难题上的个人判断问题。① 第二个方面所涉及的主要是意见与权利、意见与德性的关系,这正是西方法律哲学所讨论的一个重大主题。

首先,西方法律哲学从关注人与法律的关系出发,把意见表达自由视为宪法所保障的基本人权。自文艺复兴提出"人是主体"、"人是目的"以来,西方法律哲学"用人性否定神性,以人权反对神权,用享乐主义反对禁欲主义,用理性反对蒙昧,用以个性自由批判封建专制制度,用平等观念反对封建等级制度"②,人的主体意识、权利意识得到前所未有的弘扬,公民美德和自由人格得到普遍地倡导,人权、人的尊严被视为法律的最高价值。德国法哲学家科殷认为,人是法的形成的中心点。"他的身体的一心灵的状况在法的一切领域里都起着一种决定性的作用。他的出生,他的发展,儿童的保护需要,男女两性的分开,他的本能欲望和激情,他的精神生活的组织和内容:这一切对于法来说,都具有至高无上的意义。"③考夫曼明确指出:"人的本质问题,人的人格,对于法的本质是决定性的。法的标准,即法的观念本身,是人。"④人之所以为人就在于人首先是一个言说的存在,人会思维,会说话和使用语言,有自我表达和相互交流的能力和愿望。"语言的本质是人类的尊严:语言是个人自我的表述,是人类精神及他的人格的渊源;透过说的能力,人类才可以在其本质及深层的意

---

① 参见《西方大观念》,陈嘉映等译,第1075页。
② 何勤华:《西方法学史》,北京:中国政法大学出版社,1996年,第108页。
③ 参见[德]科殷:《法哲学》,林荣远译,北京:华夏出版社,2002年,第148页。
④ [德]考夫曼、哈斯默尔主编:《当代法哲学和法律理论导论》,郑永流译,北京:法律出版社,2013年,第490页。

义上,成为人类:对自己及自己的世界占为己有……语言就是人。"①没有语言,没有人与人的交流,人就只是孤独的兽类,根本不可能成为社会性的存在,政治和法律也就更是多余的东西了。意见是"我"作为独立的思维主体所持有的个人的看法、观点。表达意见是"我"作为人具有言说能力的存在方式,因此意见表达自由在人权谱系和自由清单中是第一位的、首要的基本权利。在自然权利学说看来,形成和发表意见的权利是不言而喻、不可剥夺的人的自然权利。认真对待意见实质上就是认真对待权利。杰斐逊指出:"属于自然权利的有思考的权利、说话的权利、形成和发表意见的权利,以及也许还有那些不需要外界的帮助,个人就能充分行使的权利,或者换句话说,那些处于个人能力范围之内的权利。"②潘恩说:"我一向极力主张人人有保持他的意见的权利,不管他的意见如何与我不同。凡是否认别人有这种权利的人,会使他自己成为现有意见的奴隶,因为他自己排除了改变意见的权利。"③法国《人权和公民权宣言》宣称:"自由传达思想和意见是人类最宝贵的权利之一;因此,各个公民都有言论、著述和出版自由,但在法律所规定的情况下,应对滥用此项自由负担责任。"可见,意见表达自由是人所固有的基本人权,公共讨论和意见表达自由构成了一个民主社会必不可少的基础。德国法学家施米特认为,发表意见的自由"是其他一切社会自由权的渊源,是自由讨论这个自由主义理念的预设前提"。而讨论的预设前提是人的思想和透过人的语言表达的思想。④ 英国法学家沃尔德伦从人作为思想主体的维度对权利进行了论证。他说:"人类个体在本质上是一个思想主体(a thinking agent),他天生具有道德上的协商能力、从其他人的观点中明白事物的能力以及超越沉溺于自己个人或集团利益之上的能力。"⑤因此,"任何权利论证的要点必须涉及对这个人作为积极的、思想的生命存在之尊重,如果在交谈时我们忽视或者轻视他对该问题所必须说的东西,我们就不能说我们的交谈也认真地对待了他的权利。"⑥"认真对待权利,就是以尊重的方式回应

---

① [德]考夫曼:《法律哲学》,刘幸义等译,北京:法律出版社,2003年,第169页。
② 转引自涂纪亮:《美国哲学史》第一卷,石家庄:河北教育出版社,2000年,第126页。
③ [美]托马斯·潘恩:《潘恩选集》,马清槐等译,北京:商务印书馆,1981年,第347页。
④ 参见[德]施米特:《宪法学说》,刘锋译,上海:上海人民出版社,2005年,第177,180页。
⑤ [美]沃尔德伦:《法律与分歧》,王柱国译,第327页。
⑥ 同上书,第329页。

他者(otherness)，然后愿意积极地——但是作为平等者——参与决定我们如何在我们共同拥有的环境和社会中共同生活。"①从法治和宪法发展的历史来看，权利保障的历史很大程度上就是一部保障意见表达自由的历史，或者至少是一部与意见表达自由紧密相关的历史。

其次，西方法律哲学从不同意见的争论、对待不同意见持有的德性对法律的内容、功能、价值、目的和意义进行论证。怎样认识自己，怎样对待他人，怎样处理个人、国家与社会的关系，最集中地体现在不同意见争论中解决群己关系的态度和原则之中。洛克认为，人生的事务，大部分是要依凭判断(our judgement)来决定的。"绝大部分人们(如果不是一切人们)，虽然对于自己所主张的真理没有确定的证明，亦不能不有一些意见。"因此，洛克主张对待不同意见应当正确的施用同意，互相的仁爱和容忍。② 他说："人们的意见虽然多种多样，可是我们都应当互相维持和平，互施仁爱，培植友谊。"因为"人的理解力尽管经常犯错误，可是它只拥有理性作向导，而不能盲目地屈从于他人的意志和命令。"③休谟主张中庸节制，认为实现良好目标最有效的方法是"支持稳健的意见，寻求所有争执的合理折衷方案，说服每方相信其对方有时也可能是对的，对于双方的褒贬亦须保持平衡。"④密尔倡导"经过讨论的统治"，主张以"恢宏公正的心胸"对待不同意见。⑤ 在阿伦特看来，每个人都有自己的意见(doxa)，意见代表着世界向他显现的方式，因此，有多少意见，就有多少不同的人从不同的观点注视着这个共同的世界。⑥ 意见与判断都属于理性的机能。⑦ 意见的本质，如同判断的本质，在于无偏私的程度。⑧ 阿伦特强调，政治的思考，意见的交流和争论要求一种扩展的心胸(enlarged mentality)、一种设身处

---

① [美]沃尔德伦：《法律与分歧》，王柱国译，第407页。
② John Locke: *An Essay Concerning Human Understanding*, p. 728.
③ Ibid., p. 729.
④ [英]休谟：《休谟政治论文选》，张若衡译，第141页。
⑤ 参见[英]密尔：《论自由》，程崇华译，北京：商务印书馆，第29页。
⑥ 参见[英]玛格丽特·卡诺凡：《阿伦特政治思想再释》，陈高华译，第264页。另参见[美]阿伦特：《哲学与政治》，贺照田主编《西方现代性的曲折与展开》，346页。
⑦ [美]阿伦特：《论革命》，陈周旺译，第214页。
⑧ [美]阿伦特：《过去与未来之间》，王寅丽等译，第225页。

地的能力、一种代表性思考的能力，也就是"站在每个别人的地位上思考"。①总之，不同意见的争论需要"公共讨论的品德"②来维持，离不开公民美德和自由人格的滋养。

正确的法律必须源自公民的商谈。③ 理想的基本法律应该可以理解为"自由平等的个体通过理性、公平的集体协商"的结果。④ 哈贝马斯提出了程序主义的法律范式，强调"只有通过商谈(discourse)或审议(deliberation)才能确定法律的内容"。⑤ 怎样把立法与审议相联系，把制定政策与商谈相联系，是设计立宪政体中的一个重要问题。⑥ 在民主立法的政治意见的形成过程中，协商政治的实现要求通过责任和参与来增加合法性；通过合作来鼓励有关政策问题的具有公共精神的观点；通过包容与礼貌来促进协商各方之间的相互尊重；通过通报情况和实质性辩论来加强决策(意见)的质量。⑦ 总之，良法的制定对于政治意见形成过程中公民的德性提出了很高的要求。

不同意见的争论涉及个体之间或主体之间的关系，不同意见的讨论是人们相互交流的基本方式。法律是调整人与人关系的社会规范，必须处理好群己关系，满足人们过群体生活的需要，对公权与私权、公益与私益的关系进行合理界分、调节、评价和平衡，使人们遵循正义公正，服从规则治理，安和乐利，过上尊严和幸福的生活。亚里士多德在《伦理学》中认为法律兼有规制和教化的功能，

---

① 参见[美]阿伦特：《过去与未来之间》，王寅丽等译，第225页。另参见[加]菲利普·汉森：《汉娜·阿伦特：政治、历史与公民身份》，刘佳林译，南京：江苏人民出版社，2007年，第140页。

② 高尔斯顿认为，公共讨论的品德不仅仅指参与政治的愿望或使自己的观点被他人知晓的愿望。它还指参与对话的愿望：既有言说又有倾听的愿望，以及为了使对话得以继续而试图理解他人言说内容的愿望和在尊重他人观点的前提下予以回应的愿望。参见[加]金里卡：《当代政治哲学》，刘莘译，上海：上海译文出版社，2011年，第303—304页。

③ 雷磊：《法律程序为什么重要？》，《中外法学》2014年第2期。

④ [美]米歇尔曼：《人们如何订立法律？》，载[美]詹姆斯·博曼、威廉·雷吉主编：《协商民主：论理性与政治》，陈家刚等译，北京：中央编译出版社，2006年，第118页。

⑤ 参见[加]戴岑豪斯：《合法性与正当性：魏玛时代的施米特、凯尔森与海勒》，刘毅译，北京：商务印书馆，2013年，第286页。

⑥ [美]菲什金、拉斯金：《协商民主的实验：协商民意测验与舆论》，载陈家刚主编：《协商民主与政治发展》，北京：社会科学文献出版社，2011年，第315页。

⑦ 参见[加]西蒙·钱伯斯：《协商民主理论》，陈家刚主编：《协商民主与政治发展》，第98页。

即训练美德。① 古罗马对法律的定义是"关于善良和公正的艺术"。法律的基本原则是"体面生活，不损害他人，给予每个人他应得的部分"。② 哈林顿所说的法律的王国同时也是美德的王国，法律必须符合正确的理性、正义，体现公众利益。他说："共和国既是法治的政府，也是美德的王国。"③ 埃尔金说："适当的宪政理论必须着眼于设计政治制度时不仅要注意控制掌权者而且要关注社会问题明智的解决和公民性格的形成。"④ 德沃金认为，"法律的帝国并非由疆界、权力或程序界定，而是由态度界定。"⑤ 法律的态度是一种表示异议的态度，一种建设性的态度，一种友好的态度。"我们尽管对计划、利益和信念各持己见，但对法律的态度却表达了我们在社会中是联合在一起的。总之，这就是法律对我们的意义，为了我们想要做的人和我们旨在享有的社会。"⑥ 富勒指出，实质自然法或者说大写的自然法的无可争议的核心原则存在于这样一项命令当中："开放、维持并保护交流渠道的完整性，借此人们可以彼此表达人们的所见、所感、所想。"⑦ 法治所要实现的是良法善治，它的目的不只是惩罚罪恶，维护生存，更高的目的在于促进交流，褒扬善良正义，使人成为完整的人、自由而全面发展的人。宪法对公民性格的关注，法律对待异议的态度，法律能否促进交流使各方所见、所感、所思得以自由表达，本质上都与意见的表达和交流相关。如何对待意见，从根本上体现了一个人的德性高低，体现了一个社会的民主法治水平，体现了一个国家的文明程度。

20世纪，西方对法律秩序的基本认识越来越趋近语言分析学派的观点。"法律秩序及其研究的发展越来越聚焦到人与人之间的互动关系、沟通方式以及话语空间。"⑧ 从西方法律哲学关于意见与权利、意见与德性的关系来看，冯

---

① [爱尔兰]凯利：《西方法律思想简史》，王笑红译，第23页。
② 同上书，第64页。
③ [英]哈林顿：《大洋国》，何新译，北京：商务印书馆，1963年，第38页。
④ [美]埃尔金：《宪政主义的继承者》，[美]埃尔金、索乌坦主编：《新宪政论——为美好的社会设计政治制度》，周叶谦译，北京：生活·读书·新知三联书店，1998年，第144页。
⑤ [美]德沃金：《法律帝国》，李常青译，北京：中国大百科全书出版社，1992年，第386页。
⑥ 同上注。
⑦ [美]富勒：《法律的道德性》，郑戈译，北京：商务印书馆，2003年，第215页。
⑧ 参见季卫东：《能用否科学视角重新认识中国法律秩序》，http://china.caixin.com/2016-05-19/100945174.html。

契在意见交流和争论中对人的理解和对自由的关注、在不同意见争论中所主张的正确态度和理想人格等方面,与西方法律哲学的发展具有高度的契合性。这对于发展社会主义民主法治,培养公民美德,实现良法善治,具有十分重要的现实意义。

首先,冯契对"人"的理解,对"以我观之"的意见中"我"的主体意识的理解,都提出了对于权利的论证。冯契哲学的核心是认识世界和认识自己。冯契指出:"认识论不能离开'整个的人',认识世界与认识自己两者不能分割。"①真正理解人,出发点是:"应当把人当作目的,当作一个个独立的人格,这样才能自尊无畏,同时也尊重别人。没有这个出发点,便不可能真正了解人。"②冯契强调"认识论要讲自由","人在本质上要求自由,人的认识过程也体现了这一要求。"③在冯契看来,"人的自由包括有支配自然和成为自由个性这两个方面。""人的发展的趋向就是成为自由的人,人的实践本质上是要求自由的活动。"④冯契对于人的主体意识具有不同寻常的关注。他说:"每个人,每个群体都有一个'我'——自我意识或群体意识(大我)。……'我'既是逻辑思维的主体,又是行动、感觉的主体,也是意志、情感的主体。"⑤"我"作为意识主体所具有的思维(思想)职能统摄着知识经验的领域。"主体意识到有个'我'贯穿在自己的思维活动中,意识到有个'我'作为主体在与他人交换意见,从而确证自己是主体。"⑥"人格作为主体是有血有肉的,不能离开人的言行谈人格。"⑦如果没有"我"发表意见的自由,没有不同意见的争论,"我"如何确证我是思维的主体、是德性的主体?真理何从发展,自由人格如何培养?正如沃尔德伦基于人作为思想的主体对权利进行了论证,冯契对作为意见表达的"我"的主体意识的阐述,对"我"作为思维的主体、情感的主体和德性的主体的肯定,必然合乎逻辑地提出保障意见表达自由权利的论证。

其次,冯契在广义认识论中阐明了意见争论中的群己关系、对待不同意见

---

① 冯契:《认识世界和认识自己》,第72页。
② 冯契:《人的自由和真善美》,第201—202页。
③ 冯契:《认识世界和认识自己》,第72、73页。
④ 同上书,第76页。
⑤ 冯契:《人的自由和真善美》,第8页。
⑥ 冯契:《认识世界和认识自己》,第386页。
⑦ 冯契:《人的自由和真善美》,第8页。

的争论所应有的正确态度和理想人格的培养。第一,意见的争论涉及群己关系,在意见争论中必须加强德性修养,持有正确的态度,才能发展出知识和智慧。冯契强调:"认识论不仅要正确地解决心物关系而且要解决群己关系。"①因为"人们在社会中间运用语言文字作为交流思想的手段,展开不同意见、观点的争论,这就涉及我与他、己与群的关系,进行论辩时,认识或思维的主体不仅是我,而且总有对手,我与其他的人(对手)都在群体之中。"②我的意见包含有我对问题(讨论对象)的观点、态度,我是在与你、与他人的交往中,在参与社会群体的活动中才意识到自己的主体性,"我"作为意识主体总是大我、小我结合在一起的。因此,以什么样的态度对待意见,其本质就是如何认识自己、如何对待他人的问题,这不仅影响到通过争论能否达到一致,获得正确结论和解决问题,而且影响到群体是否因为意见和观点的争论而撕裂、分化、对立,关系群体的团结、社会的和谐、思想的创新。我和他、己与群怎样通过论辩达到一致呢?怎样使先进的群体意识为多数人所认同和掌握呢?冯契指出,在认识论中解决群己关系,通过意见争论达成一致,既要反对相对主义、怀疑论,又要反对权威主义、独断论。他反复强调,在讨论、辩论的时候,要有一种荀子所说的"以仁心说,以学心听,以公心辩"的态度。"就是说,论辩中一要出于仁心,与人为善,帮助别人;二要虚心学习,听取别人的意见;三要站在客观公正的立场上,不掺杂一点私心。"③有了这种态度,通过个人的自由思考、通过群众之间的自由讨论,先进的群体意识就能为许多人掌握、认同。④ 第二,不同意见的争论过程是"一致而百虑"的过程,是德性的自证过程,是理想人格的培养过程,也是科学精神和人文精神结合的过程。"从广义认识论的观点来看,认识世界的方法和培养德性的途径,也就是在认识过程之中,也是认识世界和认识自己的问题。"⑤冯契把认识的全过程看作是"在实践基础上的认识世界和认识自我的交互作用过程,所以哲理境界由抽象到具体的飞跃,既要凭借对天道、人道、认识过程之道的辩证综合,又要求在自己的德性培养中获得自证。二者(思辨的综合与德性

---

① 冯契:《认识世界和认识自己》,第238页。
② 同上书,第239页。
③ 同上书,第226页。
④ 同上书,第247页。
⑤ 同上书,第73页。

的自证)是互相联系、不可分割的"。① 冯契强调,德性的自证首要的是真诚。培养真诚的德性,就要警惕异化现象,警惕鲁迅痛斥的"做戏的虚无党";就要实行戴震所说的"解蔽、去私":"一方面,要破除迷信,解除种种蒙蔽,积极提高自己的学识和修养;另一方面,要去掉偏私,在社会交往中正确处理群己关系,真诚地推己及人,与人为善。"②意见之争和观点之争,由于关系群和己的关系,关系如何认识自己,如何培养理想人格的问题,因而也是人生观上的问题。冯契主张在意见的争论过程中培养"平民化的自由人格",实现性与天道、科学精神与人文精神的结合。冯契说:"'同归而殊途,一致而百虑',表达了一个认识的规律……所以,要发展真理,就要贯彻百花齐放、百家争鸣的方针。而这对于彻底克服经学方法和培养平民化的人格也都是必要的。"③冯契所说的"平民化人格"是自由的有德性的人格,是平民化的,是多数人经过努力就可达到的。④ 冯契还指出,意见争论中的群己关系,关系到科学和人生的结合。"真正的科学精神要求如实地把握事物而不崇拜权威、不囿于成见,要求全面地看问题,论辩中自由讨论,自尊也尊重别人,这样一种自由与宽容的精神正是一种人文精神,所以科学要有人文精神。反过来说,真正地讲人文精神,就要尊重人的尊严,平等待人,要把每个人都看作目的而非手段。"⑤总之,在意见的争论过程中,必须始终保持心灵的自由独立思考,有一种荀子所说的"以仁心说,以学心听,以公心辩"的态度,养成民主作风,培养自由与宽容的精神,尊重人的尊严,平等待人。惟其如此,才能通过意见的矛盾运动认识世界和认识自己,由自发到自觉,从自在到自为,造就自由的德性,培养平民化的理想人格。

综上所述,不论是西方哲学,还是冯契的广义认识论,都认为意见是个别主体所形成的真假混杂的主观性认识。有多少个人就有多少种意见。意见必须开展讨论,纷繁复杂的不计其数的意见必须通过"中介"来传递、筛选、过滤、提炼和代表。"一致而百虑"的意见争论过程必须经由一部分人组成中介机构,通

---

① 冯契:《〈智慧说三篇〉导论》,第44页。
② 同上书,第45页。
③ 冯契:《中国近代哲学的革命进程》,第720—721页。
④ 冯契说:"'人格'这个词通常也只用来指有德性的主体"。"真正有价值的人格是自由的人格。""我们现在讲自由人格是平民化的,是多数人可以达到的。"冯契:《人的自由和真善美》,第9、320页。
⑤ 冯契:《认识世界和认识自己》,第252页。

过制度和程序来完成。而以平等自由的态度开展不同意见的争论,认真对待反对意见,合理解决意见分歧,必然要求从制度层面发展民主法治,建立对话和协商的政治,要求权利、德性和自由的人格。冯契在系统分析认识过程中思维(意见、观点和理论)的矛盾运动时,注意到中国近代哲学史上"群己之辩"的认识论意义,阐发了毛泽东关于认识论和群众路线工作方法相一致的理论,又纠正了把真理发展规律简单化的缺点。① 冯契指出,认识过程本身是一个"从群众中来,到群众中去"不断反复的螺旋式无限前进的运动,也是一个"百虑"转化为"一致","一致"又转化为"百虑"的反复过程。② 认识论既要解决心物关系又要解决群己关系。所以,"从群众中来,到群众中去"的群众路线的工作方法,一方面,为要形成理论以指导实践,更正确、更深刻、更完全地反映客观事物的本质,如冯契所说,"就必须把群众中的分散的、无系统的意见经过比较和鉴别,分析和综合,然后概括起来,形成科学的概念和判断,并运用推理的方法,作出合乎逻辑的结论"。③ 另一方面,必须养成共产主义的理想人格,坚持群众观点,保持党同人民群众的血肉联系,全心全意为人民服务,一切向人民群众负责,相信人民群众是智慧和力量的源泉,虚心向人民群众学习。冯契认为,群众路线的工作方法从政治体制来说,就是民主集中制,要求"尊重每个人的意志,使每个人都能发表出于内心自愿的意见,而又集中起来,形成统一意志成为集体行动的动力"。④ 这就是毛泽东后来说的"又有集中又有民主,又有纪律又有自由,又有统一意志、又有个人心情舒畅、生动活泼,那样一种政治局面"。但是,"如何来实现这种近乎理想的政治局面,那是一个很复杂的问题"。⑤

---

① 参见张天飞:《冯契先生的智慧学说》,《理论、方法和德性——纪念冯契》,第113页。
② 参见冯契:《中国近代哲学的革命进程》,第651—653页。
③ 同上书,第651页。
④ 冯契:《中国近代哲学的革命进程》,第671页。
⑤ 参见冯契:《中国近代哲学的革命进程》,第671页。冯契说:"在实际工作中,共产党人要求贯彻群众观点和群众路线。可以说,群众观点的基本精神,也包含有尊重群众的自觉与自愿的意思。但是,对伦理学上的自由问题,我们从理论上探讨得还很不够。几千年来的中国封建专制主义的影响是不容易清除的。在今天的社会中还存在着封建遗毒和资本主义腐朽思想的影响,这是宿命论和唯意志论的客观基础。在十年动乱中,唯意志论泛滥,宿命论也同时泛滥,群众观点却被抛到了一边,根本不是按照自觉原则和自愿原则相结合来进行工作。这个沉痛的教训正说明近代哲学中的这方面的问题(关于人的自由和理想的问题)没有很好地得到解决。"参见冯契:《中国近代哲学的革命进程》,绪论,第31页。

意见在人类事务和认识过程中具有重要的价值。但是,我国哲学界、政治学界和法学界对意见范畴和意见学说的研究并不深入;如何开展不同意见的争论,如何对待不同意见,不同意见的争论和保护如何与民主法治、协商和权利等政治法律制度的设计相衔接,怎样倾听、总结和集中群众意见,认识论和群众路线如何通过民主集中制有机结合,对这些问题的研究还十分不足。[①] 季卫东教授在一次演讲中说:"论证性对话、议论、沟通正在成为一切知识活动的共同点。问题是,在社会的网络性、复杂性、风险性不断增大的情况下,怎样才能有效地克服多元状态引起的无知、忽视、误解以及不确定化?也许我们需要一场新的启蒙运动,重新认识科学精神、人文精神以及法治精神,进而推动体制和制度的创新。"[②]无疑,在意见的矛盾运动中,正确对待不同意见的争论,恰恰是实现科学精神、人文精神和法治精神三者统一的枢纽。因此,在全面深化改革的时代,在利益和意见日益多元化的时代,在全球化和互联网发达的时代,深入研究意见与政治的关系,意见与民主法治、协商和权利的关系,将认识论和群众路线通过民主集中制结合起来,把群众路线贯彻到治国理政的全部活动之中,从根本上实现党的领导、人民民主和依法治国的统一,对于协调推进"四个全面"战略布局,实现国家治理体系和治理能力现代化具有特别重要的意义。一言以蔽之,冯契的广义认识论及其意见学说所具有的时代意义不容低估。

Approaching Feng Qi's Theory of Opinion from the Perspective of the Western Philosophy

Liu Jianxiang

Abstract: Opinion is one of the great ideas that forms the core of western civilization

---

[①] 习仲勋同志在担任全国人大常委会副委员长期间,多次提出制定"不同意见保护法"。然而,我国哲学社会科学界对意见这一哲学和认识范畴的研究很少。参见高锴:《习仲勋建议制定〈不同意见保护法〉》,《炎黄春秋》2013 年第 12 期,《发展》2014 年第 2 期。

[②] 参见季卫东:《能用否科学视角重新认识中国法律秩序》,http://china.caixin.com/2016-05-19/100945174.html。

thoughts. The western epistemology, the western political philosophy and the western legal philosophy clarify the relationship of opinion and knowledge, of opinion and politics, and between opinion and democracy & rule of law, opinion and right & virtue. In China, the well-known philosopher Feng Qi, on the basis of epistemology, introduces opinion as philosophical category into the theory of wisdom, which expounds contradictory-driven movement of opinion achieving unanimity through the contention of diverse opinions, the right attitudes resolving group-individual relation and the cultivation of ideal personality in the contention of diverse opinions. Analyzing Feng Qi's theory of opinion from the perspective of the western political philosophy, not only does it explain contradictory-driven movement of opinion developing to knowledge and truth on the basis of epistemology, but also argues the relationship of opinion and politics, and between opinion and democracy & rule of law, opinion and right & virtue. It is of great significance of times in the way of how to realize political democracy and rule of law in China.

Key Words: Feng Qi, opinion, general epistemology, western philosophy

"天下"之变与晚清学政中"经学科"的兴废[*]

袁晓晶[**]

[摘　要] 传统儒家天下观在晚清万国观的冲击下几近瓦解,作为天下观核心精神载体的经学,也因此在新学制的设立过程中,遭遇重重困境。经学科在晚清新学制的兴立废止,反映出与新兴国家主义相联系的经学,放弃了天下观中政道高于治道的理念,而是转向了国家意识形态,这一转向加速了经学意义的自我消解;而另一种与民族主义相关联的经学,则在一定程度上否定了经学与儒家政治理念在现代中国的价值和意义。

[关键词] 天下观;经学;经学科

晚清以降,中西之争愈发激烈,中国在一次次的外交挫败中,逐渐放弃了"天朝迷梦",被迫形成了新的万国观。在万国观形成的同时,中国的政教体系也开始遭到严重的挑战,通过晚清学政改革过程中,对于经学科是否设立的争论可以看出,

---

[*] 基金项目:国家社会科学青年项目"晚清学制新政与儒家政教观的转型研究"(项目编号:16CZX030)。
[**] 袁晓晶(1984—　),女,甘肃兰州人,哲学博士,上海大学社会科学部讲师,主要从事近代儒学、儒家教化问题研究。

传统意义上政教统一的儒家政教体系已开始逐步瓦解。这种困境,进而影响到晚清以来经学研究方法、目的及其价值的重新估计,在一定程度上迫使传统儒教知识体系进行所谓"现代化"的转型。1898年,由康有为等维新人士建立的"保国会",以"保国、保种、保教"为其宗旨,这一宗旨,同时也是洋务运动所追求的目标。尽管维新派与洋务派对于"保国、保种、保教"的理解不同,但是将"国、种、教"三者联系为一个整体的改革目标,却使不同立场的改革家,都将儒教价值体系的变革与古老中国的现代转型,紧密地联系在了一起。

一、传统经学与天下观的价值趋向

"经学"作为儒学核心内容的确立,始于先秦,完成于汉代。《礼记·经解》中,孔子曰:"入其国,其教可知也。其为人也温柔敦厚,《诗》教也;疏通知远,《书》教也;广博易良,《乐》教也;絜静精微,《易》教也;恭俭庄敬,《礼》教也;属辞比事,《春秋》教也。故《诗》之失,愚;《书》之失,诬;《乐》之失,奢;《易》之失,贼;《礼》之失,烦;《春秋》之失,乱。"《诗》、《书》、《礼》、《易》、《乐》、《春秋》作为六艺之学,构成了儒家教化的基本内容。从整个儒学发展的历史沿革来看,经学更是儒家知识体系得以确立和传播的内核。"儒家者流,盖出于司徒之官。助人君,顺阴阳,明教化者。游文于六经之中,留意于仁义之际。"(《论六家要旨》)儒生对礼乐知识的潜心钻研,所依凭的便是承载着礼乐知识的《书》、《礼》、《春秋》、《诗》、《易》这些典籍。但是,在先秦时期,经学尚未形成一套完整的知识体系,直到汉代,经学地位得以确立,汉儒的努力最终使儒生加入了政权体系,"使儒术变成王朝正统意识形态,帝国政治文化模式的变迁因之而发生了"。① 汉儒独尊儒术的思想,不仅引发了帝国政治模式的变迁,同时也标志着儒教教化的知识体系从此围绕着经学而展开,进而,整个传统社会的教化内容都是从经学生发出来的。

首先,《易》是儒教知识体系得以确立的形而上基础。人类知识的起源,来自于对未知世界的探索。在儒教思想中,这种对未知世界的探索来源于如何去认识人所处的这个世界,这种认识与西方思想中探索宇宙起源的哲学迷思不

---

① 阎步克:《士大夫政治演生史稿》,北京:北京大学出版社,2015年,第265页。

同,"起源"或"是"(being)的问题被悬置了。所谓"究天人之际,通古今之变",传统的中国思想更关心人所处的这个世界与人之间感应互动的关系是如何生成的。换言之,儒教知识的形上基础乃是将天地人三才统一起来的道统,即建立在儒家天人关系上的知识体系。殷商之际,占卜盛行,"民神"混杂,直到"绝地天通",神人相分,中国人对于未知的外在世界的认知才逐渐由原始宗教走向理性认知。这种理性的认知,在《易》中体现得非常明确。《易》根据人对于自身与外在世界的沟通与共存,构建出了一个天地人三才共建的宇宙秩序。在这个宇宙秩序之中,人处于中位,天、地分别处于上位和下位。三者互相依存而共生,人对于天、地的认知来源于经验的感知与理性的分析,而天、地之道则为人道提供了形而上的基础。但是"天何言哉"(《论语·阳货》),人如何获得这种形上之道的启示？这就需要人通过己身之"德",来理解天地之道所给予的启示。《礼记·中庸》曰:"天命之谓性,率性之谓道,修道之谓教。"人道是天道在人世的一种自然呈现,人只有通过教化的途径,去不断的体认,才可能明白并实现人道。儒教的整个知识体系,都是围绕着这种如何去认知天道、实现人道而建立起来的。

其次,《书》、《礼》、《诗》、《春秋》同《易》,共同构成了完整的儒教知识体系,并为儒教的发展转型提供了人文资源。虽然《易》通过天地人三才的共生共存,构建起来传统中国的宇宙观,但是这个宇宙观在春秋百家争鸣时期,是各个学派所共享的资源,因此儒道墨由此走向了不同的关于"人道"的理解。对于儒家而言,通过天地人三才的形上基础,如何使其落实成为具体的"人道",需要通过对《书》、《礼》、《诗》、《春秋》内容的诠释而实现。这一知识体系的内容的整合,得益于儒家的创始者孔子的"述而不作"。

孔子曾说过:"郁郁乎文哉,吾从周。"(《论语·八佾》)认为周代所形成的传统,已经奠定了华夏文明的基础,并廓清了儒家知识体系的全貌。孔子自述的"述而不作",也是认为儒家思想的全体应是对传统的"损益"。因此,他本人的"述"实际上含有着一种创造性的转化。在经作为开放性资源的春秋时期,实际上各家都可以依据"经"的内容,来建立自身的知识体系。因此,孔子虽然没有"制作"新的经典,但却通过对经典的整理工作,塑造了儒教独特的基于五经而形成的知识体系。"古者《诗》三千余篇,及至孔子,去其重,取可施于礼义,上采契、后稷,中述殷、周之盛,至幽、厉之缺,始于衽席,故曰'《关雎》之乱以为《风》

始,《鹿鸣》为《小雅》始,《文王》为《大雅》始,《清庙》为《颂》始。'三百五篇孔子皆弦歌之,以求合《韶》、《武》、《雅》、《颂》之音。礼乐自此可得而述,以备王道,成六艺。"(《史记·孔子世家》)司马迁对于孔子删诗的记录,基本可以认为是孔子重塑《诗》的知识体系的一般过程。"《诗》可以兴,可以观,可以群,可以怨。迩之事父,远之事君,多识于草木之名。"(《论语·阳货》)孔子通过对《诗》的整理,将《诗》的政教价值体现了出来。因此,《诗》在儒教知识体系中,不单纯是作为文学的欣赏而存在,它的意义在于对人间情感的理性的引导和抒发,以及在此基础之上,使人理解人道的实现。另一个例子,是孔子对于《春秋》的"作",也具有着典型性的意义。孟子称"世道衰微,邪说暴行有作,臣弑其君者有之,子弑其父者有之。孔子惧,作《春秋》。《春秋》,天子之事也。是故孔子曰:'知我者其惟《春秋》乎!罪我者其惟《春秋》乎!'"(《孟子·滕文公下》)《春秋》记史,但孔子对于鲁春秋的修订,则秉承一字以褒贬的原则,通过《春秋》的史事,来表达对政道的价值评判。这种思想,在公羊学中更为突出。

以《易》、《诗》、《春秋》为例,可以窥见经学构成了儒教知识体系的基本内容。在这个体系中,《易》乃天道基础,而《诗》、《书》、《礼》、《春秋》则共同完成了人道秩序体系的内容。

再次,"天下"观念是儒教知识体系中人道秩序的核心。《书·禹贡》中提出"服制",通过"五百里甸服"、"五百里侯服"、"五百里绥服"、"五百里要服"、"五百里荒服"划分出一个由"中国"为中心,不断向外拓展的天下图景。这里的"五百里",显然不是一种简单的自然意义上的地理区域的划分,而是一种超越了具体土地界限的关于世界的构想。在服制中,"中国"是最为重要的核心,只要有这样一个中心存在,那么五百服再复五百服,不断延伸,便可将一个宏观而全面的世界图景全部纳入天下的视阈之中。由此可见,天下图景首先是一种对于世界结构的基本认识,在这个认识之中,最核心的是"中"的确立,只要确立了"中",便可由此延伸出不受到具体地理边界限定的"天下"。值得注意的是,地理边界的不确定,并不意味着天下图景自身是不受限定的。《礼记·曲礼》中,对官制作了完备的说明:"君天下曰天子,朝诸侯,分职授政任功,曰予一人、践阼临祭祀:内事曰孝王某,外事曰嗣王某。……五官之长,曰伯:是职方。其摈于天子也,曰天子之吏。天子同姓,谓之伯父;异姓,谓之伯舅。自称于诸侯,曰天子之老。于外,曰公,于其国,曰君。九州之长,入天子治国,曰牧。……其在东夷、北狄、西戎、南蛮,虽大,曰子。于内,自称曰不谷,于外,自称曰王老。庶方小侯,入天子之国,曰某人,于外曰子,自称曰孤。"《曲礼》对于官制称谓的描述,对天子、诸侯以至于四夷都做出了规定,形成了一个以天子为中心,逐层向外辐射,向内聚拢的权力体系。这个权力体系与"中心"的远近有着正相关的联系。将"天下"的世界图景与以"中国"为中心的政治结构联系在了一起。权力的规约使天下观在政治秩序的安排上,有了较为严格的界限。由此可见,"天下观"在地理区划上,是一个以"中"为心,向外不断延伸且边界随时可能变动开放性的世界图景;但是在实际的政治愿景之中,"天下观"是以中心权力为核心,不断逐层或递减、或复制,并严格界定的有限的权力空间。《春秋》中对这种秩序空间做了更为严格的强调。《春秋》三传中,以《公羊传》最重政治义理的申明。在公羊学的思想中,"天下"不仅意味着地理区域的最大化、普遍化,权力结构的层级化,而且更强调大一统的天下观。"宣扬'天下一统'的思想,是《公羊传》主要的思想倾向,在书中占有纲领性的地位。天下一统的思想,实际上是上古王道文化传统的重要内容。"①

公羊学的体系中,天下应是围绕着"王"、"华"而建立起来的统一的整体,因此"尊王攘夷"、"华夷之辨"成为公羊学体系的重要内容。"尊王攘夷"和"华夷之辨"又恰好确立起了天下观中天道落实于人道时,包含着人文和政治两个方面的内容。所谓"尊王",指王权的至高无上。王权至少含有两层含义:第一,指现实的王的权力(power)和权利(right);第二,指王的权威(authority)是至高无上的,这种权威来自于天,因而是观念上的。现实的王权,与王的德性相匹配,即所谓"以德配天",如果拥有王权之人,并不具备仁义之德,则是可以被讨伐和"革命"的。孟子在回答"武王克商"是否是一种僭越行为时,就以"闻诛一夫纣矣,未闻弑君也"(《孟子·梁惠王下》)来回答,足以见得现实王权的合法性,有着极为严格的德性基础。而另一方面,观念上的王权,则是天道在人道上的一种体现,这也是儒教政治中王道政治的根基。《春秋·隐公元年》记载:"冬,十有二月。祭伯来。"《公羊传》解释为:"祭伯者何?天子之大夫也。何以不称使?奔也。奔则曷为不言奔?王者无外,言奔则有外之辞也。"②所谓"王

---

① 梅桐生:《试论〈春秋公羊传〉的思想倾向》,《贵州大学学报(社会科学版)》1999年第1期,第53页。
② 刘尚慈:《春秋公羊传译注》,北京:中华书局,2010年,第10页。

者无外",指普天之下都受到王者权威的笼罩。尽管周室已经衰微,在真实的军事等力量上,未必真能实现一统天下,但是王的权威仍旧受到尊敬。正如《诗经·小雅·北山》有"普天之下,莫非王土;率土之滨,莫非王臣"。王道权威是"尊王攘夷"的核心。

"华夷之辨"是王道权威之所以得以确立的内在原因。《春秋·成公五年》:"《春秋》内其国而外诸夏,内诸夏而外夷狄。王者欲一乎天下,曷为以外内之辞言之? 言自近者始也。"内与外是空间距离上的差异,但这个差异并不是最根本的差异。何休认为:"中国者,礼仪之国也。执者,治文也。君子不使无礼仪制有礼仪。故绝不言执。"(《春秋公羊传·隐公七年》)儒家将文化礼仪视为夷夏之间的根本区别,从文化标准上来明判华夷之辨,这就为政治上的"尊王攘夷"提供了人文主义的基础。正因如此,"从文化的标准而言,《公羊传》认为华夷是可以互变的。如蔡、陈、许等国虽为'中国',因为他们所行'非礼',因而贬称他们为'新夷狄'。"①"华夷之辨"为"尊王攘夷"提供了人文的内在诉求,"尊王攘夷"则从政治权威的角度为华夏文明提供了保障。二者之间的关系,正是构成天下观中政教统一的原因。

由此可见,儒教知识体系中以五经为核心内容,并通过对五经的解释,形成了与天道相符合的人道,而天下观念正是这个人道体系中的核心。通过经学而塑造起来的天下观,既包含有政治权威的至上性、政治权力的普遍性,更为重要的是,它形成了建立在文明化成的人文主义基础之上的政教体系。经学与天下观可以说是儒教知识体系中内容与精神价值的一体两面。经学是儒教知识体系的内容,而天下观则是儒教知识体系所理解的"世界"。当经学体系遭遇变化时,对"世界"的理解也会发生变化;反之,当世界秩序开始调整时,经学的解释方式、效用就不得不面对新的挑战。所以,当晚清士人开始开眼看世界时,经学与天下观便同时进入到了复杂而困难的自我怀疑之中。

二、"国家"之兴与"天下"之溃

经学中的"天下观",形成了传统儒家通过文明化成的方式,来解决国家边

---

① 梅桐生:《试论〈春秋公羊传〉的思想倾向》,《贵州大学学报(社会科学版)》1999年第1期,第55页。

境危机的原则。但是,这种情况在晚清以来遭遇到了前所未有的变化。面对强有力的西方工业文明,以华变夷的天下主义,开始丧失其效用,并最终被万国观所取代。

第一,以域外的视角来看,新兴的工业文明促成了传统的西方社会迅速地向现代国家的转型。当它们完成自身转型后,面对中国的天下观,这些现代国家也从无知逐渐转向了严厉的批评:

> 尽管英国人在广州与中国人做生意,但彼此之间并不存在友爱或者友谊。……中国人对待外国人则依据这样的信条:"这些洋夷就像野兽,不能用与统治文明的中国人一样的法则去统治他们。如果有人想用伟大的理性原则去控制他们,除了导致混乱,将别无效果。"①

天下图景在西方人眼中看来,是愚昧而无知的,这令英国等新兴资本主义国家在与中国的交往过程中,建立了纯粹的"利益优先"原则。最初的西方人并未试图令中国更化为一个与自己趋同的新兴民族国家,甚至,中国这种"天下"思维,虽然阻碍了他们更好的商业计划,但却为贪婪的鸦片生意提供了各种便利。无论是西方,还是中国,都未尝想要深入地去理解对方,而是尽量保持各自利益的不受侵犯。

但是,到了鸦片战争之后,西方人显然获得了更大的自信:

> 我们已经为彻底清除天朝迄今仍然坚持的排外与独尊思想铺平了道路。我们已经为世界打开了最有价值的商业市场。同时,在普罗维登私(Provindence)②的帮助下,我们可能在这些灵巧而聪明的人民中间播撒下基督教的种子。③

---

① [美]罗伯特·贝尔根(19世纪美国历史学家)所著《中国的故事》,转引自易强:《帝国即将溃败:西方视野下的晚清图景》,北京:中国书店出版社,2011年,第29页。
② 上帝,作者注。
③ [英]邓肯·麦克弗森(亲历鸦片战争的英国军官),转引自易强:《帝国即将溃败:西方视野下的晚清图景》,第81页。

鸦片战争之后,在西方人的心中,传统中国的天下图景已经被战争肢解。中国人若不能尽快地放弃这种"尊王攘夷"的"华夏中心主义",则必然地会在之后的国际外交事务中仍处于被动状态。但是,如果放弃了"华夷之辨",则存在着另一种风险,即中国可能会成为一个由西方势力扶植起来的新兴国家,而在这个国家中,基督教将成为这个国家国民心中的新的信仰。西方国家在军事、经济乃至政治领域的胜利,使他们在中国有了更大的宗教市场,正如法国王子约恩维利最初对于瓜分中国的建议那样:

> 中国的社会及政治组织,应该在西方的习俗、思想及宗教的影响下被逐渐充足,不让给鼓吹东方至上的两个敌对势力(伊斯兰教和儒教)中的任何一个以机会,使中国在伟大的基督教家庭的自治成员中找到适当的位置。①

在西方视野中,无论是东方至上,抑或是被冠以洋夷的指称,都是与"华夏中心主义"或者"华夷之辨"的天下图景有关,当天下图景受到西方民族国家的影响之后,这一理论的完整性及其信仰就很难再坚持了。随着贸易的展开,西方人更寄望中国可以完全成为一个新兴的现代国家,以便为西方的商业贸易提供广阔的市场。尽管起先坚持保守主义立场的清王朝,已经被战争侵扰到内外交困,并意识到如果按照西方人的设想,传统的儒教中国将会陷入前所未有的危机之中。但是,为了能与西方国家建立起公正、平等的外交关系,清廷仍是在被动的局面之下,接受了与西方国家签署合约等事宜,从而导致了天下观不得不面对"万国"的冲击。

第二,从儒家内部的角度来看,传统的儒家知识分子,对于西方的冲击也不得不开始有了"内部转化"的自觉,这便是万国观念的普遍化。在天下的统一体中,儒教作为其内部的价值根基,奠定起了一种"儒教国家观"。在这一国家观中,其主体仍非国家,而是以儒家之道统作为国家的主体。虽然,"礼失求诸野"是一种非常开放的文明观,儒家知识分子可以借用西方国家观念来挽救天下观失效后的外交现状。但是,仅仅接受了"国家"这个名称的儒教国家观,仍与西

---

① 易强:《帝国即将溃败:西方视野下的晚清图景》,第91页。

方民族国家的观念还是相去甚远。对于西方新兴的民族国家,"国家"是可以用主权拥有者来定义的,西方现代民族国家观念就是在把国家等同于主权这一基础上发展起来的。① 在这种截然相对的差异之下,儒家知识分子首先需要在惨痛的外交经验中去了解,西方人所谓的"国家"究竟指向什么。这种对国家概念的初步探索,是通过同文馆的建立及《万国公法》的流行而开始的。《万国公法》的流行,不仅意味着"公法"、"公理"这一观念,成为中国人看待世界的新视角,它也同时意味着世界并非由华夏为轴心辐射建立起的某种格局,而是由一个个具体国家而构建成的图景。每个具体国家在遵守"公法"的同时,都以自身的利益的追逐为其目标,而这个利益说到底,便是"主权"的完整性。杨度敏锐地指出:

> 今日有文明国而无文明世界,今世各国对于内则皆文明,对于外则皆野蛮。……故自其国而言之,则文明之国也;自世界而言之,则野蛮之世界也。②

中国若举所谓"世界的国家主义",就必须放弃"中国之昔人谓中国谓世界"的华夏中心主义理论;同时,也应该警惕"各国之以中国谓世界各国之中国"的说法背后,隐含着的西方中心主义理论。就当世之时而言,将中国置于"各文明国并立"的"野蛮世界中"③,才是认识中国与西方的冷静态度。换言之,西方民族国家的制度文明只适用于各个国家内部,在外交政策上,它们并不尊重或希望中国成为一独立国家。清王朝必须迅速认清时局,从天下转向国家,从而保全中国之生存,这才是具有现代意义的"保国"思想。在此基础之上,"国家"的观念逐渐明晰起来,并形成了重视民权的民族主义国家和反对民权的国家主义国家的两种不同的国家观。

首先,是维新阵营中主流的民族主义国家观。梁启超认为,中国若"未经过民族主义之阶级者,不得谓之为国":

---

① 金观涛、刘青峰:《观念史研究:中国现代重要政治术语的形成》,北京:法律出版社,2009年,第231页。
② 杨度:《金铁主义说》,《杨度集》,长沙:湖南人民出版社,1986年,第218页。
③ 同上书,第220页。

世界最光明、正大、公平之主义也，不使他族侵我之自由，我亦毋侵他族之自由。其在于本国也，人之独立；其在于世界也，国之独立。①

民族主义国家在国家层面，意味着"对外有界，对内能群"。这种理解，已经将国家从传统的天下观中剥离了出来，同时，它要求对国家之基的人民赋予最基本的权利。在此基础之上，国人应"知他人以帝国主义来侵之可畏，而速养成我所固有之民族主义以抵制之，斯今日我国民所当汲汲者也"②的"保国"观念。

其次，是在洋务派中作为主流的反对民权的国家主义国家观。张之洞在《劝学篇》提出"同心"一说，他认为：

保种必先保教，保教必先保国。种何以存？有智则存。智者，教之谓也。教何以行？有力则行。力者，兵之谓也。故国不威则教不循，国不胜则种不尊。……我圣教行于中土数千年而无改者，五帝三王明道垂法，以君兼师；汉唐及明，宗尚儒术，以教为政；我朝列圣，尤尊孔、孟、程、朱，屏黜异端，纂述经义，以躬行实践者教天下，故凡有血气，咸知尊亲。盖政教相维者，古今之常经，中西之通义。③

与民族主义国家观强调"人之独立"不同，张之洞的"保国"是以"政教相维"为基础的。维者，系也。"国有四维，一曰礼，二曰义，三曰廉，四曰耻。"（《管子·牧民篇》）政教相维，就是在儒教王道政治的基础之上来讨论国家的问题，这是一种典型的儒教国家观。其一，孔、孟、程、朱等儒家先圣以华夷之辨为原则的"屏黜异端"之行，仍旧延续了"尊王攘夷"的儒教权威观。只要作为天道代表的天子权威得到保障，则国家之力量便可抗击西方的冲击。其二，"以君兼师"和"以教为政"，仍是强调了政教合一的重要性，而教化民众"尊亲"，实际上就是教化民众"忠君"。君与国同生共灭，实为一体。因此，"同心"说所构建起来的"国家"中，是没有民权的。它所重视的是大一统天下的"国家"版本——大一统国家。在这个国家中，国家是最重要的，这个国家不是建立于人民权利之

---

① 梁启超：《国家思想变迁异同论》，《梁启超文集》，北京：北京燕山出版社，1997年，第148、150页。
② 同上书，第150页。
③ 张之洞：《劝学篇》，陈山榜编：《张之洞教育文存》，北京：人民教育出版社，2008年，第187页。

上的国家,而是建立在君民同心、政教统一、独尊儒教基础之上的国家。

以民族主义为基础的国家观,强调民权,传统经学中有"民本"而无"民权",如何对传统经学加以改造和诠释,成了强调民族主义国家观念的先行者们亟须解决的困难。而对于国家主义者而言,民权的确立就是对君权至上的儒教权威观的破坏,亦是对独尊儒术的经学权威的破坏。虽然中国不再是天下之中心,但是中国仍是一个儒教国家。如何使这个儒教国家变得国力强大,重现经学对于政教的统和作用,便成为持有国家主义国家观的变革人士所必须考量的问题。

三、经学科的兴废与经学的瓦解

国家观念的兴起,对天下观造成了致命的打击,随之而来的便是试图突破传统政治,建立新式国家的政治改革。在政教合一的中国社会,政治改革的关键,便是对教化的改革。《汉书·董仲舒传》载:

> 陛下亲耕籍田以为农先,夙寤晨兴,忧劳万民,思惟往古,而务以求贤,此亦尧、舜之用心也,然而未云获者,士素不厉也。夫不素养士而欲求贤,譬犹不琢玉而求文采也。故养士之大者,莫大乎太学;太学者,贤士之所关也,教化之本原也。今以一郡一国之众,对亡应书者,是王道往往而绝也。臣愿陛下兴太学,置明师,以养天下之士,数考问以尽其材,则英俊宜可得矣。今之郡守、县令,民之师帅,所使承流而宣化也;故师帅不贤,则主德不宣,恩泽不流。今吏既亡教训于下,或不承用主上之法,暴虐百姓,与奸为市,贫穷孤弱,冤苦失职,甚不称陛下之意。是以阴阳错缪,氛气充塞,群生寡遂,黎民未济,皆长吏不明,使至于此也。①

董仲舒在回答汉武帝如何进行政治更化的策问时的回答,之于晚清的学政改革仍然具有很大的启发作用。在儒家看来,政治的良恶,在于风俗的更化;风

---

① 司马迁:《汉书·董仲舒传》,北京:中华书局,1962年,第2512页。

俗的更化,则在于人才;人才的兴衰,在其所学。既然以传统儒教价值作为基础的"天下观"已遭到破坏,那么,就必须重新挖掘儒教作为万国观视野下"中国"的价值根基的作用。这便是晚清学制改制中,"经学科"的兴废之所以重要的缘由。

第一,经学作为儒家教化的主要载体,其意义价值的完整性,意味着儒教的完整性,而对经学进行学科制度化的调整,则提出经学能否成为新的国家观念价值基础的问题。在两种倾向的国家观念中,均对经学与国家的关系给出了一定的答案。

首先,对于民族主义国家观而言,儒教与民权之间的联系必须得以解决。康有为撰《孔子改制考》,大胆地以孔子为改制先师,认为孔子乃是黑帝降精,"为神明,为圣王,为万世作师,为万民作保,为大地教主"。而经学则是孔子为后世所立之法:"立《春秋》新王行仁之制。……《易》之言曰:书不尽言,言不尽意。《诗》《书》《礼》《乐》《易》《春秋》为其书,口传七十子后学为其言。"但是,康有为认为,经学在汉代遭刘歆篡改,伪书盛行,经学之义被废,从此"公羊之学废,改制之义湮,三世之说微,太平之治,大同之乐,暗而不明,郁而不发"。①辨明伪经的思想,在《新学伪经考》中亦有阐明。康有为的做法,本是试图提高经学的地位,确立孔子作为改制之祖的地位,以便对变法提供合法性根据。但是,将古文经一律视为伪经,又将孔子的地位强调至至高无上的教主地位,不仅没有对当时已然产生的"经学怀疑思潮"产生影响,甚至反倒加重了对经学正当性的怀疑。"自伪古文之说行其毒中于人心,人心中有一六经不可尽信之意,好奇而寡识者,遂欲黜孔学而专立今文。"②由此可见,康有为虽欲将孔子塑造为改制的先驱,将经学作为改制的依据,但实际上却导致了南辕北辙的后果。

尽管如此,康有为仍然重视经学。1904年,"癸卯学制"颁布,一时间学堂创立之风气大增。康有为此时也倡议办学,并认为"吾局亟宜因此时变,推广此意,设立学堂,讲求中国经史词章,以通古今,兼习外国语言文字,以通中外"。在学堂章程中,明确表示:

---

① 康有为:《孔子改制考·序》,《康有为全集》(第三集),北京:中国人民大学出版社,2007年,第3页。
② 朱一新:《朱侍御答康有为第三书》,《翼教丛编》卷一,光绪二十四年五常重印本。

> 设立学堂。中西学并教，中学课经史词章。延一学问博雅者为院长，延一深通英文、数学者为西学教习，脩金随时酌议。①

从学贯中西的角度，强调了经学在新式教育中的重要地位。

另一方面，坚持要政教相维的张之洞，则是新学制中设立经学科的重要推手，他认为：

> 今欲通知学术流别，增益才智，针起瘖聋跛躄之陋儒，未尝不可兼读诸子，然当以经义权衡而节取之。……盖圣人之道大而能博，因材因时，言非一端而要归于中正，故九流之精皆圣学之所有也，九流之病皆圣学之所黜也。②

张之洞以诸子之学与儒家经学作对比，指出经学的内容中正、完整，是学术正宗，因此学术之变革必须以"宗经"为准绳。所以，新的学制中，必须设立"经学"一科，此谓学堂之法中，必须做到"新旧兼学。学《四书》、《五经》、中国史事、政书、地图为旧学；西政、西艺、西史为新学。旧学为体，新学为用，不使偏废"。③张之洞的改革学制的原则，似与康有为一致，皆是重视"中西兼顾"，但实际上其内在精神则大相径庭。张之洞的"中西兼顾"，是根据"中体西用"的原则建立起来的。也就是说，经学的学习，最终目的并不是为了培养学贯中西的人才，而是要使新学堂培养的人才仍能坚持忠君同心的传统士大夫的价值认同。因此，即便同样支持在新学堂中设立经学科，在新式教育中教授经学，但是张之洞明确地反对康有为的今文经学思想，借由此来反对维新派的改制思想。

由此可见，在国家观念处于雏形的时期，康有为、张之洞都没有放弃经学与"中国"的紧密联系。但是，康有为对于今文经改制思想的强调，令经学的权威性遭到了质疑；而张之洞的宗经思想，则放弃了经学批评现实政治的道统权威，令经学成为了为现行政治进行辩护的工具。

---

① 康有为：《倡办南海同人居学堂条议》，《康有为全集》（第二集），北京：中国人民大学出版社，2007年，第8页。
② 张之洞：《劝学篇》，《张之洞全集》（第十二卷），石家庄：河北人民出版社，1998年，第9719页。
③ 同上书，第9743页。

第二,经学科与其他学科之间的关系,实际上反映了经学与其他学说之间的关系。当学政改革是为了"保国、保种、保教"而出现时,经学与其他学说、学科之间的紧张关系,就被直接引向了经学是否具有实用性的维度之上。首先,在"癸卯学制"的《学务纲要总目》中,"中小学堂宜注重读经以存圣教"①,因为"天下人才出于学,学不得不先求诸经"。②因此,在新学制中,经学是以核心学科的身份出现的:

> 京外大小文物各学堂均应钦尊谕旨,以端正趋向,造就通才为宗旨,正合三代学校选举德行道义四者并重之意。……上知爱国,下足立身,始不负朝廷兴学之意。外国堂于智育体育外,尤重德育,中外固无二理也。③

由此可见,经学作为核心课程,它的意义在于维护传统社会结构的基本稳定,并同时匡正其他学科,以期达到培养出忠君爱国与智力卓越的新人才,最终实现"保国、保种、保教"三位一体的新政目的。但是,随着西学之用的显著成效被现实社会不断地检验,经学的功用不断遭到怀疑。甚至,在当时已经出现了"废经"、"烧经"的现象。经学一不可救世,二不可救心,其作为核心学科存在仅剩下为新学制中的官方所持之价值维系"正统"的作用。

最后,学制改革的仓促与西学涌入的泛滥,亦在一时间打破了经学调整、适应新的社会政治变革的节奏。新知识体系和新教育观念,彻底粉碎了经学科存在的可能性。

首先是在1902年,张百熙设计了分科体系,取消了经学科,将其纳入文学科,一时间充盈文学科之猛进发展。虽然至"癸卯学制"颁布,张之洞又重新提出"八科分立",加入经学科第一,但此时经学与文学间的挂碍已经被逐渐消解,所谓"文以载道"之传统,正在发生着微妙的变化。其次是历史科。章学诚曾曰"六经皆史",以史学之观点来认识经学,道出了经学与史学间的密切关联。在新学制中,史学科的迅速发展,使经史之间发生了严重的割裂。梁启超曰:"今

---

① 《学务纲要》,《大清新法令(1901—1911)》第三卷,北京:商务印书馆,2011年,第89—90页。
② 张之洞:《创建尊经书院记》,陈山榜编:《张之洞教育文存》,第37页。
③ 《学务纲要》,《大清新法令(1901—1911)》第三卷,第91页。

泰西通行诸学科中,为中国所固有者,惟史学。"①根据西方学科之建制来推广中国史学科的确立,首要的是选择其内容。传统的四部之学,经学为大本,史学之学习离不开经学的基础,诚如章学诚所言"依经而有传"②。而在新学制中,"经"被剥离了,初等小学堂的"历史"科目之内容为:"略举古来圣主贤君重大美善之事,俾知中国文化所由来及本朝列圣德政,以养国民忠爱之本源。"历史所学,非全部历史之概貌,而是砥砺志气、涵养忠爱之情的"故事",而这些材料之来源,只能从历代之史书、经书中抽离、拼凑。历史中单一的"实用"价值取向掩盖了"以史为鉴"之意义,更何谈"春秋决狱"、"禹贡治河"之价值。高等小学堂的历史略陈"黄帝、尧、舜以来历朝治乱兴衰大略",以养成"自强之志气,忠爱之性情",与初等小学之历史目的并无差别。至于中学堂的历史,则加入了亚洲、欧洲、美洲以开眼界,其目的仍在"振发国民之志气"③。

尽管"癸卯学制"在其制定过程中,依旧以儒学为其轨范,而儒家之教也被立为新学制之大本;但学科化的建设,使得传统学术的知识体系遭到了重创。"自清末改制以来,昔学校之经学一科遂分裂而入于数科,以《易》入哲学,《诗》入文学,《尚书》、《春秋》、《礼》入史学,原本宏伟独特之经学遂若存若亡,殆妄以西方学术之分类衡量中国学术,而不顾经学在民族文化中之巨大力量、巨大成就之故也。"④

其次,民族主义国家观念的日益盛大,使得以经学为意识形态的国家主义遭到严厉的批评。蔡元培在1912年在民国教育部讨论教育改革问题时提出:

> 教育有二大别:曰隶属于政治者,曰超轶乎政治者。专制时代(兼含立宪而含专制性质者言之),教育家循政府之方针以标准教育,常为纯粹之隶属政治者。共和时代,教育家得立于人民之地位以定标准,乃得有超轶政治之教育。清之季世,隶属政治之教育。……满清时代,有所谓钦定教育宗旨者,曰忠君,曰尊孔,曰尚公,曰尚武,曰尚

---

① 梁启超:《中国之旧史》,《梁启超史学论著四种》,长沙:岳麓书社,1998年,第241页。
② 章学诚:《文史通义·经解上》,李春伶校点,沈阳:辽宁教育出版社,1998年,第26页。
③ 《中学堂章程》,《大清新法令(1901—1911)》第三卷,第195页。
④ 蒙文通:《论经学遗稿三篇》,《经学抉原》,上海:上海人民出版社,2006年,第209页。

实。忠君与共和政体不合,尊孔与信教自由相违(孔子之学术,与后世所谓儒教、孔教当分别论之。嗣后教育界何以处孔子,及何以处孔教,当特别讨论之,兹不赘),可以不论。①

可谓在价值核心上,全盘否定了晚清的学制改革,进而否定了"经学科"建立的合法性。这与民族国家兴起后,对于个体之权利、价值的考量不无密切的关系。蔡元培在稍后任民国教育行政总长的演说中,就提出了自己的教育方针:

> 教育方针。应分为二:一普通,一专门。在普通教育,务顺应时势,养成共和国民健全人格。在专门教育,务养成学问神圣之风习。②

蔡元培的设想,在1912年7月民国教育部所召开的临时教育会议中,得到了落实,会议纪要指出:

> 普通教育废止读经,大学校废经科,而以经科分入人文科之哲学、史学、文学三门,是破除自大旧习之一端。③

至此,经学科以其短暂的八年时间为界限,退出了中国学校教育的学科体系,而传承千余年的经学体系也随之被分解为史学、文学、哲学研究。与此同时,传统的天下观也不再为现实政治所接受,成为了古籍中的一种观点而已。

综上所述,晚清学制改革过程中,原本作为儒教知识体系核心内容的经学,以及其所蕴含的天下观念,同时在政教变革的漩涡中,走向了崩溃。在时隔百年之后,重新回溯这一变革的历程,便不难看出,"近代儒学"的发展与"儒教—

---

① 蔡元培:《对于教育方针之意见》(1912年4月),璩鑫圭、康良炎编:《学制演变》,上海:上海教育出版社,1991年,第617—623页。
② 蔡元培:《向参议院宣布政见之演说》,璩鑫圭、康良炎编:《学制演变》,第624页。
③ 我一:《临时教育会议日记》(1912年7月),璩鑫圭、康良炎编:《学制演变》,第649页。

社会—政治"之间的结构性生成,关系密切。也就是说,天下之变与经学科的兴废之间,实际上是一次相互影响、相互作用的历史进程。二者的变化,不仅受到了西方的影响,同时也受到了中国社会内部结构的变化。① 另一方面,从积极的意义上而言,晚清时期的天下观念、国家观念以及儒教观念的急速变化过程中,对这三者都缺乏严谨的分析,以至于时至今日我们仍在对这三者进行不断的回溯。通过天下观与经学科相互影响的历史过程便可以看出,在这二者走向崩溃的几十年间,天下观和经学科仍有诸多现代转型的可能。它们只是因为被视为特殊的本土思想,而被来自西方的普遍主义所遮蔽。正因如此,当代学人所提出的天下观念②,对于我们重新去审视儒教与现代中国间的关联,便显得尤为可贵。这也为当代经学思想在重建过程中,能否超越民族国家的囿限,提供新的思路。

Changes of "All under Heaven" and the Rise and Fall of Confucian Canon Studies Discipline in School System in the Late Qing Dynasty

Yuan Xiaojing

Abstract: Under the influence of "the national view", the traditional Confucian "All under Heaven" view almost collapsed in the late Qing Dynasty. As the core spiritual

---

① 近代儒学的研究常常会因为涉及中西学术间的冲突,而走向"西方中心主义"或"中国(东方)中心主义"的困境之中。虽然,柯文已经在其论著《在中国发现历史——中国中心观在美国的兴起》(北京:中华书局,1989年)中批评了费正清的"西方中心主义"立场,但是,所谓"中国中心主义"却容易与传统中国的"天下主义"相混淆,而被认为是当代的华夏中心主义。破除两种中心主义,从问题自身出发,更容易厘清近代儒学的转型过程及特点。

② 赵汀阳提出建立一种世界制度体系,强调"天下"构成了中国哲学的真正基础,它直接规定了这样一种哲学视界:思想所能思考的对象——世界——必须表达为一个饱满的或意义完备的概念。而这个世界较之于西方所言的"帝国"(empire)至少有三层涵义:第一,地理学意义上的"天底下所有的土地";第二,进而它还指所有土地上生活的所有人的心思,即"民心";最重要的是它的伦理学/政治学意义,它志向一种世界一家的理想或乌托邦(所谓四海一家)。参见赵汀阳:《天下体系——世界制度哲学导论》,北京:中国人民大学出版社,2011年,第27—29页。

carrier of "All under Heaven" view, Confucian Canon Studies therefore suffered numerous difficulties during the establishment of the new school system. The rise and fall of "Confucian Canon Studies Discipline" in the new school system of late Qing Dynasty leads to its division into two parts. One is related to the emerging nationalism. It abandoned the traditional philosophy that politics is higher than governance from "the confucian view", and turned into the national ideology, which accelerated the self-deflation of Confucian significance. The other one is associated with nationalism. It rejects, to certain extent, the value and significance of "Confucian Canon Studies" and Confucian political ideas in modern China.

Key Words: All under Heaven, Confucian Canon Studies, Confucian Canon Studies Discipline

"第二维新之声":《新青年》与民初文化场域的领导权更替[*]

张春田[**]

[摘 要] 本文力求回到《新青年》所置身的历史结构中,在新生民国不断的政治动荡与宪政危机的背景下,讨论《新青年》是如何创造一种新的独特的文化政治实践,并有效地介入现实的。这种实践既是在响应民国建立后共和的蜕变,更普遍地,是在反思和总结晚清以来各种竞争性的救国方案的困境,进而寻找新的可能性。首先,分析《新青年》与此前诸多政论杂志的差异,认为它发展出了一种新的文明理解。其次,具体论述《新青年》的注意力是如何从狭义的"政治"功利和制度迷信中移开,以便导向一些更为根本的"地层",把政治问题转化为了思想、文化和伦理的讨论,广泛地把语言、文

---

[*] 基金项目:教育部人文社会科学基金青年项目"南社与清末民初文学场域的结构转型"(项目编号:15YJC751057);中央高校基本科研业务费项目华东师范大学2017年度人文社会科学跨学科工作坊项目"跨学科视野下的情感政治与现代中国"(项目编号:2017ECNU-KXK008)。

[**] 张春田(1981—),男,安徽芜湖人,香港科技大学人文学部博士,华东师范大学中文系讲师,研究领域为中国近现代思想与文学。

学和社会议题纳入政治结构中去"政治地"对待。再次,论述《新青年》的"启蒙"是如何在启蒙的主客体关系、启蒙的动态过程中,都是持一种更为激进的姿态,把"启蒙"安置在"自觉"的根基之上。最后,引入南社的蜕变作为对照,观察1920年代文化场域的结构转型,以便更好地理解《新青年》的创造性及文化领导权的更替。本文在新的层面上,不仅回应了关于"五四"启蒙和救亡的经典辩论,而且希望重新激活"五四"的正当性问题。

[关键词] 《新青年》;启蒙;共和;自觉;文化政治

一、前言:"维新"与"第二维新"

最近二十年来,学界关于"晚清"与"五四"何者更"现代",或者说何者才更有资格被视作中国"现代性"的起源,多有争论。本文无意于直接介入这一争论,但确实也是在"晚清"与"五四"的"参差"、对照之中,对相关的文化杂志和社团进行考察的。胡适曾经有过一个较为奇怪的说法:"中国的新文化运动起于戊戌维新运动。"①这当然是一种建构连续性的努力,虽然不为此后居于主导的断裂式历史叙述所接受,但胡适的提法确实值得认真对待。因为他关于新文化运动是晚清"维新"的继续的说法恰好引入了一个重要的问题,就是应该如何理解和阐释中国的"维新"与"第二维新",或者说"共和"与"第二共和"。落实在文学/文化层面,即应该如何重新理解和阐释《新青年》及"新文化运动"所代表的革新努力,与此前的晚清民初的革新努力的关系。更直接地说,我们需要重新回答:晚清民初的那些文人/文化群体(比如最突出的南社),为何在1910年代后期逐渐失去在文化场域的显赫位置,而为新起的一代文人/文化群体(所谓"新文化运动"一代)所取代?

当一百年前,《青年杂志》的创刊号在上海问世之时,主编陈独秀所面对的,是新生民国不断的政治动荡与宪政危机,是他为之奋斗的共和理想和"建国大业"(founding)的未完成状态。要说陈独秀从一开始就对这本每期印数仅1000本的刊物有非常大的自信,这个刊物一出来就有多么轰动,也

---

① 胡适:《新文化运动与国民党》,收于欧阳哲生编:《胡适文集》第五册,北京:北京大学出版社,2013年,第528页。

许确实掺杂了过多"后见之明",把很多后来历史过程中的因素提前加载到了创办伊始的刊物之上①,但若简单将之视作"普通刊物",则小看了陈独秀的敏锐、抱负和历史感,也小看了这本刊物在当时的某种"新奇性"和创造性。根据汪孟邹回忆,1917年前后,《新青年》销量最高达到一万五六千份之多。②当时一份杂志往往是十几人甚至几十人阅读,那么,它的读者群就是十几万甚至几十万人。这就可见《新青年》的广泛影响。如果《新青年》本身没有强烈的魅力,很难想象这么快就会吸引这么多读者,还有那么多读者会踊跃来信。

就像创刊号封面上那幅一列青年横排着站在高台上,边交谈边注视前方,似在等待某种召唤,跃跃欲试地想要参与其中的画面所暗示的,《青年杂志》显然有它特殊的目标受众——那就是青年学生群体(青年们的上方标着法文 LA JEUNESSE),更有它明确的文化意图——那就是引领和召唤读者参与到与杂志的互动之中,创造一种集体性运动的生成。所以,尽管《青年杂志》的出现有一些偶然因素,但对杂志的受众和使命的自觉(特别是改名《新青年》之后),确是陈独秀在新的历史状况下一种有意的实践。这种实践既是在回应民国建立后的乱局及共和的蜕变,是回应欧战对中国人"文明理想"的刺激,更普遍地,也是在反思和总结晚清以来各种竞争性的救国方案的困境,进而寻找新的可能性。

二、"新"的文化政治

或许引入章士钊创办、陈独秀协助的《甲寅》月刊,会让我们对《新青年》的创造性有更好的把握。《甲寅》是章士钊在"二次革命"失败后,于1914年在东京创办的。《甲寅》作为政论杂志的代表,在当时影响是比较大的。据孟庆澍的研究,《甲寅》不仅在人事、经济等方面与《新青年》渊源颇深③,而且,"甲寅文体承担了文学媒介发生变化后文言散文的新功能","它与新文学虽立场不同,却

---

① 参见王奇生:《革命与反革命:社会文化视野下的民国政治》,第一章"新文化是如何'运动'起来的",北京:社会科学文献出版社,2010年,第1—38页。
② 参见汪原放:《回忆亚东图书馆》,上海:学林出版社,1983年,第32页。
③ 孟庆澍:《甲寅与〈新青年〉渊源新论》,《中国现代文学研究丛刊》2010年第5期,第1—9页。

有深刻的历史联系"。① 那么,一个有意思的问题就是,《青年杂志》/《新青年》(以下除具体涉及第一卷外,概以《新青年》称)究竟在何种意义上,与《甲寅》产生了质的差异,而成为"新文化"的代表?

最简单的回答是《新青年》提倡白话文,倡导文学革命。但这还不能解释它与《甲寅》在文化政治上的一种根本区别。两种杂志同样重视对于政治的讨论,但《新青年》的自我理解已经不是简单地要成为一本"政论杂志",或者说,《新青年》所理解和期待的"政论"乃至"政治"本身已经同晚清以后流行的"政论"乃至"政治"本身有了一些差异。这是意味深长的,表明知识分子对于政治的理解和讨论以及介入政治的方式发生了一种转变。相对于直接地就事论事,针对当下各个具体的政治事件来发表看法或引发舆论,陈独秀以及后来参与编辑的同人们显然深刻意识到这种直接反应式的批评的有限性,他们更倾向于一种透过纷繁的政治现象,重新理解当时中国的总体性结构和时代精神状况,寻找解释和解决的方案。以1卷1号为例,其中虽然还有多篇署名"记者"的即时性报道和评论,如《大隈内阁之改造》、《葡国政变》、《倭尔斯特(Worcester)之今昔》、《华沙之役》、《青岛税官交涉之结果》、《宪法起草之进行》;但刊于杂志前半部分,更为重头的,是那些从宏观的角度讨论"文明"、"国家"、"新旧"等根本性问题的文章。比如,陈独秀的《法兰西人与近代文明》一文,就体现出一种整体性视野和论述风格。开篇即提出"文明"及其含义,并且特别注明法语原词:"文明云者,异于蒙昧未开化者之称也。La Civilisation,汉译为文明、开化、教化诸义。"接下来密集地引入"古代文明"、"近世文明"、"东洋文明"、"西洋文明"等概念。他把"近世文明"与"西洋文明"相等同,认为代表"东洋文明"的印度和中国,都还不算真正进入了"近代"。而在解释"近代文明"的特征时,归纳为三条:"一曰人权说。一曰生物进化论。一曰社会主义。"以下三段,分别论述这三种思潮和运动的具体情况,及法国人在其中扮演的积极角色。从拉飞耶特(Lafayette)谈到圣西蒙(Saint-Simon),知识密度非常大,但又要言不烦。文章最后说,法兰西现在正与德意志交战,胜负未分。但法兰西在世界文明进程中的贡献,却不会因为一时的战争胜负而有所改变。"即战而败,其创造文明之大恩,吾人亦不可因之

---

① 孟庆澍:《欧化的古文与文言的弹性——论"甲寅文体"兼及与新文学的关系》,《文艺理论研究》2012年第6期,第125—133页。

忘却。昔法败于德,德之大哲尼采曰:'吾德国人勿胜而骄,彼法兰西人历世创造之天才,实视汝因袭之文明而战胜也。'吾人当三复斯言。"陈独秀所要强调的,是要超越短期的、着眼于战争结果的简单功利标准,而从文明的推进、传播、自我表述和相互斗争的角度,认识法兰西的重要贡献。他特别引用尼采的话,在价值上更为推崇"创造"之文明而非"因袭之文明",并提醒国人深思此言。这在一个普遍性地焦虑于国家存亡、期求速效药方的时代环境中,显然有着特殊的意义。在陈独秀看来,创造出有凝聚力的价值和认同,培植更为深厚的文明根基,远比一时的政治路线选择和武力竞逐更重要。所以我们不奇怪,陈独秀对屡被膜拜的"德意志之科学",也不是那么称颂,因为其"仍属近代文明之产物","(德意志)表示其特别之文明有功人类者,吾人未之知也"。"特别之文明"是陈独秀在整篇文章再三致意的。因此,虽然陈独秀高度推崇法兰西人和法国思想,但他并不是在帝国主义世界大战中成王败寇的意义上推崇法国,也没有把法国对中国的启示性简单化为中国应该直接照搬法国道路,相反,他的论述似乎是有意迂远,有意悬置"爱国强种之心",而要读者从根底上去思考"文明"的当代状况及其根源,要读者意识到思想和文化才是改变现实世界的基本动力,进而促进中国的"特别之文明"之创造。对"文明"的高度关注,使得陈独秀在这一期中还特别加入了一篇法人薛纽伯(Ch. Seignobos)所著《现代文明史》的节译,并且是他自己所译,更为详尽地介绍"十八世纪欧罗巴之革新运动",帮助读者了解十八世纪法国的经济学、哲学的新思想对"法兰西精神"的影响。陈独秀在知识上孜孜不倦地介绍"文明",也许正是因为在他的意识里,只有建立起对于世界"文明"发展的历史理解,形成创造新"文明"的高度自觉,中国民族国家的建构(nation-building)才能眼光长远,基础扎实,并且避免重复西方争战的弯路。

"国家"也是《青年杂志》所关注的核心问题之一。这一期上有高一涵的《共和国家和青年之自觉》。这篇长文在杂志上连载三期,显示出分量之重。它不像一般的政论文章直接评论当时混乱的政局和共和危机,而是把民国作为"共和国家"的困境化为了一种深刻的问题意识:如果说"共和"必须建立在"民权"基础之上,那么中国"民权"的发扬,则有赖于"国民之德知"。高一涵此文就是为了唤起青年对国家之自觉。文章在陈述"共和国家为何物"、"共和之精神"时,特别强调:"人民创造国家,国家创造政府。政府者立于国家之下,同与全体人民受制于国家宪法规条者也。执行国家意思,乃政府之责;而发表国家意思,则为人民之任。"这番话显然是对卢梭的人民主权说的发挥。事实上,在此段之前他已经直接点出了卢梭观点的核心:"Free Will 造成国民总意,General Will 为引导国政之先驰。"这里再次呼应前面,突出人民的公共意志,说明高一涵非常在意"共和"的根本精神,而非表面形式。而民初政治局面的动荡不安,与在议会、选举的表面形式之下公共意志的隐没不彰正有密切关系,共和并没有带来人民的出场和平等的实现。所以,他在文章中特别指出:"共和国家,毕竟平等,一切自由,无上下贵贱之分,无束缚驰骤之力。……就政治言,使各方之情感思虑相剂相调,互底于相得相安之域,而无屈此申彼之弊,致国家意思为一党一派一流一系所垄断。"这番话显然有所针对,是对当时"共和"已变成"一党一派一流一系"的政党政治现状的深刻批判。不过,高一涵的文章并非对某党某派的直接批判,而是通过从根底上解释"共和"的含义来厘清误解,以召唤起对"共和国家"的拯救。这种从根本的问题上正本清源、引发思考的论述方式,与前述陈独秀之论"文明",是很有相似性的。

　　无论是要终结"古代文明",创造自己的"近代文明",还是在君主专制和政党政治、议会民主的幻象之外,打造直接依托"全体人民"的"共和国家",这些都牵涉到"新旧"之争,以及什么才是真正的"新"的问题。这当然也是《青年杂志》的一个核心议题(到第 2 卷改名《新青年》更加直白地把这种"新"的欲求表达了出来)。紧接着高一涵之文的,是汪叔潜的《新旧问题》,可见陈独秀在编排上确实是花了一番心思的。把"新旧问题"专门提出看似奇怪,因为它比"文明"和"国家"的关切更为抽象。汪叔潜首先解释自己为何要讨论"新旧问题",因为这成了当时社会诸多问题的症结以及人们心中的普遍焦虑:"夫国中现象,变幻离奇,盖无在不由新旧之说淘演而成,吾又见夫全国之人心,无所归宿,又无不缘新旧之说荧惑而致。……上自国家,下及社会,无事无物不呈新旧之二象。"在他看来,中国正处于"新旧混杂之时代","新"往往被挪用为一种符号,各种"假托新义"的"旧"大肆上演。如果不能真正辨别新旧,"吾不知国果何所立也"。所以,整篇文章都在试图透过表象化的"新旧"话语,廓清"新"与"旧"的真实差异何在。汪把"新旧混杂"的状况归咎于三类人:伪降派、盲从派、折衷派,认为新旧之争的本质是是非之争,无法调和。他说:"维新固有维新之精神,守旧亦有守旧之精神,人人各本其自信锲而不舍,精神之角斗无时或息,终必有正当解决之一日。"只有通过建立在真信之上的价值斗争,才能为国家的建立奠定稳定的基础。依违其间,只能丧失国家元气。汪接着进一步明确了"新旧"在当时各自的历史对应:"所谓新者,无他,即外来之西洋文化也。所谓旧者,无他,即中国固有之文化也。……二者根本相违,绝无调和折衷之余地。"他还反省了中国三十多年的改革维新之所以失败,很大程度就在于"新旧"往往只是作为比较,作为局部的标准,没有在根本观念上进行选择取舍。"根本观念倘未明了,仅断断于一事一物之新旧,则所谓为新旧者,乃时间的而非空间的,乃主观的而非客观的,乃比较的而非绝对的。人人得各新其所新而旧其所旧。新旧之说愈繁,而新旧之界愈晦。新旧之界愈晦,而新旧之争乃愈不可收拾。"由此可见,汪文之谈论新旧,不是局限在具体的"一事一物之新旧",相反,是上升到抽象的同时也是普遍性的层面,让不同价值的斗争在现实生活中得以真实展开,这样才能不致为各种潮流所淹没,个人得以安身立命,而国家也得以确立立国基础。

从以上三篇文章中,我们不难看出《青年杂志》在思想讨论风格上与晚清的诸多报刊乃至民初的《甲寅》的区别。同样都关心当下中国的命运,思考"中国向何处去"的问题,《新青年》则更倾向于摆脱短期的功利主义思路,不纠缠于具体的政治事件和"一事一物"之是非。编者已经清醒认识到,眼光必须从狭义的"政治"功利和制度迷信中移开,以便导向一些更为根本的"地层",以更大的气力去推动对于这些问题的思考和论辩。编作者还在关心政治和议论政治,但他们所理解的"政治"含义和领域已经发生了变化。在他们看来,政治首先是公共性的打造,是把政治空间开放给人民,推动人民的参与和介入,是在文明、国家、文化认同等问题上的思考、取舍和选择。可以说,《青年杂志》/《新青年》在努力培养一种把思想探索作为政治解决的根本的意识。可以这么认为,它确实开启了"五四""籍思想文化以解决问题的途径"。① 但是同时必须意识到,这种"思想文化"逻辑又不是一种简单的文化决定论。陈独秀他们并没有把文化和政治截然割裂(如现代性的合理化分化那样),相反,他们始终在两者之间建立起内在的转化、互动关系。《青年杂志》这几篇文章通过对"文明"、"国家"以及"新旧"等问题的阐述,一方面把政治问题转化为了思想、文化和伦理的讨论;另一方

---

① 参见林毓生著,穆善培译:《中国意识的危机:"五四"时期激烈的反传统主义》,贵阳:贵州人民出版社,1986年,第43—49页。

面,这些思想、文化和伦理讨论又不是空泛或者孤立的,而是最终指向一种能够终结治乱循环的"新政治"的建构。

正是出于这种对于"政治"的理解,《新青年》把社会生活的诸多方面乃至语言文字本身都作为了具有"政治性"的问题纳入自己的话语系统,或者说从它们与政治变革的内在关系上来处理这些问题。如此可以解释,诸如女性解放、家庭改造、儒学重评、白话文以及新文学等议题,虽然并不都是《新青年》首先提出来的,许多是承晚清思想潮流而来,但在《新青年》的语境中,它们被赋予了全新的问题性和历史感,彼此之间也产生了新的结构性关系,从而与晚清的讨论区别开来。当《青年杂志》/《新青年》广泛引介大量关于女性问题的域外著作和学说(如1卷1号上陈独秀翻译了Max O'Rell所著《妇人观》,并在译文后附录了英文以供对照;1卷4号上孟明翻译了日本医学士小酒井光次所著《女性与科学》;3卷5号上震瀛[即袁振英]翻译了美国高曼(Emma Goldman)女士的《结婚与恋爱》;4卷5号上周作人翻译了日本与谢野晶子的《贞操论》),同时,鼓励对于中国女性问题的公开讨论(从2卷6号开始连续数期专门设立"女子问题"栏目)时,杂志显然已经将女性问题纳入到整体性结构中来对待,不再是简单地塑造女性楷模形象,而是试图寻求女子问题"根本之大解决"(高素素,《女子问题之大解决》,《新青年》3卷3号)。谈论女子追求"有意识之平权"的背后,是对革命二字"惟政治与种族上可言,家庭与道德上则不可言"的状况的不满(吴曾兰,《女权平议》,《新青年》3卷4号)。这即是说,女性解放不是孤立的社会问题,而是整体性的中国改造的一部分,女性解放的讨论因之带有追求普遍平等的"政治性"的内涵。同样,《新青年》之提倡恋爱婚姻的自由,批判宗法制和父权制,也都是把家庭和社会关系重新政治化之后的一种选择,因为在他们看来,"家族制度为专制主义之根据论"①,自由平等的个人关系才是自由平等的政治社会得以成立的基础。而他们谈论儒学和孔子时,也多是从儒学和孔子的意识形态功能上着眼。"打倒孔家店"与其说是要清理儒学本身的思想,毋宁说是要斩断君主专制政体的意识形态基础。如果联系到孔教会、读经等组织和活动与复辟帝制之间的关联,那么《新青年》这种"政治化"的取向并非无的放矢。所以,陈独秀说:"主张尊孔,势必立君,主张立君,势必复辟。理之自然,无足怪

---

① 吴虞:《家族制度为专制主义之根据论》,《新青年》2卷6号。

者。"(《复辟与尊孔》,《新青年》,3卷6号)白话文的问题也是如此。晚清当然已经有各种各样的推动白话文的尝试(从《圣经》汉译到传教士小说,从裘廷梁的倡议、梁启超的"新文体"到一些翻译家的实践),但是当胡适、陈独秀以及鲁迅提倡白话文写作、催生新文学时,他们是把文言文看作是体制化的、缺乏内在生命的、为士大夫阶级所垄断,并且把更广大人民拒斥于外的一种语言系统,套用鲁迅《破恶声论》中的词语,文言文已经无法传达"心声",也不能激荡起各自的"心声"。这时,提倡白话文已经不仅是一种书写语言的选择,更担当着一种表达自我、推动主体的内在革命的功能。而最终,白话文是要为"共和"的国家提供文化支持,通过成为"国语"来凝定民族认同。换言之,提倡白话文这一行动,不仅是要通过"言"与"文"的合一推动"名"与"实"的合一,而且也是现代民族国家的建构的内在要求。《新青年》对这种文化政治的把握,是白话文运动中至关重要的一步。

一方面是淡化或者回避即时性的政论,另一方面是广泛地把语言、文学和社会议题纳入政治结构中去"政治地"对待,这正是《新青年》最主要的创造性所在,也是它超越《新民丛报》、《民报》乃至《甲寅》等杂志的地方。我们看陈独秀对"文学革命"的论述,就很好地示范了这种"反政治的政治"的辩证法。虽然胡适用的还是"文学改良刍议"这样相对温和的标题,所列"八事"也仅是一种商议性的看法(《新青年》,2卷5号),但到了陈独秀那里,他径直以"文学革命"为题,毫不忌讳"革命"这个词在民初已经色彩斑斓。① 在《文学革命论》中,陈独秀一反"吾人疾视革命"的态度,要"高张'文学革命军'大旗",这自然是他目睹民国蜕变的愤懑的政治情感的表露。但他更为深刻地意识到了单纯的"政治革命"本身容易遇到挫折的原因:"政治界虽经三次革命,而黑暗未尝稍减。……其(原因之)大部分,则为盘踞吾人精神界根深柢固之伦理道德文学艺术诸端,莫不黑幕层张、垢污深积,并此虎头蛇尾之革命而未有焉。此单独政治革命所以于吾之社会不生若何变化,不收若何效果也。"(《新青年》,2卷6号)这是陈独秀对于晚清到民初的一系列政治运动的一种彻底反省,以现代化为方向的制度试验并没有真正改变中国的黑暗状况。陈独秀继而谈到文学与政治的共生

---

① 参见陈建华:《"革命"话语的转型与"话语"的革命转型——从清末到1920年代末》,载《从革命到共和——清末至民国时期文学、电影与文化的转型》,桂林:广西师范大学出版社,2009年,第3—20页。

关系:"此种文学(指贵族文学、古典文学、山林文学——引者),盖与吾阿谀夸张虚伪迂阔之国民性互为因果。今欲革新政治,势不得不革新盘踞于运用此政治者精神界之文学。使吾人不张目以观世界社会文学之趋势及时代之精神,……以此而求革新文学革新政治,是缚手足而敌孟贲也。"陈独秀不仅把文学/文化上的内容和形式的变革,看作了政治革命的前提,更终结了把一切寄托在各种政治制度的想象与实践之上的革命方式。可以说,他否定了(既有的)政治,但是这种否定本身恰恰同时召唤着政治的更新,一种通过文化革命和国民性改造来催生的政治的更新。更重要的是,他暗示说当时世界历史正处于一个新旧交替的关键时刻,格外有必要追踪和把握"时代之精神",因为这里预示了朝向未来的新的可能性。

《新青年》始终没有放弃政治关切,但它相对淡化现实政治,而在文明和文化领导权问题上用力,在当时是很有独特性的。以至于1918年时陈独秀竟要为自己的谈论政治而辩解:"本志同人及读者,往往不以我谈政治为然。有人说,我辈青年,重在修养学识,从根本上改造社会,何必谈什么政治? 有人说本志曾宣言志在指导青年,不议时政,现在何必谈什么政治惹出事来呢? 呀呀! 这些话却都说错了。"(《今日中国之政治问题》,《新青年》,5卷1号)这反过来说明《新青年》开始的介入方式已经让人印象深刻。这里确实存在一种"文化转向",用汪晖的说法是:"'文化转向'的核心在于重新界定政治的内涵、边界和议题,其潜在含义是对既往政治的拒绝。在这一文化运动中,政治对立和政治斗争直接地呈现为文化对立和文化斗争,换言之,政治的中心是文化、价值、伦理、道德及其呈现形式(语言、文体和艺术表现等)。"①《新青年》的议题设置和论述风格,深深打下了这样的"文化转向"的印记,在这个意义上开创了"五四"的新范式。

三、"启蒙"的内在复杂性

从一开始,《青年杂志》/《新青年》就把青年学生群体作为受众,同时又把他

---

① 汪晖:《文化与政治的变奏——战争、革命与1910年代的"思想战"》,《中国社会科学》2009年第4期,第119页。

们作为中国改造的新的主体力量。在相当于发刊词的《敬告青年》中,陈独秀把青年比喻为社会"新鲜活泼细胞","惟瞩望于新鲜活泼之青年,有以自觉而奋斗耳"。(《青年杂志》,1卷1号)"自觉"是这里的一个关键词。陈独秀解释说:"自觉者何?自觉其新鲜活泼之价值与责任,而自视不可卑也。"他认为挽救中国的希望,正在于"一二敏于自觉勇于奋斗之青年,发挥人间固有之智能,抉择人间种种之思想……自度度人,社会庶几其有清宁之日也"。对"自觉"的强调,是《新青年》另一个特别值得重视的特点,由此构成了中国式现代"启蒙"的内在复杂性。研究"五四"的学者通常会强调新文化运动本质上是一场中国的"启蒙运动",而《新青年》在其中扮演了重要角色①,后来也由此引发了关于"启蒙"与"救亡"、"激进"与"保守",以及基于后现代立场对于"启蒙"的质疑等一系列问题的争论。用"启蒙"来描述《新青年》的主导文化倾向并没有错。不过,对这种"启蒙"本身我们又必须做开放性的理解,它与晚清以来的"启蒙"有着显著的不同。事实上,《新青年》在启蒙的主客体关系、启蒙与革命的关系上,都是持一种更为彻底和激进的姿态。套用前引《敬告青年》中的词,就是《新青年》已经把"启蒙"牢牢安置在了"自觉"的根基之上。

表现之一,是始终坚持启蒙中的主体性状态。在《敬告青年》中,陈独秀"谨陈六义"的第一条就是"自主的而非奴隶的":"盖自认为独立自主之人格以上,一切操行,一切权利,一切信仰,唯有听命各自固有之智能,断无盲从隶属他人之理。"在《一九一六年》中他也呼吁青年"各有其独立自主之权"(《青年杂志》,1卷5号)。高一涵在《共和国家与青年之自觉》中作出这样的古今对比:"古之人,首贵取法先儒。今之人,首贵自我作圣。古之人,在守和光同尘之训。今之人,在冲同风一道之藩。"鼓励当今青年"沛然长往,浩然孤行"。这些当然符合康德意义上"有勇气公开运用自己的理性"的"启蒙"定义。不过,这种"自主"一方面是从"忠孝节义"、三纲五常等"奴隶之道德"中获得解放,另一方面也要求被启蒙者"自从所信,绝不认他人之越俎"(《敬告青年》),拒绝成为他人,从而也就拒绝了永远追随启蒙者引领的另一种"奴隶"状态。这在中国现代的开端时期是有极大意义的,使得直接照搬西方"十九世纪文明"的"优等生文化"(如明

---

① 如周策纵著,周子平等译:《五四运动:现代中国的思想革命》,南京:江苏人民出版社,2005年;舒衡哲(Vera Schwarcz)著,刘京建译:《中国启蒙运动:知识分子与五四遗产》,北京:新星出版社,2007年。

治后的日本)在中国没有多大市场。无论《新青年》同人们如何在价值上热烈称颂西洋文明,但他们都不会跳过文明转型中的艰难和挣扎,放弃差异性,更不会放弃对于主体的艰苦改造。1916年,陈独秀断言世界历史即将发生重大变化,他说:"生斯世者,必昂头自负为二十世纪之人,创造二十世纪之新文明,不可因袭十九世纪以上之文明为止境。"(《一九一六年》,《青年杂志》,1卷5号)这更加表明,一战发生后,中国知识人对"十九世纪文明"本身的弊端有了更多深切的认识,反而坚定了民族文化重建中的主体性立场。依托这种主体性的态度,《新青年》在介绍和引进西方资源时,才能不为特定的主义教条或同质化的经验所束缚,更主动地选择和取舍。从最初以法国革命为师到后来以俄国革命为师的转变,正是为我所用的态度的一种体现。

　　《新青年》中宣扬的主体性,不是原子化的、排斥了集体和国家的孤立个人,个人的"自主之权"与国家的"主权"在更高的层面统一了起来。所以,一方面,陈独秀要青年抱持"世界的而非锁国的"态度(《敬告青年》),高一涵声言"国家非人生之归宿"(《国家非人生之归宿论》,《青年杂志》,1卷4号),但另一方面陈独秀也要谈"持续的治本的爱国主义"(《我之爱国主义》,《青年杂志》,2卷2号),高语罕则期许:"内以刷新政治,巩固邦基,外以雪耻御侮,振威邻国,则舍我青年谁属",青年要尽"国民之责任"(《青年与国家之前途》,《青年杂志》,1卷5期)。个人从依附性的状态中解放出来后,不是要成为游魂,而是要把内在性焕发为一种积极的生命状态、政治意志和勇气,捍卫和改造所属共同体及其生活世界。《新青年》众多讨论"青年"的使命和未来的文章都对此再三强调。尽管在现实中青年知识者未必都能克服"自我"的危机,实现他们的政治和生活图景,反而有可能像鲁迅《伤逝》所刻画的那样,走上颓唐和虚空之路;但是《新青年》始终没有放弃对充盈的、能动的主体性的各种实现可能的探索。后期号召青年"到民间去",与劳工群众结合,也是在此一脉络之下的延续。

　　并且,在这个探索过程中,《新青年》不仅从来没有忽视,反而高度重视和调动起情感的力量。借用张灏关于"五四"的说法,《新青年》的确也是"理性主义与浪漫主义"并存的。① 我们应该把这种"浪漫主义"看作是一种高强度情感的动员和参与。无论是陈独秀的"有不顾迂儒之毁誉,明目张胆以与十八妖魔宣

---

① 张灏:《重访五四——论五四思想的两歧性》,《开放时代》1999年3、4月号,第5—19页。

战者乎？予愿拖四十二生之大炮，为之前驱"(《文学革命论》,《新青年》,2卷6号)，还是李大钊的"由今以后,到处所见的,都是Bolshevism战胜的旗。到处所闻的,都是Bolshevism凯歌的声。人道的警钟响了！自由的曙光现了！试看将来的环球,必是赤旗的世界！"(《BOLSHEVISM的胜利》,《新青年》,5卷5号)都充满了强烈的情感色彩,是一种"诗性正义"的吁求。鲁迅在《新青年》上发表的那些小说——《狂人日记》(4卷5号)、《孔乙己》(6卷4号)、《药》(6卷5号)、《风波》(8卷1号)、《故乡》(9卷1号)等,对"旧中国"的刻画在认知和批判的意义上自有作用,但更重要的是,小说中内蕴的深层情感——"救救孩子"的呼喊,"我也吃过人"的罪疚,《孔乙己》中看客的冷漠,《药》结尾革命者彻底的孤寂——打动也震惊了青年的心灵,激起了他们灵魂深处的回响。鲁迅虽然"听将令"而为"启蒙"、"呐喊",但他对主流的"启蒙"又保持着疏离。他是带着强烈的生命感受和对理想的忠诚来投入写作的,当他从记忆、生命政治的角度观察现实时,他对简单乐观的"理性"很难不产生怀疑。正是陈独秀、李大钊和鲁迅等人的充满主体性的表达,让被"启蒙理性"遮蔽了的那些本能、情感和诉求,在《新青年》中仍然可以找到位置,并获得更多的共鸣、共振。从这个意义上说,《新青年》在很大程度上弥合了晚清以来"知"和"情"分裂的局面。

　　表现之二,启蒙的主体与对象不是固定的,也不是静态的,而是呈现一种互相学习、互相交换位置、互为主体的结构关系,并且始终保持启蒙的运动过程。《新青年》对"我新时代新人物之青年"(次山,《青年之生死关头》,《新青年》,3卷1号)寄予厚望,期待他们能"自度度人"。关于青年责任、道德和精神的养成的内容在杂志前期占据了相当重要的位置。仅第一卷中,就有高一涵的《共和国家与青年之自觉》(《青年杂志》,1卷1号)、陈独秀的《抵抗力》(《青年杂志》,1卷3号)、高语罕的《青年与国家之前途》(《青年杂志》,1卷5号)、易白沙《战云中之青年》(《青年杂志》,1卷6号)等多篇文章。特别值得注意的是,这些文章大多没有高高在上、灌输真理的教导姿态,作者通常是以与青年共同讨论、共勉的姿态和语气来撰文的。也就是说,作者不是以启蒙者自居,而是作为青年的朋友,与青年一起坦诚交流,共同寻找中国的出路,并在这个过程中完成共同的改造和蜕变,而并非仅仅把青年当成启蒙和改造对象。《新青年》从一开始就不是精英主义的,编者在自己(及前辈知识分子)与青年的关系上比较谨慎,非常警惕不要把启蒙变成了对对象的压迫。陈独秀说自己对"国中老者壮者"多抱悲观,"即自身亦在诅咒之列"(《新青年》,《新青年》,2 卷 1 号),可见他内心深处也如鲁迅一样把自己当成是"历史的中间物"的。高一涵在《共和国家与青年之自觉》中纵论道德、自由、舆论,不过接着却说:"以上所陈,乃国法所不能干,观摩所不能得,师友所不能教,父兄所不能责。"接着用了轮扁斫轮的典故,声明"不佞所言糟粕而已,至于精神,则仍在吾青年自觉耳"。(《青年杂志》,1 卷 1 号)可见他认为最重要的不是给青年一些教条,而是引导他们在思考和实践中形成"自觉"。《新青年》很重视青年学生自己的意见和看法,也努力把一些青年学生发展为杂志的作者,让他们发出声音。4 卷 1 号上,刊登了傅斯年的《文学革新申义》和罗家伦的《青年学生》。傅文声援"文学革命论者",同时又提出文学革命不能停留在口号上,而要"制作规范,发为新文";罗文讨论主义、结婚和学风这三个困扰青年的紧要问题,罗并说自己是读了《新青年》之后,由读者而变为作者:"今读《新青年》,每为神往。及见学生之置《新青年》者多,是知《新青年》且大有影响于学生界也。爰就记忆及理想所及者,拉杂为我青年辈陈之。"傅、罗二人当时都是北大的学生,他们之参与讨论,作为青年同辈人发表意见,这正是《新青年》所希望促成的自我和对象的双重主体性的一种实现。

　　更有说服力的,是杂志设立的"通信"栏目。"通信"栏目从设立伊始(第 2 卷开始又设"读者论坛"),就成为了杂志与青年直接互动的平台。《新青年》上刊登了大量读者来信以及编者回复,就各种问题展开讨论,议题之广,交流之深,在当时是引起了很大轰动的。其中很多投书就是青年在"质析疑难",而编者回复时也多态度平等而认真。从效果上说,"通信"不仅使编者或某一读者单方面的思想观点(话语)成为众多读者共同参与讨论的话题,造成了公共舆论[①],更重要的是,"通信"上的众生喧哗和互相辩论,使得固定的启蒙结构转化为一种更具流动性的状态,启蒙对象和启蒙者之间的地位是平等的、可以互换的。知识生产不再是一种自上而下的过程,而是通过深入参与、互相学习、互相教育来推动。

　　《新青年》固然呈现出青年崇拜的面貌,但编者也强调"青年"的资格不是天然具备的。当杂志第 2 卷改名《新青年》时,陈独秀特别提醒青年道:"慎勿以年

---

① 参见杨琥:《〈新青年〉"通信"栏与五四时期社会、文化的互动》,收李金铨编:《文人论政——知识分子与报刊》,桂林:广西师范大学出版社,2008 年,第 43—67 页。

龄在青年时代遂妄自以为取得青年之资格也。"只有达到一系列生理和心理的条件,才算是真正有希望的"新青年",倘若头脑中还是"做官发财享幸福"的旧思想,"则新青年之资格丧失无余"。所以,在精神上经历"除旧布新之大革命","别构真实新鲜之信仰,始得谓为新青年"(《新青年》,《新青年》,2卷1号)。李大钊也说,"青春之进程"不会恒久不变,只有以"宇宙之青春为自我之青春",才会有"无尽之青春"(李大钊,《青春》,《新青年》,2卷1号)。所以,青年在《新青年》中是作为充满可能性的"新人"而存在的,但《新青年》同时也提出新人的自我成长是需要道德改造和信仰引导的,青年通过把"新"、"青春"内在化为一种驱力来激发和维持自己的积极性和创造性。"新青年"不是本质化的某个社会群体,而是一种开放性的、理想化的集体主体的象征。这种集体主体在不断变化的社会历史关系中必然会吐故纳新,并向其他社会阶层敞开。昨日的启蒙者,今日会变为被启蒙者;昨日的启蒙议程,今日会有所补充、调整或者改变。启蒙将因为始终处于动态化的自我更新、自我转化的状态而保持它的生命力。

俄国革命后,《新青年》对于世界变动的判断和对于新主体力量的赞颂,正是这种启蒙的进化的直接反映。当李大钊提出"欧战"的胜利,"是社会主义的胜利","是世界劳工阶级的胜利","是廿世纪新潮流的胜利"(《BOLSHEVISM 的胜利》,《新青年》,5卷5号),表明《新青年》的启蒙资源已经因应时代变化而发生了转变。在文章结尾,李大钊敏锐地觉察到了俄国革命的普遍意义:"'一七八九年法兰西的革命,不独是法兰西人心变动的表征,实是十九世纪全世界人类普遍心理变动的表征。一九一七年俄罗斯的革命,不独是俄罗斯人心变动的显兆,实是廿世纪全世界人类普遍心理变动的显兆。'……Bolshevism 的胜利,就是廿世纪世界人类人人心中共同觉悟的新精神的胜利!"如果还记得《青年杂志》创刊号上陈独秀对法兰西革命的礼赞,那么,三年多之后,《新青年》已经认为"近代文明"的高峰现在当属俄罗斯了,俄国革命开启了具有更广泛普遍性("人人心中共同觉悟")的"廿世纪"的"新精神"。与这种世界文明领头羊的变化相伴生的,是新的主体力量登上了世界历史舞台。在《新青年》同一期上,李大钊还发表了《庶民的胜利》,认为"大战"造成了两个结果,从政治上说是民主主义的胜利,从社会上说是劳工主义的胜利。无论民主主义,还是劳工主义,都代表了新的庶民阶层的力量:"世间资本家占最少数,从事劳工的人占最多数。因为资本家的资产,不是靠着家族制度的继袭,就是靠着资本主义经济组织的垄断,才能据有。这劳工的能力是人人都有,劳工的事情是人人都可以作的,所以劳工主义的战胜,也是庶民的胜利。"(《新青年》,5卷5号)他进一步说:"须知今后的世界,变成劳工的世界,我们应该用此潮流为使一切人人变成工人的机会,不该用此潮流为使一切人人变成强盗的机会。……我们想要在世界上当一个庶民,应该在世界上当一个工人。诸位呀!快去作工呵!"李大钊此文之后,紧随的是蔡元培的《劳工神圣》,标题特别明确地推崇劳工的价值。蔡元培说:"此后的世界,全是劳工的世界。"他以"劳力"作为衡量"劳工"的首要标准:"凡用自己的劳力作成有益他人的事业,不管他用的是体力,是脑子,都是劳工。所以,农是种植的工,商是转运的工,学校职员、著述家、发明家是教育的工,我们都是劳工,我们要自己认识劳工的价值。劳工神圣!"(《新青年》,5卷5号)通过使用广义的"劳工"概念这样一种建构来促生新的身份认同。此后,"劳工"、"庶民"、"劳动平民"等词在《新青年》上越来越频繁地出现。比如,李大钊的《我的马克思主义观》(6卷5号,6卷6号)、《由经济上解释中国近代思想变动的原因》(7卷2号)、《"五一"May Day 运动史》(7卷6号)、Olive Schreiner 著、周作人译的《沙漠间的三个梦》(6卷6号)、Angelo S. Rapport 著、起明译的《俄国革命之哲学基础(下)》(6卷5号)、张慰慈的《美国劳动运动及组织》(7卷6号),蔡元培《社会主义史序》(8卷1号),等等,还特别出版了一期"劳动节纪念专号"(7卷6号)。至1923年《新青年》改版后,在"新宣言"中直接宣称"《新青年》乃不得不成为中国无产阶级革命的罗针"(《新青年》,1923年A卷1期)。《新青年》后期的衍变不是这里要分析的。我想提醒注意的是,大致从1918年底开始,《新青年》已经有意识地引导读者眼光向下重视劳工,推动并刊登了很多各种社会调查和社会实践的文章。逐渐把早期《新青年》投注给青年学生的那份荣光转移给了劳工,承认劳工才是建立新的中国所最需要依靠的力量。不仅青年需要向劳工接近,向劳工学习,"工读互助",甚至编作者也需要从劳工那里获得养分。这个过程与其看作是"救亡"压倒了"启蒙"①,不如说仍然是包含在《新青年》特殊的"启蒙"结构和动态特征之中,只不过对"启蒙"作了一种颠倒,核心标准由"理性"变为了"劳动/劳力",劳动成为了创造世界、价值和主体性的根本源泉,也成为了评判"神圣"与否的最终标准。

---

① 李泽厚:《启蒙与救亡的双重变奏》,《中国现代思想史论》,北京:东方出版社,1987年。

概括起来说,《新青年》的"启蒙"内在地具有双重性:一方面是知识分子和青年一起通过对"近代文明"、对"共和"的经验学习和价值肯定,来告别"旧中国"的制度、文化和伦理(但这种断裂又不简单等同于对文明根基的拒绝,当时的"整理国故"的运动也罢,后来的"文艺复兴"的追认也罢,恰恰都表明了"五四"与"传统"的关联性);另一方面是知识分子和青年也因应社会历史的激烈变动,不断地进行自我启蒙与再启蒙,理解"世界之生存"的深刻矛盾以及中国的现实处境,接纳社会主义的思想资源,与新的主体力量相结合,从而告别"(西方资本主义)近代文明"及其霸权,终结"主人"与"奴隶"的循环。所以,当胡适引用尼采的话"重新估定一切价值"来解释他所谓的"评判的态度"时(《新思潮的意义》,《新青年》,7卷1号),他道破了《新青年》文化实践上的"自觉"性——不仅包含对于中国传统的审视与批判,同时也包括对于西方启蒙理性的审视与批判。但这又并不导向虚无或者全盘复古,而是导向"再造文明"的欲求。这构成了现代中国起源中最宝贵的部分。

四、作为参照的南社之衰落

《新青年》的崛起正好伴随着晚清民初最重要的知识人社团南社的衰落和边缘化。外有民国的共和政治危机,内有因政治、人事、文化和职业态度而导致的内部巨大分裂,在1910年代后期,曾经在清末民初辉煌一时的南社迅速衰落。尽管还出版了数期《南社丛刻》,但无论从声誉、影响力还是从社员自我感受来看,南社都已经是日暮江山,辉煌不再。对此,柳亚子日后总结说:"追究南社没落的原因,一方面果然由于这一次的内讧(指唐宋诗之争——引者注),一方面实在是时代已在五四风潮以后,青年的思想早已突飞猛晋,而南社还是抱残守缺,弄它的调调儿,抓不到青年的心理。"①

1919年当时已是文化界"新星"的胡适,在《尝试集自序》中对南社在文化场域失去显赫位置提供了一种解释:

近来稍稍明白事理的人,都觉得中国文学有改革的必要。……甚

---

① 柳亚子:《我和朱鸳雏的公案》,《南社纪略》,上海:上海人民出版社,1983年,第153页。

至于南社的柳亚子也要高谈文学革命,但是他们的文学革命论只提出一种空荡荡的目的,不能有一种具体进行的计划。他们都说文学革命决不是形式上的革命,决不是文言白话的问题。等到人问他们究竟他们所主张的革命"大道"是什么,他们可回答不出了。这种没有具体计划的革命,——无论是政治的是文学的,——决不能发生什么效果。①

按照胡适的看法,南社在"新文化运动"中没有具体的计划,他们所说的"革命"已经完全空洞化了,在政治上和文学上都不能有效地响应时代提出的问题,所以当然会被边缘化。

柳亚子和胡适其实都触及到了某种时代精神与文社兴衰之间的关系。南社人胡怀琛在1930年代曾作有《中国文社的性质》一文。他把历史上的文社分为三种类型:一为"治世(或盛世)的文社",以消闲为主;二为"乱世(或衰世)的文社",以"议论时事,批评人物"为主;三为"亡国遗民的文社",以发牢骚为主。胡怀琛认为南社兼有第二、第三类文社的性质。② 如果进一步发挥胡怀琛的观点,我们可以说,南社在清末的兴起正是依托了"乱世"所创造的各种条件和机会。这既包括时代的总体性危机对于民族独立和国家救亡的要求,以及这种要求对于知识人身份认同和实践方式的深刻影响;又包括作为"他者"的斗争对象所赋予的政治和文化变革目标的清晰性,以及这种清晰性所带来的态度上的同一性和团体的聚心力。

柳亚子也承认,只有在"武昌革命以前"才是"旧南社精神最饱满的时代","到了光复成功,便渐渐地堕落了"。③ 即是说,南社更多是建立在清廷这个对立物存在的基础之上。所以,南社在清末以民族革命和自由平等为号召,以文学积极介入社会变革,切中了时代的情感结构,自然得到广大知识人的热烈响应和积极参与。具有相对广泛的社会基础,是南社在清末耀眼一时的重要原

---

① 胡适:《胡适文存》卷一("民国丛书第一编"),上海:上海书店出版社,1989年,第278—279页。胡适这番话,可以看作是对1917年柳亚子对胡适的批评的回报。柳亚子曾在《与杨杏佛论文学书》中,提出"文学革命,所革当在理想,不在形式","形式宜旧,理想宜新",又批评胡适"所作白话诗,简直笑话"。见《民国日报》1917年4月27日。
② 胡怀琛:《中国文社的性质》,《越风》半月刊,第22、23、24期合刊,1936年12月,第8页。
③ 柳亚子:《新南社成立布告》,《南社纪略》,第101页。

因。但是,一旦清廷这个对立物消失,就从根本上动摇了旧南社的存在。进入民国以后,一方面排满革命的任务初步完成,另一方面原先对于带有反抗意味的文学/文字表达的内外限制也不存在了,"他者"的突然消失让自我认同一下子失去了参照,不免陷入惶惑。民初南社内部关于是要组织政党还是维持"文美",是要参加政府还是服务报界,以至于国学与欧化、唐音与宋调等问题的讨论与实践,其实都跟参照系的转化有关系。原来在大的目标下纷纷加入南社的社员们,其所携带的政治和文化背景、创作风格上的差异性就格外凸显出来。再加上职业身份、地理空间、联系方式、组织形式等具体因素,要紧密地联合起来,的确不太可能。

  但是说南社社员仅仅是团结在汉民族主义旗帜下,似乎也不完全准确。因为不仅很多南社社员在反袁的"二次革命"中表现坚决,而且最终导致南社彻底失去光彩的,恰恰是一些南社社员参与国会议员的"贿选"事件,这成为"压死骆驼的最后一根稻草"。这一现象确证了"民主"和伦理价值对于南社其实也至关重要。但在民国初年各种力量相互竞争之中,南社人捍卫民国政治的勇气与政治智慧显然并不居于优势,在挫败后也很容易颓唐,"抱着'妇人醇酒'消极的态度,做的作品,也多靡靡之音"。① 也有不少南社人抱着一种遗民心态面对时代。如果说在清末以"亡国遗民"自认其政治指向是明确的,这个姿态所想造成的效果也是积极推动社会变革,那么到了民初"亡国遗民"情结显然就代表着极为混沌的政治情绪。既可以理解为对袁世凯专制和共和被背弃的不满与抗议(认为民国已名存实亡,以民国的遗民自任),也可以理解为是对政治的可能性本身的失望(认为政治是污浊的,想要遁逃入私人世界,以归隐、寒隐来安顿自身),还可以理解为是对君主制和封建伦理的怀念(认为共和本身漏洞甚多,并且加剧了道德崩溃),甚至还有为"遗民"而"遗民"的一种文人表演心态。这种

---

① 柳亚子提出南社的"堕落"有三个原因:"第一个呢,袁世凯做了总统,我们认为中国无事可做,二次革命失败,社中激烈份子,更牺牲了不少,残余的都抱着'妇人醇酒'的消极态度,做的作品,也多靡靡之音,所以就以'淫滥'两字见病于当世了。第二个呢,洪宪称帝,筹安劝进,很有旧南社的份子,可是在炙手可热的时候,大家都不敢开口,等到冰山倒了,却热烈地攻击起来。我以为'打落水狗'不是好汉,所以没有答应他们除名惩戒的要求,然而提倡气节的一句话,却有些说不响嘴了。至于第三个原因,尤其是旧南社的致命伤。因为发展团体起见,招呼的人太多了,不免鱼龙混杂。还有先前很好的人,一变就变坏了。后来差不多无论什么人都有,甚至意见分歧,内讧蜂起,势不得不出于停顿的一途,就是旧南社近年来失败的历史了。"柳亚子:《南社纪略》,第101页。

混杂没有得到细致的分殊,却相互汇合激荡为一种强大的失落和幻灭感,导致多数人都在"发牢骚",却并不清楚"牢骚"本身的具体含义,更谈不上将之转化为建设的正面能量。很多时候,这种牢骚和不满的姿态,与其说是出于对价值的坚持,毋宁说已经是一种故步自封的心态。就像郑逸梅所说的:"有的是一头脑的高蹈远引、与世无争思想,山林啸傲,风月流连,吟诗作赋,没有一些政治气息的。有的则抱残守阙,与古为缘,任你五四运动掀起怎样的新文化高潮,他依然故我,无动于衷,有时对于新生事物或出以冷眼讽语的。"①郑逸梅在南社中并不算激进的,连他都有这样的判断,可见 1910 年代中后期南社人是如何退避和保守的。

这种保守与其说是价值上经过清醒批判后的选择,毋宁说更是一种气质和态度上的不自觉呈现。套用 Clinton Rossiter 对保守主义类型的划分,这时的南社人,大概属于气质上的保守主义(temperamental conservatism)或者维护既得利益的保守主义(possessive conservatism)。② 这种"气质上的保守主义",使得南社人停步于中国现代转型中的第一次"维新"方案,无法更进一步,有效地回应新的时代"问题性"。又由于对新的"共和"政治的复杂性缺乏深入的洞察和操控能力,南社人在晚清的文化与政治之间曾经建立起有效的关联的能力在这个时候越来越薄弱了,他们对文化和政治的理解越来越固定化。而与此同时,陈独秀、李大钊、胡适等《新青年》同人却能够准确地把握时代脉动,以文化运动的方式重建政治有机性,在批判地继承"维新"的遗产的基础上加以扬弃,重新提出了在中国"什么是启蒙"、"什么是启蒙的主体"的问题,由此更新了"启蒙"的历史内容与展开方式。

无怪乎,他们会取代晚清最为显赫而有影响的南社人,占据文化场域的中心位置,完成某种文化领导权的兴替。尽管最初并不支持新文化运动,但柳亚子很快清楚地意识到新文化运动本身代表了在思想、政治和文化上的全新追求。1923 年 4 月,他在家乡创办《新黎里》杂志。他在《发刊词》中说:"潮流澎湃,一日千里,吞氧吐碳,舍故取新,苟非力自振拔,猛勇精进,欲不为时代之落

---

① 郑逸梅:《南社丛谈:历史与人物》,上海:上海人民出版社,1981 年,第 2 页。
② 他将保守主义分为四种类型,除了上述两个,还有务实的保守主义(practical conservatism)、哲学性的保守主义(philosophical conservatism)。见 Clinton Rossiter, *Conservatism in America*, Cambridge, Mass.: Harvard University Press, 1982, pp. 6 - 10。

伍者，乌可得哉。"①他认为目下的中国"去所谓共治、共有、共享之新中国，实不知其几千万里"，必须以开放的心态接受新思潮学理，培育新文化。1923年5月，柳亚子、叶楚伧、胡朴安、余十眉、邵力子五个南社旧人，加上陈望道、曹聚仁、陈德澂三个文化新人，发起成立了新南社。成立新南社，正是这样一种"力自振拔"的表现。柳亚子本人的态度，也证明了这种历史激变的不可避免。这正是"文化革命"本身持续运动和展开的一种表征。

五、结语

从1915年创刊到1921年9卷6期后暂时停刊，《新青年》的主要编作者群还是颇丰富的，彼此思想和立场也有歧义，因此，《新青年》并不可能只有一副面孔，很多时候确实呈现出它的"两歧性"。1923年以后，《新青年》改由瞿秋白主编，成为中共的理论性机关刊物，色彩鲜明，面目一下子就清晰了。《新青年》的变异其实是一个标志，因为新型的政党政治将发挥更大作用。新型的政党政治（乃至作为社会革命的"大革命"）本身是《新青年》和新文化运动的文化政治所召唤出来的，但它们出现后又必然要溢出和取代原来文化政治导向的运动。在"主义"之争席卷一切，客观领域需要最终"决断"的环境下，《新青年》的终结也是理所当然。

1907年鲁迅写成《摩罗诗力说》，文末猛批清末的"维新"浪潮："顾既维新矣，而希望亦与偕始，吾人所待，则有介绍新文化之士人。特十余年来，介绍无已，而究其所携将以来归者，乃又舍治饼饵守圄圉之术而外，无他有也。则中国尔后，且永继其萧条，而第二维新之声，亦将再举，盖可准前事而无疑者矣。"②果然，八年后《新青年》出现，"第二维新之声"再举了。"第二维新之声"在中国的旧邦新造中所扮演的角色，显然远远超过了前面的各种"维新"。直到今天，《新青年》和新文化运动依然在被各种话语所不断检讨、挪用、捍卫或者攻击，这恰恰表明作为"现代中国"奠基性的起源之一，它们深刻地构成了我们今天的政治、文化乃至生活世界不可分割的一部分。《新青年》最大的意义就在于此，毋

---

① 柳亚子：《新黎里发刊词》，《新黎里》第一期，1923年4月1日。
② 鲁迅：《摩罗诗力说》，《鲁迅全集》第一卷，北京：人民文学出版社，1981年，第102页。

庸辞费。相较于那些经过岁月冲刷早已安然成为博物馆或者教科书里的对象的静止文本,《新青年》却是一个需要不断重新辩论和激活它的正当性的历史"事件"。它所提供的反观和对照的视野,已经并将继续有效地参与到当代中国的认同与文化斗争之中。

Voice of Second Reform: *New Youth* and Transition of Cultural Hegemony in the Early Republican China

Zhang Chuntian

Abstract: This paper aims to return into the historical structure with which *New Youth/La Jeunese* was interlaced. In the background of the newborn Republic's political volatility and crisis of constitutionalism, the paper discusses how *La Jeunese* created a new and unique cultural politics practice, which effectively interferes with the reality. This practice echos with the transform of the Republican system after it has been established; more generally, it rethinks and reviews various competitive strategies of nation-building that have been proposed since the Late Qing period, and then advances to search new possibilities. The paper firstly analyzes the differences between *La Jeunese* and the pervious political magazines, noting that it develops a comprehension to new civilization. In the second, it specifically discusses how *La Jeunese* diverts away its focuses from parochial political utilitarianism and institution superstition, in search for a more fundamental "stratum", transferring political problems into discussions for thoughts, culture, and morality, and absorbing issues of language, literature, and society into the political framework, treating these issues politically. Thirdly, the paper discusses how the enlightenment in *La Jeunese* remains a more radical posture in its subject-object relation and its dynamic process, and how to place enlightenment at the foundation of "self-awareness". Eventually, comparing to the disintegration of the South Society and observing the transfiguration of 1920s' cultural field, it makes a clearer comprehension to the creativity of *La Jeunese* and its replacement of cultural leadership. In a new aspect, the paper not only responds to the classical debate of enlightenment and liberation in the May Fourth Movement, but also expects to re-activate the justification of the May Fourth Movement.

Key Words: *New Youth*, enlightenment, republic, self-awareness, cultural politics

文化风险的形上阐释：以转型期中国文化危机为中心的考察[*]

潘 斌[**]

[摘 要] 文化本身及其传承创新过程就是一个认知风险、创制风险与治理风险的过程。就起本质而言，文化危机是信仰危机、价值危机，更是形而上学的危机。文化传承是中华民族的精神气质与实践品格，而当代中国正步入社会转型的关键阶段，文化建设自身亦面临着纷繁复杂的文化冲突。传统与现代、本土与外来、主流与次级等多重形式的文化冲突对转型期中国的文化治理提出了深刻挑战，文化重建既不能是"旧瓶装新酒"，亦不是包治百病的灵丹妙药。文化传承与创新是一个动态的理性化过程，其目的与要义在于重建以人为本的价值关怀。

---

[*] 基金项目：上海市浦江人才计划"风险社会的正义基础：以罗尔斯与贝克为中心"（项目编号：2013PJC032）；上海市教委创新项目"风险社会的正义研究"（项目编号：15ZS012）；中央高校基本科研业务费资助项目"风险社会中的国家治理自主性研究：基于分配正义的视角"（项目编号：41300－20104－222037）。

[**] 潘斌（1978— ），男，湖北武汉人，哲学博士，华东师范大学哲学系副教授，研究领域为马克思哲学原著和黑格尔哲学。

[**关键词**] 文化风险；心理征服；文化治理

文化作为一种机体，其发生、成长、繁荣与衰落不仅是文化内部的自我分裂与冲突的结果，更是在与外来文化、异域文化的斗争与交融中生长而成。文化是民族认同的载体与民族自强的动力，但全球化时代不可避免地遭遇到外来文化的冲击；文化亦是国家软实力的标志与象征，国家地位、综合实力与全球话语权离不开文化的影响力、号召力与认同度。与转型期中国社会经济和政治所取得的前所未有的进步相比，当前中国文化显然未能展示与担负起与之匹配的功能与使命。当代中国社会风险丛生而危机不断，中国文化正进入一个与传统文化断裂、与现代文化狂欢的文化重建期，地方性文化遭遇到全球性文化的挑战，主流性文化面临非主流文化的侵蚀，在一定意义上文化危机已成为风险景象之中潜存最深、影响最远而最易忽视、最难治理的风险。

一、文化危机的观念形态

从定义上而言，"文化是根据行为的形式界定的，文化的内容就是由这些形式构成，其多少是无数的"。[①] 不同的形式决定着不同的文化内涵与价值，生活形式无疑是最为重要的文化形式，因此很多学者都尝试从生活形式的视角来界定文化。例如雷蒙·威廉斯认为澳大利亚人的文化受到海滩、烧烤、同伴之谊和男子汉气概这类典型的生活方式所影响与建构，而英国文化则包括沃里克城堡等在内，但日本人的文化则可能就与和服、樱花相关。[②] 斯图亚特·霍尔则将文化看成"经历过的实践或能够使得一个社会、集团或阶级体验、界定、解释和明了其自身存在条件的实用的意识形态"。[③] 从意识形态的视角来阐释文化的特质与功能也是马克思主义的重要传统，意识形态的规范性内容与价值观导向取决于文化的身份与阶级问题，即主流文化是为谁而作并为谁服务的？哪个阶级掌握了文化领导权？虽然文化是普遍的公共的精神产物，但没有一种文化

[①] Edward Sapir, *The Psychology of Culture*, New York: Guildford, 1994, p.84.
[②] 转引自[英]伊格尔顿：《文化的观念》，方杰译，南京：南京大学出版社，2006年，第38页。
[③] Stuart Hall, *Culture and State*, in Open University, *The State and Popular Culture*, Milton Keynes, 1982, p.7.

能回避主体性归属与价值性取向问题,因此文化危机的发生源于意识形态的危机。葛兰西在《历史与阶级意识》中大声疾呼,发达工业社会中由于阶级意识的淡漠与消减,工人阶级将政治解放让位于经济解放,工人阶级的身份危机与阶级危机实际上是来源于工业大生产与流水线式生产方式的浸礼与形塑,因此唤醒已经沉睡的阶级意识与夺取文化领导权是阶级解放的核心。

由于文化本身的多元性与复杂性,因此不仅不同学者对文化的看法与观点意见纷纭,即便是同一学者对文化的定义也前后有别。即便如雷蒙·威廉斯这位战后英国最著名的文化理论家关于文化的定义也纷繁多样,他"在不同的时候将文化界定为一种完美的标准、一种思维习惯、艺术、一般智力的发展、一种整体生活方式、一个表意系统、一种情感结构、生活方式中各要素的相互关系以及从经济生产道家庭到政治机构的所有一切"。[①] 因此试图对文化做出一个统一的定义或规定本身就有风险,正如威廉斯所说的,"宣称文化的观念如今正处于危机之中是很危险的,因为它何时不在危机之中呢。"[②]作为生存实践不可或缺的内在部分,文化是人类有史以来最基本的生存境域与精神成果,没有文化的熏陶与培育,很难想象人类文明能发展到现时代的高度。随着全球化时代的来临,中华文化在获得更多新的活力之际也陷入困境之中,困局在于我们不是缺乏文化精神,而是同时拥有太多的文化精神,本土文化与外来文化、东方文化与西方文化、传统文化与现代文化、古典保守主义文化与解构主义的后现代文化都在同一时间相互交锋,发生着激烈的碰撞与冲突,又在同一时间挤压、撕扯与解构着既有的文化模式与价值观念。多元文化的风云际会既反映了当代中国文化的开放包容、兼收并蓄的方针,但文化硬核的匮乏与核心价值的失位也正说明我国正处于文化危机的转折路口。

文化危机是信仰危机。信仰是人作为有限的生存个体在无限世界中所寻求与依赖的精神支柱。古往今来,中华民族的无数仁人志士为了平等、自由、独立、解放与幸福等诸类信仰而不惜抛头颅洒热血,而现时代我们正面临信仰缺失、道德匮乏、精神荒芜的危险境地,作为长久以来支撑着中华民族安身立命的自然主义与经验主义传统被质疑与动摇,外来文化的思潮与观念又不断冲击与

---

① [英]伊格尔顿:《文化的观念》,方杰译,第41页。
② 同上书,第43页。

解构着汉语母体的文化模式与核心观念,如何凝聚与确立起既有中国特色而又具国际视野的文化硬核与观念,已成为走出文化困境的当务之急。

文化危机是形而上学危机。如果说置身于工业生产时代里的艺术创造、文学创作、哲学思辨与历史书写等活动已演变为文化生产的话,那么生产的规模、速度、工艺与销售对象以及售后服务实际决定了现时代的某些文化生产只不过是又一块工业生产的领地而已。文化生产服从于工具理性的支配,受制于资本逻辑的左右,俨然已成为快速的工业制成品,几乎所有产品都是在同一条流水线上的复制物,其应有的想象力、创造性荡然无存。反观当下中国的文化境遇,作为文化之典型特征的思想性、人道性、思辨性与深刻性正面临着被图像化、肤浅化、平庸化与娱乐化所渗透甚至取代的风险,诸多文化都日益功利化、庸俗化。我们说当代中国面临着文学危机、史学危机、哲学危机甚或是科学危机,但所有危机表象的背后是深层的文化危机,是文化丧失了思想的深度与人道的关怀而蜕变为计算、游戏、娱乐与虚无。

文化危机是价值危机。虽然在一定意义上文化常被称为公共精神产品,但文化的主体性、规范性与指向性决定了不是所有文化都价值无涉,文化必定要承担相应的社会功能与体现出价值导向作用。无论是先秦儒家所倡导的内圣外王、经世致用的儒学文化,还是五四以来的通过科学与民主("德先生"与"赛先生")实现救亡图存的新文化运动,都证明文化除了承担知识传承、科学发展与教育进步的功能之外,还担负着思想启蒙、现实批判与价值规范的功能。当前文化危机的根源在于文化现代性尚未真正发育成熟,文化领域陷入"生活世界殖民化"的困境,典型特征是文化丧失了批判性,遗失了本身应有的反思与批评功能而陷入对物化的崇拜与功利追逐之中。虽然自改革开放以来我们的文化取得了前所未有的发展,从文化规模、产业形态、经济效益、多元样态等方面都非往昔可比,但中国文化的危机并未有效化解。如何在国内形成有凝聚力、共识性与执行力的核心价值观,在国外构建起既有中国特色又具国际影响力的中华文化,已成为当前文化建设的要务所在。

二、冲突与融合:文化危机的风险叙事

中华文明的精髓与灵魂既非地大物博、资源丰富的地理性存在,也非历史

悠久、人口众多的典型性表征,而是在于中华文明历史悠久、源远流长而又兼收并蓄、日新月异的文化精神。中华文明立足于世并持存久远的关键就在于我们的文化精神历艰不堕、历险不衰,无论是在国力鼎盛之时,还是在国运不济之际,我们文化中的智慧与精髓始终存在,我们文化中的骨气与信心没有丢失,这不仅是中华民族能独立自强于世界民族之林的前提,也是中华文化在大浪淘沙的文化冲突中历险弥坚、至刚至强的关键。

从世界文明发展的进程来看,各主要文明体都经历了从封闭、碰撞到冲突的道路,但彼此之间的交流、对话、沟通与融合也是重要内容。虽然各主要文明体在其早期阶段由于地理环境的限制而在相对封闭的状态中独立发展,但随着对外交往联系的增强,特别是征服战争与观念传播的影响,古希腊罗马文明、中华文明、古印度文明、两河文明都在一定地域空间中经历了文化对话与相互学习的过程。而随着地理大发现的开展,全球化与现代化相互交织而推动了世界范围内的文化冲突与交流,也正是在文化的冲突与文明的碰撞过程之中,一些文明未能守护住自己的精髓与核心而被同化、殖民化甚或消亡,而另一些有生命力的文明则善于通过学习、借鉴、批判与吸收而实现文化的自我拓展与文明的自我革新,还有一些强势文化在碰撞与冲突过程中演变为文化霸权主义、文化沙文主义。文化对话的前提是平等沟通与民主协商,但结果可能是不平等的单向输出。强势文化对弱势文化、主流文化对非主流文化、西方文化对东方文化长期持有一种霸权立场与单边态度,非对称地位的文化对话自然将产生不平等的文化交往,文化殖民主义、文化沙文主义、文化霸权主义是文化不平衡与文化冲突的典型现象,这为进一步的"文明冲突"埋下隐患。

文化中国的历史前提是历史悠久、博大精深的文化土壤。从先秦诸子百家争鸣到魏晋风度,从秦皇汉武到宋明理学,从晚清经学到民国学术,中国传统文化虽经百折而不挠,历千险而弥坚,始终保持着海纳百川、亲仁善邻、自强不息、革故鼎新的文化血脉与精神气象。文化中国的精神凝聚与形象生成是动态的复杂性演进,既遭受到政权更迭、党派纷争、阶级对抗的洗礼,也面临着异族入侵、民族分裂与全球动荡的冲击,还要应对社会转型所带来的理性化与现代性的影响,正是在数条源流的蜿蜒曲折之下才汇集成中国文化的历史长河。但是,文化长河的汇集与文化血脉的炼成本身是危机与希望、风险与重生的辩证法,每一次文化兴盛之后又面临着训斥、野蛮与荒芜,每一次文化灾难过后又自强不息而愈挫愈勇。例如，先秦诸子百家争鸣历尽百年而造成古代中国的学术高峰，儒学在秦始皇统一中国之后遭遇"焚书坑儒"的悲惨命运之后，又在汉武帝时得到"罢黜百家、独尊儒术"的殊荣。文化兴衰不单只是文学、艺术、科学与思想的新旧更迭，也是历史的沉浮起伏，还是社会的转型升级，更是时代的风险重构。纵观中国文化的生成脉络，其中既有儒道释三足鼎立，思想激荡而互相促进的文化盛世，也有焚书坑儒、禁书禁言的文化劫难，每一种文化都在历史的洗练中历尽艰险而往来去留，最终能积淀与凝结成文化精髓的必定是既符合真理性追求，又达到共同性价值，还具有审美性意蕴的时代精神。在这个意义上我们完全可以断言，文化的意义是在历史中生成与开显，而文化的危机也是在历史的演进中酝酿与构造。

反观与检视近代以来中国文化的发展脉络，文化危机不仅始终与自然厄运、民族劫难与社会动荡息息相关，而且文化内部也发生着自我批判、自我抗拒与自我反驳的自反性运动。文化自反性是贝克意义上的自反性现代性的重要部分，现代性的自反与风险社会的生成必定要以文化危机、文化困境的风险景象呈现与展开。自近代以来中国文化历尽磨难，特别是"新文化运动"与"文化大革命"之后以儒家文化为基底的传统文化陷入一再被质疑与解构的命运中。随之而来的是西方发达国家的强势文化如过江之鲫迅速地占领了中国的文化阵地，大至文化理念、学术范式、社会思潮，小至媒体制作、语言表达、日常生活。"去传统化"与"唯西方化"这一对文化的孪生乱象以"祛魅"与"返魅"的双向互动制造了当代中国的文化困境，传统思想与本土文化由此也面临贫瘠化、无机化、单质化、板结化和荒漠化的风险，而我们自己的文化尚未完全确立起引领地位的核心价值。

文化危机的概念内涵较为宽泛，既指文化传承与接续的停滞或中断，也指文化结构的扭曲与断裂，还指文化形态的湮灭或消亡，因此判定一种文化是否存在危机，不能仅仅以这种文化是否存在为唯一标准，而应考察该文化在其所在地域是否还是精神生活的主要源泉？还能否担负起价值导向的引领作用？具体而言，包括如下四个方面：(1)文化传承与接续的主体还是否存在？即是否还有一定数量的文化继承者与传播者。传承主体的存在是判定文化持存与延续的关键标志，例如古玛雅文化、古楼兰文化虽然盛极一时，但时至今日已无传人，则这类古文化已遭遇到实实在在的存在危机。(2)文化生存的社会结构是否稳定?作为一种社会意识与精神生活的文化建基于一定的社会结构之上,不同结构担负着不同功能,而文化则是结构—功能系统中不可或缺的对应性存在。安土重迁的地缘结构、君主臣仆的政治结构与自给自足的小农经济决定了旧式儒家伦理的主导性地位。而当代中国的社会结构业已巨变,传统的式微与结构的转型导致文化模式已然发生巨变。(3)社会主义核心价值观如何发挥文化引领作用?文化的意义与作用在于它能在多大程度上影响人们在生活与思想上做出的重大选择,在于它能从何种程度上塑造人们的生活方式与价值取向。三纲五常、三从四德的传统伦理已无法适应当下中国社会,西方价值观的视角与标准在中国显然面临着"水土不服"的困境,既符合中国历史与现实而又具有国际影响力的价值观正处于培育与弘扬的关键过程之中。在一定意义上甚至可以说,能否成功建立一个有深度凝聚力、持久影响力与方向引领力的核心价值体系已成为考量中国社会转型是否成功的主要判据。(4)本土语言是否还存在着核心的话语载体?与经济的载体是物质形态不同,文化的载体主要是通过本土语言而表现于日常生活、思想传承与艺术创作之中,显现为新旧血脉的贯通接续。如果连思想与艺术都不再表现为本土语言的作品,那么该文化实际上已经逐渐为新文化所替代或湮灭于异域文化。中国文化的基础语言与载体是汉语言,但全球化时代以英语为代表的异域语言的迅猛扩张之势打破了语言生态的平衡,汉语言无论是在教育考试、文学创作,还是在媒体社交、新闻娱乐等方面都面临着"时空压缩"的危机。汉语言危机的突显意味着我们文化血脉传承的基础遭到侵蚀与动摇,而如何在传统化与现代化、地方性与全球性之间保持合理张力则是汉语言文化所面临的时代机遇与重大挑战。

就此而言,我们虽然不能全盘断定当代中国的文化已进入深刻危机之中,也不能由此放大汉语言文化的生存危机、核心价值观的迷失危机与个体生存的精神危机,但显然文化危机已成为当代中国的社会症结与精神困境,文化风险也是对当代中国社会转型的艰难考验。文化中国这一概念本身标示了中国历史的文化底蕴与发展向度,突显出文化理念、伦理道德与价值体系在个体发展、社会运转与国家治理过程中所发挥的积极的建构功能。但当下中国的转型危机其实也是文化危机,与核心价值的失位、理想信念的迷惘与精神家园的荒芜有着密切关系,因此文化立国与文化重建可能是破解发展困局、超越现代化悖论的可能路径。

三、传承与创新：文化治理的可能路径

时代向度与历史维度是文化的二维特征，文化的意义与价值在于其能表达时代的问题与要求，彰显时代精神的内涵与特质。但文化的时代价值来源于其内蕴深厚的惯俗、规范与传统，历史是文化血脉与精髓所在。因此，我们所面临的文化危机实质是历史危机，是文化的历史延续性被中断而消解了其持久的生命力，是文化的时代开放性被封闭而陷入了故步自封的牢笼之中，是文化的本土性被僭越而陷入异域文化的殖民统治之中。文化的规整与重建必须围绕着如何解决传统与现代、本土与异域之间的紧张冲突而进行，是"洋为中用、古为今用"还是"中学为体、西学为用"？是因循守旧、故步自封还是革故鼎新、超越创新？事实上当代中国文化的重建之路既不能因循旧路而自我封闭，置世界文化的前沿成就与经典精华于不顾，亦不能割舍传统、否定历史而导致文化建设滑向相对主义、虚无主义。任何文化建设都只能是从历史中走来而又时刻返回到历史中去，在面向历史、经验历史的过程中生成文化的意义与内涵。就此而言，传承与创新是应对文化危机、实现文化治理的可能路径。

文化传承是指文化的传播与继承，从横向角度而言，是指吸收多元文化形态的优秀成果，以此拓展中华文化的多样性；从纵向角度而言，是指继承传统文化的精华，以此保持中华文化的延续性。文化传承的目标是"扬弃旧义，创立新知"，即是说批判地继承传统文化中关于世界、人生与社会的价值与意义的阐释，并在此基础上做出合乎时代要求与社会发展的应用。与此同时，文化传承的视域也应不限于于仅对本民族文化的"吐故纳新"，而应放眼于全世界民族优秀的文化成果。"他山之石，可以攻玉"，以世界性的眼光与包容性视野了解与学习优秀的外来文化方可成就中华文化的海纳百川、博大精深。

文化传承的核心是价值观的继承与传播，而"中华文化在几千年的发展中，以儒家倡导的仁孝诚信、礼义廉耻、忠恕协和为中心，形成了一套相当完整的价值体系，这一套中华文化的价值体系，支配和影响了中国政治、法律、经济的制度建设和政策施行，支撑了中国社会的伦理关系，主导了人们的行为和价值理念，促进了中华民族凝聚力的形成，也支配和影响了中国历代处理与外部世界

关系的理念。这一套体系是中华民族刚健不息、厚德载物精神的文化基础和根源,亦是中华民族民族精神的价值内涵。"①而当下中国文化危机的典型症状就是历史虚无主义,即在"告别历史"、"撤离传统"的旗号下对中华传统文化进行否定甚至丑化,转而以西方的文化范式与价值理念来顶替。贺麟先生曾说过:"在思想与文化的范围内,现代不可与古代脱节。任何一个现代的新思想,如果与过去完全没有任何关系,便有如无源之水、无本之木,绝不能源远流长、根深蒂固。文化或历史虽然不免外族的入侵和内部的分崩瓦解,但也总必有其连续性。"②因此,从传统向现代的社会转型并非意味着传统与现代的断裂,虽然全球化时代传统文化不可避免地遭遇到时代难题的挑战,但文化自我蕴涵的历史性、延展性与连续性使其能通过悠久绵长的历史与传统而应对文化的自我困境。反思诸己、内省慎独一向是中华文化的特质所在,只有在经历深刻的内省、缜密的反思与勇敢的自我批评之后才可能实现文化的合理重建。

何谓中国的传统文化?是琴棋书画、宫殿园林、里弄城池、文物古董、饮食服饰乃至民风市声,还是"四书五经"、孔孟之学、程朱理学、佛道之学、清代朴学,毫无疑问传统文化既涵括又远超上述范围。作为文化传承的对象应是被历史所拣选、为时代所呼唤、为实践所确证的伦理规范、道德教化、核心价值与文化观念,应该是在历史的深度经验与理论的高度抽象的相互统一之中被凝练与抽象而成的精神内核,它既具有传统文化禀赋与特质而又切合现实生活世界的要求,既蕴含着历史的厚重感与深沉性又具备当下的时代感与现实性,只有具有这样特征与属性的文化才能被继承与传播,才能生长与壮大。纵观中国文化传承的历史演进,展现出两个最为典型的特征:(1)多元文化的内在融合。虽然儒家文化长期居于中华文化血脉传承的核心要素与引领地位,但数千年的文化流变始终没有阻挡与拒斥其他文化的引进或传播,相反,道家文化、佛教文化、伊斯兰文化、基督教文化及其他异域文化都在中华文化的传承血脉中获得合法性空间与正当性地位。当代文化转型所担负的文化继承也应该开放包容、兼收并蓄,不仅要着力传承儒家文化、国学传统,还要以开放包容的态度学习与借鉴其他文化,包括外来文化中有利于中国社会发展与人民幸福的精神成果。

---

① 陈来:《文化传承创新的战略意义》,《中国高等教育》2011年第20期,第10页。
② 贺麟:《文化与人生》,北京:商务印书馆,1996年,第4页。

(2)历史情境性。纵观历史与放眼世界,文化形态繁若星辰而不可胜数,但大浪淘沙之后脱颖而出被纳入文化血脉而加以传承的却屈指可数,除了文化自身的先进性之外,还是历史境遇选择与考量的结果。也即是说,文化传承是历史演进的重要内容,文化形态的继承样式与传播内容是历史发展的自身衡量与自我选择,既是历史进步的精神成果,也是历史前进的主要动力。中国历史的兴衰更迭与其所传承文化形态的质量密切相关,既符合历史情境、反映时代需求,又是先进合理的文化传承能成为社会发展的助推器,而滞后于历史境遇、偏离了时代呼唤,且自我落后的文化传承将成为社会发展的桎梏与枷锁。近代中国的衰落既是西方列强入侵、封建王朝专制与小农经济破产的结果,但亦与中华文化日益走向视野狭窄、观念陈旧、"玉卮无当"(《韩非子·外储说右上》)、"质非文是"(《法言·吾子》)有着重要关联。当代中国社会转型的成功与否在很大程度上依赖于文化建设能否实现科学性与人文性、本土化与全球化、历史性与时代性的有机统一,依赖于文化传承能否既反映改革开放的时代呼唤、又如实回归中国具体现实,还能突显中国文化血脉,而这恰恰是文化中国所面临的转型难题与风险所在。

本土性与全球化的紧张是当代中国文化传承遭遇的时代症结,影响着文化转型的方向与目标。在全球化尚未深度进入与全面铺开之前,中国文化的主要课题是协调好传统与现代之间的张力与冲突,而随着全球化时代的来临,地方性知识与普遍性知识之间的矛盾深刻地反映为文化冲突。一方面,以儒家文化为核心而涵括其他百家思想的本土文化构筑为中华文化的基石与前提,文化传承的对象正是以儒家文化为核心的传统思想与文化;另一方面,现代性与全球化作为不可逆转的潮流迫使我们必须开放文化视野而学习与借鉴其他文化的优秀成果,东方文化与西方文化、民族文化与异域文化、本土文化与外来文化之间固然形态多样、观点迥异、结构紧张,但文化冲突在制造风险之际亦反向确证了文化对话的必要性,而全球化又搭建了不同文化之间对话的桥梁与平台。改革开放打开了优秀的外来文化进入中国的时代之门,近年来我们在介绍、引进外来文化方面成就斐然,但在真正消化、辩证批判与合理吸收外来文化方面却存在较多问题与困境。尤为重要的是,中国文化如何走出国门并成长为具有世界影响力的主流文化与价值观,这已成为"中国崛起"能否实现的主要标志。汉唐宋明时期的"丝绸之路"、"瓷器之路"、"茶叶之路"印证了中华文化曾广泛传播到世界各地。自鸦片战争打破了天朝闭关锁国的幻想之后,中国正式迈开了向西方文化学习的步伐。梁启超1896年在《变法通议》中阐述了文化交流的重要性:"道莫善于群,莫不善于独。独故塞,塞故愚,愚故弱;群故通,通故智,智故强。"①从洋务运动、戊戌变法,再到辛亥革命、五四新文化运动,近代中国的历史实质就是东西方文化冲突与交融的过程。但显然映照在西方文化殖民主义与霸权主义之下的是中华文化的日益碎片化、离心化,而马克思主义文化与中国传统文化的相遇与契合有力地重振了中华文化的生命与活力。近年来海外孔子学院的兴起、汉语热的方兴未艾都印证了当代中国文化正致力于成为世界文化潮流的引领者,但东西文化的结构紧张与自然沟壑,加之部分西方意识形态的介入与干扰,造成中国文化全球化之路困难重重、风险连绵。

文化传承的困难在于它不是一蹴而就的速成工程,而是一个漫长的心理征服过程。与武力征服、经济支配、政治高压完全不同,心理征服是以情感认同为基础,通过意志同化而实现价值观的认可,就其过程而言,是一个由表及里、从外到内的渐进式同化。心理征服是价值认同的前提基础与有效保障,而价值认同是心理征服的内在旨趣与根本目标。文化传承的心理征服有着温和与激进的两种路径,温和的心理征服是通过情感认同、人格培育或伦理教化的方式养成,而激进的心理征服则是以武力占领、文化侵略或压迫的手段实施。纵观人类社会历史变迁,心理征服的结局并不与军事实力的成败保持完全一致,虽然相对落后的民族能在历史的偶然性中博得对先进民族的军事胜利,但在文化传承的心理征服上基本都以败局收场。因此,当代中国文化传承的前提是传统文化能在全球化与时代化的冲击之中保持住自身的特色与优势,能在与外来文化的比较中彰显出自身的先进性,只有这样才可能获得对公众的心理征服与文化认同。

文化传承的对象是既有的历史传统与现存的文化形态,但文化实践是在不断回顾与反思过往历史、检省与超越当下时代的过程中而实现自身发展,仅仅驻留于对历史的缅怀、对传统的眷恋是难以实现文化的开拓与创新的。虽然"不破不立"已成新文化超越旧文化的流俗思维与惯常范式,但并非一定要解构与消亡旧文化之后新文化才会"破茧而出"。文化传承主要是为了保存文化形

---

① 吴佳勋、李新华编:《梁启超选集》,上海:上海人民出版社,1984年,第17页。

态、凝聚文化魅力与传播文化血脉,但文化演进内在地蕴含着自我发展的机理与动力,创新才是文化历险弥艰、历久日新的缘由。

直面当下中国社会,文化创新既是任重道远而意义重大的时代使命,但又是被过度诠释与不断误解的争议话题。就前者而言,文化创新不仅是民族文化的高度自觉与自我发展,更是关系到中华民族的历史延续与血脉持存。国土的辽阔、器物的丰裕与军力的强盛亦无法替代文化自决、文化自强与文化自信的重要作用,如果我们的文化形态与价值观念不能取得与经济发展相匹配的成就,那么我们还是难以说我们真正实现了现代化。就后者而言,文化创新始终是一个饱受争议与批评的话题,这包括是否存在真正的文化创新?如何衡量文化创新的程度与水平?不在同一历史境遇与时代背景之中的经典文化与当代文化如何比较?不仅如此,文化创新的根本困难在于文化的自我创新本质上受到历史、社会与时代各因素的影响与制约。传统如何超越?这不只是一个简单的保留住文化的原生形态的问题,而是在置身于新的"世界历史"里文化如何超越自我与发展创新的问题。

文化危机的症结在于文化发展遭遇结构性困局而陷于文化停滞、僵化甚至衰退的境地,突破这一困境的根本途径在于文化创新。文化发展的实质就是文化创新,但创新实非易事。当代中国文化不仅面临着传统文化遗失、衰落的风险,更面临创新乏力、结构桎梏的难题,与此同时还面临着虚无主义的侵袭。"苟日新,日日新,又日新。"文化危机源自于文化自身的发展水平滞后于现实的要求,不能对社会变革做出及时的回应与解答,难以有效担负起社会发展的精神动力与智力支持的功能,而这亟待文化自身的发展创新。

当代中国文化的发展创新虽然有着多重路径,但转型期的文化创新实质上也是文化重建。从历史的视角而言,延续数千年的传统文化、在中国本土生根发芽的马克思主义文化、西方社会的外来文化以及其他种种后现代文化相互碰撞,最后凝聚成有中国特色的社会主义文化形态。这一文化形态有着自己的典型特征与内在张力,既能传承与延续传统文化的精华,又极具包容性而扩展了自身视野,同时也符合中国社会现实与国情,因而本质上来说现存的中国文化形态是延续了传统文化的血脉与符合了时代需求,有着较强的生命力与时代感的文化,既没有出现大规模的文化衰落现象,更不会出现文化崩溃的问题。但是,这并不意味着中国文化是完全稳定与绝对安全的,不存在任何风险与危机。

相反,恰恰是由于正处于社会转型的关键时期,当代中国文化在应对社会巨大变化、时代深刻变革方面显现出较为明显的滞后性、离心化与虚无化,文化的社会功能未能得到全面有效的实现。这反过来延缓了社会改革创新的进程,因此必须重建合理形态的当代文化,以此推动中国社会的转型与变革。

但是,文化重建的内涵必须首先澄清:(1)文化重建不是否定传统文化与拒绝外来文化。虽然以儒学为主体的传统文化在应对时代变革方面存在一定程度的滞后性或保守性,但彻底否定与完全拒绝传统文化则更不利于发挥文化的社会整合功能。同样,虽然外来西方文化中存在着各种形态的西方中心主义、文化殖民主义与虚无主义的因素,但通过批判性吸收其先进因素与文化精华,仍能在特定的意义上有助于中西文化交流,拓展中华文化的视野与形态。(2)文化重建既非"旧瓶装新酒",亦非"新瓶装旧酒"。就前者而言,当代中国文化必须走出传统体制与结构的束缚与制约才能实现文化的传承创新,因此以"旧瓶"形态出现的保守体制、滞后结构难以容纳新的价值观念与文化形态。就后者而言,社会转型背景下进步的新体制与结构必然取代落后的旧体制与制度,陈旧、僵化与保守的旧观念与文化难以纳入其中,必须要有变革与创新的观念与文化与之相适应。在此意义上,无论是"旧瓶装新酒"还是"新瓶装旧酒",都没能在内容与形式上实现统一,都不是文化重建的有效路径。(3)文化重建不是灵丹妙药。文化风险与危机是文化发展过程之中的必然困境与正常现象,文化重建的时代背景是社会大转折与变革对文化的滞后性、僵化性与保守性提出了挑战与要求,但文化重建本身也是制造风险的实践,重建之后的新文化既不能完全避免各种可能的缺陷与困境,也不能杜绝新的风险与危机。文化重建不是灵丹妙药,从来没有任何一种文化能从根本上解决历史发展与社会转型中所遭遇到的问题,但如果任由文化自我颓废、堕落与虚无化,终将导致民族历史的"退场"与社会结构的"断裂"。

如何实现文化重建?文化重建的前提是重新反省与检视当下的文化形态,返回到当代中国所面临的文化危机的现实境遇之中。虽然我们所建构的文化体系具有内涵宽泛、凝聚共识、引领价值的特点,但一经回到现实世界之后,我们的文化仍然会面临着一定程度上的信仰缺失、精神荒芜、道德蜕化、意义虚无的风险,我们仍尚未真正锻造出既能凝聚又能引领社会各方力量的核心价值,文化的离心化、虚无化还是困扰文化复兴的重要因素。与此同时,各种不合理的体制性的因素也成为约束文化发展的桎梏。例如,在当代中国经济繁荣的景象之下,为何传世经典、学术大师寥若晨星,各种文化乱象、学术泡沫现象不断滋生蔓延,曾经引以为豪的传统美德不断遗失,这些问题与现象都在拷问着我们,为何经济实力的快速提升却换不来文化发展的繁荣壮大?为何现代化的中国还没有真正实现文化的现代化?

  转型期中国社会面临着深刻的文化危机,文化危机表层反映的是社会结构的紧张、社会力量的冲突与社会治理的失衡,深层则是人格危机的映照。我们必须反思的是,在物质丰裕、经济繁荣与科技进步的当下社会,人之生存的本质与目的究竟是什么?这既是文化必须担负的时代使命,也是哲学社会科学研究的旨趣所在。

The Metaphysical Interpretation of Cultural Risks
—A Study Centered on the Chinese Cultural Crisis in the Period of Social Transformation

Pan Bin

Abstract: Culture itself and its heritage innovation process is a cognitive risk, create risk and risk management process. In essence, the cultural crisis is a crisis of faith, a crisis of value, and a metaphysical crisis. Cultural heritage is the spirit of the Chinese nation and the practice of character, and contemporary China is entering the critical stage of social transformation, cultural construction itself is also facing a complex cultural conflict. Chinese culture is faced with traditional and modern, local and foreign, mainstream and secondary and other forms of cultural conflict. Cultural reconstruction can not be "old bottles of new wine", nor is it a panacea of cure. Cultural inheritance and innovation is a dynamic process of rationalization, its purpose and the essence lies in the reconstruction of the value of people-oriented care.

Key Words: cultural risk, psychological conquest, cultural governance

以拟真势逻辑的方式溶解认知冲突[*]

郝旭东[**]

[摘　要] 若将平行公理代以与之相冲突的命题,会得到非欧几何。而若在逻辑系统中限制一般意义的矛盾律、排中律,类似地就会得到一种非亚里士多德式的逻辑:拟真势逻辑。以拟真势逻辑系统 A 为基础,对之进行语法和语义的逻辑扩张,即可得到拟真势多主体认知逻辑。这种特殊的认知逻辑可以容忍认知的真矛盾冲突,若以之为基础逻辑,知识或信念的暂时不协调将不会导致逻辑上的无意义(不足道)。它还可以容忍认知的真反对冲突,为同时拒绝一个信念(或知识、观念、思想等)及其否定提供了可靠的逻辑依据。由于这种逻辑可以作为那些包含认知冲突的认知理论的底层逻辑,因而也可以看作维特根斯坦烦恼在认知领域的一种解决方式。此外,其作为处理逻辑悖论的"容悖"思路,尽管在本质上没有解决掉悖论,但却可以在那些认知悖论彻底解决之前,为理性认知提供一个可靠的逻辑基础。

---

[*] 基金项目:国家社科基金一般项目"拟真势多主体认知和逻辑研究"(项目编号:15BZX085)。
[**] 郝旭东(1974—　),男,山东莘县人,哲学博士,华东师范大学哲学系副教授,研究领域为哲学逻辑与逻辑哲学。

[**关键词**]　拟真势逻辑；矛盾律；排中律；真矛盾；真反对

我们首先来明确和界定一些概念。如果将欧几里得几何的"平行公理"取消,用与之相冲突的命题取而代之,就可以得到非欧几何:罗巴切夫几何、黎曼几何;它们更适用于航空航海、宇宙和原子等领域的精确计算。相类似地,在一个逻辑系统中,若同一律、矛盾律、排中律都成立,则称之为亚氏(Aristotelian)逻辑;否则,若三律当中至少有一个在其中不成立,就称之为非亚氏(Non-Aristotelian)逻辑。其中,在一个逻辑系统中,若一般意义的矛盾律失效,则称之为弗协调(paraconsistent)逻辑;若一般意义的排中律失效,则称之为弗完全(paracomplete)逻辑;而若两个规律都失效,则称之为拟真势(non-alethic)逻辑。因此,拟真势的逻辑,其实就是既弗协调又弗完全的逻辑。

概念"弗协调且弗完全"最早是由弗协调逻辑学者罗帕瑞科(Loprić)和达·科斯塔(da Costa)在1984的文章《弗协调性、弗完全性和赋值》[①]中提出的,而最早的拟真势逻辑系统则是由巴西逻辑学家达·科斯塔在1989年的《既弗协调又弗完全的逻辑》[②]中给出的 N_1。拟真势逻辑诞生以来,学者们探讨过其缩小的系统 A[③],并探讨了其在解决司法、伦理冲突方面的作用。拟真势逻辑学者对这种逻辑在内涵逻辑[④]、认知和人工智能领域[⑤],以及梅农本体论[⑥]中的实际应用价值给予了前瞻性的肯定。本文尝试性地给出了基本的拟真势认知多主体逻辑的语法和语义,并以其特征内定理为切入点,详尽解析了其对各种认知冲突的容忍效能,以及将之作为一种解悖方案的合理性与必要性。

---

① A Loprić. and N. C. A. Da Costa, "Paraconsistency, Paracompleteness, and Valuation", in *Logique et Analyse*, 106,1984, pp. 119 – 131.

② N. C. A. da Costa, "Logics That Are Both Paraconsistent and Paracomplete", in *Rendiconti dell' Accademia Nazionale dei Lincei*, 83,1989, pp. 29 – 32.

③ N. Grana, "On a Minimal Non-alethic Logic", in *Bulletin of the Section of Logic*, 19(1),1990, pp. 25 – 29.

④ J-Y. Béziau, "The Future of Paraconsistent Logic", in *Logical Studies*, 2,1999, pp. 1 – 17.

⑤ J.M. Abe, Nakamatsu, K., and S. Akama, "Non-alethic Reasoning in Distributed Systems", in *Lecture Notes in Computer Science*, 3682,2005, pp. 724 – 731.

⑥ N. Grana, "Non-Alethic Meinongian Logic", in *Principia*, 14(1),2010, pp. 99 – 110.

一、拟真势多主体认知逻辑 $N_A E_m K$ 的语法和语义

下文给出的拟真势多主体认知逻辑 $N_A E_m K$,是在拟真势逻辑 A 的基础上,通过对其进行形式语言、公理、推理规则以及语义的模态扩充而得到的。$N_A E_m K$ 的形式语言记作 L_0^{NE},其初始符号如下:

[1] 命题符:$p, q, r, p_0, q_0, r_0, \cdots, p_k, q_k, r_k, k \in N$。

[2] 联结词:¬,∧,∨,→。

[3] 认知算子:$K_i (i = 1, \cdots, m, m \in N)$。

[4] 标点符号:),(。

这样,$K_i p$ 表示"认知主体 i 知道 p 为真,$i = 1, \cdots, m, m \in N$"。

此外,令大写字母 A、B、C、D 表示任意的公式;并引入一些弗协调、弗完全和拟真势逻辑的常用缩写:

[1] A↔B 意为(A→B)∧(B→A)。

[2] A° 意为¬(A∧¬A)。

[3] A^* 意为 A∨¬A。

[4] ∼A 意为(A→¬A∧A°)。

$N_A E_m K$ 的公式形成规则如常(即,在经典逻辑公式形成规则的基础上,增加对算子 $K_i (i = 1, \cdots, m, m \in N)$ 的描述即可,略);并将其公式集记为 Form(L_0^{NE})。

$N_A E_m K$ 的公理模式如下:①

(1) A→(B→A)   (2) (A→B)→(A→(B→C)→(A→C))
(3) A→(B→A∧B)   (4) A∧B→A
(5) A∧B→B   (6) (A→C)→((B→C)→(A∨B→C))
(7) A→A∨B   (8) B→A∨B
(9) ((A→B)→A)→A   (10) A°→(A→¬¬A)∧(A→(¬A→B))

---

① 我们将该认知逻辑系统命名为"$N_A E_m K$";"N"意为该系统的基础是达·科斯塔的拟真势系统 N_1。"N_A"意为该系统所采用的不涉及模态算子的公理都来自于格拉纳的拟真势系统 A;即本文将舍去 N_1 的公理 $A^\circ \vee A^*$,从而避免系统过强。"K"意为本系统含有模态算子的分配公理,是一个极为基本的认知逻辑系统。此处仅给出了该系统的语法和语义,该系统的可靠性和完全性的证明将另外行文给出。

(11) $A^* \to (\neg\neg A \to A)$

(12) $A^* \wedge B^\circ \to ((A \to B) \to ((A \to \neg B) \to \neg A))$

(13) $A^\circ \wedge B^\circ \to (A \wedge B)^\circ \wedge (A \vee B)^\circ \wedge (A \to B)^\circ$

(14) $A^* \wedge B^* \to (A \wedge B)^* \wedge (A \vee B)^* \wedge (A \to B)^*$

(15) $A^\circ \to (\neg A)^\circ \wedge (K_i A)^\circ (i = 1, \cdots, m, m \in N)$

(16) $A^* \to (\neg A)^* \wedge (K_i A)^* (i = 1, \cdots, m, m \in N)$

(17) $K_i(A \to B) \to (K_i A \to K_i B)(i = 1, \cdots, m, m \in N)$

$N_A E_m K$ 的推理规则：

R1 从 $\vdash A$ 和 $\vdash A \to B$ 可以推出 $\vdash B$。

R2 从 $\vdash A$ 可以推出 $\vdash K_i A (i = 1, \cdots, m, m \in N)$。

定义 1 框架 F 是一个多元组 $(W, R_1, \ldots, R_m)$；其中，W 是认知世界或状态的集合；R_i 是 W 上的一个二元关系，$i = 1, \cdots, m, m \in N$。

定义 2 一个关于 $i = 1, \cdots, m, m \in N$ 的赋值就是一个从 $(L_0^N E) \times W$ 到 $\{1,0\}$ 的映射，对于 $A, B \in Form(L_0^N E)$ 而言满足以下条件：

(1) $V(A \wedge B, w) = 1$，当且仅当 $V(A, w) = 1$ 且 $V(B, w) = 1$；

(2) $V(A \vee B, w) = 1$，当且仅当 $V(A, w) = 1$ 或 $V(B, w) = 1$；

(3) $V(A \to B, w) = 0$，当且仅当 $V(A, w) = 0$ 或 $V(B, w) = 1$；

(4) 若 $V(A^*, w) = V(B^\circ, w) = V(A \to B, w) = V(A \to \neg B, w) = 1$，则 $V(\neg A, w) = 1$；

(5) 若 $V(A, w) \neq V(\neg A, w)$，则 $V(\neg A, w) \neq V(\neg\neg A, w)$；

(6) $V(\neg(A \wedge \neg A), w) \neq V((A \wedge \neg A), w)$；

(7) 若 $V(A^\circ, w) = V(B^\circ, w) = 1$，则 $V((A \wedge B)^\circ, w) = V((A \vee B)^\circ, w) = V((A \to B)^\circ, w) = 1$；

(8) 若 $V(A^\circ, w) = 1$，则 $V((\neg A)^\circ, w) = V((K_i A)^\circ, w) = 1$；

(9) 若 $V(A^*, w) = V(B^*, w) = 1$，则 $V((A \wedge B)^*, w) = V((A \vee B)^*, w) = V((A \to B)^*, w) = 1$；

(10) 若 $V(A^*, w) = 1$，则 $V((\neg A)^*, w) = V((K_i A)^*, w) = 1$；

(11) $V(K_i A, w) = 1$，当且仅当对于 $i(i = 1, \cdots, m, m \in N) \forall w' \in W (wR_i w' \Rightarrow V(A, w') = 1)$。

二、系统 $N_A E_m K$ 的两个推论

定义 6 N_A-变形

令 A 为任一公式,A 的 N_A-变形记作 A′,是移除公式 A 中所有认知算子后所得到的公式。严格地说,N_A-变形就是一个如下的公式到公式的映射:

(1) $(\neg A)' = \neg A'$ (2) $(A \wedge B)' = A' \wedge B'$

(3) $(A \vee B)' = A' \vee B'$ (4) $(A \rightarrow B)' = A' \rightarrow B'$

(5) $(K_i A)' = A' (i = 1, \cdots, m, m \in N)$

推论 1 任一 $N_A E_m K$-定理的 N_A-变形都是 N_A-定理。

证明类似于模态逻辑中"P-变形"证明。略。该推论实际上是说,若 A 是 $N_A E_m K$-定理,则 A′一定是 N_A-定理;反之,若 A′不是 N_A-定理,则 A 不是 $N_A E_m K$-定理。

推论 2 对于 $i = 1, \cdots, m, m \in N$,如下公式不是 $N_A E_m K$-定理:

(1) $K_i \neg (A \wedge \neg A)$, $\neg (K_i A \wedge K_i \neg A)$, $\neg (K_i A \wedge \neg K_i A)$

(2) $K_i ((A \wedge \neg A) \rightarrow B)$, $K_i (A \wedge \neg A) \rightarrow K_i B$, $(K_i A \wedge K_i \neg A) \rightarrow K_i B$, $(K_i A \wedge \neg K_i A) \rightarrow K_i B$

(3) $K_i (A \vee \neg A)$, $K_i A \vee K_i \neg A$, $K_i A \vee \neg K_i A$

(4) $K_i (A \rightarrow (B \vee \neg B))$, $K_i A \rightarrow K_i (B \vee \neg B)$, $K_i A \rightarrow (K_i B \vee K_i \neg B)$, $K_i A \rightarrow (K_i B \vee \neg K_i B)$

证明:首先,公式(1)$K_i \neg (A \wedge \neg A)$不是 $N_A E_m K$-定理。因为其 N_A-变形为 $\neg (A \wedge \neg A)$,而该公式不是 N_1-定理[1];又因为 N_A 严格小于 N_1(因为 N_A 比 N_1 少一条公理 $A° \vee A^*$,而该公理又是独立的。参见 Abar, & Yamashita, 1995[2]),所以该公式不是 N_A-定理;再根据推论 1 可知,$K_i \neg (A \wedge \neg A)$不是 $N_A E_m K$-定理。同理,其余的公式也都不是 $N_A E_m K$-定理。由该推论可知,关于知道算子的各种形式的"矛盾律"与"排中律"都不是 $N_A E_m K$-定理。所以,多主

---

[1] N. C. A. da Costa, "Logics That Are Both Paraconsistent and Paracomplete", in *Rendiconti dell' Accademia Nazionale dei Lincei*, 83, 1989, p. 30.

[2] C. A. A. P. Abar and M. Yamashita, On Non-alethic Logic, Lecture Notes in Computer Science, 945, 1995, p. 343.

体认知系统 $N_A E_m K$ 是拟真势的(即,既是弗协调又是弗完全)。

三、拟真势逻辑对认知冲突的溶解

菲尔德(Field)在《救真于悖》①一书中正面讨论了弗完全的解悖方案,普利斯特在《走进矛盾》②中也给出了逻辑悖论的弗协调解决方案。这其实就意味着,由于拟真势多主体认知逻辑系统 $N_A E_m K$ 既是弗协调的又是弗完全的,因而它就既可以容忍诸如认知悖论的"真矛盾",还可以容忍知识信念领域的冲突(认知悖论是弗协调的,而知识信念的冲突则既可以是弗协调的,也可以是弗完全的)。系统 $N_A E_m K$ 兼具弗协调和弗完全的特殊逻辑性质,使得我们在逻辑上获得了一种简单而方便地对各种弗协调、弗完全认知冲突进行处理的逻辑方式。那么,为何拟真势认知逻辑可以容忍认知领域的矛盾冲突?换言之,为何以经典逻辑为基础的认知逻辑对之不能容忍?下面本文就在回答该问题的同时,也以实例的方式来讨论和展示拟真势认知逻辑对认知领域的真矛盾、真反对以及认知悖论的溶解。

(一)为容忍认知的真矛盾(弗协调的认知冲突)提供了逻辑基础

真矛盾(dialetheia 或 true contradiction),是由普利斯特和卢特雷③创制的术语。有了该术语,就可以方便地指称那些在实际上没有使得包含它的理论变得不足道的那种"矛盾"(比如,在弗协调逻辑学者看来,逻辑悖论、辩证矛盾以及形式的二律背反(formal antinomy)就不应当被看作是会导致理论不足道的矛盾,而应该属于"真矛盾"的范畴。参见李娜、郝旭东,2006 年④)。若弗协调逻辑也像经典逻辑那样承认一般意义的矛盾律,即,一个命题及其否定不能同时都为真;而两者同时成立的结果,就如同公式$(p \wedge \neg p) \rightarrow q$ 的描述:会导致任意的陈述 q 成立。这即是所谓的"爆炸(explosion)",而爆炸的结果实际上也

---

① H. Field, 2008, *Saving Truth from Paradox*, New York: Oxford University Press, 2008, pp. 231 - 241.
② Priest, *In Contradiction: a Study of the Transconsistent*, Martinus Nijhoff, 2nd Edition, Clarendon Press, 2006, pp. 221 - 228.
③ Ibid., 2006, p. 4.
④ 李娜、郝旭东:《试论"真矛盾"及次协调逻辑的哲学价值》,《现代哲学》2006 年第 6 期,第 73—76 页。

就表明包含这种冲突的理论在逻辑上是毫无意义的、是不足道的(trivial);因为由于它包含了"矛盾"命题,从而在逻辑上会导致其承认任意的命题。因而在经典逻辑看来,各种矛盾(包括真矛盾)对包含它们的理论都会带来毁灭性的灾难。究其原委,这种后果在逻辑上与一般意义的矛盾律有着根本的联系:如果存在这种矛盾律,就会导致$(p \wedge \neg p)$始终都为假,因而也就会导致$(p \wedge \neg p) \to q$始终都为真;再根据经典逻辑(语义)完全性定理,所以,公式$(p \wedge \neg p) \to q$就是经典逻辑的定理。故此,对于经典逻辑而言,不协调(即,包含矛盾)也就意味着不足道(即,任意的命题都成立)。所以,经典逻辑显然就不适宜处理那些在实际上没有导致理论不足道的不协调(即弗协调)状况。

排除矛盾,无可厚非。但在现实中,弗协调的状况大量存在着;尤其在认知领域,更是以常态的方式而普遍存在。于大而言,不同的民族、文化、宗教信仰、社会阶层等之间,在观念和信仰上存在着某种天然的不一致。于小而言,某个认知主体也不可能保证自己的知识信念始终都协调一致、始终没有任何的矛盾冲突。那么,在出现了矛盾冲突,且还没有将之解决从而达成协调之前,或者对于那些在现阶段人们尚无法将之协调一致的情况,人们会像经典逻辑所描述的那样,进而就去认为任意的陈述都成立么?显然不会。这也就是说,认知共同体或个体在这种情况下所依据的,应当是一种可以包容这种不协调且不会导致任意陈述都成立的逻辑。

拟真势认知逻辑 $N_A E_m K$ 就是这种逻辑。例如,当一个认知主体 j 的所知发生不一致的时候,这种认知的冲突状况可以用公式 $K_j(p \wedge \neg p)$ 或者 $K_j p \wedge K_j \neg p$ 来表示。如果认知主体以经典认知逻辑(由经典逻辑扩充认知算子和认知公理及其相应推理规则而得到的认知逻辑)为基础,由于$(p \wedge \neg p) \to q$ 是经典逻辑的定理,那么根据推理规则 R2 和公理(19),易证公式 $K_j(p \wedge \neg p) \to K_j q$ 和 $(K_j p \wedge K_j \neg p) \to K_j q$ 也将都是定理。其直观涵义就是说:如果认知主体既知道 p 又知道 $\neg p$,就逻辑地意味着其知道了一切。这也就是说,若以经典认知逻辑为基础,在认知主体进行有意义的认知活动之前,这种认知的矛盾冲突必须予以排除。否则,由于认知主体已经"知道了一切",那么再进行其他的认知活动在逻辑上也就会因为没有必要而变得毫无意义了。

但实际的情况是,即使认知主体没有解决此类的认知不一致,认知主体仍然保持着足够的理性,仍然可以进行有意义的认知活动。也就是说,我们在实际上并不会因为自己的大脑中存在着某些所知的不协调,就导致实际上的理性崩溃,从而就真地认为自己知道了一切。显然,这个时候我们大脑的认知逻辑基础已不再是经典认知逻辑,而是那种可以容忍这种不一致,并且还不会因为容忍而导致"知道一切"的认知逻辑。拟真势认知逻辑 $N_A E_m K$ 正是具有这种性质的逻辑。由推论 2 可知,弗协调逻辑的限制措施将导致各种形式的认知矛盾律在 $N_A E_m K$ 中不再有效;如此,则直接导致了公式 $K_j(p \wedge \neg p) \rightarrow K_j q$ 和 $(K_j p \wedge K_j \neg p) \rightarrow K_j q$ 不再是系统 $N_A E_m K$ 的定理。这也就是说,如果我们的逻辑基础是拟真势的认知逻辑,那么当出现了认知的矛盾冲突,基于拟真势系统的逻辑机制,就不会在逻辑上出现"知道一切"的爆炸性后果。因此,$N_A E_m K$ 也就可以方便地作为各种弗协调认知理论的逻辑基础。

(二) 为容忍认知的真反对(弗完全的认知冲突)提供了逻辑基础

如前所述,概念"真矛盾"指的是因违反一般意义的矛盾律而出现的一个命题及其否定同时都为真的弗协调冲突。在此,本文制定了术语"真反对"(true contrariety)作为概念"真矛盾"的对偶概念,目的是为了方便地指称那些因违反一般意义的排中律而出现的一个命题及其否定同时都为假的弗完全冲突。这样,我们也就可以简明而概括地说,弗协调逻辑可以容忍真矛盾冲突(即弗协调性质的冲突),弗完全逻辑可以处理真反对冲突(即弗完全性质的冲突),而拟真势逻辑则既可以处理真矛盾冲突又可以处理真反对冲突。

由于本文给出的多主体系统是拟真势性质的认知逻辑,因而也就可以用来处理弗完全性质的冲突,即真反对冲突。例如,我们可以将系统 $N_A E_m K$ 中的算子 K(know)都替换为算子 B(believe),或者说将之解释为"相信";这样,该系统就成为了一个拟真势信念系统,可暂时将之称为 $N_A E_m B$。该系统可以成为一种解决真反对信念冲突的基础认知逻辑,因为在这种逻辑中,排中律所对应的信念版本 $(B_i p \vee \neg B_i p)$ 已不再是定理,这即是说,在这样的系统中,一个信念及其否定可以同时为假。

在现实中不可否认会常常出现弗完全冲突,即认知主体对某个信念及其否定都不认同;并且有时候,我们丝毫也不认为这种立场不恰当。比如,在还没有调查清楚某个案件事实情况之前,对于"相信某甲是作案人$(B_i p)$"和"不相信某甲是作案人$(\neg B_i p)$"的信念我们都不会认同;并且,这不仅不会被认为不恰当,而且还是应该予以肯定的理性态度。但如果我们的逻辑基础是经典认知逻辑,

由于公式 $B_ip \vee \neg B_ip$ 是其定理(因为 $\vdash p \rightarrow p \Rightarrow \vdash B_i(p \rightarrow p) \Rightarrow \vdash B_ip \rightarrow B_ip \Rightarrow \vdash \neg B_ip \vee B_ip \Rightarrow \vdash B_ip \vee \neg B_ip$),那就意味着一个信念及其否定不能都为假,因而就不能对该信念及其否定都不赞同(即,都加以否定)。

由于种种原因,尽管这种情况在现实当中是可能也是可以出现的,但经典认知逻辑却不允许出现这样的情况,因为认知排中律 $B_ip \vee \neg B_ip$ 是经典认知逻辑的定理,所以在经典认知逻辑中,或者说,如果我们的逻辑基础是经典认知逻辑,那么在相信和不相信某个命题之间,必须要有一个选择。但我们知道在现实中,尤其在自然科学领域中,很多学科都存在着这样的命题:它们在我们认知的现阶段,既不能被证实也不能被证伪。也就是说,目前对于这种命题,我们选择相信还是不相信都不合适;的确是既不能相信它们,也不能不相信它们。

面对这种状况,我们显然在实际上并没有受限于一般意义排中律。也就是说,面对这种真反对的认知冲突,我们大脑的逻辑基础显然也不再是经典认知逻辑,而是一种可以容忍弗完全冲突的认知逻辑。拟真势认知逻辑就是一种可以承担起这种任务的逻辑,因为根据推论2,各种认知版本的排中律已不再是其定理。这就为同时拒绝一个信念(或者知识、观念等)及其否定,提供了逻辑层面的基本描述。因此,拟真势认知逻辑就可以作为包容真反对冲突的认知理论的一种逻辑基础。当然,我们也应当清醒地认识到,无论这种认知冲突是真矛盾性质的还是真反对性质的,它们都是应该被排除,但在排除之前怎么办?这也是维特根斯坦基于亚氏逻辑曾经产生的烦恼。① 由于 N_AE_mK 可以容忍认知领域的这种弗协调和弗完全冲突,因而也可以看作在认知领域解决维特根斯坦烦恼的一种方式。

(三) 为容忍认知悖论(弗协调的真矛盾)提供了逻辑基础

从弗协调逻辑的观点看,各种悖论包括认知悖论都属于真矛盾的范畴。弗协调逻辑具有容忍悖论的能力,拟真势逻辑由于同时具有弗协调和弗完全的性质,所以也就具有可以容忍逻辑悖论的能力,而经典认知逻辑无论如何也不会允许在系统中出现悖论。因为经典认知逻辑是以经典逻辑为基础的,是经典逻

---

① L. J. J. Wittgenstein, *Philosophical Investigations*, translated by G. E. M. Anscombe, P. M. S. Hacker and Joachim Schulte, Revised 4th edition by P. M. S. Hacker and Joachim Schulte, Singapore: Wiley-Blackwell, 2009, 55e125.

辑的直接扩张。因而它也就继承了经典逻辑不能处理弗协调和弗完全冲突的性质。而拟真势多主体认知逻辑,是拟真势逻辑的直接扩张,因而也就继承了拟真势逻辑容忍悖论等"真矛盾"的能力。

比如,$N_A E_m K$ 可以作为一种对知道者悖论的处理方式。知道者悖论是卡普兰(David Kaplan)和蒙塔古(Richard Montague)在 1960 年提出的,[①]该悖论有很多版本,我国的悖论研究专家张建军对之也有详细的解读。[②] 在此,我们仅以最简单的方式对之进行可以满足我们说明 $N_A E_m K$ 性质的描述。类似于说谎者悖论,知道者悖论也是由一个自指性语句构成的,可将该语句表示为 p,它断言:认知主体 i 不知道 p,即,用公式可以将 p 定义为:

$p: \neg K_i p$。

现在的问题是:认知主体 i 知道还是不知道 p 在接受 $N_A E_m K$ 的规则 R2 以及公理 $K_i p \rightarrow p$ 的基础上,则有如下推断:

一方面,若有 $K_i p$,即有认知主体 i 知道 p;由于 p 断言了"认知主体 i 不知道 p",于是就有 $K_i \neg K_i p$,即,认知主体 i 知道自己不知道 p;于是根据公理 $K_i p \rightarrow p$,就有 $\neg K_i p$。因而,就有 $K_i p \rightarrow \neg K_i p$。

另一方面,若有 $\neg K_i p$,由于"认知主体 i 不知道 p"正是 p,即有 p;于是根据规则 R2,就有 $K_i p$。因而,就有 $\neg K_i p \rightarrow K_i p$。

这其实也就是说,如果 $K_i p$ 为真,那么它就为假;如果 $K_i p$ 为假,那么它就为真。于是,我们就得到了一个矛盾等价式 $K_i p \leftrightarrow \neg K_i p$。这就是造成了知道者悖论。

知道者悖论对我们的认知所带来的逻辑问题是:如果我们的逻辑基础是经典认知逻辑,那么公式 $(K_i p \leftrightarrow \neg K_i p) \rightarrow K_i q$ 就是定理。也就是说,该悖论所带来的后果与上文所描述的矛盾的爆炸性后果类似:如果存在了知道者悖论,那么认知主体将"逻辑地"知道任意的命题。但实际上,我们并没有因为知道者悖论的存在,而在认知上变得如此荒谬:认为自己真的就知道了任意的命题。这也就是说,在出现各种认知悖论的实际认知领域中,我们所遵循的逻辑实际上应该是那种既可以容忍认知悖论,又能避免爆炸性结果的逻辑。而如果认知

[①] D. Kaplan and R. Montague, "A Paradox Regained", in *Notre Dame Journal of Formal Logic*, 1, 1960, pp. 79 – 90.

[②] 张建军:《逻辑悖论研究引论(修订版)》,北京:人民出版社,2014 年,第 17—19 页,第 205—208 页。

逻辑具有拟真势逻辑的性质,就可以达到这样的效果。因为根据推论2,公式$(K_ip \leftrightarrow \neg K_ip) \rightarrow K_iq$已经不再是$N_AE_mK$的定理,所以拟真势认知逻辑可以容忍知道者悖论;并且以拟真势认知逻辑为基础,即使有$(K_ip \leftrightarrow \neg K_ip)$,也不会有"知道一切$(K_iq)$"爆炸性后果。也正是在这个意义上,$N_AE_mK$可以成为知道者悖论的一种逻辑处理方法。实际上,很多的认知领域的悖论都具有与知道者悖论类似的产生模式,比如根据上述知道者悖论的描述,如果将知道算子K替换为相信算子B,就可以构成"相信者悖论"等。因此,拟真势认知逻辑N_AE_mK实际上可以作为所有具有"■A ↔ ¬■A(■为相应的认知算子)"形式的认知悖论的逻辑处理方式。

当然,我们也应该清楚地认识到,拟真势逻辑的这种处理方式并没有在根本上解决各种认知悖论。它只是通过其特有的逻辑措施,在保证某理论存有悖论的同时,也不会因之产生灾难性后果,从而导致该理论在逻辑上变得不足道;所以,它实际上是在"容悖",而不是"解悖"。"容悖"方案的合理性在于,尽管我们一直都在为消解这些认知悖论做着各种尝试,但在彻底解决之前,在悖论尚存的阶段,我们在事实上并没有丧失逻辑的理性。而具有拟真势性质的逻辑,正好可以成为其明晰的逻辑基础。或言,拟真势认知逻辑为该阶段的认知理性提供了一个清晰的逻辑刻画。拟真势认知逻辑之于认知悖论的价值也许正在于此:即,在这些认知悖论彻底解决之前,为我们的理性认知提供一个可靠的逻辑基础。

此外我们还应该看到,在知识和信念领域发生种种冲突几乎是以常态方式而存在的。这些形式各异的冲突在逻辑上的表现:或是一个命题及其否定同时被肯定的冲突,这种冲突是没有遵守一般意义矛盾律的弗协调冲突,即真矛盾冲突;或是一个命题及其否定同时被否定的冲突,这种冲突是没有遵守一般意义排中律的弗完全冲突,即真反对冲突。经典逻辑要求我们必须要将它们解决掉,这样的要求无可厚非,也是必要的。如果这些认知冲突可以被及时而恰当地解决,那是最理想的结果。但实际上,解决这些知识和信念的冲突通常都不是一蹴而就的事情,其对时间、认知、物质、技术等都有着广泛而深刻的要求;况且,还存着某些在某种层面上无需考虑其影响,也无需考虑将之解决的那种知识和信念的冲突(比如,在初级学习层面或日常生活层面上,无需考虑将集合论悖论排除或解决等)。面对这些矛盾冲突,我们的大脑显然是在容忍它们的状态下进行理性思考工作的,因而,其逻辑基础显然就应该是一种兼具弗协调和弗完全性质的拟真势认知逻辑。如果把这些弗协调或者弗完全的知识或信念冲突看作是一种"错",那么我们的大脑的思维工作就是在"容错"的状态下进行的。所以,拟真势认知逻辑之于这些真矛盾、真反对冲突的价值也许正是在于:为认知主体在容忍矛盾冲突的条件下进行理性思维提供了可靠的逻辑刻画,并且还可以为人类思维"容错"机制提供一种简便的逻辑描述。因而,拟真势多主体认知逻辑也具有一种为人工智能模拟作逻辑基础的潜质。

Tolerating Epistemic Conflicts in a Non-alethic Way

Hao Xudong

Abstract: If the fifth postulate of Euclid is replaced by its negation, we will get Non-Euclidean geometry. Similarly, if the law of contradiction and the law of excluded middle is restricted in general sense, we will get a kind of non-Aristotelian logic: non-alethic logic. On the basis of non-alethic propositional logic A, a non-alethic multi-agent epistemic logic can be presented by logical expansion. This special epistemic logic can tolerate epistemic conflicts about dialetheia(true contradiction), then the temporary inconsistency of knowledge or belief will not cause to be meaningless(trivial) logically according to it. This logic also can tolerate epistemic conflicts about true contrariety, and provide the logical foundation for denying a belief(knowledge, idea, concepts, etc.) and its negation at the same time. This logic can be looked upon as the underlying logic for the theory containing conflicting beliefs(knowledge, ideas, concepts, etc.), so it also can be seen as a solution to the annoyance of Wittgenstein in the epestemic filed. The way of its tolerating paradox, although it is not a real solution to paradoxes, but it can give us a rational logical foundation before we completely solve these epistemic paradoxes.

Key Words: Non-alethic, the law of contradiction, the law of excluded middle, dialetheia, true contrariety

对"未来偶然命题"的逻辑思考

周 君[*]

[摘 要] "明天将有海战"这样的"未来偶然命题"在现在是否具有真值？为了坚持非决定论，卢卡西维茨三值逻辑对这样的命题指派非真非假的第三值"可能的"，这种处理方式是新颖的，但也带来了问题：不仅导致矛盾律和排中律的不成立，还显示悖论性公式不再是矛盾的。当然，多值逻辑有多方面的应用，但就解释"未来偶然命题"，进而处理与之有关的推理而言，并不成功。普赖尔的奥卡姆主义时态逻辑采用了时间向未来分支的处理方式，对"未来偶然命题"指派相对于分支的真值，这既坚持了非决定论又消除了第三值；此外，它把"未来偶然命题"与模态组合起来，与常识和自然语言相符。尽管分支时间的本体论地位存在争议，但从逻辑的观点看，是一种较好的处理"未来偶然命题"真理论的方案。

[关键词] 未来偶然命题；三值逻辑；可能的；时态逻辑；分支时间

---

[*] 周君（1983— ），男，重庆开州人，华东师范大学哲学系博士研究生，研究方向为现代逻辑与逻辑哲学。

一、什么是"未来偶然命题"

"未来偶然命题"(future contingent proposition)是指"关于未来的偶然陈述,例如未来的事件、行为、状态等"①,亦即关于未来事件状态的既不必然真也不必然假的陈述。"我将去北京"、"明天将有海战"这样的命题可作为其标准实例。

在西方哲学史和逻辑史上,在对"未来偶然命题"的讨论中,主要有以下几种立场②:(1)不存在"未来偶然命题",即关于未来的命题或者是不可能的,或者是必然的;(2)存在"未来偶然命题",但没有"未来偶然命题"为真;(3)存在"未来偶然命题",但它通常既不确定真也不确定假;(4)存在"未来偶然命题",并且所有"未来偶然命题"都有真值(真或假),尽管我们不知道它们的真值。第一种立场是一种决定论的观点,其余三种都是基于非决定论的观点。

在哲学中,关于未来偶然命题问题的讨论肇始于亚里士多德,他在《解释篇》第九章讨论了如何解释以下两个命题:"明天将有海战"和"明天将没有海战"。他说:"如果某事件明天既不会发生,又不会不发生,那就不会有偶然性的东西发生了。如某一'海战',以此为假设,那么它就会在明天既不会发生,也不会不发生。这些和另外一些不可能的结论就要产生,如果我们假定,在所有相互矛盾的两个命题中——全称或单称的肯定命题与否定命题——其一必然是真实的,另一必然是虚假的。所发生的事情就不可能是偶然的,一切事物的生成都是出自必然。"③

对于"明天将有海战"和"明天将没有海战"这样的命题,我们应该说其真值在今天是不确定的吗?或者其中一个在今天为真而另一个在今天为假吗?这些问题的答案与对模态的解释有关。因为如果我们假定"明天将有海战"在今天为真,那么它在今天也不是必然的吗?进一步讲,如果结果是明天没有海战,

---

① P. Øhrstrøm and P. Hasle, "Future Contingents", *The Stanford Encyclopedia of Philosophy*, https://plato.stanford.edu/archives/win2015/entries/future-contingents, 2015, p. 1.
② P. Øhrstrøm, "In Defence of the Thin Red Line: A Case for Ockhamism", *Humana Mente* 8, 2009, p. 20.
③ 亚里士多德:《亚里士多德全集》第一卷(中译本),苗力田主编,北京:中国人民大学出版社,1990年,第58—59页。

那么"明天将有海战"在今天是可能的吗？在亚里士多德看来，根据非决定论，这两个命题在今天都不是必然的。然而，过去时态或现在时态的命题则不然，它们或者必然真或者必然假。因此，他是一个"过去决定论者"和"现在决定论者"，并且是一个"未来非决定论者"。①

中世纪某些神学家曾讨论过基于神学的未来偶然问题，可将其陈述如下："根据基督教传统，上帝的预知被假定构成人类做出的未来选择的知识，但这显然导致从上帝的预知到未来必然性的简单论证：如果上帝现在已经知道我们明天将做的决定，那么关于我们明天选择的无法阻止的真在现在已经给出。"②这就否定了自由选择，或者说根本就不存在自由选择，即坚持上述决定论观点的立场(1)。

未来偶然性讨论引起的挑战是双重的："首先，无论谁想要坚持某种关于未来的非决定论，他都可能要面临一些标准的赞成逻辑决定论的论证，即被设计来证明不存在未来偶然命题的论证。另外，任何赞成存在未来偶然命题的人都面临着建立一种合理且与开放未来观点相容的真理论的挑战。这种理论应该为下述问题提供答案：如果未来是开放的，我们能有意义地把未来偶然命题视为现在真或假的吗？如果能，如何赋值？关于偶然未来的断言有意义吗？如果有，在何种情况下有意义？"③

自亚里士多德以来的关于未来偶然命题的讨论绝不是一个简单的问题，它牵涉到哲学、逻辑学、神学等学科。未来偶然命题不但涉及"时态"，而且还可能涉及"模态"。从逻辑的角度看，应该如何刻画这样的命题？是否需要对未来偶然命题指派第三值？如果不需要，那么如何对这些命题赋值？三值逻辑和时态逻辑对这些问题进行了回答。

---

① P. Øhrstrøm and P. Hasle, *Temporal Logic: From Ancient Ideas to Artificial Intelligence*, Studies in Linguistics and Philosophy (Kluwer, Dordrecht),1995, p. 11.
② P. Øhrstrøm and P. Hasle, "Modern Temporal Logic: The Philosophical Background", in D. M. Gabbay and J. Woods (eds.), *Handbook of the History of Logic*, Vol. 7, *Logic and the Modalities in the Twentieth Century*, Amsterdam: Elsevier,2006, p. 463.
③ P. Øhrstrøm and P. Hasle, "Future Contingents", *The Stanford Encyclopedia of Philosophy*, https://plato. stanford. edu/archives/win2015/entries/future-contingents,2015, p. 3.

二、三值逻辑的处理方案

在 20 世纪 20—30 年代的一系列文章中,波兰逻辑学家卢卡西维茨(J. Łukasiewicz)对亚里士多德关于未来偶然命题的讨论进行了特殊的解释,提出了"第三值"的思想。他说:"我可以无矛盾地假定:我在明年的某个时刻,例如在 12 月 21 日中午,出现在华沙,这在现在的时刻是不能肯定或否定地解决的。因此,我在所说的时间将在华沙,这是可能的但不是必然的。根据这个预先假定,'我在明年 12 月 21 日中午出现在华沙'这句话在现时既不是真的,也不是假的。因为如果它现时是真的,那么我未来在华沙的出现就一定是必然的,而这与预先假定矛盾;如果它现时是假的,那么我未来在华沙的出现就一定是不可能的,而这也与预先假定矛盾。因此,所考虑的这句话在现时既不真也不假,必有与 0(或假)和 1(或真)不同的第三个值。我们可以用'1/2'来表示这一点:它是'可能的'(the possible),作为第三个值是与'假'和'真'并行不悖的。这就是产生三值命题逻辑系统的思路。"①这实际上遵循了上述立场(3):存在"未来偶然命题",因为未来事件尚未发生,所以可以认为这类命题在现在既不真也不假。在哈克(S. Haack)看来,卢卡西维茨的上述论证无效。因为它依赖于一种模态谬误:从(如果 A 那么 B)是必然的,推出如果 A,那么 B 是必然的。她进而得出结论:"即使宿命论是一种不能接受的论题,也没有必要用这种借口拒绝二值性。"②

经典逻辑遵循二值原则:任一命题非真即假,不存在第三个真值。对二值原则最直接的拒斥是引入真和假之外的其他真值。卢卡西维茨通过引入第三个逻辑值"1/2"(解释为"可能的"或"不确定的")来对"我在明年 12 月 21 日中午出现在华沙"这样的在说出它的时刻无法断定其真假的未来偶然命题赋值,进而构建三值逻辑。因此,如何理解第三值是卢卡西维茨三值逻辑的关键问题。为了处理第三值的情况,就必须对联结词进行重新解释。在经典逻辑关于命题联结词真值定义的基础上,卢卡西维茨对否定($\neg$)和蕴涵($\rightarrow$)作了如下

---

① 转引自威廉·涅尔、玛莎·涅尔:《逻辑学的发展》,张家龙、洪汉鼎译,北京:商务印书馆,1985 年,第 709 页。
② 苏珊·哈克:《逻辑哲学》,罗毅译,北京:商务印书馆,2006 年,第 258 页。

解释①：

A	¬A
1	0
1/2	1/2
0	1

→	1	1/2	0
1	1	1/2	0
1/2	1	1	1/2
0	1	1	1

很容易理解"可能的"命题的否定还是"可能的"命题。在对蕴涵的定义中，关于第三值命题的真值按如下方式确定：如果前件的值不大于后件的值，那么蕴涵式的值为1，否则为1/2。由此可定义其他的联结词析取（∨）、合取（∧）和等值（↔）的真值表②：

∨	1	1/2	0
1	1	1	1
1/2	1	1/2	1/2
0	1	1/2	0

∧	1	1/2	0
1	1	1/2	0
1/2	1/2	1/2	0
0	0	0	0

↔	1	1/2	0
1	1	1/2	0
1/2	1/2	1	1/2
0	0	1/2	1

根据上述真值表，A∧B↔¬(¬A∨¬B)。换言之，德·摩根律成立。A∨B↔(A→B)→B。因此可根据¬和→将其他联结词定义如下③：A∨B =_df (A→B)→B；A∧B =_df ¬(¬A∨¬B)；A↔B =_df ((A→B)∧(B→A))。

卢卡西维茨把那些恒取值1的公式定义为重言式。经典逻辑的重言式¬(p∧¬p)（矛盾律），p∨¬p（排中律）不是卢卡西维茨三值逻辑的重言式。因为根据前面的真值表，当p取值1/2时，它们均取值1/2。对于两个关于未来的具有矛盾关系的命题的合取，对其指派真值1/2是反直观的。新西兰逻辑学家普赖尔（A. N. Prior）指出："当我们严肃地考虑'中性的'（即卢卡西维茨所谓的

---

① 转引自马利诺韦斯基：《多值逻辑》，张家龙译，载罗·格勒尔主编，张清宇、陈慕泽等译：《哲学逻辑》，北京：中国人民大学出版社，2008年，第350页。

② 同上注。

③ 华杰斯伯格（M. Wajsberg）于1931年给出了卢卡西维茨三值逻辑的以否定和蕴涵为初始联结词的公理系统，该系统的公理如下：A1：p→(q→p)；A2：(p→q)→((q→r)→(p→r))；A3：(¬p→¬q)→(q→p)；A4：((p→¬p)→p)→p。参见 A. N. Prior, "Three-Valued Logic and Future Contingents", The Philosophical Quarterly, Vol. 3, No. 13, 1953, pp. 318-319。

'可能的'——引者注)命题的可能性时,这种逻辑具有一些非常反直观的特征。特别地,两个中性命题的合取是中性的,甚至在一个是另一个的否定的情况下。如果'将有海战'是中性的或者不确定的,那么'将没有海战'也应该是中性的或者不确定的无疑是合理的;但'将有海战并且将没有海战'也应该是中性的或者不确定的无疑是不合理的——肯定地,它显然为假。另一方面,两个中性命题的合取自动为假同样不像是真实的,因为如果它们是独立的,那么它们的合取自然也应该是中性的。真值函项技术在这里似乎不合适。"① 因此,很难根据三值逻辑把中性命题的合取解释为"可能的"。诚如时态逻辑学家伯吉斯(J. P. Burgess)所评论的:"卢卡西维茨怀有偏见,总认为联结词'非'、'并且'等等也应当是取'真'、'假'、'中'这三个值的真值函项联结词。这迫使他把亚里士多德和几乎所有古代和中古著述家都接受的矛盾律¬(p∧¬p)也拒绝掉了。"②

就两个具有矛盾关系的未来偶然命题的析取而言,对其指派真值 1/2 也是有问题的。诚如普赖尔所言:"析取命题'P 或者非 p'(明天将有海战或者明天将没有海战)不是一个偶然的而是一个必然的析取,它总是为真。但是,正如我们已经指出的,p∨¬p 不是卢卡西维茨—塔斯基(A. Tarski)三值逻辑系统的规律。当 p=0 或 1 时,p∨¬p=1。但是,当 p=1/2 时,p∨¬p=1/2。"③

卢卡西维茨三值逻辑还导致经典逻辑拒斥的悖论性公式 p↔¬p 不再是矛盾的。从上面的真值表可看出,当 p 取值 1/2 时,该公式的真值为 1。因此,卢卡西维茨的三值逻辑并没有对未来偶然命题提供让人满意的解释。

其他的三值处理方法有类似的问题。例如,在克里尼(S. C. Kleene)的三值逻辑中,对可接受的算法无法确定其真假的或对实际的考察并不重要的命题指派第三个逻辑值 U("不定的")。根据它的真值表,两个"不定的"命题的合取或析取同样是"不定的"。④ 在波契瓦尔(D. A. Bochvar)的三值逻辑中,为了解决集合论悖论,把命题分为"有意义的"和"无意义的"或"悖谬的"。如果某一命

---

① A. N. Prior, *Past, Present and Future*, Oxford: Clarendon Press, 1967, p. 135.

② 伯吉斯:《不实在的将来》,载 R. B. 马库斯等著、康宏逵编译:《可能世界的逻辑》,上海:上海译文出版社,1993 年,第 198 页。

③ A. N. Prior, "Three-Valued Logic and Future Contingents", *The Philosophical Quarterly*, Vol. 3, No. 13, 1953, pp. 325-326.

④ 马利诺韦斯基:《多值逻辑》,张家龙译,第 354—357 页。

题是真的或假的,那么它就是有意义的。真或假之外的命题都看成无意义的。根据它的真值表,两个"无意义"的命题的外合取或外析取为假。[1]

当然,包括三值逻辑在内的多值逻辑有诸多方面的应用。例如,在证明经典命题演算公理独立性方面就用到三值和四值的赋值表[2],而相干逻辑中重要元定理"相干原理"的证明则使用了八值的赋值表[3],如此等等。但就解释"未来偶然命题",进而处理与之有关的推理而言,三值逻辑并不成功。

三、时态逻辑的处理方案

20世纪50年代,普赖尔仿效模态逻辑的做法,通过在经典命题演算和谓词演算的基础上添加几个时态算子(用过去算子P表示"曾有……情况",用未来算子F表示"将有……情况")和一些时态公理,构造了一系列时态逻辑系统。根据时间结构的不同,时态逻辑有线性、分支时态逻辑等之分。线性时态逻辑把时间看作一条线。线性包含向后(即过去)线性和向前(即未来)线性。前者是指对任意时刻 t_1、t_2 和 t_3,有 $t_2<t_1 \wedge t_3<t_1 \rightarrow t_2<t_3 \vee t_3<t_2 \vee t_2=t_3$,用公理表示为:$(Pp \wedge Pq) \rightarrow (P(p \wedge q) \vee P(p \wedge Pq) \vee P(q \wedge Pp))$。其直观意思是:如果情况 p 和情况 q 都在过去发生,那么它们或者在过去先后发生,或者在过去的某一时刻同时发生。后者是指对任意时刻 t_1、t_2 和 t_3,有 $t_1<t_2 \wedge t_1<t_3 \rightarrow t_2<t_3 \vee t_3<t_2 \vee t_2=t_3$,用公理表示为:$(Fp \wedge Fq) \rightarrow (F(p \wedge q) \vee F(p \wedge Fq) \vee F(q \wedge Fp))$。其直观意思是:如果情况 p 和情况 q 都在未来发生,那么它们或者在未来先后发生,或者在未来的某一时刻同时发生。在分支时态逻辑中,把时间看作岔路,它可以向前分支,也可以向后分支,还可以向前分支但向后线性。

时态与模态的组合是很自然的,在古代就有第奥多鲁(Diodorus Cronus)根据时态定义模态。为了对"未来偶然命题"的真值和与之有关的推理提供新的处理方案,普赖尔提出了非决定论时态逻辑的奥卡姆主义系统,它是一种基于向前分支但向后线性的时态模态系统。向后线性,可形式化为"$Pp \rightarrow LPp$"(L 表示"必然……"),意为"过去发生的事情都具有必然性"。它的度量时态逻辑

---

[1] 马利诺韦斯基:《多值逻辑》,张家龙译,第357—358页。
[2] 王宪钧:《数理逻辑引论》,北京:北京大学出版社,1998年,第104—107页。
[3] 冯棉:《相干逻辑研究》,上海:华东师范大学出版社,2010年,第30—31页。

版本是"Pmp→LPmp"(Pm 表示"m 个时间单位之前曾有……情况")。

中世纪逻辑学家奥卡姆(W. Ockham)认为必须区分真正关于过去的命题与虚假关于过去的命题,他说:"曾有……情况,现在不可能不曾有……情况,这个原则仅仅应用于与未来时态命题不等值的过去时态命题(在等值的情况下,'昨天曾有两天之后将有我在吸烟'等值于'明天将有我在吸烟'——普赖尔注)。"①因此,真正关于过去的真命题是必然的。换言之,在对 Pp→LPp 中的 p 作代入后,Pp 一定要是真正关于过去的命题。把关于未来的真命题视为必然的是不合理的。普赖尔指出,这里的"必然"是指"现在无法阻止"(now-unpreventably)。②

在"Pp→LPp"("如果曾有情况 p,那么曾有情况 p 是现在无法阻止的")或"Pmp→LPmp"("如果 m 个时间单位之前曾有情况 p,那么 m 个时间单位之前曾有情况 p 是现在无法阻止的")这样的公式中,只要使用代入规则对 p 作代入就可得到含未来算子 F 的公式,例如,PFp→LPFp 是 Pp→LPp 的代入实例。如何限制代入规则进而形式化这种方案?普赖尔认为可以基于把命题分为"在其中没有未来痕迹的命题"(即真正关于过去以及现在的命题)和关于未来的命题两类。就后一类命题而言,即使是在现在它们也有确定的真值"真"或"假",只是我们不知道。他建议在形式化时可以使用 a、b、c 等表示前一类命题,而用 p、q、r 等代表任何时态命题。为了限制代入规则,他定义了该系统的公式的一个子类"A 公式",它只能使用前一类变元。在使用代入规则时,可以用任一公式对后一类变元作代入,但只能用真正关于过去和现在的公式对前一类变元作代入。③ 此外,他讨论了另一种只使用 a、b、c 等变元的形式化。

普赖尔把基于上述观点构筑的逻辑称为"奥卡姆主义逻辑"。他讨论了只使用 a、b、c 等变元的奥卡姆主义系统的语义模型,他说:"我们可以把一个奥卡姆主义模型定义为没有开端或者终点的线,它从左向右(即从过去到未来)移动时可以分支(branches),尽管不是相反;因此,从线上的任何一点只有一条路径(route)通向左边(即过去),但可能有许多可选择的通向右边(即未来)的路

---

① 转引自 A. N. Prior, *Past, Present and Future*, Oxford: Clarendon Press, 1967, p. 121.
② Ibid., p. 117.
③ Ibid., pp. 123–125.

径。"[1]显然,这个模型是向后线性、向前分支的。这种语义的特点在于任一公式在一个时刻的真值依赖于通过该时刻的"分支"、"路径"或所谓的"编年史"(chronicle)或"历史"(history)的选择。不难发现,这与上述立场(4)相吻合:存在"未来偶然命题",并且所有"未来偶然命题"都有真值(真或假),尽管我们现在还不知道它们的真值。

可以把这个系统的模型呈现如下[2]:一个奥卡姆主义模型是一个有序四元组⟨TIME, ⩽, C, V⟩。其中⟨TIME, ⩽⟩是偏序时刻集,TIME 是一非空集合,可称为时刻集,⩽("不晚于")是 TIME 上的一个偏序关系。对于 TIME 中的任意时刻 t 和 t′,若 t⩽t′ 且 t≠t′,则 t<t′。<("早于")是 TIME 上的一个二元关系且满足非自反性、非对称性、传递性和向后线性。C 是⟨TIME, ⩽⟩中的极大线序子集的集合,即通过任一时刻 t 的分支所组成的集合。V 是赋值函数,它的定义域是 TIME×C×For,其中 For 是系统中所有公式所组成的集合,值域是{1,0},其中 1 表示"真",0 表示"假"。需要注意的是,命题变元的真值并不随着分支变化,仅仅依赖于时刻,假设其赋值函数为 T,它的定义域是 Q×TIME,其中 Q 是系统中所有命题变元组成的集合,值域是{1,0},对任一真正关于过去或现在的命题变元 a 和 TIME 中的任一时刻 t,T(t, a) = 1 或 0。在此基础上,对任一公式 A,任一时刻 t 和满足 t∈c 的任一分支 c∈C,V 满足以下条件:

(1) V(t, c, a) = 1 当且仅当 T(t, a) = 1,其中 a 是任一关于过去或现在的命题变元。

(2) V(t, c, ¬A) = 1 当且仅当 V(t, c, A) = 0。

(3) V(t, c, A∨B) = 1 当且仅当 V(t, c, A) = 1 或 V(t, c, B) = 1。

(4) V(t, c, FA) = 1 当且仅当存在 t′∈c 且 t<t′,有 V(t′, c, A) = 1。

(5) V(t, c, PA) = 1 当且仅当存在 t′∈c 且 t′<t,有 V(t′, c, A) = 1。

---

[1] A. N. Prior, *Past, Present and Future*, p. 126.
[2] 参见 P. Øhrstrøm and P. Hasle, "Modern Temporal Logic: The Philosophical Background", in D. M. Gabbay and J. Woods(eds.), *Handbook of the History of Logic*, Vol. 7, *Logic and the Modalities in the Twentieth Century*, Amsterdam: Elsevier, 2006, pp. 467 – 468; P. Øhrstrøm, "In Defence of the Thin Red Line: A Case for Ockhamism", *Humana Mente* 8, 2009, pp. 24 – 26; P. Øhrstrøm and P. Hasle, "Future Contingents", *The Stanford Encyclopedia of Philosophy*, https://plato.stanford.edu/archives/win2015/entries/future-contingents, 2015, pp. 25 – 29。

(6) $V(t, c, LA) = 1$ 当且仅当对所有满足条件 $t \in c'$ 的 c'，都有 $V(t, c', A) = 1$。

由 V 满足的上述条件可推知其他算子的赋值条件，其中可能算子 M 的赋值条件为：

(7) $V(t, c, MA) = 1$ 当且仅当存在满足条件 $t \in c'$ 的 c'，有 $V(t, c', A) = 1$。

$V(t, c, A)$ 可以读作"A 在分支 c 中的时刻 t 为真"。一个公式 A 是"奥卡姆主义有效的"当且仅当对任一赋值函数 T 和任一奥卡姆主义模型⟨TIME, ≤, C, V⟩中的任一分支 $c \in C$ 中的任一时刻 $t \in c$，都有 $V(t, c, A) = 1$。可以添加一个区间函数得到奥卡姆主义模型中赋值的度量版本，用 $d(t', t'', m)$ 表示"t' 在 t'' 的 m 个时间单位之前"，其中 t' 和 t'' 属于同一分支，m 为正数，使用这个函数(4)和(5)分别替换为：

(4′) $V(t, c, FmA) = 1$ 当且仅当存在 $t' \in c$ 且 $d(t, t', m)$，有 $V(t', c, A) = 1$。Fm 表示"m 个时间单位之后将有……情况"。

(5′) $V(t, c, PmA) = 1$ 当且仅当存在 $t' \in c$ 且 $d(t', t, m)$，有 $V(t', c, A) = 1$。

需要指出的是，未来排中律"$Fa \vee F \neg a$"和"$Fma \vee Fm \neg a$"①是"奥卡姆主义有效的"，即在任何奥卡姆主义模型中都成立。

以下证 $Fa \vee F \neg a$ 是"奥卡姆主义有效的"，用反证法。倘若 $Fa \vee F \neg a$ 不是"奥卡姆主义有效的"，则存在一个赋值函数 T 和一个奥卡姆主义模型⟨TIME, ≤, C, V⟩中的一个分支 $c \in C$ 和一个时刻 $t \in c$，使得[1]$V(t, c, Fa \vee F \neg a) = 0$。由[1]根据条件(3)知：[2]$V(t, c, Fa) = 0$ 且[3]$V(t, c, F \neg a) = 0$。由[2]根据条件(4)知：对所有 $t' \in c$ 且 $t < t'$，都有[4]$V(t', c, a) = 0$。由[3]根据条件(4)知：对所有 $t' \in c$ 且 $t < t'$，都有[5]$V(t', c, \neg a) = 0$。再由[5]根据条件(2)知：[6]$V(t', c, a) = 1$。但[4]与[6]矛盾，所以 $Fa \vee F \neg a$ 是"奥卡姆主义有效的"。同理可证，"$Fma \vee Fm \neg a$"也是"奥卡姆主义有效的"。

从常识和自然语言观点看，奥卡姆主义系统对"FmA, LFmA 和 MFmA"这三者的区分是很有吸引力的。例如，我们不但可以谈论"明天将有海战"，还可以谈

---

① 它们与排中律的严格形式"$p \vee \neg p$"不同，奥斯特拉姆（P. Øhrstrøm）和哈斯勒（P. Hasle）等人将其称为"未来排中律"。P. Øhrstrøm and P. Hasle, "Future Contingents", *The Stanford Encyclopedia of Philosophy*, https://plato.stanford.edu/archives/win2015/entries/future-contingents, 2015, p. 10.

论"必然(在所有可能的)明天将有海战"和"可能(在某一可能的)明天将有海战"。① 奥卡姆主义逻辑在用户与计算机系统互动研究中有一个有趣的应用:一个基于普赖尔的奥卡姆主义时态逻辑的模型可以解释为包含一个动态的计划,即包含相应于由考虑之中的人做出的任何可能选择的替代计划。这意味着:当存在可选择的未来时,这个模型至少应该包含默认的选择或者建议的选择,即给用户的一个建议。这个计划应该导致用户获得在给定选择下的最佳可能的结果。②

四、进一步的思考

时间是一个奇特的概念。尽管关于时间没有统一的观点,但富有成效的研究是可能的。对未来事件的决定论与非决定论的讨论,刻有神学或科学的印记。决定论者认为未来发生的每件事都是已经发生的某件事的无法避免的后果。非决定论者则认为未来的某些方面并非已经发生之事的不可避免的后果。如果说决定论者把时间看作一条线,那么非决定论者则是把它看作向未来分支的一组岔路。③

尽管分支时间的本体论地位存在争议,但从逻辑的观点看,普赖尔基于分支时间的奥卡姆主义逻辑对关于未来偶然命题的真理论提供了一种较好的处理方法。就对于未来偶然命题的解释而言,较之于卢卡西维茨的第三值处理法,笔者倾向于赞同普赖尔的奥卡姆主义处理方案。理由大致如下:(1)三值逻辑为了坚持非决定论而抛弃二值原则,但按照时态模态逻辑,在二值原则的基础上同样可以坚持非决定论。因此,根据奥卡姆剃刀原理:"如无必要,勿增实体",引入第三值是不必要的。(2)笔者以为未来偶然命题在现在是有真假的,只是作为人类的我们不知道罢了。(3)过去已经记录在案,现在正在亲身感受,它们都是不可改变的。而未来就不同了,在某种意义上它可以为我们存在。换言之,未来的事件进程可能不止一种。因此,如果时间是分支的,那么进入未来就有多种不同的路径。根据不同的路径来解释未来偶然命题,进而把"未来"

---

① 参见 P. Øhrstrøm, "Time and Logic: A. N. Prior's Formal Analysis of Temporal Concepts", S. Ferré and S. Rudolph (Eds.): *ICFCA 2009*, LNAI 5548, pp. 75 – 76.
② Ibid., p. 77.
③ 伯吉斯:《不实在的将来》,载 R. B. 马库斯等著,康宏逵编译:《可能世界的逻辑》,第192页。

与"必然"和"可能"等模态联系起来是符合日常表达习惯的。

前面已谈及"未来偶然命题"讨论中的立场(1)、(3)和(4),它们分别对应于中世纪某些神学家的观点、卢卡西维茨的三值逻辑方案和普赖尔的奥卡姆主义方案。最后谈谈立场(2):未来偶然命题在现在为假吗?普赖尔在《过去、现在和未来》一书中作了讨论,他用对"区间 n 之后将没有情况 p"(it will not be the case the interval n hence that p)的两种含义的明确区分来代替第三真值。在他看来,这个命题可能意味着:"(1)区间 n 之后将有并非 p(It will be the case the interval n hence that(it is not the case that p)),即 Fn¬p;或者(2)并非区间 n 之后将有情况 p(It is not the case that(it will be the case the interval n hence that p)),即¬Fnp。"①他接着指出:"这里的'将'(will)意味着'一定将'(will definitely),直到在某种意义上确定将有情况 p,'将有情况 p'才是真的;直到在某种意义上确定将有并非 p,'将有并非 p'才是真的。如果不这样解决这些问题,所有这些断言,即 Fnp 和 Fn¬p 仅仅为假。"②需要注意的是,普赖尔认为未来偶然命题在现在具有真值假,进而认为未来排中律"Fnp∨Fn¬p"不成立,这是与他的非决定论和自由选择假定分不开的。

在笔者看来,反对"Fnp∨Fn¬p"作为一条规律似乎是很难让人接受的,这类似于卢卡西维茨三值逻辑对排中律的拒斥。从自然语言的角度看,似乎很难明确区分"Fn¬p"和"¬Fnp"。例如,"明天将没有海战"和"并非明天将有海战",这两个命题的涵义似乎相同。因而,较之于采纳立场(4)的奥卡姆主义方案,普赖尔的上述持立场(2)的处理方案缺乏说服力。

Logic Reflections on "Future Contingent Proposition"
Zhou Jun

Abstract: Whether "future contingent proposition", for example, "there will be a sea-

---

① A. N. Prior, *Past, Present and Future*, Oxford: Clarendon Press, 1967, p. 129.
② 同上注。

battle tomorrow", has truth-value now? In order to insist on indeterminism, Łukasiewicz's three-valued logic assigns the third value "the possible" to propositions like above that are neither true nor false. The method of handling is fresh, but it also gives rise to problems. It not only causes in which the law of contradiction and the law of the excluded middle do not hold, but also shows paradoxical formulas are no longer contradictory. Of course, many-valued logics are widely applied, however, as for explaining "future contingent proposition" and then dealing with relevant reasoning, it does not succeed. Prior's Ockhamist tense logic regards time as branches into the future and assigns truth-value relative to branches to "future contingent proposition", which both holds on to indeterminism and eliminates the third value. Furthermore, it combines "future contingent proposition" with modalities, which is consistent with common sense and natural language. Although there are disputes regarding the ontological status of the branching time, from a logical point of view, which is a less problematic solution of dealing with the true theory of "future contingent proposition".

Key Words: future contingent proposition, three-valued logic, the possible, tense logic, branching time

什么是历史事实?

吕和应*

[摘　要]　历史事实是史学理论最核心的概念之一,但其含义却长期含混不清。为了澄清什么是历史事实,首先,本文指出,与自然科学意义上的事实相比,历史事实具有不可知觉性、时间性和可拆分性。接着,本文进一步分析了历史事实与非历史事实的区别,并表明后见之明与历史事实之间存在密切的联系。最后,本文认为,历史学在三个层次上超越于历史事实:历史事实中蕴含着某种解释;历史著作不完全以历史事实论高下;历史的真实感有赖于历史事实之外的因素。

[关键词]　历史事实;不可知觉性;后见之明;历史解释

历史事实①是史学理论最核心的概念之一,关于历史事

---

* 吕和应(1980—　),男,四川遂宁人,复旦大学历史学博士,现任四川大学历史文化学院副教授,研究方向为西方史学史与史学理论。

① 历史事实的英文表达有 fact of history、historical fact 或 historic fact。一般情况下,这些表达都可以通用,尤其是前两个表达。比如,撰写《什么是历史事实?》一文的卡尔·贝克尔曾在无差别的情况下使用了 fact of history 和 historical fact:"从内涵的意义上讲,历史事实(facts of history)在来源上已经有了陈述;历史学家如果将心思沉没并窒息在散乱的状态中,不把历史事实(facts of history)加以整形而能重新(转下页)

实,普遍存在如下说法:"历史事实是历史学的基本素材,历史研究需要以历史事实为基础","历史事实让历史学有别于文学,没有历史事实,就没有历史学。"概言之,上述说法都意在强调历史事实是历史学的根本,是历史认识客观性最重要的保证。然而,就是这个在历史学领域流传甚广的概念,其含义却含混不清,有鉴于此,本文尝试在现有研究的基础上重新厘清这一概念。①

一、事实与历史事实

在探讨"历史事实"之前,我们先来讨论"事实"概念。"事实"一词在日常生活和现代文献中通常具有多义:一是指现象,事物和事件本身被称为事实;二是指对事物及其特性的感觉和知觉;三是指用来论证和反驳某种东西的理论原理。②究竟何谓"事实",笔者同意彭漪涟的看法,"事实乃是呈现于感官之前的事物(及其状况)为概念所接受,并由主体作出判断而被知觉到的。所以,事实

(接上页)陈述,便会搞成一种表面工作,那就是把人类经验的一切意义剥夺干净。如果任其自然,事实是不会说话的;同时如果任其自然,事实是不存在的,确实是不存在的,因为就实际目的而言,除非有人加以确认,便不会有什么事实。对于任何历史事实(historical fact),历史学家至少能做选择和确认的工作。去选取和确认即使最简单的一堆事实,便是去给它们在某种观念模型内以某种地位,仅仅如此便足以使它们取得一种特殊的意义。无论怎样铁硬或冰冷,历史事实(facts of history)毕竟不像砖头或木片,具有一定形状和清晰而持久的轮廓的实在物质。历史事实(facts of history)罗列毕竟不能同一车砖头的倾卸相比拟。砖头随便被放在何处,始终保持它的形式和压力;而历史事实(facts of history)的形式和实质既然仅在文字陈述中取得一种可以兑现的存在,便会随着用来传达它们的文字而变异。"参见卡尔·贝克尔:《人人都是他自己的历史学家》,何兆武主编:《历史理论与史学理论》,商务印书馆,1999年,第580页。历史"事实"一词在西文中的词源,参见[德]斯特凡·约尔丹主编:《历史科学基本概念辞典》,孟钟捷译,北京:北京大学出版社,2012年,第250—252页。

① 参见陈启能:《论历史事实》,《史学理论研究》1987年第4期;陈新:《论历史叙述研究中的历史事实概念》,《广东社会科学》1999年第3期;张耕华:《历史哲学引论》,上海:复旦大学出版社,2004年;俞吾金:《历史事实与客观规律》,《历史研究》2008年第1期;王兴斌:《历史事实的结构》,华东师范大学博士论文,2008年;彭刚:《叙事的转向——当代西方史学理论的考察》,北京:北京大学出版社,2009年;陈先达:《历史唯物主义的史学功能——论历史事实、历史现象、历史规律》,《中国社会科学》2011年第2期;卓立:《论历史事实的概念及其理论误区——关于重建客观史学理论基础的反思》,《史学月刊》2014年第5期。

② 彭漪涟:《论事实》,《学术月刊》1991年第11期。

乃是关于感性经验的一种知识形式"。① 在《再论事实》中,彭漪涟又指出:事实之所以是事实,不可能是纯粹的自在之物。一个自在之物要转化成事实,必须具备两个必要环节:第一,作为感性呈现,并为主体所觉察;第二,为主体已有概念所接受,并由主体对之作出陈述(判断其具有什么性质或与他物具有什么关系等)。就此而言,事实只能是经验事实,不可能是自在的。② 金岳霖更明确地说:"用句子或名词表示的东西或事体就是事实。"③由此可知,事实不是事物本身,而是对事物及其状况的一种感性经验的认识。

(一) 可知觉性与不可知觉性

自然科学意义上的"事实",通常是指研究者对目测到或通过仪器设备观测到的确定无疑的现象的陈述,比如在某气压条件下,水沸腾了,当然有时候也可以指某些规律,比如万有引力定律等。鉴于其可观测性,可以说,自然科学意义上的"事实"具有可知觉性。

谈及"历史事实",情况则复杂得多,对于亲历者或目击者而言,历史事实具有"可知觉性"的一面,即历史事实是亲历者或目击者亲眼所见、亲耳所闻之后得出的判断。在此意义上,历史事实与自然科学意义上的事实具有相似性。但对后来者而言,历史事实则具有"不可知觉性",他们不可能像亲历者或目击者那样亲眼所见、亲耳所闻当时发生的事情,他们只能通过口传、书信、日记和遗存等原始材料来间接确证过去的某个历史事件。在历史学领域,历史事实都是通过这种间接确证的方式确立起来的。比如,关于纳粹屠杀犹太人的历史事实,更多是战后通过相关审判以及通过相关的证物和证词间接确认的。

黑格尔在《世界史哲学讲演录》的开篇提出三种论述历史的方式,第一种是原始的历史学,第二种是反省的历史学,第三种是哲学的世界史。在原始的历史学中,历史学家就是事件的亲历者或目击者,他们所记述的历史事件都是他们亲眼所见、亲耳所闻的。在反省的历史学中,由于历史学家与其记述的历史事件已经存在一定的距离,所以他们的写作具有反省的性质,需要间接利用一些更原始的记述。④ 总的来说,在原始的历史学中,可知觉性表现得更为明显,

---

① 彭漪涟:《论事实》,《学术月刊》1991 年第 11 期。
② 彭漪涟:《再论事实》,《学术月刊》1994 年第 7 期。
③ 金岳霖:《知识论》,北京:商务印书馆,1983 年,第 613 页。
④ [德]黑格尔:《世界史哲学讲演录,1822—1823》,刘立群等译,北京:商务印书馆,2015 年,第 11—20 页。

其记述也更形象和直观,而在反省的历史学中,非知觉性就逐渐突显出来。

(二) 时间性

严格来讲,自然界的事物也具有时间性,也有其过往,但我们看到,自然界的事物从 t_1 到 t_2、t_3 或 t_4 的变化通常被视为非本质性的变化,这些变化往往被自然科学家忽略。

但在社会历史领域,时间性至关重要,一般认为,从 t_1 到 t_2、t_3 或 t_4 的变化并非无关紧要的变化。即便对某一个事件或人物而言无关紧要的变化,但对另一事件或人物而言则可能是至关重要的变化。此点提示我们,历史事件在时间之流中具有某种独特性。自然科学意义上的事实都通常只是样本,而历史事件则因其独特性而与其他历史事实共同构成某段历史的有机组成部分,历史整体的意义依赖于单个的历史事件。

本文强调每个历史事件本身的独特性,所以不赞同历史规律说。历史上的确存在一些相似的事件,但要论证历史是可以重复的却并不容易。退一步说,只有在特定条件下,我们才可以说历史是有规律的,历史有可能重演。①

此外,我们在此强调的是历史事件的独特性,而不是强调历史事实的独特性。历史事实是语言层面的判断,比如,"屈原投江而亡"这个表达是一个历史事实。这表达本身的真实性是没有时间限制的,不管在何时何地由何人表达出来,就其可知觉性一面而言(有人目击了屈原投江或后来在汨罗江找到屈原遗体而判定屈原投江而亡),是没有任何区别的。但在具体的语境中,比如将屈原投江与其报国联系起来,这一历史事实就具有了不同的意义(meaning)。就此而言,历史事实也具有时间性。

(三) 可拆分性

自然界的事物的差异不具有本质性,与此相对应,关于这些事物的事实就没有拆分(或者说详述)的必要性。比如,在 18 世纪,很多化学家都试图了解燃烧这一众人皆知的现象,他们对这一现象直观的观察大同小异,他们的重要差别在于,如何来解释空气中的燃烧现象。德国医生、化学家斯塔尔提出燃素说,认为物质在空气中燃烧是物质失去燃素、空气得到燃素的过程,而拉瓦锡则提出了氧化说,认为物质燃烧是物质与空气中的氧气相互作用的结果。

---

① 张耕华:《试论历史的"重演"与历史学的"预言"》,《史学理论研究》1997 年第 1 期。

历史事实在有足够证据的情况下可以进一步拆分。比如,"公元前49年,凯撒率军渡过卢比孔河"是一个历史事实,但这个历史事实还可以拆分为,凯撒为什么要渡河、如何渡河以及由此造成的结果等历史事实。历史事件本身极其复杂,对应的历史事实也是多样化的。对于一个复杂的历史事件,我们可以简单地一句话概括,也可以不厌其烦地详加描述。中国古代史学典籍《春秋》和《左传》就可以用来佐证历史事实的可拆分性。两部典籍论述对象相同,但据统计,《春秋》仅18000字左右,而《左传》的"经"和"传"加起来有20万字左右。由此可见,对于同一事件的记述,《左传》远比《春秋》详细。①

---

① 兹举一例,以便读者直观了解二者的差异。《春秋·宣公二年》【经】:二年春王二月壬子,宋华元帅师及郑公子归生帅师,战于大棘,宋师败绩,获宋华元。秦师伐晋。夏,晋人、宋人、卫人、陈人侵郑。秋九月乙丑,晋赵盾弑其君夷皋。冬十月乙亥,天王崩。《左传·宣公二年》【传】:二年春,郑公子归生受命于楚,伐宋。宋华元、乐吕御之。二月壬子,战于大棘,宋师败绩,囚华元,获乐吕,及甲车四百六十乘,俘二百五十人,馘百人。狂狡辂郑人,郑人入于井,倒戟而出之,获狂狡。君子曰:"失礼违命,宜其为禽也。戎,昭果毅以听之之谓礼,杀敌为果,致果为毅。易之,戮也。"将战,华元杀羊食士,其御羊斟不与。及战,曰:"畴昔之羊,子为政,今日之事,我为政。"与入郑师,故败。君子谓:"羊斟非人也,以其私憾,败国殄民。于是刑孰大焉。《诗》所谓'人之无良'者,其羊斟之谓乎,残民以逞。"宋人以兵车百乘、文马百驷以赎华元于郑。半入,华元逃归,立于门外,告而入。见叔牂,曰:"子之马然也。"对曰:"非马也,其人也。"既合而来奔。宋城,华元为植,巡功。城者讴曰:"睅其目,皤其腹,弃甲而复。于思于思,弃甲复来。"使其骖乘谓之曰:"牛则有皮,犀兕尚多,弃甲则那?"役人曰:"从其有皮,丹漆若何?"华元曰:"去之,夫其口众我寡。"秦师伐晋,以报崇也,遂围焦。夏,晋赵盾救焦,遂自阴地,与诸侯之师侵郑,以报大棘之役。楚斗椒救郑,曰:"能欲诸侯而恶其难乎?"遂次于郑以待晋师。赵盾曰:"彼宗竟于楚,殆将毙矣。姑益其疾。"乃去之。晋灵公不君;厚敛以雕墙;从台上弹人,而观其辟丸也;宰夫胹熊蹯不熟,杀之,置诸畚,使妇人载以过朝。赵盾、士季见其手,问其故,而患之。将谏,士季曰:"谏而不入,则莫之继也。会请先,不入则子继之。"三进,及溜,而后视之。曰:"吾知所过矣,将改之。"稽首而对曰:"人谁无过?过而能改,善莫大焉。《诗》曰:'靡不有初,鲜克有终。'夫如是,则能补过者鲜矣。君能有终,则社稷之固也,岂唯群臣赖之。又曰:'衮职有阙,惟仲山甫补之。'能补过也。君能补过,衮不废矣。"犹不改。宣子骤谏,公患之,使鉏麑贼之。晨往,寝门辟矣,盛服将朝,尚早,坐而假寐。麑退,叹而言曰:"不忘恭敬,民之主也。贼民之主,不忠。弃君之命,不信。有一于此,不如死也。"触槐而死。秋九月,晋侯饮赵盾酒,伏甲将攻之。其右提弥明知之,趋登曰:"臣侍君宴,过三爵,非礼也。"遂扶以下,公嗾夫獒焉。明搏而杀之。盾曰:"弃人用犬,虽猛何为。"斗且出,提弥明死之。初,宣子田于首山,舍于翳桑,见灵辄饿,问其病。曰:"不食三日矣。"食之,舍其半。问之,曰:"宦三年矣,未知母之存否,今近焉,请以遗之。"使尽之,而为之箪食与肉,置诸橐以与之。既而与为公介,倒戟以御公徒,而免之。问何故。对曰:"翳桑之饿人也。"问其名居,不告而退,遂自亡也。乙丑,赵穿攻灵公于桃园。宣子未出山而复。大史书曰:"赵盾弑其君。"以示于朝。宣子曰:"不然。"对曰:"子为正卿,亡不越竟,反不讨贼,非子而谁?"宣子曰:"呜呼,'我之怀矣,自诒伊戚',其我之谓矣!"孔子曰:"董狐,古之良史也,书法不隐。赵宣子,古之良大夫也,为法受恶。惜也,越竟乃免。"宣子使(转下页)

要描述一个历史事件,每个历史学家都可能出于各自的写作目的而采取不同的视角,视角不同,选取的历史事实自然也就有所不同。以茅海建的《天朝的崩溃》与蓝诗玲的《鸦片战争》为例,茅书的宗旨是"分析中国决策者'究竟犯了什么错误以及如何犯错误'",而蓝书的宗旨则是"谴责英国",因为是英国人"故意去攻击中国,而中国没有出兵到英国去"。① 由此可以想见,两部著作在历史事实的选取方面必定存在一些重要的差别。

二、历史事实与非历史事实

(一) 无可争议的历史事实

"法国大革命爆发于 1789 年","一战爆发于 1914 年","二战结束于 1945 年",这些是无可争议的历史事实。在历史学领域,但凡无可争议的历史事实,都需要有充分的证据来说明,比如,"一战爆发于 1914 年"可以根据各参战国的宣战书来证实,"二战结束于 1945 年"则可以根据交战国之间签订的停战协定来证实。

另外,越是具有可知觉性的历史事实,往往越具有无可争议性,比如发生在目力所及范围内的历史事件,就很容易判定为历史事实。如上文所述,公元前 49 年 1 月,凯撒率领自己的军队渡过卢比孔河。但"希特勒最后在地堡自杀",究竟是不是历史事实尚存在争议,目前关于希特勒的下落还众说纷纭,不过,如果找到充分的证据,这种说法很快就可以被证实或证伪。与此相反,涉及某个历史人物内心想法的东西或无法获得直接证据支持的东西就比较难以判定为历史事实,前者如对希特勒心态的刻画,后者如司马迁对"霸王别姬"的描述以

(接上页)赵穿逆公子黑臀于周而立之。壬申,朝于武宫。初,丽姬之乱,诅无畜群公子,自是晋无公族。及成公即位,乃宦卿之适子而为之田,以为公族,又宦其余子亦为余子,其庶子为公行。晋于是有公族、余子、公行。赵盾请以括为公族,曰:"君姬氏之爱子也。微君姬氏,则臣狄人也。"公许之。冬,赵盾为旄车之族。使屏季以其故族为公族大夫。)经传部分参见杨伯峻编著:《春秋左传注》,北京:中华书局,1990年,第 650—666 页。

① 罗志田:《"天朝"怎样开始"崩溃"——鸦片战争的现代诠释》,《近代史研究》1999 年第 3 期;[英]蓝诗玲:《我不认为鸦片战争源于文明的冲突》,《凤凰历史》,http://news.ifeng.com/a/20160408/48396571_0.shtml,2016 - 4 - 8。

及罗马史家萨鲁斯特对喀提林密室密谋的描述,这两种情况都很难证实或证伪。

当我们说"历史事实是历史学的基本素材,历史研究需要以历史事实为基础"时,显然是指那些无可争议的历史事实对历史学极其重要。而历史学家的准备性工作就是弄清楚那些还需要进一步寻找证据支持的历史事实。

(二) 存在争议的"历史事实"

"哥伦布发现美洲大陆",到底是历史事实还是非历史事实,如果说不是,那是因为在哥伦布到达美洲大陆之前,那里已经有比较发达的文明存在,若改为"哥伦布于1492年第一次达到美洲大陆"则无可争议。当然,当某些历史学家声称"哥伦布发现美洲大陆"时,也可能包含这样的意思:当时的欧洲人并不知道有美洲的存在,当他们第一次达到此地,用"发现"来表达也不是无稽之谈。但是,从原住民的角度来看,历史学家的这种说法始终存在很大的争议。我们看到,在美国,意大利裔每年10月初举行的哥伦布纪念日游行也遭到了原住民的反对,因为这种游行有美化殖民侵略的嫌疑。① 同时,"美洲"这一称谓也是为了纪念最早绘制美洲地图的意大利制图师亚美利哥,想必这一定不是印第安人对美洲的称呼。

当我们使用"人文主义"这一概念来概括古希腊的基本精神时,我们就预设了很多观念,比如,古希腊人是以人为本的。不过,很多历史学家可能反对这样的概括,最新的研究表明,虽然古希腊人重视人,但是是在神的观念下对人的重视,换言之,某种神圣的观念在社会生活中起着更重要的作用,人是附属于神的。②

对于南京大屠杀问题,中日双方尚未完全取得共识,特别是在遇难者人数方面。中国官方认为,日本军队在1937年攻陷南京城以后,屠杀了30万中国军民;而日本右翼政治家则根本否认南京大屠杀的存在,日本部分学者则认为,南京大屠杀的被害人数不可能达到30万。③

---

① 参见《哥伦布日:美国最具争议节日,原住民反对纪念》,http://world.people.com.cn/n/2015/1012/c1002-27687729.html,2015-10-12。
② 参见张巍:《特奥格尼斯的印章——古风希腊诗歌与智慧的传达》,《外国文学评论》2008年第1期。
③ 参见[日]田中正明:《南京大屠杀之虚构》,军事科学院外国军事研究部译,北京:世界知识出版社,1985年;中国学者的反驳,参见程兆奇:《南京大屠杀研究——日本虚构派批判》,上海:上海辞书出版社,2002年。

(三) 非历史事实

电影《赵氏孤儿》的情节原貌：晋成公之子晋景公在赵盾死后，想剪除赵家势力，所以除掉了赵盾的儿子赵朔，还有赵氏的赵同、赵括等，赵朔遗孀庄姬夫人为景公的姑姑，她在此次动乱中幸免，生下了赵氏孤儿赵武。在电影中，故事发生在成公之时，赵盾尚未去世，而且成公身上又有骄奢淫逸的晋灵公的影子。这就是典型的虚构，非历史事实。

当代作家李洱创作了一部小说，名为《花腔》(2002)，这是一部看起来像历史著作的小说。[1] 其主角葛任是一个完全虚构的人物，但作家故意虚构了他与红军长征、整风运动的联系以及他与陈独秀、李大钊的交往。为了让读者觉得这是一部严谨的历史著作，作家还在小说中编造了书信、日记和回忆录等原始资料，试图将真实与虚构杂糅在一起，以便营造一个真假难辨的氛围，来表达他对历史与现实、真实与虚构的思考。

(四) 介于历史事实与非历史事实之间的事实

一种是在特定语境下才能认定的历史事实。"赵盾弑其君"，对孔子和董狐而言，对当时的君臣伦理而言，算是不可移易的历史事实，但对现代的历史学家而言，则未必是历史事实。所以，有的历史事实也可以理解为"历史性的事实"，也就是会随着时代变化的历史事实。

据《春秋·宣公二年》记载：秋，赵盾弑其君夷皋。晋国太史董狐直书"赵盾弑其君"，这被视为中国古代"直书"的典型，但如果纯粹按照经验主义的角度来看，它完全违背了历史事实，因为真正杀死晋灵公的是赵盾的亲戚赵穿而非赵盾。虽然如此，孔子却赞誉董狐为"古之良史"。按照现代历史学的标准，这句话就根本错误了。而后来的《左传》和《史记》都沿袭了"赵盾弑其君"的说法。同样是在春秋时期，又有"崔杼弑其君"的说法，崔杼同样是由于他人杀死齐庄公而被太史写为"弑"君。针对这种比较特殊的情况，有学者专门将历史事实区分为"事形之实"与"事义之实"[2]，"赵盾弑其君"和"崔杼弑其君"就属于"事义之实"。

另一种则是因语境的变化而受到历史学家关注的事实。对于西方古典史学而言，最重要的是政治军事史，因为它们对历史具有重大的影响，而写作者也

---

[1] 李洱：《花腔》，北京：人民文学出版社，2002年。
[2] 陈金海：《〈春秋〉经传中的历史事实问题》，《第二届青年史学家论坛论文集》，2015年，第391—403页。

想以此来保存历史的功业。对于中国的二十四史而言,帝王将相的历史远胜于平民百姓的历史。到了19世纪,历史学家开始倡导"文化史"(Kulturgeschichte),既注重研究思想文化,又开始注重研究社会经济史。梁启超在20世纪初提倡"新史学",也就是要突破传统的帝王将相史。在20世纪,历史研究的对象,由上层社会转移到下层社会,由重大的社会经济活动转向普通的日常生活,于是下层社会的生活逐渐成为历史学家关注的对象,成为真正意义上的历史事实。

三、历史事实与后见之明

对后来者与事件的亲历者或目击者而言,历史事实具有不同的意味。后来者将过去某个时间 t_1 发生的事件,与后来某个时间 t_2、t_3 或 t_4……发生的事件联系起来通盘考虑,由于能看到在 t_2、t_3 或 t_4 等时间发生的事件,他们再回头去看在 t_1 时间发生的事件,眼光自然会有所不同。

对历史学家而言,这种后见之明有利有弊。罗志田曾用"倒放电影"这个形象的说法来阐述历史学家的后见之明的利弊,在他看来,"'倒放电影'这一研究方式的优点在于结局已知,研究者容易发现一些当时当事人未能注意的事物之重要性;但其副作用则是有意无意中会以后起的观念和价值尺度去评说和判断昔人,结果常常得出超越于时代的判断。"[①]但需要说明的是,后见之明会影响历史学家对历史事件的理解和评价,但在大多数情况下并不会改变历史事实。比如,"1789年7月14日巴黎人民攻占巴士底狱",这一历史事实并不会因为后来发生推翻波旁王朝、雅各宾派专政和拿破仑战争以及欧洲范围内的革命而改变。发生改变的是诸如此类事件在整个历史脉络中的意义。

对正在经历法国大革命的当事人而言,他们既不知道这场"革命"会是后来所谓的"法国大革命",也不清楚这场革命是从1789年7月14日巴黎市民攻占巴士底狱开始的(当时巴士底狱压根就没几个犯人),更不明了整个事件对西方历史乃至世界历史造成的影响。如果他们能未卜先知,现在估计,很多市民和手工业者也许就不会参与大规模的骚动和游行了,因为其中很多人后来被送上了断头台或者由于参与革命军队而战死。又如义和团运动那一段历史,对当时

---

① 罗志田:《民国史研究的"倒放电影"倾向》,《社会科学研究》1999年第4期。

那些义和拳乃至外国传教士和八国联军都是陌生的,因为他们当时并不清楚整个事件的走势和结局,义和拳不知道他们后来会被慈禧出卖,而八国联军也未必清楚战事对他们是如此有利。就此而言,历史学家都是事后诸葛亮。

对于历史学家而言,法国大革命的历史进程和义和团运动的经过都是比较清楚明了的,他们需要做的,就是在对事件有了整体把握的情况下,根据历史事实来叙述历史。正因为历史学家是事后诸葛亮,所以他们能根据后来的情况来认定当时的事件的性质和意义。攻占巴士底狱的时候,谁也未曾料到后来会出现一个盖世无双的拿破仑。义和拳在攻打东交民巷的时候,谁也没料到慈禧事后会加罪于他们。当时的法国人更不可能看到法国大革命拉开了整个欧洲乃至世界的自由宪政改革或革命序幕,而当时的清廷和满洲贵族更不可能知晓八国联军侵华是压垮清朝统治的最后一根稻草,他们还妄图通过改革来挽救统治。而我们现在从各种历史著作中看到的对法国大革命和义和团运动的评定以及赋予它们的意义,是历史学家在其中发挥作用。

对于现代历史学家而言,后见之明似乎已经成为其展开工作的前提条件。确定历史事实是历史学家的基础工作,但历史学家最重要的任务是将各种历史事实组合起来,如果缺乏后见之明,他们是很难将较长时期内发生的历史事件有意义地编织起来的。现代史学早已超出了历史事实的层面,而是追求对历史本身的总体把握。

四、历史学超出历史事实

(一) 历史事实与历史解释

在客观主义史学理论中,历史事实被视为自在的,与历史解释泾渭分明。但随着其基本观点被颠覆,历史事实与历史解释之间的密切关系又重新获得了肯定。

关于历史事实与历史解释的关系,尼采曾言:"没有事实,只有解释。"[1]克罗齐指出:"一件事实只有当它被人思想时才是历史的事实,……而一件非历史

---

[1] 参见 Nietzsche, *Sämtliche Werke: Kritische Studienausgabe*, Vol. 12, Hrsg. von Giorgio Colli und Mazzino Montinari, Berlin: de Gruyter, 1980, S. 315。

事实则是一件没有被思想过的事实,因而是不存在的,而谁也没有遇见过一件不存在的事实。"①罗兰·巴尔特认为:"历史的话语,若不考虑其内容的实质而仅根据其结构来看,本质上是意识形态阐述的一种形式,或更准确地说,是想象的阐述……因此,历史'事实'这一概念在各个时代中都是可疑的了。"②

历史事实与概念性解释。安克斯密特在《叙述逻辑:对历史语言的语义学分析》中提出了"叙述实体"概念。"叙述实体"寓于作为整体的叙述文本之中,它通过隐喻的意义赋予一组陈述句子以融贯性。叙述实体是历史学家就如何看待特定历史给出的"建议",是历史学家所建议的看待历史的最佳"视角"。不同的历史学家对于同一段历史会给出不同的"建议",因此,叙述实体之间存在竞争,但通过审美标准可以从中评选出最优者。③ 当我们说"法国大革命"爆发于1789年,或辛亥革命爆发于1911年时,我们就预设了"法国大革命"或"辛亥革命"的观念,而对于攻占巴士底狱的人而言,他们并不知道所谓的"法国大革命"肇始于他们原初的行动,而武昌起义的新军也不知道他们的行为将揭开中国历史新的一幕。历史学家使用"法国大革命"和"辛亥革命"等概念,就表明他们已经对这段历史有所理解。又如,1840年爆发的那场战争,中国称之为"鸦片战争",而当时的英国则称之为"贸易战争",可见这场战争对中英双方的意义各不相同。再如,1894—1895年的甲午战争,英文一般称之为"清日战争"。虽然表述稍有不同,但这样的表述背后却隐含着一些基本的倾向和判断。

历史事实与叙述性解释。历史学家把历史事实按照某种模式和意义重新进行组合和排列,于是就会产生新的意义。在这种情况下,有可能出现如下情形:单论历史学家所说的每一句话,似乎都是确定无疑的历史事实,但将诸历史事实组合起来,就产生了"被歪曲的"历史画面。对于欧洲近现代史而言,即便到了1800年左右,资产阶级发挥的力量都是有限的,此前,他们并非历史舞台上的主角,那些唱主角的人是王室和贵族,要讲述那段历史,我们就必须清楚欧洲各大王室的谱系及其政策,比如,需要了解在16和17世纪统治现在的西

---

① [意]克罗齐:《历史学的理论与实际》,傅任敢译,北京:商务印书馆,1982年,第83页。

② 参见 Roland Barthes, "The Discourse of History", in *The Rustle of Language*, trans. by Richard Howard, Berkeley: University of California Press, 1989, p. 138.

③ F. R. Ankersmit, *Narrative Logic: A Semantic Analysis of the Historian's Language*, The Hague: M. Nijhoff, 1983.

班牙、德国、奥地利、匈牙利和捷克的哈布斯堡家族,统治法国的波旁家族,统治英国的都铎家族和斯图亚特家族。

"给定的成分"。海登·怀特在《元史学》的中译本前言中区分了"事件"与"事实",在他看来,事件是指时空中发生的事件,而事实则是以判断形式出现的对事件的陈述。他强调,"我并不是说,'事件'只是一种语言学上的存在。我想强调的是,在我看来,历史事实是构造出来的,固然,它是以对文献和其他类型的历史遗存的研究为基础的,但尽管如此,它还是构造出来的。"①怀特这一表态拉近了他与传统史学理论的距离,在很多层面(如强调事件的独立性,强调历史事实需要以文献和历史遗存为基础),他并不是绝对激进的,与传统史学理论相比,他只是更强调历史事实的构造性以及由此造成的"虚构性"。

沃尔什曾在《历史哲学——导论》一书中提出,历史事实中包含着"给定的成分",它们是"过硬"的,是不容反驳的。② 尽管怀特强调历史事实中的虚构成分,但他也不太可能完全否定沃尔什所谓的"给定的成分"。关于这种"给定的成分",沃尔什有如下论述:

> 我们是要否认历史学家对于过去能知道任何绝对确定的事实这一命题的,并且是站在融贯论的一边在论证着,一切论述都是相对的;然而同时我们却又在同意符合论观点的拥护者们,肯定在历史学中,正如在知觉中一样,有着一种要勾勒出独立现实的企图。而且我们应该认为,这种论断不是无缘无故的;因为历史判断,不管它的上层建筑如何,都要以一种特殊的经验作为它的基础,在那种经验之中我们可以接触到过去,尽管我们对过去并没有直接的印象。**事实上,在历**

---

① [美]海登·怀特:《元史学:十九世纪欧洲的历史想像》,陈新译,南京:译林出版社,2004年,中译本前言第6页。
② 金岳霖的"所与论"与沃尔什的"给定论"有相似之处。"所与"和"给定的"成分都可以用 the given 表示。所谓"所与",既是正觉对外物的客观呈现,同时又是外物或外物的一部分。二者在正觉基础上统一起来。所谓"正觉",即是"正常的官能者在官能活动中正常地官能到外物或外物底一部分"。"而这'正常'起码有两个含义。其一,它是对外物的官觉。有些官能活动不是与外物有直接接触的活动,假如眼睛有毛病把一张桌子看成两张,官能活动虽有,而两张桌子之中有一张不是外物。这样的官能活动就不是正觉。第二,它是某一类官能者所普遍具有的官能活动。'正常是对于个体说的,可是,一正常个体底正常是相对于它直接所属的类而说的。'"参见金岳霖:《知识论》,第123—125页。

思维中有着一种给定的成分，哪怕那种成分不可能被孤立出来。 我们不可能实现符合论的全盘纲领，因为我们不可能考察过去，去看看它是什么样子；但是我们对它的重建却并不因此就是随意的。历史思维是对证据必须做到公正这一需要所支配的；虽说这并不是以某些人想要使我们相信的那种方式被固定下来的，然而却也不是由历史学家所制造出来的。它里面有着某种"过硬"的东西，那是辩驳不倒而必须老老实实加以接受的。无疑正是这种成分，才引导符合论的拥护者们试图去发现那种能与对独立的已知事实的陈述相一致的对历史真实性的检验标准。①

由此可见，即便历史事实中存在怀特所谓的虚构成分，即便历史学与文学存在某种共通性，但只要我们还坚持认为历史事实中包含着"给定的成分"，那么历史学就永远不可能被等同于文学。

（二）经典历史著作超越了历史事实

我们经常看到的一种现象是，有的历史著作在史实方面被后来的著作所否定或超越，但仍然不失为经典之作。比如，兰克的《教皇史》和布克哈特的《意大利文艺复兴时期的文化》等。由此可见，我们对一部历史著作的认定和肯定，远远超出了事实性的因素。这些经典著作里蕴含了历史学家对历史的深刻洞察，这些富有时代特征和思想价值的洞察是不容易过时和褪色的。②

杨念群的《儒学地域化的近代形态：三大知识群体互动的比较研究》（1997）、《再造病人》（2006）出版之后得到了截然相反的评价：赞同者，多半是肯定其视角的新颖；批评者，则多半是因为他在引用和解读史料时出现了诸多错误，对此，这位"不守家法"的历史学家已习以为常。③ 这也从另一个侧面反映出，现代史学除了倚重历史事实，范式创新也是其延续和发展所必须的，因此，评价一部历史著作，不能仅仅看它是否符合历史事实，还需要看它在理论和

---

① ［英］沃尔什：《历史哲学——导论》，何兆武、张文杰译，桂林：广西师范大学出版社，2001年，第91页。
② 彭小瑜：《兰克史学：并非考据史学》，《北大德国研究》第六卷，北京：北京大学出版社，2017年，第21—33页；刘耀春：《雅各布·布克哈特与意大利文艺复兴——对〈意大利文艺复兴时期的文化〉的再思考》，《四川大学学报（哲学社会科学版）》，2011年第1期，第34—50页。
③ 《杨念群：不守"家法"做学问》，www.thebeijingnews.com，2006-6-1。

方法层面是否有所创新。

(三) 历史的真实感依赖于历史事实之外的因素

历史事实是对历史本身的"正确"描述,这固然不错,但纯粹的历史事实组合到一起,是否意味着就能得到真实的历史画面呢?当然不是,历史事实需要证据支持,而历史上很多事件都"了无痕迹",要借助有限的历史事实组成蕴含无数细节的真实历史画面难免会捉襟见肘。比如,历史学家目前对太平天国运动的诸多细节已有清楚的了解,但有的细节也让历史学家为难,由于宗教方面的原因,诸如洪秀全这样的领袖都没有留下较为真实的肖像画,当纪念馆需要为洪秀全等人塑像时,则只能依靠有限的信息进行想象。

谈到肖像画,还涉及另一个问题。神似和形似是肖像画兼具的品质。肖像画是不是画得越像越好呢?从绘画来讲,未必如此。中国绘画传统历来重视"神似"、"神韵"或"气韵",上乘的肖像画除了形似之外,还必须具备"神似"、"神韵"或"气韵",此所谓"画龙点睛"。通常,我们见到某幅画,从局部来看,每个部分都肖似,但整体感觉就是不对劲。这就是"神似"方面有问题,缺乏某种神韵或气韵,没有将人物画得活灵活现。唐代张彦远的《历代名画记》中有言:"若气韵不周,空陈形似。"用克罗齐的话来说,我们需要活的历史,而非死的编年史,历史学家不能只是堆砌历史事实,还需要善用历史事实,这样方能让历史"复活"。就此而言,历史事实未必是呈现历史的最佳手法。一条条"硬邦邦的"历史事实,很难反映历史丰富和多变的面貌。就像古埃及墓室壁画,生硬的线条未必能增加历史的灵动感和真实感。既然历史已经逝去,何以能够表现得"活灵活现"呢?不管中国还是西方,文学手法的介入和"深描",都有利于历史真实感的再现。

What Are Historical Facts?

Lyu Heying

Abstract: Historical fact is one of the most central concepts of theories of historiography, but its meaning has been vague for a long time. In order to clarify what are historical facts, first of all, this paper points out that historical facts are unperceptive, temporal and separable when compared with the facts in the sense of natural sciences. Then, this paper further analyzes the differences between historical facts and non-historical facts, and indicates that there is a close relationship between hindsights and historical facts. Finally, this paper argues that historiography transcends historical facts at three levels: historical facts contain some kind of interpretation; historical writings can't be judged entirely on the basis of historical facts; sense of reality in historiography depends on factors other than historical facts.

Key Words: historical facts, unperceptivity, hindsights, historical interpretation

历史书写中的语言张力
——《左传》历史美学解读(三)*

路新生**

[摘　要]《左传》言事相兼,烦省合理,是为中国传统史学历史书写之楷模。《左传》且富含"历史美学"——借用美学之慧眼审视"历史"和"历史学"——之诸要素。本文以《左传》关于晋国前期历史(至晋文公以前)之书写为样本,体味其中的历史美学意味,以为当今史学之镜鉴。

[关键词]《左传》;语言;历史美学

引言

语言为历史书写之骨干。我国第一部史学著作《左传》言事相兼,烦省合理,使读者寻绎不倦,览讽忘疲,是为中国传统史学历史书写之楷模。《左传》且富含"历史美学"——借用美

---

* 基金项目:华东师范大学"精品力作培育项目：历史美学的理论与实践"(项目编号：2017ECNU——JP010)。

** 路新生(1952—),男,安徽萧县人,华东师范大学历史系教授,主要从事中国学术史、史学史研究。

学之慧眼审视"历史"和"历史学"——之诸要素。本文拟以《左传》关于晋国前期历史(至晋文公以前)之书写为样本,剖析并鉴赏其叙事语言之特色,以及以语言为骨干联动之"动作"、"情致"及其"情节"的展开,归根结底赏析《左传》如何叙事,怎样写"人",体味其中的历史美学意味,以为当今史学之镜鉴。

黑格尔《美学》曾经说过:"语文毕竟是最易理解的最适合于精神的手段,能掌握住而且表达出高深领域的一切认识活动和内心世界中的一切东西。"①"语文这种弹性最大的材料(媒介)也是直接属于精神的,是最有能力掌握精神的旨趣和活动,并且显现出它们在内心中那种生动鲜明模样的。"②

史著亦"精神产品","语言"也同样是显示史家"精神旨趣"、"内心中那种生动鲜明模样"的"最适合手段"。《汉书·艺文志》:"左史记言,言为《尚书》。右史记事,事为《春秋》":"记言"和"记事"同等重要。700年后刘知幾撰《史通》,他在独家所创,同时也是《史通》纲领性篇章的《六家》、《二体》之后,紧接着的是《载言》,起手便云:

古者言为《尚书》,事为《春秋》,左右二史,分尸其职。盖桓、文作霸,糾(通"纠")合同盟,春秋之时,事之大者也,而《尚书》阙纪;秦师败绩,缪公诫誓,《尚书》之中,言之大者也,而《春秋》靡录。

按,齐桓公、晋文公"糾合同盟"称霸是谓"事",然必待"言"其"事"乃可成,《尚书》却"阙纪",此处未"言"即缺"事";秦穆公之"言",亦必有其败绩之"事"为起因而不能发其"诫誓",《春秋》却"靡录",此处未"言"即缺"言"。一失史家之"言",一失历史人物之"言"。"言"即"事","事"亦"言"。直到《左传》,其"不遵古法,言之与事,同在传中"的"历史书写"方法,才弥补了《尚书》、《春秋》的不足。与此同时,刘知幾特别强调了《左传》的语言魅力:"言事相兼,烦省合理,使读者寻绎不倦,览讽忘疲。"

《申左》则云:"寻《左氏》载诸大夫词令,行人应答,其文典而美,其语博而

---

① 黑格尔:《美学》第三卷(下册),朱光潜译,北京:商务印书馆,1996年,第52页。
② 同上书,第19页。

奥,述远古则委曲如存,征近代则循环可覆。"任何"表达"都是从痛感和快感中分泌出来的。史家也一样。清代史家兼诗家赵翼(瓯北)有诗云:"国家不幸诗家幸,赋到沧桑句便工。"其实,在遭遇沧桑之变的历史大关口,史家的感悟要比诗家来得更加锐利而深刻。史家既生活在现实之中,同时也在"历史"之中生活。对于现实和历史的联系,史家当有一种悲欣交集的观感。他写作,他撰史,是他生命燃烧的一种形式,根本上只听命于他心灵的呼唤。是故赵瓯北之诗可改题为"国家不幸史家幸,赋到沧桑句便工"。

我们读《左传》,《左传》叙事像一部轰鸣的交响曲,大气朗然,将善恶美丑放在一个调色盘内,融入笔下的史著之中。她不仅对《史记》以下的中国传统史学产生了先导性、典范性的影响,而且在理解语言本身也能够撬动"历史"使之跌宕起伏(此为借助美学审视"历史")方面,在鉴赏性阅读过程中能够带给读者强烈的美感体验(此为用美学眼光看"历史学")方面,《左传》都给人极深刻的启迪。

黑氏论诗人用"语言"展现灵魂:"诗人因此能深入到精神内容意蕴的深处,把隐藏在那里的东西搜寻出来,带到意识的光辉里。……语文毕竟是最易理解的最适合于精神的手段,能掌握住而且表达出高深领域的一切意识活动和内心世界中的一切东西。"[①]黑格尔又特别强调有"两种散文"——"历史写作的艺术和说话修辞的艺术",它们"在各自的界限之内最能接近艺术"。[②] 而在黑格尔的美学观念中,"诗"即艺术。若将黑氏之"诗人"替换成史家,史家实与诗人一样,他们同样运用"语言","深入到精神内容意蕴的深处,把隐藏在那里的东西搜寻出来,带到意识的光辉里"。因此可以认定:语言是构成"历史叙事"的骨干,能够衬映出史家学养的深浅,并且直接制约着史著的文野高下。《左传》关于晋国前期历史(至晋文公以前)之书写,正是可以用作样本的剖析对象。

一、成师灭仇与晋武公之崛起

我们看春秋时的晋国早期历史,就是一部骨肉相残、兄弟阋墙史。黑格尔

[①] 黑格尔:《美学》第三卷(下册),第52页。
[②] 同上书,第38页。

说过:"弟兄间的仇恨在各时代都是艺术中的一个突出的冲突","从《旧约》里该隐杀他的兄弟伯亚就已开始了",黑氏将其归类为一种"自然(即人无可选择的"家庭出身"——笔者)的情况所产生的冲突"。① 它曾经作为戏剧的主题久演不衰。实际上,同根相煎不仅大量存在于艺术史上的经典剧作中,它在历史中也比比皆是。因其中折射出人性的洁净与龌龊,光明和阴暗,故成为中国传统史家高度关注的对象。《左传》描述的晋国早期史就是一个典型。

晋为周武王子唐叔之后。周成王灭唐,分封庶兄唐叔于此。唐叔之子改唐为晋(今之太原市)。晋首次出现于春秋的历史记载见《左传·隐公五年》。有关晋的载记至此方才出现,这却并不是说晋国此前无"史",而是因为晋长期处于内乱之中,晋不及来告鲁,因此鲁《不修春秋》不载晋事,孔子据《不修春秋》所撰《春秋经》自然不书。《经》不书《左传》却书之凿凿,足见《左传》必有除《春秋经》外的其他史料来源,这是理解《经》不书《传》何以书这一经学重要现象的关键。一直到文公成为"春秋五霸"之一以前,晋经历了惨烈的火并内乱。从长兄仇一支与亲兄弟成师一支内斗开始,至成师后裔晋武公彻底征服仇一支,完成了晋内部的统一,内乱方告一段落。仅这一段,时间就达长达六十七年之久(据《史记·晋世家》)。

1. 成师灭仇。《左传·桓二》:

> 初,晋穆侯(晋穆侯伐条戎在周宣王二十三年)之夫人姜氏以条之役生太子,命之曰仇。其弟以千亩之战生,命之曰成师。师服曰:"异哉,君之名子也!夫名以制义(取名必合于义),义以出礼(义出从礼),礼以体政,政以正民,是以政成而民听。易则生乱。嘉耦曰妃,怨耦曰仇,古之命也。今君命太子曰仇,弟曰成师,始兆乱矣。兄其替(衰微)乎!"

按,《竹书纪年》有"王师及晋穆侯伐条戎,王师败逃"的记载。周宣王败逃,则晋穆侯亦必随之败逃。出师不利,故穆侯名其子曰"仇"。又据《史记·晋世家》:

---

① 黑格尔:《美学》第一卷,朱光潜译,北京:商务印书馆,1996年,第264页。

穆侯四年,取齐女姜氏为夫人。七年,伐条。生太子仇。十年,伐千亩,有功。生少子,名曰成师。晋人师服曰:"异哉,君之命子也!太子曰仇,仇者雠也。少子曰成师,成师大号,成之者也。……今適庶("適"同"嫡",长子;弟为庶)名反逆,此后晋其能毋乱乎?"

师服一语成谶,晋内乱开始。《左传·桓二》:

惠(惠,鲁惠公)之二十四年(周平王二十六年),晋始乱,故封桓叔于曲沃。……师服曰:"吾闻国家之立也,本大而末小,是以能固。故天子建国(天子分封诸侯为"国",是谓"建国"),诸侯立家(诸侯分封采邑予卿大夫,是谓"立家"),卿置侧室,大夫有贰宗,士有隶子弟,庶人、工商,各有分亲,皆有等衰。是以民服事其上,而下无觊觎。今晋,甸侯也(《礼记·王制》:"千里之内曰甸。"),而建国,本既弱矣,其能久乎?"

《史记·晋世家》:

昭侯元年,封文侯弟成师于曲沃。曲沃邑大於翼。翼,晋君都邑也。成师封曲沃,号为桓叔。……桓叔是时年五十八矣,好德,晋国之众皆附焉。君子曰:"晋之乱其在曲沃矣。末大於本而得民心,不乱何待!"

谨按,桓叔即成师,与长兄仇不和,周天子不会不知,却封桓叔于曲沃。晋国都在翼,曲沃地盘却大于翼,且为晋宗祠所在。师服所谓"天子建国",所谓"国家之立也,本大而末小,是以能固",左氏均借晋事而暗讽天子。缘此,文中"故"字有深意,所用精当:一谓天子直接插手了晋内乱;二指天子"故意"于晋国边再立一"国",此"国"又非国家之国,而系"耦国"之国——足以与国都翼抗衡之大城曲沃。(《左传·隐公元年》:"祭仲曰:'都,城过百雉,国之害也。先王之制:大都,不过参国之一;中,五之一;小,九之一。今京不度,非制也,君将不堪。'")面对侯国内部矛盾,周王火上浇油,且存心扶植非长子、非"正统"之成师,大失君德,上梁不正。左氏借师服之口,批判矛头实指天子。

桓叔被封于曲沃,为成师一支崛起之始。其人"好德"得民心,"晋国之众皆附",又有根据地与晋侯相颉颃,故虽有对立面之屡屡反抗,最终无功而返,成师一支彻底剪灭了仇一支。《左传·桓二》:

> 惠(鲁惠公)之三十年,晋潘父弑昭侯而纳桓叔,不克。晋人立孝侯。

《史记·晋世家》:

> 七年,晋大臣潘父弑其君昭侯而迎曲沃桓叔。桓叔欲入晋,晋人发兵攻桓叔。桓叔败,还归曲沃。晋人共立昭侯子平为君,是为孝侯。诛潘父。惠之四十五年,曲沃庄伯(曲沃桓叔子),弑孝侯。……周桓王使虢仲伐曲沃武公,武公入于曲沃。乃立晋哀侯之弟缗为晋侯。……晋侯二十八年(鲁庄公十六年),曲沃武公伐晋侯缗,灭之,尽以其宝器赂献于周釐王。釐王命曲沃武公为晋君,列为诸侯,于是尽并晋地而有之。

按,周王待晋政出二门,前后矛盾:先封桓叔于曲沃,挑起晋内乱;后见武公伐翼,藐视最高统帅,失却颜面,心有不甘,故扮出一副"老大"嘴脸,授命虢公为首伐武公。[①] 虢后成晋世仇,"唇亡齿寒",晋借虞道伐虢并灭之,皆结仇于此。晋武公灭缗,尽以其宝器贿赂周王,周王贪利受贿,并不得不承认现实,遂命武公为晋君,列为诸侯。

2. 晋武公立"军"。《左传·庄十六》:

> 王使虢公命曲沃伯(曲沃武公)以一军为晋侯。

按《周礼·夏官》:"凡制军,万有二千五百人为军。王六军,大国三军,次国

---

① 按《左传·桓公七年》:"冬,曲沃伯诱晋小子侯杀之。"次年"冬,王命虢仲立晋哀侯之弟缗于晋。"

二军,小国一军。"晋武公(曲沃武公)本有一军,但此非晋军而为"曲沃军";现周王承认武公可制一军,"曲沃军"升格成为"国军",晋军至此合法化。

《史记·晋世家》:

> 武公代晋二岁,卒。……子献公诡诸立。

晋献公继位,晋国开始新内讧。

二、晋献公时的内讧

就成师一支而言,从晋献公继位后内部火并就未曾消停过。献公残忍、固执、专断,在位凡二十六年(鲁庄公十八年—鲁僖公九年)。二十六年间,他先灭"外亲",即与献公有叔伯亲属关系之群公子;再诛"内亲",杀害太子申生,甚于虎毒。

1. 诛灭桓(桓叔)、庄(庄伯)之族。据《左传·庄公二十三年》,"晋桓(桓叔)、庄(庄伯)之族偪",压迫公室,献公患之,谋于士蒍,先剪除了桓、庄族群公子的谋士富子。次年,复挑唆群公子杀桓、庄同党"游氏之二子"之后,《左传·庄二十五》:

> 晋士蒍使群公子尽杀游氏之族,乃城聚(聚,邑名)而处之。冬,晋侯围聚,尽杀群公子。

按,士蒍"城聚"时已经预谋将群公子"聚"而歼之。"围聚"二字,正可作"城聚"之注脚。"处",一字二训:"处于"之处,意在"聚"上;"处置"之处,诛灭也。《史通·叙事》:"夫国史之美者,以叙事为工,而叙事之工者,以简要为主。简之时义大矣哉!"左氏笔力简洁雄健,足以当之。

2. 强娶骊姬。献公尤其好色,类似康德所诅咒的"老年散荡之徒"[①]。他不

---

① 康德:《对美感与崇高感的观察》,载曹俊峰译:《康德美学文集》,北京:北京师范大学出版社,2003年,第19页。

听史苏之劝讨伐骊戎,娶骊姬,将祸水引入国门,影响最恶劣。《左传·庄二十八》:

> 晋献公娶于贾,无子。烝于齐姜①,生秦穆夫人及太子申生。又娶二女于戎,大戎狐姬生重耳,小戎子生夷吾。

按,此条史料提示晋侯原育有三子一女,而太子申生与秦穆夫人为亲兄妹。然同年《传》又载:

> 晋伐骊戎,骊戎男(人名)女以骊姬,归,生奚齐,其娣生卓子。骊姬嬖,欲立其子,赂外嬖梁五与东关嬖五(骊姬男宠)。

关于骊姬,《公羊传·僖公十年》:"骊姬者,国色也。"何休《公羊解诂》解"国色":"其颜色,一国之选也。"在娶骊姬前献公曾卜且筮之。《左传·僖四》:

> 初,晋献公欲以骊姬为夫人,卜之,不吉;筮之,吉。公曰:"从筮。"卜人曰:"筮短龟长(长,灵验),不如从长。"弗听,立之。生奚齐,其娣生卓子。

按,"筮","筮草";"龟",灵龟,均用为卜占。然一为植物,一为动物,龟卜要于筮占,是谓"筮短龟长"。康德曾经嘲笑那些色鬼,说他们"只是在把异性看做可享乐的对象时才爱异性"②,不啻是谓献公。对于这种只是"在根本上与性的吸引力有关"并足以"销魂"(康德语)者,献公根本不考虑其"过度的诱惑力"可能成为"造成不良倾向和不幸的源泉"③——献公早已色迷心窍,又孰愿从龟而弃筮哉?

---

① 齐姜,晋武公妾,太子申生母。《史记》谓齐姜为齐桓公女。章太炎另有解:晋武公灭翼统一晋国后"必兼得其内",认为"齐姜非哀侯之妾,则小子侯之妾耳。武公志大,情不系之;献公志本淫昏,取之宜也"。见章太炎:《春秋左传读》,载《章太炎全集》(二),上海:上海人民出版社,1982年,第210页。
② 康德:《对美感与崇高感的观察》,载《康德美学文集》,第12页。
③ 同上书,第41页。

骊姬被立为夫人,后宫局面立刻失衡,导致王室内部"所涉及的各种力量之间原有的和谐"被彻底"否定或消除掉"了,双方"转到互相对立,互相排斥:从此每一动作在具体情况下都要实现一种目的或性格,……由于各有独立的定性,就片面孤立化了,这就必然激发对方的对立情致,导致不可避免的冲突"①,并使"分裂和由分裂来的定性终于形成了情境的本质,因而使情境见出一种冲突(重点号为黑格尔所加),冲突又导致反应动作,这就形成真正动作的出发点和转化过程"②,这一"真正动作的出发点和转化过程"的"冲突"此刻即表现为后宫争宠和接踵而来的王子争立。

3. 骊姬妒忌析。妒忌是人类最恶劣的秉性之一。叔本华说:"恶意的主要来源之一是妒忌;或者更确切地说,妒忌自身就是恶意。由看到别人的快乐、财富或优势所燃起。""人是绝对有妒忌心的。希罗多德早就说过:'妒忌是人类伊始就自然生长出来的。'""看到别人痛苦便称心地、由衷地感到高兴,这是一个坏透的心肠和道德极为卑微的标志。应该永远躲开这种人。"③妒忌和幸灾乐祸,"前者是人所特有的,而后者则是恶魔性的"。④ 有学者认为妒忌起源于雄性动物对雌性的绝对占有欲和雌性动物对其他同类同性的绝对排他性,此说当否勿论,但说妒忌主要反映人动物性的一面,事涉男女关系时尤其如此,则确然无疑。康德曾经幽默地认为"婚前"的嫉妒可由"作为恋人的快乐和希望之间的痛苦","是一种调料","但在婚后生活中却变成了毒药"。⑤

骊姬因觊觎王储位而生妒忌,太子申生首当其冲,成为她必须铲灭的对象。正是通过处心积虑铲除申生的描述,《左传》成功塑造了骊姬的丰满形象,并借骊姬一身种种恶根之揭露,透出左丘明关注人性的"意蕴"或曰"史义"。女性特有的细心,则使骊姬之恶如虎添翼,恶上加恶。她深思熟虑,步步为营,先将非她所出之申生、重耳、夷吾及"群公子"统统排挤出国都,以便垄断她对晋侯的影响力。(见《左传·庄二十八》)然后进一步实施深构太子去而除之的预谋。献公则对骊姬言听计从,害死了亲生子申生。

---

① 黑格尔:《美学》第三卷(下册),第286页。
② 黑格尔:《美学》第一卷,第255页。
③ 叔本华:《伦理学的两个基本问题》,任立、孟庆时译,北京:商务印书馆,1996年,第224—225页。
④ 同上书,第225页。
⑤ 康德:《实用人类学》,载《康德美学文集》,第193页。

三、残害太子申生

1. 申生"将"军与作。《左传·闵公元年》:

> 晋侯作二军,公将上军,太子申生将下军。……灭耿、灭霍、灭魏。还,为太子城曲沃。……士蒍曰:"太子不得立矣。分之都城,而位以卿,先为之极,又焉得立?不如逃之,无使罪至。为吴大伯,不亦可乎?犹有令名,与其及也。"

按,献公并未通过周王,"自说自话"由一军而"作"二军。王室衰微,对其扩军只能听之任之。献公使申生将下军,为太子"城曲沃",士蒍老谋深算,立刻探得了献公明升暗废的心思,知"太子不得立矣"!当初士蒍助献公为虐,杀富子、游氏,"聚歼"群公子,何等心狠手辣!现见申生将遭厄运,戚戚焉又油然而生同情。善与恶本冰炭不容,士蒍却一身集之,这正是人性丰富性、复杂性的表现。

《庄子·列御寇》载孔子论人心难知所言:

> 凡人心险于山川,难于知天。天犹有春秋冬夏旦暮之期,人者厚貌深情。①

"人心"源于"人性"。人性的多面相好比一块块切片。左丘明深知世界之复杂莫过于人。对于人性,他并不报不切实际的奢望与幻想,也不作空泛的夸张与提升,只是用一个个真实的历史故事划分出人性的切片,用史笔告知我们:诺,人就是这副模样!因此《左传》中的人才显得如此丰满与鲜活。

再看士蒍劝申生逃亡,谓"为吴大伯,不亦可乎?犹有令名,与其及也",士蒍的理由冠冕堂皇,但为什么不把话说透?他又连带上因"亡"而成大君子的吴太伯,再后缀一状语副词"令名",一下就让词义变得晦涩不清、朦胧难解,有似"猜谜"了:此地所用"及"字,究竟是"祸及"之及呢?还是如吴太伯般的"令名"

---

① 转引自钱钟书:《谈艺录》,北京:中华书局,1984年,第161页。

之及？读者浮想联翩，急于讨谜底的兴趣也被调动起来。按照钱钟书先生的意见，士蒍话说欠完整，至少应在"与其及也"后再补上"不如奔也"或"宁奔也"一句，认为这是左氏"引而不发"。① 这里似可为钱先生"引而不发"说再赘一注：此左氏之"用晦"笔法也。其妙就妙在士蒍之欲言又止，半吞半吐，就是不把那个"奔"字说出口。"奔"者，"亡奔"也可解，"及"吴太伯之"令名"亦通。然劝人"亡奔"却将是要承担巨大政治责任的。士蒍因有此虑，故"引而不发"欤？《史通·叙事》："一言而巨细咸该，片语而洪纤靡漏，此皆用晦之道也"，刘知幾弃"显"而用"晦"，理由是，"显也者，繁词缛说，理尽于篇中；晦也者，省字约文，事溢于句外"。② 这里值得再追问一句：若是用《史通》"用晦"说来赏析《左传》，"巨细咸该"、"洪纤靡漏"之"巨"之"洪"；"溢于句外"之"事"落实于《左传》究竟何指？答曰：意在引出献公灭申生之狠毒也。

2. 伐东山皋落氏。《左传·闵二》：

> 晋侯使太子申生伐东山皋落氏。里克谏曰："太子奉冢祀（冢，大）、社稷之粢盛（粢，祭祀品），以朝夕视君膳者也（太子亲问君王之膳），故曰冢子。且臣闻皋落氏将战。君其舍之！"公曰："寡人有子，未知其谁立焉！"不对而退。

献公命申生伐狄，主意出自骊姬。《国语·晋语一》：

> 骊姬曰："以皋落狄之朝夕苛我边鄙，君盍使之伐狄，以观其果于众也，与众之信辑睦焉。若不胜狄，虽济其罪，可也；若胜狄，则善用众矣，求必益广，乃可厚图（省略申生）也。……公说。是故使申生伐东山。"

而"寡人有子，未知其谁立焉"，献公欲废太子至此已经呼之欲出。《左传·闵二》：

---

① 钱钟书：《管锥编》第一册，北京：中华书局，1979年，第179页。
② 刘知幾：《史通通释》，上海：上海古籍出版社，1978年，第173页。

> 太子帅师,公衣之偏衣,佩之金玦。……狐突叹曰:"……衣之尨服(黑白杂色,狂人亦不服),远其躬也;佩以金玦,弃其衷也。……尨凉,冬杀,金寒,玦离,胡可恃也?虽欲勉之,狄可尽乎?……罕夷曰:"尨奇无常,金玦不复。虽复何为?君有心矣。"先丹木曰:"是服也,狂夫阻之(狂夫不衣)。曰'尽敌而反',敌可尽乎?虽尽敌,犹可内谗,不如违之。"

"尨凉,冬杀,金寒,玦离",一字一顿,一顿一义,"翩翩奕奕,良可咏也"(借用《史通》赞班固语)。而其叙事之巧妙,钱钟书有言:

> 狐突叹曰:"……虽欲勉之,狄可尽乎?"……先丹木曰:"是服也,狂夫阻之,曰'尽敌而反',狄可尽乎?虽尽敌,犹有内谗,不如违之。"观先丹木之语即针对晋侯之命而发。先此献公面命申生一段情事,不加叙述,而以傍人语中一"曰"字达之,《史通·叙事》篇赞《左传》"睹一事于句中,反三隅于事外",此可以当之。①

用语言对话本身来叙事(这种史学传统中西皆然,如《尚书》,如希罗多德,而以吾国出类而拔其萃),这是《左传》的高明之处,也是传统史学的突出特点。它方便了读者从对话中理解对话人的品质、性格,味出其中的人性,并因此促成读者本人理解历史事件时的"角色代入",大大增强了文章的趣味性和可读性。如钱钟书所说:

> 用对话体来发表思想,比较容易打动读者的兴趣,因为对话中包含几个角色,带些戏剧的成分。……我们读的时候……兴味并不在辩论的胜负是非,倒在辩论中闪烁着各角色的性质品格,一种人的兴味代替了硬性的学术研究,像读戏剧一样。②

---

① 钱钟书:《管锥编》第一册,第180页。
② 钱钟书:《钱钟书散文》,杭州:浙江文艺出版社,1997年,第141页。

以此再来体悟献公之意,其实他最希望申生战死,如上文中的冬战(冬气肃杀,不宜战)、龙衣、金玦(玦当以玉质,玉性温润;金,铜质,性寒。以金为玦,涵绝离义),均为不祥之物兆;面喻申生"尽敌而反",即敌未尽而勿反,同样暗伏杀机。

对于献公用心,申生并非不察。但是,人总要有精神依托,其主要内容便是坚守不移的"价值"。大君子当有翛然于生死之际的大境界,一旦价值破灭,用生命捍卫价值就是一种必然。此刻,肉身存在的生命形式就会成为"价值体现"的对象而表现为"崇高",即坦然面对死亡。申生明知此一战凶多吉少,仍然准备拼死一战,狐突强谏之弗听,即"价值"使然。谓为不信,且看《国语·晋语一》:

> 狐突谏曰:"不可。突闻之……"申生曰:"不可,君之使我,非欢也,抑欲测吾心也。是故赐我奇服,而告我权。又有甘言焉。言之大甘,其中必苦。谮在中矣,君故生心,……不若战也。不成而反,我罪滋厚;我战死,犹有令名焉。"果败狄于稷桑而反。谮言益起。

3. 申生遇害。献公、骊姬一对男女狼狈为奸,必去除申生,可谓念兹在兹!《左传·僖四》:

> 及将立奚齐,既与中大夫成谋,姬谓太子曰:"君梦齐姜,必速祭之!"太子祭于曲沃,归胙于公。公田,姬寘诸宫六日。公至,毒而献之。公祭之地,地坟。与犬,犬毙。与小臣(宦官),小臣亦毙。姬泣曰:"贼由太子。"太子奔新城。公杀其傅杜原款。……或谓太子:"子辞,君必辩焉。"太子曰:"君非姬氏,居不安,食不饱。我辞,姬必有罪。君老矣,吾又不乐。"曰:"子其行乎!"太子曰:"君实不察其罪,被此名也以出,人谁纳我?"十二月戊申,缢于新城。

按,《左传》此段叙事虽仅寥寥百余字,却要言不烦,可谓字字珠玑,其间悬念迭起,暗潮涌动如"活剧",以徐而不疾的史笔展示出跌宕起伏、惊心动魄的历史场景。叙事有背景、有情境、有对话,"历史美学"的意味丰厚。特因其"真实",遂使发生于 2500 年前的"真人真事"较一般虚构的文学作品表现出更强烈的勾魂摄魄的魅力。黑格尔认为,艺术作品最难把握的是找到"可以显现心灵方面的深刻而重要的旨趣和真正意蕴的那种情境"[①],它需要"抓住事件、个别人物以及行动的转变和结局所具有的人的旨趣和精神价值,把它表现出来"。[②]黑格尔强调的这些"艺术创作"要领同样也是历史叙事的枢轴而为《左传》所擅长。《左传》利用"情境和动作的演变",通过太子申生特别是骊姬的形象塑造,使读者并不仅仅根据人的"名字和外表",而是通过"动作"去认识申生和骊姬"究竟是什么样的人"[③],换言之,左氏的宗旨最终是落在认识"人"及其"类性"上的。例如申生的善良和懦弱,即类似于莎士比亚笔下哈姆雷特"在实行方面本身的软弱";哈姆雷特的"延宕又延宕","内倾反省、多愁善感、爱沉思","因此不善于采取迅速行动"的秉性,也都能在太子申生身上找到相像的踪影。读者在扼腕痛惜申生秉质的同时,若能像黑格尔一样,体悟出申生也有与哈姆雷特一样"很美的心情"[④],则不枉辜左氏一片苦心矣!更遑论申生与哈姆雷特有"真"、"假"之别哉?最妙处是左氏拿了申生"善"的秉质,处处与骊姬相比照,以凸显骊姬的"旨趣和精神价值"——她的残忍、贪婪、狭隘,尤其是她的妒忌。这种相互映衬与对比,使整个事件借助善恶的冲突,产生出强烈的"戏剧性效果"。骊姬自是主角,申生只作为她的陪衬。这里,《左传》并不回避"丑"而选择骊姬为主角,即如艺术作品"在表现外在情况时可以走到单纯的丑"[⑤]一样,意在用申生之"美"烘托骊姬之"丑",昭示人性中普遍存在的阴暗面,使读者理解人性的复杂面相,却除阴霾,纯净秉性,回复如申生之"善"。[⑥]《左传》抓住最能反映"情境"所需要的"可以显现心灵方面的深刻而重要的旨趣和真正意蕴"之诸要素,用"具象"的史实使其"抽象"的"意蕴"隐隐"透"出:(1)骊姬先"与中大夫成谋"而立奚齐,然"成谋"尚处于"策划"阶段,即奚齐"将立"而未立。"及将立"、"既与",非有此五字作底衬,便叙不得骊姬步步紧逼的后续"动作"。左氏叙事针细

---

① 黑格尔:《美学》第一卷,第 254 页。
② 同上书,第 37 页。
③ 同上书,第 277 页。
④ 同上书,第 294 页。
⑤ 同上书,第 261 页。
⑥ 同上书,第 232 页。

缕密,真如金圣叹赞《水浒》第十一回所云:"非非常之才,无以构其思也;非非常之笔,无以摛其才也。又非非常之力,亦无以副其笔也。"①此时,借用黑格尔的美学用语,"定性"已经形成,"本质上的差异面(与善相对立的恶),而且与另一面(申生)相对立","冲突"已在所难免。但"冲突"毕竟"还不是'动作',它只是包含着一种动作的开端和前提"——它还只是整个事件的"背景"。② (2)骊姬必须进一步采取构陷太子的"动作",借晋侯之手除而杀之;复因"动作""起源于心灵",故最能显现骊姬作为"人"的"最深刻的方面"③。骊姬为此分四步行动:a. 托梦,诓骗申生前往曲沃(晋宗祠所在地)祭母,申生心善中计;b. 申生由曲沃带回祭品,入骊姬所设圈套;c. 骊姬制毒,献公试毒。她先"寘胙(祭品)六日",使之变质。犹恐毒性不够,再自行加毒而献之于献公。骊姬之歹毒遂因其心细更见其老辣。"毒而献之"后忽又插入"公祭之地"一事。申生所归之胙,献公何不即食之而试其毒? 此处全然省去献公试毒之因,直教读者意会出此必系骊姬的主意。此种叙事法,再借用金圣叹评《水浒》语,"能令读者心前眼前,若有无数事情,无数说话","灵心妙笔,一至于此"!④ 试毒对象则由"贱"而"贵",先"地"后"犬"复"小臣":"公祭之地,地坟;与犬,犬毙;与小臣(宦官),小臣亦毙",一句一顿,一顿一事,紊而不乱。至于献公试毒之前,其腔子内究竟哪副心肝? 其脑际又存何种思虑? 此等处《左传》一概省略,遂于"留白"式的"用简"(刘知幾赞《左传》运笔语)中腾出让读者充分体悟的空间,并使叙事因此而极具张力。d. 骊姬栽赃申生,申生被害。紧接着的"姬泣曰"三字,活脱脱一副娇嗔耍赖、反咬一口的泼妇相,献公平日宠之爱之、唯言是听、唯计是从的昏聩状亦深隐其中。以上四步骤首尾连贯,环环相扣,一气呵成,显现出作为史家的左氏撰史如撰"剧",体大思精、严丝合缝、环环相扣的艺术性构想。在叙事中,左氏充分调动了视觉、听觉甚至触觉诸要素。历史学之叙事因带有了此类要素,它与"人"的关系就立刻密切起来,也因此充满了"人味"与"趣味"。读《左传》常能够有"人味"与"趣味"的享受,原因在此。在申生善良软弱的烘托下,骊姬阴险老辣、

---

① 施耐庵:《水浒传》(上册),北京:中华书局,2009年,第97页。按,金圣叹本人即极赞赏《左传》之谋篇布局与叙史。
② 黑格尔:《美学》第一卷,第260页。
③ 同上书,第278页。
④ 施耐庵:《水浒传》(上册),第122页。

成谋深算的秉性格外鲜活。(3)骊姬陷害太子全过程始终有语言伴随。比起如金属、颜料、石块、音符等①,语言作为"材料"(黑格尔《美学》语)最能体现历史主体——人的内在精神。要之,《左传》高超绝伦的情节构思和叙事运笔,归根结底需服务于发掘并表彰那些"可以显现伟大心灵力量的分裂与和解"②。这就为传统史学从叙事之方法论、撰史目的论上立下了圭臬。

黑格尔认为:"人的最深刻方面只有通过动作才见诸现实,而动作,由于起源于心灵,也只有在心灵性的表现即语言中才获得最大限度的清晰和明确。"③"诗艺要找出一个情节或事件,一个民族的代表人物或一个杰出的历史人物的最本质的核心和意义,把周围同时发生作用的一些偶然因素和不关要旨的附带情节以及只是相对的情境和人物性格都一齐抛开,只用能突出地显现主题内在实体的那些人物和事迹,这样就会使得上述最本质的核心和意义通过对外在事物面貌的改造而获得适合的客观存在。"④

按,"诗艺"亦"史艺"。为了"突出地显现主题内在实体的那些人物和事迹",左丘明剪除了叙事的枝枝蔓蔓而紧紧咬住骊姬不放。人性的光辉之巅与黑暗之渊同处一"人"。史家当有慧眼,在相反相成的人性空间中开掘,以此彰显出历史的震撼力。《左传》即处处用申生之善,烘托出骊姬"最本质的核心和意义"。骊姬则设套规局,心思缜密,她一计不成再生一计,并采取令人眼花缭乱的一连串"动作",充分显现出其"人性"中"最深刻的方面"⑤——她的手腕、心计;她的妒忌、贪婪、狭隘、刻毒;献公的昏庸与残忍则为"虎"作伥,与骊姬相辅相成,终于逼迫申生自缢。所以孔子郑重其事,将申生之死直接归罪于晋侯。《春秋经·僖公五年》:"春,晋侯杀其世子申生。"

四、骊姬恶报

申生死,但奚齐继位障碍犹存。骊姬故伎重演,再诬重耳(晋文公)、夷吾

---

① 黑格尔正确指出:金属、颜料、石块、音符等"材料"均可用于雕塑、绘画、音乐等艺术创作,借用黑氏此论,上述"材料"亦能够"再现"历史。
② 黑格尔:《美学》第一卷,第260页。
③ 同上书,第278页。
④ 黑格尔:《美学》第三卷(下册),第47—48页。
⑤ 黑格尔:《美学》第一卷,第278页。

(晋惠公)为太子同党。《左传·僖公四年》:"姬遂谮二公子曰:'皆知之。'"重耳奔蒲,夷吾奔屈。重耳最终奔狄,夷吾奔梁。骊姬机关算尽,终遂心所愿而得逞于一时。虽然,她却不解"爱人者,人必从而爱之;利人者,人必从而利之;恶人者,人必从而恶之;害人者,人必从而害之"(《墨子·兼爱》)这一为人处世的根本道理。机关算尽却终"害了卿卿性命";她的膨胀情欲则殃及无辜的奚齐、卓子被杀,应验了平头百姓常说的"远在儿女近在身"的"恶报"。僖公九年九月,晋侯疾。他与骊姬狼狈为奸,害死太子,逼走重耳、夷吾,造孽深重,天怒人怨。献公深知自造的恶业最终将报应在奚齐身上,这成了他的心病。故献公先使重臣荀息为奚齐之傅,临死前再召荀息"托孤",反复要求其立誓保奚齐。荀息固亦君子有风范,稽首而誓曰:"臣竭其股肱之力,加之以忠贞。其济,君之灵也;不济,则以死继之。"然晋侯之恶天理难容,荀息以死殉之,虽确如《国语·晋语二》以"君子曰"赞其"不食其言",但他为恶辩护,毕竟"愚忠"。故对于荀息"君子一言,驷马难追"的承诺仍当以左氏的批评为是:"君子曰:《诗》所谓'白圭之玷,尚可磨也;斯言之玷,不可为(追悔)也'。荀息有焉。"

《左传·僖九》:"晋献公卒。十月,里克杀奚齐于次(次,丧次,居丧之草庐,不抹泥。后世谓之"筑庐")。……十一月,里克杀公子卓于朝。"行文至此,笔者忍不住要引用几句曾经利用过的史料。清徐乾学曾说:"做官时少,做人时多;做人时少,做鬼时多。"钱大昕引之并指斥蔡京、明成祖之流作恶多端,而谓:"此辈惜未闻斯语!"[①]借用晓徵之骂,献公、骊姬辈亦"惜未闻斯语!"人生在世,不过匆匆百年,死后做"鬼"才是"永久"的。"善有善报,恶有恶报,不是不报,时候未到,时候一到,一切皆报",这不仅为佛家言,更是历史的铁律。太子申生流芳百世,献公、骊姬遗臭万年,并殃及奚齐、卓子,令人唏嘘,应了平头百姓常常挂在嘴边"远在儿女近在身"的"现世报"。各人生前的"自业"于死后之"善"、"恶"报,真真凿凿毫厘不爽!终究逃不脱的是史家如椽之笔的历史评价之"报"。

晋献公子嗣至此已在"窝里斗"中大部凋零,有资格继承君位者仅剩重耳与夷吾。靠秦穆公的扶佐,夷吾首先登上了王位。

[①] 钱大昕:《十驾斋养新录》,上海:上海书店出版社,1983年,第429页。

五、秦晋交恶及其大逆转

1. 夷吾登基。晋献公子嗣已在"窝里斗"中大部凋零,有资格继承君位者仅剩重耳与夷吾。据《左传》,"里克、丕郑欲纳文公(重耳)"。里克、丕郑不看好夷吾,其中除去二人向与重耳"党同"故"伐异"的因素外,就人品优劣而言,重耳与夷吾也的确存在巨大差异。据《国语·晋语二》,奚齐、卓子被杀,里克及丕郑曾"使屠岸夷告公子重耳于狄",意欲召之回国继承王位。然此时重耳因受献公、骊姬迫害,早已久经了流亡异国漂泊他乡的锤炼,他的心智已足够成熟,深明政治上迎拒进退的取予之道。本质上重耳也不是一个对王位猴急垂涎的硁硁小人,故在狐偃劝说下,重耳终于婉拒了来使。夷吾的表现则与重耳判若云泥。据《国语·晋语二》,夷吾党羽吕甥及郤称"使蒲城午告公子夷吾于梁",召他回国即君位。夷吾告知其追随者冀芮,冀芮即竭力鼓动夷吾应诺,以为乱中取政此正其时,即所谓"非乱何入?非危何安?"为此冀芮替夷吾想出了一个挟秦以自重的馊主意。《国语·晋语二》:

尽国以赂外内,无爱虚(不惜空虚国库)以求入。

此即《左传·僖九》所说夷吾"重赂秦以求入(回国)"。夷吾此举背后实有其阴暗的心理私欲。夷吾骨子里认为:

人实有国,我何爱焉?入而能民,土于何有?(《左传·僖九》)

按,夷吾此处之"人"实暗指在王位继承上竞争力超过他的公子重耳。《东周列国志》尝借冀芮语解《左传》谓:"公子不返国,则梁山一匹夫耳,能有晋尺寸之土乎?他人之物,公子何惜焉?"[1]小说家之言亦堪为《左传》作笺释:只要击败重耳"入而能民",即使卖国割地也在所不惜,故其以重赂许秦穆公及晋大夫。且夷吾谄媚秦使,竟说出了"终君(秦穆公)之重爱,受君之重贶,而群臣受其大

---

[1] 冯梦龙、蔡元放编:《东周列国志》(上),北京:人民出版社,1955年,第238页。

德,晋国其谁非君之群隶臣也?"的混账话,恬不知耻,一至于此!

究竟立重耳还是立夷吾? 秦穆公自然也有他的算计。重耳"仁",夷吾"无德",秦穆公对此心知肚明。但他要的是一个"听话"的傀儡。穆公派往考察重耳与夷吾的公子絷一语正中其下怀。《国语·晋语二》:

> 君若求置晋君而载之,置仁不亦可乎? 君若求置晋君以成名于天下,则不如置不仁以猾其中,且可以进退。

是故穆公"先置公子夷吾,实为惠公"。此一"先"用字精当,已隐涵了日后秦穆公另立重耳为晋君之伏脉。左氏笔力雄健,于此亦可洞见。私欲满腹、大节亏损的俗夫小人夷吾,终于在秦穆公的扶持下登上了王位。因左氏先已对夷吾的宵小秉质作了足够周详的铺垫,是故惠公登位后即原形毕露,恶行不断,就显得顺理成章、自然而然,读者并不感到意外。"言近而旨远,辞浅而意深,虽发语已殚,而含义未尽。睹一事于句中,反三隅于字外。"《左传》深副刘知幾《史通》所赞"用晦"之要领而贯穿始终。

2. 夷吾作恶

a. "烝"嫂。《左传·僖十》:

> 晋侯(惠公)改葬共太子(申生)。秋,狐突适下国,遇太子。太子使(狐突)登,仆,而告之曰:"夷吾无礼,余得请于帝矣,将以晋畀秦,秦将祀余。"

"夷吾无礼"实暗指惠公烝申生妃贾君,此即《左传·僖十五》所说:

> 晋侯之入也,秦穆姬属贾君焉,……晋侯烝于贾君。

按,秦穆夫人以亡嫂相托当在夷吾入君之前,夷吾亦当允诺。但入君后他即刻"烝"之,趁人之危欺侮弱寡,禽兽不如!

b. 斥"群公子"。《左传·僖十五》:

> 晋侯之入也,秦穆姬属贾君焉,且曰:"尽纳群公子。"晋侯烝于贾君,又不纳群公子,是以穆姬怨之。

杨伯峻注:"献公之子九人,除申生、奚齐、卓子已死,夷吾立为君外,尚有重耳等五人,即所谓群公子。"惠公欲排除所有可能对他的王位构成威胁者,尤其是重耳,他当然"不纳"群公子。

c. 以怨报德、背信弃义。此为惠公三大恶之尤者。

据《左传·僖六》:"晋却芮使夷吾重赂秦以求入";据《国语·晋语二》,夷吾"赂秦伯以河外列城五,东尽虢略,南及华山,内及解梁城"为继承王位的条件。但一上台他立刻变卦赖账,"既而不与"。更有甚者,僖公十三年晋国遭遇饥荒,"秦于是乎输粟于晋"。然次年冬,"秦饥,使乞籴于晋,晋人弗与"。忘恩负义,幸灾乐祸,这副隔岸观火的嘴脸,激怒了秦穆公,也引起了秦国国人的极大愤慨。次年穆公侵晋,惠公自食恶果,在韩原之战中沦为战俘。

3. 韩原之战与穆姬救弟。《春秋经·僖十五》:"十有一月壬戌,晋侯及秦伯战于韩,获晋侯。"《左传·僖十五》:"(晋军)三败及韩。……秦获晋侯以归。"

秦、晋兵戎相见,晋侯被俘。据《史记·秦本纪》,秦穆公原本准备杀惠公以祭天:"穆公虏晋君以归,令于国:斋宿,吾将以晋君祀上帝。"但在秦穆姬——穆公夫人,也是惠公之姊"以太子䓨、弘与女简璧登台而履薪"——以自焚相要挟下,穆公最终打消了此念。《左传·僖十五》:

> 穆姬闻晋侯将至,以太子䓨、弘与女简璧登台而履薪焉。使以免服衰绖逆,且告曰:"上天降灾,使我两君匪以玉帛相见,而以兴戎。若晋君朝以入,则婢子夕以死;夕以入,则朝以死。唯君裁之!"乃舍诸灵台。

"免服衰绖,登台履薪",秦穆夫人肃穆铿锵、堂堂正正迎面而来,如见其人,如闻其声。亟当注意者又在左氏叙事的主观立场:对于穆姬舍命救弟的巾帼豪女英雄气概,左氏竭力凸显并予以了正面的肯定。换言之,作为一位史家,左氏自觉认识到了穆姬此举的正当性并予以了表彰,这一点至关重要。因为此段史实不仅因此显现出动人心魄的悲剧式的"崇高美",且其中蕴含了《左传》对于

"人性"和"战争"取舍评判的重要价值观念。(见后文)康德曾经说过:"女人……美丽,富有魅力,这就够了。"①"女人身上不应该有火药味,正如男子不应该有麝香味一样。"②从这意义上说,女人原本应远离战争。然而,当女人也和男人一样不得不面对战争时,她们往往能以柔软而亲和的人性魅力表现出一种不同于男子的坚强与智慧——穆姬即与之。她的刚(以死相逼)柔(婚姻、家庭、子女)相济,以柔(区区女身)克刚(男人、"戎"、战争),用女性特有的阴柔意蕴,用"亲情"式的柔韧去抗衡战争的残忍与非人性,这是与战争的刚烈、火爆截然不同的另一种"崇高"。康德说:"一个女人如果有一种女性的魅力,而且那种魅力显示出道德的崇高,这个女人就在'美'的本来意义上称为美的。"③穆姬大义凛然,有不容予夺、不让须眉的丈夫气,读来令人动容。发生在2500年前的穆姬往事何以至今仍然具有强大的生命力和感染力?盖因有一"人性"之魂魄贯穿其中故也。

穆姬舍身救弟,是晋国前期骨肉相残的历史暗夜中唯一耀眼的闪光点。现在要问:穆姬何以出此壮举?答曰:"血浓于水"之故也。

(1)"天伦"与"人伦"。中、西方均需面对"亲情",但各家观念同中有异。黑格尔说:"形成悲剧动作情节的真正内容意蕴,……是在人类意志领域中具有实体性的本身有理由的一系列的力量:首先是夫妻、父母、儿女、兄弟姊妹之间的亲属爱。"④黑氏的"亲属爱"中有父母、儿女、兄弟姊妹,这与中国相同。但将夫妻也包括于"亲属爱"中并置于首位,却与中国传统认知相径庭。中国有"亲亲相隐"、"爱有差等"观念,重的是血缘。首先是父母与儿女,然后是兄弟和姊妹,夫妻关系是被排除在外的。《论语·子路》:"叶公语孔子曰:'吾党有直躬者,其父攘羊而子证之。'孔子曰:'吾党之直者异于是:父为子隐,子为父隐,直在其中矣。'"郭店楚简《六德》:"为父绝君,不为君绝父;为昆弟绝妻,不为妻绝昆弟;为宗族杀朋友,不为朋友杀宗族。"此礼为"亲属容隐"的道德法则。又郭店楚简《六德》:"门内之治恩掩义,门外之治义斩恩。"郭店楚简与《礼记》合。《礼记·丧服四制》:"门内之治恩掩义,门外之治义断恩。"意谓在个人领域私恩

---

① 康德:《对美感与崇高感的观察》,载《康德美学文集》,第46页。
② 同上书,第36页。
③ 同上书,第42页。
④ 黑格尔:《美学》第三卷(下册),第284页。

压倒公义,于公共领域公义大于私恩。又,《云梦秦简·法律答问》:

> 子告父母,臣妾告主,非公室告,勿听。而行告,告者罪。①

(2)"胖"字训。因为夫妻间没有血缘关系,因此以上"血浓于水"之礼均不包括夫妻。段玉裁《经韵楼集》卷二有"夫妻胖合"条,从训诂学角度深刻剖析了夫妻关系:

> "胖"当作"片"作"半",合二体为胖字。《周礼》:"媒氏掌万民之判。"注曰:"判,半也。得耦为合,主合其半。"……是半合为一体也,字作"半"。②

然"胖"又同"判"。段氏云:

> 考诸《说文》:"片,判木也。半,物中分也。"凡物合而分之曰"半",分而合之亦得曰"半"。③

又,《辞海》释"胖"为"一物中分为二"。其"胖合"条曰:

> 亦作"片合"、"判合"。两性相配合,男女结合成为夫妻。胖,半。一方为半,合其半以成配偶。《仪礼·丧服传》"夫妻胖合也"。

按,段玉裁及《辞海》解"胖",夫妻"合""半"为"一体"而成"伴",则"胖"通"伴",然其未"合"时非"伴";又,"半"、"判"亦通解,"半,物中分也",是夫妻既可以"合"为"伴侣"之"伴",也能够"物中分也",由"相合""判"而为"半"。父母与子女,兄弟和姐妹则不可"胖"——既不可"合"而为"伴",更不能"分"而为"判"。所以钱钟书正确地指出:

---

① 杨海:《父亲杀了人,儿子怎么办?》,转引自《中华读书报》2012年5月23日。
② 段玉裁:《经韵楼集》,上海:上海古籍出版社,2008年,第35页。
③ 同上书,第35页。

> 就血胤论之,兄弟,天伦也,夫妇则人伦耳;是以友于骨肉之亲当过于刑于室家之好。……"兄弟"之先于"妻子",较然可识。①

按,"天伦"者,"天然"之伦也;"人伦"者,"人为"之伦也。"天然"之伦不能改变,"人为"之伦却可以更张。故就血胤而言,"天伦"重于"人伦"。秦穆姬以自焚相挟拯救惠公的根本原因在此。

秦穆公终于让步,同意以惠公之子为人质而"许晋平"。

4.《左传》战争观剖析。穆姬所言"上天降灾,使我两君匪以玉帛相见,而以兴戎",以"戎"为"灾"而与"玉帛"相对举,此种厌恶战争、批判战争的立场并不仅仅是穆姬个人的,更是《左传》的。《左传》这一立场值得深加体悟。

《左传》虽亦曾有"兵不可去"即战争不可免方面的认知(如《襄公二十七年》所记),但《左传》中更多的是厌恶战争、批判战争之论述。换言之,类似于穆姬以"戎"为"灾"之论,在《左传》中更多、更普遍。早在《隐公四年》,左氏已借卫州吁之"阻兵而安忍(素心残忍)"发论,谓"阻兵,无众;安忍,无亲。众叛亲离,难以济矣。夫兵,犹火也;弗戢,将自焚也"。将"兵"即战争拟为"火"而主"戢",否则"将自焚",此种理念,《左传》尝一伸再伸。如《襄公二十七年》晋韩宣子论战争:

> 兵,民之残也,财用之蠹,小国之大灾也。

按,宣公十二年晋、楚有泌之战,楚大胜,楚将潘党建议楚庄王趁势以"京观"即炫耀武功,并说"臣闻克敌必示子孙,以无忘武功",《左传·宣十二》载楚庄王言:"楚子曰:非尔所知也。夫文,止戈为武。武王克商,作颂曰:'载戢干戈,载櫜弓矢。我求懿德,肆于时夏,允王保之。'……夫武,禁暴、戢兵、保大、定功、安民、和众、丰财者也,故使子孙无忘其章。……武有七德,我无一焉,何以示子孙?"又,《襄公二十四年》:"陈文子曰:'齐将有寇。吾闻之:兵不戢,必取其族。'"

---

① 钱钟书:《管锥编》第一册,第83页。

左氏以"兵"拟"火"而主"戢",甚至以"戢兵"为武功之"七德"之一,借楚庄王口引《周颂·时迈》"载戢干戈,载櫜弓矢"以及陈文子所言"兵不戢,必取其族",均与穆姬以"戎"为"灾"之理念相一致,在在表达的是一种否定战争、渴望和平的理念。《左传》以"止戈为武"解"武"字,虽然并不符合"武"字之训诂义,但其中蕴含的"止戈戢兵"即消灭战争的思想却更加伟大。战争是人类自造的最大的社会恶魔。因为战争的本质是杀戮,因此与人性直接对立。本质上,战争乃是人身"动物性"而非"人性"的体现。尤要者,数千年人类历史上的绝大多数战争实际上都是掌握最高公权力的"政治家"或者说"政客"们的"角斗游戏"。① 喜爱战争追逐战争的是政客,或者说得冠冕堂皇些是"政治家",而平民百姓则恐惧、厌恶、痛恨战争。然而,最后承担战争带来的所有痛苦与悲怆的却总是平民百姓:"百战苦不归,刀头怨明月。城下有寡妻,哀哀哭枯骨。"(常建《塞上曲》)"髑髅皆是长城卒,日暮沙场飞作灰。"(常建《塞下曲四首》)战争的发动者、追逐者却在无计其数的战争受害者的累累白骨上享受着"角斗游戏"带来的巨大成就感,他们极少或基本上不承担战争责任。人类社会也几乎总是在战争中"进步",这是一个最为吊诡的悖论。然而无论战争本身"正义"还是"非正义",人类社会的最终理想一定不是提倡、鼓励战争,而是约束乃至于消灭战争。作为"类"的"人"的这一崇高理想,2500年前的左丘明已揭示无遗,此即《左传》再三再四凸显的"止戈"、"戢兵",看清了这一点,才能明了《左传》用骨肉亲情来与战争对抗之苦心孤诣的沉重分量。

5. 许晋平。秦穆姬奋力救弟,甚至不惜以身及子女自焚相要挟,穆公对此极为震撼。《左传·僖十五》:

> 大夫请以(晋惠公)入。公曰:"获晋侯以厚(丰厚)归也;既而丧归,焉用之?大夫其何有(得到)焉?且晋人戚忧以重(施压感动)我,天地以要(约束)我。不图晋忧,重其怒也;我食吾言(秦穆尝允诺不加害晋惠公),背天地也。重怒难任,背天不祥,必归晋君。"公子絷曰:

---

① 人性中之"好斗"每被政治家用于战争,钱钟书即曾引霍布斯所言"战争非直两军厮杀,人之情性无时不欲争,即'战'寓也"(The nature of war consisteth not in actual fighting, but in the known disposition thereto during all the time.),"曩日言心理者,莫不以争斗(pugnacity)列为本能(instinct)",并下断语谓:"吾国先秦诸子早省杀机之伏于寻常言动矣。"参见钱钟书:《管锥编》第一册,第224页。

"不如杀之,无聚慝焉。"子桑曰:"归之而质其太子,必得大成。晋未可灭,而杀其君,只以成恶。"……乃许晋平。

秦穆公最终选择以惠公之子为人质而"许晋平",这绝不仅仅出于穆姬之逼迫,更应视为穆公之理智使然:"既而丧归,焉用之?"大"胜"原应当为"厚归",但遭遇的却是"丧归"。试问:是丧妻亡子家庭覆灭当紧?还是"享受"战胜国的"荣誉"有趣? 这是《左传》借秦穆公之口为读者同时也是为整个人类在2500年前就已经预设的一个重大问题;这又绝非秦穆公一家的"晦气",秦穆公更看清了两国间化干戈为玉帛即视"兵"如"火"必须"戢之"的重要性。若非如此,类似"丧归"的悲剧将一演再演,则"厚归何用"? 康德说:"(女人)心灵的崇高性只表现在她能认识男人独有的崇高品性的价值。"①秦穆夫人巾帼英杰、慧眼识人,她没有错看秦穆公。秦穆公伟丈夫"铁骨"中的"柔情"最终结晶为理性之举,使秦晋两国关系出现了大逆转,由相互仇恨变为相互友好,而这一点也恰恰是《左传》高度肯定的。"秦晋之好"虽最终实现于晋文公时,然在秦穆公"特赦"晋惠公时已经奠定下基础。而尤需切记的是,对终于促成秦晋之好的人性诸要素,左氏给予了充分的重视和赞许性评价。

6. 晋阴饴甥对话赏析。当然,作为一位成熟的政治家,秦穆公在许晋平以前还要试探一下晋国的民情,了解晋国内对于此事的看法,然后采取相应的行动。为此他召见了晋大臣。《左传·僖十五》:

十月,晋阴饴甥会秦伯,盟于王城。秦伯曰:"晋国和乎?"对曰:"不和。小人耻失其君而悼丧其亲,不惮征缮(扩军备战)以立圉也,曰:'必报雠,宁事戎狄。'君子爱其君而知其罪,不惮征缮以待秦命,曰:'必报德,有死无二。'以此不和。"秦伯曰:"国谓君何?"对曰:"小人戚,谓之不免;君子恕,以为必归。小人曰:'我毒秦,秦岂归君?'君子曰:'我知罪矣,秦必归君。'贰(异心)而执之,服而舍(原谅)之,德莫厚焉,刑莫威焉。服者(服罪者)怀德,贰者畏刑(心怀叵测者害怕再次遭受刑罚)。此一役也,秦可以霸。纳而不定("纳"、"定",让惠公回国应

---

① 康德:《对美感与崇高感的观察》,载《康德美学文集》,第46页。

君位),(省略"甚至")废而不立,以德为怨(戴德变成怨恨),秦不其然。"秦伯曰:"是吾心也。"改馆晋侯,馈七牢(诸侯之礼,牛、羊、猪为一牢)焉。

这是一篇对话美文,类此者《左传》中俯拾尽是,却也因其普遍性,故足以拿它来细细品味,举一反三。

首先,左丘明原惜墨如金,在此却大段引出秦穆公和阴饴甥的对话,其旨意究竟何在?私意以为,借助于二人对话,左丘明意在表彰一种贵族式的幽默。幽默并不是嬉皮笑脸、油腔滑调,会讲两句噱头话,而是表现出一种涵养,透露出一种人格精神——机智、优雅、淡定、自信。处事不慌不忙,运辞不卑不亢,于风轻云淡、波澜不惊中蕴藏大智慧,在酒酣说笑间肩负起扭转乾坤的大担当。

"君子"、"小人"之分为此段对话之文眼。此说以论晋何以"不和"为说辞,内蕴五层意涵:(1)"小人"与"君子"各持己见,故谓之"不和";(2)小人"耻失其君而悼丧其亲",故"不惮征缮",基本立场是"必报雠,宁事戎狄";(3)君子同样"不惮征缮"而"以待秦命",曰:"必报德,有死无二。"可见两"不惮征缮"的目的、性质全然不同。"征缮"本身是一把"双刃剑",可以从"利"、"害"的两面割:因势利导可为"利",逆势而为能变"害"。它既可被小人用来"复仇",与秦为敌从而成为秦国大隐患;也能被"君子"用来"报德",变为秦国之大功利:"征缮"适可造成对于秦截然相反的两种后果,最终取决于穆公如何对待惠公;(4)小人认为惠公既已得罪秦,穆公必不肯饶恕且释放之;君子持义则正相反;(5)韩原之战"秦可以霸",前提是释放——"纳"惠公而"定"之,恢复其王位。若不释放甚至"废而不立",那么,穆公也是小人,因为他与晋国小人一般见识;秦原本可收感恩戴德之利,却可能恶变为晋国积怨满腹、靠拢戎狄之祸。阴饴甥"秦不其然"直指穆公本人:就看你小肚鸡肠还是宽宏大量,愿意为"君子"还是作"小人"。

晋阴饴甥说辞沉厚内敛,绵里藏针,软硬兼施,一语数关,既诚恳又尖锐,充分显示出语言本身的"历史力量"。阴饴甥一言歆动秦穆公,曰"是吾心也",惠公因此受到高规格礼遇,由原先拘于灵台而"改馆"并享有诸侯待遇——"馈七牢"。

六、"作爰田"

惠公沦为阶下囚,尽受屈辱,晋亦国将不国。在此紧要关头,惠公先有发自肺腑的自责反省,不经意间又有"调整生产关系"、改革土地制度的关键性"动作"——"作爰田"。在这一过程中,语言本身撬动历史的巨大影响力不容忽视。《左传·僖十五》:

> 晋侯(惠公)使郄乞(晋大臣)告瑕吕饴甥,且召之(瑕吕饴甥)。子金(瑕吕饴甥字)教之(惠公)言曰:"朝国人而以君命赏。(《周礼·大司徒》:"若国有大故,则致万民门",此即"朝国人")且告之曰:'孤虽归,辱社稷矣,其卜贰(国之贰,即嗣君)圉(惠公子圉)也。'"(省略"郄乞照办")众皆哭,晋于是乎作爰田。吕甥曰:"君亡之不恤(担忧),而群臣是忧,惠之至也,将若君何?"众曰:"何为而可?"对曰:"征缮以辅孺子。诸侯闻之,丧君有君,群臣辑睦,甲兵益多。好我者劝,恶我者惧,庶有益乎!"众说(同悦),晋于是乎作州兵。

《国语·晋语》对"作爰田"描述更具体:

> 公在秦三月,闻秦将成(和解),乃使郄乞告吕甥。吕甥教之言,令国人于朝曰:"君使乞告二三子曰:'秦将归寡人,寡人不足以辱社稷,二三子其改置以代圉(以子圉为国君。此与《左传》不同)也。'"且赏以悦众,众皆哭,焉作辕田。

对于"作爰田",当今史家有多种解释,但均认为"作爰田"是春秋历史上第一次变更土地制度。在这一点上,以马克思主义历史学家的认识最典型,但问题也较多。限于篇幅,本文仅以郭沫若主编的《中国史稿》为解剖样本。

春秋时礼崩乐坏,天下大乱。《中国史稿》指出:"各种事实证明:新的阶级秩序在形成中,过去享受礼乐的阶级逐渐衰落下来,不登大雅之堂的东西慢慢升上去。总之，一切都在变。"①"面对着这种现实，各国的统治者不得不进行一些改革，以适应社会变化的动向，维系自己的统治。周襄王七年（公元前645年），秦国和晋国打仗，晋惠公战败，被秦俘虏了。晋国的大臣为了挽回这种劣势，便把国人召集起来，假称君命，把田地赏给大家，名之曰'作爰田'，废除了周初以来土地定期分配的制度。大家因为受了赏田，纷纷称道晋惠公，情愿为他效命，晋于是'作州兵'。显然，晋国大臣'作爰田'的主要目的就是要民众服兵役，因而开了后来按军功赐田宅的先例。"②

郭沫若的解释有精当处，如谓"'作爰田'的主要目的就是要民众服兵役，开了后来按军功赐田宅的先例"。春秋时期"礼崩乐坏"，按军功赐田宅，这是当时政治领域的重大事变，正是礼崩乐坏的典型反映。对这要害问题，郭的眼光很敏锐。

但是，郭说晋国大臣为挽回劣势，"假称君命"而"作爰田"，违背了史实。无论《左传》还是《国语》，都说是惠公"使"——即命令郤乞告吕甥。虽说吕甥"教"之言，但此"言"总要得到惠公的首肯才行，所以不能说吕甥"假称君命"。将"作爰田"解为惠公"主动改革"，也缺乏根据。据《国语·晋语》对《左传》的补充，可知惠公"作爰田"，将土地赏赐国人是取悦他们，并没有"改革"，"废除周初以来土地定期分配的制度"的意思。《中国史稿》仅着眼于"社会生产关系"、"阶级秩序"的变化，认为"各国的统治者不得不进行一些改革，以适应社会变化的动向"，对于惠公的忏悔，晋国人悲痛"皆哭"等史实，《史稿》未置一喙，缺乏"同情之理解"。不予措意人性问题，这种缺陷在马克思主义历史学中带有一定的普遍性。就晋国当时面临的情势看，惠公被俘，国难当头，凝聚人心刻不容缓。"作爰田"的主观目的在此。惠公并不考虑"调整生产关系"、"改革土地制度"这些"宏大目标"，只是在不经意间触动了"生产关系"的按钮，因此是一种不自觉的行为。人们在"创造历史"时往往并非事前预谋，却会在不自觉状态下实现历史的"目的性"。（康德语）如罗马人征服地中海世界是世界古代史上的大事，但柯林武德指出，这一历史事件是"这场或那场战争或政府的个别事件的总和。他们（指罗马人）之中没有一个人实际上说：'我在这场大运动里，即在地中海世

---

① 郭沫若：《中国史稿》第一册，北京：人民出版社，1976年，第323页。
② 同上书，第325页。

界被罗马征服之中,扮演了我的角色。'"①以此对照"作爰田",春秋时生产关系、土地制度的确从此发生了本质之变,但却不能说这是晋惠公对之进行的"自觉调整与改革"。

七、重耳流亡与晋文公登基

重耳出逃在外十九年,其中十二年在戎狄(重耳母为狄人),七年在齐、卫、曹、宋、郑、楚、秦七国间辗转流亡。重耳历经磨难,饱尝艰辛,锤炼了意志,提升了品格,这些阅历成为一笔宝贵的精神财富,对他登基后的执政产生了重要影响。流亡期间,既有如齐桓公、宋襄公、楚成王、秦穆公对他的厚礼与尊重,也有如卫文公、曹共公、郑文公的无礼与薄情。以礼遇言,楚成王、秦穆公均用诸侯之礼重待重耳。如《国语·晋语四》:"(重耳)如楚,楚成王以周礼(周王享诸侯之礼)享之,九献(献,敬酒),庭实旅百(展现礼物与礼器,此为诸侯间交往之礼)。"因有此一段交往,后在城濮之战中遂有晋文公"退避三舍"之礼让。

秦穆公更胜楚成王一筹。据《国语·晋语四》,秦伯以诸侯之礼设宴款待重耳,赋《诗经·采菽》,"子余使公子降(降阶之堂下),拜(再拜而稽首)。秦伯降辞。子余曰:'君以天子之命服(命服,古代不同爵位等级者所穿不同礼服,此指相应的身份待遇)命重耳,重耳敢有安志,敢不降拜。'"

不仅如此,秦穆公还"纳女五人,怀嬴与焉"。(《左传·僖二十三》)这位怀嬴,就是当年子圉在秦国当人质时的妻子。《左传·僖十七》:"夏,晋太子圉为质于秦,秦归河东而妻之。"

怀嬴因有才,最得秦穆公钟爱。现再改嫁重耳,穆公曾对重耳说:"寡人之适(嫁女),此为才。子圉之辱("辱"指曾经嫁于人质。意谓怀嬴仅此小疵,别无它欠),备嫔嫱(嫔嫱,宫中女官名)焉。"(《国语·晋语四》)

怀嬴为何改嫁? 因为子圉抛弃了她。子圉婚后五年即逃归晋。《左传·僖二十二》:"晋太子圉为质于秦,将逃归,谓嬴氏曰:……遂逃归。"

他为何逃归? 原来是为争夺王位。《史记·晋世家》:"十三年,晋惠公病,内有数子。太子圉曰:'吾母家在梁,……我外轻于秦而内无援于国。君即不

---

① 柯林武德:《历史的观念》,何兆武、张文杰译,北京:商务印书馆,1997年,第149页。

起,病大夫轻,更立他公子。'"

子圉觊觎王位,与乃父当年同一副猴急相。此事再次开罪了穆公。故在嫁怀嬴后,穆公即准备辅佐重耳。《史记·晋世家》:"子圉之亡,秦怨之,乃求公子重耳,欲内之。"

僖公二十四年(公元前636年),穆公从楚国召回重耳送之归晋,又派公子絷赴晋军晓以利害,晋军大"反水",归顺重耳,重耳杀怀公(子圉),晋文公登上历史舞台。

八、余论

1. 史家撰史之"隐身法"。语言之于撰史,其功莫大!但这里必须指出,撰史之"语言"实有两方面内涵:

(1) 它首先自然是指著史者的语言。但史家撰史应当"隐身"。黑格尔在谈《荷马史诗》时有一段提示:

> 为着显出整部史诗的客观性,诗人作为主体必须从所写对象退到后台,在对象里见不到他。表现出来的是诗作品而不是诗人本人,可是在诗里表现出来的毕竟还是他自己的,他按照自己的看法写成了这部作品,把他自己的整个灵魂和精神都放进去了。他这样做,并不露痕迹。例如在《伊利亚特》这部史诗里叙述事迹的有时是一位卡尔克斯,有时是一位涅斯特(重点号均为笔者所加),但是真正的叙述者还是诗人自己。①

顾炎武《日知录》卷二十六"《史记》于叙事中寓论断"条说得也很中肯,却要比黑格尔更早:

> 古人作史有不待论断而于叙事之中即见其指者,惟太史公能之。《平准书》末载卜氏语,《王翦传》末载客语,《荆轲传》末载鲁勾践语,

---

① 黑格尔:《美学》第三卷(下册),第113页。

《晁错传》末载邓公与景帝语,《武安侯田蚡传》末载武帝语,皆史家于叙事中寓论断法也。后人知此法者鲜矣,惟班孟坚间一有之。①

按,亭林之"古人作史有不待论断而于叙事之中即见其指者"稍不确。此种书写方法非仿于史公而实肇始于《左传》。《左传》因有此特点,配以生动传神的文笔,故具有高度的可读性。

黑格尔凸显了诗家——按照史、诗相通之理就可以是史家——主体对于"客观性"的追求。而黑氏所说的"退到后台,在对象里见不到他",是指作者站在第三者立场上叙事,透过史实,而非直接表露史作者的"意蕴"即史义。这正是美学中的"鉴赏"原则和方法在历史学中的运用。

以此我们看《左传》。尽管左丘明也"把他自己的整个灵魂和精神都放进去了",但左氏本人一般并不露出痕迹而是隐在幕后——他自己站在第三方叙事。这表明左氏主观上遵循着尽可能客观的历史学法则。此种叙事方法又不仅能使历史书写更加客观,借用黑格尔的《美学》用语,它还与历史中受人性制约的"情致"涌动和"动作"的发生——其结果即历史"情节"的起承转合——息息相关。

(2)"君子曰"与史学评论。文论人石天强对于小说"每章最后的叙述文字"曾经感到"费解"。这种认识在文论界有相当的普遍性,故具有一定的代表性。此处借剖析石论复视《左传》之"君子曰",或许有助于我们从一个侧面理解历史叙事的语言运用。石氏指出:

> 这些文字(笔者按,指"每章最后的叙述文字")可以理解为叙述人对现实的各种感悟,它们是如此强烈,以至于叙述人不得不站出来现身说法。但这种议论性文字的频繁呈现,却也暗示着叙述的苍白。叙述人所编织的文字难以承担如此沉重的内容,它迫使叙述人破坏叙述的完整性,而以议论的形式出现。而这恰恰意味着叙述的失败。②

---

① 顾炎武:《日知录集释》(中)卷二十六,上海:上海古籍出版社,1985年,第1884页。
② 石天强:《再见了,马原们!》,载《文汇报》2012年4月14日。

按,历史之叙事法实亦似小说,其中并非不可以带有史家本人对于历史的裁断,但一般来说它应当隐藏在叙事之中,在与事件水乳交融的状态下让裁断本身"透出来"。如所周知,《左传》有"君子曰"的史评。论者或谓《左传》之历史叙事之"君子曰"是否也带有某种瑕疵若石论者?

其实这种疑惑可以不必。换言之,我们不能将《左传》的"君子曰"视同为石天强所指责者,二者不能混为一谈。顺着这一逻辑,我们应当接着问:既然脱离事件而纯发议论会"破坏叙事的完整性",那《左传》能不能不发议论?或者《左传》是否也报着一种"谈事件也不过是为发议论附带性地举例而已"的理念?我们要说:倘若是这样,《左传》的"君子曰"也就真成了黑格尔所讥讽的依附在史著身体上的"赘瘤",这样,《左传》就不配作中国传统史学的不祧之祖了,也配不上章实斋"后世史文,莫不钻仰左氏"①之赞,——《左传》就不是《左传》了!

《左传》的"君子曰"不是这样。《左传》用"君子曰"处并不多,都是在那些极其紧要,事之至此已经不得不"发"的"节骨眼"上才用——《左传》之中并没有脱离事件而空发议论的"君子曰"。也就是说,左丘明叙事至"君子曰"前,若不在此紧要关头"发"一下、"论"一番,那反而"假"了。就好像一个人压抑太久,到了紧要关口,他只有——而且必须——长出一口气才能"解恨"、"解闷",要不然就要憋屈死了!读者至此若是见不到《左传》有感而发,也会有大遗憾。所以,我们阅读至"君子曰"处,并不觉得它是"赘瘤",反倒有一种与左丘明一致的"快哉!快哉!"之感。

然而,作为史家,左丘明却又必须"把"(此即如同钱钟书先生强调诗家的"持")着情感的闸门而不过分,不能像钱钟书先生批评的那种"徒以宣泄为快有如西人所嘲之'灵魂之便溺'(seelisch auf die Toilette gehen)"②。我们读《左传》的"君子曰",正有那种"恰到好处"的体会。而且更未曾料到,如此一来,左氏在"不经意"间竟然"自然而然"又创造出了一种新史体——"史评体"。所以,对"于叙事之中即见其指"的法则,《左传》运用得得心应手。而我们对于这一法则,则既应"大体"遵循,又不能拘滞不通,"食古不化"。要之,叙事中的史论并不是不能用,而是要看怎么用。所以,对待史家在叙事过程中发"史论",还是应

---

① 章学诚:《文史通义·内篇三·辨似》,载《章学诚遗书》,北京:文物出版社,1985年,第21页。
② 钱钟书:《管锥编》第一册,第57—58页。

当像王若虚《滹南遗老集》卷三七《文辨》所说的那样:"或问:'文章有体乎?'曰:'无。'又问:'无体乎?'曰:'有。''然则果何如?'曰:'定体则无,大体则有。'"①

2. 历史人物的语言。撰史无"语言"不成。然亟当留意者,历史书写之"语言"又并非仅指叙事主体的语言,同时也是叙事对象的语言。史家著史叙事时不仅应当"自己说",更要多让"别人说",让历史人物自己发言,让他的语言来充当叙事的工具。在这当口,史家无需越俎代庖,喧宾夺主,替代历史人物。前文《左传》中秦穆公、晋阴饴甥等等历史人物的大量对话,在在成功运用了这一叙事方法,黑格尔举卡尔克斯的例子,亦明示了这个道理。用这种手段叙事,根本上遵循的仍然是亭林之"古人作史有不待论断而于叙事之中即见其指"之法,亦即黑格尔所说"诗人"——史家——"作为主体必须从所写对象退到后台,在对象里见不到他",主观上追求的还是那一个字——"真"。

3. 现今史著之"语言症结"回省。拿了黑格尔拈出的"叙事"两要素,结合《左传》,我们可以来审视现代中国史学。首先可以见出,中国现代史家并不懂得至少是不甚懂得"隐身"、"从所写对象退到后台"的道理。他们并不懂得至少是不甚懂得,历史书写的一般性质是叙事的而不是说理的,叙事须站在"第三方";说理的是"第一方",二者立场不同,方法各异,产生的效果便大相径庭。看当今史著,其中并非没有史实,但为什么我们常常觉得他有事实而不够"公正"呢?重要的原因之一就在于现代史家每每会急不可耐从"后台"走到"前台"充当"主角",急于做一个历史的裁判员而不是叙述者。因此,他们总想要向读者有选择地"灌输"他们的裁断亦即他们的理念,忘记了让理念"融化"于史实之中,把发言权留给史实本身;他们更不让历史人物自己开口——"以言蕴事"的撰史法,历史人物的对话这一撰史要点,早已经被现代史家彻底干净地剔除于史著之外了!这在20世纪50—80年代初的通史和断代史著中最明显。而在传统史学中,不说《史记》、《汉书》,就连学术史(如《明儒学案》等)、典制史(如《通典》、《通志》等)中都有大量情趣盎然的对话。总之,没有了语言以及与语言身影相随的情节,是现今史著的痼疾。

产生这一痼疾之病因又在于现今史家特别是通史和断代史作者的视域重

---

① 转引自钱钟书:《管锥编》第三册,第889页。

点并不在活生生的人和"人性"上,因此书写用语是他们自己的语言而非历史人物和历史事件的语言。(例如前文郭沫若论"作爱田")现代史家不考虑人性,往往只想到"灌输"某种"主义"。像穆姬救弟这样感人肺腑的"小事"不会引起现代史家尤其是20世纪50—80年代初通史、断代史家们的兴趣。早在30多年前,钱钟书先生已经发现了史学界的这个弊端。钱先生有《一节历史掌故、一个宗教寓言、一篇小说》一文(该文没有注明写作时间,但据题注,该文曾发表于《文艺研究》1983年第4期),写道:如果像诺法利斯(Novalis)那样,认为"历史是一个大掌故",或像梅里美(Merimee)那样坦白承认:"我只喜爱历史里的掌故",这一定会被历史学家嘲笑。因为"在史学家听来,这是文人们地地道道的浅见薄识",是"只追求小'趣味',看不到大问题"的表现。①

冷漠人性,那现今史家的"兴奋点"在哪里呢?他们所关注的往往是诸如生产力、生产关系、历史"发展阶段"、历史的"进步"还是"倒退"等"大问题"。如钱钟书先生所说:

> 在人文科学里,历史也许是最早争取有"科学性"的一门。轻视或无视个人在历史上作用的理论(transpersonal or impersonal theories of history)已成今天的主流,史学家都只探找历史演变的"规律"、"模式"(pattern)或"韵节"(rhythm)了。②

又因为这些论旨与意识形态、现实的政治利益紧密粘连,此种"利害关系"已经基本上制约了现代史家的视野。受此"利害关系"影响,现代史家会首先认定一些"公理"、"公例"亦即"定律",诸如生产力决定生产关系,经济基础决定上层建筑,统治阶级必定腐朽,被统治阶级受压迫,阶级斗争等"套路",先有这个套路,然后"选择"那些符合套路的史料去迎合。这就违背了"鉴赏"的原则。而非"鉴赏"必不"公正",如前文康德所说"很有偏心",不公正也就不可能客观。

行文至此,我们就可以拿《左传》的叙事语言与现代史著作一番比较了。二者给人感觉大不一样:一家是亲切的,和颜悦色的,像拉家常说故事那样娓娓

---

① 钱钟书:《钱钟书散文》,杭州:浙江文艺出版社,1997年,第366页。
② 同上注。

道来;一家下笔运语则疾言厉色,充斥着"霸气",一副板起面孔教训人的口吻。《左传》比较鲜活、灵动,充满生气和情趣;现代史著则比较枯涩、干瘪,说的是"套话",有一种"不食人间烟火"的观感,文字灼眼却不耐看。归根结底,《左传》的核心理念是人性,现代史家,特别是 20 世纪 50—80 年代初通史、断代史的史家则缺乏人性关照,"见物不见人",所以造成了与《左传》的巨大差异。本文以《左传》为范本,体味其历史美学之意谓,初衷在此。

The Linguistic Tense in Historical Writing: Explaining Historical Aesthetics of *Zuo Zhuan*

Lu Xinsheng

Abstract: *Zuo Zhuan* attached importance to both comment and record, detailed and simplified properly, and has been regarding as the model of Chinese traditional historiography, Furthermore, the historiography in *Zuo Zhuan* embodied the principal elements of historical aesthetics, which reviews the history and historiography from the perspective of Aesthetics. This paper analyzes the historiography in *Zuo Zhuan* about the early history of Jin Kingdom before King of Jin Wen, taking it as a sample to appreciate the implications of historical aesthetics and provide the inspirations and references for current historiography.

Key Words: *Zuo Zhuan*, Language, Historical Aesthetics

论"听"与"道"的关系
——以先秦为中心的考察*

伍 龙**

[摘 要] "道"既有本体论的意义,又有方法论的内涵。前者使得"道"与"理"相通,体现出某种规范性,具体包含天下之大道(天道)与人间之正道(人道)。主体由听而闻道、体道、践道。后者则体现为正确的方法,主体需遵道而行,在这里具体表现为遵从"听之道"。此两者不可分割,唯有遵从了"听之道",才能通由听体味天道、人道,从而得道、践道,因顺道而行,故主体之言、行,均能为天下听。"听"作为个体通达"道"的方式,成为了沟通天道与人道的桥梁。

[关键词] 听;道;先秦

先秦诸子在阐明自身思想的同时,已自觉或不自觉地彰显出"听"与"道"存在的密切关联。听的主体因遵循"听之

---

* 基金项目:上海市高峰高原资助项目;中国博士后科学基金资助项目"论先秦思想中'听'与'圣'的关系"(项目编号:2017M611596)。

** 伍龙(1985—),男,安徽安庆人,哲学博士,上海师范大学哲学与法政学院博士后,研究领域为中国哲学、中国伦理学。

道",使得自身得以在闻道的基础上,不断地体味道、践行道,在将"道"行之于实际生活的过程中,进一步加深对"道"的体悟。这既展现出个体通由听体道、得道的可能性,又彰显了"听"的意义与价值。

一、闻道、体道、践道

在中国传统文化中,"道"最初的含义为道路,"行道迟迟,载渴载饥。我心伤悲,莫知我哀。"(《诗经·采薇》)进而引申为行走,"道,行之而成。"(《庄子·齐物论》)这一意义上的"道"与规范性相关,"道路总是通向某处,引申而言,'道'意味着将人引往某一方向或引导人们达到某一目标。道所蕴含的这种引导性内涵经过提升以后,进一步获得了规范意义。"①这种规范性的道,包含天道和人道两个方面的内容。听是获得这一意义上的道的重要途径之一。

(一)闻道

在先秦时期,不少典籍将闻与道并提,以"闻道"来表达获得"道"的一种状态。"朝闻道,夕死可矣。"(《论语·里仁》)"有闻道而好定万物者,天下之配也。"(《管子·形势》)"闻"虽不能完全等同于听,但无疑与听密切相关。首先,"闻"乃是"有往有来"的听。《说文解字》中说:"闻,知声也。从耳门声。"②段玉裁解释说:"知声也。往曰听,来曰闻。大学曰:心不在焉,听而不闻。"③从于"耳"部,已说明了它与听的关联。"闻"具体为对声的体知,这需要运用心的作用。它彰显为一个用耳迎来声,并运用心的作用,将其引入人的认知领域,加以体认、感知的过程,这与理性的听相通。

应注意的是,一方面,对"闻道"的解读与关注,旨在说明"闻"乃是迎来和获得"道"的重要途径之一,并非是唯一的途径;另一方面,"闻"为个体获得和把握"道"提供了某种可能性,同时也表明,其他的认知方式在这一点上可能存在局限。秦穆公曾向由余问"道":"寡人尝闻道而未得目见之也,愿闻古之明主得国失国何常以?"由余答曰:"臣尝得闻之矣,常以俭得之,以奢失之。"(《韩非子·

---

① 杨国荣:《道与中国哲学》,载《道论》,北京:北京大学出版社,2011年,第321页。
② 许慎:《说文解字》,北京:中华书局,2005年,第250页。
③ 段玉裁:《说文解字注》,上海:上海古籍出版社,1981年,第592页。

十过》)"道"从久远的过往中走来,具备道的行为已不可见,只能通过别人的讲述,由耳听之的方式得以听闻。由余以其所听,回答穆公所期之闻,便体现出道在一些情况下,已不可得见,却能以口耳相传的方式,得以被听取、传递。然而,言在表达道上亦有局限性。"道可道,非常道。"(《老子·第一章》)如果能够用言来表达的道,即不是我们所说的道了。但道毕竟是可闻的,"上士闻道,勤而行之。"(《老子·第四十一章》)换言之,言说虽然对道在表达上有局限性,但道可以通由闻而被获得。

应说明的是,这里与听相关的"闻",并不是普通意义上的听,因为一旦用某一种方式去听、闻,则道在声上必有固定之声响,从而形成局限,则"道"便不是那个"常道",因此,"道"在声上所具备的一切之可能性,唯有通过听无声之道才能获得。"道"因为具备了一切声的可能性,所以,本身是无声的,或者说没有固定之声,所谓"听之不闻其声"(《庄子·天运》),面对这样的无声之道,我们亦不能通由一般意义上的耳去听,而只能通过"听乎无声"(《庄子·天地》),以心听来获得与把握。这种意义上的"闻道",方能在迎来道的同时,保全道的完整性。"南伯子葵问乎女偊曰:'子之年长矣,而色若孺子,何也?'曰:'吾闻道矣。'"(《庄子·大宗师》)女偊之所以能面若幼子,是因为"闻道则任其自生,……闻道故得起全"。① 通过闻,个体能任事物之自性生长,并迎来整全之道,从而保持童之气色、容颜。概而言之,目见与言说在道的迎来与获得上存在局限,与之相对,闻作为一种与听相通的方式,为完整、全面地获得道提供了一种可能性。

(二) 体道

个体在闻道的阶段,还仅仅只是迎来道,对其尚未有透彻的了解和把握,故而在闻道后,个体需有一个体道的阶段。所谓"体道"即是指对"道"予以体认,对其内涵进行了解和把握。在这一过程中,听同样发挥着重要的作用,并在寻觅体道的方法上,给予我们启示。换言之,听与体道的关联,具体表现为如何在听的层面,寻找正确的方法,体认和把握道。

首先,聆听来自上天的声音,是主体把握道的一个重要途径。这一层面的"道"更多地与天道相关联。而要听天之音,把握天道,需先听民之声,把握人道,"天听自我民听,天视自我民视"(《尚书·周书·泰誓中》)。要想聆听来自

---

① 郭庆藩撰,王孝鱼点校:《庄子集释》,北京:中华书局,1961年,第252页。

天的声音,首先要听取百姓的呼声,因为百姓的声音即代表了上天的呼唤,在听民声的时候,自然就从中听取了来自天的声音。从道的层面来看,天道乃在人道中彰显,通由人道的体认可以把握天道的内容,由听民之声进而可以听天之音,便是一个例证。

我们不仅通过聆听来自天、民的声音,体味、把握人道与天道,而且以天为其对象来展开听,这是说,我们依托于天来达成我们的听,并在听的过程中,超越经验性、固定性的听,来完成体道。"人也者,……寄于天聪以听。"(《韩非子·解老》)人在完成听的过程中,有时候会寄之以"天聪"来听,这与"听天下"相联系,即以天下百姓之耳为己之耳,则可达至"无所不闻"之境地,从而呈现聪的状态。这同时也是遵循天之道而听,遵从天之声音而听,如此方能正确践行听的行为。但是,在这个过程中,听并不能一味向前,因为"听甚则耳不聪"(《韩非子·解老》),过分听取太多的声音,反而会阻碍聪的到来。一旦如此,则可能导致一系列的后果,"耳不聪则不能别清浊之声,……耳不能别清浊之声则谓之聋,……聋则不能知雷霆之害。"(《韩非子·解老》)值得注意的是,这里从"人也者"开始,将人之听寄托于"天聪",正体现着天与人的结合,"聪明睿智,天也,动静思虑,人也。"(《韩非子·解老》)前者关联天道,后者涉及人道。在听上,不断地通由听趋近"动静思虑",既以"聪明睿智"之天为其指向和寄托,又不断地向之靠拢,个体通由听不断地完善自我,在体味人道的过程中,体认和彰显着天道。

这里对于"听甚"的反思与自觉,值得我们注意,这和道本身的性质有关。"为学日益,为道日损"(《老子·第四十八章》),对于道的把握相比于学而言,需要"损之又损"(《老子·第四十八章》),由此出发,在由听体认道的过程中,也一样需要对既有的、固定的听予以超越,以听上的"退"来获得"聪"的状态,从而由听"体道"。进言之,这一过程具体表现为,对于道之声,并不执着于某一种固有之声的听闻,而是在整体上,听取、体认、把握道,换言之,道本身所具有的整体性的特点,即要求听者不能执着于固有的听的行为,而应以更为广博的听来迎接、体认、把握它。"道也者,口之所不能言也,目之所不能视也,耳之所不能听也,所以修心而正形也。"(《管子·内业》)"道"因为不固定于某一种形质,故而具备成为一切形质之可能,从而为一切事物之根源。基于这一特点,"道"不能以耳听之,但这并不是说通由听无法体认道,而是要求听的施动者对即有之听予以超越和转换。如同音一样,从"五音令人耳聋"(《老子·第十二章》)到"大音希声"(《老子·第四十一章》),音不断地从固有的"五音"向"大音"转化,听也需要从固有的、经验性的具体之听向"修心"之听转化,以心之聆听来迎接这"大道"的寂静与可能。唯有如此,才能真正完成由听体道。在听的这一转换过程中,听者自身也对道本身的意义、特点有了了解和把握。如若不然,则这一转换将无法实现。

道常内蕴于一些制度性的规范、条文,如礼、乐之中,"乐者,天地之和也;礼者,天地之序也。"(《礼记·乐记》)这里的"天地"可以理解为天地之大道。乐,体现的是天地大道的和谐;礼,则彰显了天地大道在人间的秩序。从另一个角度说,这些规范性的条文或音乐等,都是人遵循道而制定的,听这些内容,能够帮助主体体认和把握道。

《管子》曾指出:"五和时节……听宫声,八举时节……听角声,七举时节……听羽声,九和时节……听商声,六行时节……听征声。"(《管子·幼官》)这说明,从礼的规定来看,不同的时令应听不同的乐。之所以如此做,乃是因为"礼者,天地之序也"(《礼记·乐记》)。"序"在这里具体表现为"时序",即天地之大道在时间上所表现出的秩序,换言之,遵从天地之时序而听不同之乐,既是对天地之大道的尊重、遵循,又可从中体味天地之大道。进一步说,随着天地之时序的变化,需随之改变听乐的具体内容,这乃是要求听者,通过听此乐,来体味不同时令在天地中的位置,从而感受天地之时间秩序,于此时序中体味天地之道序。由此可见,一方面,礼对于乐的上述规定,体现出礼与道的关联:依据天地之大道来规定人间之秩序,听从这样的礼行事,则可以通过"听礼"而"体道";另一方面,礼在这里的规定,具体将天地之道序与人间之时序相联,并通过听不同之乐来体现对大道的遵循、尊重,故而在"听乐"的过程中,个体一样通由此听得以体道。概而言之,上述内容体现了通由听礼、乐而体道的过程。

由上所述,不难看到,道包含的两个方面,即天道和人道,并非彼此隔绝,而是相贯、融通的。礼和乐首先与人道相联系,前者规定着人间的秩序,后者则是这一秩序的载体之一,两者既以人道为内在依据,又彰显着人道。因礼、乐与天地之大道的关联,听礼、乐即是要求个体通由这样的聆听,先体味人道,再通达天道。很多时候,我们之所以认为道很玄远,乃是因为我们常将"道"理解为在上的天道,看不见,摸不着,无有形质,并不实在。事实上,如上一再强调的那样,"道"并不仅指天道,还关涉人道,人道与我们的具体而真实的生活息息相关,而通由人道还能体味天道。"道不远人"(《礼记·中庸》),所谓"不远人",即是指道内蕴于我们的日用常行。立足于听来说,便是通由听即可体认和把握道。听作为一种日常生活中最为常用的认知途径和手段之一,具有真实性、实在性等特点,这就摒除了玄虚、抽象等弊端,从而使得由听体道具有可操作性,不再局限于个体自身的感受、体悟,而能依据一定的方式、方法传递给他者。听的这一品质,以及其与体道的关联,证显着"道不远人"。

(三)践道

闻道、体道之后,还需践道。这是说,在迎来道,体味道之后,道一方面需贯彻于我们的实际行为,另一方面,需通过行为来践行和彰显大道。"上士闻道,勤而行之。"(《老子·第四十一章》)最高境界的"上士",乃是在闻道之后,积极、勤勉、自觉地践行"道",通过行将道内化到自我的精神生命中去,从而与道为一。可以看到,闻道的最终归宿乃是行,即践道。同时,在勤勉行道的过程中,个体也逐步对道有了更深的理解和体悟,进一步认可、接受了道,从而更好地将其幻化为自我精神生命的一部分。

由闻道、体道,继而践道的过程,不但关乎对道自身的体认和把握,而且涉及将此道贯彻于实际行为,并在具体行动中,不断体悟道之真谛的实践智慧。换言之,道本身具有规范性,这使得它带有某种抽象性,在践行道的过程中,需要将抽象性的道与实际的生活相连接,进而发挥和落实道的作用,这才是践道。在从抽象性的、规范性的道向具体的践道行为转化的过程中,涉及关乎道的实践智慧。"道之所言者一也,而用之者异。"(《管子·形势解》)道从内容上来看,其为"一",但在践行、使用的过程中,却呈现多样的差异。"有闻道而好为家者,一家之人也;有闻道而好为乡者,一乡之人也;有闻道而好为国者,一国之人也;有闻道而好为天下者,天下之人也;有闻道而好定万物者,天下之配也。"(《管子·形势》)在获得、把握了道之后,能将其贯彻于不同的对象:家、乡、国、天下,便可称为对之有用的人才。"道"作为普遍的规范性原则,需要与不同的作用对象相结合,方能发挥其实际的作用,闻道者之所以能将道与不同对象结合,并成为"一家之人"、"一乡之人"、"一国之人"、"天下之人",乃是因为掌握了道在践行过程中的实践智慧。唯有具备了从闻道到践道的实践智慧,才能在获得道、体认道的基础上,将其贯彻于实际行为。

掌握"道"之层面的实践智慧的必要性,不仅基于对道的规范性所带来的某种抽象性的考虑,而且在于道本身具有混沌未分、变动不居的特点。如前所述,在老子看来,"道"乃是一切事物之本源,因其自身具有未分化、未定型的特点,使其有可能分化为其他一切可能之形态。从这种未有分化,向各种不同的具体形态转化的过程中,同样需要关乎道的实践智慧。道同时又作为一种统一的秩序,为动态分化的实现提供指导。"一阴一阳之谓道"(《易经·系辞上》),阴与阳的互动,彰显的是世界的变迁和演化,"作为现实的存在,世界不仅千差万别,而且处于流变过程之中"[①],要把握这样的"变",需在万变中把握不变,这一"不变"便是"道"。可见,世界虽变动不居,变化不定,但因道所蕴含的规范性、秩序性,使其本身呈现为一种有序的存在状态。[②] 这一根源于道的有序性为分化的可能性提供了保障。

日常的言行在展开过程中便可彰显道,从这一角度出发,言行的践履便是在践道,正是在这个意义上可说"日用即道"。听作为一种日用之行,其在践行的过程中,可以通由其体道。此外,听之行为本身就可以是一种践道的行为。要想达成这一点,则听之主体必须依循正确的听之方法,即所谓"听之道",如此方能促使听趋近完善。可以看到,这里的"道"又具有了方法论的内涵,具体展现为一种践行听的正确方法。

二、听之道

无论是体道还是践道,都需要遵从"听之道"。这是说,在由听体认、把握、践行道的过程中,要正确运用听的方法。如若不然,则无法正确地体道和践道。

在由听而体道、践道的过程中,道自身的特点决定了听需超越一般经验层面的具体行为而达至以心听、以神听、以气听的状态,如此方能听获"无声"之道。

> 文子问道,老子曰:学问不精,听道不深。凡听者,将以达智也,将以成行也,将以致功名也,不精不明,不深不达。(《文子·道德》)

[①] 杨国荣:《道与中国哲学》,载《道论》,第319页。
[②] 具体可参见杨国荣:《道与中国哲学》,载《道论》,第318—335页。

"听道"需深,如此才能通达无碍。要想做到"听道"深入,需要依次经历"以耳听"、"以心听",最终达至"以神听"(《文子·道德》)。所谓"以神听"既以"以心听"为基础,又超越"以心听",而具体表现为全神贯注、倾注身心的去听。在听的过程中,不断地通由听将大道迎接到个体的生命中来,实现听者与大道的融贯为一。可以看到,无论是"以心听"还是"以神听",都根基于听者的自心。以何种状态的心去践行听,决定了"心听"和"神听"达到的程度与效果。"凡听之理,虚心清静,损气无盛,无思无虑,目无妄视,耳无苟听,专精积精,内意盈并,既以得之,必固守之,必长久之。"(《文子·道德》)要想做到"以心听"、"以神听",需要以"虚静之心"面对、展开听,对思、虑有所保留和反思,自觉克服和节制过多的欲望对心和听的干扰,方能以清静、无欲之本心,专于一事。如此一来,道一旦得之,便可长久固守,这乃是正确的听的方法与道理。可以看到,去除内心的欲望,以清静、虚空之心,展开听的行为,体现出道家思想的倾向。

> 耳目者,视听之官也,……夫心有欲者,物过而目不见,声至而耳不闻也,故曰:"上离其道,下失其事。"(《管子·心术上》)

这里的"上"显然和心相联系,"下"则与耳、目联结的听、视等认知途径相关联,因为心中有太多欲望的干扰,使其偏离了正道,所以,才会导致"声至而耳不闻"。若做正面的表达,则是若想做到"以耳闻声",便需要积极消除内心过多的欲望。《管子》中虽有很多表述展现出法家思想的特点,但这里显然与道家的论述有相近之处。在由听闻道、体道、践道的过程中,主体应自觉摒除内心之欲望对于听的干扰。对此,儒家亦有提示,只是它没有直接以"道"来表述,而是借助于"礼"来说明。"非礼勿视,非礼勿听,非礼勿言,非礼勿动。"(《论语·颜渊》)如前所述,礼是制度性的规范,以天下之大道为其内在根据之一,礼是通过条文来规范人们的行为,规定社会的等级秩序,这本身就是对人的自然性的规约和节制。"非礼勿听"则是要求人们不要去听与礼不符的内容,这即是以礼来规正人的听的行为,使得个体在听上的自然性与自身的社会性得到博弈,从而能够在遵礼的同时,由听礼而闻道、体道、践道。

概而言之,在听的过程中,道家强调的是,对于过多的听之欲望的自觉摒除,儒家则偏向于以一定的规范、标准来范导、规约听的行为。两者的相通之处在于，都对欲望在听的过程中可能造成的负面影响，有所自觉和反省，要求听者应以一颗清静、正确之心来展开听的行为，这便是"听之道"的核心，也唯有依循这一方法，才能通由听去接应"道"。

心在达成上述状态的过程中，内蕴了个体修德的内容，德与道通由听密切关联。具而言之，听者若要以清静、少欲或无欲之心，来践行听的行为，从而获得道、践行道，就必须先有一个修己之德的过程，即通过自我的修习，不断地节制自然的欲望，克服自身的不足，从而以正确的方式来践行听的行为，唯有这样的听才能在实际展开的过程中，被看成是一种对道的践行，也唯有通过这样的听，才能由听体道、得道。概而言之，修德（包括修习德性和完善德行）为正确的听提供了有力保障：修德性使得听之心乃为清静、正确之心，善德行使得听之行为逐步成为"道"之体现，唯由此听，方可闻道、体道、践道。也唯有此听，才能接续道，彰显道。①

"听"不仅可以理解为"聆听"，而且可以诠释为"听从"，从后一意义出发，听与道的关联，表现为唯有得道者的言行才能为天下听从，否则，百姓将叛离而不听。立足于"听之道"来看，要想通由听而得道，进而让天下听之，则必须遵从"听之道"。"失天之道，则民离叛而不听从。"（《管子·形势解》）失去了天道的依托，其言行则是离道、叛道之言行，自然会被天下百姓所离弃，不予听从。进言之，若背离、失去了天之道，则"天下不可得而王也"（《管子·形势解》）；与之相对，"得天之道，其事若自然"（《管子·形势》）。若能获得天之大道，则其言行自然会被天下百姓所听从，其成事、称王则十分自然，水到渠成，无需刻意作为。要想得道而使天下听之，从"听之道"来看，则要求主体遵从听的正确方法，如此，方能通由听而得道。当然，这并不是说，听是通达道的唯一途径，而是说，听为得道提供了可能性路径，而要通由这一路径正确、顺利地得道，需要遵从"听之道"。

三、听：在天道与人道之间

"道"所包含的两个方面的意义——人道与天道，并非彼此隔绝，而是密切

---

① 可参见拙文《论"听"与"德"的关系——立足先秦视域的考察》，《应用伦理学》2016年第1期。

相关。在听与道关系的展开过程中,听成为了沟通两者的桥梁。

听作为日常的认知途径和方式之一,常被人使用,个体遵循"听之道"展开听的行为。一方面,唯有如此之听,才能帮助听者闻道、体道;另一方面,这样的听的展开本身即是一个践道的过程,因为"日用即道",听作为一种"日用"之行,因为符合"听之道",故能通由听来体味道,这一过程体现出践道与体道的关联:在不断践行道的过程中,实践的主体也加深了对道的体认。在这样一个互动、反复的过程中,听本身也将道贯彻于具体的行为之中,使之成为符合大道的听。如此之听,方能闻道,并进一步帮助听者体味道、践履道。

听作为日常的真实行为,具有"不远人"的特点,内含道的听,或符合道的听,彰显着"道不远人"(《礼记·中庸》)的意义。如前所述,我们之所以认为"道"玄远,难以把捉,乃是因为将"道"理解为天道,但当我们通由听来体认、把握道的时候,道的到来就变得更为切实,同时也具有了可能性和可操作性。道不在远方,就在近处、在当下,在像听这样的具体行为之中,做好它便可以迎来和把握道,这从一个侧面提示我们,在日常生活中,应努力正确地践行听。但应该注意的是,在由听而体味天道的过程中,听者往往是从体味人道开始的,因为听毕竟首先作为一种日常的认知行为存在。礼作为一种制度性的规范,本身内蕴着人间之道。"礼者,人道之极也。"(《荀子·礼论》)乐作为礼的体现,亦彰显着这样的人道,通过"听礼"、"听乐",个体能够通由礼和乐把握人道。但礼、乐在内蕴人道的同时,还关联着天道,"乐者,天地之和也;礼者,天地之序也。"(《礼记·乐记》)"乐"体现的是天地万物的和谐,礼则彰显着天地的秩序,这样的"和"与"序"都可视为天道的表现,听者亦由此从人道进而把握天道。此外,"乐"亦与快乐相联,"乐者,乐也,人情之所不能免也。"(《荀子·乐记》)音乐所带来的快乐,乃是人不可免除的自然情感,而在这一人情中,即蕴含着天道,"此天之道,人之情也。"(《荀子·君臣下》)天道与人情的联系,从另一个层面彰显了天道与人道的关联,在"听乐"的过程中,人之情感的流露,即内蕴着天道。

除此之外,在听的过程中,主体应"遵道而行",如若不然,便会导致百姓不听,天下离叛的后果。这里的"道"一方面指向天之道,"失天之道,则民离叛而不听从"(《管子·形势解》),另一方面,亦涉及人之道。因为,在失去了天道的依托之后,人道也会随之失去。换言之,不遵从天道行事,亦会使其违背人道,丢失民心,被百姓叛离。由此可见,遵从了天道,其言行将与道相符,如此方能收获"民心",为天下所拥护。同时,唯有以人道作为依托,积极听取百姓的声音,才可说听从了天道,因为"天听自我民听"(《尚书·周书·泰誓中》),天的呼唤即在百姓的呼唤之中。听从百姓之声,继而听从天道,是让天下听之的前提。总之,无论从"聆听"之"听",还是"听从"之"听"来看,天道与人道都在听上得以联系。由此,听成为沟通天道与人道的桥梁。

Study on the Relationship between "Listening" and "Dao"

Wu Long

Abstract: "Dao" has the meaning of ontology, meanwhile has a connotation of methodology. The former makes the close relationship between "Dao" and "Li" which reflects the norm, including the road of the world and path in the life. The people through the listening to hear the Dao, know the Dao and practice the Dao. The latter reflects the right way, the people need to follow the Dao to live, which means follow the method of listening in here. These two parts are connected closely. If the people follow the method of listening, they can through the listening to know the Dao, get the Dao and practice the Dao. Because of following, the saying and action of people can be listened by the world. Listening as a way to through the Dao makes the listen becomes a bridge between the heaven and humanity.

Key Words: Listening, Dao, Pre-Qin

郭店简《成之闻之》与孔子"性相近"说新研

李 锐

[摘 要] 《论语·阳货》中的"子曰:'性相近也,习相远也'",重点在于"性相近",其如何理解,从古到今聚讼纷纭。解者多根据自己当时的时代背景和个人的思想倾向而作答,主要有四个偏向。本文在对之进行梳理之后,根据郭店楚墓竹简《成之闻之》篇中的"圣人之性与中人之性"章的内容,据之来解孔子之语,提出新的解说。

[关键词] 论语;孔子;性相近;郭店简;成之闻之

关于《论语·阳货》中"子曰:'性相近也,习相远也'"一句,后人有不少讨论。最晚在汉代,就产生了歧义。考察自汉

---

* 基金项目:国家社科基金重大项目"出土简帛文献与古代中国哲学新发现综合研究"(项目编号:11&ZD086);国家社会科学基金青年自选项目"新出简帛与百家争鸣的重要论题研究"(项目编号:12CZS013);霍英东教育基金会第十四届高等院校青年教师基础性研究课题"新出战国简与先秦人性论研究"(项目编号:141101)。

** 李锐(1977—),男,湖北黄陂人,北京师范大学历史学院史学研究所教授,研究领域为中国古代学术思想史。

代以来学者们的解释,可以发掘出其不同的偏向。这些解释大多有其时代"知识型"的支撑,是以体现着一些理性的特征;不过也有难以解释,需要再治之处。而郭店简《成之闻之》篇的出土,为我们理解孔子的观点提供了新的更具有信服力的材料。由新材料入手,我们不仅要分析、选择过去学者的解释,更要探究这些解释及其产生原因。之后,本文将从《成之闻之》简出发,讨论孔子"性相近"的含义。

一、"性相近"研究回顾

对于"性相近也,习相远也"这句话的理解,学界已经有了很多意见,重点在于上句"性相近"的解释。李景林先生指出,后人的解释可以归为两类:一是以孟子性善作解;一是宋儒以"气质之性"作解。而此二说皆有所偏。[①] 其实,以往的解释至少有四个偏向。除了上述李先生归纳的宋儒之说外,或偏向从性善恶说上剖析(对应孟子性善之说),亦有结合性三品说(即上、中、下三等)阐释,或从共性方面立说者,不乏综合几个向度者。近来的有关讨论,多未脱窠臼。

"性相近也,习相远也"出自《论语·阳货》,上章为阳货见孔子,孔子有"吾将仕矣"之语,与本章关系不大。下章则为"子曰:'唯上知与下愚不移。'"似有一定的相通性。因此历来有许多学者曾用"上知(智)"、"下愚"来解释"性相近,习相远"。朱子甚至引或说,认为"上知"句前的"子曰"为衍文[②],将两章合为一章。还有人征引《论语·雍也》"中人以上,可以语上也;中人以下,不可以语上也"之语,《论语·季氏》"生而知之者,上也;学而知之者,次也;困而学之,又其次也。困而不学,民斯为下矣"之语,来补充"性相近"的含义。根据这几段材料可以看出,性是有差别的,有了层次梯度的划分。后来董仲舒等人的"性三品"说就是由此而来的。

朱子之说是否可信,出土的《定州汉墓竹简〈论语〉》可以提供一些证据。虽然"子曰:'唯上知(智)与下愚不移'"一句已经残缺不存,然据竹简抄写之体例,

---

[①] 李景林:《教养的本原——哲学突破期的儒家心性论》,沈阳:辽宁人民出版社,1998年,第61页。
[②] 朱熹:《四书章句集注》,北京:中华书局,1983年,第176页。

此处确然当属两章。① 当然,定州汉墓出土的《论语》只是汉代《论语》版本的一种。当时是否还有不同的版本,以及古人对此的理解,都还需要继续研究。

从目前的传世文献来看,从孟子开始就注意到了孔子关于性的讨论。《孟子·告子上》有"圣人与我同类者",荀子也曾提出过"涂(途)之人可以为禹"的类似观点,似皆与孔子"性相近"有所联系。不过细较起来,孟、荀之学说与孔子之语也并非全然相同。下面我们从汉人的有关论述开始分析。

就目前材料,贾谊是汉代学者中最早直接讨论"性相近"问题的。贾谊在对文帝的献策中说:

> 夏为天子,十有余世,而殷受之。殷为天子,二十余世,而周受之。周为天子,三十余世,而秦受之。秦为天子,二世而亡。人性不甚相远也,何三代之君有道之长,而秦无道之暴也?……天下之命,县于太子;太子之善,在于早谕教与选左右……夫习与正人居之,不能毋正,犹生长于齐不能不齐言也;习与不正人居之,不能毋不正,犹生长于楚之地不能不楚言也。故择其所耆,必先受业,乃得尝之;择其所乐,必先有习,乃得为之。孔子曰:"少成若天性,习惯如自然。"②

此处贾谊之言不仅涉及了"性相近",也涉及了"习相远"。其说夏、商、周三代君主与秦之"暴君"是"性相近"的;又引孔子之语证明后天之"习"的重要意义,由此得出"与正人居之"的结论。但这里的"性"没有等次之分,其主旨是正与不正,并非善恶。

不过,《新书·连语》中又曰:

> 抑臣又窃闻之曰:有上主者,有中主者,有下主者。上主者,可引

---

① 河北省文物研究所:《定州汉墓竹简〈论语〉》,北京:文物出版社,1997年,第1、7、12、82页。从研究者所介绍的竹简体例判断,一支竹简字数写满一般为19—21字,但是"一枚竹简上部文字表现一个完整的意思后,下部为空白,而后面相连的内容另出一简",如21简的"子曰:'攻乎异端,斯害也已'",就只写了10字,下部即为空白。此处504简在抄写完本章"子曰:'生(性)相近也,习相远也.'"10字后,下部竹简就全部为空白,这明显证明简文当分为两章。

② 《汉书》,北京:中华书局,1962年,第2248页。

而上,不可引而下;下主者,可以引而下,不可引而上;中主者,可引而上,可引而下。故上主者,尧、舜是也。夏禹、契、后稷与之为善则行;鲧、讙兜,欲引而为恶则诛。故可与为善,而不可与为恶。下主者,桀、纣是也。虽侈、恶来进与为恶则行,比干、龙逢欲引而为善则诛。故可与为恶,而不可与为善。所谓中主者,齐桓公是也。得管仲、隰朋,则九合诸侯;任竖貂、子牙,则饿死胡宫,虫流而不得葬。故材性乃上主也,贤人必合,而不肖人必离,国家必治,无可忧者也。若材性下主也,邪人必合,贤正必远,坐而须亡耳,又不可胜忧矣。故其可忧者,唯中主耳,又似练丝,染之蓝则青,染之缁则黑,得善佐则存,不得善佐则亡,此其不可不忧者耳。《诗》云:"芃芃棫朴,薪之槱之,济济辟王,左右趋之。"此言左右日以善趋也,故臣窃以为练左右急也。

  本篇因谈及梁国之事,所以时间上应稍晚于上篇。本篇亦言及三代之政,并且将君主划分出了上、中、下三个梯度。不过从文意来看,这种划分实属于材(才)性之别。贾谊并未明确表达才性的善恶,只是说不同的才性对善恶表现出不同的倾向。这其实已经显露出三品说、善恶说的迹象。贾谊言中主是"其可忧者",是可以有变化的,有"又似练丝,染之蓝则青,染之缁则黑"的比喻。① 而上主、下主则是"无可忧"、"不可忧"的,正与"上知与下愚不移"相联系。

  从文献来看,汉代可能流行着与贾谊之说相类的说法。《汉书·文三王传》中载梁孝王八世孙"立"自言之语:"质性下愚,有不可移之姿。"《汉书·王莽传》有:"甄邯等白太后下诏曰:'夫唐尧有丹朱,周文王有管蔡,此皆上圣亡奈下愚子何,以其性不可移也。'"可见在时人认识中,"下愚者"之"性"是不可变移之物。结合孔子的"性相近",很容易得出性有三品的结论:即性有上知(智)、中人、下愚三等,而通过"习",中人之性可以移易。如《春秋繁露·实性》:"圣人之

---

① 《墨子·所染》所记与此有异曲同工之妙:"子墨子言见染丝者而叹,曰:染于苍则苍,染于黄则黄,所入者变,其色亦变,五入必,而已则为五色矣! 故染不可不慎也!"(《吕氏春秋·当染》略同)这可以看作就是墨者的人性论。此外,关于告子是否为墨子弟子,与《孟子》书中告子是否为一人,学界曾有争论,梁启超、钱穆二先生倾向于告子为墨子弟子,下及孟子。(参钱穆:《先秦诸子系年》,第126—127页)今于人性论上或可添一证,《论衡·本性》记:"夫告子之言,亦有缘也。《诗》曰:'彼姝之子,何以与之。'其《传》曰:'譬犹练丝,染之蓝则青,染之朱则赤。'夫决水使之东西,犹染丝令之青赤也。"此《传》今不见,墨者也传诗书,或可能为墨者所传习之《传》。

性,不可以名性,斗筲之性,又不可以名性,名性者,中民之性。中民之性,如茧如卵,卵待覆二十日,而后能为雏;茧待缫以涫汤,而后能为丝;性待渐于教训,而后能为善。"

可以发现,前述贾谊之说已经有了将"性三品"与性之善恶联系起来的迹象。后来相关的说法就更多了。如《汉书·古今人表序》:"孔子曰:……'生而知之者,上也;学而知之者,次也;困而学之,又其次也;困而不学,民斯为下矣。'又曰:'中人以上,可以语上也。''唯上智与下愚不移。'传曰:'譬如尧舜,禹、稷、离与之为善则行,鲧、讙兜欲与为恶则诛。可与为善,不可与为恶,是谓上智。桀纣,龙逄、比干欲与之为善则诛,于莘、崇侯与之为恶则行。可与为恶,不可与为善,是谓下愚。齐桓公,管仲相之则霸,竖貂辅之则乱。可与为善,可与为恶,是谓中人。'因兹以列九等之序,究极经传,继世相次,总备古今之略要云。"即是在阐释孔子之语的基础上以善恶将人分为三等。《汉书·古今人表》中把人分为九等,其实就是从上、中、下三品每品再分出个上中下等,故而形成九等。

由于性与善恶联系起来的观点影响实在很大,是以之后刘敞提出"愚智非善恶"①之说,就格外有见——虽然智愚和善恶有关,可是这其实是两个问题。阮元也认为智愚属于才性。② 类似的还有戴震,戴震将孔子所说"唯上知(智)与下愚不移",解释为"曰不移,不曰不可移"③,将性善之说和孔子之言作一融合,然而略显强辩。

汉儒以后,皇侃的《论语义疏》通过天地之气来解释"性",并指出性无善恶,与贾谊的《陈政事疏》不乏相合之处。不过皇侃的解释着重从宇宙起源的层面进行说明④,体现出魏晋之风。宋儒远承魏晋玄学理论,但是程朱却另辟他径,由理气关系将"性"分出了义理之性和气质之性。主要观点即"性即理",本性(即义理之性)是无有不善的,而气质之性可分出美恶。如朱熹解释"性相近"时就说:

---

① 刘敞:《公是先生七经小传》卷下,纳兰性德辑:《通志堂经解》,扬州:江苏广陵古籍刻印社,1993年影印本,第526页A。
② 阮元:《性命古训》,《揅经室集》,北京:中华书局,1993年,第224页。
③ 戴震:《孟子字义疏证》,《戴震全集》第1册,北京:清华大学出版社,1991年,第181页。
④ 参见程树德:《论语集释》,北京:中华书局,1990年,第1181—1182、1187页。

此所谓性,兼气质而言者也。气质之性,固有美恶之不同矣。然以其初而言,则皆不甚相远也。但习于善则善,习于恶则恶,于是始相远耳。程子曰:"此言气质之性。非言性之本也。若言其本,则性即是理。理无不善,孟子之言性善是也。何相近之有哉?"①

关于性、理的种种说法背后是宋儒的一套思想体系,已经超出了以《论语》解《论语》的范畴,是以后人有"绳孔"之批评。本文对此不作深究。

针对朱熹将"性相近"指向性之初的做法,徐复观先生指出:"就性的本身而言,总指的是生而即有的东西,无所谓'初'或'不初'。"②不过现代新儒家对于宋儒并非完全反对,还是有一些赞成和支持的地方。如徐复观认为"性相近"的相近,仍吸收了朱子解《孟子》之语。徐复观先生所言朱熹之非,是因为其对《论语》中关于气质之性的内容也进行了考察,但并不能得出"相近"的结论,是以为非。③展开来说,徐先生认为所谓的气质之性,"即是血气心知的性,也就是生理的性"。他考察了《论语》中以下诸段代表宋儒气质之性的话:

> 子曰:"狂而不直,侗而不愿,悾悾而不信,吾不知之矣。"(《子罕》)
> 柴也愚,参也鲁,师也辟,由也喭。(《先进》)
> 子曰:"不得中行而与之,必也狂狷乎!狂者进取,狷者有所不为也。"(《子路》)
> 孔子曰:"生而知之者,上也;学而知之者,次也;困而学之,又其次也。"(《季氏》)
> 子曰:"古者民有三疾,今也或是之亡也。古之狂也肆,今之狂也荡;古之矜也廉,今之矜也忿戾;古之愚也直,今之愚也诈而已矣。"(《阳货》)

认为以上诸例中,"狂"、"侗"、"悾悾"、"愚"、"鲁"、"辟"、"喭"、"中行"、

---

① 朱熹:《四书章句集注》,第175—176页。
② 徐复观:《中国人性论史(先秦篇)》,台北:台湾商务印书馆,1994年,第78页。按:后人对朱子之语历有批评,朱子之说在于用自己的一套理论解孔子。参见程树德《论语集释》,第1181、1183—1184页。
③ 徐复观:《中国人性论史》,第77—79页。

"狂"、"狷"、"生而知之"、"学而知之"、"困而学之"、"狂"、"矜"、"愚"等等都属于性的范畴,故由此无法得到气质之性是"相近"的结论。① 徐先生继而在后文中补充说:"仅从血气心知处论性,便有狂狷等等之分,不能说'性相近';只有从血气心知之性的不同形态中,而发现其有共同之善的倾向……'进取'、'不为'、'肆'、'廉'、'直',都是在血气之偏中所显出的善,因此,他才能说出'性相近'三个字。性相近的'性',只能是善,而不能是恶的;所以他说'人之生也直,枉之生也幸而免。'(《雍也》)此处之'人',乃指普遍性的人而言。既以'直'为一切人之常态,以罔为变态,即可证明孔子实际是在善的方面来说性相近。把性与天命连在一起,性自然是善的。"②

不过徐先生虽然对朱熹有所批评,但是他最后的结论,还是体现出宋儒的思想传统,即将孔孟思想联系起来,以气质之性作解。当然,以上的分析仍有一些不妥之处。其所言的"狂"、"侗"、"悾悾"、"愚"、"鲁"、"辟"、"喭"、"中行"、"狂"、"狷"、"生而知之"、"学而知之"、"困而学之"、"狂"、"矜"、"愚"等"血气心知之性",其实都是血气之一偏。而血气之一偏是无法体现性的全部内容的。《韩非子·说林下》引孔子之语"民性有恒——曲为曲,直为直"(详后文)。刘邵所作的《人物志》,开篇《九征》就言:"盖人物之本,出乎情性……凡有血气者,莫不含元一以为质,禀阴阳以立性,体五行而著形。苟有形质,犹可即而求之。凡人之质量,中和最贵矣。"《人物志》以五行论性,即"虽体变无穷,犹依乎五质",有"圣人"亦有"偏至之材",还有"固而不端则愚"、"狷介之人"等。其所讨论的"愚"、"狷"等特性,与孔子之语有相同者,亦有不类者,然则其表明"偏至之材"虽彼此有所突出有所差别,但是其根本是相同的,都属于同一个阴阳五行系统。种种特性有着相同的系统,只是功能有所偏至。就此而言,似可以言说"性相同"。

至于徐先生所说的"从血气心知之性的不同形态中,而发现其有共同之善的倾向",这恐怕就更体现着新儒家的一些理念色彩。如徐先生所说,"'进取'、'不为'、'肆'、'廉'、'直',都是血气之偏中所显出的善",可是孔子也说了"荡"、

---

① 徐复观:《中国人性论史》,第78—79页。按:所云《子罕》当为《泰伯》;所引《季氏》,未引"困而不学,民斯为下矣"。
② 徐复观:《中国人性论史》,第79页。按:所引"人之生也直,枉之生也幸而免","枉"当作"罔",其下文即作"罔"。

"忿戾"、"诈"等特性,这恐怕就与善无甚关系了。

那么说到"人之生也直,罔之生也幸而免",前引孔子语中提到"狂而不直",也说到"古之愚也直",《论语·为政》篇还有"孔子对曰:'举直错诸枉,则民服;举枉错诸直,则民不服'",《颜渊》篇有"举直错诸枉,能使枉者直"相近,《公冶长》篇载"子曰:'孰谓微生高直'",《卫灵公》篇记"子曰:'直哉史鱼!邦有道,如矢;邦无道,如矢'",《季氏》篇孔子论"益者三友"有"友直,友谅,友多闻",凡此诸例似乎说明孔子是推重"直"的。但是有"直"却未必能说是"性相近"。《泰伯》篇有"直而无礼则绞",《阳货》亦有"好直不好学,其蔽也绞"之语,可知"直"仅是一个基础,还需要其他的来进行引导,如果仅有"直",就很可能变得"绞",或者变成某种"讦以为直者"。并且,不同的语境下对于"直"的理解也是不同的。《子路》篇记"叶公语孔子曰:'吾党有直躬者,其父攘羊,而子证之。'孔子曰:'吾党之直者异于是。父为子隐,子为父隐,直在其中矣。'""直"有着特定语境下的特殊含义。此外,《韩非子·说林下》中孔子说过"民性有恒——曲为曲,直为直",表明人性并非只有一面,而是既有直的地方,也有曲的地方,单纯用善或恶的一种特质来指代性是说不通的。

另外,徐先生所说"把性与天命连在一起,性自然是善的",也是难以讲通的。在早期的思想世界中,天命其实是不可测的,"天命"与"善"没有必然的关系。《尚书·召诰》载周公之语:"今天其命哲,命吉凶,命历年。"可见"天命"不是只有"吉"的,也会作"凶"。天命为善的观念,主要是由后代尤其是宋人的思想萌发而来。孟子虽然认为人性善,但也不是从天命的角度来论证的。另外,《论衡·命义》还记有汉代很流行的"行善得恶"的"遭命"之说,亦可证"天命"不一定为善。

由《孟子》之说来解"性相近"的学者还有很多,如牟宗三先生也由《孟子》"牛山之木"章,将"相近"解释为"发于良心之好恶与人相同",并说"孔子恐亦即是此意。如是,孔子此句之'性'当不能是'自生而言性'之性,亦不必如伊川讲成是气质之性。"[①] 其后蔡仁厚先生也从《孟子》此章出发,指出古人语辞使用并不严格,认同朱子"以'相同'解释'相近'",从而认为"孔子所谓'性相近'的相近,和孟子所说的相近,意思应该是一样的","性相近"之性"应该是人人皆同的

---

① 牟宗三:《心体与性体》第1册,上海:上海古籍出版社,1999年,第185页。

义理之性"。①

目前就出土的《性自命出》等材料来看,"好恶,性也",是当时孔子学派的一个观点。不过需要明确的是,"好恶"是性,但"好恶与人相近",却不仅可以说是性相近,甚至可以说相同(如上述牟宗三先生之观点)。因为我们谈"好恶",讨论的实际上是抽象的有无的问题。但谈到"好恶与人相近",就需要考虑"好恶"具体的细节。《性自命出》篇就既说"好恶,性也","善不善,性也",也说"四海之内,其性一也",这种"性一"就是从抽象共性处立说。

此外需要说明的是,徐复观、牟宗三、蔡仁厚几位先生的结论有一个共同的前提,即皆从赵歧之说,将"其好恶与人相近也几希"的"几希"解释为"不远",继而得出结论。但这种解释不见于他书,恐怕不能信服,还是将"几希"解释为"甚微"更好。② 郭店简《性自命出》所谈到的"四海之内,其性一也",此处之"性"也难以归结为宋儒、新儒家所说的"义理之性",而应是《性自命出》篇"或动之、或逆之、或实之、或砺之、或出之、或养之、或长之"的性。

唐君毅先生指出:"其所谓相近亦当涵孟子所谓'同类相似'、'圣人与我同类'。"③此说有可能得自于戴震。④ 金景芳先生曾经指出:"'相近'包括两层意思。第一,从人之性对犬之性、牛之性来看,人与人为同类,所以说'相近'。'相近'表明人有共性。第二,从人类自身看,人与人虽属同类,但智愚壮羸万有不同。所以应当说'相近',不应当说相同。这表明人又有个性。总之,二者都是指人的自然性而言。'习'则不然。'习'是指人的社会性。"⑤其弟子李景林先生则进一步指出"性"与"习"相对而言,则性为先天、自然;"习"为后天,属社会性的修为。所以,此处言性之范围,亦"生之为性"之说。孔子在这里实质上是从人之共性与个性的关系上规定人性的内容。"相近"是从人之为"类"的共性角度来讲"性";人可因"习"而相远,禽兽却不能"相远",所以这里的"性"应指人之

---

① 蔡仁厚:《孔孟荀哲学》,台北:学生书局,1984年,第105页。
② 参见焦循:《孟子正义》,北京:中华书局,1987年,第776页;杨伯峻:《孟子译注》,北京:中华书局,1960年,第264页。《孟子·离娄下》有:"人之所以异于禽兽者几希",也宜解释为"甚微"。
③ 唐君毅:《中国哲学原论·原性篇》,台北:学生书局,1984年,第39页。
④ 参见戴震:《孟子字义疏证》,《戴震全集》第1册,第176页。
⑤ 金景芳:《孔子的天道观与人性论》,吕文郁主编:《金景芳学术文化随笔》,北京:中国青年出版社,2000年,第82页。

异于禽兽者,即人的本性道德性。① 李先生之说,接近于孟子对人性的定义。

唐君毅、金景芳、李景林三位学者从共性说类相近,逻辑上是可通的。可是唐先生所引孟子之语,还需要进行讨论:

> 故凡同类者,举相似也,何独至于人而疑之?圣人与我同类者……口之于味,有同嗜也,易牙先得我口之所嗜者也。如使口之于味也,其性与人殊,若犬马之与我不同类也,则天下何嗜皆从易牙之于味也?至于味,天下期于易牙,是天下之口相似也。惟耳亦然,至于声,天下期于师旷,是天下之耳相似也。惟目亦然,至于子都,天下莫不知其姣也;不知子都之姣者,无目者也。故曰:口之于味也,有同嗜焉;耳之于声也,有同听焉;目之于色也,有同美焉。

人之感觉官能口、耳、目等相差不远,确实是相近的。不过这其实也应该属于才性的范畴。上文已经提到,戴震关于才性相近的意见并非不破之理。而且孟子指出"圣人与我同类",并非只是简单的证明感觉官能的相近,而是为了推理出:"至于心,独无所同然乎?心之所同然者,何也?谓理也,义也。圣人先得我心之所同然耳。故理义之悦我心,犹刍豢之悦我口。"这是一种常见的类比推理,但是此处的类比推理并不具有必然性。因为口、耳、目是感觉器官,和能够思考、判断的心,并不是同质。另外,孟子言"何独至于人而疑之?圣人与我同类者",其实正好可以说明在时人观念中,圣人与普通人是有差别的。故三人之说在哲学上是有成立可能性的,却未必是孔子本意。

二、《成之闻之》简中的"性"论

通过对以上种种说解的分析,我们可以发现,过去学者的意见仍存在着一些问题。现在郭店简中的《成之闻之》篇,可以为我们提供一些新的信息。

《成之闻之》篇,参考时贤意见,间以己意,可以写定为:

---

① 李景林:《教养的本原》,第60—62页。

> 圣人之性与中人之性，其生而未有分之；即于能也，则犹是也；虽其于善道也，亦非有译（怿）娄（足）以多也。及其溥长而厚大也，则圣人不可由与殚之，此以民皆有性而圣人不可慕也。

《成之闻之》篇说"民皆有性"，《性自命出》篇有"四海之内，其性一也"，也是讲民皆有性；上博简《诗论》中则多次论"民性固然"。因此，经抽象出类的属性之后，就是唐先生所说的"同类相似"、金先生的"人与人为同类，所以说'相近'"。但这种相近实际上就如同前文所讲的"好恶与人相近"一样，论证下去"性"甚至可以是相同的。但从抽象共性处立说的话，性的相近甚至相同，对于孔子性论研究是没有太大意义的。孟子还只是由口、耳、目等器官之相似来论证心性，到了程朱就由此得出义理之性相同的结论了。所以，对于"性相近"的解释，似不应从共性之说入手。

郭店简发表以来，已经有相当学者注意到了《成之闻之》与"性相近"解释上的联系。只是考订的文字可能有所不同，在此我们作一简单介绍。

郭沂先生认为：这种性不同的观点直承孔子，与孔子的人性论十分接近。孔子说："性相近也，习相远也。"（《论语·阳货》）人性只是相近而已，但不相同。孔子又说："唯上知与下愚不移。"（同上）这种思想反映在本章里，就是"民皆有性，圣人不可慕也。"民之性与圣人之性不但不同，且各有一定，不可习，不可移。另外，本章的"中人之性"之说亦来自孔子。孔子云："中人以上，可以语上也；中人以下，不可以语上也。"（《论语·雍也》）揣摩孔子之意，此处之"中人"乃就性而言也。①

李学勤先生指出：这一章，在用词上很容易看出是本于《论语》，在思想上也尽可能把孔子的话综合起来。章文云"民皆有性"，又说"圣人之性与中人之性，其生而未有别之"，这是"性相近"，而且是性善论的雏型。说"及其博张而厚大也，则圣人不可由与效之"，"圣人不可慕也"，这是"习相远"，也合于"唯上智与下愚不移"。章文只谈中人之性，没有说到中人以下，正合于"中人以下，不可以语上也"。②

---

① 郭沂：《郭店楚简〈天降大常〉（〈成之闻之〉）篇疏证》，《孔子研究》1998年第3期，第65页。
② 李学勤：《试说郭店简〈成之闻之〉两章》，《烟台大学学报（哲学社会科学版）》2000年第4期，第458页。

按：《成之闻之》简文，难点在"译娄以多"。"译"，今读为"怿"，《尔雅·释诂上》："怿，乐也。""娄"，疑读为"足"，二字古通。[①]"多"，段玉裁《说文解字注》："多者胜少者，故引申为胜之偁。"[②]

根据我们的考释，郭店简《成之闻之》篇的文意大致如下：圣人之性和中人之性，初生时没有什么分别，在能力方面也是一样；即使是对于善道而言，也不是特别喜好而胜于他人。当各自的性充分发展之后，中人和圣人就有了差别，中人想像圣人那样尽其性就办不到了。所以说民性皆有定数，圣人不是仿效而成的。

从《成之闻之》这一章的人性论来看，圣人与众人之性，不仅"生而未分"，在能力方面，还是如此；即使面对善道的态度，也难以区分。但是很明显这里讲的是生性尚未定型之时，圣人与中人之性既难分，又相近。这时的性尚未充实、完成，好比一个待填充、发展的气囊，气囊的外形或大小不同，一旦充实之后，圣人与中人就判然有分。所以这里的"性"，主要讲的是人的天赋层面。在《成之闻之》中，我们可以找到圣人、中人的讲法，性有划分品级的迹象。所以朱熹所说性是"以其初而言"，从本篇来看是有道理的。但是简文有"虽其于善道也，亦非有怿足以多也"之语，可知性并非定然与善联系在一起。也就是说，性与善是互相外在的。由此推断，"性相近"也不是性善论。

郭店简《成之闻之》一篇，是目前可见离孔子时代最近的材料。因此其中关于性的说法可以体现时人的认识，在对"性相近"的解释上要更为可靠。可以发现，《成之闻之》中关于性的论述涉及天赋、品级，与"性三品说"其实并不矛盾，但还未与性善、性恶之说联系起来。

总之，《成之闻之》一篇对"性"的论证，主要有两点需要注意：一是"性"是"生而未分"的，有品级之差别；二是"性"的这种差异，经过"溥长"、"厚大"之后，才会显现出来。所以"性相近，习相远"，是说人性初生时相近，经过习染之后，就表现出差别来了。显然，这种差别，不仅包括圣人和中人、下人的差别，也包括同为中人、下人者之间的差别，因为天所赋予每个人的性都不同。由此来看，过去很多学者的解释，恐怕过度诠释的地方很多。

---

① 参见张儒、刘毓庆：《汉字通用声素研究》，太原：山西古籍出版社，2002年，第303页。
② 段玉裁：《说文解字注》，杭州：浙江古籍出版社，1998年影印本，第316页A。

A New Research of the Guodian Bamboo Slips *Cheng Zhi Wen Zhi* and Confucius's *Xingxiangjin*

Li Rui

Abstract: In the Yanghuo chapter of *Lunyu*, Congfucius said: By nature, men are neally alike; by practice, they get to be wide apart. (*Xingxiangjinye, Xixiangyuanye.*) Its key point is *Xingxiangjin*, but they are many views about how to explain it from ancient times to the present, and these views are often according to the explainers' time or ideological tendencies. There are four deviations. After analyzing them, this paper put forward new viewpoint to explain Confucius's words according to the section of *Shengrenzhixing yu zhongrenzhixing* in the chapter Cheng Zhi Wen Zhi, in the Guodian Chu tomb unearthed bamboo slips.

Key Words: *Lunyu*, Confucius, *Xingxiangjin*, the Guodian Bamboo Slips, Cheng Zhi Wen Zhi

早期儒家"仁义内外"之争与孟子"仁义内在"说析论[*]

张鹏伟,穆宏浪[**]

[摘　要]　在孔孟之间,儒家关于仁义内外关系的思考有多种观点,见于郭店简的《五行》《六德》《语丛一》《尊德义》《唐虞之道》以及《孟子·告子》等篇中。在郭店简中,关于仁义内外问题不仅有"仁内义外"说,也有"仁义内在"说,还有"仁义内在外在并列"说。郭店楚简仁义诸说为孟子和告子的辩论提供了思想背景。告子的"仁内义外"以血缘之爱理解仁,以客观义务理解义,实质上是一种"仁义外在"说,与其自然人性论相一致。而孟子的"仁义内在"说,奠基于性善论的基础上,认为仁义内在于人性,以心善言性善,而且认为植根于人内心的仁义可以实现于人的形色之间,提出了儒家思想

---

[*]　基金项目:中央高校基本科研业务费项目"思想政治教育中德性主体的建构研究"(项目编号:20101175323)。

[**]　张鹏伟(1983—　),男,宁夏隆德县人,哲学博士,西安电子科技大学马克思主义学院讲师,研究方向为中华优秀传统文化与当代思想政治教育,主攻儒家德性论和人格修养论。穆宏浪(1983—　),男,贵州贵阳人,经济学硕士,西安电子科技大学人文学院讲师。

史上意义深远的"践形"思想,从而为人的道德修养和理想人格追求提供了内在动力。

[关键词] 儒家;仁内义外;仁义外在;仁义内在

在先秦儒学史上,仁义内外关系是一个非常重要且复杂的问题。在孟子之前,就有关于"仁内义外"的几种不同说法。在郭店楚简中,关于"仁内义外"就有《六德》的"仁,内也;义,外也;礼乐,共也"和《语丛一》的"仁生于人,义生于道。或生于内,或生于外"等说法。① 楚简中不仅仅有"仁内义外"说,还有"仁义内在"说,如《唐虞之道》的"孝,仁之冕也;禅,义之至也"之说。至于楚简《五行》篇对"德之行"与"行"的区分,虽然学界已有讨论,但仍存歧见。其确切义涵,仍有待进一步阐明。有鉴于此,本文拟在分疏简帛文献中"仁义内外"诸说和孟、告"仁义内外"之争的基础上,揭示先秦儒家仁义内外问题的多维性,并阐发孟子"仁义内在"说的深刻涵义和重大现实意义。

一、孔孟之间"仁义内外"问题的讨论

在《论语》中,仁、义、礼皆是孔子和弟子讨论的重要概念。在三者中间,孔子讲仁最多,讲礼较多,讲义最少。② 《论语》中的"义"涵义较为宽泛,且未有内在外在之分,如"君子喻于义,小人喻于利"(《论语·里仁》)、"见得思义"(《论语·季氏》)、"君子义以为质,礼以行之,孙以出之"(《论语·卫灵公》)等,上述诸"义"既不能单纯理解为外在的伦理规范,也不能单纯理解为道德意识,而是兼具内在观念和外在行为规范两重涵义。正因如此,在孔子之后的儒学发展中,遂出现"义内"、"义外"之争。

值得注意的是,在《论语》中,仁和义是两个彼此独立的概念,孔子很少将二者并列在一起,更多的是将仁和礼联系起来,如"克己复礼为仁"(《论语·颜渊》)、"人而不仁,如礼何?人而不仁,如乐何"(《论语·八佾》)等。这表明在当时,面对礼坏乐崩的社会现实,相对于义,孔子更关注礼的问题。而仁、义并举

---

① 本文所引郭店楚简文献,据荆门市博物馆:《郭店楚墓竹简》,北京:文物出版社,1998年。以下不再另注。
② 据杨伯峻先生的统计,《论语》中"仁"出现109次,"礼"出现74次,"义"出现24次。

的现象,是在孔子之后出现的。仁、义并举的趋势,反映了社会生活中"义"原则的重要性日益凸显。《礼记·中庸》中说:"仁者,人也,亲亲为大;义者,宜也,尊贤为大。"仁的原则是以亲亲为基础和出发点,仁是对爱亲的推广;义的原则是以尊贤为基础的,是对道德贤人、君子以及道德正当性的普遍化。那么,为何在孔子之后"义"的原则会凸显呢?梁涛先生认为:"随着生产的发展,交往的扩大,血缘关系的进一步瓦解,……除了血缘关系外,还出现了政治关系和社会关系(君臣、朋友),而且后者的地位和作用越来越重要。在这种复杂的社会关系面前,内心自觉和外在义务已不能像以往那样保持统一,正是在这种背景下,出现了所谓的'仁内义外'说。"[1]笔者赞同社会关系的变化导致了社会治理对"义"的需要这一点,但不赞同将仁和义理解为内在自觉和外在义务。从源头上来说,作为一种观念,"义"是从"仁"的原则中引申出来进而用之于家族之外的治理。因为"仁"虽然基于血缘关系但不限于血缘关系,孔子主张"泛爱众而亲仁","泛爱众"的"众"并不限于有血缘关系者,"亲仁"其实就是"就有道",即亲近、靠近仁者、贤者,见贤思齐,这便是"义"。这样一来,从泛爱众到亲仁、尊贤,义的观念逐渐外化为"门外之治"的基本原则或者外在规范。同时,对个人的德性涵养来说,"义"也不能仅仅看作是外在义务或者外在强制,人必有发自内心的亲仁、尊贤的自愿自觉,而后方有"义"的行为,如此社会才能认同将"义"作为普遍的原则。即使是作为社会普遍原则的"义"也不能仅仅理解为外在义务,而是内在自觉意识和外在行为规范的统一。

　　从思想发展的逻辑来看,先有道德观念和道德意识,然后才有伦理原则和伦理规范。对于仁、义、礼这些德目来说,都是如此。仁、义、礼都是内在自觉和外在义务的统一,只是侧重点有所不同而已,这是问题的一个方面。另一方面,伦理原则或伦理规范一旦形成或者固化以后,反而容易遮蔽其最初的内在意识和自觉的一面,使人误以为"有些道德意识和原则是人内心具有的,例如仁;而有些是由外部制定的,例如义"。[2]郭店简关于仁义内外的不同说法和告子的"仁内义外"说正反映了这一点,即伦理原则对道德自觉意识的遮蔽作用。这也正是儒家"仁义内外"之辨出现在孔子之后孟子之前的深层原因。

---

[1] 梁涛:《郭店竹简与思孟学派》,北京:中国人民大学出版社,2008年,第317页。
[2] 同上书,第306页。

二、郭店楚简关于仁义内外的不同表达

在郭店简的不同篇目中,关于仁义内外问题有不同的表达,其角度多维,涵义多样,需要仔细辨析,不可笼统论之。综合起来,郭店竹简中,既有"仁义内在"说,也有"仁内义外"说,还有"仁义内在外在并列"说。

(一)郭店简"仁内义外"说的两个维度

郭店竹简的"仁内义外"说主要有两个维度,其一是从社会治理的维度来说,见于《六德》篇;其二是从道德行为标准的维度来说,见于《语丛一》和《尊德义》篇。

1. 社会治理维度的仁内义外

在竹简抄写的战国中期,"义"已经由道德观念外化为一种社会治理的伦理原则。楚简《六德》篇说:"仁,内也;义,外也;礼乐,共也。……门内之治恩掩义,门外之治义斩恩。"这里的门内之治即以血缘关系为基础的家族内部治理,门外之治是指超越于家族范围之外的社会治理。门内之治,以恩爱的原则为主导,或者说以保护亲情为原则。然而,门外之治,必须以道义为原则,也就是以正当性为原则。在门外之治中,当道义和恩情发生冲突的时候,需要以道义为重而不可徇私情。这里除了仁义,还谈到了礼乐,简文将仁看作家族内部适用的原则,义看作家族外部适用的原则,而礼和乐是家族内部和外部共同适用的原则。因为礼和乐是内容和形式的统一,既可以运用于门内之治,也可以推广于门外之治。因此,在社会治理的维度,仁和义两个原则是并重的,各有其占主导地位的范围和场域。

2. 道德行为标准维度的仁内义外

竹简《语丛一》有"人之道也,或由中出,或由外入。由中出者,仁、忠、信。由外入者,礼、义、[?]。仁生于人,义生于道。或生于内,或生于外"的说法。此段表述是从人道的维度来立论。所谓人道,指的是人的行为之道,也就是人的行为的方向和标准。从人道的角度看,人的道德行为必然有其标准和依据。在《语丛》作者看来,人的道德行为的依据或者从心中而来,或者从外部也就是社会而来。从心中而来的是仁、忠、信等品质,从社会而来的是礼、义等规范。这里从社会规范的角度理解义,故而认为"义"是由外部而进入人们心中的。此

外,《尊德义》篇还有"故为政者,或论之,或义之,或由中出,或设之外,论列其类"的说法,其意与《语丛一》的说法相近,是从为政之道而言的。无论是为人之道还是为政之道,作为行为原则的仁、义、礼,其来源或内或外,仁、忠、信为内,礼、义等为外。

(二) 郭店简的"仁义内在"说

楚简不仅有"仁义内外"说,而且还有"仁义内在"说。楚简的"仁义内在"说,主要见于《唐虞之道》篇:"尧舜之行,爱亲尊贤。爱亲故孝,尊贤故禅。……孝,仁之冕也;禅,义之至也。……爱亲忘贤,仁而未义也;尊贤遗亲,义而未仁也。"在这里,楚简将"仁"理解为爱亲,将"义"理解为尊贤。爱亲和尊贤都是人的道德意识和道德情感,都是内在的。而孝行是仁爱之至,禅行是尊贤之至。二者都是道德情感在外在行动中的体现。因此,《唐虞之道》是从道德情感和道德意识的维度来立论的,在此维度上,作为爱亲的"仁"和尊贤的"义"都是内在的而非外在的。

因此,《唐虞之道》的仁义观是"仁义内在"说而非"仁内义外"说。而且,《唐虞之道》强调仁义并重,不偏于一端,既不能爱亲忘贤,也不能尊贤遗亲。从儒学史来看,《唐虞之道》对仁义的表达既符合孔子"泛爱众而亲仁"的观点,也与《中庸》"仁者,人也,亲亲为大;义者,宜也,尊贤为大"的说法相一致,这种"仁义内在"说,也就为孟子的"仁义内在"说提供了思想铺垫。

(三) 郭店简的"仁义内在外在并列"说

在楚简的仁义诸说中,最难理解的是《五行》篇的"德之行"与"行"的关系。简本《五行》说:

> 仁行于内谓之德之行,不形于内谓之行;义形于内谓之德之行,不形于内谓之行;礼形于内谓之德之行,不形于内谓之行;智形于内谓之德之行,不形于内谓之行;圣形于内谓之德之行,不形于内谓之德之行。德之五行和,谓之德;四行和,谓之善。善,人道也;德,天道也。

《五行》以"德之行"和"行"对举,指出仁义礼智圣"形于内"为"德之行","不形于内"为"行"。这里的"内"应当指心。有一种观点认为,"仁义礼智圣等五种美德皆在人的心中(所谓'形于内'),称为'德之行';其表现在外在行为者,则称为'行'。"①这种观点是主张由"形于内"的"德之行"表现为"不形于内"的"行",这其实是不通的,因为"形于内"的"德之行"其表现为行为上仍然是"德之行"而不是"行"。另一种观点认为,"不形于内"是指仁义礼智圣在没有"形于内"的情况下而表现于行为之中,有学者提出"凡是未经心灵体现出来的道德行为,《五行篇》称之为'行'。意即一般的道德行为,即道德行为尚未经由意识化或内在化的一种社会规范之行为。"②这种说法对"不形于内"的解释是准确的。但也有学者认为,"儒家一向反对'行不由衷',所谓'未经心灵体现出来的道德行为'是让人难以理解的。"③其实这里并不存在问题,"未经心灵体现出来的道德行为"准确说应该是内心对道德行为所体现出来的原则尚未自觉或自觉不够,只按照约定俗成的伦理原则行事,这正与告子所说的"彼长而我长之,非有长于我也;犹彼白而我白之,从其白于外也"是一样的。见到一个长者就按照对待长者之礼做出相应的行动,其实内心并无对长者的尊敬之心,这可以说是"未经心灵体现出来的道德行为"。

正因如此,"形于内"的"德之行"可以理解为仁、义、礼、智、圣植根并充实于内心(这是前提),同时可以表现为道德行动(这是效验)。也就是说,"德之行"不只是内在的德性,而且是将内心真实的道德感(道德意识或道德情感)实现于外的德行,是彻内彻外、内外一贯的。关于"不形于内"的"形",可以理解为只有外在行动而没有内在自觉的遵守伦理规范的行动。正是在这个意义上,德之行即是仁义礼智圣在心灵中之流行,也就是天道之流行,是内外贯通的德性和德行。而四行之和是人道之善,是遵守伦理规范的行动。按照孟子的说法,"形于内"的"德之行"是"由仁义行",而"不形于内"的"行"则是"行仁义"。需要注意的是,关于"圣",虽然简文也分"形于内"和"不形于内",这可能是为了行文对称的需要。但其实"圣"是对天道的终极体认,只能形于内而不可能"不形于内","不形于内"的只能是仁义礼智。这样一来,《五行》篇将仁义礼智分为"德之行"和"行"的特殊表达则可以称为"仁义内在外在并列"说,也就是说仁义既可以表

---

① 黄俊杰:《孟学思想史论》第一卷,台北:东大图书公司,1991年,第75页。
② 杨儒宾:《德之行与德之气——帛书〈五行篇〉、〈德圣篇〉论道德、心性与形体的关系》,见钟彩钧:《中国文哲研究的回顾与展望论文集》,台北:台湾"中央"研究院中国文哲研究所筹备处,1992年,第417—418页。
③ 梁涛:《郭店竹简与思孟学派》,第186页。

现为"形于内"的"德之行",也可以表现为"不形于内"的"行";仁义是内在还是外在,取决于人内心是否有真实的道德情感和道德意识。《五行》的仁义观作为"仁义内在"说,为孟子将仁义礼智四德内化为"恻隐之心"、"羞恶之心"、"恭敬之心"、"是非之心"作了理论的铺垫;而作为"仁义外在"说,则很可能对告子的"仁内义外"说产生了某种程度的影响。

三、孟、告之争与孟子"仁义内在"说的深刻义涵

经上文分析可知,郭店楚简关于仁义内外关系的讨论,为孟子和告子的"仁义内外"之辩提供了重要的思想背景。孟、告之辩以及孟季子和孟子的学生公都子的辩论,见于《孟子·告子上》的第四章和第五章。对于这两段文字,前人和时贤也有过解释,但仍存在问题。因此,要准确把握孟子和告子两种仁义观的差异,本文不能不再次对原文予以全面疏解。

(一) 孟、告之争再疏解

在《告子上》第四章,记载了告子和孟子的辩论。原文如下:

> 告子曰:"食色,性也。仁,内也,非外也;义,外也,非内也。"
> 孟子曰:"何以谓仁内义外也?"
> 曰:"彼长而我长之,非有长于我也;犹彼白而我白之,从其白於外也,故谓之外也。"
> 曰:"异於白马之白也,无以异于白人之白也;不识长马之长也,无以异于长人之长与?且谓长者义乎?长之者义乎?"
> 曰:"吾弟则爱之,秦人之弟则不爱也,是以我为悦者也,故谓之内。长楚人之长,亦长吾之长,是以长为悦者也,故谓之外也。"
> 曰:"耆秦人之炙,无以异于耆吾炙,夫物则亦有然者也,然则耆炙亦有外与?"

这段辩论中,告子主张仁是内在的,义是外在的。仁是内在的,可暂且不论。义为什么是外在的呢?告子认为因为一个人年长,所以就以长者去看待他,或者说以对待长者的礼节去对待他。以长者去对待不是由我而定,而是

由长者而定。这就如同一个白色的东西,我便认为它是白色之物,是根据外在之白来决定我的看法,所以说义是外在的。在孟子看来,告子这里有三个问题:第一,对白马之白、白人之白以白去看待,这是对客观事实的认定。但对于老马的尊敬,对于长者的尊敬,是道德情感,是良心的作用,这二者是不能混淆的。第二,对马的怜恤和对长者的尊敬有人禽区别,二者情感的深浅和层次是不一样的,对马有怜恤但并无尊敬之意,但对于长者却有尊敬之意。这正如孟子所说"亲亲而仁民,仁民而爱物"(《孟子·尽心上》,以下凡引自该书,均只注篇名),爱的层次是有差等的。第三,义是体现于长者身上呢,还是体现于尊敬长者的人身上呢?显然,长者之年长只是一种事实,并无道德涵义。而对长者的尊敬之心和尊敬之行才是"义"。显然,在孟子看来,"义"是道德情感和道德行为的结合,或者说只有包含真实情感的尊长、敬长行为才能称为"义"。

接下来告子将仁理解为"爱",这是可以的,因为爱确实是仁的基本内涵。但严格来说,告子对"仁"的理解也是有问题的。因为告子所说的"吾弟则爱之,秦人之弟则不爱也",这是一种拘泥于血缘情感而不能扩充推广的私爱,而且以自己情感上的愉悦与否为标准,显然此愉悦并不是道德情感而是自然情感。①孔子和孟子讲的仁爱,一定是可以扩充推广的博爱,是以爱亲之心推己及人,所以才有"老吾老以及人之老,幼吾幼以及人之幼"(《梁惠王上》)。因此,告子理解的仁并不是道德意义上的仁爱。照此类比,在告子看来,如果说"义"是内在的情感,则只会尊敬自家的长者,不会去尊敬楚国的长者。但事实是,不管是自家的长者,还是楚国的长者,都得尊敬。所以说这是以"年长"这个事实本身为转移,不是以自己的感情为标准,因此"义"是外在的义务。显然,告子对仁义的理解都不能超越血缘自然情感的局限而扩展至普遍的道德情感,因此他是很难理解"义"内的真正含义的。

对于告子的上述观点,孟子作了这样的回答:喜欢秦国人的烤肉和喜欢自己的烤肉没有什么区别,难道这种喜欢也是外在的吗?有学者认为:"喜欢吃秦国人的烤肉,同样喜欢吃自己的肉,前提条件必须是两种肉没有差别。否则,嗜

---

① 道德情感如孟子所言"四端"(恻隐之心、羞恶之心、辞让之心、是非之心),自然情感如郭店楚简《性自命出》所言"喜怒哀悲之气"和《礼记·礼运》所言"七情"(喜怒哀惧爱恶欲)。

炙之心便会不一样,而告子主张义外,正是针对不同的对象——'秦人之弟'与'吾弟'——而言的。所以,孟子的论证不具有说服力。"①事实是否如此呢？人的口味是不是只喜欢一种食物呢？答案是否定的。不同的食物虽然味道各异,但有可能都是美味,都会得到人们的喜爱。因为人的口味对美味的嗜好正如尊敬之心一样是确定的,不会因客观对象的改变而改变,改变的只是尊敬之心的程度深浅和表达方式。孟子的论证是具有说服力的。从以上讨论可知,孟子始终坚持仁义必须内发于主体的心灵,或者说主体必须动之以真诚的道德情感,否则,便不能叫仁义。而告子将义只看作是外在的义务。

接下来,在《告子上》的第五章,记载的是孟季子和孟子的学生公都子之间的问答:

孟季子问公都子曰:"何以谓义内也？"

曰:"行吾敬,故谓之内也。"

"乡人长于伯兄一岁,则谁敬？"

曰:"敬兄。"

"酌则谁先？"

曰:"先酌乡人。"

"所敬在此,所长在彼,果在外,非由内也。"

公都子不能答,以告孟子。

孟子曰:"敬叔父乎？敬弟乎？彼将曰:'敬叔父。'曰:'弟为尸,则谁敬？'彼将曰:'敬弟。'子曰:'恶在其敬叔父也？'彼将曰:'在位故也。'子亦曰:'在位故也。庸敬在兄,斯须之敬在乡人。'"

季子闻之,曰:"敬叔父则敬,敬弟则敬,果在外非由内也。"

公都子曰:"冬日则饮汤,夏日则饮水,然则饮食亦在外也？"

这一段先是孟季子和孟子的学生公都子之间的问答,到最后公都子无法回答,所以才去请教孟子。孟季子首先问公都子为什么说义是内在的,公都子回答说对于长者表达我内心之尊敬,所以说是内在的。孟季子又问,乡党比伯兄

---

① 梁涛：《郭店竹简与思孟学派》,第307页。

大一岁,那么该尊敬谁?公都子说尊敬伯兄。孟季子继续问,那么在斟酒的时候,先给谁斟酒呢?公都子回答说先给乡党斟酒。孟季子说斟酒先给乡党,但平素尊敬伯兄,果然是由外而定的。对于这个观点公都子无法回答,所以便去告诉了孟子。然后孟子举了一例:是尊敬叔父呢,还是尊敬弟弟呢?当然是敬叔父。如果当弟弟居于受祭的"尸"位时,该敬谁?肯定是敬弟弟。为什么呢?因为弟弟在尸位的缘故。尸,朱子集注云:"祭祀所主以象神,虽子弟为之,然敬之当如祖考也。"①意思是处于尸位的子弟代表的是逝去的祖先,所以必须表达内心诚挚之尊敬。同理,乡党在宾客位,先为乡党斟酒,以表达主人对客人之敬意。孟季子听了孟子的举例仍然有疑问,于是公都子只好又用冬日饮汤、夏日饮水的例子来作答。关于公都子冬日饮汤、夏日饮水的比喻,牟宗三先生认为"不伦不类"。② 在牟先生看来,冬日饮汤,夏日饮水,虽时间而转移,所以不能与喜欢吃烤肉相类,所以他说:"公都子此答甚无谓,可以不理。"③但仔细分析,并非如此。这两个例子的道理是一致的。因为之所以人喝的东西要虽时间而转移,客观原因是外在季节的变化,但这并不是根本原因。根本原因是人的内在需要,不管喝什么,人都要喝让身体感觉舒适的东西。无论是冬日还是夏日,不管喝的东西多么不一样,但人舒适快乐的感觉是一样的。这就正如先给客人斟酒,也能让自己感觉心安一样。如果当着客人的面先给自家人斟酒或者在祭礼上不尊敬处于尸位的代祭者,自己和家人的心里反而会感到不安。所以,公都子的回答虽然未必能使孟季子信服,但可以说也是方便之类比,可以算是成功的例证。

  这一段对话,虽然内容比较繁复,但核心观点也是非常清晰的。因为,尊敬之心是内在的,斟酒和祭祀上的仪式都是礼节和礼制,但即使礼节和礼制也绝不单纯是外在的形式。首先,先给乡人斟酒和在祭礼上敬处于尸位的弟弟并不能改变对伯兄和叔父的尊敬之情;其次,之所以有先给宾客斟酒的礼节,正是为了表达对客人之真挚的尊敬之意,因为礼节、礼制必须是通乎人情、合乎人性的,不是单纯的形式。在祭礼上不管谁代理受祭,都是表达对逝去祖先的虔敬之意。我们既不能因为特定场合的礼节变化而怀疑内在尊敬之心的真诚,也不

---

① 朱熹:《四书章句集注》,北京:中华书局,2011年,第306页。
② 牟宗三:《圆善论》,长春:吉林出版集团,2010年,第15页。
③ 同上书,第16页。

能要求因礼节的变化而改变内在尊敬之情的深浅和分量,这也不可能改变。因此,仁义礼智诸德皆既有内在之根芽,也有外在之行动,是主体内在的道德情感、道德理性和道德意志发动与主宰下的自觉行动,而非纯外在的伦理规范或义务。

通过对孟子和告子辩论内容的疏解,可以看出告子的"仁内义外"说割裂了人的道德情感和道德行为的联系,这就使得告子的"义外"与竹简《语丛一》中"或生于外"的礼、义规范,以及简帛《五行》篇中"不形于内"的"行"具有一致性。告子的"义外"说与其主张"性无善无不善"和"食色,性也"的自然人性论是分不开的,或者说直接就是其无善无恶的自然人性论的表现,因为告子认为"仁义"是外在于人性的:"以人性为仁义,犹以杞柳为杯棬。"(《告子上》)从这个意义上讲,告子并非真正的"仁内义外"说的主张者,而是"仁义外在"说的主张者,因为受其人性论所限,告子所说的"仁"是一种血缘亲情,是一种先天的自然感情,这样的爱只能是"吾弟则爱之,秦人之弟则不爱也"。那么,从告子的人性论可以推知,孔子所说的"泛爱众"之爱,孟子的"亲亲而仁民,仁民而爱物"之爱,都是人性中所没有的,也不符合先天的自然情感,所以,这种爱也是外在的,不可能是内在的。

(二) 孟子"仁义内在"说的深刻涵义

从儒学史上来看,郭店楚简的时代是"仁内义外"说、"仁义内在"说、"仁义外在"说纷然杂陈的时代。这一时代关于仁义的各种观点直接影响了告子,也影响了孟子。而最让孟子担忧的无疑是告子"以人性为仁义,犹以杞柳为杯棬"的人性观点和具有"仁义外在"实质的"仁内义外"说。因为这种观点的后果是消解道德的内在性和主体性,将道德异化成一种单纯遵守伦理规范的义务。因此,孟子正是在同告子的辩论中,确立了其性善论和"仁义内在"说,从而将"仁义"牢牢植根于人性之中。

1. 仁义内在于人性、人心

孟子的"仁义内在"说的基础在于性善论。而孟子确立性善论的根据又在于"以心善言性善"。[1] 此"心"即四端之心,也就是"恻隐之心,仁之端也;羞恶之心,义之端也;辞让之心,礼之端也;是非之心,智之端也。人之有四端,犹其有

---

[1] 徐复观:《中国人性论史·先秦篇》,上海:上海三联书店,2001年,第139页。

四体也。"(《公孙丑上》)在孟子看来,四端之心是与生俱来的。陈来先生指出:"孟子一方面把仁、义、礼、智连通,这是很特殊的;以前的人从未把义归结为羞恶之心,把礼归结为辞让之心,多认为义是外在的原则,礼是外在的规范。另一方面,孟子又把人的恻隐之心、羞恶之心、辞让之心、是非之心都认定为先验的道德本心,它们不是得自习惯和经验,而是人生而具有的本性。"①将仁义礼智与"恻隐之心、羞恶之心、恭敬之心、是非之心"相连,这就将人的道德情感和道德理性打成一片,使其成为道德行动的内在尺度和动力。李景林先生指出:"孟子言人性,不是仅以'仁义'来规定人的本质,而是进一步强调:仁义为人的情感和形色所本有。"②的确如此,孟子不仅将道德情感和道德理性打成一片,而且认为植根于每个人内心的仁义礼智可以在形体、表情、相貌上实现出来。孟子说:"仁义礼智根于心。其生色也,睟然见于面,盎于背,施于四体,四体不言而喻。"(《尽心上》)这也就是"践形"说。

2. 践形——形体的道德化和道德的形体化

孟子明确提出了"践形"说:"形色,天性也;惟圣人然后可以践形。"(《尽心上》)关于"形色",《五行》篇中就有很多论述,现仅举一例:"仁之思也清,清则察,察则安,安则温,温则悦,悦则戚,戚则亲,亲则爱,爱则玉色,玉色则形,形则仁。"仁由内在的反思而逐渐表现于脸色,充实于形体,内心中的仁外化为通过形体表情彰显出来的仁。这便是践形,也就是人通过道德的修养,将道德形体化的同时,也使形体道德化。因此,从这点上来看,郭店楚简的践形思想肯定对孟子产生了深刻的影响。

相对于形色,"天性"的理解是一个难点,而且也是关键点。从圣人践形来看,圣人能够实现其天性。但如果天性是天生的而且是现成的,那么圣人就没有必要去践形了。因此,天性不能理解为天生的、现成的,更不能理解为人的自然性;而应当理解为天赋的道德性,也就是说人天生就具有将道德充分形体化的潜能和禀赋。正因如此,圣人能够完整地将这个潜能和禀赋在形体中实现出来。当然,圣人的践形是作为一种道德境界的理想而存在的,这就如同孟子所言"人皆可以为尧舜",凡人也可以践形。践形有一个将道德情感和道德意识外

---

① 陈来:《孟子的德性论》,《哲学研究》2010年第5期,第47页。
② 李景林:《伦理原则与心性本体——儒家"仁内义外"与"仁义内在"说的内在一致性》,《中国哲学史》2006年第4期,第32页。

化的过程,孟子说:"人能充无欲害人之心,而仁不可胜用也;人能充无穿踰之心,而义不可胜用也"(《尽心下》),也就是将仁义之心扩充于自己的视听言动和立身行事当中,这样的仁义表现出来是非常自然的,而且其力量是"若决江河,沛然莫之能御"(《尽心上》)。

3. "由仁义行"与"行仁义"

孟子"由仁义行,非行仁义也"(《离娄下》)的提法,正是对仁义内在的强调。由仁义行即是由恻隐、羞恶、恭敬(辞让)、是非之心扩充流行。这"四心"是人的"良心"、"本心"、"良知"、"良能",是人的天植灵根,也是人性本善的内在依据。这也就是孔子所说的"天生德于予"(《论语·述而》)——上天赋予人道德的心灵和禀赋。孟子的"仁义礼智,非由外铄我也,我固有之也,弗思耳矣"(《告子上》)正表明了这一点。仁义礼智虽然是人固有的道德禀赋,但不思不求就容易放失,容易陷溺。因此,扩充人的良心、本心,也就是要将自己的心灵时时刻刻置于良心、本心的观照统摄之下,作为所有道德行为的内在主宰,在接人待物中,能使其当下发动和显现。孟子说的"今人乍见孺子将入于井,皆有怵惕恻隐之心"(《公孙丑上》),这是真正的由仁义行。至于后面要排除的"内交于孺子之父母"、"要誉于乡党朋友"、"恶其声而然"等种种情形,皆可以说是"行仁义"。所谓"行仁义",即是将仁义当作外在的义务,至于为什么要有这样的义务,既缺乏内在良心、本心的依据,也缺乏天命、天德、天道之终极超越依据,这样的道德是无根的道德,是没有主体在场的道德,难以摆脱功利的窠臼。"由仁义行"之仁义具有内在根源和必然性,而"行仁义"之仁义仅具有外在约束和或然性,所以孟子极力反对仅仅从外在义务和以旁观者描述事实的角度去说仁义,就是为了使道德主体充分地彰显。

孟子的"仁义内在"说,将仁义内在于人性和人心,并且认为道德可以彰显于人的形色相貌之间,这就为道德夯实了根基。而"由仁义行"与"行仁义"的分疏,成为检验道德是否纯粹的试金石。要之,孟子的"仁义内在"说继承了孔子"为仁由己"的道德实践精神,高扬了人的道德主体性,开拓了道德内在世界,从而为人的德性涵养、自我超越和理想人格的追求提供了深厚的动力,为当代人的修身养性提供了厚实的精神滋养。

Discussion on Outside or Internal of Benevolence and Righteousness in Early Confucianism

Zhang Pengwei and Mu Honglang

Abstract: Between Confucius and Mencius, thinking about the relationship between inside and outside of benevolence and righteousness have many viewpoints, which we can find in many articles of Guo Dian Bamboo Slip such as "Wu Xing", "Liu De", "Yu Cong", "Zun De Yi", "Tang Yu Zhi Dao" and Gaozi article of Mencius. In Guo Dian Bamboo Slip, except outside righteousness in the benevolence theory, they are also both outside and inner theory of benevolence and righteousness. The viewpoints of benevolence and righteousness in Guo Dian Bamboo Slip provide ideological background for the debate of Gaozi and Mencius. The viewpoint of Gaozi regarded benevolence as blood love, regarded righteousness as objective obligation. It's a kind of "benevolence outside" theory in essence, consistent with his human nature theory which affirmed human nature is neither good nor bad. The Mencius's inner theory of benevolence and righteousness based on the theory of human good nature, which insisted that benevolence and righteousness within human nature, and explained human good nature by conscience, and insisted that the internal virtue can reflecting on the body of a person. Mencius put forward a famous viewpoints of "Jian Xing" (践形) in the history of Confucianism, provided intrinsic motivation of moral cultivation and the pursuit of ideal personality.

Key Words: Confucianism, outside righteousness in the benevolence, outside theory of benevolence and righteousness, inner theory of benevolence and righteousness

"逻辑的有效"与"意义的有效"
——从孙复《春秋》诠释何以有效看经典诠释的有效性

王金凤[*]

[摘　要] "尊王"是孙复在诠释《春秋》的过程中提出的一个新观念,孙复以"尊王"的新观念诠释《春秋》的有效性,不在于"文本客体"与"诠释主体"是否相符,而在于"尊王"观念在其《春秋》诠释过程中满足了"逻辑的有效"与"意义的有效"这两个要素。逻辑上的有效,是指理性上的自圆其说与思想系统的内部融贯;意义上的有效,指的是回答当时思想家致力解决或研究的问题,采用当时的知识共同体能够接受的思维方式与言说方式,提出的价值取向或理论基型被知识共同体所认同。这两种性质的有效也可以拓展到一般意义上的经典诠释有效性问题上,一种以经典文本为载体的新诠释体系在论证自身合法性的过程中,需要满足"逻辑的有效"与"意义的有效",这也为以经典诠释为向度的儒学哲学化工作提供了路径。

---

[*] 王金凤(1987—　),女,江苏东海人,哲学博士,上海交通大学马克思主义学院讲师,研究领域为宋明理学。

[**关键词**]　孙复；北宋理学；经典诠释；《春秋》；有效性

一、引言

藉由孙复以"尊王"的新观念诠释《春秋》何以有效地讨论，以此说明经典诠释的有效性何在的问题，这是本文的题旨。但在进行关于"孙复的《春秋》诠释何以有效"与"经典诠释有效性何在"的分析之前，需要澄清以下两个关键性的问题：一是对于"经典诠释的有效性何在"这个问题的解答，为什么能够采用孙复的《春秋》诠释作为例证；二是怎样理解"经典诠释的有效性"这个概念。

关于第一个问题，我们知道，孙复的思想依托《春秋尊王发微》一书得以传世，因此第一个问题实际上可以转化为"孙复的《春秋》诠释在宋代《春秋》诠释乃至经典诠释系统之中居于一个什么样的位置"的问题。从《春秋》诠释史的宏观脉络来看，从"六朝及唐皆好尚文辞，不重经术，故《左氏传》专行于世"[①]，到中唐啖助"爱《公》、《谷》二家，以《左氏》解义多谬"[②]，到了北宋孙复这里，则有"沿啖、赵之余波，几于尽废三《传》……北宋以来，出新意解《春秋》者，自孙复与敞始"[③]的评语。从孙复《春秋》诠释的具体内容来看，孙复的《春秋》诠释能够独立于其他的《春秋》解释体系而自成一体，原因在于其《春秋》诠释存在"新意"。这种"出新意"的经典诠释方式摆脱了"后之作疏者，无所发明，但委曲踳于旧之注说而已"[④]的诠释惯例，在宋代《春秋》诠释乃至经典诠释领域形成了"深文锻炼之学，大抵用此书(《春秋尊王发微》)为根柢"[⑤]的效果，进而表现出一种"深文锻炼"的经典诠释新形态。由此可见，从理论构建与实际效应两个层面都能够说明孙复《春秋》诠释在"出新意"与"有效性"两个预设之间的平衡，这也为宋代经

---

① (清)皮锡瑞：《论杜预专主左氏，似乎春秋全无关系无用处不如啖赵陆胡说春秋尚有见解》，《经学通论》，北京：中华书局，1954年，第73页。
② (宋)欧阳修、宋祁撰：《列传一百二十五·儒学下》，《新唐书》卷二百(第18册)，北京：中华书局，1975年，第5705页。
③ (清)永瑢等撰：《春秋传十五卷》，《四库全书总目》经部卷二十六，北京：中华书局，1965年，第215页下。
④ (宋)孙复：《寄范天章书二》，《孙明复小集》，景印文渊阁四库全书集部二九(第1090册)，台北：台湾商务印书馆，第171页下。
⑤ (清)永瑢等撰：《春秋尊王发微十二卷》，《四库全书总目》经部卷二十六，北京：中华书局，1965年，第214页下。

典诠释的有效性研究提供了一个节点式的范例。

关于第二个问题，是如何在诠释的层面理解"有效性"这个概念。"有效性"原本是一个逻辑学的概念，是指一个论证的前提为真时，其结论不能为假，这样的论证就具备"有效性"，具体内容如下："当一个论证断言它的前提（如果是真的）为它的结论的真提供了无可辩驳的理由时，这个断言或者是正确的或者是不正确的。如果是正确的，这个论证就是有效的。如果不是正确的（也就是说，即使前提是真的，也不能无可辩驳地确立其结论的真），那么这个论证就是无效的"[①]，可以将其简要地概括为"每一个论证都是断言其前提为结论的真提供理由"[②]这个定义。可见，"有效性"的描述对象是论证过程，关注的是这个论证的合理与否，而不是语句的真值。因此，"经典诠释的有效性何在"这个问题的实质，是讨论文本诠释过程中论证的合理与否，而不是要给出一个有关"主体诠释是否符合客观原意"的标准判断，也不是诉诸一种关于"什么样的经典诠释才是有效的"的普适概括。既然我们无法在"主客体是否一致"或"真实性"的意义上讨论有效性，是否接受某种观点或思想就只能诉诸于"根据生活和世界的意义对它们进行思辨的考察和解释"[③]的信念，而不是所谓的客观真理，那么，一种观点或理论在论证上是否合理，可以说就是这种观念或理论能否在当时的思想交锋与后来的哲学讨论中占据一席之地的决定性因素之一。以此关照宋代理学经典诠释的领域，宋代理学之所以能够通过诠释儒家经典文本的形式构建自身思想的合法性，原因就在于宋代理学的经典诠释理论在论证合理性方面的自觉与努力。同样地，有关孙复"出新意"的《春秋》诠释何以有效的讨论，实际上就是说明孙复在诠释《春秋》的过程中，是如何论证自身"新"的诠释之正当性的。

按照这样的思路，意欲清晰说明孙复论证自身"新"的《春秋》诠释的正当性这个问题，就需要从以下两个层面进行分析：一是"新意"是什么及其如何体现，即孙复的《春秋》诠释体系称之为"新"的理论根据；二是如何论证"新意"的正当性，即孙复在诠释《春秋》的过程中论证这个"新意"的结构。

[①] [美]欧文·M·柯匹、卡尔·科恩：《逻辑学导论》（第11版），张建军、潘天群等译，北京：中国人民大学出版社，2007年，第49页。

[②] 同上注。

[③] [德]马克思·韦伯：《社会科学方法论》，韩水法、莫茜译，北京：中央编译出版社，1998年，第6页。

二、"新"是什么以及"新"在何处

如前所述,孙复《春秋》诠释以"出新意"为特征,从而独立于其他的《春秋》解释体系。综观孙复的《春秋》诠释,与《春秋尊王发微》的命名相对应,"《春秋》尊王"①、"黜强侯而尊天子"②所表达的"尊王"观念是孙复在《春秋》诠释中提出的新观念。

接下来,需要说明的是这个新观念是如何体现的,也就是说,孙复的《春秋》诠释为什么可以被称为一个"新"的体系。我们知道,从《春秋》诠释的历史脉络来看,《公羊传》主张"拨乱世,反诸正"(《公羊传·哀公十四年》),《谷梁传》倡导"不逾君"(《谷梁传·成公十五年》),这与孙复"尊王"的观念存在某种相似性。那么,孙复使用"尊王"的观念解释《春秋》经文,为什么会被认为是一种"出新意"的诠释呢?究其缘由,在于理论设定的"新"与诠释内容的"新"。

理论设定的"新",即"尊王"这个诠释新观念的提出。在理论设定方面,"尊王"的观念是孙复《春秋》诠释的基调。相信《春秋》经文存在微言大义,这是很多不同的《春秋》诠释体系的共识,孙复的《春秋》诠释虽有立异,但也认同微言大义的普遍看法。在孙复看来,《春秋》经文的写作意图不只是对上古历史的记载,而是包含了一种带有"深旨"的用意:

> 向使圣王兴,百度修,万物遂,则九州四海皆将重译禔负其子而至矣,又安有奔轶狂僭,肆诛伐,专盟会之事哉?此孔子之深旨也。③

在孙复看来,《春秋》经文之所以在字词的使用上存在微妙的差别,其原因在于这种微言大义式的语词表述背后存在着某种特别的意图。孙复想要去挖掘这个"深旨"究竟是什么,而通过对《春秋》经文字词之间隐约书写的捕捉与揣摩,孙复最终认定这个"深旨"就是"尊王"。孙复对隐公元年"春,王正月"的理

---

① (宋)孙复:《春秋尊王发微》卷五,景印文渊阁四库全书经部一四一(第147册),台北:台湾商务印书馆,第47页下。
② 同上书,第56页下—57页上。
③ (宋)孙复:《春秋尊王发微》卷十二,第124页上。

解很明显地体现了这种思维的推进：首先确立《春秋》非单纯历史的记载，然后指出《春秋》书写的目标是立法诛赏，继而奠定《春秋》"尊王恶僭"的诠释基调：

> 《春秋》自隐公而始者，天下无复有王也。夫欲治其末者，必先端其本；严其终者，必先正其始。元年书王，所以端本也；正月所以正，始也。其本既端，其始既正，然后以大中之法，从而诛赏之，故曰：元年春王正月也。①

诠释内容的"新"，即对《春秋》经文进行以"尊王"观念为中心的阐发。在诠释内容方面，"尊王"的观念贯穿了孙复《春秋》诠释的整个过程。以《春秋》三传的诠释内容为参照系，可以很清晰地看到"尊王"观念在孙复《春秋》诠释内容上的主导性呈现。一方面，孙复以"尊王"的观念对《春秋》三传没有详加解释的经文内容进行了说明，如关于隐公二年"郑人伐卫"这条经文，三传都没有展开讨论，而孙复依据"尊王"的观念，认为这种记载"征伐"的情况是对当时"无王也甚"的批评：

> 夫礼乐征伐者，天下国家之大经也。天子尸之，非诸侯可得专也。诸侯专之，犹曰不可，况大夫乎？吾观隐、桓之际，诸侯无小大，皆专而行之，宣、成而下，大夫无内外，皆专而行之，其无王也甚矣！②

另一方面，对于《春秋》三传已有的诠释内容，孙复也使用"尊王"观念为这些经文赋予新的"尊王"意义。如桓公五年有"秋，蔡人、卫人、陈人从王伐郑"的记载，《左传》旨在记录历史事件发生的经过与结果，详细说明周天子与郑国军队战争的情况，甚至没有遗漏周桓王被郑国军将祝聃射中左肩、郑庄公夜晚派人慰问的细节：

> 王夺郑伯政，郑伯不朝。秋，王以诸侯伐郑，郑伯御之。……蔡、

---

① （宋）孙复：《春秋尊王发微》卷一，第1页下。
② 同上书，第5页下—6页上。

卫、陈皆奔,王卒乱,郑师合以攻之,王卒大败。祝聃射王中肩,王亦能军。祝聃请从之。公曰:"君子不欲多上人,况敢陵天子乎?苟自救也,社稷无陨,多矣。"夜,郑伯使祭足劳王,且问左右。(《春秋左传·桓公五年》)

《公羊传》只有"其言'从王伐郑'何?从王,正也"(《公羊传·桓公五年》)的解释,说明诸侯从周王伐郑在道义上的正当性;《谷梁传》则认为使用"从"字是为了达到"为天王讳'伐郑'"(《谷梁传·桓公五年》)的目的。对于孙复来说,这条经文想要表达的是"尊王恶诸侯"的意思,甚至抛开了当时周王的权威已处于衰落状态的历史事实:

> 天子无敌,非郑伯可得伉也。故曰:蔡人、卫人、陈人从王伐郑,以尊之。尊威王,所以甚郑伯之恶也。①

从上述论述可以看出,理论设定的"新"与诠释内容的"新"都是"尊王"观念的表现,这也是孙复的《春秋》诠释之所以可被看成是不同于其他《春秋》诠释体系的原因。然而,这个"尊王"的观念不同于之前《春秋》诠释体系所提出的尊王思路,而是具备了理论设定的"新"与诠释内容的"新",那么,孙复在自己的《春秋》诠释过程中,就需要对这个新观念给予正当性的论证。

三、在"新"与"正当"之间的论证

作为一个具有新意义的诠释观念以及孙复《春秋》诠释体系的理论依据,"尊王"的观念需要得到某种正当性的论证。孙复采取的是一种使"尊王"观念在自身解释体系内部融贯的论证方式,也就是使用这个观念进行《春秋》经文逐句解释,保证这个观念能够将《春秋》全部经文的内容都赋予带有"尊王"性质的解释,并且不会出现自相矛盾的情况。

---

① (宋)孙复:《春秋尊王发微》卷二,第17页下—18页上。

凭借自己的理解去解读《春秋》,容易招致"自用名学,凭私臆决"①、"生臆断之弊"②的批评,但孙复可以在"尊王"这个新观念的统摄下实现自身诠释内容的自圆其说与思想系统的内在融贯。孙复对于"尊王"观念内部融贯式的论证主要有两种形式,一是直接使用"尊王"的观念对《春秋》经文给予解释,二是使用"有贬无褒"这个表达来间接表示"尊王"观念的绝对性。

　　一方面,对于《春秋》经文中可以直接使用"尊王"观念进行解释的部分,孙复以"深文锻炼"的形式赋予《春秋》经文以"尊王"的内涵,如桓公二年"滕子来朝"、僖公五年"晋人执虞公"以及襄公二十七年"叔孙豹会晋赵武、楚屈建、蔡公孙归生、卫石恶、陈孔奂、郑良霄、许人、曹人于宋"的经文,三传认为这些都是惯常的史实式记录,所以并未详加展开。但孙复强调了其中"来朝"、"执"、"会"等字词的使用,认为这些看似普通的字词实际上存在隐微的差别,显示了《春秋》撰写者的"伤天之乱"、"正王法"的态度与立场:

> 朝会不常。彼三国者,力既不足,礼多不备,或以侯礼而朝,或以伯子而会,故孔子从而录之,以见其乱也。③
>
> 春秋之世,诸侯无小大,唯力是恃,力能相执,则执之,无复请于天子。故孔子从而录之,正以王法。④
>
> 隐、桓之际,天子失道,诸侯擅权。宣、成之间,诸侯僭命,大夫专国。至宋之会,则又甚矣。何哉?自宋之会,诸侯日微,天下之政、中国之事皆大夫专持之也。……孔子伤天下之乱,疾之之甚也!⑤

　　另一方面,对于《春秋》经文中无法直接使用"尊王"观念解释的部分,孙复使用"有贬无褒"的表达来间接论证这个观念,比如孙复对于宣公十五年"王札

---

① 这是欧阳修对啖助、赵匡、陆淳《春秋》诠释的评语,详见(宋)欧阳修、宋祁撰:《列传一百二十五·儒学下》,《新唐书》卷二百(第18册),第5708页。
② (清)永瑢等撰:《春秋集传纂例十卷》,《四库全书总目》经部卷二十六,第213页上。
③ (宋)孙复:《春秋尊王发微》卷二,第15页上。
④ (宋)孙复:《春秋尊王发微》卷三,第46页下—47页上。
⑤ (宋)孙复:《春秋尊王发微》卷九,第97页下—98页上。

子杀召伯、毛伯"的解释,"尊王"观念体现在"非天子不得专杀"的设定上。孙复认为诸侯大夫没有生杀的权利,但作为人臣的王札子却杀掉了召伯、毛伯,所以这条经文的记录表明的是贬恶的意思,以此来说明"尊王"观念在诠释中的主导性:

> 生杀之柄,天子所持也。是故《春秋》非天子不得专杀。王札子,人臣也。王札子人臣杀召伯、毛伯于朝,定王不能禁,专孰甚焉!故曰"王札子杀召伯、毛伯",以诛其恶。①

详细地来看,孙复主要是从三个角度进行以"有贬无褒"间接论证"尊王"观念的思路:(1)根据字词的使用规则说明"有贬无褒",如对于隐公元年"公及邾仪父盟于蔑"、隐公二年"公会戎于潜"以及哀公八年"齐人归讙及阐"的诠释,孙复认为《春秋》行文具有以下规则:"凡书'盟'者,皆恶之也"②、"凡书'会'者,皆恶之也"③、"凡土地,诸侯取之、归之皆书者,恶专恣也"④,根据这样的使用规则,可见上述三则经文记载的用意都在于贬斥不尊周王的诸侯。(2)依靠异常自然现象的记载表示"有贬无褒",如有关桓公元年"秋,大水"以及庄公十一年"宋,大水"的理解,孙复认为这些发生洪水的异常现象并不是普通的记录,而是以自然与气候的变动来隐喻当时诸侯僭越周王的情形:

> 春秋之世,多灾异者,圣王不作故也。然自隐迄哀,圣王不作者久矣,天下之灾异多矣,悉书之则不可胜其所书矣。是故孔子惟日食与内灾则详,而书之外灾,则或举其一,或举于齐、郑、宋、卫,则天下之异从可见矣。⑤
>
> 水不润下也。春秋之世,灾异多矣,不可悉书,故外灾或举其一、

---

① (宋)孙复:《春秋尊王发微》卷七,第75页上。
② (宋)孙复:《春秋尊王发微》卷一,第1页下。
③ 同上书,第4页下—5页上。
④ (宋)孙复:《春秋尊王发微》卷十二,第122页下。
⑤ (宋)孙复:《春秋尊王发微》卷二,第14页下。

或举其二,以见天下之异也。①

(3)借助伦常道理来断定"有贬无褒",如关于昭公十二年"晋伐鲜虞"的解释,孙复指出这条经文直接使用"晋伐鲜虞"的表述,是由于晋国作为诸侯盟主,不但没有对灭陈、蔡的楚国加以讨伐,反而与其联盟征伐同姓鲜虞,这与伦常事理是相悖的,因此是贬恶晋国的意思:

> 曰"晋伐鲜虞"者,楚灵不道,殄灭陈、蔡,晋为盟主,既不能救,其恶已甚。今又与楚交伐同姓,无复天理之存矣,故深恶之。②

从上述的梳理与讨论可以看出,孙复对于将"尊王"观念融贯自洽于自身解释体系的论证是一种积极的、扩展性的论证,即主动地在《春秋》经文内容的解释中将这个观念的内涵展示出来。那么,既然孙复的《春秋》诠释是以逐句的形式开展的,"尊王"又是孙复自我建构的新观念,必然会出现"尊王"观念与《春秋》经文出现某种程度上抵牾的情况,因此,孙复也需要对这个观念进行"防御"的论证。这种带有被动性质的论证主要体现在《春秋》经文与"尊王"观念明显不符合的内容,对此,孙复的辩护相当激进,他直接质疑经文记录的准确性,认为部分经文之所以与自己的"尊王"观念不符,是由于这部分经文是后人增衍或错漏脱简的缘故。比如孙复以"内不言败"的"尊王"标准断定《春秋》经文中不会出现记载王师落败的文字,因此,庄公九年"八月,庚申及齐师战于乾时,我师败绩"的记载是一种被改动过的"羡文":"此言我师败绩者,羡文,盖后人传授,妄有所增尔。"③同样,孙复认为不直称诸侯名字也是"尊王"观念的表现,比如庄公二十四年"赤归于曹"由于直接表达了僖公之名,所以可以判定此处经文存在错漏的情况:"窃谓去圣既远,后人传授,文有脱漏尔,故其义难了。"④

可以说,在理解与诠释《春秋》经文的过程中,孙复始终自觉地使用"尊王"的观念,并以此观念进行思想融贯性的论证。即便"尊王"的诠释观念与《春秋》

---

① (宋)孙复:《春秋尊王发微》卷三,第31页下。
② (宋)孙复:《春秋尊王发微》卷十,第105页上。
③ (宋)孙复:《春秋尊王发微》卷三,第30页下—31页上。
④ 同上书,第37页下。

诠释传统存在若干关联,但这种关联也不能遮蔽"尊王"观念实际上是一种极为明显的外在植入观念。之所以能够这样说的原因在于,孙复已经具备将"尊王"观念与《春秋》的原意区分开来的意识,这从其对待扬雄诠释《周易》的态度中可以推断出来:

> 千古诸儒,咸称子云作《太玄》以准《易》。今考子云之书,观子云之意,因见非准《易》而作也,盖疾莽而作也。……大明天人终始顺逆之理、君臣上下去就之分,顺之者吉,逆之者凶,以戒违天咈人与戕君盗国之辈。此子云之本意也,孰谓准《易》而作哉?"①

孙复认为扬雄解释《周易》的目标在于一种春秋笔法的贬斥,而不是为了给《周易》制定诠释的标准或是正确内容的规范。对于扬雄这种诠释行为的认同,在某种程度上说明了孙复存在如下认识上的自觉:"尊王"观念是被其有意地引入《春秋》诠释实践的,因为"尊王"观念所带来"圣人之极笔也,治世之大法也"②的诠释现实性优先于寻求《春秋》文本原意的诠释准确性。这种认识上的自觉与扬雄"准《易》"让位于"疾莽而作"的实用主义义式的观点存在某种共振。据此,我们可以作出如下推论:孙复在诠释《春秋》的过程中,更为关注的是如何"自我为法"③地利用经典文本为自己设定的诠释观念提供表达与展开的契机。

四、诠释有效性的方法论考察

如前所述,"有效性"的核心是论证的合理性。因此,我们不是在一个"文本客体"与"诠释主体"的二分框架中讨论"经典诠释的有效性何在"的问题,换句话说,讨论孙复的《春秋》诠释以及经典诠释的有效性问题,不能采取"主体诠释是否符合客观原意"的思路,而是应该关注文本诠释过程中论证的合理与否。我们可以看到,孙复的《春秋》诠释体系是以一个具有新意义的诠释观念"尊王"

---

① (宋)孙复:《扬雄论》,《孙明复小集》,第163页下—164页上。
② 石介:《泰山书院记》,《徂徕石先生文集》卷十九,北京:中华书局,1984年,第223页。
③ 马宗霍:《中国经学史》,北京:商务印书馆,1937年,第110页。

为理论依据,通过直接使用这个观念以及间接使用"有贬无褒"的表达来解释《春秋》内容的形式,孙复对"尊王"观念的论证实际上被转化为实现自身诠释内容的自圆其说与保证思想系统的内在融贯。在这个意义上,孙复的《春秋》诠释具备了逻辑的有效性。但是,这种"逻辑的有效"只是一种推论形式上的"正确",显而易见的是,只凭借这种"逻辑的有效"来论证一个基于文本的解释体系何以有效是不完备的。那么,还有什么层面的论证能够保证孙复的《春秋》诠释以及经典诠释的有效性呢?

对于这个问题的回答,我们需要回到"为什么要诠释经典文本"的问题上来。经典文本的理解与诠释不仅仅是一个价值传递、逻辑推论的过程,也是消除现实疑虑、进行认知活动的过程。按照苏珊·哈克对于有效性概念的三种理解(形式有效、实质有效与修辞有效)①,修辞的有效(是否具有语用层面上的说服力)也是被纳入有效性概念的考量范围之内的,借助这个层面的理解,可以认为孙复《春秋》诠释的有效性还包含着另外一个向度的有效性。孙复的《春秋》诠释能够吸引被说服对象、使被说服对象感兴趣,具有一定的说服力,这个向度的有效性可以称为"意义的有效"。

以孙复"尊王"观念主导的《春秋》诠释为例,实现"意义的有效"至少需要满足以下三个条件:(1)回答当时思想家致力解决或研究的问题。孙复的《春秋》诠释有着明显的现实旨归:"为用"与"用儒之实"。② 当时社会对于"乱君亡国"的记忆以及"三代之治"的向往构成了"宋初儒学复兴的原动力"③,孙复之所以选择以"尊王"的观念来理解与诠释《春秋》,也可以追溯到这个原动力上。鉴于"虞、夏、商、周之治,……在于六经"④,孙复《春秋》诠释的目标最终就落实在对政治社会秩序的关切上。(2)采用当时的知识共同体能够接受的思维方式与言说方式。在思维方式与言说方式上,孙复的《春秋》诠释表现为从简单的字词中阐发出与自身观念有关的涵义,即"深文锻炼"。四库馆臣有"深文锻炼之学,大抵用此书(《春秋尊王发微》)为根柢"的断语,北宋苏辙也有"孙复作《春秋尊王

---

① [英]苏珊·哈克:《逻辑哲学》,罗毅译,张家龙校,北京:商务印书馆,2003年,第21页。
② (宋)孙复:《书汉元帝赞后》,《孙明复小集》,第165页上。
③ 余英时:《朱熹的历史世界:宋代士大夫政治文化的研究》,北京:生活·读书·新知三联书店,2011年,第297页。
④ (宋)孙复:《寄范天章书二》,《孙明复小集》,第171页上。

发微》,更舍传以求经,古说于是渐废"①的评价。这种"深文锻炼"的思维与言说方式被之后的《春秋》诠释以及经典诠释所沿用。可以说,孙复以"尊王"观念为主导的《春秋》诠释对于宋代经典诠释形式具有一种转向的意义。(3)提出的价值取向或理论基型被知识共同体认同。孙复通常被认为是宋代理学形成时期的关键人物,南宋朱熹对其评价不可谓不高:"孙明复《春秋》……占得气象好"②,"本朝孙、石辈忽然出来,发明一个平正底道理自好,前代亦无此等人"③。可见孙复藉由《春秋》诠释所表现出来的价值取向与理论基型是被理学主流所认可的。而孙复之所以能够成为理学初期的重要人物,就在于其《春秋》诠释呈现出一种以自我理解为主导,并主动论证这种自我观念之正当性的价值取向与理论基型,从而促使一种新的思想体系逐渐形成:"建立了一些能够把经典文本里的'微言大义'揭示出来的策略……这使得新的一代得以形成,他们以形成自己的洞见为目标,来进行自我阅读,与此同时,也逐渐瓦解了从汉代到唐代经典注释的权威。"④宋代理学正是借助这种"自我为法"的诠释方式,在解释经典文本的过程中,对儒学的道德理论与修养工夫论(也是理学最重要的东西)给予了新的哲学赋予。

至此,我们可以给孙复以"尊王"的新观念诠释《春秋》何以有效的问题一个较为合理的回答,"逻辑的有效"与"意义的有效"是孙复《春秋》诠释具备有效性的关键因素,同时,这两种性质的有效也能够扩展到一般意义上的经典诠释有效性问题上。如果一种以经典文本为载体,在解释过程中加入自我设定的观念的诠释行为想要具备"有效性",就需要满足两种性质上的有效:逻辑上的有效,能够保证理性上的自圆其说与思想系统的内部融贯;意义上的有效,回答当时思想家致力解决或研究的问题,采用当时的知识共同体能够接受的思维方式与言说方式,以及提出的价值取向或理论基型被知识共同体认同。而上述对于经典诠释有效性的思考也能够为中国哲学的现代转型提供若干方法论的启示。

---

① (清)永瑢等撰:《春秋集解十二卷》,《四库全书总目》经部卷二十六,第216页下。
② (宋)黎靖德编:《本朝三·自国初至熙宁人物》,《朱子语类》卷第一百二十九(第8册),王星贤点校,北京:中华书局,1986年,第3090页。
③ 同上书,第3091页。
④ Peter K. Bol, *Neo-Confucianism in History*, Cambridge (Massachusetts) and London: Harvard University Press, 2008, p.62.

我们知道,当下中国哲学研究的困境之一是如何实现"知识化"、"哲学化"的转型,中国哲学研究在追求哲学普遍性的过程中存在"给我们展示一些我们(西方哲学研究者)之前没有见过的东西,但要保证这些东西看上去像是哲学的、并且确实是以我们熟悉的方式"①的双重约束。换句话说,中国哲学意欲改变自身在西方哲学研究领域的边缘地位,就必须满足如下条件的制约:需要谈论当今西方哲学关注的主流问题,需要使用西方哲学的言说形式;而这恰好也是"意义的有效"所包涵的内容。由此来看,以经典诠释为向度进行儒学哲学化的工作是可能的,满足"逻辑的有效"与"意义的有效"的经典诠释行为可以是儒学摆脱"地方性知识"②的路径之一。

Validity in Logic and Meaningfulness
——From the Perspective of Sun Fu's Interpretation
Wang Jinfeng

Abstract: The concept of *Zunwang* is a newly idea in Sun Fu's interpretation of *Chunqiu*. Instead of making "subject"(interpreter) consistent with "object"(text), the validity in Sun Fu's interpretation satisfied two elements: validity in logic and meaningfulness. The form refers to be rational and self-justification; the later has three contents: firstly, answer problems which were solving by those thinkers in that period; secondly, adopt the way of thinking and talking which knowledge community could be accepted at that time; lastly, raise several values or theoretical forms which were approved by knowledge community. We can take Sun Fu's interpretation of *Chunqiu* as example, any interpretations which satisfied both logic and meaningfulness can be called vadity, and this also provide the approach to make traditional Confucianism to be

---

① Amy Olberding, *It's Not Them, It's You: A Case Study Concerning the Exclusion of Non-Western Philosophy*, Comparative Philosophy, 6.2(2015),15.

② "地方性知识"是吉尔茨阐释人类学中的一个概念,属于一种来自当地文化的自然而然、固有的东西。地方性知识有三个特征:一是与西方"普遍性知识"形成对照;二是与现代性知识相对照的非"现代性"知识;三是不能脱离当地、当地知识掌握者以及当地语境的知识。参见 Clifford Geertz, *Local Knowledge: Further Essays in Interpretive Anthropology*, Basic Books, 1983。

philosophical on the perspective of classical interpretation.

Key Word: Sun Fu, Neo-Confucianism in Northern Song, classical interpretation, *Chunqiu*, validity

邵雍先天易学溯源

宋锡同

[摘 要] 从易学角度看,邵雍的先天易学思想渊源有《易传》、汉代象数易学以及道教易学思想等,他正是在吸纳这些易学思想的基础上通过重新对易学进行阐发来构建其新儒学本体论的。尽管先天易学思想有源自道教易学之处,但邵雍更有自己多所自得者。因此,尝试对邵雍先天易学思想追本溯源,不但能理清其思想之来路,理解邵雍的儒学主张,也为辨析先天易学在后世流传中遭遇的种种误读与指责提供一种借鉴。

[关键词] 先天易学;溯源;流传

一、宋代易学之新与先天易学的产生

汉唐经学发展到北宋而开出新儒学,这一时代被称为"经学变古时代"。宋儒站在儒家道统立场上批判汉唐经学、吸纳

---

* 基金项目:国家社科基金项目"邵雍先天易学流传问题研究"(项目编号:14BZX119)。
** 宋锡同(1973—),男,山东潍坊人,哲学博士,华东师范大学哲学系副教授,主要研究方向为《周易》哲学与传统文化、儒释道比较。

佛老之学，对包括《周易》在内的传统儒家经典进行重新整理、注解与阐发，同时又以儒摄佛老，融会贯通，构建以"性命之学"为核心的高度哲理化新儒学体系。

宋儒在治学方法上的这种改变同样发生在其易学领域：汉儒治《易》，以象数证经，并附会灾异，日渐烦琐；宋儒治《易》则注重阐发，或诠释经中大义，或假象数另作创发，但目的基本都是围绕着宋儒的"天道性命"之学展开。进而，经学变古体现在易学史上，则是出现了以图书易学为代表的宋代易学，通过阐发《易》之数与理，构建新儒学以心性与天道为主体的形上本体论，它代表的是一种新的易学风格。这种易学风格之新，在于其不但融会吸收汉代象数易学与晋唐义理易学，并且结合道教易学开出图书易学，进而表现为一种新的象数易学形式，清儒亦称之为"图书易学"。①

从内在思想特质上看，汉唐易学到宋代易学（包括图书易学与义理易学）的变化，是发生在汉唐经学向宋明新儒学过度的思想史洪流中的。因此，儒门易学中无论是图书派还是义理派，都不同程度地与宋儒的心性、义理勾连在一起。② 宋初周敦颐著《太极图说》，刘牧著《易数钩隐图》及邵雍著《皇极经世》都是这一时期易学的新发展。他们的共同特点是以图明《易》并以《易》明理，一方面弥补了汉代象数易学与晋唐玄理易学的不足，另一方面则以新的形式复活象数易学同时又发展了义理易学。其中邵雍的先天易学思想体系即为典型代表。③

---

① 朱伯崑曾指出："'图书学'是清代学者对宋易中象数之学的总称，乃汉易中象数之学的一种形式，也是对汉象数之学的发展。它源于道教的解易系统。魏伯阳《参同契》的易学，被唐代和五代的道教继承下来，并以种种图式，表示其炼丹的理论。此种解易的学风，到宋代演变为'图书学'。此派推崇河图和洛书，并以此解释《周易》的原理。《系辞》曾说：'河出图，洛出书，圣人则之。'图书学派就是依据这句话，来宣扬自己的易学体系。"朱伯崑：《易学哲学史》第三卷，北京：华夏出版社，1995年，第9页。

② 历来言《易》者多着眼于象数、义理两派分系，固然，在不同历史背景和思想家那里，易学的研究阐发偏重于象数而被称之为象数之学，而当偏重于义理时则被称之为义理之学。但实际上，易学发展离开象数或义理任何一方面，都是有缺陷的，故有象数为形式，义理为内容之说，实则是象数与义理的交融构成了含宏博大的易学。故本文不重强调象数、义理之分系，尤其是北宋这段历史时期的易学，象数、义理交相辉映，个性鲜明，言象数则不离义理，言义理已很难回避象数。如果于此强调象数、义理的分疏反而掩盖了这种特性。

③ 宋初的图书易学主要有三系，即刘牧河图洛书一系，周敦颐太极图一系，邵雍先天象数学一系；另有张载、程颐的直接发挥义理，有主张归其为义理易学一系，进而形成图书易学与义理易学对峙的局面。实则虽有这两种倾向的易学诠释理路，但图书（象数）易与义理易同为宋儒建构其性命天道之学的思想资源，二者在实际流行中并无可对峙的鸿沟，尤其后继者朱熹以理一分殊融汇图书易学与义理易学的努力，实则是象数、义理本无二致的一种佐证。

在邵雍的《皇极经世书》与《击壤集》中,他将易学分为先天易、后天易,独重先天易学。所谓先天易学是一套思想体系,即邵雍以天地阴阳之消长对应人事进退取舍,是一套"本诸天道,质以人事"之学,也是一种儒家的内圣外王之学。外在形式上则体现为以元会运世为象数模式来附会、推衍历史兴替的一种历史学说,但其实质则是宋儒应对佛老挑战而尝试构建自己的形上本体的一种努力,即在这种先天易学本体的笼罩下,儒家的伦理、社会的治理、人事的取舍、自我的完善,都有了一种可靠的依据,让现世的生存意义不至于坠入虚或空,而是基于一种实实在在之理——先天易理;由此而下,《击壤集》的诗句中也频频指向这种先天之理,并对其理境及其如何臻入这种理境的观物功夫一再着墨。由先天本体与观物功夫,正是邵雍构建其新儒学思想体系的尝试,也是宋儒因应佛老挑战、构建以"性与天道"为核心的新儒学的一种努力。① 朱伯崑先生也曾指出:"宋明的哲学史也可以说是从图书派开始的。"②

二、先天易学思想溯源

从易学角度看,邵雍的先天易学思想渊源有《易传》、汉代象数易学以及道教易学思想等,他正是在吸纳这些易学思想的基础上通过对先天易学的阐发来构建其新儒学本体论的。其中因与道教关系密切,加之象数易学思想外壳有颇多形似道教易学之处,常被后人归其学于道家或道教一脉,这是无见于他吸纳《易传》等传统儒家思想资源并将道家、道教思想进行儒学转化之处,更对邵雍学术思想的核心问题有所不睹。诚然邵雍的思想渊源有来自于道家、道教之处,但邵雍更有自己多所神悟妙契、多所自得者。因此,尝试对邵雍先天易学思想追本溯源,不但能理清其思想之来路,也为辨析先天易学在后世流传中遭遇的种种误读与指责提供一种借鉴。③

---

① 邵雍的先天易学,重点在于其"先天"这一本体论的构建,这正是其新儒学独有的理论特质;因此,先天易学亦被称为"先天学"、"先天之学"。
② 朱伯崑:《易学哲学史》第二卷,北京:华夏出版社,1995年,第11页。
③ 朱子曾言:"二程谓其(指邵雍之学)粹而不杂,以今观之,亦不可谓不杂。"此即是针对邵雍学术渊源的复杂性说的。(见《邵子之书》,《朱子语类》卷一百,四库本)本文主题仅围绕邵雍的易学与新儒学思想渊源展开考察,至于邵雍的家学渊源如其父的声音律吕之学因与本文主旨不大不做研究;另外,邵雍对扬雄太玄数的吸收,因缺有力版本依据,也不予详述。金生杨先生在其《邵雍学术渊源略论》一文　　(转下页)

(一) 承接《易传》中的"形上"思路

在邵雍之前,"先天"二字已有见用,在《易传》中有言"先天而天弗违,后天而奉天时。"晋人干宝也提及"先天",其言:"伏羲之易小成,为先天;神农之易中成,为中天;黄帝之易大成,为后天。"①此处称"先天",足见邵雍之前,相关形而上的先天学思想已被涉及,但邵雍明显以"先天"为其学术思想的形上之道体,并区分先天、后天之别,在此基础上进一步区分体、用之别,这是邵雍学术思想中的最大理论特色。

《易传》中提到"一阴一阳之谓道"、"形而上者谓之道,形而下者谓之器。"易学自身的这些关于形上之道与形下之器的区分,以及其中"易以道阴阳"(《庄子》语)的思想,是邵雍先天学思想的重要来源。

> 一阴一阳之谓道,继之者善也,成之者性也。仁者见之谓之仁,知者见之谓之知,百姓日用而不知,故君子之道鲜矣。显诸仁,藏诸用,鼓万物而不与圣人同忧,盛德大业,至矣哉!富有之谓大业,日新之谓盛德,生生之谓易,成象之谓乾,效法之谓坤,极数知来之谓占,通变之谓事,阴阳不测之谓神。(《易传·系辞上》)
>
> "一阴一阳之谓道",道无声无形,不可得而见者也,故假道路之道而为名。人之有行必由道,一阴一阳,天地之道也,物由是而生,由是而成也。
>
> "显诸仁"者,天地生万物之功,则人可得而见也;所以造万物,则人不可得而见,是"藏诸用"也。②

《易传》认为,跃动于一阴一阳、一动一静之间的,是无形的道,道不可见,但

(接上页)中曾对对邵雍的声音律吕的家学以及太玄数方面的思想渊源展开考察,所言多有见地,但在邵雍受扬雄太玄之数的思想影响方面还是存在版本方面的困难,因此这种考察又近于揣测。详见金生杨《邵雍学术渊源略论》,《中华文化论坛》2007 年第 1 期。

① (明)何楷:《周易订诂》卷一引文,《经部一·易类》,文渊阁四库全书本(电子版),武汉:武汉大学出版社,1997 年。本文所引文渊阁四库全书均为武汉大学出版社 1997 年电子版,以下简称四库本。

② 《观物外篇下》,《皇极经世书》卷十四,四库本。

其发用却是很明显的。易道虽隐微，以至于"百姓日用而不知，故君子之道鲜矣"，但其发用却是"人可得而见"的，且神妙莫测。邵雍则直接指出这个隐藏在"一阴一阳"背后的道等同于《易》，"《易》者，一阴一阳之谓也。"①而相比之下，表现易道的"言、意、象、数"则只是"《易》之用"。

> 子曰："知变化之道者，其知神之所为乎。《易》有圣人之道四焉：以言者尚其辞，以动者尚其变，以制器者尚其象，以卜筮者尚其占。"（《易传·系辞上》）
>
> 是故形而上者谓之道，形而下者谓之器，化而裁之谓之变，推而行之谓之通，举而错之天下之民谓之事业。是故夫象，圣人有以见天下之赜，而拟诸其形容，象其物宜，是故谓之象；圣人有以见天下之动，而观其会通，以行其典礼，系辞焉以断其吉凶，是故谓之爻。极天下之赜者，存乎卦；鼓天下之动者，存乎辞；化而裁之，存乎变；推而行之，存乎通；神而明之，存乎其人；默而成之，不言而信，存乎德行。（《易传·系辞上》）

《易传》中指出形上之道与具体万物的之间为道器关系，器由道而成，用由体以显，所以圣人"拟诸形容"、"观其会通"，进而"尚象制器"、"推而行之"，如此乃能"与天地合其德，与日月合其明，与四时合其序，与鬼神合其吉凶，先天而天弗违，后天而奉天时。"邵雍则进一步发挥：

> 体无定用，惟变是用。用无定体，惟化是体。体用交而人物之道于是乎备矣。②
>
> 体与用分，心与迹判，圣人之事业于是乎备矣。③
>
> 先天之学，心也；后天之学，迹也。出入有无死生者，道也。④

---

① 《观物外篇上》，《皇极经世书》卷十三，四库本。
② 《观物篇五十二》，《皇极经世书》卷十一，四库本。
③ 《观物篇五十五》，《皇极经世书》卷十一，四库本。
④ 《观物外篇上》，《皇极经世书》卷十三，四库本。

用也者,心也。体也者,迹也。①

先天学,心法也,故图皆自中起,万化万事生乎心也。②

邵雍在对先天和后天、体与用等思想观念的阐发中,明显以易道为心,为圣人事业的根本,其先天学即心法,即形上道体,也即"出入有无死生者";相比之下,"言、意、象、数"即易道在形下世界中的日常发用,则只是道之形迹,属于后天之学。邵雍相信尧之前的易学之道是自然而然地存在的,以伏羲易为代表的易学是无文字的,是对易道最切近的模拟,因而是先天易学;而尧之后,言、意、象、数开始出现,是先天易学在形下之域中的形迹,故为后天易学。

另一方面,也可以看出先天易学以《易》之形上道体为宗来发挥儒门义理,同样是在阐发《易传》中的性命之学。如邵雍在《皇极经世书》中强调"观物之情,尽己之性",主张由观物以尽性,这里强调的"观物"与宋儒"穷理尽性"属同一种修养工夫。在《易传》"一阴一阳之谓道"的基础上,邵雍继而发挥《易传》中的"穷理尽性以至于命"这一命题,其言:"《易》曰:'穷理尽性,以至于命。'所以谓之理者,物之理也。所以谓之性者,天之性也。所以谓之命者,处理性者也。所以能处理性者,非道而何?是知道为天地之本,天地为万物之本。以天地观万物,则万物为万物,以道观天地,则天地亦为万物。"③足见,邵雍的先天易学,虽重点在于先天本体论的阐发,实则内含着达成这一本体的工夫论说。

(二)吸收汉易卦气学说

邵雍先天易学的一个最大特点就是将卦气说中阐发出来的阴阳消长之理,加以扩充推广,形成一套庞杂的象数易学模式,由此彰显天道,进而由天道推及人道,并用之以解释或警示天地之间包括人类社会在内的一切事物之变化。这种象数模式主要是吸收汉易象数学中的卦气学说。

卦气说是汉代象数易学家借以解说《周易》理论、运用《周易》筮占而建立庞大象数体系的重要方法之一,多为历代易学家解易所沿用。从现有资料来看,

---

① 《观物篇五十四》,《皇极经世书》卷十一,四库本。
② 《观物外篇上》,《皇极经世书》卷十一,四库本。
③ 《观物篇五十三》,《皇极经世书》卷十一,四库本。

卦气说较早来源于孟喜卦气说。① 仅就字面而言，"卦"指《周易》中六十四卦及其卦爻，"气"则指天地之间阴阳消长之气，卦气结合而言，是指《周易》六十四卦与一年中体现阴阳消长之气的四时、十二月、二十四节气及七十二候的有机结合，融历法与《周易》象数模式为一体，由此产生后人所谓的四正卦说、十二消息卦（也叫十二辟卦）说、六日七分说、七十二候说等，这类学说统称为"卦气说"。

汉易卦气说的主要代表人是孟喜，其易著已亡佚，但其卦气说的影响却很大，尤其是四正卦思想。早在《易传·说卦传》中对文王后天八卦方位描述，已有对震、离、兑、坎四经卦特殊意义的指涉：即于时节上，分别代表春、夏、秋、冬四季；于方位上，分别代表东、南、西、北四正位。正是基于此种思想，孟喜结合阴阳消长规律与一年四季阴阳消长规律予以发展而创立"四正卦说"。

> 坎、震、离、兑，二十四节气，次主一爻，其初则二至、二分也。坎以阴包阳，故自北正，微阳动于下，生而未达，极于二月，凝固之气消，坎运终焉。春分出于震，始居万物之元，为主于内，则群阴化而从之，极于南正。而丰大之变穷，震功究焉。离以阳包阴，故自南正，微阴生于地下，积而未章，至于八月，文明之质衰，离运终焉。仲秋阴形于兑，始循万物之末，为主于内，群阳降而承之，极于北正，而天泽之施穷，兑宫究焉。故阳七之静始于坎，阳九之动始于震，阴八之静始于离，阴六之动始于兑。故四象之变，皆兼六爻，而中节之应备矣。②

一方面，四正卦分主四时（即四季），震主春、离主夏、兑主秋、坎主冬；另一

---

① 孟喜，《汉书·儒林传》中记载："孟喜，字长卿，东海兰陵人，父号孟卿，……乃使喜从田王孙受易。喜好称誉，得易家候阴阳灾变书。"孟喜原为儒门田王孙弟子，与施雠、梁丘贺三家并盛一时，后得"易家候阴阳灾变书"，随改师法，倡导象数易学。易学史上，主象数论者，多宗孟喜卦气理论，而对象数易学发展史的研究，多自孟喜开始。基于此种意义，今人林忠军在其《象数易学发展史》第一卷中曾指出，孟喜成为汉代乃至整个象数易学史的创始人。见林忠军：《象数易学发展史》第一卷，济南：齐鲁书社，1994年，第65页。
② 《新唐书》卷二十七（志第十七上，历三上），《史部一·正史类》，四库本。

方面,四正卦共二十四爻,还可以进一步配一年二十四节气。① 正如用阴阳消长来解释四正卦何以主四时、二十四节气一样,孟喜用四正卦、二十四爻配一年四季、二十四节气的同时,还用十二月卦配一年十二个月。② 即以复、临、泰、壮、夬、乾、姤、遁、否、观、剥、坤这十二卦中阴阳爻的消长变化来表示一年十二个月之内的阴阳消长,被称为"十二月卦",汉代亦称为"十二辟卦"或"十二君卦"。③ 整个卦气说的意义就在于用《周易》的卦爻象形象地模拟天地四时变化及万物之阴阳消长。邵雍元会运世说中对历史的推演,正是基于这种阴阳消长来警示人事进退。

孟喜在利用六十四卦中的四正卦时,还对其余的六十卦作以安排,即用其余六十卦配一年之日数(即三百六十五又四分之一日),得出平均每卦主六又八十分之七日,又称"六日七分"。除此之外,孟喜还用其余六十卦配一年七十二候(分一年十二个月为七十二候),即所谓七十二候说,并以六十四卦与之相配。④

以孟喜为代表的汉代象数易学家们,用卦气说等象数模式来糅和筮占,用灾异说、命定论来预言世间变化,以期参与以君主为主导的社会治理系统中。如此一来人世间的社会治乱、王朝兴替,以及传统儒家关心的修齐治平等问题都被这种前定的卦气模式所左右。一方面,儒家历来所强调的礼乐文明、仁义教化等价值与意义以及相应的德行学说完全被消解、被边缘化了;另一方面,颇有强制力量的天人感应学说也受到了威胁,似乎历史的发展只是

---

① 需要说明的是,孟喜的四正卦已经不是八经卦中的坎、震、离、兑四经卦,而是六十四卦中的坎、震、离、兑四别卦,这是孟喜四正卦对《说卦传》的发挥。四正卦在汉代又称四时方伯卦,因汉人喜以官爵称呼卦象,故名方伯。
② 《新唐书》中录僧一行《卦议》中说:"十二月卦出于《孟氏章句》,其说《易》本于气,而后以人事明之。消息一变,十有二变而岁复初。"见《新唐书》卷二十七(志第十七上·历三上),文渊阁四库全书本。
③ 十二月卦起源已不可考,今人刘玉建先生则推论其源当追溯至《周易》产生的殷末周初前,甚至于夏代以前更古的时代。详见刘玉建:《两汉象数易学研究》上册,南宁:广西教育出版社,1996年,第33—35页。
④ 按七十二候说,每月两个节气(各十五日)各分为三气(每气五日)即三候,分别称为初候、次候、末候。如此一来,一个月有六候,一年十二个月则有七十二候。孟喜七十二候说的具体配卦方法是,现将六十卦分成五组,每组十二卦分别以辟、公、侯、卿、大夫官爵名之。然后每卦配一候,六十卦配六十候,剩余十二候则以候卦一组中的十二卦来表示,具体方法是将这十二卦各分成内、外卦,共二十四个内、外卦分主二十四候,即每个候卦的内卦主上个月中气的末候,外卦则主下个月节气之初候,这样搭配则七十二候均得以配卦。

在按这种卦气说的固定模式在运转。这一系列的矛盾,在邵雍的先天易学中已经作了转化,即他主张先天易学实则是阴阳消长的发用之体,人只有通过对此先天本体的把握或达成,才能自如地运用阴阳消长之道来判断人事的进退取舍,完成儒门的内圣外王理想。如,相对于汉代象数易学中的四正卦思想,邵雍的先天易学四正卦已不再是震、离、兑、坎四别卦,而是乾、坤、坎、离四别卦,这四卦在模拟天地四时消长变化的卦气说中,是邵雍为了处理闰余、闰差而设计的,其间还吸纳了汉代月体纳甲说中"天地定位,坎离匡郭"的易学思想。①

同时他还称赞扬雄太玄数的奥妙,《观物外篇》认为"扬雄作《太玄》,可谓见天地之心者"②,又云:"扬雄知历法,又知历理。"③扬雄的推步之数去除了灾异说,实已摈弃了汉代象数易学中的筮占预言成分。朱熹论述说:"康节之学似扬子云。"④他并以此推想邵雍的先天数或源于太玄数。邵雍与扬雄一致之处在于强调人事取舍进退对天道阴阳消长的觉知与遵循。

在邵雍眼里,易学的价值已不是汉易的灾异预言功能,而是推明人事、防患未然之理。他说:"夫《易》者,圣人长君子、消小人之具也。及其长也,辟之于未然;及其消也,阖之于未然。一消一长,一辟一阖,浑浑然无迹。非天下之至神,其孰能与于此?"⑤足见,邵雍先天易学在继承汉代象数易学模式的同时,剔除了其中的灾异说等神秘成分,强调以后天观照先天,以天道推明人事。这其实不是对汉代象数易学尤其象数易学的简单继承,而是在其基础上有新的自我

---

① 邵雍的卦气思想亦是对《周易参同契》的纳甲说有所吸收的。纳甲说最早见于汉初京房的《京氏易传》,所谓纳甲,即将天干纳入《周易》的八卦之中,与八卦爻象匹配,以揭示阴阳消息变化之义。因为十天干以甲为首,所以称为纳甲。至东汉魏伯阳在其所著的《周易参同契》开始以之与月相变化结合,故又称月相纳甲。其内容是依照每月月相出现方位的变化消长,结合八卦爻象变化,将十天干纳于八卦之内,其中记载:"三日出为爽,震受庚西方。八日兑受丁,上弦平如绳。十五乾体就,盛满甲东方。蟾蜍与兔魄,日月气双明。蟾蜍视卦节,兔者吐生光。七八道已讫,屈折低下降。十六转受统,巽辛见平明。艮直于丙南,下弦二十三。坤乙三十日,东北丧其明。节尽相禅与,继体复生龙。壬癸配甲乙,乾坤括始终。"魏伯阳的月相纳甲图与邵雍的先天八卦方位图中的八卦方位稍有不同,而且邵雍的先天八卦方位图中也没有纳甲内容,但二者均可以用来表示月相阴阳消长变化。
② 《观物外篇上》,《皇极经世书》卷十三,四库本。
③ 同上注。
④ 《邵子之书》,《朱子语类》卷一百,四库本。
⑤ 《观物外篇上》,《皇极经世书》卷十三,四库本。

阐发。

(三) 吸收并转化道教易学模式

邵雍的先天易学思想,与道教易学也有很深的渊源,而最为明显的莫过于道教易学中的"先天"思想。

从内容方面看,"先天"思想与道教易学颇有关联。有关"先天"在道教易学中的内丹学方面亦常涉及。在道教羽化登仙的练养术中,以内丹术为最,其主要理论基础为"取坎填离"说,即内丹学认为代表人的后天状态的坎卦、离卦,是由代表人的先天状态的乾卦、坤卦中间的阴爻和阳爻这两爻互相换位置而变成,内丹术的目的就是要将坎卦中间的阳爻恢复到离卦中间阴爻的位置上去,让坎离两卦恢复乾坤之体,即取坎中之真阳,以填离中之虚阴,以喻恢复人的先天之性,到此是修炼工夫的初步完成。

东汉魏伯阳的《周易参同契》提出月体纳甲说,将卦气说与道教的炼丹术相结合,结合易理解说炼丹的程序,成为道教易学的开山之作。《参同契》中"乾坤坎离"组合到一起,即邵雍所说的"先天八卦次序图",此图式始于陈抟的道教易学。邵雍以乾坤坎离为四正卦,由此推衍出一套图式,他认为,以乾坤坎离为四正卦的图式乃为伏羲氏所画,此类图式乃伏羲画卦作《易》的基本意指,先于文王、周、孔的《周易》而有,故称此类图式为"先天图",称其《易》为"先天学"。

另外,《道藏》中收录的唐人崔希范阐述丹道性命之书——《入药镜》里,在论及性命修炼时,也提到"先天炁,后天气,得之者,常似醉"①,这是道教内丹炼养中由后天之气反归先天本性而证成仙道的提法。邵雍以区分先天、后天之说,并强调"先天之学,心也;后天之学,迹也。出入有无死生者,道也。"②他这种思路未尝不受到道教这种内丹炼养理论的影响。从文献记载上看,邵雍学术思想确与道教易学有甚深渊源,这是不争的事实。邵伯温《易学辨惑》里毫不避讳地指出邵雍之学源自陈抟,但邵伯温也清醒的看到其父之学虽有所承,但亦多有自得者。邵雍的弟子张崏在《行状略》中也指出:"先生少事北海李之才挺之,

---

① (唐) 崔希范:《入药镜》,《道藏》第二册,上海:上海书店出版社,1983年,第883页。
② 《观物外篇上》,《皇极经世书》卷十三,四库本。

挺之闻道于汶阳穆修伯长,伯长以上,虽有其传,未之详也。"①朱震《汉上易传》中亦有记载邵雍先天学源于陈抟、李之才一脉,种种记载表明,邵雍的先天学思想确有源于道教系统之处,且直接传授者是李之才,这一点在当前学术界也是多为认可的,而且在《宋史·邵雍传》中亦有较详细说明。

黄百家在《宋元学案》中亦曾指出邵雍先天图出自道教:

> 黄百家谨案:《先天卦图》传自方壶,谓创自伏皇,此即《云笈七签》中云某经创自玉皇、某经传自《九天玄女》,故道家术士托以高其说之常也。先生得之而不改其名,亦无足异,顾但可自成一说,听其或存或没于天地之间,乃朱子过于笃信,谓程演周经,邵传羲画,掇于《本义》中,竟压置于文《彖》、周《爻》、孔《翼》之首,则未免奉螟蛉为高曾矣。归震川疑之,谓:"因传而有图,图未必出于伏圣也。"岂知传中所谓"天地定位"与"先天八卦"并初无干涉邪!况邵伯温《易图辨惑》云:"希夷易学,不烦文字解说,只有图以寓阴阳消长之数,与卦之生变。图亦非创意以作,孔子《系辞》述之明矣。"则以此图明明直云出自希夷也。惜朱子固不之考,震川亦不之疑耳。②

黄百家此处藉由先天图对朱熹的一番指责,道出了邵雍先天之学与道教的渊源关系,惜乎其不见邵雍于此"妙悟神契"与"多其所自得者"③,即邵雍不是对道教易学的简单继承,而是借以推阐他的先天易学,其主旨也不是修真炼仙,而是由先天而后天,强调人事之用,且以内圣外王为主旨。同样,王夫之在批评邵雍为黄冠之流时,也是只看到了先天易学与道教易学的相似之处,而未对其核心内涵展开探讨。从根本上说,邵雍的先天易学是儒家的而不是道教的,这也是何以说先天学是由邵雍所开创的根本原因。

---

① 《行状略》,《伊洛渊源录》卷五,四库本。
② 《百源学案下》,《宋元学案》卷十,《黄宗羲全集》第三册,杭州:浙江古籍出版社,2012年,第499—500页。
③ 《宋史·邵雍传》中记载邵雍"乃事之才,受河图、洛书、宓羲八卦六十四卦图像。之才之传,远有端绪,而雍探赜索隐,妙悟神契,洞彻蕴奥,汪洋浩博,多其所自得者。"见《儒林传一·邵雍传》,《宋史》卷四百二十七,四库本。

三、余论

综上对邵雍先天易学的溯源,可以看出关于邵雍象数易学思想的渊源问题,很难说是单纯源于《易传》、汉易还是道教易学中的哪一家,而是一种综合继承。先天易学虽非传统的笺注之学,但其核心思想却是围绕传统易学尤其是《易传》中的思想展开的。林忠军先生也指出,邵雍的易学思想更多的是受了《易传》及宋初道教图书之学的影响。从易学言之,邵雍先天易学继承了宋代以前的诸家易数理论,尤其是继承了孟喜、京房易学与《易纬》及宋初道教有关易数的理论,从这个意义上说,邵雍先天易学是对两汉以来易数理论的发展。① 总而言之,先天易学既不是凭空产生的,也不是单纯受哪一家思想影响产生的,而是有其综合的继承,当时的学术环境中汉唐经学的家法、师法早已不再是禁锢宋儒思想的牢笼。这一论说,同样适用于对邵雍先天易学之源的整体判断。②

在继承以上诸家易学思想中有关道器、先天后天等相关思想的基础上,邵雍提出先天之学与后天之学的区别。可以看出,先天之学,是天地宇宙的本然存在,是形上的本体世界;后天之学,是天理流行的具体体现,是形下的方物之属。先天之学在尧之前即已存在,后天之学则是圣人的发明。故而,邵雍的象数易学体系可分为伏羲所画之《易》与文王所作之《易》,前者是先天易,后者是后天易,前者是体,后者是用。

同时,也不难看出,邵雍吸收道教易学并对之进行了儒学转化,进而论证由后天工夫体认先天本体的明体达用之学,而不是在道教内丹学里原地踏步。从内在精神上看,邵雍先天易学始终是围绕着儒家核心价值展开的。如果细究,则不难发现与其说先天易学属于道教易学,倒不如说它是对《易传》以来儒家所关注的天道性命之学的一种继承与发展。

---

① 详见林忠军:《象数易学发展史》第二卷,济南:齐鲁书社,1998年,第241—242页。
② 当然,如果对邵雍先天易学思想的资源展开更深入仔细的分析,不难发现其中还有佛教成住坏空世界观的影响,以及对老庄思想的吸收。相较于以上文中溯源所及,这两种思想渊源相对要轻一些,又因篇幅所限,本文不再展开探讨。

On the Origin of Shao Yong's *Yi-ology*

Song Xitong

Abstract: Shao Yong's *Yi-ology* originated from the *Yi Zhuan*, the image-numberology in the Han Dynasty, the Daoist *Yi* and so on. In the course of developing these schools of thouht, he finished his Neo-Confucius ontological philosophy. There are so many ideas come from the Daoist *Yi*, but much more theoretical developments he has contributed. So we can trace to the source Shao Yong's *Yi-ology* to recognize the origins of the *Yi-ology*, on the other hand, we can distinguish the criticisms or misreadings on the *Yi-ology* in its historical spreading.

Key Words: Shao Yong's *Yi-ology*, trace to the source, historical spreading

道、艺、志的互动：
苏轼诗画论中的"文人"探绎

杨吉华*

[摘　要]　在苏轼的一系列诗画理论中，隐含着一个同时兼具"士大夫"与"文人"身份特点相结合的创作主体。这群特殊的"文人士大夫"以"志于道，据于德，依于仁，游于艺"的方式不断参与到诗歌、绘画等艺术领域，使其艺术作品中同时融入了"士大夫"的精神价值追求和"文人"独特的生命情感体验两个重要审美维度，由此形成了中国古代诗歌艺术与绘画艺术在精神指归上相融相通的内在可能性。因此，无论是创作实践还是审美鉴赏活动，诗歌艺术与绘画艺术都是文人士大夫在与天地相参的过程中吟咏性情并最终实现"与道为一"的有效载体。而苏轼的诗画理论，也正是在此层面上揭示了中国古代"文人"复杂多元的身份特点及其充满诗性文化气质的艺术活动。

[关键词]　苏轼；士大夫；文人；诗画一律

---

* 杨吉华：(1982—　)，女，云南昆明人，文学博士，云南师范大学副教授，研究方向为中国古代文论。

在苏轼的绘画理论中,有较多涉及诗歌与绘画关系的论述,如著名的"味摩诘之诗,诗中有画;观摩诘之画,画中有诗"(《东坡题跋·书摩诘蓝田烟雨图》)、"论画以形似,见与小儿邻。赋诗必此诗,定非知诗人。诗画本一律,天工与清新"(《书鄢陵王主簿所画折枝》)、"观士人画如阅天下马,取其意气所到"(《又跋汉杰画山》)、"文以达吾心,画以适吾意"(《书朱象先画后》引朱氏语)等。这些诗画理论对后世产生了深刻影响,学界也依此就诗歌与绘画作为时间性艺术与空间性艺术的异同及相互关系展开了热烈讨论,还有不少学者就苏轼诗画论中的"语—图"互文关系进行了细致的研究,形成了一系列较为成熟的研究成果,对于深化苏轼诗画理论认识产生了积极作用。

但是,在苏轼的一系列诗画理论中,隐含着一个潜在的创作主体问题,即谁的诗、谁的画,这个问题尚未引起足够重视。朱光潜先生曾经提到过此问题,他说:"苏东坡称赞王摩诘说:'味摩诘之诗,诗中有画。观摩诘之画,画中有诗。'这是一句名言,但稍加推敲,似有语病。谁的诗,如果真是诗,里面没有画?谁的画,如果真是画,里面没有诗?……诗与画同是艺术,而艺术都是情趣的意象化或意象的情趣化。徒有情趣不能成诗,徒有意象也不能成画。情趣与意象相契合融化,诗从此出,画也从此出。"①显而易见,"味摩诘之诗,诗中有画;观摩诘之画,画中有诗"中的诗,是作为文人的王维所创作的山水诗,画也是作为文人的王维所创作的山水画;"论画以形似,见与小儿邻"、"诗画本一律,天工与清新"、"观士人画如阅天下马,取其意气所到"中的画,则不是专门的画匠之作,而是高度写意化的文人画。也就是说,在苏轼的诗画理论中,隐含着一个我们今天意义上的"文人"所在。因此,本文欲从作为诗人的文人、作为画家的文人与作为鉴赏者的文人三个层面对苏轼诗画论中这个潜在的"文人"创作主体身份进行探究的基础上,抽绎唐宋时代文人之为文人的综合性因素,并以此透视中国传统社会中文人的身份属性、特点及其艺术审美活动等问题。

一、作为诗人的文人:从"士大夫"到"文人"

在"味摩诘之诗,诗中有画;观摩诘之画,画中有诗"中,诗人是王维,诗是王

---

① 朱光潜:《诗论》,《朱光潜全集》第五册,合肥:安徽教育出版社,1996年,第137页。

维的山水诗,画也是王维的山水画。虽然,作为中国文化史上著名的诗人王维,与苏轼一样,都是中国传统文化中典型的文人士大夫,我们并不陌生。但是,严格说来,从秦汉以来,"文人"与"士大夫"其实是两个不同的群体。龚鹏程在《中国文人阶层史论》中曾经指出,中国古代的文人阶层源于士阶层的分化,直到东汉中晚期的时候,文人才具有了与其他阶层不同且足以辨识自身之为一独立阶层的征象。① 李春青则在考察"文人趣味"的历史生成基础上提出:"所谓'文人'就是有文才与文采之人,亦即诗词歌赋、棋琴书画样样精通之人。在今天看来'文人'就是文学家兼艺术家。"②他还进一步指出,"文人"不等同于"士大夫":"如果说传统的'士大夫'是以读书做官及'以天下为己任'的政治诉求为基本特征的,那么'文人'就是以琴棋书画、诗词歌赋这类关乎'闲情逸致'的才艺为身份标志的,因此,'文人'身份的产生必将和其原本的'士大夫'(政治家)身份发生某种冲突。"③这些论述初步勾勒了"文人"与"士大夫"之间的相互关系。

纵观中国历史可以看到,作为一种阶层的形成与发展,中国传统社会中的"文人"与"士大夫"都有各自漫长的发展形成过程,最后在历史的合力中,才逐步形成了唐宋时代如王维、苏轼这样典型的"文人士大夫"。

《诗经·大雅·江汉》中较早出现了"文人"概念:"厘尔圭瓒,秬鬯一卣,告于文人,锡山土天",按照郑玄的笺注"告其先祖诸有文德见记者"可知,这里的"文人"可以理解为有文德的先祖。这与《尚书·文侯之命》"汝肇刑文、武,用会绍乃辟,追孝于前文人"中的"文人"同义,他们都同时具有了文化角度与政治角度的复合性身份特点。从文化角度而言,"文人"指有文德的人;从政治角度而言,则"文人"主要是指具有美好品德的先祖。到了汉代,"文人"身份的内涵进一步丰富了,这主要反映在王充的《论衡》中。在《论衡》中,"文人"先后出现 26 次之多,如:"广陵曲江有涛,文人赋之"(《论衡·书虚》)、"故夫能一经者为儒生,博览古今者为通人,采掇传书,以上书奏记者为文人"(《论衡·超奇》)、以及"抒其义旨,损益其文句,而以上书奏记,或兴论立说、结连篇章者,文人鸿儒也"(《论衡·超奇》)等,由此,"文人"开始具备了后世文学意义上的含义,即凡"辞

---

① 龚鹏程:《中国文人阶层史论》,兰州:兰州大学出版社,2004 年,第 12 页。
② 李春青:《"文人"身份的历史生成及其对文论观念之影响》,《文学评论》2012 年第 3 期,第 201 页。
③ 李春青:《在"文人"与"士大夫"之间——略论中国古代知识阶层的身份冲突》,《船山学刊》2013 年第 3 期,第 75 页。

赋之士"、"采掇传书"的文吏以及能够"兴论立说、结连篇章"的文章之士,都属于"文人"的范畴。同时,王充也特别强调"文人"的内在德行要求,如"善人愿载,思勉为善;邪人恶载,力自禁裁。然则文人之笔,劝善惩恶也"(《论衡·佚文》)、"国之功德,崇于城墙,文人之笔,劲于筑蹈。圣主德盛功立,莫不褒颂纪载,奚得传驰流去无疆乎"(《论衡·须颂》)等,这也就是要求文人同时还必须自觉主动地承担起与其文人身份相匹配的匡扶正义、惩恶扬善的社会道义责任。可见,从春秋战国到汉代,"文人"的概念内涵逐渐变得多元丰富。从整体上说,就文化角度而言,突出其较高的文化造诣修养;就政治角度而言,则强调其对社会强烈的道义责任担当。

而"士大夫"(也称为"士"、"士人"),则从战国时代诞生开始,直至明清时代,就始终在中国传统社会生活中发挥着极其重要的作用。从文化角度而言,"如果根据西方的标准,'士'作为一个承担着文化使命的特殊阶层,自始便在中国史上发挥着'知识分子'的功用"①;从政治角度而言,这群特殊的阶层,"就其社会地位和政治功能而言,我们有理由认为他们构成了中华帝国的统治阶级;中国古代社会的独特政治形态,自汉代以启,也可以说特别地表现为一种'士大夫政治'。"②因此,中国的"士大夫"阶层,自诞生以来,便以对知识的掌握而承担着推动社会发展的主导作用,其强烈的社会责任感和历史使命感是彰显其主体身份的重要标志,对"道"的终极追求则始终是"士大夫"阶层立身处世的行为准则。

在对"道"的终极追求过程中,"内圣外王"的目标指向使得士大夫阶层也格外注重对自我心灵世界的内省性操持修养,由此开拓出了一个超越世俗功利性的纯粹精神世界,于是,从德行、言语、政事与文学并重的士大夫阶层中,便逐渐衍生出了一种新的文化身份,即"文人"。他们都通"文",而在传统中国,"文"又是一个广义的"文化"概念,包括"文学"在内,涵盖了中国古代的诗词歌赋、经义策论等,由此就使得中国传统社会中的"文人士大夫"身份从一开始就具有了多元多维性,诗人、词人、散文家、画家、书法家等身份,可能同时集中于一人。同时,"士大夫"与"文人"又都特别强调其内在的德行修养,只不过,"士大夫"的德

---

① 余英时:《士与中国文化》,上海:上海人民出版社,2003年,第2页。
② 阎步克:《士大夫政治演生史稿》,北京:北京大学出版社,1996年,第1页。

性修养目标更多指向兼济天下的庙堂,而"文人"的德性修养目标则更多指向自我个体的内心修养。因此,并不是所有的"士大夫"都是"文人",只有士阶层中那些善于著述之人,也就是上文所说的"辞赋之士"、"采掇传书"的文吏以及能够"兴论立说、结连篇章"的文章之士方可称其为"文人"。到了王维和苏轼所处的唐宋时代,由于科举取士和宋代"重文轻武"政策的实施,文人士大夫的身份变得更加复合多元,特别是宋代,文人、学者和官僚集于一身的文学创作主体,已是一个不争的事实,他们也就是我们今天通常意义上所说的"文人士大夫"。

从相对狭义的文学创作领域而言,当王维、苏轼这样具有复合型文化身份的文人士大夫以诗人身份进行诗歌创作时,其"士大夫"文化身份的先天特点及"达则兼济天下,穷则独善其身"的社会文化惯性心理,决定了作为诗人的他们,在文学创作过程中,"士大夫"的潜意识及价值判断常常占据主导作用。因此,在他们的艺术作品中,无论是言志还是抒情,都会不可避免地同时具有其"士大夫"的文化情怀和"文人"的高雅情趣追求两个重要的审美维度。由此,苏轼对王维诗画艺术相融相通的论述,便是王维自身"文人士大夫"复合性文化身份在其诗画艺术领域中的必然呈现。

苏轼所谓的"摩诘诗",主要是指王维的山水诗。作为政治失意的"士大夫",王维又深受佛教文化的影响,山水早已成为他安放心灵和寻找精神栖居地的所在。其山水诗中那种任运自然、超然恬淡、空灵脱俗的世界,更多表现出的是他从"士大夫"退回"文人"自我内心世界后的一种审美体悟。因而以王维山水诗为代表的中国古代山水诗,其最终的精神指向,便是作为"文人士大夫"的诗人在现实世界生活与自我精神世界生活中的一种诗意生存情怀传递,是一种人格化的象征体现,山水也因此被赋予了诗人独特的文人气质而具有无限的艺术魅力,这也是中国古代山水诗弥久不衰的一个重要原因所在。

苏轼说摩诘诗之所以"诗中有画",主要是立足于王维山水诗与山水画而言的,并不能推衍到中国古代一切诗人的山水诗与山水画,必须是具备像王维这样具有多重文化身份的"文人士大夫"的山水诗,才有可能具备"诗中有画"的审美韵味。因为,在作为"文人士大夫"的王维身上,有一个不容忽视的身份便是画家——不是专攻绘画艺术的画匠,而是文人画家。在这种双重身份画家眼里的山水,已经不再是具象的山水,而是其精神活动的场所了,其山水诗中那些"读之身世两忘,万念皆寂"(胡应麟《诗薮》内编卷六)的山水,自然也不再是单纯的模范山水,而是在文人审美思维下高度写意化、人格化了的山水。所谓"诗中有画"、"画中有诗",便是诗人与画师这种复合身份的审美思维结果,他们共同传递出王维诗画艺术的独特文人气息,只不过,诗歌是通过语言传递其眼中的山水物像,而绘画则是通过笔墨线条与色彩光线传递其眼中的山水物象而已。

二、作为画家的文人:从"志于道"到"游于艺"

作为画师的王维,可以说是中国文人画的鼻祖,"文人之画,自王右丞(王维)始"(董其昌《容台别集》),在他身上,由于"文人"身份带来的充溢在绘画艺术意境中的高雅出尘意趣,也体现了苏轼所说的"古来画师非俗士,摹写物象略与诗同"(苏轼《欧阳少师令赋所蓄石屏》)的特点。虽然,他们并未从理论上正式提出过"文人画"的概念,但是,王维山水画的创作实践及苏轼"士人画"理念的提出,则直接推动了中国古代"文人画"理论的形成与发展。

苏轼在《又跋汉杰画山》中说:"观士人画如阅天下马,取其意气所到。乃若画工,往往只取鞭策皮毛,槽枥刍秣,无一点俊发,看数尺便倦。汉杰真士人画也。"在这里,苏轼用"意气"明确区分了"士人画"与"画工画"的不同。在他看来,士人画之所以比画工画更胜一筹,主要就在于士人画以意取胜,而不纠缠于形似问题,这与他"论画以形似,见与儿童邻"的绘画理论表达的是同样的思想,即士人画强调的是主观精神的表达。如他说:"与可画竹时,见竹不见人。岂独不见人,嗒然遗其身。其身与竹化,无穷出清新。庄周世无有,谁知此疑神"(苏轼《书晁补之所藏与可画竹三首》),突出的正是画者在模写事物外在形貌之下对自我内在生命世界的表达与关注。正如宗白华先生说的那样:"中国绘画里所表现的最深心灵究竟是什么?答曰:它既不是以世界为有限的圆满的现实而崇拜模仿,也不是向一无尽的世界作无尽的追求,烦恼苦闷,彷徨不安,它所表现的精神是一种'深沉静默地与这无限的自然,无限的太空浑然融化,体合为一'。"①也就是说,"外师造化,中得心源"的绘画艺术,其最终是要实现"文以达吾心,画以适吾意"的畅神目的,传递的是一种文人审美趣味和文人精神,这也

---

① 宗白华:《美学散步》,上海:上海人民出版社,1981年,第123页。

是中国绘画艺术尤其是山水画的写意传统。因此,苏轼诗所谓的"士人画",其实就是一种充溢着文人意味的文人画。

同时,鉴于唐宋时代"文人"与"士大夫"双重身份合流的事实,以及"书盛于晋,画盛于唐宋,书与画一耳。士大夫工画者必工书,其画法即书法所在"((元)杨维桢《图绘宝鉴·序》)的实际情况,也可以肯定地说,苏轼这里所谓的"士人画",就是我们所说的"文人画"。元代董其昌首倡并梳理中国"文人画"的发展脉络道:"文人之画,自王右丞始,其后董源、僧巨然、李成、范宽为嫡子。李龙眠、王晋卿、米南宫及虎儿,皆从董、巨得来。直至元四大家,黄子久、王叔明、倪元镇、吴仲圭,皆其正传。吾朝文、沈,则又远接衣钵。若马、夏及李唐、刘松年,又是大李将军之派,非吾曹当学也。"(董其昌《容台别集》)从中可以看到,在这些所谓的"文人画"画家队伍中,也主要还是以士大夫为主体身份的。这些具有多重文化身份的文人士大夫进入绘画艺术领域后,使得中国绘画艺术尤其是高度写意化的山水画,成为文人士大夫人格精神与人生理想境界寄托的一种艺术媒介,这也是中国传统社会文人画的一个重要特点。

"文人画"的本质在于"文",苏轼强调士人画以"意"为主,这个"意"就是文人士大夫的文德修养、胸襟格调等融入绘画艺术作品中的精神意趣。所以,他把王维的绘画作品与吴道子的绘画作品进行对比时,说:"吴生虽妙绝,犹以画工论;摩诘得之于象外,犹如仙翮谢笼樊。吾观二子皆神俊,又于维也敛衽无间言"(苏轼《王维吴道子画》),也是将文人意味作为一个重要的审美判断标准来考量的。也因为文人画的本质在于"文",宋代"诗不能尽,溢而为书,变而为画"(苏轼《文与可思竹屏风赞》)、"画者,文之极也"((宋)邓椿《画继》)的诗画同源理论才可能获得内在的支撑。近代陈衡恪定义"文人画"为:"画中带有文人之性质,含有文人之趣味,不在画中考究艺术上之功夫,必须在画外看出许多文人之感想,此之谓文人画。"[①]由此观之,也可以看出,苏轼所谓的"士人画",其精神实质仍是"文人画"。

以王维、苏轼为代表的中国传统社会中的文人士大夫,其身份的多元复合维度中,有一个贯穿始终的核心问题,即"道"的问题,这也是由"士"的身份所决

---

① 陈衡恪:《文人画的价值》,见郎绍君、水中天编:《二十世纪中国美术文选》,上海:上海书画出版社,1999年,第61页。

定的。只有"志于道"者,才可能成其为"士","士志于道,而耻恶衣恶食者,未足与议也"(《论语·里仁》),因此,在现实社会中,"立德"、"立功"与"立言"便成了士大夫最高的人生价值追求。当"文人"从"士大夫"中衍生出来后,"志于道,据于德,依于仁,游于艺"(《论语·述而》)依然是文人立身行世的重要方式。"德成而上,艺成而下"(《礼记·乐记》)的传统观念,使得在相当长一段时间内,属于"艺"的绘画艺术,无论如何是不能与"经国之大业,不朽之盛事"(《典论·论文》)的文章相提并论的。"志道"与"游艺"二者必须"据于德",即以道德修养为先导的基础上和谐融合,"艺"才能成为文人士大夫日常生活方式的选择。因此,苏轼也格外注意和强调画家的道德修养:"居士之在山也,不留于一物,故其神与万物交,其智与白工通。虽然,有道有艺,有道而不艺,则物虽形于心,不形于手。"(苏轼《书李伯时山庄图后》)费衮也说:"书与画皆一技耳,前辈多能之,特游戏其间,后之好事者争誉其工,而未知所以取书画之法也。夫论书,当论气节;论画,当论风味。……至于学问文章之余,写出无声之诗,玩其萧然笔墨间,足以想见其人,此乃可宝。"((宋)费衮《梁溪漫志》卷六)这种否定艺术功利性,强调有道有艺的志道之境,也是中国文人画最为重要的内在美学精神追求。

作为文人士大夫的画师王维,以诗意升华画意,开拓出一个禅意盎然的山水画境,苏轼"画中有诗"就是对他山水绘画作品中表现出的文人精神意趣的肯定:"摩诘本词客,亦自名画师。平生出入辋川上,鸟飞鱼泳嫌人知。山光盎盎著眉睫,水声活活流肝脾。行吟坐咏皆自见,飘然不作世俗辞。"(苏轼《题王维画》)自此之后,"画中有诗无诗,关系到作品能否反映画家个人在生活、现实中的感受;进而创立意境,表现风格,也就是作品中有无个性的问题"[1],便成了文人画尤其是文人山水画的重要审美判断之一。

苏轼的其他许多诗画理论也再次印证了他对"士人画"或说"文人画"的审美理想追求。如他评论燕肃山水画曰:"山水以清雄奇富、变态无穷为难。燕公之笔,浑然天成,烂然日新,已离画工之度数,而得诗人之清丽也"(苏轼《跋蒲传正燕公山水》),强调的正是对文人山水画中诗人意气风骨的追求。他对王诜山水画的题诗:"老去君空见画,梦中我亦曾游。桃花纵落谁见,水到人间伏流"

---

[1] 伍蠡甫:《试论画中有诗》,见曹顺庆选编:《中西比较美学文学论文集》,成都:四川文艺出版社,1985年,第374页。

(《次韵子由书王晋卿画山水二首》),体现的还是对这种文人山水画所所蕴含的创作主体自我内心世界不俗于世的精神追求。

当然,苏轼之所以如此推崇王维诗画相融的艺术,其中一个非常重要的原因还在于唐宋时代的文人士大夫普遍受到佛禅文化心理影响而形成的独特审美体验。王维与苏轼都在自己"士大夫"的社会角色失意后寄情山水,并且又都不自觉将自己"文人"所具有的文学气与书卷气入诗入画,把山水诗画推向了一个更加幽远空灵的意境,使其人生境界与艺术境界自然融为一体,无论是山水诗,还是山水画,都是他们抒发情感、回归自我的载体,共同承载着文人士大夫们的精神意趣和审美追求,成为创作主体吟咏性情的游心之所。因此,当苏轼面对王维山水诗画进行审美欣赏时,他关注的重点并不是诗歌与绘画作为两种不同艺术类型的固有区别,而是贯注其中的那种"天地与我并生,而万物与我为一"(《庄子·齐物论》)的整体生命精神。在他的诗画文论中,较好地体现了中国文学批评固有的"人化"或说"生命化"特点:"在我们的文评里,文跟人无分彼此,混同一气,达到《庄子·齐物论》所谓'类与不类,相与为类,则与彼无以异'的境界。"①也就是说,作为欣赏者的苏轼,面对充溢着生命情性本体的艺术作品时,其审美思维已经逾越了艺术门类之间的界限,在"破体相参"的审美观照中,实现了"与道为一"的终极审美追求。

三、作为鉴赏者的文人:从"破体相参"到"与道为一"

苏轼各种诗画理论中体现出来的"诗画一律"思想,在很大程度上呈现了唐宋时代能够将诗文书画等多方面的修养融会贯通的文人士大夫的博学深思。诗画之间的差异逐渐消弭,游心于诗情画意的艺术意境之中,作为鉴赏者的苏轼,将自己的生命融入其中,在打通诗画艺术内容外表的基础上,形成了一种以艺术为媒介而将外在自然宇宙生命与人的内在精神生命融为一体的"圆览批评",典型地表现了宋代文人士大夫"破体相参"的思维方式。

在宋代,"破体相参"本是一个文学内部概念,主要是指在文学内部的各种

---

① 钱钟书:《中国固有的文学批评的一个特点》,见《钱钟书散文》,杭州:浙江文艺出版社,1997年,第302页。

文体,如诗、词、文之间打破文体间的界限,在创作手法等方面相互参考借鉴。"以文为诗"、"以诗为词"、"以文为词"、"以文为赋"、"以文为四六"等都是宋代文学史上著名的"破体相参"现象。"破体相参"在宋代的蔚然成风,深刻影响了宋代文学的整体面貌。然而,从苏轼的"诗画一律"论以及"诗文相生"、"以故为新"、"以俗为雅"等论调都可以看出,在宋代,"破体"实际上已经逾越了纯粹文学领域的创作实践,而逐渐发展成为一种思维方式,泛化到了整个艺术领域尤其是诗画艺术之间。我们可以看到,在宋代,不单是苏轼,其他文人士大夫亦提倡和认可"诗画一律"论,形成了宋代蔚为壮观的诗书画同源论,如"文者无形之画,画者有形之文,二者异迹而同趣"((宋)孔武仲《宗伯集》卷一《东坡居士画怪石赋》)、"诗是无形画,画是有形诗"((宋)张舜民《画漫集》卷一《跋百之诗画》)和"终朝颂公有声画,却来看此无声诗"((宋)钱鍪《次袁尚书巫山诗》)等。

从宏观上说,宋代"破体相参"思维得以在诗画艺术之间发生,主要源于《周易》象喻思维传统以来奠定的认知基础。从《周易》"近取诸身,远取诸物……以通神明之德,以类万物之情"的象天法地思维以来,作为中国古代文人士大夫吟咏性情的载体——诗歌与文人画,逐渐在"意象"的基础上实现了界域的融合。伍蠡甫说苏轼所谓的"诗中有画,画中有诗"就在于"强调诗寓情于景,画借景写情,要皆以意、情为主"。① 作为抒情艺术的诗歌与文人画,都在于通过"象"(语象、画象)的创作来实现文人士大夫抒情悟道的终极目的,以及"立德、立功、立言"的不朽价值追求。在苏轼看来,王维那些字字入禅的山水诗,以及他山水绘画中那些将"素朴而莫能与之争美"(《庄子·天道》)的自然无为、虚淡玄无审美趣味融于笔墨线条与林泉烟岚之间的情致,使得"诗人与画手,兰菊芳春秋。又恐两皆是,分身来入流"(苏轼《次韵鲁直书伯时画王摩诘》),都是文人士大夫吟咏性情审美理想的完美融合。苏轼自己"诗画一律"的创作实践,也有效地印证了自己的艺术理论。如他题卢鸿一的《草堂图》:"嗟予缚世累,归来有茅屋。江干百亩田,清泉映修竹。"也可以看出,在以苏轼为代表的中国古代文人士大夫那里,诗画由于较多融入了文人士大夫的精神理想和人生意趣,具有强烈的表现性、抒情性和写意性,形成了一个面向生命敞开的情性本体空间,他们浑然一体,引发欣赏者对自然宇宙生命的整体感悟。作为鉴赏者,以虚静之心入乎其

---

① 伍蠡甫:《中国画论研究》,北京:北京大学出版社,1983年,第3页。

内,主要目的并不在于对其进行清晰的逻辑分析,而在于在品味、意会、妙悟的过程中超越艺术形式的外在之器而达到对艺术作品本体之道的把握,最终实现精神上的绝对逍遥游。正如刘勰《文心雕龙·知音》里说的那样:"夫缀文者情动而辞发,观文者披文以入情,沿波讨源,虽幽必显",这个审美欣赏过程,也就是"与道为一"的过程。

这种思维方式在宋代的泛化,还与宋代文人士大夫"大都集官僚、文士、学者三位于一身的复合型人才"①有着密切关系。宋代,"在士从门阀向文官,再向地方精英的转型中,文化和'学'始终是作一个士所需的身份属性。"②对于他们来说,琴棋书画的文人士气综合修养使得文人参与绘画、书法都成为了士大夫诗文才识的自然延伸与拓展,治经纬天下之学、写诗作词赋文之外,绘画、书法也是他们修身养性的日常生活常态。"东坡老人翰林公,醉时吐出胸中墨"(黄庭坚《题子瞻画竹石》),"文化"和"学"赋予宋代文人士大夫身上的品性、学识、才情与思想,织就了宋代文化整合的内在智慧。在以道贯艺的艺术创作过程中,"志于道,据于德,依于仁,游于艺。艺也者,虽志道之士所不能忘,然特游之而已。画亦艺也,进入妙,则不知艺之为道,道之为艺"(《宣和画谱·道释叙论》),在"道"的统领下,不同艺术范畴之间在精神指归上实现了相互补充与融合的内在可能性。

同时,"破体相参"思维方式在宋代的泛化,还与宋代禅宗文化的发展有着密切关系。周裕锴先生提出:"大乘佛教诸经尤其是《楞严经》中'六根互用'的观念,在北宋中叶以后士大夫习禅的背景下,逐渐向日常生活和审美活动方面渗透。以苏轼、黄庭坚、惠洪等人为代表,从个人修道体验出发,追求六根通透、一心湛然无染的境界。由此带来三个变化:一是有意混同眼、耳、鼻、舌、身等感官之间的界限,尤其是主张眼听、耳观、目诵,从而形成听觉艺术(诗)与视觉艺术(画)相通的全新意识。二是将六根所接触的现象世界升华为心灵境界,将吟诗、作画、焚香、品茶、赏花、尝食诸多活动当作参禅悟道的途径或方式,从而出现诗禅、画禅、香禅、茶禅等宗教精神渗入世俗生活的现象。"③由此,我们也

---

① 王水照:《王水照自选集》,上海:上海教育出版社,2000年,第30页。
② [美]包弼德:《斯文:唐宋思想的转型》,刘宁译,南京:江苏人民出版社,2001年,第80—81页。
③ 周裕锴:《"六根互用"与宋代文人的生活、审美及文学表现——兼论其对"通感"的影响》,《中国社会科学》2011年第6期,第136页。

就不难理解,苏轼"味摩诘之诗,诗中有画;观摩诘之画,画中有诗"的艺术鉴赏过程中,正是在这种"品"诗与"观"画的"六根互用"感知里,本已就将诗画渗入日常生活常态的文人士大夫生活方式,才使苏轼得以将生命整体贴近艺术范本进行圆览观照,最终达到"与道为一"的最高境界。

因此,当我们站在历史彼岸的今天,以现代学术眼光审视中国古代传统社会中如苏轼、王维这样的文人士大夫的时候,可以清晰地看到,中国古代传统社会中的"文人",其内涵较今天的文人概念具有更加丰富的意蕴。作为从士大夫群体中分流出来的文人,从汉代到唐宋时代,士大夫阶层在中国古代政治生活和文化生活中的主导性地位直接决定了文人的生命存在状态及价值追求,也深刻影响着文人"志于道,据于德,依于仁,游于艺"的艺术生命。在中国古代象喻思维方式影响下的文人士大夫艺术创作实践与审美欣赏活动,无论是诗歌还是绘画,在与天地相参的过程中,都隐含着对"文"的伦理道德追求及创作主体高雅脱俗的情趣品味追求,其终极价值都在于在吟咏情性中"与道为一",实现文人对自我本体生命的美学超越。苏轼的一系列诗画理论中,隐含着我们理解中国传统社会"文人"之为"文人"的丰富文化信息,也有利于我们进一步理解唐宋诗画艺术相融相通的内在理路。

The Interaction of Tao, Arts and Will: Exploring "Literati" in Su Shi's Theories of Poetry and Painting

Yang Jihua

Abstract: In the series of SuShi's theories of poetry and painting, there is a subject of artistic creation, which combines "scholar-bureaucrat" and "literati". The special group of "literati-bureaucrat" are engaged in creation of literary and painting in the way of "the goal is aim at the Tao, the basis is rooted in the morality, the method is depended on the benevolence, and the means lies on the art", which made their own artistic works have two aesthetic dimensions: the spiritual values of the "scholar-bureaucrat" and the unique emotional experience of the "literati". This is the internal reason why the Chinese ancient poetry and painting could be connected and integrated on the base of inherent spirit. Therefore, in the process of literary creation and aesthetic appreciation activities, poetry and painting are artistic medium of expressing feelings and eventually achieving the ultimate goal of "combining with Taoism into one" for the "literati-bureaucrat", when they observe and express nature in literature. And, viewed from this angle, SuShi's theories on poetry and painting reveals two important issues: the identity of ancient Chinese "literati" is complex and diverse, at the same time, their artistic activities have the characteristics of poetic culture.

Key Words: SuShi, scholar-bureaucrat, literati, the consistency of poetry and painting

成圣与其他：阳明早期围绕"成圣"问题的探索与尝试

苏晓冰[*]

[摘　要]　追问阳明学的核心问题意识是必要的。在其早期的成学经历中，阳明虽然有过不同的兴趣转移，然而，"学圣贤"不仅是最早的思问起点，亦贯穿于"五溺"的学问阶段；此外，成圣与阳明的其他学术旨趣的关系并非并列，后者始终在或正或负的关系中与前者保持相关性，并以之为核心。对于两者关系的不同理解折射出理学的整个学术旨趣这一更为普遍性的问题，同时，当下学术形态的某些偏好亦反映于其中。

[关键词]　阳明学；成圣；理学

冯契先生(1915—1995)曾经有"非解决不可的哲学问题"的提法，他说：

---

[*] 苏晓冰(1987—　)，女，河北石家庄人，华东师范大学哲学系博士研究生，研究方向为中国哲学尤其是阳明心学。

> 一个思想家，如果他真切地感受到时代的脉搏，看到了时代的矛盾（时代的问题），就会在他所从事的领域里（如哲学的某个领域里），形成某个或某些具体问题。这些具体的问题，使他感到苦恼、困惑，产生一种非把问题解决不可的心情。①

谈及"非解决不可"的哲学问题时，冯先生是以哲学家的身份在描述自身的学术关怀所触发的情感与思辨的跳动。与此同时，对于后学而言，这一提法还成为一个具有重要方法论意义的命题，即，在面对一个哲学文本或哲学体系时，从思考并探索其背后的"非解决不可"的哲学问题来把握作者思考的大方向，从而沿着这一大方向进入其内部。这一做法的普遍性的启发意义在于，认为每一个真诚的哲学思考必定连带着一个关乎切身痛痒的核心问题意识，并且这一关切提供了后来一切身心投入的原初动力，反过来也可以说，后面的一切思考与探索皆与此一核心问题相关。

将这一方法应用于阳明学的研究中是十分必要的。语录式体例、集体性的汇辑作品，这些外在的形式已经常常足以引发黑格尔式的疑虑②：难道中国古典哲学只不过是某些人生经历的总结，而并非有理论深度的严肃哲学作品？此外，就阳明学而言，口号式的命题③，前后数番变化的求学与立教的经历，加之出入佛老的特殊经历，这些因素进一步导致研究者往往忽略或回避对其进行"非解决不可"的哲学问题的追问与系统化诠释的尝试。然而，正如冯友兰先生（1895—1990）所言，中国古代哲学家虽然没有"形式的"哲学体系，但具有"实质

---

① 冯契：《〈智慧说三篇〉导论》，收入《认识世界和认识自己》，《冯契文集》（增订版）第一卷，上海：华东师范大学出版社，2015年，第5页。
② 黑格尔曾对中国是否有严肃、深刻的哲学思想表示极大的质疑："最著名的学者是孔子。他的学养主要是道德方面的。他完全是一位道德学家，而不是哲学家。因为在他的言论中找不到关于思想作为思想在自身之中活动的理论。他当了几年正直的大臣，后来带着他的学生四处周游。他的学说听起来像所罗门的箴言。而科学学术所要求的东西要更多。最近已经翻译了一部他的书，根据书评，这部书与他的名誉并不相称。他无法和柏拉图、亚里士多德、苏格拉底相比。如果我们假设梭伦是其人民的立法者，那么他大约相当于梭伦。"参见[德]黑格尔：《世界史哲学讲演录》，《黑格尔全集》（第27卷），第1分册，刘立群译，北京：商务印书馆，2014年，第138页。
③ 如"致良知"、"知行合一"、"心即理"等。这些口号式的提法在今天常常容易被切分为不同的命题，从而加以分别化（而非系统化的）研究。

的"哲学体系①,而这一实质与古代哲学家们的核心问题意识总是密不可分的。在这一意义上,追问阳明的核心问题意识具有重要的意义。那么,对于阳明的成学经历而言,这一核心问题是什么呢?如何产生的呢?

一、学圣贤——思问的起点

《阳明年谱》载:

> 尝问塾师曰:何为第一等事?
> 塾师曰:惟读书登第耳。
> 先生疑曰:登第恐未为第一等事,或读书学圣贤耳。
> 龙山公闻之笑曰:汝欲做圣贤耶?②

如上文所示,"读书学圣贤"是阳明求学的第一个明晰目标,即所谓"第一等事"③。这里出现了阳明学中未能引起当代学术充分重视的核心关键词,即"圣贤"。值得注意的是,"学圣贤"(或成圣)作为王阳明为学经历中的一个明晰的目标,早在成化十八年(1482)便已经有确切记载。在这段对话中,"学圣贤"与"登第"相对立,而幼年的阳明已经能够自觉保持对于一般的功名之学的超越性。彼时阳明虽然尚在幼年,但已经为后来围绕成圣成贤问题的各种思考和探索埋下伏笔。这则经历要求我们:首先,必须正视"学圣贤"作为阳明哲学思问起点的源发性地位;其次,必须从超越于世俗之学的角度上来切入其核心问题。

正德二年(1489),阳明在从江西完婚返回余姚的途中拜谒大儒娄谅(1422—

---

① 冯友兰先生曾提出"形式的系统"与"实质的系统"的说法。他说:"中国哲学家多无精心结撰,首尾贯穿之哲学书,故论者多谓中国哲学家无系统。然所谓系统有二:即形式上的系统,与实质上的系统,中国哲学家的哲学虽无形式上的系统,但如谓其无实质上的系统,则即等于谓中国哲学不成东西,中国无哲学。"冯友兰:《泛论中国哲学》,《三松堂全集》第11卷,《哲学文论》上,郑州:河南人民出版社,2001年,第130页。

② 《年谱一》,成化十八年(1482),《王阳明全集》(新编本)卷三十二,吴光等编校,杭州:浙江古籍出版社,2010年,第1226页。

③ 瑞士汉学家耿宁先生的阳明学研究巨著就以"第一等事"为题,参见耿宁:《人生第一等事:王阳明及其后学论"致良知"》,倪梁康译,北京:商务印书馆,2014年。

1491,字克贞,别号一斋),娄谅告以"圣人必可学而至",阳明因而受到极大的鼓舞。在各类相关传记中,这一经历都被视为"大事件"而留下了记载:(1)《年谱》于这一年的条目下明确写道:"是年先生始慕圣学"①;(2)黄绾(1477—1551,字宗贤、叔贤,号久庵、石龙)《阳明先生形状》中有"明年,还广信,谒一斋娄先生。异其质,语以所当学,而又期以圣人,为可学而至,遂深契之"②;(3)黄宗羲《文成王阳明先生守仁》记曰:"十八岁,过广信,谒娄一斋,慨然以圣人可学而至"③;(4)《明史·王守仁传》中,阳明的早年经历只涉及这一条:"年十七谒上饶娄谅,与论朱子格物大指",并且进一步有"还家,日端坐,讲读《五经》,不苟言笑"的描写。④ 尽管可能由于书写者学术立场的差异而导致对某些内容较多留意(比如《明史》的朱子学立场),然而,不可否认的是,这一"学圣贤"的目标再次在阳明那里被激活。它甚至直接在言默动静处发生了作用,如《明史》特别提到"不苟言笑";此外,还有形容从此前"和易善谑"的性格一变而为"端坐省言"的记录。⑤

在娄一斋的启发下,阳明开始正式将"学圣贤"视为严肃的追求目标,可以看到,在这一目标下,他已经着手探索学圣的具体途径。实践的尝试首先开始于对宋儒工夫论的学习。于是,在《年谱》正德五年(1492)条目下,出现了阳明在青年时期的那则有名的"格竹"经历。

> 是年为宋儒格物之学。先生始侍龙山公于京师,遍求考亭遗书读之。一日思先儒谓"众物必有表里精粗,一草一木,皆涵至理",官署中

---

① 其事见载于《年谱一》,正德二年(1489),《王阳明全集》卷三十二,第1228页。
② 黄绾:《阳明先生形状》,《世德纪》,《王阳明全集》卷三十七,第1425页。
③ 黄宗羲:《姚江学案》,《明儒学案》卷十,沈芝盈点校,北京:中华书局,2008年,第179页。
④ 《明史王守仁传》,《附录一》,《王阳明全集》卷五十一,第2053页。其中,《明史》提到拜谒娄谅时阳明年值"十七",湛甘泉《阳明先生墓志铭》有"十七年闻一斋'圣人可学'之语"(见《世德纪》,《王阳明全集》卷三十七,第1409页);然《年谱》明确记载"(弘治)二年己酉,先生十八岁,寓江西;十二月,夫人诸氏归余姚",而拜谒娄谅正在归途中(见《年谱一》,《全集》卷三十二,第1228页);黄宗羲《明儒学案》亦明写"十八岁",当以《年谱》"十八岁"为准。
⑤ 见《年谱一》,弘治二年(1489),《王阳明全集》卷三十二,第1228页。对于阳明实际生活中的这番变化的描述,《年谱》与《明史》的记录稍有不同。《明史》"还家,日端坐,讲读《五经》,不苟言笑"的记录,突出了拜谒娄一斋所产生的巨大影响;《年谱》中形容日常状貌所发生的变化的描述在交待阳明随本家子弟一起从其父王华读书之后,因此,直接的影响并不来自娄一斋的启发,而主要是自我更新。然而,可以肯定的是,这一变化都与学习宋儒之学有直接关系,因而可以看作是对于成圣问题的连贯性思考。

多竹,即取竹格之;沉思其理不得,遂遇疾。先生自委圣贤有分,乃随世就辞章之学。①(《年谱一》)

众人只说格物要依晦翁,何曾把他的说去用?我着实曾用来。初年与钱友同论做圣贤,要格天下之物,如今安得这等大的力量?因指亭前竹子,令去格看。钱子早夜去穷格竹子的道理,竭其心思,至于三日,便致劳神成疾。当初说他这是精力不足,某因自去穷格。早夜不得其理,到七日,亦以劳思致疾。遂相与叹圣贤是做不得的,无他大力量去格物了。及在夷中三年,颇见得此意思乃知天下之物本无可格者。其格物之功,只在身心上做,决然以圣人为人人可到,便自有担当了。这里意思,却要说与诸公知道。②(《传习录》下)

这则经历在阳明的整个成学过程中具有致命性的影响,因为,在一定程度上可以说,它正是启动阳明思考的那个最为源发性的问题,即,我们该如何做才能成为圣贤,以及进一步的,我们是否具有成为圣贤的先天可能。(虽然这则经历带来的结论是消极的"圣贤有分"这一结论)尽管阳明在后来的为学过程中经历了不少"变化",但却无一不是笼罩在这个问题之中。

正如这里所显示的,格竹失败所带来的"圣人不可学"的消极结论——"遂相与叹圣贤是做不得的,无他大力量去格物了"——直接导致阳明从学圣转向辞章、养生等其他学问,这种因果性必须被充分重视,因为它在解释阳明何以历经不断变化的为学兴趣,最终却仍旧回归至"成圣"问题上具有有效性。简言之,在成圣的这一主线中,辞章、佛老、兵法、养生等兴趣点的转移并非是成圣这一关切的替代品,不过是一种不得其门而入的游离。因此,这些其他兴趣点虽然是主线之外的,但它们并非溢出了这一核心问题,只不过是与此"负相关"——但不是"无关"(indifference),更不是"取代"。

二、成圣与其他:从相关描述谈起

阳明早期曾历经"任侠"、"骑射"、"辞章"、"神仙"、"佛氏"几种兴趣变化。

---

① "格竹"事见载于《年谱一》,正德五年(1492),《王阳明全集》卷三十二,第1228页。
② 《语录三》,《王阳明全集》卷三,第131—132页。门人黄以方录。

这些志学方向的不断变化似乎给寻找阳明的核心问题意识的尝试带来了一定的困难,至少在探索其早期的哲学思考如何逐渐成为一个"非解决不可的哲学问题"时,造成了不小的干扰。对于这些问题,我们有必要对不同的兴趣与"成圣"这一核心问题之间的或正或负的关系予以足够的关注。

在探讨这些关系之前,描述这一为学变化的方式本身是首先值得留意的。湛若水(1466—1560,字元明,号甘泉)将其总结为"五溺",这一带有贬义色彩的用词显示出,湛甘泉对于这些不同的用力方向的价值排序:

> 初溺于任侠之习;再溺于骑射之习;三溺于辞章之习;四溺于神仙之习;五溺于佛氏之习。正德丙寅,始归正于圣贤之学。①

从中不难看出,"溺"这一用词是相对于"圣贤之学"而下的,换言之,在湛甘泉看来,在正德丙寅(1506)阳明正式收心于圣贤之学以前,任侠、骑射、佛老等兴趣可能不过是一种"玩物丧志"的表现,从而处于价值序列的下游。从内容上看,湛甘泉所理解的"圣贤之学"独立于前面五者之外,或者反过来说,前面五者亦并未笼罩于圣贤之学之下。那么,值得追问的是,在湛甘泉的印象中,何为圣贤之学?对这一问题的追问,迫使我们跳出明代的语境,而从一种更源初性的、更为宏观性的视角进行反观。

从中国哲学内部来看,宋明理学以特别关注心性修养、讲求内省的"心性之学"著称,若将先秦时期的学问形态与之对勘,那么,这一特点则愈加明显。先秦时期对于一个真正的儒者的想象,《庄子·田子方》篇提出"知天时"、"知地形"、"事至而断"三个维度,据此标准判定,虽然"举鲁国而儒服",但真正的儒者却只有一人——"问以国事,千转万变而不穷"。这唯一一位儒者便是孔子。② 至于孔子,他不仅是哲学史上注重"仁"学的孔子,也是平日佩剑的孔子,是爱好音乐以至于"三月不知肉味"的孔子,是"多识鸟兽草木之名"的孔子……若将先秦的想象与宋明时代对勘,则后者的理想人格的确有些局限。

从客观原因来看,禅学的渗透以及经学理论化的倾向等原因共同造成了将

---

① 湛甘泉:《阳明先生墓志铭》,《世德纪》,《王阳明全集》卷三十七,第1409页。
② 通常认为,庄子这里所描画的唯一的真正儒者是孔子。参见郭庆藩:《庄子集释》(中),王孝鱼点校,北京:中华书局,2004年,第718页。

原本立体化的、多层面的经学系统单一化的倾向,即,讲求个人的境界之提升,关注当下心境之起落。共同促成这种风气的另外一个内部原因是,理学尤其重视从"本体与工夫"这组关系来展开思考,从而导致工夫论的地位得到极大的提升,这样,提升个人的心性修养的方法与途径无论如何仍旧是得到了较之前代更多地关注。对于这一倾向,钱穆先生(1895—1990,字宾四)曾经在总结"明学的一般倾向"时说:

> 宋儒本来已是看重修养方法,胜过一切的智慧的了;而这一种风尚,到明代尤见极端。他们爱切实,爱单纯;他们只拘在一身的言动举止,进而及于内心的情感和静躁的态度;他们的精神兴趣,似乎只尽于此。他们只讲一身一心,其他宇宙之大,民物之繁,好似不大理会到。这是明学一个最重要的趋向,随便翻那一家的语录,便可见得。①

从"一身的言动举止"的关注点出发,兵法、边患、骑射等学习才会被看作是一种不正当的求学兴趣,是一种走偏了的"沉溺"。对于此,钱先生在《湖上闲思录》一书中对此有过明确的批判,他说:

> 这也可以说是宋明理学家六七百年来一种相沿宿疾,总是看不起子路、子贡、冉有、公西华,一心想学颜渊、仲弓。他们虽也说即事即心,却不知择术,便尽在眼前日用琐碎上用功。一转便入渺茫处。②

因此,从一种更为宏大的视野来看,湛甘泉对于阳明自身成学经历中的不同兴趣点之间的区分与价值排序,其实关联着理学的整个学术风格这一更为普遍性的问题。换言之,只有在以个人的境界为最高价值的排列中,任侠、骑射才是外在的,可见,值得反思的不只是阳明早年成学经历的几种兴趣点的切换如何从属于"成圣"这一核心问题,而更是儒学自身形态与学问结构在理学时期的独特性问题。站到反题上,我们可以问的是,倘若并不从个体之心性修养的单

---

① 钱穆:《阳明学述要》,北京:九州出版社,2011年,第21页。
② 钱穆:《成色与分量》,收入《湖上闲思录》,北京:九州出版社,2011年,第38页。

一角度来理解学问结构,那么,关注兵法、留意边境等这些方面还会被视为与"成圣"这一问题相背离吗?因此,那些根据阳明学的"五溺"经历而判定其早期并无一核心关切的观点,只不过是建立在一种以心性修养为核心的狭义的圣人观之上的。

这一单向度的"圣人观"的出现并不仅仅只有宋明理学的内部原因,今天来看,另外一个更为重要的原因是,当下西方哲学所引领的"哲学化"的思问风格,对于我们理解古代以"圣人"(而非"哲学家")为最高理想的为学方式造成了很大困扰。加上特别是在知识分工日益细密的当代社会,上述五种类型被自然地视为五种"技能"①,并且将"圣人"以"哲学家"或哲学工作者的形象并列为另外一种技能。因此,湛甘泉的上述理解在今天的学术背景和社会背景下被进一步强化了,从而促成一个更加单薄的"圣人观"(毋宁说"哲学家"形象),如此又进一步导致,认为阳明学素无核心问题,从而可以回避系统化诠释的要求,并施以碎片化、片段化的处理。

这里还必须交代的是,比起宋明时期的内部原因,当下的大气氛所带来的隔膜反而是更大的。因为,即便阳明的"为学"与"立教"皆经历过几番变化,并且这一变化被后人多所留意;即便如钱穆先生所批评的,理学所塑造的儒者之丰富性比之原始儒家单薄了许多,然而,这种讨论都是内在于中国古典思想的。因为,我们不能不注意到的是,向内用力的为学方式即便是在宋明理学时期,也是一直被讨论、被质疑的,因其所携带的明显的佛学或禅学的特点,与讲究"致广大而尽精微"、"极高明而道中庸"(《中庸》)的古典传统的"内圣外王"之学有明显差异。尽管在哲学史上被概以"心性之学"之名,然而,以不问事功的纯然内省的方式来比之,这恐怕亦难以为宋明时期的理学家们所接受。当时围绕"尊德性"与"道问学"有不少争论,这一现象在一定程度上表明,理学家们对学问形态或学问结构这一问题本身保持着相当地自觉。

在讨论这些理论问题时,须对如下倾向予以特别留意,即,尽管理学的思想形态较之先秦与汉学已经有了非常明晰的思辨特点,然而,这仍然并不允许诠释者主观地清除其言说的时空背景以进行过度普遍化地演绎。因此,今人理解古人的困难之处还在于,今天以"普遍化"为特点的理论探索常常容易忽略了历

---

① 在古希腊哲学中,"美德"常常表现为某种"技能"。

史性因素,相比之下,即便湛甘泉等学者所理解的"圣人观"是基于一个较为专门化的向度而来,但是,作为内在于当时具体时空下的人物,他们对于一个古典学问所期待的理想人格,对这一理想人格在现实生活中的角色与担当仍然具有更为立体、更为深入的内在化理解。因此,尽管在总结阳明早期几种不同的为学兴趣时,人们可能会将兵法、任侠等方面排除于"成圣"之外,然而,当谈及阳明平定宁王朱宸濠的叛乱,以及其他许多军事方面的成就时,则又倾向于相信后一方面的成就亦不出"良知学"之外;与此同时,一介儒生领兵打仗似乎也并没有过多地溢出时人对于儒学的想象,反而是溢出于当代人对于古典学术的想象。由此可以看到,尽管当时理学的学术形态已经开始有思辨化、理论化的倾向,然而,"内圣外王"这一更为深层的理解仍然是基础性的、笼罩性的。

从历史发生的实际来看,明代中期之后,内忧外患情况一直存在,特别是明末社会动荡不安,因此,亦学者亦官员的精英阶层自然不会只对"学术"层面注入心力,更何况这一"学术"尚且并不是"学术思想",更不是书斋中的凝思默想。从历史记载中可以看到,明代虽因扫除元的势力而建朝,然而,终其整个朝代,边患一直是明代的重要问题(北方边患,再加上后来的东南沿海),我们不能忘了正统十四年(1449)发生的"土木堡之变"①。在这样的大的社会政治环境下,军事、兵法等经世致用方面亦不可不谓传统士大夫的分内之事。对于成圣之外的"其他"那些学问,阳明曾经有正面的评价,换言之,这些为学路向的转变并不是纯粹偶然性的,在很大程度上可以说是自觉的。

> 先生曰:虽小道,必有可观。如虚无、权谋、器数、技能之学,非不能超脱世情,直于本体上所得悟入,俱得通入精妙。但其意有所着,移之以治天下国家,便不能通了。故君子不用。②

对于这些"其他"学问,文中的态度十分明朗:实有其价值,同时又有很大的局限性。它们被定义为"小道",而与作为大中至正之道的"君子之学"有所区别,在两者的对勘之中,阳明自觉以后者为立足点,从而清晰地表达出其心系于

---

① 在土木堡之变中,明英宗朱祁镇(1427—1464)被俘,明代大将于谦(1398—1457,字廷益,号节庵)力排南迁之议,固守京城,这才避免了"靖康耻"的再次发生。
② 《王阳明全集补编》,束景南、查明昊辑编,上海:上海古籍出版社,2016年,第330页。

"天下国家"的儒学立场。可见,在阳明的意识中,"成圣内在地包含着对天下之事的关心"①。

当明末社会动荡问题愈加凸显时,这方面的关注度则更加提升,可以看到,东林党人对理学几百年的醉心于心性的倾向有很大批判。因此,明末对于这一学问结构的理解自然又与湛甘泉有明显差异。比如,在明末学者黄宗羲(1610—1695,字太冲,号南雷,学者称梨洲先生)所概括的阳明为学经历中,前期的几种为学经历并未被强调彼此之间的不同,相反,它们皆被视为内在于"求道"的过程之中。

> 先生(案:指王阳明)之学,始泛滥于词章,继而遍读考亭之书,循序格物,顾物理吾心,终判为二,无所得入,于是出入于佛老者久之。②

黄宗羲《姚江学案》对阳明为学经历的上述概括是根据阳明弟子王畿(1498—1583,字汝中,号龙溪)的《滁阳会语》而来:

> 其(案:指王阳明)少禀英毅凌迈,超侠不羁,于学无所不窥,尝泛滥于词章,驰骋于孙吴,虽其志在于经世,亦才有所纵也。及为晦翁格物穷理之学,几至于殒,时苦其烦且难,自叹以为若与圣学无缘。乃始究心于老佛之学。③

"泛滥于词章"不过是"其学无所不窥"的内在部分之一,而兵法、任侠等甚至并未被罗列出来;此外,特别值得注意的是,上述王龙溪与黄宗羲的概括,皆提到阳明早年治朱子学时所遇到的"挫折",这一挫折对阳明早年治学的打击甚大——"几至于殒",并以为无缘于圣学。由此,才迫使学问转向。从朱子学无

---

① 在认为成圣与天下事有内在关联之余,杨国荣先生还在"圣与狂"的话题下回应了成圣的目标与阳明豪迈不羁性格之间的可能不兼容的问题:"圣与狂并非不相容,在成圣的过程中,豪狂往往构成了一个重要的环节";"这里所肯定的狂,与少时的豪迈不羁,显然有着历史的联系。"参见杨国荣:《心学之思:王阳明哲学的阐释》,北京:中国人民大学出版社,2009年,第14—16页。
② 黄宗羲:《姚江学案》,《明儒学案》卷十,第180页。
③ 王畿:《滁阳会语》,《王畿集》,吴震编校整理,南京:凤凰出版社,2007年,第33页。

由入到不得已转向佛老,这一因果关系得到再一次强调。综合身—心两方面可以看到,对于阳明而言,朱子学(而非二氏)构成了其成学过程中的致命性问题。

在阳明自述其早年为学经历时,可以更为明晰地看到这一相关性。在《朱子晚年定论序》一文中,他追忆说:

> 守仁早岁业举,溺志词章之习,既乃稍知从事正学,而苦于众说之纷挠疲病,茫无可入,因求诸老、释,欣然有会于心,以为圣人之学在此矣!然于孔子之教间相出入,而措之日用,往往缺漏无归,依违往返,且信且疑。①

从阳明的自述中可以看到,在早年的为学经历中,独有当年居乡从事词章一段经历被特别提及,并以之为不知向学的年少经历。与此同时,亦可以看出,这段沉醉于文学的经历显然从未被视作严肃的用力方向而加以对待,尽管阳明亦有"焉能以有限精神为无用之虚文"②的感慨。

其次,如果说上文的论述至少缓和了兵法、任侠、文学等几个方面与那一核心问题之间的距离的话,那么,作为差异巨大的两种思问形态,佛、老与儒学之间则显得难以弥缝,因此,阳明早年醉心于二氏的经历是否可以算作一次严重的歧出? 或者更进一步,算作学术关切的完全切换呢?

阳明的上述文字能够帮助我们更好地回应这些问题。值得注意的是,阳明对于"圣学"的定义似乎并不同于将其对应于"儒学"的一般看法,在学习道家、佛家时,他甚至一度"以为圣人之学在此",这实在是十分特别之处;此外,这则文字提醒我们注意,尽管是在醉心于二氏的时期,阳明仍旧在二氏与孔门之教两者之间徘徊往复,从阳明所使用的这八个字中——"依违往返,且信且疑",我们或许可以想见这一段经历中的焦虑、彷徨与艰难。这直接表明,即便是佛老,仍旧不是完全独立于核心问题之外的,而是内在于"学圣贤"这一核心问题之中的。最后,我们必须看到,即便是在最为亲近佛老的时期,阳明仍旧对其抱有疑虑,这不仅是因为"措之日用,往往缺漏无归"的实践检验,"于孔子之教间相出

---

① 王阳明:《朱子晚年定论》,《语录三》,《王阳明全集》卷三,第139页。
② 《年谱一》,弘治壬戌年(1502),《王阳明全集》卷三十二,第1231页。

入"进一步表明,阳明以孔门之教来对勘二氏,可见,"孔子之教"始终是阳明所引以为的最终检验标准。①

因此,《明史·王守仁传》对于阳明早期这段经历的概括无疑是准确的——"泛滥二氏之学,数年无所得"②。"成圣"其实正是"求道"、"求得",这一终极的追求在阳明幼年时便已萌发,作为核心问题关切,它保证了阳明的求学经历在一开始便越出于科举考试、词章考据等世俗之学的层面之上,并在学习朱子学无所得之后,徘徊于二氏。不难看出,"先儒格致之说"是阳明为学经历中十分关键的纽结,它是导致阳明游走于其他兴趣的直接原因,从而在影响力的量级上远远超过二氏之学。质言之,比起儒、佛,朱子学才构成了阳明学的"大问题"。因此,从性质上看,阳明学的问题并不是儒、佛之辩的问题,而是儒学的内部演变问题。

三、圣贤之学与世儒之学

上文所进行的论述主要是在与湛甘泉、王畿、黄宗羲等人对王阳明早期成学经历总结的对话之间展开的,至此,我们有必要进行一个逻辑层级的跳跃,或者说一个更大视角的俯瞰。若站在更广的视角上,我们将会发现,这几位对话者都具有很大的单向度的属性,他们皆从属于"心学"体系,并从内在于"心学"体系的角度看阳明之学,然而"心学"只是明代学术的一个部分而已,如果考虑到我们当下的讨论范围是就阳明早年而言(换言之,阳明学所主导的明代"心学"尚未形成),那么,上述言说的限定词语则有必要增加更多。

湛甘泉对阳明为学的总结以"圣学"为标准,然而,这种观点是十分小众化的,必须清醒地看到,当时的学术背景仍旧笼罩在作为官方科举考试标准的朱子学之下,而天下士人一身心力多倾注于科考之中,那些超然名教者又寄情于词章诗文之上:

---

① 以原始儒家为最高标准,不仅出现在早期这段泛滥于二氏的经历中,在龙场悟道后的很长一段时间内,阳明依旧以儒家文本来校验自己的悟道心得——"乃以默记《五经》之言证之"(见《年谱一》,正德三年(1508),《全集》卷三十二,第1234页)。由此可见,在阳明的思问转折的经历中,儒家思想一直被视为最后的凭依。
② 《明史·王守仁传》,《附录一》,《王阳明全集》卷五十一,第2053页。

> 吾(案：指董沄)见世之儒者支离琐屑，修饰边幅，为偶人之状；其下者贪饕争夺于富贵利欲之场；而尝不屑其所为，以为世岂真有所谓圣贤之学乎，直假道于是以求济其私耳！故遂笃志于诗，而放浪于山水。①

董沄(1457—1533,字复宗,号萝石,晚号从吾道人)年六十八始闻学于阳明，此前以能诗文闻名于江湖。在遇到阳明之前，他深恶于世儒之学，不仅因其"修饰边幅，为偶人之状"，更由于其与政治权术的过分亲密，从而陷溺人心于"富贵利欲之场"，不屑于此者只好寄情于山水诗文。可见，以圣贤为期在阳明为学的初期并非普遍追求，而仅限于阳明、甘泉等十分有限的范围之内，如此，阳明与甘泉在京师相逢后，才以"共明圣学"为志同道合的目标。②

如此一来，我们必须对上述讨论所从属的逻辑层级有所明了，即，上述对话展开在一个十分有限的范围之内，在此之外，更大规模的差异根本不是如何理解"圣人观"，如何看待阳明的成学经历中的不同兴趣与其"成圣"这一核心问题之间的结构关系，而是以圣贤为期与"世儒之学"③的差异，在这一更大尺度的差异上，阳明与甘泉就圣人观具体形态的讨论、对心性之学的理解之差异又可以忽略不计。这一更大范围的实际曾被阳明弟子周道通(1485—1532,名冲,号静庵)一语道及：

> 世儒论学，才见人说就心性上用功，辄扼而不听，以其流为禅也。④

可见，在儒学内部，更大范围尚且固守于外在形式上的"夷夏之辨"——但凡对方谈及心性，便目以为异端。这种以儒学自限的立场对于那些真正志学者而言，显然是不尽人意的。因此，对于"学圣贤"这一目标，从大的角度看，自然

---

① 王阳明：《从吾道人记》，《从吾道人语录》，《徐爱·钱德洪·董沄集》，钱明编校整理，南京：凤凰出版社，2007年，第276页。
② 黄绾：《阳明先生形状》，《世德纪》，《王阳明全集》卷三十七，第1426页。
③ "吾师阳明先生盖有志于圣人之道，求之俗习而无取也，求之世儒之学而无得也。"参见钱德洪：《阳明先生文录序》，《钱德洪语录诗文辑轶》，《徐爱·钱德洪·董沄集》，钱明编校整理，南京：凤凰出版社，2007年，第183页。
④ 《周道通问学书批语》，《补录七》，《王阳明全集》卷四十五，第1858页。

有别于学佛、学长生的二氏之学;此外,从儒学内部的角度看,更是区分于上述迷茫于科举或一般空守立场的为学方式。

在交代完上述对话所发生的逻辑层级之后,我们再回过头来看阳明早年的为学经历。尽管我们对于以湛甘泉为代表的那种将心性之学作了过分片面化理解的观念进行了批判,然而,不可否认的是,湛甘泉所给出的价值排序仍然具有很大的代表性,更重要的是,精准地概括出了阳明学的核心关切,即,以"成圣"为第一目标。

从宋明理学的发展过程来看,到了阳明与甘泉的时代,"学圣"这一目标的再次提出,或许可以视为对理学开山周敦颐(1017—1073,字茂叔,世称濂溪先生)的"圣人可学"(《通书·圣学》)的又一次呼应。实际上,对于周敦颐的"圣可学"的提法,阳明一直多有留心,据载:

> 《太极图说》与夫《中庸修道说》,先师阳明夫子尝勒石于虔矣……知圣学之所自。①
>
> 在赣州亲笔写周子《太极图》及《通书》"圣可学乎"一段。②

从这些细微之处亦可以看出阳明学的真正来源与切身向往。阳明与湛甘泉都以倡明圣学为期,然而,对于圣学的具体理解仍然有不容忽视的差异。

尽管从许多角度看,无论是具体的兵法、文字、词章、养身等技能,还是以了断死生为目标的禅学,它们皆与圣学有很大的差异,然而,从阳明后来的具体为学、立教的方式看,他皆强调学问的一贯性,简言之,那些通常被分割的学问,在阳明那里被综合。这种做法并不能简单地视为将不同的知识进行杂糅的企图,而毋宁是,随着阳明对于"内圣外王"之学的日益深入的理解与学习,这一门学问的丰富性面向与实践效验得以逐渐展开的结果,其反题是,这些内容皆不必外求于其他。

比如,关于兵法,钱德洪曾经有如下一段记载:

---

① 钱德洪:《〈太极图说〉按语》,《钱德洪语录诗文辑佚》,《徐爱·钱德洪·董沄集》,第205—206页。
② 录自李诩《戒庵老人漫笔》,《补录一》,《王阳明全集》卷三十九,第1561页。

> 德洪昔在师门,或问:用兵有术否?
>
> 夫子曰:用兵何术,但学问纯笃,养得此心不动,乃术尔。……若人真能在良知上用功,时时精明,不蔽于欲,自能临事不动;不动真体,自能应变无穷。……
>
> 昔者德洪事先生八年,在侍同门每有问兵事者,皆默而不答,以故南、赣、宁藩始末俱不与闻。①

"每有问兵事者"——阳明卓越的平叛成绩使得人们常常以为,兵法必将是良知学之外的特别学习,然而,从阳明的回答中可以看到,他否定了这一判断,并强调用兵仍旧出自"学问",且再次强调"在良知上用功"。如果说大家对于"用兵有术"的疑虑是将用兵之术与德性工夫进行了两分的话,那么,下面这段讨论则牵涉着"道问学"与"尊德性"这样一组更为普遍性的命题。

> 一友问曰云:朱子以存心致知为二事。今以道问学为尊德性之功,作一事如何?
>
> 先生曰:……今要尊我之德性,须是道问学。……不是尊德性之外,别有道问学之功;道问学之外,别有尊德性之事也。心之明觉处谓之知,知之存主处谓之心,原非有二物。②

若上升到更为一般性的讨论,则可以看到阳明更为基础性的看法,如上文所示,阳明并不同意发源于朱子学的那些将存心—致知、道问学—尊德性,以及进一步的心—理两分的做法,并一再强调两者的统一性。而这种强调学问之一贯性的做法其实从其早年的为学经历中便已经初露端倪。因此,对话湛甘泉,我们还看到,这里不仅涉及王、湛两家的共同性——对比"世儒之学",二人皆强调圣学;而且涉及两种为学风格的差异性,阳明始终对于学问的一贯性品格有

---

① 钱德洪:《征宸濠反间遗事》,《钱德洪语录诗文辑佚》,《徐爱·钱德洪·董沄集》,第228—229页。
② 《传习录拾遗》,《补录一》,《王阳明全集》卷三十九,第1547—1548页,南逢吉录。

极大热忱①。若将这一问题进一步回溯至上文关于"圣人"或"圣学"的讨论,则不难发现,在阳明学的理解中,"圣人"或"圣学"具有多重性:一方面拒绝从分量上论圣人,反对"无所不知、无所不能"②的圣人观;另一方面,又认为圣学具有丰富的面向,不仅用兵之术并不出其外,而且"及其至也,巧历有所不能计,精于理者有弗能尽知也"③。

综上所述,"成圣"不仅是阳明展开哲学思考的最初问题,亦是阳明早期为学经历中的核心问题,从而不仅有别于二氏,亦不同于规矩于宋儒格致之学主导下的世儒之学。经由前文的梳理可以看到,早期为学经历不仅关联着阳明学自身的为学风格,阳明、甘泉所致力的圣贤之学与世儒之学的差异,还连带着宋明理学在中国哲学史中的独特学术形态。

然而,站在今天的基点上,这些问题常常为当下学术形态所解构,直接导致人们一再回避对阳明学进行正面的系统阐发的尝试,从而遮蔽了在进行这一尝试的过程中所可能呈现出的问题的丰富性。就此而言,尽管阳明自身的确经历了学问切入点的几种不同变化,但在论证至此时,我们必须承认,切割其一贯的问题关怀是外在的、人为的。这种切分化的处理方式常常使我们留意于学术成果突出的中晚期,而相对忽视早期成学过程,然而,显而易见,早期成学经历较为清晰地呈现出其核心关切,从而有助于对阳明学的整体性理解,特别是对于后来"四句教"、三家异同等关乎宏大辨析的疑难问题有相当的指导性意义;此外,值得注意的是,尽管早期经历较少引人注目,然而,实际上早期几番变化的经历却给大部分学术研究留下了这样一个并不真实的印象,即,阳明的成学似乎总是处于变化中而素无核心关切,并且,这一"善变"的印象还常常被进一步贯彻到了中晚期的研究,从而提出中晚期仍旧像前期的徘徊经历一样可能继续徘徊于儒、禅之间等猜想。这些观点显然未能对阳明学进行通盘的考量,而究

---

① 这种一贯性并不只是表现在"知行合一"上,"格物是诚意工夫,明善是诚身工夫,穷理是尽性工夫,道问学是尊德性工夫,博文是约礼工夫,惟精是惟一工夫",徐爱这段记录对于理解阳明学中的一贯之旨很有帮助。关于这一问题,陈来先生有过详尽的总结,参见氏著《有无之境:王阳明哲学的精神》第十章"工夫"之"主意与工夫"小节,北京:北京大学出版社,2006年,第269—272页。
② 《语录一》,《王阳明全集》卷一,第31页。门人薛侃录。
③ 《论元年春王正月》,《外集六》,《王阳明全集》卷二十四,第956页。

其根源仍旧是对核心问题的用心不够。因此,面对多有曲折的阳明学,我们应该始终将冯先生的提醒记于心底,即,究竟什么才是阳明学中的那个"非解决不可"的哲学问题。

To Become Sages and Other Issues: An Attempt and Exploration around Becoming Sages in Wang Yangming's Early Thoughts

Su Xiaobing

Abstract: It is necessary to explore the Core Problem of Yangming Doctrine. In his early thoughts, to become sages is both the key and principle line even in his interest-shifting period. The relationship of interest on sages and the other is not coordinate, but the primary (to be sages) and secondary. The two keep in touch (rather than indifference) in positive or negative aspect. The interpretation of this relationship is involved with the widespread problems, such as scholar pattern of Neo-Confucianism, and some preference of modern academic form.

Key Words: Yangming Doctrine, to Become Sages, Neo-Confucianism

全孝、经权与忠勇
——中江藤树对传统武士道的反思*

王 剑**

[摘 要] 《翁问答》与《孝经启蒙》是日本学者中江藤树的代表作。藤树的"全孝"思想建构了一种以人我与"太虚"之亲缘关系信仰为基础的神学本体论,将父母、祖先、主君、天地与太虚都视为孝的对象。藤树在全孝心法、行权之忠与仁义之勇等理论问题上有所创造与阐发,批评了粗陋的传统武士道,提出了文武统一的新武士道观,对江户时期武士道的形成具有深刻的影响。

[关键词] 中江藤树;武士道;全孝;经权;忠勇

日本学者中江藤树(1608—1648),少时聪慧,11岁读《大学》,15岁袭祖父武士职,16岁从禅僧学《论语》,后自修《四书大全》,18岁起信奉朱子学。27岁时为奉养寡母而弃官返乡,

---

* 基金项目:国家社科基金特别委托项目"阳明文化与现代国家治理研究"(项目编号:14@ZH054);孔学堂重大招标项目"阳明文化与现代社会治理"(项目编号:kxtzd201507)。

** 王剑(1976—),男,湖北应城人,哲学博士,贵州师范大学贵州阳明文化研究院副教授,孔学堂签约入驻学者,从事哲学与文化研究。

之后讲学于村故宅藤树下,门人称为藤树先生。藤树极重孝道,32 岁始带领门人每日清晨拜诵《孝经》。次年读《王龙溪语录》,阳明学开始对藤树发生影响。33 至 34 岁作《翁问答》,35 岁作《孝经启蒙》,37 岁读《王阳明全集》,终于信从阳明心学,晚年著《古本大学全解》。藤树一生笃志向学,修身进德,诲人不倦,建构了以"全孝"、"明德"为纲的神学本体论与心学工夫论,创立了日本阳明学派,因而被尊称为"近江圣人"。

《翁问答》与《孝经启蒙》堪称是藤树的代表作。《翁问答》采用天君老翁与弟子体充的问答体,"天君"出自《荀子·天论》,象征人之心;"体充"出自《孟子·公孙丑上》,象征人之气。《翁问答》的内容很丰富,除神学本体论与儒佛道宗教思想之外,其关于五伦与仁、义、孝、忠、勇、经、权等人伦思想也很突出,并对当时日本的武士风习进行了深刻的反思与批判。《孝经启蒙》借用明末虞淳熙的《全孝图》、《全孝心法》作为诠释《孝经》的开卷语,解释上以《四书》与《礼记》为依据,另广征《诗》、《书》、《易》及《春秋繁露》与《白虎通》等典籍,重点阐发了全孝思想。本文以此二部著作为据,以全孝、经权与忠勇诸问题为中心,探讨藤树对日本传统武士道的反思。

一、全孝之道与人伦之经

在日本阳明学的兴起过程中,诸学者除了像宋明理学一样重视《大学》解释之外,对《孝经》解释也格外看重,他们对《孝经》的推尊具有强烈的宗教意味。①藤树阐发的孝道思想可用"全孝"概括,旨在建构一种以人我与"太虚"之亲缘关系信仰为基础的神学本体论,而其伦理学内涵是将父母、祖先、主君、天地与太虚都视为孝的对象。

一方面,太虚是形而上的本体。藤树云:"太虚寥廓,吾人之本体也,故天地万物无非己",吾人"为天地神明立心。"②太虚何以能视为吾人之本体?藤树在《孝经启蒙》中做了推理论证:"身之本父母也,父母之本,推之至始祖;始祖之

---

① 张昆将:《晚明〈孝经〉风潮与中江藤树思想的关系》,辑于张昆将:《德川日本儒学思想的特质:神道、徂徕学与阳明学》,台北:台大出版中心,2006 年,第 207 页。
② 转引自朱谦之:《日本的古学及阳明学》,北京:人民出版社,2000 年,第 234 页。

本,天地也;天地之本,太虚也;举一祖而包父母先祖天地太虚。"①即从起源上讲,一切事物都是太虚化生或派生的,因而太虚是吾人之祖先,亦是吾人之本体。对照中国儒学,"太虚"应是作为"形而上的实体"之天的别名,不过藤树主要是在生成论而不是本体论的层面上展开论述的。②

另一方面,藤树相信太虚并不单是物质的而是其中有精神性的主宰,确切地说就是皇上帝或太乙神。③"天神地祇,万物之父母,太虚之皇上帝,即人伦之太祖,于此神理观之,圣贤人如释迦、达摩、儒者、佛者、我、人,在世界中俱有人之形,皆皇上帝、天神地祇的子孙也。"(《翁问答》④第81条)藤树神学的来源与构成很复杂,有来自道教的太乙神信仰,有来自《尚书》的皇上帝信仰,还有来自日本本土的神道信仰,或许还受到耶稣会上帝观的影响。⑤

藤树的太虚思想虽源自宋儒张载的"太虚"说,但有自己的发展,即将从太虚至万物此种一气连续的"生理"伦理化为"孝"来把握。⑥藤树认为孝亦是本体,其"全体充塞于太虚",而"其实体备于人",通过人之感通而行于天下。具体地说,孝是从士庶人之爱母、敬父、养父母开始的,终于天子(如周公)之"严父配天"、祭祖郊祀的德行而达至"莫大之孝"。当孝德落实到人之本心上,其主要内容之一是"爱"与"敬"。爱敬可以感通于一切人伦关系,士人"以孝事君则忠,以敬事长则顺",卿大夫谨遵先王之道"然后能守其宗庙",诸侯敬慎故而"居上不骄",天子爱敬其亲故而博爱于百姓,莫非孝也。⑦

可见,藤树的"全孝"本体论与其孝道伦理能够弥合无间。在藤树的伦理学体系中,外言之孝道是五伦之经,内言之孝德是"五性之本实"。⑧"五性"即"五常",仁义礼智信也;"五伦"为亲子、君臣、夫妻、兄弟与朋友;"五教"为父子有亲、君臣有义、夫妇有别、长幼有序与朋友有信。藤树用大篇幅重点讨论了亲子

---

① [日]山井涌、山下龙二、加地伸行、尾藤正英:《中江藤树》,东京:岩波书店,1974年,第260页。
② 任文利:《心学的形上学问题探本》,郑州:中州古籍出版社,2005年,第8页。
③ 朱谦之:《日本的古学及阳明学》,第225页。
④ [日]中江藤树:《中江藤树文集》,塚本哲三编,东京:有朋堂书店,1930年,第1—190页。
⑤ 张昆将:《晚明〈孝经〉风潮与中江藤树思想的关系》,第206页。
⑥ [日]荻生茂博:《"太虚"与日本的阳明学》,辑于《"张载关学与实学"国际研讨会论文集》,西安:西安地图出版社,2000年,第548—559页。
⑦ [日]山井涌、山下龙二、加地伸行、尾藤正英:《中江藤树》,第260—262页。
⑧ 同上书,第259页。

与君臣伦理(其余略说),尤其是他对"父母千辛万苦之厚恩"的细描,读之令人动容。(《翁问答》第 13 条)

特别值得注意的是,藤树用孟子、象山与阳明一系的心学来诠释中国儒家推崇备至的"仁义"道德:自外言之,亲子与君臣伦理分别代表仁与义,自内言之,"爱敬"之情实为仁义之心,爱敬始于孝顺父母的赤子之心,又可以感通推扩至兄长、君上乃至一切人伦。来自孔孟的"仁政"理想,也被藤树视为天子与诸侯之"孝"行:天子孝行的结果是万民爱敬,四海德化,家有孝子,国有忠臣,天下一统,万国心服;诸侯孝行的结果是大夫守职,家臣忠义,国中安定,百姓淳朴,鳏寡孤独皆有所养。(《翁问答》第 6、7 条)虽然日本德川学者对"仁义"的理解偏向于具体化、政治化,藤树却不仅从"忠孝"的角度,也从心学的立场来解释仁义:爱亲,仁也,忠君,义也,此孝忠之心乃是真实明德,从而为其提出"仁义之勇"的武士理想奠定了基础。(《翁问答》第 75 条)

二、藤树所处时代的武士道

在 9 世纪中期,即日本平安时代,武士与武士团登上历史舞台,并逐渐成长为日本社会的重要阶层与政治力量。① 武士与武士道经历了长期的发展过程,武士道的精神渊源包括神道、佛教、儒学与心学等。武士道,"乃是要求武士遵守的,或指示其遵守的道德原则的规章","它并不是成文法典",只是一些口传的格言,"是一部铭刻在内心深处的律法"。② 在日本史上对武士道的称谓有"弓箭之道"、"武道"、"士道"与"武士道"等十多种,明治维新后才统一称为"武士道"。③

藤树生活的时代正是德川幕府统治(即所谓的江户时代)的前期,统治阶级是由从将军、"骑本"、"御家人"、大名一直到"足轻"的大小武士构成的。随着和平时期到来,中下层武士变成领取俸米(或折成货币)、游手好闲(不需作战)的特权阶层。④

---

① 吴廷璆:《日本史》,天津:南开大学出版社,1994 年,第 104 页。
② [日]新渡户稻造:《武士道》,张俊彦译,北京:商务印书馆,1993 年,第 15—22 页。
③ 本文标题所称的"传统武士道"是指藤树所处时代俗世主流的武士道,其受儒学的影响还比较弱。
④ 吴廷璆:《日本史》,第 215—221 页。

藤树批评道，武士被置于"四民"之首，其道德品行理应成为农、工、商贾三民所崇敬和学习的对象，然而藤树所见之武士大多是酒囊饭袋，身着轻暖衣服，满足于甘酒美食而已。(《翁问答》第74条)他借用中国儒学对社会等级的划分，认为人可分为天子、诸侯、卿大夫、士和庶人五等，其中士(相当于日本的武士)是为了协助卿大夫或诸侯(相当于日本的大名)，为了实现道而从事各种活动与担任各种职务，且必须忠于君、孝于父、明明德、行仁义。[①] 后者才是藤树心中理想的武士。

藤树指出，日本国之传统武士道，对武士均有三方面的要求：才德、忠节与军功；但现实并非如此。德川幕府时代，武士被分为上中下三等，上等武士被要求"明明德"，无名利私欲，具有行仁义之勇气，这是只有文武兼备者才可以担任的；中等武士虽做不到"明明德"，但他不受功名利禄迷惑，不顾生命危险，能够坚守名誉和义理；下等武士虽然表面上注重义理，但内心却受利欲迷惑，一心只想出人头地。由此可见，德、才、功应是武士等级之分的标准。藤树主张，作为主君，应当以此三点来区分武士的品质，给与相当的待遇。(《翁问答》第71、35、37条)

三、经权与武士之忠德

在儒家义理系统中，"经"指人类那些根本的或基本的伦理道德原则。在藤树那里，"经"以孝为首，或者孝能够统领群伦；而忠与孝同样重要，孝亲与忠君可以被统合起来。他诠释《孝经·事君章》说，孝始于事亲，终于事君，因为君父恩同——"父生之，君食之"。(《翁问答》第5条)对于武士而言，因为君、亲给予的恩德一样宏大，孝德与忠节可以感通，故曰"忠臣出于孝子之门"。(《翁问答》第61条)

在儒家义理系统中，"权"指人类运用道德原则的具体方法与实践智慧。藤树对权法极其推崇，他认为，君子在工夫成就上是有次第的，权法之善可谓"圣人之大用"、至极无上之神道。(《翁问答》第91、92条)圣人在行迹上不凝滞，独

[①] 蒋四芳：《中江藤树的士道观——〈翁问答〉》，《安徽文学》2010年第3期，第237—238页。

来独往,善于变通,活泼泼的①,不拘泥于礼法,而"非礼之礼"才是真实之礼。(《翁问答》第89条)

师曰:"权者,圣人之妙用、神道之惚名。大者如尧舜之禅让、汤武之放伐,小者如周公之吐握、孔子之恂恂便便,一言一动之细微皆权之道。权者,反经之道。"(《翁问答》第89条)以上是从权变、权宜的角度理解"权"。藤树还主张,真儒心法不拘于行迹,行动应考虑时、处、位——天时(时代)、地利(场所)、人位(身份地位),做到相应适当,轻重恰好,圣人制作礼义也应按照时代而有所损益。(《翁问答》第40、95条)以上是从权宜、权衡的角度理解"权"。②

在权的层面,藤树阐述了他对忠德的独特看法。首先,他区分了"大忠"与"小忠"。"所谓忠即无二心地为君而思尽职奉公之德。由此,奉公之事即或有大小差别,尽忠之心却无二致。……大臣的忠节因其事大而云大忠,小臣的忠节因其小谓之小忠。主君厌恶之事,对君对国对家来说只要是好事,也要促其完成;主君喜好之事,于心于身于道于国只要是坏事,也要竭力相劝。……不论是非善恶,一切顺随主君,一心听命主君,不顾身体尽职尽责勤于事务,此谓小忠。"(《翁问答》第13条)可见,在藤树的忠德观中,义的地位高于忠,以义帅忠、忠义合一才成其为"大忠";而"小忠"反是,忠凌驾于一切其他价值,以忠掩义,可谓"私忠"、愚忠。

其次,当时身为一名武士,信奉"忠臣不侍二君",绝不可以变更主君,但是这绝对正确吗?藤树引用《孟子》中百里奚的例子来支持他的异议——虞君不义,百里奚离开虞国转而侍奉秦穆公,后担任宰相并取得伟大的政绩,孟子赞扬其为贤人——"一位武士是否侍奉二君,此须依主君的品行而定,若主君是昏君、贪图私利、不明事理,武士便可视情形变更主君。"(《翁问答》第73条)

藤树进而言之,变更主君是否违背士道的问题,需要依据"时处位"来判定,同时考察行权者的动机。不变更主君合乎士道,但是像百里奚这种注重修身、无私心之士,顺应时势而变更主君的做法也是正确的。为了治国与行道,作为武士必须舍弃私心,尽职尽责,不拘泥于形迹,按照"时处位"原则行权,只有这样,合理的主从关系才能维持下去。(《翁问答》第73条)

---

① "活泼泼"一词在宋明理学尤其是阳明学中经常出现,用以指良知之生动灵活的特征。
② 权宜、权衡与权变的定义及运用,参见王剑:《论先秦儒家的"权"法思想——兼与亚里士多德比较》,《孔学堂》2015年第2期。

为了巩固幕府统治,当时的统治者试图不断强化不侍二君的主从道德,像藤树这种自由选择主从关系的理想是无法实现的。无可奈何之下,藤树选择了脱藩归乡,做到终身没有侍奉二君——既然不能自由选择,他就退而求其次,放弃对任何主君的效忠,这是他对自己学问与良知的实践。

四、血气之勇与仁义之勇

武勇与忠义是日本武士道的精神核心,传统武士道当然是将勇武与忠义置于最高地位。但一味的赞美勇敢与依仗武力是浅薄的道德,传统武士风气比较粗陋,与藤树的武士理想差距甚远,招致藤树的深刻批评。

藤树感慨世间俗人毫无探讨,总是将悍勇杀人看做武艺惊人并以此为傲,这其实是凄惨可悲之事。武艺应在关键时使用,战场上应毫无保留地为主君献身,作为战斗者应痛快地为主君去死,"死得干脆"之勇是最高的道德品质,这是仁者之勇;若平时借勇猛之拳胡乱杀人则是血气之勇,显得愚蠢,对他人毫无益处。一则,血气之勇会成为精进武艺的妨碍;二则,血气之勇者因激烈的战斗心易寻衅打架,往往给亲人和主君造成很大的麻烦。

藤树区分"血气之勇"与"仁义之勇"的观点源于孟子思想。他说:"丝毫不惧死,无贪生之念,故能立于天地之间而无所畏惧",即孟子所言"虽千万人吾往矣",称为"仁义之勇"。能够达到文武合一境界的武士,其勇乃"仁义之勇","大勇"也;不知文武之道,不辨义与不义,只知凭血气、逞私欲,如虎狼一般凶猛,不过是"血气之勇","小勇"也。(《翁问答》第 31 条)藤树相信,"仁者必有勇","仁者(如桓文节制、汤武仁义)军法无敌",仁者用兵之典范是作为万世师表的孔子——"如夹谷之师堂堂正正,依然五帝三王之风"。(《翁问答》第 34 条)仁义之师才能拥有真正的军法与勇武之德,刚强暴逆之师不过如盗贼之类不可赞美。(《翁问答》第 62 条)

针对传统武士道对武勇的狭隘理解,藤树指出:《孝经》所说的孝行,《大学》所说的忠节,《中庸》所说的勇强,才是真正关于武勇的教训。曾子曰:"战阵无勇,非孝也。"(《翁问答》第 61 条)况且,武士之勇,除了战阵之用,平日何尝无用?如《二十四孝》中的杨香扼虎救父,爱父的一念之仁可以激发巨大的勇气,这也是仁义之勇的例子。(《翁问答》第 76 条)可见,藤树已经将传统武士道的武勇观提升到仁义之勇的层级。

藤树阐扬"仁义之勇",并不是照搬孔孟儒家思想,而是基于其对仁爱的深刻理解与认同。他认为,五常是天神地祇之大德,亦是人生而具有之天性、明德。"亲亲而仁民,仁民而爱物",戒杀生乃是仁德,人间慈爱是神理,一草一木都应爱护,杀人更是违逆天道生理之罪恶。(《翁问答》第 86 条)藤树将佛家的五戒①与儒家的五常贯通起来诠释,还有如藤树说"忘佛、儒之名,致本来至诚无息、不二一贯之心学,悟太虚寥廓之神道,无惑也"等,不难发现藤树融摄儒佛的企图,但无论如何,藤树对"仁"的理解与中国儒家强调的爱、不忍或恻隐之心并无二致。(《翁问答》第 80 条)

五、理想的武士道:文武合一

藤树认为,理想的武士道是文武之道的合一。"文武如车之两轮,鸟之两翼。""元来文武只是一德(同一明德),天地造化,一气分阴阳,人性感通,而使一德分出文武之差别;春夏为阳,秋冬为阴,文为仁道之异名,武为义道之异名;仁为文德之根本,文学、礼乐、书数为文德之枝叶,义为武德之根本,军法、射御、兵法为武德之枝叶。""武道的目的是刑罚惩戒、征伐统一,最终目的是止戈为武。"(《翁问答》第 27 条)

江户时代之前,日本武士的经验主要是武道,对于当时重武轻文风气的盛行,藤树进行了严厉的批判。他认为传统武士道将文学艺术与性格柔弱称为"文",将兵法武艺与性格刚毅称为"武"的文武两道观是世俗的误见。文是能够治理好国家和正确处理人际关系,而武是指当有邪恶不逞之徒欲妨碍文道时,或以刑罚惩之或兴军讨伐之的武力行为。所以,武道的目的是行文道,故武道之根乃文也;文道依靠武道之威而治,故文道之根乃武也。②

当时社会人心灰暗,认为勇者只要学武,武艺则会高强,学文艺无甚用处。藤树赞美说,中国士人中无学问的文盲百难觅一,立大功的大将军们个个都是武艺超强且具修养之士。(《翁问答》第 51 条)他批评说,日本的武士中文盲特

---

① 佛教的"五戒"指:不杀生、不偷盗、不邪淫、不妄语、不饮酒。
② 蒋四芳:《中江藤树的士道观——〈翁问答〉》,《安徽文学》2010 年第 3 期,第 237—238 页。

别多,反而在一些和尚、神道信仰者、公卿和医生等人中却产生了亲近文艺、勤勉学问的风俗习惯。(《翁问答》第 49 条)作为一名武士,学问是必备的,若无志于学问单学武艺,不可能到达武艺的巅峰之境。说武艺与学问、文艺难以相容,正是因为文盲之士嫉妒他人有才艺而设法掩盖自己文盲之耻辱。

藤树还用文武合一诠释了圣人、贤人与英雄这三种伟大人格:"文武合一之明德十分、才德出众、神明不测之妙用者为圣人,如三皇、五帝、禹、汤、文、武、周公、孔子是也;比圣人次一等是贤人,如伊尹、傅说、太公、召公、颜子、曾子、子思、孟子、孔明、王阳明是也;德、才逊于贤人一等的,有大将之才的是英雄,如管仲、乐毅、孙子、范蠡、张良是也……义经公、正成公等就是日本国的英雄。"(《翁问答》第 66 条)

只学武道者不是真正的武士,只学文道者也不是真正的儒者,只有做到文武兼备、文武合一才是真正的武士、真正的儒者,这是藤树对近世武士阶级提出的新的文化与人格理想。作为武士必须勤勉学问,真正的学问即学儒学、明明德,人的内心若明明德、饱含仁义,文武便能统一,便可成就仁义之勇。(《翁问答》第 49 条)藤树"在理论上完成了中国儒家思想与日本尚武传统的结合,为武士道理论的形成奠定了基础",在政治上促进了文治主义的兴起。①

六、结语

以上依据《孝经启蒙》与《翁问答》的论析表明,藤树严厉地批评了传统与世俗理解的粗陋武士道,而热情地赞美了融合日本传统尚武精神与儒家仁义忠孝道德的一种理想武士道,同时阐发了全孝心法、行权之忠与仁义之勇等深刻的本体论与伦理学思想。藤树提出的文武统一的新武士道观,对后来江户时期如山鹿素行武士道观的形成具有深刻的影响。

一方面,德川时代政治经济结构的变迁,需要儒家伦理参与塑造新的意识形态,客观上也要求武士阶层身份与功能之转型②,因此藤树提出的新武士道观,顺应了和平时代幕府平稳统治的需要。另一方面,藤树思想已然超越了狭

---

① 王志:《日本武士阶级的文武合一思想》,《古代文明》2008 年第 4 期,第 62—69 页。
② [日]丸山真男:《日本政治思想史研究》,王中江译,北京:生活·读书·新知三联书店:2000 年,第 5—10 页。

隘的大和文化本位主义,能够广泛吸取、借鉴优秀的东亚儒家、道家、佛教与西来基督教思想,创建自己的神学本体论,并闪耀着仁(人)道主义的光辉,对一味强调武勇与忠君的日本传统武士道进行了深刻地反思与批判。日本学者吉田公平也认为,只有以舍弃日本之"古",别树东亚之"新"来定位藤树思想。①

从藤树文武合一士道观包含的中庸智慧来看,藤树的武士道思想与日本近现代武士道或者"皇道的武士道"②有显著的区别。如果藤树泉下有知,会对后来《叶隐》一系主张绝对服从君主与迷恋美化死亡的偏执狂妄武士道不能苟同,会对被国家权力意识形态化的、为侵略战争服务的、崇尚愚忠和献身的武士道加以反对。今天的日本要摆脱军国主义的梦魇,须对传统武士道的思想毒素及其被政权利用的历史展开进一步反思与批判,这或许可寄望于本国再出现一批像中江藤树这样真正理解和认同儒家价值观的思想家。

Overall Filial Piety, Jingquan and Loyal-Brave: Toju Nakae's Reflection on Bushido

Wang Jian

Abstract: "Weng Dialogue" and "Enlightenment by the Book of Filial Piety" are representative works of a Japanese scholar called Toju Nakae. Through the thought of "overall filial piety", Toju Nakae constructs a theological ontology based on the belief of the relationship between human and Taixu, and regards the parents, the ancestor, the ruler, the heaven and the earth as the object of filial piety. Toju has created and elucidated much on such issues as mental cultivation methods toward "overall filial piety", the loyalty exercising expediency and the courage by benevolence and righteousness, criticized the crude traditional Bushido, and put forward a new idea of Bushido both civilized and military, which has a profound impact on the formation of Bushido in Edo period.

Key Words: Toju Nakae, bushido, overall filial piety, Jingquan(经权), loyal-brave

---

① 张昆将:《近二十年来日本阳明学研究的回顾与展望》,辑于张昆将:《德川日本儒学思想的特质:神道、徂徕学与阳明学》,台北:台大出版中心,2006年,第322页。
② 娄贵书:《日本武士道源流考述》,《贵州大学学报(社会科学版)》2010年第3期,第72—81页。

法国当代哲学中的空间观念

相 凤[*]

[摘 要] 法国当代哲学中的空间观念经历了不同的发展阶段。首先,笛卡尔和柏格森的空间观念概述了一种属于物质属性或身体的"背景式"空间观念,这种观念至今在科学领域和日常生活中仍占有重要位置;其次,梅洛-庞蒂的知觉空间和巴舍拉的诗学空间概念开始注意到空间的现象学维度,空间由此开始具有构建能力,并进入人的知觉以及生活活动之域;第三,以福柯、德勒兹为代表的差异性空间理论,一方面表现出了异质空间的理论创造力,另一方面也进一步阐发了空间的方法论意义,进而影响到社会领域的批判理论。梳理空间观念在法国哲学中的发展有助于我们深入理解空间的哲学意义。

[关键词] 空间;法国哲学;背景空间;现象学空间;异质空间

---

[*] 相凤(1986—),女,山东日照人,华东师范大学哲学系与巴黎高等师范大学哲学系联合培养博士生,研究方向为中西比较哲学、空间哲学。

哲学史上对时间的关注一直胜过对空间的研究，换言之，空间甚至作为时间的反义和对比而出现，这种作为背景式的空间观念可以追溯到法国哲学家笛卡尔和柏格森。另一方面，近年来在国内社会批判理论中已成风尚的"空间转向"研究，其最主要的代表人物福柯和列斐伏尔也是法国当代哲学家。尽管空间研究已在社会学领域占有一席之地，但其哲学意义仍有待探究。在这个背景之下，本文在梳理法国当代重要哲学家的空间观念的过程中，试图对空间的哲学意义作出尝试性的回应：空间一方面作为存在的载体和方式，具有被动和消极性；另一方面，人类的认识和实践活动对空间有新的规范和生成，使空间又具有积极的生成性和开放性。

对于追问当代哲学中空间思想的哲学意义，法国具有重要的地缘意义。首先，当代社会科学"空间转向"的代表人物是法国哲学家和社会学家福柯和列斐伏尔，而且近代以来有一批法国哲学家从不同角度对空间概念作出重要理论贡献，如笛卡尔、柏格森、梅洛-庞蒂、巴舍拉、德勒兹等。文章分三个部分对以上哲学家的空间思想作出梳理，其中第一部分围绕笛卡尔和柏格森的空间观念，概述了一种属于物质属性或身体的"背景式"空间观念，这种观念至今在科学领域和日常生活中仍占有重要位置；第二部分则介绍了梅洛-庞蒂的知觉空间和巴舍拉的诗学空间，他们开始注意到空间的现象学维度，空间由此开始具有构建能力，并进入人的知觉以及生活活动之中；第三部分是以福柯、德勒兹为代表的差异性空间理论，该理论一方面表现出了异质空间的理论创造力，另一方面也进一步阐发了空间的方法论意义，进而影响到社会领域的批判理论。

一、笛卡尔和柏格森：背景式空间观念的形成和发展

笛卡尔将空间与物体等同，他认为它们都是由长度、宽度和深度三个维度的广延而构成的：

"空间或处所，与这个空间所包含的物体之间的差别只在于我们的思想。因为事实上，在长宽高上的相同广延既构成了空间，也构成了物体。二者的区别只在于我们赋予物体一种特殊的广延，每次都跟随物体移动而感受位置的改变；而我们赋予空间的是一种普遍和宽广的广延，把某一空间上的物体移开后，我们并不会认为这个空间的广延也发生了移动，因为我们看到这个空间一直保

持着相同的广延,大小相同,形状相同,空间相对于确定它的外围物体并没有改变位置。"①

物体和空间的同义关系是通过广延来实现的,因为在笛卡尔那里,物体的本质属性是有长宽高的广延,而不是质量②、密度、颜色或其他。所以,如果坚持要区分物体和空间的话,就是特殊广延和普遍广延的关系。换句话说,物体和广延都是空间的同义词。众所周知,在笛卡尔的二元论当中,广延是区分思想和物体的标准,即思想是没有广延的,而有广延的则是物体,这个"物体"包括我们的身体(法语词 corps 既指身体,也有物体之意)。所以在汉语语境中,我们可以把这个同义词组继续扩大为:空间=广延=物体=身体。而且,它们都是"心灵=思想"的反义词。在这个简化的意义上,我们可以更容易理解柏格森认为时间(绵延)是思想的本质的命题,也更容易理解梅洛-庞蒂为何以身体作为阐发空间性的出发点。

笛卡尔的广延概念对后来的空间研究产生了深远的影响,他一方面强调了广延作为事物本质属性的特征,另一方面也开启了以数学化的方式对空间进行研究的方法。对此,胡塞尔有深刻的认识,并在《欧洲科学危机和超验现象学》中对欧洲的科学危机进行了讨伐。胡塞尔《欧洲科学危机和超验现象学》的法语译者 Nathalie Depraz 在同意胡塞尔观点的基础上,对笛卡尔的广延(res extenso)概念做了一条批判性的注释,他说:"res extenso 的字面意思'广延事物',是笛卡尔以广延为其本质属性的物质性概念。在这点上,笛卡尔是数学化物理学的源头:定义广延空间的依据是定量和抽象的同质性,而不是定性的可感受的、具体的异质性。"③

把笛卡尔对广延空间的界定看作是数学化的物理学,这是有一定道理的,因为他用数学化的方式来规定物质的本质,由此空间的研究也就顺理成章地被

---

① René Descartes, *Principes de la philosophie*, part. 2, art. 10, oeuvres et Lettres, « Bibliothèque de la Pléiade », Paris: Gallimard, 1953, P. 616.
② 关于物质的本质属性的问题,与笛卡尔把物质的本质属性规定为广延不同,伽利略认为是质量。事实上,质量和广延都是物质的重要性质,而在科学领域内更加成功的概念应该是牛顿的"质点"。质点指物理学中理想化的模型,在考虑物体的运动时,将物体的形状、大小、质地、软硬等性质全部忽略,只用一个几何点和一个质量来代表此物体,这个概念在物理学中沿用至今。
③ Edmund Husserl, *la crise de l'humanité européenne et la philosophie*, trad. par Nathalie Depraz, Edition numérique, la Gaya Scienza, 2012, p. 102.

科学所占领。定量的同质性研究和定性的异质性研究构成了两种空间研究的进路。这两种规定空间的方式可以类比于洛克对物质的两种性质的规定：同质性的空间表现为物体所固有的第一性质，异质性的空间则属于物体所具有的一种能力，与人的知觉感受相关。洛克的区分是针对物质的不同属性而言，但在这里却给出了对空间广延这一性质的两种解读。根据 Nathalie Depraz，空间或广延，它不单单是第一性质，而且具有第二性质的潜质。由此，他既反对了笛卡尔，也与洛克的观点有所不同。在他刻画的两条对空间的研究道路中，一条从此被科学研究所占领；另外一条则如下文将要指出的，是由受现象学影响的梅洛-庞蒂和巴舍拉提出的空间概念，以及法国当代哲学代表福柯和他的同代人德勒兹对这种"异质性"空间概念的回溯阐发。

先回到同质性空间概念。笛卡尔将广延归之于物体，并且将空间与思想相对立。与笛卡尔不同，柏格森在《论意识的直接来源》开篇就提到了意识当中的空间性："我们的表达必然借助于文字，我们最通常的思考借助空间。"[①]这里的空间指的是我们意识当中的空间性，它像语言文字一样有明确清晰的间隔和区分，表现为物体之间的不连续性。我们对空间的常识理解，大多和笛卡尔一样，将其视为一种对物质世界的看法，空间具有和物类似的性质，比如可区分的多样性和不连续性等。但柏格森指出这种机械论和目的论的观点已经对人们的意识产生了影响，这也是他要进行批判的。他在后来出版的《创造进化论》中再次重申了对意识空间的批判，他说："论著(指《论意识的直接来源》)的主要目的在于指出，心灵生活既不是一，也不是多，而是对它们的超越，机械和智力的机械论和目的论只有在'区别的多样性'和'空间性'的前提下才有意义，因此它们只是现有存在的整合；'真正的绵延'则同时意味着不可分的连续性和创造性。"[②]换句话说，尽管柏格森批判的是意识状态中的空间观念，但这观念的来源仍旧是物质性的空间观，或者说，只是进入了意识领域的背景式空间观念。

从形式上来看，在对空间和时间的看法上，柏格森补充了笛卡尔。笛卡尔说空间(广延)是物体的属性，而不是思想的；柏格森则说了这句话的另外一半，即意识(思想)的来源是时间(绵延)，而不是空间。在对空间的看法上面，尽管

---

① Henri Bergson, avant-propos dans l'*Essai sur les données immédiates de la conscience*, Paris: Félix Alcan Éditeur, 1888.

② Henri Bergson, *L'évolution créatrice*, Paris: Puf, 1941, note de base de pp. X - XI.

柏格森延续了对机械论空间观的批判,尽管柏格森所批判的空间性不是物质界的空间,而是进入到了意识界的空间,但他对意识空间性的批判,是为了给"时间性"的绵延留出位置,与此同时,他也给自然科学领域内的空间研究保留了地盘。如今,时间的哲学意义和空间的科学意义都得到了卓有成效的阐释,而空间的哲学意义则仍有待探索。我们要追寻的正是柏格森和海德格尔对时间原初性和创造性的关注和热忱,进一步探求空间的哲学意义。

二、巴舍拉和梅洛-庞蒂现象学空间观的启发:空间想象和空间知觉

现象学对空间哲学意义的生发很关键。如前所述,在自然哲学传统中,空间被视为背景式的存在,为世界万物的存在提供场所,这种观念的影响极为深远。在现象学之前,康德已经注意到了空间作为人类先天的认识条件的重要性,它将空间的规定性从物的属性转变为了人的认识条件。相应于现象学要求从本质追问回到"现象"本身的主张,空间开始真正地从背景式存在走到舞台前面来。空间现象是在场的现象,这种"在场"是空间图像的即时在场,这些空间图像来自美好的回忆或想象,这是超越时间的在场。这就是巴舍拉所说的"现实的空间"(l'espace vécu):"它是现实的,不在于它的实证性,而在于想象力的全部偏袒。"①

巴舍拉的诗学空间针对的是实证主义的空间观,后者追求因果关系,寻求事物背后的本质属性。相反,诗学空间反对因果分析,强调刻画人们的空间感受,主要以家宅中的情感、想象、梦想和回忆为内容。感受是在场的;但与即时感受不同的是,像梦想、想象和回忆等这些感受超越或克服了时间,进而它们带来的是"全部的空间"。这个全部的空间不是包含了所有范围的空间,而是指一种没有了时间限制的空间。在巴舍拉对回忆的分析中,他强调了这种空间相对于时间的优先性,即他认为,"对于回忆来说,空间就是全部,因为时间不喜欢回忆,回忆忘却的超越的就是时间"。② 也就是说,我们对于亲密性的回忆,往往

---

① Gaston Bachelard, *La poétique de l'espace*, Paris: Puf, 1972, p. 17.

② Ibid, p. 37.

首要的是回忆中的地点定位,其次才是时间定位,因为时间往往是模糊的甚至是被忽略的,而空间记忆往往相对清晰。在回忆中所展现的"全部的空间",指没有时间的或是时间被忽视了的空间。在这个意义上可以说,巴舍拉的回忆是克服了时间的空间,而柏格森的"绵延"则是克服了空间的时间。

在巴舍拉所开启的想象空间中,家屋中的亲密空间与外在的宇宙空间是相对抗的,或者说,正是在与宇宙空间的对抗性力量的对比中,才更加凸显了家庭空间的温暖和快乐。他认为:"家和宇宙这两种空间不是简单的并列关系。在想象的王国里,它们以相反的梦境互相激发。"①关于这点,他举了很多例子来说明"外面的风暴越强,则家屋的庇护就越温暖"的体验。这和崇尚自然的中国道家思想有所不同,老子从外在的自然出发,侧重自然之道与人类生活规则之间的相通和关联:"希言自然。故飘风不终朝,骤雨不终日。孰为此者?天地。天地尚不能久,而况於人乎?"(《老子·第二十三》)以天道论人道,其依据便在于二者的统一,正所谓"人法地,地法天,天法道,道法自然"。(《老子·第二十五》)从理论的出发点来看,巴舍拉显然以人心的感受性和想象力为出发点,这在人类精神能力中可归于非理性能力的范围;而老子所谓崇尚自然之人道则包含了更为广泛的内容,而且多以抽象性的人道原则为主,属于理性的反思内容。与注重内在与外在空间的统一性有所不同,巴舍拉从内在的"想象"出发,侧重外在空间施加给内在空间的对抗性力量(forces adverses)。

福柯赞赏巴舍拉对内在空间的分析,但也强调自己与巴舍拉的一点分别便在于,巴舍拉只关注"内部空间",他自己则关注外部空间。换言之,巴舍拉的想象空间发掘了空间在想象力中的图景,表现出空间作为"在场图像"的能力,但是这种想象力的空间却囿于内在空间的范围,缺少与外在空间以及主体间的有效沟通和互动。

巴舍拉的诗学空间一定程度上就是一种超越了时间的"全部的空间"。谓之"诗学",一是因为这种空间感受往往是诗歌赞颂的主题;一是因为这个空间所表达的是与诗相近的情感,而不同于实证科学的研究。巴舍拉的梦想和想象,可以归入广义的知觉范畴。与此相联系,梅洛-庞蒂以身体的知觉为核心展开了空间知觉的论述。如果说巴舍拉是从内知觉感受出发,那么梅洛-庞蒂所

---

① Gaston Bachelard, *La poétique de l'espace*, p. 69.

建立的则是身体的外知觉学说。

在知觉空间的构建中,梅洛-庞蒂认为身体优先于心灵而存在:"我的身体在我看来不但不只是空间的一部分,而且如果我没有身体的话,在我看来也就没有空间。"① 这同时意味着空间不是靠心灵思考得到的,而是靠身体感受知觉得到的。这一方面秉承了上述笛卡尔"空间 = 广延 = 物体 = 身体"的等式逻辑,将空间性最终落实到了身体的感受性上面,以身体性阐释空间性;但另一方面,在身体与心灵的关系方面,梅洛-庞蒂因为强调身体的优先性而主张"我在故我思",将意识纳入存在,与笛卡尔的"我思故我在"截然相对。他分析道:"在命题'我思故我在'中,两者肯定是等值的,否则就没有我思。但是,还应该在这种等值的意义上取得一致:不是'我思'完全地包含'我在',不是我的存在归结为我对我的存在的意识,恰恰相反,而是'我思'被纳入'我在'的超验性的运动,而是意识被纳入存在。"②

身体的这种优先性为知觉空间提供了理论上的前提。知觉空间区别于客观空间,相对于后者,知觉空间具有一种构成人与世界联系的能力。这种从空间性质到空间能力的转变,在梅洛-庞蒂这里主要表现在"身体的图式"中,如其所言:"身体图式是一种表示我的身体在世界上存在的方式。"③ 这就是从存在论上论证了身体空间的能动性,不同于巴舍拉所设想的内在空间图景,梅洛-庞蒂的身体空间积极地构成与世界的关联。因此,它不再是静态的位置空间,而是处在一种关系之中:"身体的空间性不是如同外部物体的空间性或'空间感觉'的空间性那样的一种位置的空间性,而是一种处境的空间性。"④ 处境的空间不仅批判了传统的背景式空间概念,而且也要区别于空间感觉的空间性,后者是包含想象空间在内的对空间的主观感受。

总之,身体的空间性同时体现了存在论、现象学和认知科学的空间思想。梅洛-庞蒂注意到了空间思想的现象学还原与存在论立场的一致性。他说:"如我们所知,现象学还原远不是唯心论哲学的命题,而是存在论哲学:海德格尔

---

① Maurice Merleau-Ponty, *Phénoménologie de la perception*, Paris: Gallimard, 1945, p. 119.
② Ibid., p. 439.
③ Ibid., p. 117.
④ Ibid., p. 116.

的'在世界之中'只有在现象学还原的基础上才会出现。"① 如果说胡塞尔的现象学还带有浓重的理论抽象性,这在海德格尔那里已经有了改变,现象学与存在论的结合让空间理论真正从抽象走向具体。而且,梅洛-庞蒂以深度空间的分析来阐明空间的存在论性质:"深度比其他空间维度更直接地要求我们摒弃关于世界的偏见和重新发现世界得以显现的最初体验;可以说,深度最具有'存在的'特征。"②

空间的具体性离不开知觉的形成,这是梅洛-庞蒂在海德格尔存在论基础上的新的理论创设。空间离不开认知,这点在康德那里已经有所注意,但不同于康德,梅洛-庞蒂不认为空间是先天的认识形式,而是后天的认识活动所形成。在空间认知中的上、下、左、右、前、后六个方向中,其最为显要的参照和中心就是我们的身体。由此,梅洛-庞蒂融合了认知论、存在论和现象学的思想资源,探讨了一种以知觉和身体为框架的新的空间观。

三、福柯和德勒兹:异质性空间理论

如前文所述,一方面为实体性物质的空间,一方面则是逻辑性的空间,这两者展现在人类的认知和感受性活动当中。与上述两种空间都不同,福柯的空间概念既不是实体性存在,也不是逻辑性存在,而更多地体现为一种方式或一类方法。他认为现在的时代与其说是时间的时代,不如说是空间的时代。③ 他所指的是一种看待世界的方法,世界的存在与其说是一种时间方式的纵向存在,不如说是一种空间方式的横向存在,也就是像一张连接各个点和线束的网络。网络型的世界观并非全然否定时间的存在。福柯亦指出,这只是处理时间和历史的一种方式(une certaine manière)而已。④ 从哲学上说,结构主义便是在广义上使用空间方式作为研究方法的哲学。

---

① Maurice Merleau-Ponty,*Phénoménologie de la perception*,p. IX.
② Ibid,p. 296.
③ Michel Foucault,Des espaces autre,*Dits et écrits* IV(1980 – 1988),Paris:Editions Gallimard,1994,pp. 752 – 762. 参见福柯:《另类空间》,王喆译,《世界哲学》2006 年第 6 期。译者似乎遗漏了对该句的翻译。
④ Michel Foucault,Des espaces autre,pp. 752 – 762.

福柯区分了历史上出现的三种不同的空间观念①：一是中世纪时期的"定位空间"(localisation)，主要体现于生活经验当中对不同场所的划分，出现了以宗教和政权为核心场所的等级制；接着是18世纪自伽利略开始，由笛卡尔给予哲学确认的"广延空间"(étendue)，取代了定位空间，开始以数学的方式测量和计算空间，事物的位置则简化为在运动当中的一个点来表示，也就是后来牛顿的"质点"概念；在当代，取代了广延空间的概念则是"位置关系"(emplacement)，它代表的是位置的关系，体现在比邻关系、现代信息的处理，以及广泛意义上的形势分析和处理等。值得一提的是，除了在"广延空间"概念那里，空间是去神圣化的以外，中世纪的定位空间经验和现代的空间位置关系，都包含神圣性，或者说是没有去魅的。如福柯所言，位置关系仍然在"隐藏的神圣性"(une sourde sacralisation)之中。当然，位置关系的神圣性已经与中世纪的有所不同，但相同的是，空间隐秘地保留着的神圣性是一种异质性，而不是完全数量化的同质性存在。在位置关系的空间性当中，空间表现出作为方法的性质。

空间现象从实体存在发展到思想和文化存在的过程表明，尽管讨论的范围发生了变化，但思想和文化中的空间性质仍然是从实体的性质而来。比如，思想中的空间元素仍具有物质空间的数量性和不连续性，又如，文化空间现象中以文化作为空间的新场所，这些是具有相同性的方面。反之，从差异性的角度来看，我们应当注意到空间概念本身与思想和文化之间的新的理论张力，以及新的理论生机。值得一提的是从相同到相异的理论追求的转变，通常来说，"异"文化不是主流，"同"文化才是人类社会一直坚持不懈的追求理想。福柯站在"异"文化的立场上，在《词与物》中论述了人们惯常使用的四种"相同性文化"的形式：适合、仿效、类推、交感，这些几乎囊括了人类认识和行动中所自觉或不自觉地遵守的最基本原则，同时表现出忽视差异性文化重要性的弊端。在这个背景之下，福柯和德勒兹似乎是不约而同地走上了坚持"异"文化的道路。上一节已表明空间不再是实体，而是表现为能力；在此基础上，空间的能力主要展开在新的位置关系当中，表现出异质性的特征。在这点上，福柯和德勒兹是相同的。

---

① Michel Foucault, Des espaces autre, pp. 752 – 762.

德勒兹提出了"平滑空间"概念,它是指空间中没有被"围墙、围栏以及围栏之间的道路"所分层或分化。这些围墙、围栏或道路都是地理空间中的限制,用来喻指知识空间中的几何公理和定理、物理定律,以及生物学上的分类等。"平滑"拒绝这些分化,但"平滑"并不意味着没有变化,它只是没有一种"常规"欧式空间所表现出来的变化。相反,它是"最小偏离的空间"(celui du plus petit écart),它具有多种的可能性。换言之,平滑空间是异质性的,而层化空间是同质性的。尽管层化空间是有分层和分区的,但其基底却是相同且没有变化的;而平滑空间虽没有这些分区,但却是充满多样性的,像"根茎"一样具有多种方向,像"千座高原"一样具有多种形态。就其基底来说,它必定是异质的。

这种异质性的表现之一是其并不能以观察而得到:"它们并不符合从外在于它的空间来进行观察的视觉条件,与欧式空间相对的声音系统或者颜色系统亦如此。"①欧式空间依赖视觉,是可以从外部观察到的空间形式;与此相反,平滑空间并不是可观察的,它可能是听觉的或者是触觉的,总之不是视觉的。但德勒兹这里给出的颜色系统的论证似乎有自相矛盾之处。对颜色系统与欧式空间的不兼容性似乎可以作如下理解:视觉途径是欧式空间的必要非充分条件,也就是说,尽管颜色系统也是依靠视觉观察而得到的,但却是平滑的空间,而不属于欧式空间的系统;或者还有一种可能,即颜色系统处在平滑空间和层化空间的边界上,体现了二者的相关性。

事实上,在强调差异的同时,德勒兹强调了两种空间的关联性,它们之间并不矛盾。这表现在:平滑空间在形式上与层化空间具有相反或不同的结构组成;但事实上,平滑空间却是作为层化空间一种补充性的存在,两者之间并非是用一种形式取代另一种形式。这种补充性的存在体现在一种"更多"的"增加"上面,如其所言,"新的场域或平滑空间体现为一种'增加'或盈余,并且置身于这种盈余和偏差中"。② 我们要继续追问的是,这种"增加"与原有的空间形式是如何发生作用的,既然不是要相互取代,那又应该如何共存呢?两种不同力量的共存难免会发生冲突和相互侵犯,而德勒兹注意到的不是谁侵犯了对方更多些或者更少些,那也许是历史学的任务,而是关注到了这个发生冲突的

---

① Gilles Deleuze, Félix Guattari, *Mille Plateaux*, Paris: Les Éditions de Minuit, 1980. pp. 459-460.
② Ibid, p. 459.

点——边界,它是"唯一要紧的"①。因为在边界上,几乎融合了所有的因素与可能性:"两种模式之间的分离和融合,可能的相互渗透,一方对另一方的支配,以及相互交替"②,这些构成了边界最具有生机和活力的理由。边界在一定程度上也喻指不同文化之间的界限,与简单的划界和生硬的跨界都不同,边界就是空间的生命力所在。

异质和差异的概念表达了一种叛逆的哲学、反叛的哲学。相对于传统哲学对"同一性"的追求,它们表现出质疑和颠覆性,它们对原有的真理性知识、核心性权力概念进行批判和打击。同一性、统一性、规律性,这些都是自然科学一直信奉和追求的规则,而相反地,差别性、差异性、多样性,则是艺术、文学、诗歌等浪漫主义形式的要求。哲学并不在于作出二选一的选择,以其中一个作为归属之地,而是要能够规避一些理论上的盲点,自觉地、有意识地"不偏执"。这是一股破坏性的力量,这也是一股生发的力量。福柯、德勒兹等继承了尼采所开创的疯狂的精神,而且,他们受到胡塞尔和海德格尔的极大影响。在这个意义上说,法国哲学与德国哲学有着撇不开的关系。正如福柯所说,道路已经较以往有所改变:"不再问哪条是最确定的真理之路,而要问哪条是有害真理的道路。这是尼采的疑问,这也是胡塞尔在《欧洲科学危机》中的疑问。"③这当然也是法国当代哲学所自觉继承的问题意识。

鉴于哲学史上对时间的关注一直胜过对空间的研究,以及近年来国内社会批评理论中出现的"空间热"现象,空间哲学意义的探究仍有待发掘。法国当代哲学作为空间思想诞生和发展的重镇,给我们提供了很多理论启示。上述三个阶段的划分虽然不能对法国哲学的空间思想做出全面而细致的分析,但却勾勒了一个简要的空间思想的发展路径:背景式的空间观念以物的空间为主,它长期作为科学的研究对象出现,也在很大程度上影响和限制了对空间哲学意义的探讨;以梅洛-庞蒂和巴舍拉为代表的空间观念则体现了人的空间维度,主要体现于知觉、想象和梦想的空间形态,但还只是以个体的人为关注点,缺乏对个体间的空间思想的讨论;福柯和德勒兹的异质空间思想则在更广的意义上,将空

---

① Gilles Deleuze, Félix Guattari, *Mille Plateaux*, p. 455.
② Ibid, p. 460.
③ Michel Foucault, Questions à Michel Foucault sur la géographie, Hérodote, n° 1, janvier-mars 1976, pp. 71 - 85;*Dits et Ecrits* III texte n° 169, Paris: Gallimard, 1994, pp. 28 - 40.

间作为一种理论分析的方法,展开于社会批判的各个方面。可以初步得知,空间一方面作为存在的载体和方式,具有被动和消极性;另一方面,人类的认识和实践活动对空间有新的规范和生成,使空间又具有积极的生成性和开放性。

The Notion of Space in Contemporary French Philosophy

Xiang Feng

Abstract: The concept of space in contemporary French philosophy has experienced different periods of development. Firstly, the concepts of space in Bergson and Descartes are a physical or material space of "background", while this kind of concept in the field of science and our daily life has still occupies an important position; secondly, the concept of poetics in Bachelard and the perception notion of space in Merleau-Ponty pay much attention to the phenomenological dimension of space, thus space manifests an ability of construction in human perception and life; thirdly, the heterogeneous space theory in Foucault and Deleuze shows creativity, on the other hand it elucidates a space of methodology, which affects the social critical theory. The development of the concept of space in French philosophy will help us well understand the philosophical significance of space.

Key Words: Space, Space of Background, Phenomenological Space, Heterogeneous Space, French philosophy

实践性时间和本真时间
——论马克思和海德格尔的时间概念*

郭云峰**

[摘　要]　马克思克服了传统哲学的局限,对社会的内在矛盾和时间概念进行了辩证地分析。他不仅重视理解时间的主体维度,也重视理解时间的客体维度,由此揭示出来的历史才是真实发生的历史。马克思认为,社会中不劳动一方的自由时间的积累是以劳动者一方的剩余劳动时间为基础的,由此也造成一种对抗性的文明形态。通过对时间概念的辩证理解,马克思揭示了资本主义生产方式的暂时性和局限性。本文还分析了海德格尔时间概念的内涵及其局限性。青年海德格尔认为,要理解本真的时间,就要向着作为最极端的可能性的死亡先行。后期海德格尔理解的本真时间是指当前、曾在和将来及其"相互传送"所表现出的时间性。由于重视理解而轻视物质生产,他并未达到唯物史观。也由于反对辩证法

---

* 基金项目:国家社科基金一般项目"马克思的辩证时空理论研究"(项目编号:15BZX012)。
** 郭云峰(1970——　),男,安徽怀远人,哲学博士,南京大学马克思主义学院讲师,南京大学中国特色社会主义理论研究中心研究员,研究方向为马克思主义哲学和近现代西方哲学。

和忽视对社会内在矛盾的研究,他无法揭示社会问题的根源,最后只能诉诸于一种本真的呼吁和以阐释的方式达到的"解放"。

[关键词]　时间;实践;此在

从20世纪末开始,国内不少学者对马克思的时间概念进行了分析。例如,刘奔、俞吾金、张一兵和邓晓芒等先生分别从不同角度所做的阐释对于建构马克思主义的时间观都具有十分重要的意义。但是,对于如何理解马克思的时间概念,仍然存在着诸多分歧。有的学者重视从实践的角度进行分析,有的则从个体的生存论的角度进行分析,还有的从后期马克思的财富观或者抽象时间的角度进行分析。本文认为,只有把马克思前后期对时间概念的理解结合起来,并且将其放在西方哲学发展的背景中进行考察,才能充分理解马克思时间概念的重要意义。本文将按照这一思路对马克思的时间概念进行分析,并且尝试对海德格尔的时间概念做出初步分析和评价。

一、传统哲学理解的时间概念及其局限

哲学家们对时间的本质问题曾经进行过许多思考和分析,对时间概念的理解各种各样,也取得了一定的理论成果。以下将选取历史上几种具有代表性的观点对其进行分析和说明。

像对"存在"概念的分析一样,亚里士多德也对时间的本质进行过研究,他追问道:"时间是存在着的事物呢,还是不存在的呢? 它的本性是什么呢?"① 亚里士多德在《物理学》中批评了毕达哥拉斯和柏拉图的观点,前者认为"时间就是天球本身",后者则认为"时间是无所不包的天球的运动"。② 亚氏提出,时间既不是运动,也不是天球本身,但是与运动相关。如何理解时间呢? 他说:"时间不是运动,而是使运动成为可以计数的东西。……我们以数判断多或少,以时间判断运动的多或少。因此时间是一种数。"③ 应该说,亚里士多德较早思考了时间的本质问题,开启了系统地研究时间概念的先河。

---

① 亚里士多德:《物理学》,张竹明译,北京:商务印书馆,1982年,第121页。
② 同上书,第122页。
③ 同上书,第125页。

对于时间是什么的问题,奥古斯丁也曾经极为困惑。不过,他是从思想的角度理解时间问题的。奥古斯丁认为,"将来"和"过去"都不存在,只有"现在"存在。① 他说:"过去事物的现在便是记忆,现在事物的现在便是直接感觉,将来事物的现在便是期望。"②奥古斯丁虽然通过论证也否定了"时间是运动"的判断③,但是,因为拘泥于从思想的伸展的角度理解时间④,他也无法理解时间的本质。

康德认为,感性的直观之所以可能,是因为人的感官存在着先天的纯粹形式。时间和空间就是这种纯形式。他说:"时间是先天地被给予的。唯有在时间中,显象的一切现实性才是可能的。这些显象全都可以去掉,但时间自身(作为显象的可能性的普遍条件)却不能被取消。"⑤按照康德的理解,时间是一般显象的先天形式条件,也是"感性直观的主观条件",除此之外,它什么也不是。⑥

和康德相比,黑格尔对时间的理解则是与事物的变化相关的。他说:"时间是那种存在的时候不存在、不存在的时候存在的存在,是被直观的变易。"⑦在他看来,时间就是否定之否定,是"己外存在的否定性统一"。⑧ 不能说一切事物都在时间中产生和消逝,因为时间就是这种表现为产生和消逝的"变易","就是产生一切并摧毁自己产物的克洛诺斯"。⑨ 有限的事物都是具有时间性的,理念和精神则不具有时间性,而是具有永恒性。⑩ 由此看来,黑格尔理解的时间和时间性主要是用来描述变化着的存在。只有在时间性的视野中,存在才能发展自身为绝对的理念,最终达到绝对真理。虽然黑格尔把时间理解为作为否定之否定的"变易",但是,他仅仅在理念的意义上讨论这种"变易",并且仅仅把这种"变易"当作精神达到绝对真理的方式,而不是从市民社会中真实的人及其

---

① 奥古斯丁:《忏悔录》,周士良译,北京:商务印书馆,1963年,第247页。
② 同上书,第247页。
③ 同上书,第251页。
④ 同上书,第253页。
⑤ 《康德著作全集》第4卷,李秋零译,北京:中国人民大学出版社,2005年,第30页。
⑥ 同上书,第33页。
⑦ 黑格尔:《自然哲学》,梁志学等译,北京:商务印书馆,1980年,第48页。
⑧ 同上注。
⑨ 同上书,第49页。
⑩ 同上书,第49—50页。

社会关系的角度理解这种"变易"及其结果。

费尔巴哈认为,思辨哲学研究的对象因为不是在时间和空间中的存在,所以是虚假的、抽象的。他虽然没有着力探讨时间的本质是什么,但是,十分强调时间和空间的维度的重要性。他说:"空间和时间是一切实体的存在形式。只有在空间和时间内的存在才是存在。"①费尔巴哈提出,不能在哲学和事物的本质中否定时间和空间,否则会产生严重的后果:"一个民族,如果由于它的形而上学而排除了时间,将永恒的、亦即抽象的、与时间脱离的存在神圣化,也一定会由于它的政治而排除时间,将既不合法又不合理的、反历史的固定原则神圣化。"②由此,他甚至提出了"空间和时间是实践的第一个标准"的命题。③ 也就是说,脱离了时间和空间的存在就不是真实的存在,只有在时间和空间中的存在才是真实的,才是哲学和其他科学所要关注和研究的对象。即使是思维,也要是在时空以内存在才是"实际的思维"。④ 在费尔巴哈看来,思辨哲学使发展脱离时间,是"任意妄为的一件真正杰作","没有时间的发展,也就等于不发展的发展。"⑤费尔巴哈比黑格尔进步的地方在于,他强调哲学要面向在时间和空间里的事物,而不是永恒性的理念。只有研究在时空中的存在,才是获得真理、避免产生反历史的谬论的前提。

由以上的分析可以看出,哲学家们对时间概念的理解经历了逐渐深化的过程。尽管如此,由于受到直观的和形而上学方法的限制,他们对时间概念的理解仍然停留在抽象和空洞的阶段。费尔巴哈虽然力图避免思辨哲学的局限,但是由于他采用直观的方法观察问题,所以也无法深入理解时间概念的社会性内涵。马克思运用唯物辩证法,从实践的角度考察历史和社会的发展,获得了超越传统哲学狭隘视野的新视角,也克服了传统哲学对时间概念理解上的局限。

---

① 费尔巴哈:《关于哲学改造的临时纲要》,洪谦译,北京:生活·读书·新知三联书店,1958年,第9页。
② 同上书,第10页。
③ 同上注。
④ 费尔巴哈:《未来哲学原理》,洪谦译,北京:生活·读书·新知三联书店,1955年,第69页。
⑤ 费尔巴哈:《关于哲学改造的临时纲要》,第10页。

二、实践性时间:马克思的时间概念

马克思对时间概念的理解经历了复杂的过程,这一理解也随着对实践和现实的理解而不断深入。他不仅用时间概念解释感性和现象世界,而且用之分析资本主义社会。时间的视野成为他打开资本主义"存在"(现实)的秘密之关键。

马克思突破传统哲学对时间概念的空洞理解的关键在于:他运用唯物辩证法,从人的实践活动的角度考察所有社会问题,由此获得了理解具体问题的广阔的时间视野。在《关于费尔巴哈的提纲》中,马克思说:"凡是把理论引向神秘主义的神秘东西,都能在人的实践以及对这种实践的理解中得到合理的解决。"①这说明,他理解所有社会和历史问题,都是将其与人的实践活动联系起来考察的。这一不同于费尔巴哈和传统哲学单纯重视理论实践的新的实践观,是马克思发动哲学革命的理论生长点。马克思对实践概念的理解突破传统哲学的关键之处在于:满足生活需要的物质生产劳动成为实践概念的主要内涵之一。② 因为对实践概念理解上的转变,马克思早期理解的"感性时间"后来进一步具体化为"劳动时间"和"自由时间"。

早在《德谟克利特和伊壁鸠鲁自然哲学的差别》一文中,马克思批评了崇拜天体、以太和众神的古代人,因为他们所坚持的是一种"永恒的时间"。③ 与之相反,伊壁鸠鲁则把时间理解为"感性的时间"。在他看来,时间就是"现象的绝对形式"④,"是作为变换的变换,是现象的自身反映,所以,现象自然界就可以正当地被当作客观的,感性知觉就可以正当地被当作具体自然的实在标准"。⑤ 伊壁鸠鲁把感性知觉看作"时间的源泉和时间本身"⑥,因为正是通过感性知觉的作用,才会产生时间意识,这种意识也是对感性自身不断变化的意识。马克思认为,时间和感性之间构成了密切的关系,"人的感性就是形体化的时间,就

---

① 《马克思恩格斯文集》第1卷,北京:人民出版社,2009年,第501页。
② 郭云峰:《实践与时间——对马克思时间概念的历史性解读》,南京:南京大学出版社,2016年,第116—129页。
③ 《马克思恩格斯全集》第1卷,北京:人民出版社,1995年,第56页。
④ 同上书,第52页。
⑤ 同上书,第53页。
⑥ 同上注。

是感性世界的存在着的自身反映"①,"事物的时间性和事物对感官的显现,被设定为事物本身的同一个东西。"②

马克思对"感性"的理解因为纳入了时间的视野而显示出其真理性。他认为,这种反映在时间性上的变易是事物自身的真实呈现。那种否定事物变易的、对永恒性的崇拜,只会助长一种宗教式迷信。马克思站在辩证法和感性哲学的立场,对伊壁鸠鲁哲学进行了新的诠释。他称赞伊壁鸠鲁为"最伟大的希腊启蒙思想家"③,否定了崇拜永恒时间的蒙昧思想。他说:"如果把那只在抽象的普遍性的形式下表现其自身的自我意识提升为绝对的原则,那么就会为迷信的和不自由的神秘主义大开方便之门。"④这句话实际上既是对伊壁鸠鲁强调感性知觉地位的肯定,也是对黑格尔的抽象自我意识的批评。

从永恒时间向感性时间的转变初步完成了从形而上学向唯物主义哲学的转折。随着对实践的强调,马克思对时间概念的理解进一步深化了。它表现为:对时间的理解逐渐从抽象的"感性时间"变成具体的"实践性时间"。

在《1844年经济学哲学手稿》中,马克思非常重视对异化劳动的分析,他在分析中所揭示的劳动异化实际上也是时间的异化。他通过研究舒尔茨和其他经济学家的著作注意到,先进的、节省劳动的生产技术的采用并没有节省工人的劳动时间,相反,劳动时间却增加了。经济学家舒尔茨记录了当时英国的情形,他说:"最近二十五年来,也正是从棉纺织业采用节省劳动的机器以来,这个部门的英国工人的劳动时间已由于企业主追逐暴利而增加到每日十二至十六小时。"⑤不仅如此,虽然社会的生产总量和十年前相比大大增加了,但是工人得到的工资却和十年前一样多,福利也不能保持和过去一样的水平,"而且比过去穷三分之一"。⑥ 因为分工越来越细,工作变得越来越单调乏味,这种变化对工人的精神和肉体也造成极大的伤害,工厂里工人的死亡率越来越高。虽然机器因技术得到改进而节省了劳动时间,但是在工厂里的奴隶式劳动却有增无

---

① 《马克思恩格斯全集》第1卷,北京:人民出版社,1995年,第53页。
② 同上书,第54页。
③ 同上书,第63页。
④ 同上注。
⑤ 马克思:《1844年经济学哲学手稿》,北京:人民出版社,2000年,第15页。
⑥ 同上注。

减,劳动时间反倒增加了。①

马克思开始关注到现实生活中工人的劳动状况问题:一方面是因为机器的采用而带来的劳动时间的节省,另一方面是工人在劳动时间上的增加以及劳动变得越来越单调乏味。劳动的异化同时也是劳动时间的异化,工人付出一定的劳动时间,但是由此创造的自由时间却被另一个阶级占有。马克思认为,这种时间的异化,其根源在于资本主义所有制关系。只有摒弃这种关系,才能消除被异化的时间,使无产阶级充分享受到劳动创造的成果。

在马克思看来,时间范畴只是考察具体社会问题的概念性工具,并不具有永恒的意义。马克思十分重视对社会的内在矛盾进行辩证地分析,由此展开的对"历史之谜"的揭示才是真实发生的历史。② 他认为,正是生产力、生产关系和意识形态等上层建筑之间的矛盾运动形成了历史,也只有在这个层面上,才能真正理解"时间"和"存在(现实)"的本质。因此,时间范畴不是单一的或"纯粹"的概念,而是具有辩证性的概念。

传统哲学由于忽视人的实践活动,往往把时间概念与抽象的物质和精神结合起来思考,要么停留在单纯的客体维度(物理学),要么止步于单纯的主体维度(个体生存论)。马克思克服了这一局限,既重视理解时间的主体维度,也重视理解时间的客体维度。作为主体维度的时间,表现为劳动者从事物质生产的时间、精神生产的时间、恢复体力的休息时间和可以自由支配的时间。所谓时间的异化,突出表现在劳动者只有付出大量的劳动时间才能获得满足自身和家庭生活需要的物质资料,同时又丧失了自由发展的时间。马克思说:"时间是人类发展的空间。一个人如果没有自己处置的自由时间,一生中除睡眠饮食等纯生理上必需的间断以外,都是替资本家服务,那么,他就还不如一头载重的牲畜。他不过是一架为别人生产财富的机器,身体垮了,心智也犷野了。"③另一方面,作为客体维度的时间往往为研究者所忽视。在马克思看来,不仅商品是劳动时间的凝结,通过人的实践活动所创造出的所有东西,都可以看作是"凝固"的时间。例如,生产关系可以看作是"凝固"的时间,因为它是人们在生产出

---

① 马克思:《1844年经济学哲学手稿》,第15—16页。
② 孙伯鍨、张一兵、唐正东:《"历史之谜"的历史性剥离与马克思哲学的深层内涵》,《南京大学学报》2000年第1期,第7—8页。
③ 《马克思恩格斯选集》第2卷,北京:人民出版社,1995年,第90页。

麻布等产品的同时一并"生产"出来的东西,而这种"关系"深刻地影响着生产活动,它本身也不是永恒不变的。

整个社会就是在这种作为主体维度的时间和作为客体维度的时间的矛盾运动中向前发展的。当然,这种发展首先是以各行业劳动者的生产劳动为前提。"资本"通过雇佣劳动,组织起大规模生产,既促进了生产力发展,也造成很多社会问题。例如,由于一方的自由时间的积累是以劳动者的剩余时间为基础的,它造成了对抗性的文明形态。马克思说:"不劳动的社会部分的自由时间是以剩余劳动或过度劳动为基础的,是以劳动的那部分人的剩余劳动时间为基础的;一方的自由发展是以工人必须把他们的全部时间,从而他们发展的空间完全用于生产一定的使用价值为基础的;一方的人的能力的发展是以另一方的发展受到限制为基础的。迄今为止的一切文明和社会发展都是以这种对抗为基础的。"①资本主义生产关系有历史进步性,但是,由于"资本"的本性是发财致富,这样就和由技术进步带来的强大的生产力发生了矛盾。发达的生产力不是服务于社会的个人的普遍发展,而仅仅服务于资本的增殖目的。马克思认为,如此一来,"资本"就成为自身发展的最大限制。资本自身无法克服的内在矛盾,也成为产生许多社会问题的根源。只有扬弃资本主义生产关系,才能根本解决由此产生的问题。

在对时间概念所作的分析中,可以看出,马克思的重要理论贡献在于:通过对时间概念的辩证理解,揭示了资本主义生产方式的暂时性和局限性,并且他认为,劳动阶级只有联合起来,才能争取自身的正当权利,重新控制被资本束缚的时间,使其成为有助于全体劳动者发展的自由时间。可以说,马克思的辩证时间观为无产阶级争取自身的权益奠定了科学的理论基础,它是马克思主义哲学理论中重要的组成部分。

三、本真时间:海德格尔的时间概念

以上讨论了传统哲学和马克思理解的时间概念,揭示了实践唯物主义哲学所理解的时间概念和传统哲学的区别。那么,如何进一步理解在马克思之后的

---

① 《马克思恩格斯全集》第47卷,北京:人民出版社,1979年,第215页。

现代哲学,尤其是海德格尔的时间概念呢?海德格尔对时间概念的诠释在现代哲学中占有非常突出的地位,它不仅是对传统哲学的批判,而且深刻地影响着当代哲学的发展。我们将在本节对其进行简要分析和评价。

青年海德格尔很早就关注到时间概念。在1924年7月的一次关于"时间概念"的演讲中,他对时间概念提出了不同于传统思想的新的诠释。他认为,神学从永恒的角度理解时间,物理学从科学的角度否定绝对时间和绝对的同时性,哲学则根据时间来理解时间。① 海德格尔提出,他的讨论既不是神学的,也不是哲学的和科学的,而是前科学(Vorwissenschaft)的。②

在青年海德格尔看来,可以通过解读此在的本质理解"什么是时间"。和笛卡尔主客二元对立的结构不同,此在(Dasein)的存在建构是"在—世界—中—存在"(In-der-Welt-sein),它意味着此在与世界打交道,与世界中的各种存在者交往和发生关联。一句话,此在通过与世界内的人和物发生许多联系,也产生各种各样的活动。就海德格尔此处所说的"打交道"的广泛程度而言,大致和马克思所说的"实践"是重合的,尽管各自强调的重点有所不同。海德格尔也认为,此在是通过"打交道"表现出自己的本质的。

海德格尔提出,此在就是时间,更确切地说,就是时间性。③ 所谓时间性,就是不断发生的事件的现实化。当此在受到"常人"的统治追随潮流和时尚的时候,它并不拥有时间。只有当此在处在本真的生存状态,它才拥有时间。何谓本真的生存状态?就是"构成其最极端的存在可能性的东西"。④ 也就是此在向着将来存在的"先行",是向着此在最本己、最极端的可能性的"先行"。⑤ 这时候的存在可以说是本真的状态。海德格尔说:"将来存在给出时间,构成当前,并且让过去重演在它所度过的存在的'如何'中。……时间的基本现象是将来。"

在《时间概念史导论》(1925年)中,海德格尔认为传统形而上学(尤其是以笛卡尔为代表的理性形而上学)对存在或者实在的理解失之偏颇。传统形而上学主要在现成性的意义上理解这个世界。海德格尔说:"当笛卡尔一般地追问

---

① 《海德格尔选集》上卷,孙周兴等译,上海:上海三联书店,1996年,第7—9页。
② 同上书,第8页。
③ 同上书,第24页。
④ 同上书,第16页。
⑤ 同上书,第17页。

一种存在者的存在时,他就是在传统的意义上追问实体(Substanz)。当他谈论实体时,他通常是在严格的意义上谈论实体性(Substanzialität)。"①这里所说的实体性就是现成可见性(Vorhandenheit)。海德格尔认为,这种把握实体性的方式是感性知觉,它仅仅把物体之存在理解为广延(extensio)。笛卡尔和康德都是在这个意义上理解物体的存在。这种理解方式建立在看(视觉)的基础上,由此形成了理解存在的理论化的片面方式。重要的是,在他看来,现象学也受此影响,跳过世界的世间性去理解存在者的存在。同时,人也被规定为理性的动物(homo animal rationale,人是理性的动物)。为了突破这种对存在者之存在的狭隘理解,海德格尔肯定外部世界存在的真实性,主张"以现象学的方式直接把自己置身于日常的与物打交道的进程和与物相交通的境遇之中(而这种进程和境遇是相当不引人注目的),且以现象学的方式去描述当此之际所显现出来的东西。"②由此可见,海德格尔批判了传统形而上学对"存在"和"时间"的理解,提出了新的观点和研究思路。这一思路深化了对问题的理解,具有十分重要的理论意义。

在海德格尔之前,马克思已经批评过仅仅"从客体的或者直观的形式"去理解"对象"、"现实"和"感性"的传统思路。③ 实际上,这一批评针对的也是笛卡尔和康德的理解方式。从客体的角度理解对象就是从现成性的角度理解存在,从直观(理论地"看")的形式理解对象就是理论化地理解方式。马克思要求从"实践(Praxis)"的角度理解"对象"、"现实"和"感性",也就是从人的现实活动的角度理解"存在",这和海德格尔要求从此在与人和物打交道的进程与关联的角度理解存在者之存在的方向是一致的。

但是,接下来的解释就显示出重大的差异。马克思的实践方式是以物质生产劳动为基础的,海德格尔的此在之存在结构则是以操心(Sorge,另译烦、牵挂)为基础。这种操心和马克思的实践之间存在着很大不同。操心的最重要维度是先行到自身的极端可能性中去的将来存在,而要达到这种本真的能在的途径则是理解。可以发现,海德格尔绕了一圈,本来是批评理论的态度,自己却又不得不回到理解的方式。于是,马克思对时间的理解表现为以劳动时间和自由

---

① 马丁·海德格尔:《时间概念史导论》,欧东明译,北京:商务印书馆,2009年,第234页。
② 同上书,第258页。
③《马克思恩格斯文集》第1卷,第499页。

时间为基础的历史的发展,海德格尔对时间的理解则主要表现为以"理解"的时间性和遗忘存在的时间性为基础的历史性呈现。海德格尔说:"并不是时间存在,而是此在取道于(qua)时间生成它的存在。"① 如果此在达到了"理解"的境界,就拥有了本真的时间,反之,如果遗忘了存在,则落入"常人"的时间中去,从而"失去"了时间。

在《存在与时间》(1926年)中,海德格尔进一步完善了他的"理论"和"解释",尽管这一写作计划最终并未完成。他对时间的解释仍然坚持了先前的观点,只是更加细化了。海德格尔认为,此在的本质在于生存②,生存的过程就是此在的时间性展现自身的过程。所谓生存,就是"以其存在本身为本旨的有所领会的能在"。③ 海德格尔强调,此在是有别于石头那样的物的存在,不能在"事实上的现成存在"意义上理解它④,而要将其理解为"可能性"存在。尽管如此,它是根据自身的基本建构——在世界之中存在——去"现实"地理解生存的。此在首先是"我"(向来我属性)的存在,其次它在世的方式是各种各样的。这些方式用操劳(besorgen)和操持(Fürsorge)的概念来表示。所谓"操劳",是指把握"寓于上手事物的存在"的方式,海德格尔举了很多例子:"和某种东西打交道,制做某种东西,安排照顾某种东西,利用某种东西,放弃或浪费某种东西,从事、贯彻、探查、询问、考察、谈论、规定,诸如此类。"⑤甚至包括"残缺的样式",例如委弃、耽搁、拒绝、苟安等。所谓"操持",是指把握与他人的共在的方式。海德格尔也举了一些例子,如实际社会福利事业。但是操持往往表现为"残缺"和"淡漠"的样式,例如"互相忿恚、互相反对、互不需要、陌如路人、互不关己"。⑥ 无论是操劳还是操持,都属于"操心"的不同的表现方式。

海德格尔所说的"时间性"是通过此在不同的世间活动方式呈现出来的,而"操心"这种存在建构几乎涵括了所有此在的世间活动方式。于是,时间性的展露完全表现在"操心"的"时间性"。海德格尔对"操心"概念下了一个比较完整

---

① 马丁·海德格尔:《时间概念史导论》,欧东明译,第447页。
② 海德格尔:《存在与时间》,陈嘉映、王庆节合译,熊伟校,北京:生活·读书·新知三联书店,1999年,第49页。
③ 同上书,第268页。
④ 同上书,第65页。
⑤ 同上书,第66页。
⑥ 同上书,第141页。

的定义:"操心的规定是:先行于自身的-已经在……中的-作为寓于…的存在。"①"操心"的这三个维度分别对应于作为"将在"的"生存"、作为"现在"的"实际性"和作为"曾在"的"沉沦"(verfallen)。从外延上来看,"操心"这个概念和马克思的"实践"概念有些相似,但是,海德格尔认为,这并不是用来表示实践行为相对于理论行为具有优先地位。他说:"通过纯粹直观来规定现成事物,这种活动比起一项'政治行动'或休息消遣,其所具有的操心的性质并不更少。'理论'与'实践'都是其存在必须被规定为操心的那种存在者的存在可能性。"②海德格尔的意思很清楚,"理论"和"实践"都隶属于"操心",两者的地位是平等的,不存在何者优先的问题。这个观点显然和马克思不同。在《德意志意识形态》中,马克思(和恩格斯)一开始就提出,在人们从事其他活动之前,首先要解决吃喝住穿的问题。③ 这就明确地把物质生产活动摆在了优先的位置。要解决生存问题,就要通过付出一定的劳动时间来实现,而不是通过从事思辨和想象活动的时间来实现。

后期海德格尔对时间概念的理解发生了很大变化,他不再像青年时期那样从此在之存在的角度考察存在,而是试图从"存在"自身进行考察。这一转变的关键是:"此在"不再处在理解存在的中心位置。他在《时间与存在》(1962年)中说:"不顾存在者而思存在的企图是必要的,因为否则,在我看来,就不再能够合乎本己地把今天那些围绕地球而存在的东西的存在纳入我们的视野,更不用说充分规定人与那种一直被叫做'存在'的东西的关系了。"④早在《关于人道主义的书信》(1946年)中,海德格尔已经开始了这一转变。他说:"语言是存在的家。人以语言之家为家。思考的人们与创作的人们是这个家的看家人。"⑤由此可见,海德格尔已经把此在放在一个"看家人"的位置上,并试图更全面地理解时间和存在问题。正是在这封信中,海德格尔高度评价了马克思对历史的理解,认为它"比其余的历史学优越"。⑥

---

① 海德格尔:《存在与时间》,陈嘉映、王庆节合译,熊伟校,第226页。
② 同上书,第223页。
③《马克思恩格斯选集》第1卷,北京:人民出版社,1995年,第79页。
④ 海德格尔:《面向思的事情》,陈小文、孙周兴译,北京:商务印书馆,1999年,第2页。
⑤《海德格尔选集》上卷,孙周兴等译,第358页。
⑥ 同上书,第383页。

后期海德格尔既然不再从此在和此在之操心的角度出发理解时间,那么,他怎样理解时间概念?和先前一样,海德格尔反对把时间理解为线性的"现在"的前后相继。① 这种理解把时间概念简单化了,它过度强调了"现在"的维度。时间变成了"现在"的流动,由此造成的是对"现成性"的过度重视。在他看来,"常人"就是在这个意义上理解时间的。只有理解了本真的时间,才能克服"现成性"意义上的时间概念。

海德格尔认为,本真的时间是通过"在场"和"不在场"的状态显示出来的。"在场"是存在并活动着的"持存"②,"不在场"也同样存在并活动着。后者包括两种情形,一种是"不再现在的"曾在(Gewesen),一种是正在"走向我们"的"尚未当前"(将来)。所谓本真的时间,是指"从当前、过去和将来而来的、统一着其三重澄明着的到达的在场之切近"。③ 本真的时间具有四个维度,当前、曾在(过去)和将来构成其三维,另一维则是指"各维之间的相互传送(Zuspiel)"。④ 和青年时期相比,这一对时间概念的理解不再把"将来"作为优先的或首要的维度。他也不再从"此在"的角度,而是从"存在"自身的"在场"和"不在场"的角度理解时间概念。与此相关,这个"存在"也不再是从"此在"出发去理解,而是从本真的四维时间出发理解的。

总而言之,后期海德格尔也和青年时期一样,提出了本真的时间概念,但是前后的理解完全不同。青年海德格尔把本真的时间理解为"先行"到"将来存在"中去的"能在"的时间性展开,而后期海德格尔则认为本真时间是当前、曾在和将来及其三维之间的"相互传送"。相对于青年时期,后期海德格尔对本真时间的理解考虑到了此在之外的他者的存在,避免了重新陷入主体形而上学的窠臼。应该说,后期海德格尔的思想是对青年时期观点的纠偏,具有积极的意义。

从实践唯物主义哲学的角度来看,海德格尔虽然力图克服主体形而上学的局限,但是,由于他并没有把物质生产活动理解为"实践"的主要内涵,因此就无法正确估价工商业活动对于历史发展和人类解放的积极意义。他事实上把理解的活动看作更具有决定意义的实践。在他看来,要理解历史性必须回到理解

---

① 海德格尔:《面向思的事情》,陈小文、孙周兴译,第13页。
② 同上书,第14页。
③ 同上书,第19页。
④ 同上书,第18页。

此在的时间性,因为时间性就是历史性。历史的发展不是表现为生产力和生产关系、经济基础和上层建筑的矛盾运动,而是表现为"常人"的生活和本真生活的矛盾。因为把"理解"当作最重要、最基础的实践方式,所以,海德格尔的历史观无法达到唯物史观的高度。他虽然肯定了现实世界的真实性,但是,"生存"哲学因为不能理解真实发生的历史而只能停留在形而上学的唯物主义水平。

海德格尔在哲学方法上也具有很大的局限性。他批评笛卡尔主义哲学对"事情"的理论化的"看"的态度,主张一种前理论的理解和解释,也就是通过领会人的在世活动或者"本有(Ereignis)"的意义而让真理被揭示出来。相对于传统形而上学的直观方法来说,理解和解释的方法具有积极意义。但是,海德格尔拒绝接受辩证法。他说:"人们让矛盾存在,甚至使其尖锐化,并且试图把自相矛盾的,从而分崩离析的东西共同编排在一个无所不包的统一体中。人们把这种方法叫做辩证法。"在他看来,把关于存在和时间的相互矛盾的陈述统一起来,这样做无法达到真理,它不过是"一条逃避事情和实情的道路"。① 由此可见,因为方法的局限,海德格尔虽然重视事物之间的相互联系,但是他看到的只是事物之间的一般的关系,而不是反映社会发展真实内涵的本质关系。受此影响,那种推动历史发展的社会矛盾和资本主义的生产关系始终没有进入海德格尔的理论视野,他的"批判"只是停留在软弱无力的本真的呼吁,他所说的"解放"也只能是"以阐释方式进行的此在的解放"。②

Practical Time and Authentic Time:
On the Concept of Time of Marx and Heidegger

Guo Yunfeng

Abstract: Marx overcame the limitation of traditional philosophy, and analyzed the inner contradiction of the society and the concept of time dialectically. He not only pays attention to understand the subject dimension of time, but also to understand the object

---

① 海德格尔:《面向思的事情》,陈小文、孙周兴译,第4页。
② 海德格尔:《存在与时间》,陈嘉映、王庆节合译,熊伟校,第345页。

dimension of time, which history that being revealed is the real history. In Marx's view, the accumulation of free time of one party without labor in the society is based on the surplus labor time of worker, which also creates a kind of antagonistic civilization form. Through the dialectical understanding of the concept of time, Marx reveals the temporary nature and limitations of the mode of production of Capitalism. This paper also analyzed the connotation and limitation of Heidegger's concept of time. Young Heidegger believes that to understand the authentic time, it is possible to go ahead from the death as the most extreme possibility. Late Heidegger's understanding of the authentic time is to refer to the temporality of the current, the existing in the past and the future and their "transmission". He did not reach the materialistic view of history because of his emphasis on the understanding instead of the material production. Also because of the opposition to Dialectics and neglect the study of social contradictions, he can not reveal the root causes of social problems, and finally can only resort to an authentic appeal and the "liberation" that achieving by the way of interpretation.

Key Words: time, praxis, Dasein

康德的"自由观念"：
论阿多诺诠释的独特性*

丁乃顺[**]

[摘　要] 康德的自由观念在其整个哲学思想中具有极端重要性，自由观念是沟通康德认识论和道德哲学的桥梁，既是认识论也是道德哲学的核心。要想理解康德哲学的全部，必须首先理解康德的自由观念。阿多诺认为，自由的二律背反是康德哲学的一个本质要素，如同自由的辩证法是黑格尔哲学的一个本质要素一样。所以，我们必须梳理阿多诺诠释康德"自由观念"的内容，挖掘阿多诺诠释康德"自由观念"的特质，探究阿多诺诠释康德"自由观念"的价值，发现阿多诺诠释的不足之处。从而，比较客观地描述阿多诺对康德"自由观念"的理解及反思。

[关键词] 先验自由；实践自由；因果性

---

* 基金项目：山东省高校人文社科研究计划资助经费项目"法兰克福学派自由观及其嬗变研究"（项目编号：J16YA28）。

** 丁乃顺（1981—　），男，山东淄博人，法学博士，山东理工大学马克思主义学院讲师，主要研究方向为康德道德哲学、法兰克福学派思想。

康德的"自由观念"在其整个哲学思想中具有极端重要性，"自由观念"是沟通康德认识论和道德哲学的桥梁，同时是整个康德哲学的思想旨趣。康德曾言："自由概念的实在性既然已由实践理性的一条无可争辩的法则证明，它就构成了纯粹的，甚至思辨的理性体系的整个建筑的拱顶石。"①可见，"自由观念"涉及康德哲学最为普遍的问题，既是认识论也是道德哲学的核心。要想理解康德哲学的全部，必须首先理解康德的自由观念。阿多诺认为："自由的二律背反是康德哲学的一个本质要素，如同自由的辩证法是黑格尔哲学的一个本质要素一样。"②所以，我们梳理阿多诺诠释康德"自由观念"的内容，挖掘阿多诺诠释康德"自由观念"的特质，探寻阿多诺诠释康德"自由观念"的价值，发现阿多诺诠释的不足之处。从而，比较客观地描述阿多诺对康德"自由观念"的理解及反思。

一、诠释康德"自由观念"的内容

阿多诺认为，诠释康德"自由观念"可分为"先验自由"和"实践自由"两个部分。"先验自由"是康德整个"自由观念"的第一问题，它贯穿于康德哲学思想的全部，只有深入挖掘"先验自由"的产生才能理解其他自由概念。所以，以"先验自由"为诠释基础，进一步诠释"实践自由"，即"消极的自由"与"积极的自由"，但他的诠释不是文本"翻译"而是以问题意识为线索的理论阐发。

（一）"先验自由"的诠释

在阿多诺看来，先验自由与自然因果性在"二律背反"中是一种矛盾意识。"二律背反学说的本质在于，这种矛盾是在我已经说过的那种理性批判的澄明意图与形而上学的拯救意图之间得到了表达。康德并没有说出这些意图，但它们却深深地浸透在他的哲学里面，按照康德的观点，这两种意图在理性中是同等重要的，因为它们在理性中使自己发生同等效用，因此，这种意图之间的矛盾情结导致了不可消除的矛盾。"③那么，阿多诺的诠释可分为几个层次：

---

① [德]康德：《实践理性批判》，韩水法译，北京：商务印书馆，1999年，第1—2页。
② [德]阿多尔诺：《否定的辩证法》，张峰译，重庆：重庆出版社，1993年社，第210页。
③ [德]T.W.阿多诺：《道德哲学的问题》，谢地坤、王彤译，谢地坤校，北京：人民出版社，2007年，第32—33页。

其一，康德设置自然因果性范畴以推出"先验自由"。康德必须处理自然因果性与先验自由的关联，才凸显认识主体的自主性意识。只有作为认识主体的人具有重新开启一种因果关系序列，才能说明人才具有自主性，"自我首先能够在自身那里经历某些东西，而无论一个无所不包的决定论内部是如何行动的；自我通过一个行动重新造成一些特定的和合乎规则、按照顺序排列的系列，尽管这个行动可能在客观上与自然的因果性相关，但它最初却具有一种康德在这里所说的与自然因果性相对立的、自主性的因素。"[①]可见，自主性完全归咎于对原因的绝对自发性，先验自由满足第一动因。在二律背反中，认识主体对因果关系序列的递推势必进入无限，为康德提出"先验自由"提供了契机。

其二，康德设置先验自由与自然因果性的关系以说明先验自由是人的先天能力。阿多诺认为，"现在的原因必定产生于先前的状态，按照这个命题，如果存在一个 A 形式的状态，那么 B 形式的状态就始终跟在 A 形式状态之后；根据康德的观点，先前的状态从其自身方面来讲，就必定是一个曾经生成的、发生的事物。因为假如先前的状态不是这样，而是从一开始就已经是现成的，那么，现在的现象——从先前的状态对这种现象加以解释——也同样必定是原初的和全然的存在事物。"[②]可见，没有因果关系的必然性束缚，先验自由作为一个理性自发性能力无法得以呈现，因果关系递推没有追溯原因的充分性开端，先验自由才承担开启一个因果关系序列的原因性存在。

其三，康德运用"反面证明法"凸显先验自由的来源及意义。康德在二律背反中使用"反面证明法"，这种方法在于，"无论是正题还是反题，它们既互相矛盾，同时却又是自明的或者非自明的，它们通过反题所导致的荒谬而得到证明。换句话说，两者都是否定的，它们都可以对立面为出发点，通过与之相矛盾的（kontradiktorisch）、对立命题而得到证明。"[③] 关于理性的二律背反，"transcendental"概念具有"超越的"（going beyond），即对经验的超越并寻求绝对的事物，康德的"transcendental"概念与经验内容不相分离，只能在经验与先验相关的领域产生绝对的事物。基于此，先验自由与自然因果性在康德哲学中

---

① ［德］T.W. 阿多诺：《道德哲学的问题》，谢地坤、王彤译，谢地坤校，第 44 页。
② 同上书，第 42 页。
③ 同上书，第 37 页。

设定了方向,认知主体的对象是现象界而不是物自体本身。"由此看来,因果性就是这样一个范畴,它并不是与物自体相适宜的、与智力范围相适宜的一个物;在事实上,这个来自于自由的因果性就是这样一个概念,它处在现象领域的彼岸,对现象性发生效用,因果性概念就是为现象性而设置的。"①而阿多诺认为,自然因果性概念是对现象界的决定,而人作为理性存在者具有理性纯粹自发性,先验自由使人不受自然因果性的决定。

(二)"实践自由"的诠释

在诠释康德的"先验自由"时,阿多诺指出了康德的先验自由作为人的理性能力,理论理性和实践理性相统一,认识到"先验自由"概念是康德理性批判的核心。康德在认识论中把"先验自由"作为一种纯粹理性的自发性能力,而在实践哲学中,人作为理性存在者同时是感性存在物,但能摆脱感性必然性的限制,以证明人能理性地进行实践,即人具有"实践自由"。阿多诺诠释"实践自由"分为下几点:

其一,理解"实践自由"强调自然因果性与先验自由的关联。在康德哲学中,理性是同一个理性,自由也是同一个自由,只是理论上与实践上的差异而已。在纯粹理性的实践中,首要的是意识到自身具备这样的能力来区别于感性存在的"欺骗"和动物性任意的不恰当。阿多诺理解康德的"实践自由"侧重于"纯粹理性自发性能力"的一贯性。"由于实践恰恰是作为我们理性的纯粹应用的终极目的而出现的,由于纯粹理性的终极目的应当是实践和行动,……但又确实超出了二律背反以外的东西就能够得以成立,虽然人们可以说,因果性在二律背反学说的意义上获得胜利,这是因为我们在经验的范围只能思考原因和结果,一旦我们超出经验的范围,我们立即就不知道,是去证明还是去反驳因果性,因为我们也因此陷入了不可能解决的二律背反之中。"②所以,先验自由与自然因果性范畴的设置,为"实践自由"的可能作出了理论奠基。

其二,诠释"实践自由"强调康德用辩证的方式说明"实践自由"。阿多诺认为,康德在实践理性中建构了一个悖论,即感性存在与理性存在的矛盾。人是

---

① [德]T.W.阿多诺:《道德哲学的问题》,谢地坤、王彤译,谢地坤校,第39页。
② 同上书,第65—66页。

理性的自律者,同时人又是一个感性的存在者,实践自由必须压制感性欲望、爱好、情感等。"康德思想的核心在这里就在于,并不是作为纯粹理性存在物的自我所认识到的一切东西,并不是这里所着重强调的自我的东西。也就是说,那种自我使自己依赖于他者的他律的东西,实践上都是对自由原则的阻碍。"①"实践自由"如"先验自由","实践自由"同样需要感性因素得以引出,即感性作为他律的和理性作为自律的辩证关系。阿多诺通过康德的"消极的自由"来阐明这一辩证关系,"消极的自由"对于康德来说就是有关纯粹理性在实践中得以可能的首要问题,如果它的可能性是成立的,则实践理性就是存在的。"也就是说,如果我们作为行动者的人使自己依赖于质料,如果行动不纯粹地依赖于自我的自己表象,并且是关于普遍法则的表象,那么,这样的行动就根本不再是实践的,不再是自由的。"②

其三,诠释"实践自由"强调"实践"概念预设了"非实践"的意义。实践理性是纯粹理性的实践,康德的道德命令是人的实践标准。阿多诺认为,"实践理性在他那里的含义就等于实践的纯粹理性,也就等于对正确与错误、善与恶作出判断的先验能力,而不是如同我们在谈论实践理性时通常所认为的那样,这是关于一个注重实际的人的理性,或者是一个不注重实际的人的理性。在康德那里,实践与实践的这个词承受着非常重要的任务。"③康德用实践理性的标准来规定行动的正当性,应该如何行动就是按照实践理性而行。"行动本身应当纯粹地产生与自我的表象中,行动应当独立与任何一种曾经与之相联系的质料;只有当行动是独立的时候,只有当行动是自我的无牵挂的、独特行动的时候,并且自我本身不再把那些不与行动相关的东西当作思维的、理性的存在物的时候,自我才能把行动表象为一种实践行动。"④如果不是以实践理性去行动,实践自由是不可能实现的。阿多诺阐述符合康德关于实践、行动和自由之间的关系的构建,符合康德哲学实践自由具有优先性的思路。

---

① [德]T.W.阿多诺:《道德哲学的问题》,谢地坤、王彤译,谢地坤校,第80页。
② 同上书,第81页。
③ 同上书,第78—79页。
④ 同上书,第79页。

二、诠释康德"自由观念"的特质

从阿多诺的诠释来看,他不是对原著逐字逐句地解读,而是基于其自身独立思考基础上的论述,并以其辩证思维去梳理康德先验自由、实践自由及其同质性。那么,挖掘阿多诺诠释的特质,则更能够认识到阿多诺诠释康德自由观念的价值。阿多诺诠释的特质体现在两个方面:理性的二重性、注重自由因果性与自然因果性。因此,通过整理和总结阿多诺诠释的特质,也可以使我们更好地发现阿多诺思想中的自由观思想。

(一)注重"自由观念"的二重性建构

就"自由观念"的诠释而言,阿多诺非常注重康德理论的二重性建构。其二重性为:理论理性中的先验自由与自然因果性范畴的关联;实践理性中的实践自由与感性因素的关联。的确,二重性建构是康德哲学的基本特征,其原因是康德哲学综合唯理论与经验论为知识的确定性寻求形而上学的奠基。即物自体不可知,而理性却要认识物自体;感性存在于人本身中,而理性却为人之本性。

阿多诺认为,无论从先验自由还是实践自由,康德明显建构了一个外在性的束缚与内在性的自发的二重性框架。"康德学说一方面具有批判的因素,也就是要消除业已被人们简单接受的独断论的表象,康德是通过援引主体性的建构来克服独断论的。……另一个意图是:康德现在不仅试图通过完完全全的主体分析去拯救认识的客观性,而且还试图在理智的范围中——对康德来说,更愿意把这个范围称作道德的或自由的范围——去拯救那些在他之前曾经被称作本体论、而且现在人们还乐意把它们继续称作本体论的东西。这种二重性的本质确实说明了康德在面对自由问题时所采取的异乎寻常的态度。"①"先验自由"作为主体的自发能力具有发挥"原始性"原因的作用,"实践自由"关乎经验事实层面经验事实使感性变得不确定,而理性存在者则不屈服感性,人就能"实践自由"。"一方面,理性在自身中要求有一个普遍的合规律性,因为理性只有作为一般的合规律性才能与那种盲目的和无定形的东西相对抗;另一方面,

---

① [德]T. W. 阿多诺:《道德哲学的问题》,谢地坤、王彤译,谢地坤校,第62—63页。

理性要求自由，因为在面对那种无定形东西的时候，自由是唯一可能的立场。这种双重的困难——既不能给出人的活动范围处在绝对的合规律性中，也不能给出人的活动处在绝对的自由中——恰恰就是康德被迫悖论地从自由中去建构因果性的最深层的原因。"①阿多诺对康德"自由观念"的诠释探寻到康德哲学的建构特征，准确地把握了两个自由的本质关联。

引入一些经典的诠释，既说明阿多诺诠释的合理，同时彰显阿多诺诠释的特质。罗尔斯把康德"自由观念"分为三个"自由"，即在自由观念下的活动、实践自由和先验自由，实践自由代替了消极的自由，积极的自由理解为在自由观念下的活动观念。"基本的观念是在自由观念下的活动观念。康德认为，它涵盖了作为合理而理性的人，当我们进行慎思活动时，我们用来对待我们自己以及我们理性能力的一整套基本态度。实践自由和先验自由融合为那个基本的观念，在这一点上，它们更是支持它的观念。……在自由观念下行动也就是另两个自由观念找到特定的背景。"②贝克则认为，先验自由与实践自由都是本体方面的阐释，都是纯粹理性的自发性体现，"如果借助'自由'我们意指的是本体的原因性，并且主张我们不知道本体，那么在对现象的研究中，就没有一种正当的方式能够决定在运用于其中特定某些的东西的过程中允许使用自由概念。……如果对本体性自由的占有相对于自然的统一性而言产生了某些不同的结构，那么，就不存在统一性；而如果它做不到这一点，那么称其为'自由'就只是空虚的自负。"③贝克的观点表明，先验自由与实践自由之间的关系是同一个理性能力的体现，他的诠释注重对先验自由的批判。阿里森认为，同一个理性能力下的两个自由的一致性，"康德在对正题的注释中提出了这个问题，他探讨了先验自由的自由理念和日常的自由行为能力概念之间的联系，其要点在于，后一个概念，换言之即心理学的概念——后来被称为'实践的自由'，是一个混杂的概念。尽管主要是经验性的成分居多，但它也包含这一先验的理念作为一个本质成分，在此，该理念的特性被说成是'作为其可归因之根据的行为的绝对自

---

① [德]T. W. 阿多诺：《道德哲学的问题》，谢地坤、王彤译，谢地坤校，第60—61页。
② [美]约翰·罗尔斯：《道德哲学史讲义》，张国清译，北京：生活·读书·新知三联书店，2003年，第388—389页。
③ [美]刘易斯·贝克：《〈实践理性批判〉通释》，黄涛译，上海：华东师范大学出版社，2011年，第236页。

发性'这一思想。"① 由此可见,自由观念在于把人的理性能力展现出来,自由与理性之间具有相等内涵。

因此可言,阿多诺注重理性建构的二重性,客观地诠释了康德的理路,并具有一定的批判性。"意识、合理的见解和自由行动不是一回事,我们不能断然把自由行动和意志相等同。然而,在康德的思维中二者却等同起来,对他来说,意志是自由的行为的统一特点。"② 从而,阿多诺的诠释注重整体建构方面,并着重理论问题意识的阐发。

(二) 注重"自由的因果性"和"自然的因果性"

阿多诺在自由与因果决定论之间的解释已经构成了关乎康德哲学的重要性内容。自我的同一性其本身就是一种决定论的原则,如果没有先验自由,因果决定论的事实是难以消除的。"在先验知性中的自由所包含的意义等同于康德在这里所批评的这个设定的意义,即自由通常如同因果性一样,是一个范畴,这就是说,自由——独立于规律所规定的行为和事情的过程——其本身也会成为基本规定。对一般现象世界的认识和组织也会依据这个基本规定而组织起来。"③ 阿多诺的诠释注重其中存在的问题,即自由完全开启一个因果序列或先验自由就是第一开始因,这成为其诠释的康德哲学重要特征。

阿多诺的诠释注重自由与因果决定论之间的相容性问题,并从先验自由与实践自由相关联的整体层面去说明康德的自由观念。"假如感性世界中的一切原因性都是自然,那每个事件都将是在时间中按照必然规律而为另一个实践所规定,因而,由于诸现象就其规定着任意而言必然会使任何行动作为其自然后果而成为必然的,所以在取消先验自由的同时就会把一切实践的自由也根除了。因为实践自由的前提在于,虽然某物并没有发生,但它本来应当发生,因而它的原因在现象中并没有如此确定,以至于在我们的任意中不包含有某种原因性,甚至违抗自然的强制力和影响而产生某种在时间序列中按照经验性规律被规定的东西,因而完全自行开始一个实践序列。"④ 可见,阿多诺充分把握住了康德自由观念的核心问题及其实践上的重要性。

---

① [美]亨利·E·阿里森:《康德的自由理论》,陈虎平译,沈阳:辽宁教育出版社,2001年,第24—25页。
② [德]阿多尔诺:《否定的辩证法》,张峰译,第223页。
③ [德]T.W.阿多诺:《道德哲学的问题》,谢地坤、王彤译,谢地坤校,第46页。
④ [德]康德:《纯粹理性批判》,邓晓芒译,杨祖陶校,北京:人民出版社,2003年,第434页。

由于自由与因果决定论关系的重要性,诠释存在很多争议,即康德是一个相容论者还是不相容论者。阿里森认为,康德是一个不相容论者,充足理由律对于莱布尼茨来说是真实的真理,认知主体的自由也可纳入其中,主体的自由也是一种不自由,那么,康德所回到主体的"哥白尼革命"就不再可能。如果理性行为能力的先验自由与因果决定论相容,那么,康德是一个"相容论与非相容论者的相容性"的奠基人。"由于康德坚持认为主动性要求只有通过非相容论的自由概念(以先验的理念为范型)才能得到满足,因此,对此问题所作的通常的相容论的解决,对他来说并不可行。……因此,用艾伦·伍德的话说,该计划可适当地被描述为展示'相容论与非相容论的相容性'的尝试。"①罗尔斯则从莱布尼茨前定和谐论的内容来看自由与因果决定论,康德是一个相容论者,"康德断定,在如下意义上,莱布尼茨的自由精神具有自发性:他们的心理状态取决于把他们作为自由精神来构造的实际力量,所以并非取决于外在的影响力。不过,他们缺乏康德坚信的并称之为绝对自发性的东西。"②"自由兼容于决定论的根据,自由甚至必须有决定论的根据,他所指的那些根据是'内在而自足的根据'。自由不是随机性,自由也不缺乏决定论。问题在于避免前定论,我们似乎只有通过绝对的自发性才能做到这一点。"③罗尔斯认为二者之间相容基于因果决定论作为一个前提条件,自由作为绝对自发性才得以提出。

因此可见,阿多诺对自由与因果决定论的注重,尽管阿多诺的诠释可能是一个相容论者,但他重视两种自由的连贯性和整体性,并从实践自由的价值层面说明康德自由观念的重要性。这种诠释与英美哲学家的理论诠释虽有区别,但在诠释的视角中存在着交集,这也证明了阿多诺诠释的独到见解。

三、诠释康德"自由观念"的价值

阿多诺诠释康德的"自由观念"并对其存在的问题进行反思,较为侧重康德矛盾观的缺失、理论与实践的二分法和自由与因果性问题。这种问题的反思投

---

① [美]亨利·E·阿里森:《康德的自由理论》,陈虎平译,第28—29页。
② [美]约翰·罗尔斯:《道德哲学史讲义》,张国清译,第377页。
③ 同上书,第378页。

射出阿多诺对自由实践问题的思考,以下几个方面的认识与反思,凸显阿多诺诠释的价值。

其一,康德没有把矛盾作为一种必然性来看待,辩证法在康德思想中不是一种积极方法。尽管先验自由作为认识论中的一个重要理念和能力,但在实践理性中,自由面临着感性欲望、爱好与理性的矛盾。"矛盾确实发挥清除障碍的作用;辩证法,即关于必然矛盾的学说或关于一般原理的矛盾的学说,……对康德来说,辩证法始终并且必须是虚假的东西,康德在其他地方还把辩证法称为'假象的逻辑',并且自告奋勇地清除这样的二律背反。"①阿多诺认为,只有把矛盾理解为一种必然性,只有把矛盾理解为实际问题,而不是在理论上消除矛盾。康德是遵循亚里士多德的模式,区分主体的经验存在和纯粹存在,是一种对认知主体的二分的做法。"康德辩证法遵循亚里士多德模式表现为诡辩学者的辩证法,但它让每一个正题以及每一个反题都是无矛盾地在自身之中发展起来的。它决不能轻松打发掉对理性,毋宁说将证明对理性的不可避免性。只是在更高的反思阶段,作为对待事物(它无视这些事物的自在存在,因此它没有权利对这些事物作出肯定的判断)的逻辑理性的假说,对立性才可以说是'可解决的'。"②作为主体的人,在现实生活中可能是自由也可能不自由的,康德忽视了纯粹的主体和经验的主体之间的差别。因此,康德对主体二分有一种绝对态度,显然康德没有意识到矛盾的必然性。

其二,康德用理论与实践的二分法说明实践自由,但人的行动存在不确定性。人是感性与理性的合一,在意识中确定的行动原则难以完全体现在行动中。以阿多诺看来,"真实的实践、即那些满足自由行动总体的确需要充分的理论意识。决定论在通向行动的过程中勾销了理性,把行动转交给统治的自动作用:它自以为具有的那种并未反映出来的自由开始服务于总的不自由。……但实践还需要某种别的东西,即意识不能穷尽的肉体的东西,传达于理性而在性质上又不同于理性的东西。这两种因素决不是分别被体验到的。"③尽管康德在实践自由方面树立道德命令,但感性追寻幸福在于能否与理性规约相一致。因此,实践的世界是复杂的,纯粹主体能否掌握实践的丰富性,那

---

① [德]T. W. 阿多诺:《道德哲学的问题》,谢地坤、王彤译,谢地坤校,第34—35页。
② [德]阿多尔诺:《否定的辩证法》,张峰译,第236页。
③ 同上书,第225页。

么,实践情况和理论要求的两分只会造成理论上的有意义,而实践上可能无意义。

其三,康德用自然因果性推出先验自由违反了因果性概念的使用范围。阿多诺认为,因果性具有一般大全性,先验自由不能脱离这个大全性。"如果有人假定了一个最终的和绝对的原因,那这样的人就违反了在因果性概念自身中所蕴涵的无所不包的大全要求。也就是说,有人任意中断了正在追寻的原因序列,他因此违反了因果性本身的原则——人们必须对一切已经现成的东西指出一个进一步的原因,因为只是由于一般的因果关系的大全性,这些现成的东西才会陷入一种合乎规则的经验关联之中。"①"反过来讲,如果人们不假定这样一个最终的原因,那么,就不存在完整的因果性。……人们就违反了没有充足理由就不会发生任何事情的原则,由于人们不再追问这个最终的原因,那人们在一定意义上就是停滞不前的。这两方面的缺陷都应当在于,因果性原则本身的意义没有得到满足。在前一个方面,大全的要求就存在于这个原则自身之中:人们不可能找到一个最终和绝对的要求,反之,人们就会中断这个大全性;在另外一个方面,如果人们没有假定这样一个原因,那就根本不存在一个确实充分的原因,而是始终只有一个单纯推演出来的论证,因此,因果性的概念在自身中永远没有得到满足。"②通过阿多诺的论述来看,康德在处理因果性范畴时违背了因果性的大全性,先验自由作为一种新的因果序列连接起来,说明康德只是作出一种调节,而没有顾及因果性的本质。先验自由建立在因果性的强制和作用之下,康德是利用正反题的对立,二者之间对因果性的概念都没有充分把握,因果性和先验自由是一个辩证的关系。

其四,康德剔除经验以寻求先验自由的可能,但是脱离经验世界难以使自我重新开起因果序列。阿多诺认为,"康德坚持他的图式,企图用从椅子上站起来说明自由——这种决定在贝克特的剧中是更合适的。可以说,为了在经验上有说服力地决定意志是不是自由的,必须严格地清理掉境况的经验内容,我们在那些为思想实验所创造的条件下能知觉道德决定因素必须尽可能地少。"③"我"是直言命令而得出的,即主词是"自我",宾词是"灵魂","自我"是就永恒性

---

① [德]T. W. 阿多诺:《道德哲学的问题》,谢地坤、王彤译,谢地坤校,第49—50页。
② 同上书,第50页。
③ [德]阿多尔诺:《否定的辩证法》,张峰译,第219页。

而言的,灵魂不朽。因此,"自我"的性质是先验的,先验的"自我"本身就是在于其先天性,所以是一种认识论自由的表现。阿多诺进一步指出,康德的思想理路基于传统哲学的认识论,是一种问题的推进,使认识主体能够得以确立并能发挥重要功能。"在传统哲学中,……主体的反思即使不能破坏自然的因果性,至少也只有它能改变其方向,补充上另外的运动次序。对自由要素的自我经验依赖于意识。只是就主体感到自己的行动是与自己相统一的且有只是自觉地这样做的而言,主体才知道自己是自由的。只是在这种行动中,主体性才能艰难地、短暂地抬起它的头。"① 阿多诺认为,康德先验自由所触及的问题,同时证明康德对先验自有和自然因果性问题的发展。主体与客体的关系不能仅是主体被动性和客体决定性,否定的辩证法就是为处理二者关系所提出,即既尊重主体的首要性又认可客体的优先性。

四、诠释康德"自由观念"的不足

阿多诺的诠释坚持了康德自由观念的统一性,说明了先验自由和实践自由以因果性范畴为前提。但是,阿多诺对康德自由观诠释也存在一定的不足,主要体现在对康德论证的过程和细节处理没有足够重视。

一方面,阿多诺诠释基于康德对理性统一性的方面,注重两个自由的本质和引出是相同的,而没有给出一个较为详尽的诠释过程。情感、爱好、欲望与"消极的自由"是如何界定清楚的。尽管阿多诺对先验自由和实践自由的区分是从本体性与现实性而言的,而具体到文本及其关系没有明确的阐述。较之其他学者,阿里森的诠释更为合理,在界定康德自由观念时,先验自由是一种本体层面的自由,并能够应用于实践,实践的自由是可能的。不仅仅说明先验自由与实践自由的关联,更注重人具有经验性的品格和智性的品格。所谓"经验性的品格"是人们生活于现实世界中,感性的存在受到时空限制,因果性范畴是人的一般思考问题的方式,这符合康德因果范畴的定义。而智性的品格在于非经验性,"所谓'智性的',在此即相当于'非感性的'或是'非经验性的',由是推知,该行为者及其活动之智性的品格既不会服从可能经验的条件,也不能用经验性

---

① [德]阿多尔诺:《否定的辩证法》,张峰译,第223页。

的术语加以描述。……简言之,有了智性的品格这一概念,在思考一本体界的主体之经验性的无条件的活动时,我们便有了一个定制。"①可见,在说明先验自由与实践自由的关系之前,需要界定认知主体的本体性存在与经验性存在,前者是理性行为能力的存在,后者是人作为感性存在受到的局限。

另一方面,阿多诺诠释注重说明康德用二分法和建构性目的,但没有认识到康德关于人具有两重性品格的论述。康德曾言:"每个人都有他的任意的一种经验性的品格,这种品格无非他的理性的某种原因性,只要这种原因性在其现象中的结果上显示出一条规则,根据这条规则我们可以将理性的动机及其行动按照某种类和程度来接受,并能对他的任意的那些主观原则进行判断。……所以在这种经验性的品格方面没有任何自由,但惟有按照这个品格我们才能考察人,如果我们只是想观察人,并如同在人类学中所做的那样,从自然之学上研究人的行动的动因的话。"②由此可见,阿多诺对实践自由中"消极的自由"的意义诠释过于简单。在阿多诺的诠释中,重视先验自由的论证和先验自由与实践自由在方法上的相似性,而忽视了康德关于理性的存在者在实践经验层面如何把"消极的自由"论证出来。

Kant's "Idea of Freedom": The Uniqueness of Adorno's Interpretation

Ding Naishun

Abstract: Kant's idea of freedom is extremely important in his whole philosophy, the idea of freedom is the bridge between Kant's epistemology and moral philosophy, which is also the core of moral philosophy. Adorno thinks, freedom antinomy is an essential element of Kant's philosophy, just as the dialectic of freedom is an essential element of Hegel's philosophy. So, we have to sort out Adorno's interpretation of the content of Kant's "idea of freedom", dig Adoro's interpretation of the peculiarity of Kant's "idea of freedom", explore Adorno's interpretation of the value of Kant's "idea of freedom",

---

① [美]亨利·E·阿里森:《康德的自由理论》,陈虎平译,第32页。
② [德]康德:《纯粹理性批判》,邓晓芒译,杨祖陶校,第443—444页。

found the shortcomings of Adorno's interpretation. Therefore, it is more objective to describe Adorno's understanding and reflection on Kant's "idea of freedom".

Key Words: transcendental freedom, practical freedom, causality

中国哲学英译的理论与实践
——从一次哲学翻译(中译英)工作坊上的对谈而来

[美]麦查德(Chad Austin Meyers)　郁振华　吴冠军等

[摘　要]　《成己与成物——意义世界的生成》系杨国荣教授"具体的形上学"三书之一,其英译本已由印第安纳大学出版社作为"世界哲学"系列之一出版。这可以说是当代中国哲学的理论性著作(不同于哲学史的论著)在英语世界的实质性出场。这也引发了当今学人关于哲学翻译尤其是中国哲学英译的理论探索。在中国哲学走向世界的进程中,经典作品与当代优秀成果的外译具有重要意义。关键术语凝结着一种理论的核心,反思中国哲学基本范畴的现有译名并重新厘而定之,不止是一项翻译工作,还是两种不同文化与思想传统的深入交流与相互激发。杨著的英译奠定了新的开端,随着国家社科基金重大项目"冯契哲学文献整理及思想研究"的展开,冯契先生哲学论著的翻译工作也将在中外学者的深度合作中不断推进。

[关键词]　中国哲学;哲学翻译;杨国荣《成己与成物——意义世界的生成》;冯契论著英译;工作坊

【题记】2016年6月30日,华东师范大学哲学系国家社科基金重大项目"冯契哲学文献整理及思想研究"(项目编号:15ZDB012)课题组与华东师范大学中国现代思想文化研究所联合举办"哲学翻译(中译英)工作坊"。本文由华东师范大学思勉高等人文研究院研究生王文祺根据录音整理而成(英文发言部分亦由王文祺翻译),并经与会者审订。

工作坊主旨报告人系杨国荣教授《成己与成物——意义世界的生成》英译本译者、华东师范大学哲学系博士生麦查德(Chad Austin Meyers),对谈嘉宾包括(依发言顺序):郁振华,华东师范大学哲学系教授、系主任、国家社科基金重大项目"冯契哲学文献整理及思想研究"首席专家;刘梁剑,华东师范大学哲学系副教授;吴冠军,华东师范大学政治学系教授;蔡蓁,华东师范大学哲学系副教授;张琳,上海社会科学院哲学所研究助理;达尼娅(Tatsiana Silantsyeva),华东师范大学哲学系博士生;张小勇,华东师范大学哲学系助理教授;陈乔见,华东师范大学哲学系副教授;吴晓番,上海财经大学人文学院副教授;王寅丽,华东师范大学哲学系副教授;谭延庚,华东师范大学哲学系博士生;张立立,华东师范大学哲学系助理教授;郁锋,华东师范大学哲学系助理教授;苟东锋,华东师范大学哲学系助理教授;赵丽端,上海电机学院马克思主义学院助理教授。

对谈稿草成,就正于学界同仁,得到热烈回应,复以笔谈的形式参与讨论。文末所载,即是三位学者的笔谈稿:葛四友,华东师范大学哲学系教授;陈志伟,西安电子科技大学人文学院副教授;朱姝,北京建筑大学文法学院讲师。

郁振华: 各位老师、各位同学,我们的"哲学翻译(中译英)工作坊"开始了!我先说个开场白。我想从最近我们全情投入的学科评估说起。这次评估是对我系从2012年1月1日到2015年12月31日这个时段中学科建设的全方位检验。其中一个重要的方面是科研。讲到科研,我特别想提一下我们的研究生。这次表格上不少科研成果是我们的博士生、硕士生贡献的。感谢同学们!在科研方面,国际化是我们的一贯追求,近期在研究生层面上,有比较突出的成果。杨国荣教授《成己与成物——意义世界的生成》一书的英译本 *The Mutual Cultivation of Self and Things: A Contemporary Chinese Philosophy of the Meaning of Being* 今年四月由美国印第安纳大学出版社出版,译者是我们系的博士生Chad Austin Meyers。还有,我刚刚被告知,达尼娅的一篇论文被

A&HCI 来源期刊 Dao: *A Journal of Comparative Philosophy* 接受了。特别值得一提的是,从今年始,我们开设了面向留学生的中国哲学全英文研究生项目(International Program for Graduate Studies in Chinese Philosophy at ECNU),Chad 和达尼娅在其中发挥了积极作用。谢谢两位同学对哲学系国际化所做出的贡献!

今天我们的工作坊准备这么来安排。首先由 Chad 做一个 keynote speech。我先对 Chad 做一个简单的介绍。圈内对 Chad 的哲学翻译评价很高,国内外很多同仁都对他的工作赞赏有加。英文是他的母语,当然很好,同时,他对汉语也有非常敏锐的感觉。杨国荣老师说他有一种可贵的哲学悟性,这在他的翻译中都体现出来了。Chad 报告之后,刘梁剑老师会跟我们分享他参与该项目的体会。他还为我们准备了 Chad 在翻译中的一些注释,供大家参考。

党委书记童世骏教授得知我们今天要召开这样一个 workshop 非常高兴。他希望我们多多进行这种小型的、有深度的研讨。童书记是国家社科基金重大项目"冯契哲学文献整理及思想研究"课题组的核心成员,主持子课题"冯契基本论著英译"。下面我们先请 Chad Austin Meyers 来作 keynote speech。大家欢迎!

Chad Austin Meyers(以下简称"Chad"):大家好!谢谢大家来参加今天的 workshop!因为这是用英文来译的一本书,我可能一半用英文来讲。你们要提出问题的时候可以用中文来讲,我们可以在英文、中文之间换来换去。

我热爱散发着淡淡墨香的书本。当这部倾注了大量时光和心力的译作最终付梓出版时,我欣喜不已。大道至简,这本书美观大方的封面设计也正合杨老师的哲学风格。

我至今仍记得 2008 年奥运会的盛况,那是向西方展示中国形象的一个时刻。相比竞技运动,我更加关心如何向西方传播中国文化。汉语对我的影响,迄今已有将近十四年之久。这本译作的诞生,也经历了漫长的孕育期,凝聚着杨国荣教授、刘梁剑老师以及我本人共同的心血。在此,我要特别感谢一下刘老师在翻译中给予我的莫大帮助!这是一段坎坷曲折而又饶有趣味的翻译历程。下面我就来具体谈谈这期间曾遇到的一些困难以及最终的解决方案。

"成物"之"成",我把它翻译成"accomplishing"。在英语表达中,"accomplishing something"是很自然的用法。像"refining things"等表达,侧重

体现了"things"作为客观存在的物;相比之下,在"accomplishing things"中,"things"所包含的人类社会事务这一内涵得到了充分显现。试想王阳明所说的"事君便是一物"——在此,"一物"即意指某人须处理解决的社会事务、须践行完成的职责任务。杨国荣教授指出,在中国哲学史上,"成物"中的"物",与"事"无法分离。"物"概念在中国哲学中的这一要义,英语中唯有"accomplishing"这个词能把它真正凸显出来。

"人"在杨老师这本著作中频繁出现,但在英语中很难找到一个固定的词与之相匹配。汉语译者常用"人"来翻译"humans"、"man"、"human being"、"human beings"以及"one"等词。"人"是一个中性的物质名词(mass noun),好比英语中的"water",不区分单复数,可以特指也可以泛指。

原本,在很多情形下汉语和英语是有重合之处的。但是,当代美国学术界形成了一套新的标准术语,这又给中英翻译带来了挑战。

在翻译杨老师著作的过程中,英语世界有一套新标准让我遇到一个棘手的问题:原本可以用于统称人类的名词"man"(包括相应的代词"he"、物主代词"his"以及反身代词"himself"),而今在伦理上却不再被认可。

其实,"man"与"人",本是英语与汉语中可以完美对应的一个罕例。正如汉学家陈汉生(Chad Hanson)所言,汉语名词是物质名词,而"人"正是这样一个中性的物质名词。同样的,"man"在一定语境中也相当于一个中性的物质名词。譬如说,"In that town, every man is for himself"。这一句话的意思,不是说镇上只有男人才是自私自利的,而是说镇上包括男女老幼在内所有人都是自私自利的。

但是,由于使用男性来指称包括女性在内的任何人,"man"这个词在英语世界终究难避性别歧视之嫌。可问题在于,没有其他单词足以取而代之。因为,"man"不仅是现存所有个人的统称,它还进一步表达了"人"所蕴含的一个从天之天走向人之天的历史过程。

既然"man"存在争议,那么"humankind"似乎是一个合适的备选。但是,在有些语境下这个词是无能为力的。试想我们该如何翻译这句话:"人既追问世界的意义,也探寻自身的存在意义,意义的发生也相应地本于人之'在'。"

若将"人探寻自身的存在意义"译成"humankind questions the meaning of its own being",则于文义未安。人类并不能代表一个个独特的个体追问他们各自存在的意义。若用"man"来翻译句中的"人"则极为熨帖:"Man not only questions the meaning of the world, but also questions the meaning of his own being, so the birth of meaning is rooted in the being of 'man'.""Man"既可表示整体意义上的"humankind",还可意指"some individual human being"。

遗憾的是,我们不再能使用"man"、"his"或者"himself"这些有性别歧视之嫌的词了。那么是否可以考虑复数形式的"humans"或"human beings"呢? 复数形式被认为是最接近集合名词的。但这样处理也有问题。"人"这个词所包含的社会维度在翻译中失落了。复数形式的"humans"或"human beings"无法体现由诸多个体所构成的社会整体。

另外,我们再来体会一下这句话:"人究竟为何而在?"倘若译作"Why do you human beings exist?"或"What do human beings exist for?",听上去犹如出自一位"冷眼旁观"而置身事外的生物学家或人类学家之口。但"人究竟为何而在"的发问却是带着一种内省的意味。因而,除了"man",在此,只有"one"、"oneself"、"one's own being"等能够表现出这种内省的意味,比如,"Why does one exist?"或"What does one exist for?"在中文原文中,往往用单数形式的第三人称"他"代指前文中出现过的"人"。因此,使用复数形式"human beings"来翻译"人"还会导致种种语法上的混乱。

鉴于上述情况,美国出版社方面倾向于在使用"man"的地方一律替换为"human being";同时,追求男女平等的运动致使我们在尚未找到其他解决方法之前只能采取一种"矫枉过正"的做法——以阴性的代词(she)、物主代词(her)、反身代词(herself)来回指前文中的"human being"。比如:"Human being questions the world and questions the meaning of her own being."但这个方案仍有不尽如人意处。比如,"人的存在"若是译成"the being of human being",显然有累赘冗余之感。

这样一来,要翻译"人的存在",复数形式恐怕是唯一的方法了——"the being of humans"。然而,将"humans"定为"人"的译法,再配以"they"、"themselves"等复数形式的词,不免使行文有繁芜之累而失却了"人"字的简明优雅。

不妨现在就让我们来比较一下以下两个句子:

1. Here, human beings question the meaning of their own being.

2. Here, man questions the meaning of his own being.

唯有第二句能够表达出历史过程和社会过程的意味;第一句似乎刻画了这样一个场景:许多彼此之间互不关涉的个人站在同一个地方追问各自存在的意义。

杨国荣教授哲学研究视野宏阔,在他那里,"人"这一凝练典雅的用词除了承续源远流长的中国哲学传统之外,还追随西方从斯宾诺莎到黑格尔和马克思的传统,这些哲学家们也是在人类世界和个人自身的双重意蕴上使用"man"这个词。在美国,哲学研究的"宏阔风"(grand style)日趋罕见;相反,分析哲学着眼个案和小问题的"小样风"(minor style)日渐通行。

让我们回到对"人"的翻译问题的讨论,看看最终的处理方式。

经过斟酌,在翻译杨国荣教授这本著作时,对于文中的"人",我根据不同语境采用了不同的译法,在"human being"、"humans"、"the human being"、"one"等词之中随文取舍。

这么做,兴许在一定程度上牺牲了原文的简约典雅;但也正是这样,译文得以最大可能地穷尽原文所包含的丰厚意蕴。

我们再来看看对其他一些中文关键术语的翻译。

"仁"。它通译为"humanity",但这种译法只在一些情形下有效。在多数经典中,"仁"并不仅仅指向一种道德行为的准则。杨国荣教授在书中第三章谈及这个问题。人们并非像恪守交通规则那样恪守一套外在于人本身的"仁"的准则。仁者爱人,中国哲学更强调"仁"作为发自内心的一种情感,而不只是符合某种公序良俗的行为。在英语中,"being-humane"正合此意;并且,就句法上来看,这个译法在多数中国经典的语境中都非常自然妥帖。

自梁启超起,中国思想家们已经意识到,现成的单个汉字并不足以译介西方丰富而复杂的哲学概念。于是,凭借深厚的学养,他们将两个甚至两个以上的汉字组合创造出了新的汉语词汇。诸如"概念"、"理念"、"存在"等,这些双音节词非常耐人寻味。中国思想家付出了相当的心力去思考和把握西方哲学,如今,经由汉语译介的西方哲学读起来明白晓畅。相形之下,西方世界过去并没有足够重视中国哲学。我想,英译者应当对中国哲学给予同样的尊重和细致考量。

"心"。用"heart-mind"来翻译中国哲学中的"心",实在有些佶屈聱牙、词不达意。在英语中，由"heart"搭配组成的复合词主要是"heart attack"、"heart trouble"以及不太常用的"heart strings"等。"heart-mind"一词并没有把 heart 和 mind 之间的联系清楚地表达出来，因而容易导致误解。粗略来看，"heart-mind"所表达的既不是纯粹的 heart，又不是纯粹的 mind，而是 mind 和 heart 之间的某种混合物。但是，在这种混合物中 heart 和 mind 的关系到底如何？其中 heart 对 mind 的比例多少？其中 heart 起着主导地位还是服从地位？如果其中 heart 和 mind 都持有平等权力，那么二者之间的互动关系如何？一说出 heart-mind 这一词就不可避免地把其间关系的模糊性表现出来。"心"是中国哲学中的独特概念，我用词组来翻译："the affective mind"，后者把"心"这一概念中的情感部分和理智部分之间的关系很清楚地表达出来，即一种与情感状态不可分离的心灵，一种时时刻刻都在调节情感、受到情感影响的心灵，以此来表达由内在的亲社会的情感状态（而非超然的推理或理性原则）所引发的独特的心。这样翻译"心"就将其引入心灵哲学领域的同时，也将其与西方哲学从纯粹理性的角度来理解的心灵区分开来。

"天"。在中国哲学中，"天"所表达的，并非与地相对的天，而恰恰是"天地"。在西方，与大地及尘世生活泾渭分明的"Heaven"仅用于宗教语境。早期的中国学者已了解这一点，将这个词汉译为"天堂"。在英语中能够准确传达出"天"的丰富意蕴的词，非"Nature"莫属，它令人想到的是"天然"而非"天堂"。王船山"天之天"的概念可以译为"Nature in itself"，如果照字面直译，那就是"natural Nature"，与"humanized Nature"或者说"Nature for human being"意义上的"人之天"相对。

在刘梁剑老师印发给大家的译注材料中，我们还能看到其他一些翻译时几经推敲的关键术语。

例如，中国古代哲学中"性"的概念，我将其译作"human nature"。不过，需要留意的是，在中国哲学中，"性"的概念一般不出现在本质主义的语境之中。与孟子舌战的告子，试图将"性"一般化、本质化；但除此之外，包括孟子在内的几乎每一位中国思想家都将"性"视作可以通过社会教化而形成或改变的人的自然倾向（natural human tendencies），南橘北枳，并非不可移的。这从孟子与荀子关于性本善还是性本恶的论辩即可见一斑。

再如，"精神"这个词没有直接对应的英语单词，我把它译作"spirit or

mind"。"精",意指生机、生气(vitality);"神",与拉丁语派生的"spirit"在某种程度上异曲同工。这两个字合在一起后,在意义与用法上可能与德语词 Geist 最为接近。另外需要注意的是,由于"精"字的加入,"精神"这个词同时也在世俗的、日常的意义上使用,类似于英语中非宗教语境下的"spirit",例如"That's the spirit!"。在此,"spirit"意指一种积极进取的心态。

我的主旨报告就先到这里,谢谢大家!

郁振华:谢谢 Chad 的精彩报告!今天来了不少老师,梁剑你先说几句吧,因为你深度介入了这个项目。

刘梁剑:我谈几点感想。与大麦(即 Chad Austin Meyers)的合作确实比较早。在翻译这本书之前,我们在 2011 年开始着手准备 *Contemporary Chinese Thought* 杨老师专辑的文章,大麦就已经把《成己与成物》的导言译出了。更早一些,2010 年,中国人民大学温海明教授为 *Contemporary Chinese Thought* 编的一个形而上学专辑,其中收了杨老师的一篇文章,也是由大麦译出。在那篇英文论文中,杨老师使用了"Concrete metaphysics"一词概括他的形而上学思想。如果把那篇论文视为开端,那么从 2010 年到现在,已经有六年时间了,可以说是一段很漫长的翻译过程。我们自己做翻译,常常很快,几个月就搞定一本书了,而他做了五年,的确是一番很细的打磨工作。跟大麦交往,我觉得他特别喜欢一个词——"polish"。我用英文写的一些东西,在发表之前,最后总要请他"polish",不然就没有勇气拿出来。他这种打磨的精神非常值得我们学习。自然,《成己与成物》英译本得以出版,除了大麦出色的翻译工作之外,我们在联系出版方面也得到了很多人的帮助,其中包括美国洛约拉马利蒙特大学王蓉蓉(Robin R. Wang)教授和印第安纳大学出版社"世界哲学"(World Philosophies)丛书编辑戴维斯(Bret W. Davis)教授。

另外我想谈谈对翻译工作开展方式的感想。现在我们做翻译,不管是英译中、中译英,常常是单兵作战,自己一个人就完事了。但是,如果有一个比较好的团队,特别是像传统佛经翻译的译场那个意义上的工作方式,那么可能更有助于提高翻译质量。我曾经和吴晓番、吴闻仪一起翻译《存在的遗骸》,我们三个人分三部分,先是分头译,然后,比方说我这边译完,他们两人分别校。相当于在编辑看到稿子之前,已经经过两校了。我觉得这对于相互提高也非常有益。当然,有时候我们认为一本书好几个人译,似乎意味着不统一,那这是在只有分工而没有合作的情况下容易出现的问题,有合作的话就会比较好。

在和大麦合作的过程中,因为我们是不同母语的人,这样的合作更好一些,刚才大麦在发言里也提到了。包括在佛经翻译的译场中,会由精通梵文的人(最好是以梵文为母语的人)担任"证义",判断译文在意义上是否准确。另外还有一个润色的问题。比如说我们自己用英文来写,总感觉能找到一个词就不错了,而以英语为母语的人则能找到一大堆词。就好像我们用中文来写一个东西,可以有好多词来描述,并且,对于这些词之间微妙的差别我们是有感觉的。但我们写出来的英文,或许是 simple,但未必是 elegant。所以,能够在义理和文字润色这两方面相互合作,我觉得特别好。

最后一个想法是,哲学翻译之难,首在术语之厘定。术语,尤其是关键术语结晶着一种理论的核心。术语的厘定,直接决定了译者以何种方式实现跨语际的理论转渡。所以,这不仅仅是一个翻译问题,更是一个思想的问题。对一个术语的翻译,突出地体现了两种不同文化和思想传统的交流。严复所谓"一名之立,旬日踟蹰",在大麦寻找一个词的翻译过程里,我们也能略微体会到当年严复为了给一个术语确定译名时那种费劲的工夫。

但是,中西交流已有一段时间,今天的译者面临一个新任务,那就是对现有译名的反思。在中文世界我们有这样的工作,而大麦在英文世界也开展了类似的工作。刚才我挑了《成己与成物》中的一些译者注打印出来发给大家,从中我们可以看到,对"天"、"性"、"心"这样一些关键术语的翻译,他都有自己的反思。这些反思背后有着义理的根据,体现了对中国古代思想一些内在品质的把握。

在英语世界里,安乐哲教授所作的类似的反思工作可能是比较突出的。按照他的观察,现有的比较通行的译名里,往往带有最初那批传教士来做翻译的痕迹。或者,我们这样转述安乐哲教授的观点:中国经典最初的英译本有一种用西方思想来"归化"中国思想的特点(美国翻译理论家韦努蒂(Lawrence Venuti)侧重于从语言的角度提出"归化"和"异化"这对翻译术语)。现在英文世界观察的重心,则更多地放在怎么体察中国思想和西方思想的差别,进而把这些细微的差别通过译名反映出来。我觉得这里有一个翻译姿态的转变。原先传教士的翻译用自己所熟悉的那套英文语汇来表达中国思想,而现在安乐哲教授等人的工作是要调动英语表达的词汇资源,把他们所体会到的中国传统思想中细微的地方转渡到英语之中去。所以我在想,汉语著作的英文翻译,是不是意味着,通过译名的重新厘定,中国思想有可能反过来对西方思想发生某种影响。

郁振华:谢谢梁剑!下面我们开放讨论。

刘梁剑:可以请冠军谈谈。冠军是我们华东师大英文刊 *ECNU Review* 的执行主编,而且自己出过一本讨论中国现当代思想的英文专著 *The Great Dragon Fantasy*。去年我和庞士桐在写《2014年度沪上中国哲学学科发展评议》的时候,把它和张汝伦教授新版的《现代中国思想研究》放在一起讨论。我想冠军肯定有很多经验可以分享。

吴冠军:正如刚才梁剑兄提到的,Chad 精益求精、不断打磨的精神也令我很是感动。今天我们的日常语言,不能讲殖民吧,应该说至少已经经历了一轮大的变化。汉语里以前多的是字而不是词。我想如果我作为译者去译杨老师的著作,"本体"也好、"精神"也好,很可能就这么直接处理了。而 Chad 将"精神"、"本体"等一个个重新解开成字来译,比如"本"作"root"、"体"作"substance",这种处理是对古人思想更为尊敬的一种做法。

另外,我也想谈谈自己接触翻译的一些思考体会。首先,同是翻译,因学科之不同,其中的难度大相径庭。自然科学是最容易的,像数学,已经发展出了一套 universal language。社会科学次之。像我所在的政治学系,偏政治哲学、政治理论的和做经验性研究的完全是两批人马,做经验性研究的,他们的翻译工作其实不太涉及"hardwork",甚至直接交给翻译社就能做。再难一点是人文科学,像哲学。历史其实也蛮难翻的,特别是涉及古代史的这一块。当然最难的是像诗词这样的,rhythm、rhyme 怎么翻译呢?

这就涉及我第二点想谈的,语言的附着。loaded language 和 universal language 是有区别的,区别就在于文化的、思想的附着是不一样的。就哲学而言,这个附着是非常厉害的,哲学翻译其实就是在阐释,而不只是工具性的翻译。所以 Chad 的这本译作其实本身就是研究性的、学术性的。刚才 Chad 谈到对杨老师的感激,其实我想这是双方的一种缘分。我们知道,莫言能拿诺贝尔奖,功劳相当程度在译者身上,译者在一定程度上决定了作品能否被英语世界接受。所以 Chad 在翻译上所花的打磨工夫是很重要的。

第三个我想谈谈双语写作。中文写作和英文写作还是有很大区别的。中文写作,很多时候会借助比喻、排比等方式来代替逻辑的论证。所以我们一些当代学者的作品翻译成英文后，在英语学界接受度并不是很好，因为读者觉得有些 loosely organized。所以我自己在做翻译的时候，往往会做一个填补的工作、润色的工作，而不是逐字逐句、亦步亦趋地跟着原文走。我们如果相信结构主义的说法，那么语言对于思维来说，既是礼物也是限制。我们在这个汉语传统里，我们可能就是更多用形象的方式来思维；而英语从句联从句就是非常有逻辑的表达方式。这两种语言本身具有不同的内在倾向。所以很有意思的是，现在不少作者，是带着自己著作将会被翻译的心态进行写作。汪晖或许就是一个例子。他的很多著作被翻译，他的著作就有着比较容易被翻译的结构。以这种方式写作，有好处，翻译起来比较顺畅；但同时也遭到诟病，因为文中充斥着不符合母语习惯的表达，在母语里反而很不好读。

今天我们做学术翻译，确实，很多朋友都觉得是吃力不讨好的工作。一方面，要做好这项工作，是耗时费力的；另一方面，作为一个学术产出，又感觉回报很微薄。在这样一种氛围下，仍愿意把翻译作为自己学术研究的重要部分，这令我很感动。所以今天很高兴能够有这个机会听到 Chad 的主旨报告。我们中国的学术需要更多 Chad 这样的人参与进来。

Chad：谢谢！很同情你们，在写作时还要顾及之后的翻译。我自己的毕业论文虽然是用英文来写，但考虑到之后要译成中文，所以也是花费了很多时间在上面。很同情你们，我遇到的问题也是一样的。

郁振华：这是我们所面临的一种特别的处境。关于双语工作，我在拙作《人类知识的默会维度》的后记中写了这么一段话："思想在中英文媒介中穿行，换一副笔墨，就像是换了一副心胸。语言间的搓揉切换，费时费力，充满了理智上的紧张，但我相信，这是一种创造性的紧张。沉潜下去，双语工作有助于提高论理的精度和深度。"这大致反映了我的看法，我更愿意强调双语或多语工作为我们提供的理智上的机遇。

蔡蓁：其实我和刚才几位老师也有相同的感受，大麦在翻译过程中对很多词作了细致的考量，这非常值得敬佩。大麦刚才梳理了一些关键词的翻译，我很受启发。结合自己的工作，我有一个很具体的问题向大麦请教，也跟大家共同讨论——关于"人"的翻译。

我非常赞同的是，大麦把"人"在不同语境之下作了不同的处理，用"human being"、"humans"、"one"对应不同的语境。这的确是非常必要的，因为考虑到这个词在当代英语中的使用，以及它所具有的性别主义的色彩，还有它可能在一些语境中须要把说话者本人包容进来，而不是作一个旁观者的处理。这些我都很认同。

但是，在我自己有限的中国哲学经典的阅读经验里，我发现，有时候在翻译或者说理解"人"的时候，还会涉及另一个词——"person"。比如，《孟子》里面讲到"四端"，如果人没有恻隐之心、羞恶之心、辞让之心、是非之心，则"非人也"。那这个时候怎么来理解这个"人"？在英语里，即便一个人是个"psychopath", no sympathy, no shame,可他同样还是"human being"，你不能把他关到动物园里。但是在孟子的语境中，"人"不仅仅是生物学意义上的，还具有规范性意义。如果你仅仅是长得像人，具有人的生理特征，但是缺乏四端之心的话，那么可能就不是孟子意义上的"人"。所以，我想说用"person"这个词来理解孟子的"人"好像更贴切些，因为它更多地带有人格的属性，像"personal identity"，人格同一性。如果这里"非人"的"人"译成"human being"，英语世界会觉得很奇怪。当然我不知道在杨老师的语境里会不会涉及这个问题，但是我想可能传统中国哲学里讨论"人"的时候，的确有着很强的规范性含义包容在里面。我不知道你是如何来处理这个问题的。

Chad: 现在好像中文学术界是把"person"翻译成"个人"，杨老师就是这么做的。"person"在英语里面是一个跟法律相关的词，"a person"就是一个合法身份(legal identity)，"a person"拥有受法律保护的公民个人财产，有着"私人的"(private)意味，在政治上与"公共的"(public)相对。因而令我困惑的是，"You are not a person"作为孟子意义上的"非人"的译法是否的确会更好。当然，这确实是个非常好的问题。

张琳: 有两个译名想跟大麦讨论一下。"天"和"成己"两个概念都让我想到了海德格尔。

关于"天"的翻译，大麦译作"Nature"，这样的话"地"译作什么呢？由于没有中译英的经验，所以我只是从语言的感觉上来说，天与地，共性之一在于nature，而其差异又在天坛—地坛、天行健—地势坤这样的对举中有着鲜明的标定，以"nature"来翻译"天"，感觉既抹杀了nature 中"地"的意义内涵，又放弃了天与地的概念区分。所以初一读到，特别意外。可能也是自己缺乏中哲背景的缘故。像海德格尔讲的"天"、"地"、"人"、"神"，一般就会译成"Heaven"、

"Earth"、"Human"、"God"。我觉得大麦是不是过于强调"heaven"一词"天堂"的含义了？这是我的第一个问题。

我的第二个问题也跟海德格尔有关，是关于"成己"的翻译。近年汉语学界对海德格尔的"Ereignis"一词讨论得很热，英译本中有 enowning（归己）、event（事件）、appropriation（占有、居有）以及 befitting（适宜）等。孙周兴教授把 Ereignis 译成"本有"，张祥龙教授译作"自身的缘（构）发生"、"缘（构）发生"，王庆节教授译作"自在起来"、"自在发生"，而邓晓芒教授就直接把它翻作汉语中的"成己"。我想这是否提示了一些思想上的联系，与杨老师的"成己"概念有一定的关联？我觉得，汉语学界对德文词的一些讨论，让读者体会到中西哲学思想中的某种深层次的对话性，对于我们今天来讨论杨老师这里的"成己与成物"可能非常有帮助。

Chad：谢谢！很好的问题！王船山讲"天之天"，这里的"天"指的是"天地"，而不是单指排除了"地"之外的"天"。至于"天地"，翻译成"the Heavens and the Earth"，这在英语中也是可以理解的。《成己与成物》导论第 1 页有一句"赞天地之化育"，我把它译为"add nourishment to the cultivation of the Heavens and Earth"。这里的"Heavens"没有宗教意味，当你听到"Heavens"，只要抬头看天（sky）就行了，不用想到永生，想到天堂。在很多时候，"天"译成"sky"也是不错的译法，比如说，古老的《周易》讲"仰观天文，俯察地理"，"仰观天文"就可以翻译成"look up the sky and see the patterns of heavenly bodies"。

海德格尔的著作有很多英译本，现在英语世界已经很流行了。他的很多术语带有连字符"-"，最初读者觉得这种用法很 cool。虽然没有涉及"Ereignis"，杨老师的确在书中多处讨论海德格尔，不过杨老师也很明确地把自己同海德格尔区分开来。

张琳：我之所以提到汉语学界对海德格尔"Ereignis"这个概念的讨论，其实是想说他思想中有许多和东方思想相通的地方。丁耘教授在《生生与造作——哲学在中国思想中重新开始的可能性》一文也特别强调，海德格尔对西方形而上学的批判和重建与中国思想所提供的"生生"思路之间的某种对话性，很有启发。我主要是觉得，杨老师"成己"的概念与西方一些思想家有很强的对话性，倒不是说一定要做一个翻译上的取舍。

达尼娅：我们现在谈到的这些词汇，它们不仅仅是名词，它们首先是概念，哲学概念。不同的哲学家可以用同一个词汇来表达完全不同的概念。比如说，尼采的"will"和斯宾诺莎的"will"——从词汇来看，这是两个相同的名词；但是，从概念来看，它们有各自不同的意思，它们所形成的历史环境和思考过程是不一样的。还有，这些概念里面包括事件（event）。我听过张小勇老师的拉丁语课。拉丁语里面有很多名词，它们是从动词形式变化而来的。不妨请张老师来介绍一下？

张小勇： 我刚才就在想这些词如果用拉丁语该怎么翻译。"成己与成物"的"成"，译成拉丁语的"factum"就很好。"factum"是由"fio"和"facio"两个动词合成的——"fio"是完成、成为的意思，"facio"则是创造的含义。所以把这两个意思合在一起就非常完美。"成己与成物"就可以译成"factum sui et factum rei"。

实际上我觉得，杨老师书中涉及的这些名词如果全都用拉丁语来译的话或许更合适。比如"人"，译成"homo"就可以了。但是"天"的话，拉丁语也比较麻烦。在拉丁语中，"天"是"caelus"，"地"是"terra"。但我们中国人往往不要那个"天"，我们所说的其实全都是"terra"。而"天地"在拉丁语里面实际上就是"natura"，与作为上帝的"天"是相对的。所以，"天"如果用拉丁语来译的话，要么用"terra"，要么用"natura"，而不用"caelus"。这是文化上的差别，我们的"天"在西方并没有直接的对应，我们的"天"实际上就是"地"。

王寅丽： 但是，"天人"的"天"实际上有一种神秘的含义，如果翻译成"Nature"似乎就体现不出这层神秘的意味了。

张小勇： "terra"也有神秘的含义，在拉丁语的世界里"terra"也是神。至于"natura"，从现代语言上来看完全没有神秘含义，但从拉丁语来看就有这层含义了。其实，中国人的世界还是在古典世界里，即便我们说的是现代的语言。所以从翻译上来看，我觉得还是拉丁语比英语更合适。例如"性"，就可以直接对应"natura"，因为"natura"的本义便是"生"。

王寅丽： 这说明在我们中国文化里，像"Nature"、"spirit"这些概念，更接近前基督教西方世界的理解，而现代自然概念受基督教影响，是非灵性化的，自然跟灵性是相对立的。

张小勇： 对。最好的对应就是罗马人还没有被基督化之前的那个拉丁语。

Chad： 没错。刚才达尼娅提到动词名词化的概念。中国古代汉语没有严格的动词和名词之别,没有这样的范畴。比方说,我在翻译"心"的时候,就想把跟动词相关的东西融进去,"affect"、"affective"。这样,在把术语翻译成英文时可以有更多的灵活性。

陈乔见：我对"义"的翻译比较感兴趣。我注意到,在《孟子》的英译中,"义"经常被翻译成 righteousness,偶然译作 rightness,我不太明白这两个英文单词的差别在哪里?

我注意到你对"礼义"的理解,把它主要与等级(hierarchy)联系在一起。确实,当"礼义"连用时的含义主要是强调各种等级,《礼记》说"礼之所尊,尊其义也",礼是仪文形式,义是其背后的义理根据。荀子经常讲"礼义",基本上也是强调各种等级关系。但是,"仁义"的"义"则是另外的含义,与等级没啥关系。我个人比较强调与西方的"正义"相对应的"义"的那一层内涵。比如孟子说："人能充无穿踰之心,而义不可胜用也。"穿踰,就是钻穴踰墙的入室偷盗行为。你偷别人的东西,这就是"不义"。《墨子·非攻篇》在分辨义或不义时,也是从偷盗开始讲起,他说,你偷别人的桃子、李子是"不义",偷鸡摸狗是"不义",偷牛偷马是"不义",然后上升到国家,一个国家攻打另一个国家,要掠夺(也可说是大规模的盗窃)很多东西,杀很多人,这就是"不义"。后来我发现,近代西方思想家在讨论正义或不义时,大都会举偷盗的例子给予说明,因为这是最直观、最典型的不义行为。我觉得这个意义上的"义"可以与西方的"正义"对接,可很少有人把"义"翻译成 justice(正义、公正)或 just(正义的、公正的),但中国古人所谓的"义"其实是有这层含义的。再如,荀子也讲"夫义者,所以禁人之为恶与奸者也","义"就是禁止人为恶,偷盗当然是最直观的恶。

孟子讲"羞恶之心,义之端也",不知你是怎么理解这个"义"的?你提到《说文解字》,其中对"义"的解释是"己之威仪也"。威仪的"仪",本字是"义"。而我们现在说的正义、仁义的"义",本字是"宜"。宜,经庞朴等先生考证,其最早的含义与杀戮有关。为什么会引申为正当、合适?就是因为杀也要讲究杀得正当,就像我们现在说的"罪有应得"。《易传》里说,天道讲阴阳,地道讲柔刚,人道讲仁义。阴与阳、柔与刚是相对应的,人道的仁与义也应该相对立的。仁者爱人,义则是与恨相关的情感。回到孟子所说的"羞恶之心,义之端也",羞是"耻己之不善",恶是"憎人之不善",总之是对不善(恶)的情感和态度,由此看来,孟子这里所说的"义"与正义感(义愤、愤恨)相关联。我个人是想把"义"更多地从"justice"这方面来诠释。不知道你怎么看?

Chad: 其实翻译"义"的时候我是感到很困难的,相比之下"仁"似乎还容易些。我并不认为"being-righteous"是最完美的译法,只是暂时还没有找到更好的。

陈乔见: "righteous"似乎常用来形容人或行为,比如"义人",但是否可以形容制度呢?孟子举过一个例子:偷鸡是不义的,政府聚敛就好比偷鸡,因此也是不义的。那么,与人的德性相关,我们可以用 righteous 或 unrighteous,但是就制度、政府层面,我不知道是不是也能用这个词来形容?

王寅丽: "right"或"righteousness"指古代的自然正当,自然正当性就成了评判对错合宜的权威标准,比如《旧约圣经》中被称为"义人"的,不是因为他们道德特别高尚,主要是他们敬畏神,满足了上帝的标准。而近代的正义观则以个人权利为基础。

吴晓番: 虽然杨老师让大麦放手去翻译,但大麦跟着杨老师,基本上他的前设大麦还是接受的,对吧。在刚刚你的 keynote speech 中,所讲的那些翻译上的问题,以及梁剑给我们的译注材料显示出了翻译中最难的部分,用陈嘉映教授的话来说,是对论理词、大词的翻译。之所以说你基本上是跟着杨老师的思想走,是因为在你所提供的翻译中,我们能够从中觉察到杨老师对于中国思想的理解。因为传统中国思想对于这些关键词、论理词的理解也是多样的,乾嘉汉学对于这些关键的概念理解就不同于宋明理学,乾嘉诸儒将理学关键的论理词,如仁、诚、慎独、敬等,都试图从其外在的行为后果方面去理解。从仁、义、心、性等关键概念的翻译来看,你的翻译能够很准确地表现杨老师的思想。比如,如果我的理解没有错的话,杨老师对于儒家思想的理解,从目前发表的论著来看,在一定程度上带有心性论的特质,所以你把 human nature 理解为善的。诸如此类的地方基本上可以说你通过杨老师的思想来理解中国哲学。

我对翻译很有兴趣,偶尔也会做一点翻译,但是跟大麦的工作没法比。不过在自己的研究过程中,注意到了翻译过程中所出现的差异化的现象。我曾经写过一篇文章,考察儒家经典诠释中的正名思想,发现从汉唐到近代,对于孔子正名思想的诠释很是不一样。对于"名"的诠释,汉唐儒学,有解释为名分、名器、名称,有解释为文字。理学家解释为名分,乾嘉汉学复兴汉儒的解释,解释为文字。这背后当然会涉及对于名的伦理政治意义、逻辑语言意义以及本体论意义等认识差异。作为这个工作的一个部分，我也考察不同英译者对于孔子正名思想的翻译。我考察的四个译本分别是理雅各、辜鸿铭、刘殿爵的译本，以及安乐哲和罗思文的合译本。这四个译本都将正名之"名"翻译成为"name"，但是其内在差别还是很大的。从四种译文的对比来看，有几点值得注意：第一，刘殿爵和理雅各对"正名"的翻译是"rectification of names"，而辜鸿铭则采取了一个非常西方化的说法"definition of names of things"。第二，与名相关的"名不正言不顺"，辜鸿铭和理雅各都用到了"与事实符合"的说法，而刘殿爵用的是合理性（reasonable），安乐哲和罗思文则用到有效地使用（use effectively）。从真理论的角度看，前二者采取的是真理的符合论的说法，认为名必须与实在相符合。后两个译本则采用一种类似于效用论的说法，它更注重于"名"的用法的合理有效性。第三，从语言学的角度看，后两个译本注意到的是"语词"的语用学向度；而理雅各和辜鸿铭则关注"名"的语义学向度，隐含的看法是，名必须对应着某种实在，指称着某一对象。四个译本的解释都有道理，但都不够完整，更为特别是，这四种翻译都没有涉及后来理学家特别重视的"名分"之义。在这四种翻译过程中，很明显地都带有译者自身的哲学倾向。在翻译过程中，会出现译者把自己的理解带入到翻译中，而这有可能与翻译对象形成张力。在大麦翻译杨老师的著作中可能也会碰到相似的问题。大麦所面对的中国古代哲学文本，既有古代人的不同诠释，也有今人的不同诠释，还有不同文化背景的诠释，我想这个问题可能会更复杂。他的最终呈现的译本当然就意味着理论上的取舍。大麦是通过杨老师而思的，我很好奇的是：大麦在翻译时，面对杨老师的文本，面对传统儒家的文本以及面对自己的文本，是否有令你感到理解上比较困难，或者说自己觉得可能偏离原意的地方？

Chad："性"就是个很好的例子。在中文里，"性"与"礼"密切相关，侧重指人好的一面；而在英文里，"human nature"则恰恰是偏向人坏的一面。这是我很久之前的翻译，所以如果现在再来翻的话，我可能会把"性"译作"natural human tendencies"。其实，像"性"、"仁"、"义"等概念都令我在翻译时感到不易拿捏。

王寅丽：英文写作很讲究"coherence"（连贯性），一段话里的每个词和句子都跟前面的词或句有连结呼应的关系。但中文写作的连贯性就不是那么强。我想知道你翻译的时候是不是需要做一些整段的改写？

Chad：对,这个问题很好。正因如此,如果能用"man"来译原文中的"人",那就很有"coherence"。但是另一方面,原文中不断出现"人"这个词,在英译时就存在一个重复使用的问题,从头到尾都是"man"、"man"、"man",这个词事实上失去了其意义。而我尝试使每一个句子即便单独拎出来也是有意义的。

达尼娅：我也感受到同样的问题。虽然两种语言关系很相近,比如法语和英语,但还是有很多词汇上不对称的现象。而我最常碰到的问题就是核心概念在行文中不断的重复使用。

谭延庚：我想提个问题。大麦一开始便谈到了"成"的译法：accomplishing。可我看到最后出版的书名中,还是使用了"cultivation",不知这是出于什么考虑?

Chad：本来的标题非常明确,就是 *Accomplishing Oneself and Accomplishing Things*：*The Genesis of a World of Meaning*。但是,出版社方面有他们的考虑,所以最后标题成为了现在看到的样子。

张立立：我本人并不是太精通中国哲学,不过,你把"心"译作"the affective mind",我觉得似乎有点问题。因为,"心"在中国古代哲学中很多情况下是作为一个本体的概念;而在西方哲学中,一个东西如果是"affective"的,那么它就不可能是一个本体。当然,我很理解你这个翻译是基于字面意义的考量,比方说,恻隐之心、羞恶之心等,的确在这种情况下是应该被理解为一种感受的。并且,这其中也有中西方对"本体"的不同观念。但我觉得你的翻译终究还是可能会引起新的误解吧。

Chad：翻译的时候是碰到这个问题,比如在翻译第五章关于"本体"、"心体"等王阳明的一些术语时就感到特别困难。因为当"心"作为本体时,是不太受外在影响的主体能动性的本源。但是,"affect"在英语中是比较复杂的,不仅仅意味着来自外界的影响,也可以是受到理性的影响,而后者具有内在的品格。

郁锋：其实我倒非常欣赏大麦关于"心"的翻译。我自己做的是分析哲学中的"philosophy of mind"。其实这是很难翻译的,国内一般是习惯把"philosophy of mind"译作"心灵哲学"、"心智哲学"。而你把中国传统哲学中的"心"译作"the affective mind",很好地体现了与西方所不同的中国哲学里的"心"。自笛卡尔以来的西方哲学,是把"心"视作"the subject of intelligent mental state";而中国哲学往往将其理解为道德行动的主体。你在注释中提到了关于认知科学的五种理论：embodied、embedded、extended、enacted 以及 affective。其中 affective mind 是自创生的,是一个内外统一的东西,而不是纯粹受外界侵扰的。它主动地接收,而不是纯粹被动地接收,它不是处于一种固定的状态。外在的东西之所以能影响它,是因为它自己也是主动的,它是有选择地接收。所以这与中国传统哲学对"心"的理解还是很契合的。可能笛卡尔的传统是根深蒂固的,西方读者理解"mind"时往往会从 reasoning、intelligence 的角度出发,而你将"心"译作"the affective mind"就展现了我们中国哲学的特色。我们更多的是心与身的统一,我们强调的是道德主体,行动的载体,而不是纯粹思维的载体。所以我觉得这是个很好的译法,能很好地将中国哲学中"心"的概念介绍给西方。

苟东锋：我的英文不是很好,但有时候也需要翻译自己文章的摘要。我有一个很大的困惑:关于重要概念的可译性或不可译性问题。因为有时我会感到自己那篇文章的核心概念是没有办法把它翻译成英文的,所以一般会做一个拼音化的处理,尽管我也怀疑这样的做法是有问题的。我想问的是,翻译过程中是否存在不可译性？还是说,我们坚信一定找得到一个词或某种表达方式能够穷尽文本的全部意蕴？

Chad：这个问题很好。在上个学期汉语哲学的课上,我就提出了这个问题。我觉得,在哲学里,概念是可以翻译的。德勒兹说,概念是自觉的,它们以自身为指向。也就是说,它们所指的就是概念自身的组合成分,而不是什么外在的东西。这些组合成分就是概念的一些阶段,思想过程的阶段,例如笛卡尔的"我思"概念,它至少包含"我怀疑"、"我思"和"我在"这三种组合成分或阶段。在我看来,只要在哲学语境中出现的一个语词意指其自身的不同阶段,那就有着各种渠道对其译名加以界定。有很多人在想不到合适的译法时,会选择拼音化。不过我还是更重视翻译,翻译(translation)和音译(transliteration)毕竟还是两回事。

苟东锋：你刚才提到一个很重要的问题,关于概念。我在考虑的是,在中国哲学里面是否有概念？

Chad：我觉得是有的。但是要等到我的毕业论文出来后才能说得清。

赵丽端：《成己与成物——意义世界的生成》这本书我前后读了有四五遍。在看了刘梁剑老师给我们的译注材料、听了大麦的发言后,第一个感受也是最大的感受就是大麦的翻译是忠实于杨老师著作的,这当然是基于他对杨老师的思想有着很精准的把握。所以,像刚才大家讨论的关于"心"的翻译,我是非常赞同大麦的处理的,因为这种处理可以把杨老师的相关思想比较准确地表现出来。这是第一点。第二,杨老师的这本书是在一个很宏大的中国哲学史背景下写就的,同时,杨老师的研究视域非常宏阔,书中很多地方都可以看到与西方哲学相关思想的对比、分析。所以,要翻译这本著作,就需要做非常多的工作,比如,首先要进入中国哲学的语境之中,在把握中国哲学的内在品质的基础上,再来领会杨老师著作的精神主旨;同时,还要非常熟知西方思想的传统。就此而言,大麦所做的工作很是让人佩服。第三,中国哲学中,有一个概念的宽泛性问题,而同一个概念在不同的哲学家那里,往往又有不同的涵义或者不同的理论偏向。比如译注材料中所涉及的对于"天"、"性"、"心"、"理"等的翻译,都需要译者既能从整体上把握中国古代思想的内在品质,又能够了解不同思想家的不同理论旨趣。就此而言,大麦在翻译过程中不断打磨,追求精益求精,这种态度非常值得我们学习。

Chad:谢谢!

张琳:我是第一次接触中译英的讨论。自己做过一些英译中的工作,已经感到挺难了,但还是比中译英相对容易,因为已经有很多西方概念注入了我们的现代汉语和现代思维之中。大麦所做的中译英工作是令人非常钦佩的。尽管还没有读到这本译作,但我已经能从大麦对概念的细致斟酌上感觉到这是非常精致的翻译。今天在座的也有一些华东师大的学生,我是十年前从这里硕士毕业的,感到在哲学翻译方面从华师大哲学系受益良多。对我影响较大的是陈嘉映老师的专业外语课,郁振华老师精熟的双语写作,王寅丽老师对阿伦特经典作品的晓畅翻译,还有和梁剑在翻译方面的请教和切磋。所以我觉得我们哲学系的同学要珍惜这里的传统和资源。这是一些题外话。

刚才很多讨论最后是聚焦在翻译原则上、对概念的翻译上。张小勇老师说,对"天"、"地"等的翻译用拉丁语更为适合。不过,我们今天之所以需要一个中译英的译本,一个现代英语的译本,其背后的初衷或许正是在于力图将中国的抑或前基督教时期的古典精神重新注入到现代英语的语词与概念当中。由此我们该如何把握概念的翻译原则?是重新造一个概念?或者是像大麦所做的,加一些特别的限定语(比如将"心"译作"the affective mind"以区别于认知科学的"心智",将"人性"译作"the nature of human tendency"而不是在英语中偏贬义的"human nature")? 又或者是保留和沿用原来的概念,只是在文本的具体展开中呈现概念内涵上的差异,以及被扭曲被异化之处? 我个人更倾向于最后一种做法,因为我觉得这样便于后人把握整个概念演变的脉络,以及之前的偏见和扭曲。以 human nature 为例,之所以在英语里偏贬义,是否恰恰提示出现代西方对性恶论的贯彻? 而我们在讨论 human nature 的时候,通过一篇篇文章,一本本著述,重新注入性善论的内涵,不正好是对人性论偏颇的一种纠正吗?

Chad：我觉得,如果你期望达到这个目标的话,最好就是加很多注释。作为一个美国人,我看中国哲学的英译本时,特别喜欢看注释。安乐哲教授的《道德经》有一半篇幅都是注释。不过,因为杨老师这本书比较大,翻译时没有太多篇幅再花在注释上了。如果是翻译一本小一点的册子,那就可以采取这个做法了,更好地体现汉语特色。

郁振华：好,讨论得很过瘾。时间到了,我最后说几句。首先要对大麦表示祝贺,也感谢你如此出色的工作! 你在主旨报告中提到,这项翻译工作是你与梁剑、杨老师在深入互动、密切合作中完成的。我觉得这是一种很好的工作方式,要达到高品质的翻译这可能是唯一的办法。国家社科基金重大项目"冯契哲学文献整理及思想研究"的一项重要的工作,就是要把冯契先生的基本论著("智慧说三篇"和"哲学史两种")翻译成英文。我们也将以中外学者深度合作的方式,来完成该项译事。

今天来了哲学二级学科的不少年轻同事。这些年来,经过大家的努力,华东师大哲学系慢慢汇聚出了一些跨二级学科的学术方向。比方说,当代形而上学、知识与行动、分析进路的规范研究、经典与诠释等。这些方向都很有生发力,吸引了来自不同二级学科的同仁。今天的工作坊也是如此,杨老师的著作很大程度上是 metaphysics in general,涉及很多二级学科的问题,所以大家都觉得有话要说。这种实质性的跨二级学科的研究是我们今后努力的方向。当然,更进一步的期待,是跨一级学科。华东师大有一些很好的平台,比如,思勉人文高等研究院、中国现代思想文化研究所等,在制度设计上,这些机构上都旨在推进跨学科的研究,我们要充分利用这些制度资源,来发展我们的思辨事业。

总之,今天是一个很好的开端。随着冯先生著作翻译工作的开展,我们将举办一系列类似的活动,希望借助同仁的讨论,把冯契著作的英译本打磨成精品力译。今天就到这里,谢谢大麦!谢谢前来参加讨论的各位同仁和同学!

葛四友: 上面的讨论都很有意思。我自己也做过一些翻译,面对其中碰到的问题有点自己的看法,这里主要是想谈谈可译性,然后看看我们翻译应该有怎样的期待。冠军兄前面提到了自然科学、社会科学、人文科学之翻译的不同。冠军兄是根据翻译难度来区分,而我想从另一个角度进行区分,这就是语词在作品中的作用。任何作品都是要通过语词来表达,但语词在这些表达中有两种基本的作用。第一种是语言的表达只是思想与概念的表述,作品的内容主要是这些思想与概念,语言表达纯粹只是工具,最清楚的形式是逻辑与数学。第二种情形则是语言的表达不仅仅是思想与概念的表达,这种语言表达本身就是作品的内容,最清楚的形式就是诗歌。

第一种情形,无论内容有多难,但只要懂了,就比较容易翻译,并且也没有多少含糊与不清晰之处。这种作品对译者的要求最主要的是懂,语言要求并不是很高,这个时候的好翻译就是作者有很好的理解。这种翻译主要代表是科学的翻译。然而第二种情形则要难得多,作品的内容越是由表达本身决定,那么该作品就越是难以翻译,甚至几乎是不可译的。翻译这种作品,作者不仅需要母语上有特好的天赋,还要对被翻译的语言同样有极好的了解,同时对其中的思想与内容同样要特别精通,因此难度非常之大,实际上这种翻译有时候完全相当于再创造。这种翻译的主要情形是文学翻译。

但是,除了这两种情形之外,还有居间的一种情形,这就是社会科学作品的翻译。一方面,它貌似自然科学的翻译,似乎各种语词都有对应的思想与概念,然而,社会科学对应的是不同社会的实践,而这些实践可能在不同社会中并不具备,由此它所对应的思想与概念在另一个社会就是没有的,只能生造出来。因此,这种翻译要想获得真正的理解,我们就要凭空造出很多语词来,让大家理解一种新的实践之后,才能让我们理解所做的翻译,这在某种意义上也像我们创造新的小说。当然,很少有实践是另一个社会完全没有的,因此翻译的难度就随着新颖程度而有变化。

按照这个讲法,哲学的翻译大致上可以分为三种类型,一种是分析传统哲学的翻译,一种是诗学哲学的翻译,还有一种应该是中国哲学的翻译。我认为分析哲学的翻译更靠近自然科学的翻译,比如我翻译的《论重要之事》,强调的是理解,而对语言方面的要求并不高。诗学哲学的翻译,也许海德格尔的哲学翻译就是其中的代表,可能要求想象力,特别是语言的表达能力。而中国哲学的翻译,我觉得类同于社会科学的翻译,因为涉及不同的思想流派,从而建构出来的思想体系随着不同的结构而有很多不同,越是抽象,越是不确定,则翻译难度就越大。有些词语可能完全不可译,有的则可能是部分可译。要想真正获得理解,恐怕得把整个中国哲学的思维方式与体系引入外国人的思维之中,尽管翻译越传神,理解自是会越好,但这种体系之间的隔膜,估计是无法完全消除的。不仅如此,有些概念是无论怎么翻译,都无法表达出其全部内容的,因为其内容会涉及传统与历史,无法为另一种语言体系的人所完全把握。如果这些说法有点道理,那么我们对翻译作品的期待也应该是有所区别的,不同流派的哲学作品,我们得明白追求的翻译境界应该是不一样的。

陈志伟: 看了上面各位对翻译的看法,感受很深。首先要表达一下对 Chad 将杨老师《成己与成物》一书译成英文并成功出版由衷的敬佩和祝贺。Chad 对杨老师一些独具特色的哲学术语和中国传统哲学概念的英文甄别使我深受启发,因为对我来说,深入理解中国传统和现代哲学的概念和观念,西方哲学尤其是西方汉学也是一条应该加以重视的路径,其中最重要的可能就是西方汉学家对相关概念与观念的翻译,因为翻译本身也是一种解读和诠释。以汉语为母语的我们,由于语言和观念自身的熟识或熟知性,可能会使我们在理解自己的哲学文化传统的过程中出现不可预料的盲点,因为黑格尔曾说过熟知不等于真知,而且熟知往往会遮蔽真知,庄子《齐物论》里的某些话也带有这样一层意思,那么,如何跳出熟知的陷阱或某种偏见,更深更好地理解我们自己的哲学传统,这或许是一个值得我们反思的问题。我自己也做过一些翻译的工作,当然以英译汉为主,汉译英主要是把自己的个别文章译成英文。在翻译的过程中,对如上问题较有体会,也就是说,即使在翻译西方哲学的英文原著的过程中,也会生发出对中国传统哲学的一种对照性的理解与领悟,像上面张琳所说海德格尔的汉语翻译就对中国现当代哲学的整体态势以及我们对中国传统哲学的理解上产生了不可逆转的深刻影响;何况我最近几年更多地参与了一些西方汉学的中国哲学研究的翻译工作,这种体会更加深刻。像上面 Chad 所说的对"心"、"性"、"天"等中国传统哲学概念的翻译,我看了之后对这些耳熟能详的词汇又增添了一些新的理解。梁剑师兄所说当代西方汉学家如安乐哲这样的英文译者将"他们所体会到的中国传统思想中细微的地方转渡到英语之中去",这种意义转渡,不仅对西方的学术有意义,对我们自己理解中国传统哲学也是有意义的。我觉得这就是英文译者的工作,反过来对我们中国哲学研究者的意义,因为哲学研究最终只是对我们自己的认识。所以,将中国现当代哲学研究专著译成西方语言,尤其是英语,除了有将中国现当代哲学研究的优秀成果推介到国际哲学舞台,从而传播中国文化、扩大中国学术的国际影响的意义之外,更重要的意义可能还在于这种工作反过来有助于我们更好地理解我们自己。

以上是一个方面。另一方面,在对具体概念的理解和翻译上,比如说"心"这个概念,Chad 将之译为"the affective mind",据我了解,这是对中国传统哲学的核心术语"心"的一个最新翻译。这种译法将先秦儒家的身心一体观尽量表达了出来,尤其是将儒家心性哲学中的情感维度与心智维度的内在结构有机地加以体现,同时在意义的表达上又很清楚明晰,我觉得要优于"heart-mind"这种加连字符的译法。能够看出,这是译者对中国传统哲学的义理有了全面而充分的理解和深刻的洞察之后才能做出的翻译选择。还有一个,Chad 对"人"这个字的英文翻译纠结使我更全面地了解了西方有关人的观念,同样一个存在者由不同的词汇来表达,以反映其中所包含的生物的、心理的、心智的、情感的、宗教的、性别的、法律的等诸多意义,这种对人的复杂观念表明了西方哲学重视概念分析的传统优势,这或许恰恰是中国哲学需要学习的一个方面,但中国哲学"人"这个字的丰富含义却也体现了其自身义理的综合性、整全性的特点,Chad 对"人"这个字的英文语词选择让我们有了一种在中西哲学比较语境下汲取两种文化优势以创造性地进行哲学研究的可能性。像"天"、"性"这些中国传统哲学中的核心字词的英文翻译也有这样的特点。这种翻译过程中对英文词汇的细致选择肯定要比用各式拼音更有助于我们对中西方哲学的双向理解,尤其是将这种选择过程通过脚注或其他方式呈现给读者的时候,其意义更为显赫,因为这里面内在地蕴含着翻译者本人的哲学理解和创造。

朱姝:得知麦查德(Chad Austin Meyers)翻译的杨国荣老师的作品《成己与成物——意义世界的生成》(*The Mutual Cultivation of Self and Things: A Contemporary Chinese Philosophy of the Meaning of Being*)已在美国出版,同时华东师范大学哲学系和中国现代思想文化研究所为此组织了哲学翻译工作坊,我的第一直觉是:这个译本被称为精品译作绝不为过,因为麦查德的翻译在各个方面都符合"理想翻译"的要求。所谓"理想翻译"指的是,在翻译效果上达到"透明",并无限地接近源文本。

麦查德是位理想译者。他是来自美国的中国哲学系留学生,师从杨国荣老师做中国哲学研究。在英语、汉语、中国哲学和西方哲学中的学术修为使其成为中国哲学英译的最佳人选。另外,他是在杨老师的主要指导下来认识中国哲学的,因此在翻译理解上他有无限接近源文本的可能。相比绝大多数翻译中译者和作者之间横亘的"间"性,译者麦查德和作者杨国荣老师是同时在场的,这可以避免"间"性造成的更多的误读。

麦查德的翻译过程亦是研究过程。理想翻译认为,翻译什么,研究什么;研究什么,翻译什么。已有研究表明,中国学术翻译质量令人堪忧,究其主要原因在于,译者专业知识的欠缺,导致翻译事故频出,这种翻译事故在哲学翻译中尤其常见。译者麦查德把中国哲学研究和中国哲学翻译并行,这完全符合理想翻译的要求。

我认为,麦查德的翻译可以作为哲学翻译的范本。首先,作为哲学翻译,译者把关键词或者核心概念进行了认真打磨,让译本中"无一词无来历",对关键词或概念中的差异性用译注形式体现出来。这充分体现了翻译理论家韦努蒂所说的"翻译伦理即差异伦理",译者任务不是译出"同"而是译出"异"。麦查德在翻译中所遇到的困难和挑战,正是一个绝好的机遇,把中国哲学和西方哲学中的"异"找出并展现出来。海德格尔也曾把翻译看作一个哲学问题,并探究过翻译在概念意义构建中的决定作用。其次,作为哲学翻译,译者注意到语法结构所负载的意义。在做到文从字顺的同时,使译文具有可读性。第三,哲学翻译中最容易出现的错误是,因翻译而出现语言格义和反向格义的误读。从麦查德的审慎,可以感觉到他在努力克服因翻译造成的新的误读。

但是,译本中语言的"重新性化"值得再次商榷。为了规避语言性别歧视,源文本中"人"的翻译进行了语言的"重新性化",用阴性代词 she、物主代词 her 回指前文中的 human being。其实女权主义翻译的创造性叛逆还可以通过注释的形式来完成。如果出版社真的想强调男女平等,可以出雌雄双版译本。形式即意义,语言的"重新性化"使译本涂上了一丝女权主义色彩,而这在源文本中是不存在的。另外,对极端女权主义翻译观而言,译本第 65 页的"penetrated"一词也是具有严重性别歧视的词汇。

因为哲学翻译本身具有哲学性,所以哲学翻译绝不是一个简单的翻译事件,它关乎学术的兴废。就像梁剑老师的一个看法,中国哲学语汇的"基本范畴是作为译名得到思考和理解的","这些范畴包含了未思的Anglo-European classical tradition,未能接近中国传统思想"。那中国传统思想和中国现代思想在外译时,该使用怎样的目的语呢?麦查德的翻译给出了一个很好的范例。为了使接下来的哲学翻译有规可循,可以对麦查德的翻译进行充分的总结,形成中国哲学翻译的规则。在此基础上,进一步厘清"哲学翻译"的概念,回答哲学翻译为什么、是什么,以及怎样做。在世界哲学交流中,让中国哲学展现本来的样子。

另外,在翻译研究百科全书中,哲学翻译作为一个翻译类型,并未像四个主要翻译类型(诗歌翻译、戏剧翻译、经文翻译和文学翻译)作为一个独立的词条被书写。在翻译理论研究中,会提及哲学翻译,但"哲学翻译"论题通常会转化成"翻译哲学基础"论题,这暗含着哲学翻译和翻译哲学基础二者有内在的关联。如果借助哲学翻译寻得翻译的哲学基础,对文学翻译、诗歌翻译、经文翻译和戏剧翻译将具有重要的指导性意义。在此意义上,哲学翻译有必要被深入系统地研究。

梁剑老师期望设一个类似佛经译场的哲学翻译工作坊,我认为这个设想在华师大具有可行性,这里的学者有深厚的学术积累,并具有国际学术视野和思维。传统佛经译场的成功,主要原因在于他们有共同的信仰,在高僧带领下,译员以敬畏之心来共同完成佛经翻译;另外,他们不断改进佛经的翻译方式,并且形成一定的翻译规则,每位译员严格遵守。万事开头难,麦查德的翻译开了一个好头,相信哲学工作坊一定会收获更多的精品译作!

The Theory and Practice of Translating Chinese Philosophy into English: A Symposium

Chad Austin Meyers, Yu Zhenhua, Wu Guanjun, et. al.

Abstract: As one of his trilogy on "Concrete metaphysics", Prof. Yang Guorong's *The*

Mutual Cultivation of Self and Things has been translated into English and published by Indiana University Press as one of the series of world philosophies. In some sense, this is a landmark of the essential presence of contemporary Chinese philosophical treatises, different from the studies of Chinese history, in English academic circle. This issue has also stimulated Chinese scholars to deliberate on translating philosophy in general and translating Chinese philosophy in particular. To play a more active role in the world, we must make classical works and outstanding findings of contemporary philosophers available in foreign languages. Reflecting and rethinking the prevailing translation of the basic categories of Chinese philosophy is of great significance for both the practice of translation and further and more active intercultural communication. The theoretical exploration of translation and the invaluable experience gained from the translating practice will contribute to the future English version of Feng Qi's works, which will be accomplished through close cooperation between Chinese and foreign scholars.

Key Words: Chinese philosophy, translating philosophy, *The Mutual Cultivation of Self and Things*, translating Feng Qi, workshop

图书在版编目(CIP)数据

道德情感与社会正义:思想与文化.第二十一辑/杨国荣主编.—上海:华东师范大学出版社,2018
 ISBN 978-7-5675-7500-4

Ⅰ.①道… Ⅱ.①杨… Ⅲ.①社会科学-文集
Ⅳ.①C53

中国版本图书馆 CIP 数据核字(2018)第 031439 号

道德情感与社会正义
思想与文化(第二十一辑)

主　　编	杨国荣
执行主编	陈乔见
项目编辑	唐　铭
特约审读	李　娟
装帧设计	刘怡霖

出版发行	华东师范大学出版社
社　　址	上海市中山北路 3663 号　邮编 200062
网　　址	www.ecnupress.com.cn
电　　话	021-60821666　行政传真 021-62572105
客服电话	021-62865537　门市(邮购)电话 021-62869887
地　　址	上海市中山北路 3663 号华东师范大学校内先锋路口
网　　店	http://hdsdcbs.tmall.com

印 刷 者	常熟市文化印刷有限公司
开　　本	787×1092　16 开
印　　张	35.75
字　　数	579 千字
版　　次	2018 年 2 月第 1 版
印　　次	2018 年 2 月第 1 次
书　　号	ISBN 978-7-5675-7500-4/C·254
定　　价	72.00 元

出版人　王　焰

(如发现本版图书有印订质量问题,请寄回本社客服中心调换或电话 021-62865537 联系)